Correctional Counseling
and Rehabilitation (9th ed.)

교정상담과
사회복귀

Patricia Van Voorhis · Emily J. Salisbury 공저
이언담 · 신기숙 · 최윤석 공역

학지사

추천사

"최근 수년 동안 범죄 문제는 우리 사회 이슈의 중심이 되어 왔고, 이는 범죄인에 대한 치료적 접근이라는 피할 수 없는 요구로 나타났다. 학문적·실천적 토대가 빈약한 우리의 현실에서 이 책은 교정의 특수 환경에 적합한 심리치료의 길을 안내하고, 일찍이 경험해 보지 못한 길을 열어 가는 데 분명한 좌표가 될 것으로 기대된다."

−조현섭(총신대학교 중독재활상담학과 교수, 한국심리학회장)

"이 책은 정신장애나 심리적 이상을 가진 수용자들이 점점 더 늘어나는 한국의 교도소 상황에서 그들에 대한 치료적 개입과 상담의 필요성을 느끼는 많은 학자와 실무가가 절실히 원하던 내용이 가득하다. 정신장애에 대한 진단과 분류에서부터 치료적 개입과 상담기법까지 망라하고 있는 이 책은 교정상담에 관심을 가지고 있는 학생들에게도 많은 지적 자극이 될 것이다."

−윤옥경(경기대학교 교정보호학과 교수, 한국교정학회 부회장)

"한국에서 법심리학의 주요 영역인 수용자 대상 심리치료에 관련된 전문적인 저서가 거의 전무한 상황에서 수용자에 대한 상담 및 사회복귀와 관련된 전문 서적이 번역·출판되어 매우 시기적절하다고 생각한다. 이 분야의 종사자들뿐만 아니라 앞으로 이 분야에 진출하고자 하는 대학원생들에게는 이 책이 필수 지침서가 될 것이다."

−김민지(숙명여자대학교 사회심리학과 교수,
한국심리학회 범죄심리사 자격관리위원장)

강력한 행동 변화를 촉진하기 위해

핵심적 위치에 있는 자신의 모습을

어느 날 발견하게 될

학생들을 위해서

역자 서문

 "한국 교정은 법치교정에서 치유교정으로 옮겨 가고 있다." 이는 몇 년 전 중국이 교정 굴기(矯正崛起)의 일환으로 개최한 국제학술대회에서 역자가 뭔가 차별화된 발표 의도로 제시하였던 한국 교정을 설명하기 위한 표현이었다. 그러나 이 말은 수용자 처우에 있어 법치교정의 첫걸음으로 자부심에 들뜬 중국 교정 앞에서 한순간 모든 참가국이 한국 교정에 관심을 가지고 눈을 돌리는 예기치 않은 상황을 맞게 하였다. 한국의 치유교정은 무엇을 의미하는지, 그 성과는 무엇인지, 어떻게 시도되었는지 등의 질문 공세가 역자에게 쏟아졌다. 하지만 학술대회를 마치고 귀국길에 오른 마음은 그저 편한 것만은 아니었다. '과연 우리가 실제 치유교정의 길에 들어서 있기는 한 것인가?'라는 자문에 '그렇다.'라고 말하기에는 우리의 현실은 이상과 너무도 멀리 있다는 생각을 지울 수 없었기 때문이다.

 최근 우리 사회는 성폭력 · 묻지마 범죄 등 범죄의 흉포화와 재범률 증가로 인해 그 어느 때보다 범죄 문제에 대한 실질적인 대책을 요구하는 목소리가 커지고 있다. 싫든 좋든 '교도소는 무엇을 하고 있는가?'라는 질문에 답을 해야 할 차례가 된 것이다. 이에 따라 교정은 수용자 심리치료의 일환으로 심리치료센터, 정신건강센터 등을 운영하고, 교정본부와 일선 기관에 심리치료 전담 부서를 설치하는 등 많은 변화 가운데 있는 것이 사실이다.

 역자는 교정공무원으로서 교정인은 엄정한 질서 유지 능력과 함께 인간 이해에 바탕을 둔 상담능력을 균형감 있게 갖추는 것이 필요하다는 신념을 키워 왔다. 그동안 짧은 기간이지만 한국 교정에서 국가사회의 변화 요구에 발맞춰 적법절차에 따른 인권 처우가 확고하게 자리매김되었다고 할 수 있다. 하지만 인간에 대한 이해와 이를 바탕으로 한 상담역량은 아직 걸음마 단계로, 교정현장에 적합한 상담시스템이 질적 · 양적으로 충분하게 구축되었다고 보기는 어렵다.

 다행히 최근 교정상담에 관심 있는 분들이 각자 전문 영역의 글을 모아 『교정상담』

을 출간하거나, 일부 열정 어린 교정직원들에 의해 『성범죄자 치료』 등 전문 서적이 번역·출간되는 성과가 있었다. 하지만 여전히 심리치료의 근간이 되는 교정환경의 특수성을 반영한 지침서 개발의 필요성은 갈증처럼 학계와 현장을 지배해 왔다.

이러한 이유로 국내 최초 교정심리치료센터에서 풍부한 경험을 축적해 오신 신기숙 박사님과 미국 교정시설 건축과 운영 등 교정 관련 서적의 번역 활동을 해 오신 최윤석 교감님과 뜻을 모으는 데는 많은 시간이 걸리지 않았다. 3년여의 번역과정에서 접하게 된 새로운 지식과 지혜는 기대 이상으로 큰 것이어서 하루라도 빨리 이 책을 국내에 소개해야 한다는 생각에 과정의 어려움은 쉽게 극복할 수 있었다. 이 일이 가능하기까지 두 분이 보여 주신 헌신에 깊이 감사드린다.

앞으로도 교정환경의 변화를 소개하고 번역의 완성도를 높이기 위한 노력을 게을리하지 않을 것을 약속하며, 독자들의 끊임없는 성원과 질책을 부탁드린다.

더불어 이 책이 우리 교정공무원뿐만 아니라 관련 학계 및 교정에 관심 있는 분들의 교양서이자 전문서로 자리 잡아 미래의 국내 환경에 적합한 '한국 교정상담'의 밑거름이 될 것이라 확신한다.

마지막으로, 이 책을 교정상담 분야의 뜻깊은 역서로 추천해 주신 한국심리학회장 총신대학교 조현섭 교수님, 경기대학교 윤옥경 교수님, 숙명여자대학교 김민지 교수님께 깊이 감사드린다. 또한 이 책의 수요에 대한 충분한 기대감이 미치지 못함에도 사회적 가치를 더 중히 여기고 흔쾌히 출간을 허락해 주신 학지사 김진환 사장님과 세심하게 편집해 주신 편집부 박지영 님께도 심심한 감사를 드린다.

> 내가 주릴 때에 너희가 먹을 것을 주었고
>
> 목마를 때에 마시게 하였고
>
> 나그네 되었을 때에 영접하였고
>
> 헐벗었을 때에 옷을 입혔고
>
> 병들었을 때에 돌보았고
>
> 옥에 갇혔을 때에 와서 보았느니라.
>
> ─마태복음

2020년 3월
역자를 대표하여 이언담 씀

저자 서문

수년에 걸쳐『교정상담과 사회복귀(Correctional Counseling and Rehabilitation)』가 발전하는 것을 바라보는 것은 기쁜 일이었다. 내가 이 책을 처음 읽었을 때는 제4판이었으며, 패트리샤 반 부어히스(Patricia Van Voorhis) 교수님의 지도를 받는 신시내티 대학교 박사 2년차 과정에 있었다. 나는 당시 형사사법과 관련된 개인들의 의미 있는 행동변화를 촉진시키는 기술을 실습하고 있었는데, 그것이 얼마나 좋았는지가 생각난다. 패트리샤 반 부어히스 교수님에게서 제8판의 공동편집자로 요청받은 것은 진심으로 영광이자 특권이었다.

『교정상담과 사회복귀』의 제9판을 출간하면서 지금까지 이루어진 실질적인 변화에 대해 다루고자 한다. 첫째, 2개의 영역인 제12장(기존 11장) '성범죄자 치료'와 제13장 '심각한 반사회적 범죄자와 정신병질 범죄자 치료'를 전면적으로 개정하고 보완하였다. 이러한 전문화된 범죄 집단을 대상으로 효과적인 치료에 대해 대규모의 조사연구가 수행되었을 뿐만 아니라 성범죄 행동과 정신병질의 핵심 개념에 관한 이해가 증가되었기 때문에 독자들에게 새로운 지식을 소개하는 것이 필요하다고 느꼈다.

둘째, 이 책은 최근에 출간한『정신질환의 진단 및 통계 편람 제5판(DSM-5)』(American Psychiatric Association, 2013)을 반영하여 새롭게 했다. 그 내용은 주로 제6장 '범죄자 진단과 평가'와 제13장 '심각한 반사회적 범죄자와 정신병질 범죄자 치료'에 영향을 주었다. 이러한 실질적인 변화를 넘어, 특별한 주제에 대한 학문적 최신 경향을 수록하기 위하여 다양한 개정이 이 책 전반에 걸쳐 이루어졌다.

마지막으로, 여러분은 이 책이 테일러 앤 프랜시스(Taylor & Francis) 그룹의 일부인 루틀리지(Routledge)에 의해 출판되었다는 것을 알 수 있었을 것이다. 우리는 이 책에 논의된 생각들이 교정을 공부하는 학생과 직원에게 추가적인 탐색을 가져오게 할 것이라는 새로운 가능성에 대해 기대감을 느낀다. 우리는 근거에 기반한 교정전략이 전 세계적으로 더욱더 폭넓게 적용되기 위해 우리의 연구가 확장될 수 있기를 간절히 희망한다.

안내서는 웹사이트(www.routledge.com/cw/VanVoorhis)에서 이용할 수 있다. 이 책을 교재로 채택한 강사들은 문제은행 및 다른 추가 교육 자료를 이용할 수 있으며, 교정상담사와의 비디오 면담과 사례관리는 하나의 직업으로 교정상담에 대한 실제적인 통찰을 제공한다.

에밀리 J. 샐리스버리(Emily J. Salisbury)

차례

추천사 _ 3

역자 서문 _ 5

저자 서문 _ 7

제1부 교정상담을 위한 전문적인 구조

제1장 교정상담과 치료의 과정 · 17

범죄자 상담과 치료의 목적 _ 20

상담과정 _ 21

교정상담의 유형 _ 29

범죄자 상담과 치료의 효과 _ 36

결론 _ 38

토론 질문 _ 39

제2장 교정시설의 교정상담사가 직면하는 특별한 도전에 대한 이해 · 41

예비적 고려 _ 43

원칙과 기술 _ 44

치료에 대한 저항 _ 47

윤리적 딜레마 _ 50

역량 및 전문성 유지의 경계 _ 54

상황적 요구 _ 55

최종 고려사항 _ 61

토론 질문 _ 62

제2부 교정상담과 치료의 역사적 기반

제3장 정신분석치료 · 65

정신분석/정신역동 이론 _ 67

정신분석치료 _ 71

범죄에 대한 정신분석적 접근 _ 73

공격적인 비행 행동 _ 75

원천 _ 79

치료에 대한 함의 _ 81

범죄자를 위한 정신분석 _ 82

결론 _ 86

토론 질문 _ 87

제4장 급진적 행동주의 개입 · 89

고전적 조건형성 _ 92

조작적 조건형성 _ 97

문제 행동 줄이기 _ 101

조기 개입 및 범죄자 치료에 대한 급진적 행동주의 접근 _ 102

새로 습득되거나 감소한 행동의 안정화 _ 107

교정 실무자에 대한 적용 _ 109

결론 _ 114

토론 질문 _ 115

제5장 집단치료와 환경치료에서의 초기 접근 · 117

인간중심치료 _ 121

교류분석 _ 125

환경치료 _ 129

생활지도집단 상호작용 _ 130

현실치료 _ 133

결론 _ 139

토론 질문 _ 140

제3부 범죄자 평가와 진단 및 분류

범죄자 진단과 평가 · 143

제
6
장

서론 _ 144

교정직원의 역할 _ 146

정신질환의 진단 및 통계 편람 제5판 _ 148

자살 _ 156

평가와 진단 기법 _ 158

법적 이슈와 정신건강 평가 _ 161

결론 _ 163

토론 질문 _ 164

범죄자 분류체계 개관 · 165

제
7
장

효과적인 분류의 목적과 원칙 _ 167

위험성 원칙 _ 167

욕구 원칙 _ 168

반응성 원칙 _ 170

다른 목적 _ 172

일반적으로 사용되는 분류체계 유형 _ 173

반응성 평가 _ 183

교정 분류의 향후 방향 _ 191

결론 _ 194

토론 질문 _ 198

제4부 교정상담과 치료에 대한 현대적 접근

제8장

사회학습모델 · 201

누가 좋은 역할모델이 되는가 _ 205

관찰학습 과정 _ 210

교정과 예방을 위한 사회학습 개입 _ 215

결론 _ 224

토론 질문 _ 225

제9장

인지치료 · 227

인지 재구조화 접근 _ 230

인지기술 접근 _ 238

여성 범죄자를 위한 인지행동 프로그램 _ 251

인지행동 프로그램과 그 효과−프로그램 완전성의 역할 _ 253

결론 _ 254

토론 질문 _ 258

제10장

가족치료 · 259

가족치료의 역사 및 개관 _ 263

정신역동적 가족치료 _ 269

의사소통 가족치료 _ 271

구조적 가족치료 _ 274

행동주의 및 사회학습 모델 _ 278

다체계적 치료 _ 281

가족치료 및 형사사법의 적용 _ 284

가정폭력 _ 285

물질남용 _ 288

가족 구성원이 구금된 경우 _ 290

결론 _ 292

토론 질문 _ 293

제5부 특정 집단에 효과적인 교정 개입

제11장 물질남용 범죄자 치료 · 297

물질남용 모델 _ 299

치료 양식 _ 303

마약 법원 _ 318

지지집단의 중요성 _ 319

약물학적 접근 _ 321

반응성 고려사항 _ 323

치료의 연속성 _ 334

물질남용 개입의 효과 _ 336

결론 _ 337

토론 질문 _ 338

제12장 성범죄자 치료 · 339

복합적인 원인과 이론 _ 340

성범죄자 치료 양식 _ 345

성범죄자 치료의 주요 구성요소 _ 354

성범죄자 치료 프로그램의 효과 _ 363

결론 _365

토론 질문 _ 365

제13장 심각한 반사회적 범죄자와 정신병질 범죄자 치료 · 367

반사회성 성격장애와 정신병질의 구별 _ 368

평가를 위한 정신병질의 개념화 _ 371

위험성/욕구/반응성의 통합 _ 376

심각한 반사회적 및 정신병질 범죄자 치료를 위한 제언 _ 377

결론 _ 379

토론 질문 _ 380

여성 범죄자 치료 · 381

제14장

여성의 고유한 범죄유발 경로 및 욕구 _ 382

젠더 반응적 관점의 이론적 토대 _ 384

실행에서 젠더 반응적 관점으로의 전환 _ 389

결론 _ 397

토론 질문 _ 397

제6부 교정 정책과 실무에 관한 종합정리

교정치료의 업적과 현실 · 401

제15장

업적 _ 402

효과 없는 프로그램 _ 406

교정치료의 현실 _ 406

결론 _ 412

토론 질문 _ 413

사례계획 및 사례관리 · 415

제16장

사례계획 지침 _ 417

사례 연구 _ 433

결론 _ 440

토론 질문 _ 441

참고문헌 _ 443

찾아보기 _ 501

제 **1** 부

교정상담을 위한
전문적인 구조

이 책 제1부의 목적은 독자들에게 교정상담이 무엇인지에 대한 개인적 이해를 돕기 위한 것이다. 뒷장에 있는 구체적인 전략과 상담이론을 설명하기 전에 교정상담이 무엇인지에 대해 설명하는 데 시간을 할애하고자 한다. 이러한 인식은 필수적인 상담기술과 책임성에 대한 일반적인 이해를 포함한다. 교정상담에 관한 전문적인 배경을 좀 더 구체적으로 검토하는 것 또한 중요하다. 즉, 교정상담이 교정의 다른 분야와 공식적으로 또는 비공식적으로 어떻게 관련되는지를 검토하는 것이 중요하다. 제1부는 일반인을 상대로 일하는 상담사와 비교해서 교정상담사가 직면한 독특한 도전들에 대해 논의한다.

교정상담과 치료의 과정을 기술한 제1장은 상담관계의 몇 가지 중요한 전문적이고 인간적인 차원에 대해 설명한다. 이 장에서는 타이밍, 동기강화, 효과적으로 위험성 다루기, 치료적 관계의 특성에 대해 논의한다. 독자들은 효과적인 의사소통의 기본적인 요소와 젠더(gender)에 대한 민감성을 개발하는 것의 중요성에 대해 소개받는다. 저자들은 다양한 상담기능이 보호관찰, 가석방, 교육, 레크리에이션, 기관 상담, 심리치료 그리고 영성 상담 등의 맥락에 따라 어떤 차이를 보이는지 뿐만 아니라 교정 분야에서도 지역사회와 기관이 어떻게 다른지를 설명한다.

교정시설의 교정상담사가 직면한 특별한 도전들을 이해할 수 있도록 설명하는 제2장은 교정상담사의 시각을 통해서 독자들이 교정의 세계를 보다 더 잘 이해할 수 있도록 도움을 준다. 과밀수용, 과도한 서류업무, 비자발적인 내담자, 넘치는 담당사례, 속임수를 쓰는 수용자 행동 그리고 직원 소진 등과 같은 직장 스트레스 요인에도 특별한 주의를 두었다. 독자들은 도전적인 환경과 치료에 저항하는 범죄자들에게 대처하는 소중한 전략에 대해서도 소개받는다. 상담사를 위한 실무의 윤리와 기준에 대한 논의는 치료자 또는 상담사의 역할을 하는 사람들에게 중요하다.

제1부는 독자들이 개인적인 신념, 전문가의 태도 그리고 실무 사이에 필연적인 융합이 있다는 것을 이해할 수 있도록 교정상담 과정과 개인적으로 친숙하도록 격려한다. 그 정도로 이 부분의 목적이 이루어진다면, 이 책의 나머지 부분은 더 재미있고 의미 있게 될 것이다. 교정상담이란 상담기술을 배우는 것 그 이상이다. 그것은 경험을 통해서 배우는 것과 매우 중요한 관계가 있다. 교정상담은 다른 사람, 특별히 범죄자를 돕는 것과 관계된 자기 자신의 느낌과 신념을 명료화하고 발전해 가는 것과 밀접하게 관련되어 있다.

제**1**장

교정상담과 치료의 과정

마이클 브래즈웰(Michael Braswell) & 제니퍼 L. 먼골드(Jenifer L. Mongold)

변화 대화	전문가의 겸손
지역사회 상담사	심리치료
상담과 사례관리	레크리에이션 프로그램
교육전문가	스토리텔링
효과적으로 위험성 다루기	치료 목적과 결과
기관 상담사	치료적 관계
메타분석	타이밍
동기강화면담	

　　교정상담사가 된다는 것은 무엇을 의미하는가? 이와 관련된 질문은 '잘 통합되어 있고 도움을 주는 사람이 된다는 것은 무엇을 의미하는가?'일 수 있다. 넓은 의미에서 교정상담은 어떤 형식으로든 대부분의 경우 '곤경에 처해 있는' 문제가 있는 사람들을 도와주는 것이다. 학교 선생님, 생활지도 상담사, 관심 있는 이웃, 가족 구성원 그리고 안정적이고 자비로운 사람이 청년이나 성인의 삶이 곤경에 처해 있을 때 적극적으로 개입할 수 있다. 어떤 경우에 이러한 행동은 문제에 처한 개인들을 사법제도에 연루되지 않도록 도와준다. 보다 전문적이고 구체적인 맥락에서, 교정상담사는 인간 행동의 과학과 기술을 학습하고 치료적 개입전략을 활용하도록 훈련받는다. 초기에는 잘 교육받

고 훈련받은 상담사인 동시에, 자비롭고 도움이 되는 사람이 결국 더 좋고 더 효과적인 상담사가 될 수 있다는 것을 유념하는 것이 중요하다. 반대로, 아무리 높은 수준의 교육을 받았을지라도, 어떤 수준의 기술적 역량을 가지고 있을지라도, 도움과정에서 진솔한 돌봄과 헌신의 인간적 요소가 없다면 내담자와 상담사 모두에게 치료 결과는 미흡할 수 있다.

교정상담과 치료서비스는 다양한 교정환경 및 재판 전 환경을 포괄한다. 이 환경에는 교정기관, 지역사회 주거환경, 보호관찰과 가석방, 교정기관과 연계된 봉사 프로그램 그리고 가장 최근에는 전문화된 정신건강, 재향군인, 마약 법정이 포함된다. 더욱이 보다 더 최근의 회복적 사법 프로그램에서는 피해자, 가해자, 이들의 이웃들 그리고 형사사법 전문가들을 포함한 좀 더 비공식적인 지역사회 환경을 포함하고 있다(Van Ness & Strong, 2015; Wozniak et al., 2008).

교정상담은 상담사의 전문적인 태도와 방법을 형성하는 기술과 지식, 경험의 조합을 요구한다. 각각의 범죄자는 상담사에게 독특한 상담 상황을 제시하고 많은 경우에는 적절한 해결의 가능성을 거의 제공하지 못하는 도전이 된다. 예를 들어, 다음과 같은 경우에 당신이 상담사라면 어떻게 할 것인지 생각해 보기 바란다.

존은 2년 동안 수용생활을 하고 있으며 교도소 도서관에서 일하는 호감 가는 수용자이다. 평상시에 차분하며, 손상된 책을 수선하는 데 특별한 재능을 가지고 있다. 그의 수작업으로 교도소 도서관은 수백 달러를 절약할 수 있었다.

당신은 그의 상담사로서 적어도 한 달에 한 번 그가 어떻게 지내는지 방문하여 확인하려고 노력한다. 그는 항상 잘하고 있는 것으로 보였으며 9개월 앞으로 다가온 가석방 청문회에도 긍정적인 기대를 가지고 있었다. 존은 몇 가지 이유에서 자신에게 가석방의 기회가 주어지리라는 기대를 하고 있다. 존은 술집에서 술에 취하여 다른 사람에게 심각한 피해를 입힌 초범이다. 재판 결과, 6년을 선고받고 주립 교도소에 수용되어 있다. 비록 존이 수년 동안 심각한 음주 문제를 경험하긴 했지만 폭력으로 문제가 일어난 경우는 없었다. 교도소에 수용되어 그는 알코올 남용 집중치료 과정을 마쳤으며, 익명의 알코올 중독자들(Alcoholics Anonymous, AA) 모임에도 참석했고, 심지어 대학 수준의 몇 개 도서관학 과정도 성공적으로 이수했다. 말할 것도 없이, 존은 대부분 자신의 동기가 강화되어 있었고 그를 상담하는 것은 즐거움이었다.

그러나 지난 몇 주 동안 존의 행동과 태도는 변했다. 매주 일요일이면 그에게 접견

왔던 그의 아내가 지난 2주 동안 나타나지 않았다. 수용자들 사이에서 그녀가 다른 남자를 만나고 있으며 존과 이혼할 것이라는 소문이 돌았다. 더 심각한 문제는 그녀가 만나고 있는 남자도 알코올 중독자이다. 존은 교도소에서 작업을 중단하고 수용동에 혼자 머물고 있다. 그는 체중이 감소했으며 초췌하고 혼란스러워 보였다.

그의 상담사로서 당신은 그를 돕고 싶어 하지만 항상 조용하게 지냈던 존이 점점 고립되어 가고 있다. 당신은 그에게 어떻게 접근해야 할지 확신하지 못한다. 당신은 그의 아내 또는 부모님과 대화하는 것을 고려하고 있다. 만약 존의 우울증이 점점 악화되어 가면 그의 행동은 예측할 수 없게 된다. 그는 공격적으로 변하여 수용 거실에 있는 다른 사람과 싸울 수도 있고 자신의 화를 내면으로 향하여 자살을 시도할 수도 있다. 그에게 접근해야 한다면 어떻게 해야 하는가? 그를 돕기 위해 어떤 시도를 해야 한다면 무엇을 해야 하는가(Braswell, Miller, & Cabana, 2006)?

교정상담사로서 당신은 배우자가 장기간 수용된 동안 결혼이 유지될 가능성이 낮다는 것을 알고 있다. 그러나 존은 당신의 내담자이고 그는 지금 마음이 무너진 상태에 있다. 그의 불행이 수용 거실에서 갈등으로 폭발하여 직원과 다른 수용자의 안전을 위험에 빠뜨릴 것인가? 정서적 질환 또는 자기손상 행동으로 내적인 폭발을 일으킬 것인가? 비록 당신의 치료적 선택과 자원이 한정되어 있지만 당신이 할 수 있는 최선을 다해야 할 것이다. 당신의 상담 노력이 존의 위기를 해결하는 데 성공할 수 있을 것인가? 만약 그렇지 않다면 당신과 존은 그 결과를 받아들일 것인가? 이후 장들에서는 다음의 내용을 시도할 것이다.

1. 교정상담 과정의 전문적이고 인간적인 차원에 대해 소개한다.
2. 범죄자−내담자와 교정상담사의 특성에 대해 보다 잘 이해할 수 있도록 돕는다.
3. 범죄자 치료에서 진단과 분류의 역할을 탐색한다.
4. 교정상담과 심리치료의 다양한 접근을 검토한다.
5. 이론과 실무에서 교정상담이 어떻게 변해 왔는지 설명한다.
6. 범죄자 상담에서 제기되는 특수한 쟁점과 문제를 선정해서 고려한다.

범죄자 상담과 치료의 목적

이 책은 교정상담과 치료에 초점을 맞추고 있다. 현재 '교정'이라는 용어는 정치적으로 선호하는 것 같지만, '교정'상담에 대한 생각은 대부분의 상담사가 범죄자를 돕는 데 있어 정당한 이익과 목적을 고려하는 것과 맞지 않을 수도 있다. 예를 들어, 교정기관에서 근무하는 상담사들의 주된 목적이 범죄자들의 사회 내 재활에 있는가? 아니면 그들의 주된 역할은 범죄자들이 교정기관 내에서 적응을 잘 하게 하는 것인가? 또는 교정상담사는 범죄자들이 교정기관 내에서뿐만 아니라 사회복귀 이후에도 보다 더 책임감 있고 평화로운 사람이 될 수 있도록 둘 다를 고려해야 되는가? 마찬가지로, 보호관찰과 가석방 상담사의 기본적인 목적이 그들의 감독하에 있는 범죄자를 치료적으로 교정하는 데 중심을 두어야 하는가? 아니면 보호관찰과 가석방 조건을 집행하는 데 더 중점을 두어야 하는가? 좀 더 근본적으로, 상담사가 원한다고 해서 범죄자를 '교정'할 수 있는 실질적인 근거가 있는지 여부를 물어볼 수 있다. 사실 교정상담사는 범죄자가 그들의 삶의 과정을 교화하고 변화시킬 수 있도록 도와주는 개입과정에서 역량의 한계로 좌절하기도 한다. 예를 들어, 교도소 사례담당자와 상담사들은 수용자들이 사회에서 정상적이고 친사회적인 생활을 통해 장기적으로 적응할 수 있도록 준비하기보다는 교정시설에서 문제없이 지내도록 하는 데 대부분의 시간을 사용하고 있다(제2장 참조). 마찬가지로, 보호관찰과 가석방 상담사는 보호관찰과 가석방 조건을 집행하는 것도 힘에 겨워 수용자가 지역사회에 적응하고 재통합하는 것을 도와줄 수 있는 시간은 거의 낼 수 없다고 주장한다. 상담사에게 갈등이 될 수 있겠지만, 교정기관 내의 적응과 외부 세계와의 적응이 반드시 상호 배타적인 것은 아니다. 보 로조프(Bo Lozoff)는 수용자에게 자신이 살고 있는 교도소가 그들의 이웃이라고 주장하는데, 본질적인 질문은 '그/그녀가 그곳에 있어서, 그 이웃은 더 좋은 장소인가?'이다(Lozoff, 1999).

범죄자 상담과 치료의 목표는 세 가지 경향이 복합되어 도전받고 있다.

1. 범죄자 치료의 효과성에 관한 정치적 및 학문적 논쟁(예: Andrews & Bonta, 2010; Cullen & Gendreau, 2000; Gaes et al., 1999; Lipsey, 1992, 2009; Martinson, 1974; Van Voorhis, Cullen, & Applegate, 1995)

2. 과도하지는 않지만 과잉 대응한 기관 책임에 대해 소송을 통해 해결하려는 움직

임(Hepburn, 1989)

3. 교정기관의 과밀수용과 지역, 주, 연방의 교정치료 예산에 대한 과도한 삭감 결과
   로 초래된 재정과 인적 자원의 감소

교정상담사에 대한 관점은 교정과 관련된 환경에서 그들의 기술과 전문 지식을 적용
하여 전문가로서 돕는다는 것에 초점을 두는 것이 적절하다. 그렇게 함으로써 그들은
미래의 범죄를 감소시킬 수 있는 전략에 초점을 맞출 것이다. 교정상담사들의 주된 목
적은 범죄자가 될 수 있는 대다수의 다양한 내담자에게 치료적으로 개입하는 것이다.
예를 들어, 이러한 개입은 교도소 적응, 수용자 사회복귀, 미래의 범죄에 대한 위험성,
외상, 가족에 대한 걱정, 물질남용, 교육과 고용, 정신건강에 대한 걱정들을 다룬다. 더
욱이 상담을 통한 개입은 범죄자의 교화뿐 아니라 범죄자들이 개인적이고 사회적인 변
화를 경험하기 위한 기회를 창조하는 것이다(Wozniak et al., 2008).

상담과정

교정상담과 심리치료는 네 가지 필수적인 자질을 포함하는 과정으로 구성되어 있다.

1. 타이밍 감각과 좋은 의사소통
2. 효과적으로 위험성 다루기
3. 치료 목적과 결과
4. 전문가의 겸손

타이밍(timing) 감각을 개발하기 위해서, 먼저 상담사는 내담자가 의사소통하려는 것
이 무엇인지에 대해 주의 깊게 관심을 기울여야 한다. 의사소통은 관계의 생명선이다.
그것은 서로를 알아 가는 방법이다. 의사소통은 우리가 말하는 것과 말하지 않은 것,
우리가 들은 것과 듣지 않은 것을 포함한다. 의사소통은 우리가 보고, 입고, 느끼는 방
식을 포함한다. 이와 관련하여 버지니아 사티어(Virginia Satir)의 글은 현재의 우리에게
여전히 의미가 있다. 의사소통을 정의하면서 사티어(1972)는 "의사소통은 사람들이 정
보를 이리저리 전달하는 모든 범위의 방법을 포괄하며, 그들이 주고받는 정보와 그 정

보가 필요로 하는 방법도 포함한다. 의사소통은 사람들이 정보에 대한 의미를 만드는 방법을 포괄한다."라고 말했다(p. 20).

모든 사람의 의사소통 과정에 도움을 줄 수 있는 의사소통의 여섯 가지 기본요소가 있다(시각장애와 청각장애가 있는 사람은 적용되지 않는다).

1. 신체는 의사소통의 한 요소로 움직이고 형태와 모양이 있다. 사람의 신체적 외양뿐만 아니라 움직이는 방법은 교정상담사에게 중요한 정보를 제공한다. 예를 들어, 청결하지 않은 외양은 우울한 상태를 보여 주는 것일 수 있다. 팔짱을 낀 상태의 신체 언어는 상대와 거리를 유지하려는 간접적인 신호일 수 있다.

2. 가치는 의사소통의 또 다른 요소이다. 가치는 사람의 행동 습관과 언어적 의사소통에 반영된다. 특히 사람들이 해야 하는 것과 해서는 안 되는 것이 무엇인지와 관련되어 있다.

3. 개인의 경험에서 나온 기대는 의사소통의 또 다른 중요한 요소이다. 대부분의 경우에 이러한 기대는 과거의 경험에 기초하고 있으며, 자신과 타인의 의사소통을 지각하는 방법에 영향을 미친다. 예를 들어, '모든 범죄자는 나쁘고 신뢰할 수 없다.'는 부정적인 기대는 때때로 개인이 빈약한 의사소통과 인간관계 기술을 경험하도록 만들고 결과적으로 파괴적인 자기실현적 예언을 조장한다.

4. 눈, 귀, 코, 입, 피부 등의 감각기관은 개인이 보고, 듣고, 냄새 맡고, 맛보고, 접촉할 수 있게 한다.

5. 말과 사람의 목소리가 결합되어 개인이 대화할 수 있는 능력을 제공하며, 이는 모든 언어적 의사소통에서 필수적이다.

6. 마지막으로, 뇌는 개인이 과거의 경험으로부터 획득한 지식을 저장한다. 이 모든 구성요소가 각 개인의 의사소통 과정에 함께 작용한다(Satir, 1972).

좋은 의사소통(good communication)은 자동적으로 이루어지지 않는다. 의사소통은 건설적일 수도 있고 파괴적일 수도 있다. 효과적이고 도움을 주는 의사소통을 하기 위해서는 듣고 해석하고 자신을 표현하는 것에 숙련되어야 한다. 가능하면 다른 사람과 상호작용할 때 상담사는 판단하지 않는 태도로 듣는 것이 필요하다. 내담자가 일반적으로 범죄자이기 때문에 '우리 대 그들'이라는 관점에서 상담사와의 관계를 바라보기 쉽다. 그러나 범죄자는 이미 판결을 받았고 유죄를 인정받았다. 상담사로서 우리가 범죄자와 의미 있는 의사소통의 기반을 만들기를 희망한다면 작업과정에서 투명하고 열린 마음으로 범죄자와 신뢰의 기초를 만들어 가야 한다.

많은 상담사, 특히 범죄자와 함께 일하는 상담사들은 내담자와의 의사소통에서 적절한 주의를 기울이는 것이 어렵다는 것을 알 수 있다. 아마도 이 어려움의 많은 부분은 상담사의 직업적이고 개인적인 태도의 결과이다. 이 태도는 상담사의 보안과 치료라는 이중책임과 앞에서 언급했던 사회 전반의 응보적인 감정을 반영한다. 게다가 우리는 종종 처벌 지향적인 사회체제 안에 살고 있다. 이에 더해 교정환경에서 일하는 상담사는 일반적으로 가장 먼저 기관과 지역사회의 안전과 보호의 필요성을 고려하고, 다음으로 범죄자의 치료와 사회복귀의 필요성을 고려한다.

의미 있는 의사소통의 기본적인 부분은 인종과 문화가 다양한 범죄자와 민감하게 상호작용을 할 수 있는 능력을 포함한다. 상담사로서 종종 우리는 지배적인 문화인 중간층의 가치를 통해 모든 사람과 모든 것을 걸러 내는 경향이 있다. 그러나 우리는 흑인, 백인, 아시아인, 아메리카 원주민, 히스패닉과 라틴계 미국인을 포함한 다원주의 사회에서 살고 있다. 이러한 각각의 집단은 어느 정도 그들 자신의 가치와 의사소통하는 방법을 가지고 있다. 요나스와 갈랜드(Yonas & Garland, 1994)는 민족의 다양성을 전문적으로 돕기 위해 민감성을 높이는 네 가지 방법을 제안했다.

1. 문제 해결을 위해 접근하는 데 있어 실무자들은 민족의 다양성에 민감해야 한다.
2. 일반적인 관점, 공통의 문제 그리고 특수한 민족적 배경을 지닌 사람의 특수한 욕구에 대해 더 많은 이해를 제공한다.
3. 서비스 제공자와 특수한 민족집단의 내담자 사이에 존재하는 갈등의 본질과 근원을 명확하게 이해한다.
4. 형사사법 제도의 조직구조 및 운영절차가 특수한 민족적 배경을 지닌 사람의 가치, 지향 그리고 생활양식과 충돌하거나 보완해야 할 경우 방안을 제안한다.

젠더(gender) 반응성은 교정상담사의 또 다른 관심사가 되었다. 이러한 관심은 현재 시행되고 있는 교정치료가 주로 남성 범죄자를 중심에 두고 있어 여성 범죄자는 무시하고 있다는 고소가 증가하고 있는 것으로부터 드러났다(Chesney-Lind, 2000). 아니면 기껏해야, 현재의 개입과 평가 모델은 남성 범죄자를 위해서 개발되었고 관련성과 효과성에 대한 충분한 고려 없이 여성 범죄자에게 적용되었다(Morash, Bynum, & Koons,

1998; Van Voorhis, 2012). 여성 범죄자들은 남성 범죄자와는 다른 방법으로 해결해야 할 문제들을 가지고 있다. 주립 교도소에 수용되어 있는 10명 중 6명의 여성 범죄자는 과거에 성적인 또는 신체적인 학대를 받았다. 여성 범죄자에 대한 다른 문제는 모성의 역할이다. 1991년에 대략 615,500명의 어머니들이 18세 미만의 아동 130만 명 정도와 함께 교정 감독을 받고 있었다(Greenfeld & Snell, 1999). 여성 수용생활의 이러한 다른 측면은 치료환경과 치료에서 다르게 해결할 할 필요가 있는 특별한 문제를 안고 있다는 것이다. 블룸, 오웬과 코빙턴(Bloom, Owen, & Covington, 2003)은 여성 범죄자를 상담하기 위한 젠더 반응적 접근에 초점을 둔 최근의 연구에서 젠더 반응적 정책과 프로그램에 대한 안내 원칙을 제시하였다. 이들 중 교정치료 및 교정상담과 가장 관련 있는 내용은 다음과 같다.

1. 젠더는 차이라는 점을 인정한다.
2. 안전과 존중, 존엄성을 토대로 환경을 창출한다.
3. 아동과 가족, 중요한 타인, 지역사회와의 건강한 연결에 중점을 두고 그들과의 접근방식에서 관계에 개입하는 것을 개발한다.
4. 물질남용과 외상, 정신건강 문제들을 통합하며 문화적으로 적절한 방법으로 다룬다.

효과적인 의사소통 기술 및 인종, 민족 그리고 젠더 차이에 대한 민감성은 타이밍 감각을 개발하는 데 필수적이지만, 의미와 통찰의 깊이는 종종 이야기(story)에서 온다. 상담은 다양한 치료적 기술과 지식을 포함하지만 이러한 요소들은 보통 이야기를 통해서 살아 숨 쉬게 된다. 어떤 의미에서 상담은 스토리텔링(storytelling)이고 이야기를 듣는 것이다. 이야기는 우리 자신과 다른 사람들을 좀 더 개인적이고 역동적인 맥락에서 경험하도록 한다. 과거의 상담사들처럼 현재의 상담사들도 듣고, 질문하고, 이야기를 말로 표현한다(Kurtz & Ketcham, 2002). 전형적인 이야기에 대해 인용해 보면, 커즈와 케첨(Kurtz & Ketcham, 2002)은 "인간과 진실 사이에 가장 가까운 거리는 이야기"라고 하였다(p. 142). 치료 가능성, 개인적 통찰 그리고 변화에 관한 이야기의 초월적인 잠재력이 다른 치료자들과 사회적 변화를 위해 일하는 사람들에 의해 검토되고 탐색되었다(Berg & Quinney, 2005; Dass & Gorman, 1985; Kopp, 1977; Lozoff, 1999).

상담사가 타이밍 감각을 개발하기 위해서는 내담자의 행동 관점에서 '내담자가 무엇을 했는지'에 대해 반드시 존중할 필요는 없지만, 내담자의 가치체계, 인생 경험 그리고 욕구의 관점에서 '내담자가 어디에 있는지'를 존중할 수 있어야 한다. 내담자가 어디에 있는지를 이해하고 존중하는 것은 상담사가 범죄자의 일반적인 조건에 대해 좀 더 정확하게 인식할 수 있도록 도와주며 의미 있는 치료전략의 실행에도 도움이 된다. 상담사가 내담자의 느낌과 이야기, 걱정을 듣는 것은 긍정적인 변화가 일어날 수 있는 잠재력을 증가시킬 수 있고 내담자와의 기본 관계를 구축할 수 있게 하는 기본적인 임상기술이다. 내담자의 말을 충분히 들을 수 있는 능력을 개발하기 위해서는 참을성과 인내심 둘 다가 필요하다. 내담자가 말하려는 것을 정확하게 이해하기 전에 조언을 하는 것은 의사가 환자의 질병 상태를 정확히 평가하기 전에 의학적 치료를 하는 것과 같다. 아마도 최종 분석에서 상담사는 "무엇을 말하느냐보다는 언제, 어떻게 말하느냐가 더 중요하다."라는 오래된 격언을 기억해야 할 것이다.

최근에는 동기강화면담(Motivational Interviewing)으로 불리는 상담과정이 많이 추천되고 있다. 동기강화면담은 물질남용 내담자에게 사용하기 위해 개발되었지만 교정환경에서 광범위하게 적용되고 있다. 동기강화면담은 "양가감정을 탐색하고 해결하기 위해 변화에 대한 본질적인 동기를 향상시키는 내담자 중심의 지시적인 방법이다."라고 정의된다(Miller & Rollnick, 2002, p. 25). 동기강화면담은 새로운 기술을 가르치거나 내담자의 과거를 탐색하기보다는 '지금-여기에서' 내담자의 희망과 걱정에 초점을 맞춘다. 용어가 암시하는 것처럼, 동기강화면담의 목적은 변화하고자 하는 내담자의 본질적인 동기를 향상시키는 것이다. 이것은 내담자가 변화 대화(change talk)나 자기 스스로 동기강화 진술을 표현할 때 유도와 선택적인 강화의 과정을 통해서 이루어진다. 상담과정은 이미 어느 정도 변화를 원하는 내담자 내면의 동기를 불러일으키고 전진할 수 있도록 추구하는 과정이다.

많은 독자는 우리가 범죄자에게 변화 대화는 많이 들어 보지 못했으며, 그들의 저항에 대해 더 많이 들었을 것임을 빠르게 알아차릴 수 있을 것이다. 그러나 판단과 비난 없이 범죄자의 느낌과 관점을 정확히 이해하기 위해 반영적으로 경청하는 공감적 면담자는 내담자가 자신의 경험을 좀 더 개방하고 상담사와 공유할 수 있도록 도와준다. 만약 내담자-상담사 관계가 수용적이고 공감적이라면, 일반적인 문제를 부인하기보다는 보통 변화에 대한 양가감정을 보이면서 드러낸다.

동기강화면담 기술은 상담사가 내담자와 변화를 위해 논쟁하고, 전문가 역할을 취하고, 비판하고, 수치심과 부끄러움을 느끼게 하고, 심문하고 혹은 과정을 성급하게 이끌어 가는 것을 지양한다. 대신 상담사들은 내담자가 말했던 불일치를 발전시키도록 격려하고 내담자의 현재 행동과 그의 목표 및 신념 사이의 차이로 나타나는 불일치는 내담자 중심이어야 한다는 것을 강조하는 것이 중요하다. 예를 들어, 제인이 자신의 물질남용으로 인해 자녀 양육권을 되찾지 못하고 있다고 말할 때, 이 상황에서 불일치에 대해 상담사가 아닌 제인이 변화를 위한 이유를 설명하도록 하는 것이다. 동기강화면담은 사람들이 자신이 해야 할 말을 다른 사람에게 듣는 것보다 자기 스스로에게 말하는 것을 듣는 것에 의해 변화에 대한 설득력이 좀 더 있음을 인식하고 있다. 초기에 상담사가 불일치에 집중하도록 할 수는 있지만 제인의 불일치는 자신의 것이어야 하며, 상담사의 가치체계나 보호관찰의 규정, 가족 구성원의 요구에 의해 나온 것이 아니어야 한다.

내담자들이 그들의 행동과 목표 사이의 어떤 불일치를 방어하거나 부인할 경우에는 어떻게 해야 하는가? 동기강화면담은 상담사에게 '저항과 함께 구르기'를 가르친다. 논쟁은 방어와 부인을 강화할 뿐이다. 상담사는 토론을 진행하고 지속적으로 문제를 탐색할 수 있지만 내담자들의 저항을 논쟁이나 힘겨루기의 기회로 전환해서는 안 된다. 저항 시기에 상담사의 인내는 내담자가 불일치에 대해 좀 더 개방할 수 있는 시간이 될 수 있고 변화의 필요성에 대한 기회를 증가시킬 수 있다. 변화 대화로 언어를 전환하면, 대화를 통해 상담자가 내담자를 강화하는 것과 자기효능감을 구축하고 동기를 유지하는 과정으로 상담을 전환하는 것이 가능하게 된다(제11장 참조).

효과적으로 위험성 다루기(effective risking)는 상담사가 내담자에게 알려 주기 위해 시도하는 기술 또는 능력이다. 내담자를 상담사에게 오게 한 범죄 행동은 깊은 갈등의 주된 '증상'으로 볼 수 있다. 상담관계의 중요한 목표는 범죄자가 자신의 환경과 좀 더 수용적인 방법으로 관계하는 방법을 개발하도록 도와주는 것이다.

일반적인 의미에서 위험성 다루기는 많은 범죄자에게 새로운 것이 아니다. 범죄자가 범죄를 저지르려고 시도할 때마다 체포와 구속이 될 수 있는 위험성이 있다. 치료적인 의미에서 위험성 다루기란 사람의 행동과 태도를 실질적으로 변화시키기 위한 진지한 노력으로 범죄자이든 범죄자가 아니든 간에 가볍게 여기지 않고 헌신하는 것이다. 만약에 그러한 위험성 다루기가 실패한다면, 개인의 정서적 안정과 신체적 생존에 엄청난 손상으로 드러날 수 있다. 예를 들어, 1970년대 자아발견 및 참만남 집단(encounter groups)의 시기에 많은 피해자가 있었다. 확대된 소집단에서의 밀접한 친밀감과 지지를 경험한 개인들은 때때로 그들의 삶에서 급진적인 변화를 선택했다. 이러한 변화에는 직업, 결혼 그리고 삶의 다른 주요 영역들이 포함되었다. 일부의 경우에 이러한 위험성 다루기의 결과는 정서적 질병으로, 어떤 경우에는 자살로 나타났다. 다시 말하면, 평생 동안 지속되어 온 문제들이 빠르게 또는 단 한 번의 결정으로 변화되는 것은 거의 어렵다. 교도소의 범죄자들은 교정기관의 가치에 아주 밀접하게 다가갈 수는 없어서 마치 따르지 않은 것처럼 보일 수 있다고 느껴지는 추가적인 문제에 직면한다. 그들은 수용 거실에서 혹은 어떤 경우에는 잠재적으로 폭력적인 결과를 초래할 수 있는 상황에 직면해서 적절한 모습을 유지해야 한다. 위험성 다루기의 핵심은 효과적으로 위험성을 다루는 것을 배우는 것이다. 어떤 범죄자들은 그들의 행동이 어떤 결과를 초래할 것인지에 대한 생각 없이 충동적으로 행동한다. 상담사는 내담자가 자신의 행동에 대한 대가를 평가하도록 도움을 주는 시도를 해야 한다. 다시 말하면, 만약 내가 위험성 다루기를 선택한다면 그것은 나에게 어떤 대가가 있을까? 그 대가는 시간(예: 가능한 수용 기간), 돈, 좀 더 긍정적이거나 부정적인 관계, 심지어 삶과 죽음으로 측정될 수 있다. 보다 더 일반적인 의미에서 우리는 스스로에게 '우리가 삶의 선택에 대해 지불하고 있는 비용이 우리에게 그만한 가치가 있는지'를 물을 수 있다.

특별한 위험성에 대한 잠재적 대가를 평가할 때, 상담사는 세 가지의 근본적이고 존재론적인 질문을 검토하게 함으로써 범죄자가 보다 적절하고 효과적인 선택을 하도록 도와줄 수 있다. '나는 누구인가?' '나는 어디로 가고 있는가?' '왜?' 이러한 질문은 '지금-여기' 그리고 책임감 둘 다에 토대를 두고 상담의 초점을 제공한다. '나는 누구인가?'는 '지금-여기'라는 현재의 맥락에서 아직 실현되지 않은 미래의 희망과 두려움뿐만 아니라 과거의 성공과 실패에 대해 좀 더 나은 관점을 형성할 수 있도록 도움을 줄 촉매제로 제공될 수 있다. '나는 어디로 가고 있는가?'는 두 가지 질문을 시사한다. '나는 어디에서 현재의 내 자신을 보고 있는가?' 그리고 '나는 어디에서 미래의 내 자신을 보고 있는가?' 이러한 질문은 직업 및 경력과 관련한 결정을 하는 데 있어 위험성을 다루는 과정에서 범죄자를 도울 때 특별히 적용할 수 있다. '왜?'는 내담자가 자신이 결정한 선택과 자신이 취하는 위험성에 대해 더 높은 책임감과 의무감을 경험할 수 있도록 상담사가 내담자를 도울 수 있게 한다. 개인의 선택에 대한 '왜?'라는 총체적 탐색에서 상담사는 각자의 우선순위를 분명히 할 수 있도록 도울 수 있고 개인적 의미와 타인에 대한 책임의 관점에서 좀 더 정보에 입각한 결정을 내리도록 할 수 있다. 물론 이것은 종국적으로 행동으로 옮겨져야 한다. 알코올 남용자에게 장기적으로 가장 성공적인 치료는 무엇인지에 대한 논의에서, 커츠와 케첨(2002)은 "AA(익명의 알코올 중독자들)의 자명한 이치는 '몸이 가면 마음이 따라간다.'이다."라고 기록했다(p. 91). 많은 수용자에게 그들이 선고받은 교도소는 그들의 경험과 선택이 그들에게 가져다준 심리적 감옥만큼 불길한 느낌은 아니다. 과거 대인관계와 심리적 상처로 두려움과 분노에 묶여 있는 범죄자 및 법을 준수하는 사람 모두에게 감옥은 콘크리트와 쇠창살로 된 건물이기보다는 마음의 상태가 된다는 것은 사실이다. 다른 접근방법과 대응 방안을 시도할 때 지속적으로 많은 용기와 격려가 필요하다.

치료 목적과 결과(therapeutic intention and outcome)를 이해하는 것은 효과적인 치료적 관계에 필수적이며 범죄자가 더 좋은 방향으로 변화하는 것과 많은 관계가 있다. 상담사는 단기간에 마무리할 수 있는 결과의 효과성에 대해 인식하는 것에 기반을 두기보다 모델링, 공감, 진술성을 통한 행동으로 좋은 결과가 나올 수 있도록 시도하는 것에 초점을 두어야 한다. 예를 들어, 사람들이 대학에서 좋은 학점을 받거나 직장에서 승진하기를 바라는 것 이상으로 부모와 친구가 존중해 주기를 원하기 때문에 얼마나 자주 올바른 행동을 하는지에 주목해야 한다. 좋은 관계는 종종 사람들이 행동하도록 동기를 강화해 준다. 치료적 관계의 맥락에서 내담자는 관계과정의 역동성의 일부인 긍정적이고 부정적인 느낌 둘 다를 상담사에게 전달한다. 이러한 느낌에 상담사가 어떻게 반응하는지 여부는 범죄자의 잠재적 태도 변화에 상당한 영향을 줄 수 있다.

치료적 관계(therapeutic relationship)는 또한 범죄자의 삶이 공정하지 않게 보이는 시점에서 중요하다. 치료적 관계에서 지지는 범죄자가 최선을 다해도 삶이 절망스러울 때 범죄자를 지탱하게 해 준다. 반 워머(Van Wormer, 1999)가 말한 것처럼, "때때로 선생님, 사회복지사, 성직자와 같은 한 사람과의 만남 또는 한 사람과의 지지적 관계는 범죄자의 인생에 전환점을 제공해 줄 수 있다"(p. 51). 보 로조프(1999)는 "성품이 온화하고 강하며 행복한 직원은 금과 같은 가치가 있다. 진실하고 유머를 지니고 있으며 인내와 용기를 가진 사람은 비록 건물 관리의 일을 하더라도 삶의 질서가 없는 상담사보다 더 삶을 변화시킬 수 있다."라고 했다(p. 52). 팀 워드(Tim Ward)는 마더 테레사(Mother Teresa)의 업적에 대해 언급하면서, "고통받고 있는 모든 사람을 치유할 수 있다는 망상에 빠지지 말고 눈앞에 있는 일부터 시작하라."라고 상담사에게 조언했다(O'Reilly et al., 2002, p. 190).

전문가의 겸손(professional humility)은 치료와 상담의 효과성에서뿐만 아니라 치료의 성공에 중요한 역할을 한다. 사실 겸손(humality), 유머(humor), 인간성(humanity)이라는 용어는 모두 같은 뿌리에서 나왔으며 이 용어는 우리 인간이 서로에게 했던 것과 변화하려는 의지를 가진 것에 대한 책임을 받아들이는 데 있어 핵심적인 측면이다. 로어(Rohr)는 세 가지 욕구, 즉 통제하려는 욕구, 효과적이어야 한다는 욕구, 옳아야 한다는 욕구를 내려놓을 것을 제기했다(Kurtz & Ketcham, 2002). 자신의 성취에 도취하는 것은 쉽다. 특수한 범죄자에 대한 어떤 치료 유형의 성공이 반드시 다른 범죄자에 대한 치료의 성공을 의미하지는 않는다. 상담사들은 많은 사람에게 다가갈 능력을 가지고 있지만, 아무리 좋은 목적이라 하더라도 또는 아무리 잘 준비되어 있다 하더라도 모든 사람이 상담사의 노력에 반응하는 것은 아니다. 이것은 노련하고 숙련된 상담사뿐만 아니라 초보 상담사도 고려해야 하는 중요한 경고이다. 전문가의 겸손은 실패뿐만 아니라 성공에도 안정감을 유지하고 나아가는 것이다.

　교정상담사가 자신의 치료 목적과 결과를 위해 헌신하는 것은 중요하다. 즉각적인 치료 결과보다는 인내심을 가지고 지속적으로 노력하는 것이 교정의 사회복귀와 안정감을 위해 장기적으로 더 중요하다. 인생은 옳은 일을 하기 위해 노력한 사람에게 보상이나 확실한 보장을 반드시 제공하지는 않는다. 예를 들어, 사회에 잘 복귀한 것으로 보이는 범죄자 내담자가 다른 범죄를 저지르고 짧은 시간 안에 다시 구속되기도 한다. 반대로, 치료에 잘 반응하지 않는 것으로 보였던 범죄자가 형기를 종료하고 여러 가지 이유로 상당히 생산적이고 범죄를 저지르지 않는 삶을 살 수도 있다. 상담사가 내담자를 돕기 위해 자신이 할 수 있는 모든 일을 다 했지만 개입이 성공하지 못한 경우에도 후회해서는 안 된다. 만약 전문가의 겸손이 최종 분석에서 우리에게 무엇인가를 상기시킨다면 그것은 우리가 결과를 통제할 수 없다는 것이다.

교정상담의 유형

　교정환경에서 상담사는 일반적으로 ① 지역사회 상담사와 ② 기관 상담사라는 2개의 범주로 구분된다. 지역사회 상담사(community-based counselors)에는 보호관찰과 가석방 서비스 전문가, 중간처우의 집(Half-Way House) 상담사, 마약 법정과 정신건강 법정 사례관리자, 특수한 담당사례가 있는 보호관찰관 또는 가석방 담당자(예: 정신건강 내담자, 여성 범죄자, 성범죄자를 위한)가 포함된다. 재판 전 절차나 일시적인 출소자를 담당하는 분야에서 일하는 상담사도 여기에 포함된다. 또 다른 매우 중요한 전문적 자원으로는 정신건강센터, 공립학교, 고용기관, 자원봉사자, 일일보고 프로그램(daily reporting program), 알코올과 다른 약물 상담과 같은 개인 지원센터, 목회 상담사 그리고 종교에 기반을 둔 기관과 조직이 포함된다.

보호관찰은 소년 범죄자와 성인 범죄자에게 형을 선고하여 교정기관에 구속하는 것의 대안으로 가장 많이 활용되고 있다. 기본적으로 보호관찰은 범죄자를 구속하지 않고 지역사회 치료 또는 다른 교정 프로그램을 의무적으로 수강하게 하고 있다. 보호관찰관은 법원에 의해 지역사회에 기반한 명령(예: 지역사회 봉사활동, 가택연금 등)을 받은 범죄자를 관리하고 감독하는 책임을 가진다.

가석방 담당자는 교도소에서 가석방으로 출소한 범죄자를 감독하고 모니터한다. 구속되기 전의 범죄자를 관리하는 보호관찰관과 달리, 가석방 담당자는 일정 기간 구속되었다가 출소한 범죄자와 함께 일한다. 가석방 담당자의 일부는 석방 전에도 범죄자의 사회복귀를 준비하기도 한다.

보호관찰과 가석방에 대한 치료와 상담기능이 최근에 증가하고 있다. 예를 들어, 보호관찰과 가석방 담당자는 위험성과 욕구를 평가하기 위한 초기면담을 실시해야 하는 경우도 있고(제7장 참조) 정신건강, 외상, 물질남용 문제에 대해 평가도 한다. 게다가 많은 보호관찰과 가석방 담당자는 분노관리와 건강관리, 인지기술, 생활기술과 같은 주제에 관한 인지행동치료 집단을 지도해야 한다(제8장과 제9장 참조). 마지막으로, 보호관찰과 가석방 담당자는 보호관찰 대상자와 가석방된 사람이 법원이 명령한 조건을 준수하는지 모니터링하고 평가해야 할 책임이 있다. 만약 범죄자가 석방 조건을 준수하지 않는다면, 보호관찰과 가석방 담당자들은 이러한 범죄자에 대해 취소하는 절차(예: 보호관찰과 가석방 조건의 위반에 대응하는 과정)에 들어가야 한다.

보호관찰과 가석방 담당자의 역할이 어느 정도 대립적일 수 있다는 점에 주의하는 것이 중요하다. 이러한 전문가들은 공공의 안전을 다루는 역할과 범죄자의 사회복귀와 재통합을 다루는 역할을 조화시켜야 하는 문제에 직면해 있다(Purkiss et al., 2003). 다시 말하면, 보호관찰과 가석방 담당자는 공공의 안전을 확보해야 하고 동시에 내담자를 도와줄 것을 요청받는다. 이 이중역할에서 하나의 문제는 상담사와 내담자의 비밀보장이다. 만약 범죄자들이 자신의 보호관찰/가석방 담당자가 보호관찰과 가석방 조건을 조사하고 집행한다는 것을 알게 되면 진실한 신뢰관계를 구축할 수 있는 가능성은 유의하게 낮아질 수 있다. '치료 대 보안'의 비밀보장 딜레마는 모든 교정상담사가 어느 정도 공유하고 있는 갈등이다.

기관 상담사(institutional counselors)와 치료 전문가에는 초기평가 직원, 기관가석방 담당자, 심리학자, 정신의학자, 사회복지사, 상담사, 사례관리자, 목사, 교육자, 직업지도사, 레크리에이션 전문가 등이 포함된다. 이 전문가들은 수용자의 욕구에 따라서 다양한 수준으로 수용자와 함께 일한다. 그러나 대부분의 수용자는 구속 기간 동안 상호작용할 수 있는 상담사(때때로 교도소 사례관리자 또는 기관 가석방 담당자라고 불리는)가 배정된다. 지역사회 상담사와 마찬가지로 기관 상담사도 범죄자를 감독하고 모니터하는 책임이 있다. 그러나 기관 상담사는 다음과 같은 많은 다른 중요 임무를 수행한다.

1. 수용자 적응 문제를 모니터하고 평가한다.
2. 위험성과 욕구를 평가하고 교정기관의 구금 평가를 관리한다.
3. 수용자의 사회복귀를 위해 가장 유익한 것으로 간주되는 개입방법을 개발하고 추천한다.
4. 수용자 문제에 대하여 상담하고 조언하며 그들의 진행과정을 모니터하고 평가한다.
5. 수용자의 가족과 소통하고 교정기관 외부에 형성된 유대감을 유지시키기 위해 지역사회와 접촉한다.
6. 수용자의 교도소 출소 이후 지역사회 재진입(re-entry)을 위한 계획을 세운다.

이에 더해 상담사는 가석방 위원회에 제출할 보고서를 준비하고 수용자 출소와 관련하여 권고를 한다. 더 중요하게, 상담사는 수용자가 교정기관에서 지역사회 생활로 옮기는 데 결정적인 역할을 한다. 예를 들어, 상담사는 출소에 따른 석방 계획을 제출하고 출소하는 수용자의 개인적 욕구에 맞는 지역사회 프로그램에 의뢰될 수 있다. 이상적으로, 기관과 지역사회 상담사는 수용자가 교정기관에서 지역사회로 좀 더 쉽게 옮길 수 있도록 서로 협력하여 노력해야 한다.

수용자의 삶에서 종종 중요한 역할을 하는 다른 기관 상담사는 교정기관 목회자이다. 목회자는 예배와 장례식을 인도하고, 문제 수용자를 상담하며, 가족들의 슬픈 소식을 수용자에게 전해 주고, 가석방자를 지역사회 종교인 혹은 신앙에 기반한 자원과 연결하여 도와주는 등의 많은 일을 한다. 그러나 목회자의 가장 중요한 일은 수용자들이 교도소 생활의 스트레스를 견뎌 낼 수 있도록 도와주는 것이다.

교정기관에는 네 가지 기본 범주의 치료 프로그램이 있다.

1. 교육
2. 레크리에이션
3. 상담/사례관리
4. 심리치료

교도소에서 일하는 교육전문가(educational specialists) 또는 일반적인 교정 교육자는 잠재적 학생집단이 이상과 차이가 있다는 어려움에 직면한다. 집단으로서 범죄자는 상당한 실패의 기록을 가지고 있다. 게다가 소년 범죄자(Hodges, Guiliotti, & Porpotage, 1994)와 성인 범죄자(Kirsch et al., 1993) 둘 다 자신들의 대응관계에 있는 일반 인구에 비해 글을 읽고 쓸 수 있는 능력이 낮다. 주류 교육제도 내에서 많은 범죄자의 실패는 주로 확인되지 않고 언급되지 않은 학습장애의 결과이다(Corley, 1996; Parkinson, Dulfano, & Nink, 2003). 연구에서는 수용자들의 불충분한 교육과 수용 이전의 고용이 관련되어 있음을 밝히고 있다(Whitehead, Jones, & Braswell, 2008). 한 연구에 의하면, 상당히 많은 비율의 수용자들이 체포되기 이전에 직장이 없었거나 파트타임으로 일을 했다. 이에 더해 이들의 70%는 연 수입이 15,000달러 이하로 보고되었다(Harlow, 2003).

불행하게도, 전통적인 교육적 접근은 대부분의 범죄자에게 효과가 없고 수용자에게 적절한 기관 프로그램 혹은 교육 프로그램을 연결하는 것은 교정 교육자에게 상당한 도전으로 다가온다. 하지만 이러한 교육적 도전을 만족시킬 수 있다면 사회에 큰 유익을 가져다줄 것이다. 연구에서는 교육 프로그램에 참석한 수용자의 재범률이 더 낮은 것(예: Parkinson et al., 2003; Phipps et al., 1999; Ryan, 1995; Steurer & Smith, 2003; Wilson, Gallagher, & MacKenzie, 2000 참조)과 그들이 지역사회에 더 잘 적응하는 것(McCollum, 1994)을 지속적으로 보고하고 있다.

그렇지만 미국교정협회(American Correctional Association, ACA)와 교정교육협회(Correctional Education Association, CEA)와 같은 많은 국립기관에서는 교도소 내에서 이용할 수 있는 교육 기회에 많은 결함이 있음을 주목하고 교정교육 범위 내에서 지속적으로 변화를 모색하고 있다. 예를 들어, 유엔 경제사회 이사회(United Nations Economic and Social Council, UNESC)는 다음을 포함한 교정교육 기준을 인준했다.

1. 모든 수형자는 교육을 받을 수 있어야 한다.
2. 모든 수형자는 읽고 쓸 수 있는 프로그램과 직업훈련, 창조적 · 종교적 · 문화적인

활동, 레크리에이션 교육과 활동, 사회교육, 고등교육과 같은 기본교육, 도서관 시설을 이용할 수 있어야 한다.
3. 교도소 교도관과 관리자는 가능한 한 많은 교육을 활성화하고 지원해야 한다.
4. 승인된 공식 교육 프로그램에 참가한 수형자에게 불이익을 주어서는 안 된다.
5. 가능하다면 교도소 외부의 교육에도 수형자가 참석하도록 해야 한다.
6. 교도소 내에서나 외부의 지역사회에서 교육이 개최되면 충분히 참여할 수 있도록 해야 한다.
7. 직업교육은 개인이 좀 더 크게 발전하는 데 목표를 두어야 하며, 노동시장의 흐름에도 민감해야 한다.
8. 수형자는 스스로 개발하고 표현할 수 있는 특별한 잠재력이 있기 때문에 창조적이고 문화적인 활동에 중요한 역할을 부여해야 한다.
9. 수형자의 사회적·경제적 그리고 문화적 배경을 고려해야 하며, 교육 기회는 전인적 인간으로 성장하는 것에 목표를 두어야 한다(National Institute of Correctional Education, 2004).

이 기준의 뒷부분은 수용자들에게 가능한 한 많은 교육 기회를 제공하여 잠재력을 충분히 발휘하고 '전인적' 인간으로 성장할 수 있도록 허용하는 것의 중요성을 인정하고 있다. 그러나 교육의 기회를 제공하는 것만으로는 충분하지 않다. 많은 수용자는 사회가 자신들을 더 이상 투자 가치가 없는 실패자로 본다고 믿으며, 그렇기에 그들의 성공은 교정 교육자 또는 다른 치료 전문가와 형성하고 있는 관계에 달려 있다. 내담자와 상담사의 관계처럼, 범죄자와 교육자의 관계에서 나오는 대인관계 기술이 종종 성공과 실패를 결정한다(Dennison, 1969; van Wormer, 1999). 특히 교정환경에서 교육자의 태도는 학습에 전념하도록 하는 수용자의 의지를 '성공으로 혹은 실패로' 이끌 수 있다. 만약 선생님이 판단적이면, 그 제도에서 형성된 전형적인 인식과 경험을 반영하는 '선고받은 죄인'이라는 모티브를 수용자에게 쉽게 강화한다. 만약 선생님이 격려하고 영감을 준다면, 상당히 많은 수용자가 친절하게 반응할 가능성이 커진다. 느낌과 직관, 비판적 사고기술과 지식, 상상력, 창조성 그리고 경이로움은 새로운 방법으로 학습하고 자기 자신을 경험할 수 있도록 수용자를 격려하는 중요한 요소들이다(Braswell & Whitehead, 2002; Moriarty, 2008; [그림 1-1] 참조).

저자 중의 1명은 자신의 감독을 받고 있는 나이 든 수용자가 있었다. 문제의 그 수용

그림 1-1 주립 교도소 수용자들이 GED(고등학교 학력과정) 시험 자료를 공부하고 있다.

출처: AP Photo/Greg Wahl-Stephens.

자는 기능적으로 문맹이지만 기본교육 과정에 참여하기를 거부하였다. 몇 주 동안 이 도전에 대해 곰곰이 생각한 후, 상담사는 그 수용자가 읽고 쓰는 학습을 시작할 수 있는 동기강화 방법을 찾아냈다. 상담사는 그 수용자가 텔레비전 스포츠 뉴스에서 얻은 타율, 승패 기록 그리고 다른 스포츠 통계를 인용하기 좋아하는 스포츠광인 것을 파악하고 기본교육 프로그램의 성공적인 이수를 조건으로 수용자 소식지의 스포츠 분야 편집 조수로 일하는 것을 제안했다. 그 수용자는 과거에 완강하게 저항했던 것을 열정적으로 시작했다. 결과적으로, 그 수용자는 기본교육을 완료하고 다른 교육과정을 지속하고 있다.

레크리에이션 프로그램(recreation programs)은 다른 치료 프로그램에 비해 분명한 장점이 있다. 예를 들어, 레크리에이션 프로그램에 참여하고 배우기 위해 읽고 쓰는 능력을 갖추지 않아도 된다. 심지어 신체적 장애가 있는 범죄자도 예술과 공예, 음악, 테이블 게임과 같은 다양한 레크리에이션 활동에 참여할 수 있다. 교정기관의 레크리에이션과 관련한 중요한 문제는 하나의 인식만 가지고 있는 것이다. 너무나 빈번하게 교정기관 레크리에이션 전문가는 소프트볼, 농구, 역도와 같은 전체 수용자의 극히 일부에게만 의미 있는 몇 개의 레크리에이션 활동을 조정해 주는 운동선수의 '코치'에 지나지 않는다.

교정기관의 레크리에이션 프로그램에서만큼 '치료 대 보안'의 딜레마가 강조되는 곳도 없다. 만약 교정기관이 다양하고 종합적인 레크리에이션 프로그램을 실시하지 않으면, 수용자들은 상당히 많은 시간을 게으름을 피우면서 보낼 것이고, 긴장과 좌절을 해소할 수 있는 적절한 출구를 찾지 못할 것이다. 물론 그러한 상황은 성적인 폭력에서부터 개인적인 우울증에 이르기까지 수용자들 간에 육체적이고 감정적인 갈등의 증가를 초래할 수 있다. 대신에 교정기관이 다양하고 종합적인 레크리에이션 프로그램을 운영한다면, 효용성뿐만 아니라 아마 새로운 문제들도 생길 것이다. 보다 많은 레크리에이선 프로그램과 활동은 보다 더 복잡한 스케줄 조정이 필요하다. 수용자 식사, 작업 지정, 교육 프로그램 그리고 기관생활의 다른 측면들이 레크리에이션 활동과 결합하여 무리 없이 운영되어야 한다. 또 다른 염려는 레크리에이션 활동의 보안에 대한 것이다. 부적절하고 비효과적인 감독은 최악의 치료와 보안 문제를 초래할 수 있다.

교정에 영향을 미치는 상당히 많은 개혁이 레크리에이션과 관련된 프로그램에서 일어났다. 아웃워드 바운드(Outward Bound)와 치료적 자연 프로그램(therapeutic wilderness program)이 구속된 청소년 범죄자들에게 도입되었다(Castellano & Soderstrom, 1992). 이 프로그램은 보통 1~2주 동안 힘든 야외 활동을 제공하는데, 청소년들이 참여하는 프로그램은 다음과 같다.

1. 신체 활동(예: 달리기, 하이킹)
2. 기술훈련(예: 생명구조, 홀로 생존하기)
3. 안전훈련
4. 팀훈련(예: 구조, 소방 활동)

이 프로그램의 중요한 측면은 청소년들에게 그들이 할 수 있다고 생각하는 것보다 더 많은 것을 할 수 있는 역량이 있다는 것과 다른 사람을 신뢰하고 돕는 것을 배울 수 있도록 가르치는 것이다.

치료로서의 운동은 정신건강과 교정치료 프로그램에서뿐만 아니라 일반 대중에게도 점점 관심이 증가하고 있다. 격렬한 신체적 운동은 청소년과 알코올 또는 다른 약물에 중독되어 있는 개인에게 긍정적인 심리적 효과가 있는 것으로 나타났다(Buffone, 1980).

상담과 사례관리(counseling and case management)의 기능과 과정(이 책의 나머지 주제)은 기관과 다른 프로그램의 활동들이 가능한 한 순조롭게 운영되도록 하는 응집력을 제공한다. 전통적으로, 상담사들은 다양한 종류의 문제(예: 약물 남용, 성범죄, 문제 해결, 분노관리 그리고 자살 방지)와 관련된 개인상담 및 집단상담 회기를 진행하며 작업한다. 공식적·비공식적으로 좀 더 중요하게는 상담사들이 '위기 개입자'로서의 역할을 한다. 불안과 우울이 있는 신입 초범에서부터 가석방이 취소된 수용자에 이르기까지 상담사는 다양하고 복잡한 대인관계 상황을 조정해야 한다. 상담사는 범죄자가 대인관계에서의 좌절과 악화를 최소화하면서 기관에서 적응하고 기능할 수 있도록 도와주기 위해 노력한다. 효과적인 치료 또는 사회복귀는 많은 도전이 있는 맥락에서 발생한다. 예를 들어, 일반적인 위기개입과 유지기능에 비해 치료가 부차적일 경우가 종종 있다. 이에 더해 어떤 범죄자는 진정으로 변화하기를 원하지만 다른 범죄자는 변화를 원하지 않는다. 어떤 범죄자는 자신의 삶이 좀 더 긍정적이고 의미 있는 삶을 계획하고 싶은 시점에 도달해 있다. 반면에, 다른 범죄자는 자신의 범죄 경력을 편안하게 생각하고 교정시설에서의 자신의 상황에 대해서 그리고 가능한 한 빨리 출소할 기회를 위해서 도움받을 수 있는 수단으로 상담에 참여한다.

심리치료(psychotherapy)와 대비되어 교정상담의 용도는 지속적으로 논쟁의 쟁점이 되어 왔다. 기법의 배경 이론에 따른 두 개의 흐름(예: 심리치료로서의 정신분석)에서 차별성과 관련한 논쟁이 제기되어 왔다. 이는 정서장애와 정신병리(즉, 심리치료가 요구되는 좀 더 심각한 장애)의 정도, 임상 업무 환경(예: 의료적 혹은 교육적), 교육과 훈련의 전문적 수준(예: 정신의학 M.D.는 심리치료사, 심리학자 Ph.D. 혹은 Psy.D.는 심리치료사, 상담심리학자 M.A.는 상담사)과 관련되어 있다. 일반적으로, 심리치료사는 박사학위를 소지하고 있다(의학박사, 철학박사, 심리학박사). 그러나 보다 더 근본적인 의미에서 상담이 어디에서 끝나고 심리치료가 어디에서 시작하는지를 결정하는 것은 대부분 어렵다. 특히 교정환경처럼 대부분의 치료사가 M.A.(문학석사) 학위가 있는 상담사 혹은 M.S.W.(사회복지 석사) 학위가 있는 사회복지사이기 때문이다. 이것은 약을 처방할 수 있고 정신의학과 레지던트 과정을 마친 정신과 의사 M.D.와 문학석사인 M.A. 수준의 상담사 사이에 차이가 없다는 의견은 아니다. 두 사람 사이에는 분명하고 중대한 차이가 있다. 이것은 현실을 지적하려는 시도가 아니라 범죄자가 이용할 수 있는 상담 또는 심리치료를 제공하는 대부분의 기관과 단체의 임상치료 전문가들이 석사학위 수준의 훈련을 받은 전문가라는 점이다.

범죄자 상담과 치료의 효과

범죄자 상담과 치료 효과에 관해 전문가와 연구자들 사이에 상당히 많은 논쟁이 있었다. 그러나 범죄자 상담이 효과적인지의 여부는 '효과적'이라는 용어에 어떤 의미를 부여하느냐에 따라 크게 좌우될 수 있다. 어떤 사람에게는 효과적인 상담과 치료란 범죄자가 지역사회 밖으로 돌아가서 다시 적응할 수 있도록 준비하는 것과 관계없이 교도소 내의 일상생활을 순조롭게 유지하는 것이다. 다른 사람에게 효과적인 치료 프로그램은 재정적인 비용 면에서 가장 저렴하게 프로그램을 실행하고 유지하는지의 여부와 동일시한다. 마지막으로, 많은 정책입안자, 일반 시민 그리고 교정 전문가들은 재범의 감소를 효과성에 대한 측정 기준으로 제시한다.

개인의 관점에 관계없이, 범죄자 치료 프로그램의 역할, 기능, 성공의 정도는 사회복귀, 지역사회 재통합(Andrews & Bonta, 2010; Cullen & Gendreau, 2000; Cullen, Wright, & Applegate, 1996; MacKenzie, 2006; Lipsey, 2009; Palmer, 1992; Smith, Gendreau, & Schwartz, 2009) 그리고 회복적 사법(Van Ness & Strong, 2015)에 중점을 두는 것에서부터 만약 있다면 교정상담과 치료 프로그램에 거의 의존하지 않는 범위에 이르기까지 논쟁의 여지가 고조되고 있는 영역으로 나타나고 있다(Dilulio, 1991; Farabee, 2005; Gaes et al., 1999; Whitehead & Lab, 1989).

범죄자 치료의 효과성을 측정하기 위해 많은 접근이 시도되었다. 가장 높이 평가받는 접근은 장기간 및 치료 후와 추후 측정이 있고, 비교집단을 사용한 실험설계이며, 심리적 결과 측정에서 성격 또는 태도의 변화를 포함한다. 이러한 접근을 검토함에 있어 가장 적합한 평가기법은 양적 방법론을 사용한 것이다(Van Voorhis, 2006). 가장 뛰어난 평가 방법론 중 하나는 메타분석 통계기법을 이용한 것이다. 메타분석(meta-analysis)은 많은 연구를 통해 요약 결과를 제공하는데, 여러 개의 연구 표본을 하나의 큰 표본으로 조합해서 모든 혹은 특정 유형의 프로그램 양식에 대한 효과성을 측정하여 요약통계량(효과 크기)를 산출한다. 메타분석은 낮은 기저율과 작은 표본크기 등을 포함하여 많은 개인연구의 방법론적 문제를 수정했다(Lipsey & Wilson, 2001). 이 책 뒷부분에서 볼 수 있듯이, 일련의 메타분석은 범죄자에 대한 행동주의적·사회학습적·인지행동적 개입의 효과성에 대해 강력한 권고를 제공한다(예: Andrews et al., 1990; Lipsey, 1992, 2009; MacKenzie, 2006; Sherman et al., 1997).

의심할 여지없이, 전문가와 연구자들은 프로그램 평가기법의 장점에 대해 지속적으로 논쟁할 것이다. 그들은 또한 교정상담과 치료 프로그램의 효과성에 대한 의문을 제기할 것이다. 그러나 많은 전문가와 연구자들 사이에서 효과적인 상담과 치료 프로그램을 구성하는 요소에 대해 전반적인 합의가 있는 것으로 보인다. 이 요소들은 다음을 포함한다.

1. 자신의 삶에서 다른 범죄자와의 접촉 및 친사회적 영향의 단절로 피해를 입은 저

위험 범죄자보다 고위험 범죄자에게 집중적으로 개입(제7장 참조)

2. 행동적 및 인지행동적 개입의 사용(제4, 8, 9장 참조)

3. 직원들이 프로그램 설계와 전문적 기준을 준수하는 높은 수준의 치료 완전성과 프로그램의 질(제16장 참조)

4. 반응성 원칙과 관련되는 범죄자, 치료자, 프로그램의 특성을 매칭하는 방법(제7장 참조)

5. 건강관리, 교육, 직업, 레크리에이션, 정신건강, 물질남용 전문가들이 범죄자에게 개입하는 데 있어 그리고 친사회적이고 생산적인 행동을 증진시키는데 있어 종합적이고 통합적으로 접근하면서 함께 작업하는 협력적인 치료 공동체

6. 의미 있는 치료와 관련된 프로그램을 개발하고 실행할 수 있도록 적절한 자원과 기회를 제공해 주는 행정적 및 제도적 지원

7. 기관과 지역사회 둘 다에서 개인적 책임성과 적절성을 강화할 수 있는 다양한 실천적인 생활기술과 치료 경험

8. ① 어떤 프로그램이 효과가 있고 어떤 프로그램은 효과가 없는지 확인하고 이해하기 위해, ② 효과적인 프로그램의 강점과 약점을 모니터하기 위해, ③ 개선할 수 있는 기회를 확인하기 위해 프로그램을 평가함

9. 교정시설에서 공식적 단계의 치료 프로그램이 종결되면 지역사회에서 범죄자에게 도움을 줄 수 있는 재발방지 전략 수행

10. 적합한 교육 자격증을 취득한 잘 훈련된 치료 직원

결론

교정상담사는 범죄자 프로그램을 위해 지역사회에 기반을 두거나 기관에 기반을 둔 둘 다가 포함된다. 교정상담사 업무의 본질은 안전과 치료 기능 둘 다를 포함한다. 이러한 기능들이 종종 서로 충돌한다는 사실은 상담사에게 좌절감을 줄 수 있다. 그렇기는 하지만, 교정상담사의 주된 목표는 교도소 적응, 수용자 사회복귀, 미래 범죄의 위험성, 물질남용, 외상, 가족 걱정, 정신건강 그리고 고용에 대해 다루기 위해 치료적으로 개입하는 것이다.

범죄자 상담의 범위와 목적은 교정환경에서 일하기로 선택한 상담사가 지속적으로

창조적 에너지를 발달시키고 도전해 나가는 전문가적인 전문 지식과 책임감의 역동적 범주를 포괄한다. 그리고 성공적인 상담사는 좋은 의사소통 기술과 범죄자를 변화시킬 수 있는 동기강화 능력을 지닌다. 이러한 기술은 공감, 내담자의 걱정을 반영적으로 듣는 능력 그리고 내담자의 행동이 그들의 희망과 목표를 어떻게 방해하는지 발견하도록 돕는 숙련된 능력을 사용할 수 있는 것이다. 성공적인 상담은 또한 현실적이고 계획적인 방법으로 변화의 과정과 전망에서 '위험성'에 대해 내담자를 도와주는 것을 포함한다. 치료 목적을 이해하는 것은 필수적이며, 상담사의 헌신과 좋은 모델링, 공감, 진술성이 포함된다. 마지막으로, 상담사에게 요구되는 전문가의 겸손은 어떤 범죄자는 변화하지만 어떤 범죄자는 변화하지 않으며, 대부분의 범죄자가 목표를 성취하고 실패하는 일련의 과정을 통해 나아갈 것이라는 점을 이해하고 받아들인다.

치료 효과성에 대한 지속적인 논쟁은 어떤 유형의 상담과 사회복귀 프로그램이 일부 유형의 범죄자를 변화시키는 데 실제로 효과적임을 보여 주는 많은 인상적인 연구에 의해 해결되고 있다. 그러나 성공적인 프로그램은 상당한 정도의 전문성, 높은 질, 기본적인 프로그램 설계에 대한 충실성이 나타나야 한다.

토론 질문

1. 교정현장 외부의 다른 상담사는 다루지 않아도 되지만 교정상담사가 직면해야 하는 도전은 무엇인가?
2. 교정상담사나 치료자가 반드시 갖추어 할 필수적인 능력은 무엇인가?
3. 동기강화면담은 무엇이며 이 방법이 왜 범죄자에게 도움이 될 수 있는가?
4. 젠더 반응성(gender-responsivity)이 의미하는 것은 무엇이며 어떻게 나타날 수 있는가?
5. 의사소통의 여섯 가지 기본요소는 무엇이며, 그것이 2번 질문의 능력과는 어떤 관계가 있는가?
6. 범죄자의 다양한 민족적 · 문화적 특성에 교정상담사가 좀 더 민감하게 반응할 수 있는 네 가지 방법은 무엇인가?
7. 교정상담과 치료팀의 일부로서 교육과 레크리에이션 전문가의 중요한 역할에 대해 논의하라.

제 **2** 장

교정시설의 교정상담사가 직면하는
특별한 도전에 대한 이해

윌리엄 N. 엘리엇(William N. Elliott) & 제프리 L. 쉬링크(Jeffrey L. Schrink)

주요 용어

소진 예방	대인 간의 경계
인지행동개입	다문화
협력적 관계	긍정적 동료 문화
추가 정보	권력과 통제
상황적 요구	권력투쟁
상담원칙	재설정
상담기법	재구성
범죄적 생활양식	치료에 대한 저항
범죄적 성격	책임전환
위기개입	특수한 욕구가 있는 범죄자
이중관계/다중관계	고정관념
윤리적 딜레마	자살예방
자민족중심주의	사고오류
집단상담	치료 대 보안의 이중성
'지금−여기' 방식	

다음 글은 23세의 범죄학 전공 졸업생이 주립 청소년 교정시설에서 교정상담사로 일한 첫 90일을 간략하게 기록한 것이다.

상담사는 카운티 시설에서 청소년들과 함께 동료상담을 실시하기 위해 한 집단의 청소년 범죄자들을 근처 카운티 소년원으로 데려갔다. 토론하는 도중에 상담사는 그 카운티에 구금된 10세의 허약해 보이는 소년 뒤로 다가가 소년의 어깨에 손을 올렸다. 그 소년은 공포에 질려 소리를 지르며 집단실 구석으로 달려가 태아처럼 웅크린 자세로 있었다.

이 일을 시작한 지 겨우 6주밖에 되지 않은 상담사는 소년원의 부원장에게 가서 그 소년 범죄자가 유치장에서 조기 석방될 수 있도록 고려해 주기를 강력하게 요청했다. 그다음 주에 부원장은 상담사에게 그 소년이 지역 영화관에서 다른 범죄자들과 함께 영화를 보는 도중에 한 여성의 지갑에서 담배 한 갑을 훔쳤다는 정보를 제공했다. 이 절도사건은 다른 범죄자들이 영화관에 가는 기회를 위태롭게 하였다.

상담사는 오리엔테이션 교육을 받은 후 원장으로부터 2명의 소년범과의 면담을 몰래 녹음하라는 지시를 받았다. 원장은 그 수용자들이 '믿을 만한' 사람으로 여겨지는 성인 수형자와 성적 접촉을 했다고 믿었다.

상담사가 자신의 직책을 맡은 지 2개월 후에 한 동료가 교정부의 다른 부서로 전출을 갔다.

이로 인해 신입 상담사에게 2건의 담당사례와 함께 총 100명의 범죄자 및 이들과 관련된 입소내용 요약, 진행보고, 전화 연락, 지지상담, 위기개입, 분류 팀과의 회의 등 모든 책임이 남겨졌다.

이 글에 등장하는 신입 상담사는 최근에 석사학위를 받고 일을 시작했으며 이 장의 제2저자에게 도움받고 있는 제1저자로 남성 비행범죄자들을 위한 주립 교정시설에서 상담사 직책을 임명받았다. 각 상황은 필요할 수는 있지만 고통스러운 학습 경험을 제공해 주고 있을 뿐만 아니라 교정상담사가 직면하는 특수한 도전에 대해 생생하게 묘사해 주고 있다. 첫 번째 사례에서 상담사는 기본 상담원칙(counselling principles)과 기술(thechniques)이 범죄자 치료(아버지에게 성학대 피해를 입은 청소년의 경우)에 전적으로 미흡했음을 알 수 있었다.

두 번째 글에서 상담사는 너무 늦게 치료에 대한 저항(resistance to treatment)의 교묘한 형태인 '환심 사기(ingratiation)'(Elliott & Verdeyen, 2002)의 희생자가 되었다는 것을 알게 되었다. (그 범죄자는 상담사가 자신의 아버지가 되어 주기를 바란다고 상담사에게 말했다. 이것은 그 청소년이 상담사에게 너무 많은 사랑을 받게 되어 다른 범죄자처럼 프로그램 성취에 책임을 갖지 않도록 하였다.) 세 번째 예시에서 상담사는 교정상담에 내재하는 여러 윤리적 딜레마(ethical dilemmas) 중 첫 번째(내담자 비밀유지)에 직면하였다. 마지막 시나리오에서 상담사는 교정상담사가 직면하는 많은 상황적 요구(contextual demands)의 두 가지, 즉 과도한 서류업무와 함께 엄청난 담당사례로 시달리게 되었다.

예비적 고려

이전에 언급된 네 가지 특별한 도전을 검토하기 전에, 이 장의 목표를 위해 교정상담을 정의하는 것이 중요하다. 교정상담은 교정환경에서 제기되는 특별한 문제를 다루기 위해 전문적으로 준비된 상담자와 범죄 또는 비행 행동으로 유죄가 입증되었거나 교정시설에 입소한 내담자 간의 집중적이고 목적적으로 상호작용하는 과정이라고 저자들은 이해하고 있다. 교정상담사의 학문적이고 경험적인 자격이 관할에 따라 다양하다 할지라도, 대부분의 교정부서는 범죄학/응용범죄학 또는 사회과학이나 행동과학에서 최소한 학사학위 수준을 요구한다. 추가적으로, 상담이나 관련 분야에서 적절한 경험 또는 석사학위를 가진 개인들이 들어올 수 있도록 보다 더 높은 수준의 직업 분류가 개발되고 있다. 교정상담사로 일하는 개인들의 수준은 자신의 업무를 진지하게 다루는 헌신적인 고도의 전문가에서부터 단지 급료를 받기 위해 시간을 채우는 개인에 이르기까지 전체적으로 다양하다.

원칙과 기술

　교정상담사를 시작할 때 종종 전통적인 상담기법(counselling techniques)에 대해 배운 모든 것을 잊어버리도록 권유받는다. 전통적인 상담전략은 부적절할 수 있고 범죄자에게 조종당하기 쉽기 때문에 배제되었다. 저자들은 기본적인 상담방법이 본질적으로 유용하지 않고 비효과적이라는 생각에 동의하지 않는다. 오히려 전통적인 상담원칙과 기술은 범죄자 집단에 적절한 특수한 방법으로 적용되어야 한다. 예를 들어, 상담개입이 성공하기 위해서는 상담사와 내담자 간의 온화함과 협력적 관계(collaborative relationship)가 필요하다는 것에 대부분 동의하고 있다. 이것은 교정상담에서도 마찬가지이다. 그러나 교정상담사는 무책임한 결정과 행동으로 결국 투옥이 된 범죄자와 직면하면서 관계를 구축해야 한다. 실제로 글래서(Glasser, 1965)는 교정상담사의 기본적 업무는 범죄자와 관련된 것이기 때문에 그들이 현실을 직면하도록 촉구하는 것이라고 주장하였다.

　범죄자와 의미 있는 관계를 구축하는 것의 중요성은 아무리 강조해도 지나치지 않는다. 마이어스와 잭슨(Myers & Jackson, 2002)은 상담사로서 개인적 개입이 없으면 범죄자와 유의미한 관계 형성은 있을 수 없으며, 상담은 범죄자의 관심을 얻지 못할 것이라고 주장했다. 그러나 이러한 관계의 적절성을 논의하는 데 있어 대인 간의 경계(interpersonal boundaries)에 대한 개념을 도입하는 것이 중요하다. 경계는 개인을 그들의 욕구, 느낌, 정서적 건강, 개인적인 관심 그리고 다른 인간적인 문제들에 따라 분리하는 보이지 않는 선이다. 상담사는 대인 간의 경계를 그것들의 적절성에 따라 검토한다. 예를 들면, 낯선 사람이 우리 생활의 사적인 세밀한 부분에 대해 묻는 것은 부적절할 수 있다. 그러나 이러한 토론이 배우자와 함께 하는 것이라면 부적절하지 않고 일반적이다. 유사하게, 부모가 자녀에게 권한을 행사하는 것은 적절하지만, 그러한 권한을 다른 성인에게 행사하는 것은 적절하지 않다. 상담사는 또한 내담자와의 적절한 경계를 신중하게 유지해야 한다. 내담자와 치료적 관계를 발전시키는 것은 적절하지만 성적으로 친밀한 관계를 발전시키는 것은 부적절하다.

　불행하게도, 많은 교정상담사는 범죄자와 과도하게 정서적으로 개입하는 것을 두려워하기 때문에 그들과 개인적인 관계를 구축하는 것을 주저한다. 실제로 범죄자와 개인적 경계를 관리하는 것은 조종과 이용당하는 것을 예방하는 것 등의 여러 가지 이유로 중요하다(Elliott & Verdeyen, 2002). 그러나 신뢰할 수 있고 개방적인 작업관계에서는 정서적 과잉개입이나 빈약한 경계관리를 동일하게 간주하지 않는다. 이와 반대로, 상담사와 수용자 간의 협력적 관계는 성공적인 상담에 필요한 선결요인(precursor)으로 여겨진다(Harris, 1995). 상담관계 또는 치료적 동맹은 치료에서 긍정적인 결과와 관련이 있음을 체계적으로 보여 주고 있다(Drapeau, Korner, & Brunet, 2004).

전통적인 상담에서는 다른 사람과의 행동, 그들이 살고 있는 세상 그리고 이러저러한 것들과 관련된 끝없는 주제들에 관하여 범죄자의 불평에 대해 질문하고 듣는 것에 많은 시간을 소비한다. 저자들은 범죄자의 문제를 길게 조사하는 것은 생산적이지 않다고 주장한다. 현재 문제의 선행요인에 대해 범죄자의 과거를 탐색하는 데 가치 있는 시간과 에너지를 희생하는 상담사는 범죄자의 행동에서 더 가능성 있는 원인을 간과할 수 있다. 즉, 이것이 범죄자의 반사회적 행동을 지지하고 유지하고 있는 것에 대한 전형적인 '지금―여기' 방식('here and now' style)의 사고이다(Walters, 1990). 게다가 불평은 보통 실제로 토론할 필요가 있는 문제들에 관해 이야기하는 것을 회피하기 위한 노력이다. 저자들은 이러한 과거력 조사가 성과가 없을 뿐만 아니라 때로는 역효과가 있다고 제안한다. 더 나아가 이러한 질문은 범죄자에게 자신의 범죄성에 관한 더 많은 변명 또는 합리화를 제공한다.

저자들은 범죄자 치료를 제공하기 위해 선호되는 방식으로 집단상담(group counselling)을 강하게 지지한다. 집단은 범죄자의 현재 상황 및 이슈와 관련될 수 있는 다른 개인들과의 상호작용을 통해 풍부하게 수집된 새로운 정보를 범죄자에게 제공한다. 이에 더해 집단은 어딘가에 내재화의 가능성이 있는 외부 피드백 메커니즘(범죄자들이 서로에게 도전할 수 있는)을 만든다(Walters, 2001). 또한 집단 내에서의 작업은 동료집단의 압력과 영향이 본질적으로 치료적이기 때문에 중요하다(Vorrath & Brentro, 1985). 게다가 집단 구성원들은 그들의 동료들로부터 변명을 받아 주는 것에 일반적으로 거부적이고, 동료들에게 직설적으로 피드백을 제공하는 것에 대해 부끄러워하지 않는다(Myers & Jackson, 2002). 필요한 훈련과 경험이 부족한 교정상담사들은 사실상 매우 구조화되고 대체로 교육적인 심리교육 집단을 수행하도록 요청받는다(Elliott & Walters, 1991, 1997). 일반적으로, 그러한 집단은 시간이 제한되어 있고, 참가자에게 워크북을 포함한 구체적인 커리큘럼을 제공한다(Caputo, 2004).

가능하다면 상담사는 그들이 치료하는 범죄자들에 관한 추가 정보(collateral information)를 탐색하도록 요청받는다. 실제로 상담사는 범죄자의 행동에 관해 수용동, 교육실, 작업장 또는 그 밖의 장소에서 될 수 있는 한 많이 발견해야 한다. 그러한 조사로 많은 부분을 이해할 수 있는데, 범죄자들이 사기의 달인이고 상담사 앞에서는 호의적으로 자신을 내세울 수 있기 때문이다(Samenow, 1984). 그래서 상담사에게 범죄자의 자기보고 이외의 다른 어떤 것을 필요로 한다는 점은 중요하다. 범죄자의 주요 파일을 읽는 것, 서로 다른 맥락에서 그들의 행동을 관찰하는 것 그리고 그 범죄자를 아는 다른 직원과 이야기하는 것은 상담사가 그 범죄자에 대해 신뢰할 수 있는 종합적 인상을 형성할 수 있는 방법이다(Elliott & Verdeyen, 2002). 수용동 근무자는 다른 직원보다 더 많은 시간을 범죄자들과 보낼 수 있기 때문에 특별히 정보의 중요한 원천이 된다.

　범죄자를 집단으로 상담하건 개인으로 상담하건, 상담사는 자신의 치료 노력을 위해 어떤 종류의 개념적 구조를 채택하거나 고수하여야 한다. 불행하게도, 범죄자를 효과적으로 치료할 수 있는 '마법의 탄환(magic bullet)'은 존재하지 않는다. 그러나 특정한 범죄적 사고방식을 대상으로 초점화한 인지행동개입(cognitive-behavioral interventions)은 범죄의 위험성과 재범을 줄이는 데 어느 정도 효과가 있다(McMackin, Tansi, & LaFratta, 2004; 제9장 참조). 많은 인지행동 기법은 합리적 정서치료(Ellis, 1962), 합리적 행동치료(Maultsby, 1975) 그리고 합리적 인지치료(Smith & Lombardo, 2001)를 포함하여 범죄자에게 사용할 수 있다. 그러나 저자들은 요컬슨과 세임나우(Yochelson & Samenow, 1976, 1977)에 의해 개발되고 월터스(Walters, 1990)에 의해 확장된 인지행동 전략의 열렬한 옹호자이다. 이러한 접근법은 각각 '범죄적 성격(criminal personality)' 또는 '범죄적 생활양식(criminal life style)'으로 불리며, 반복적이고 만연한 범죄적 사고 패턴의 확인과 개선을 강조한다.

　요컬슨과 세임나우(1976)는 워싱턴 D.C.에 있는 성 엘리자베스 병원 수용자에 관한 집중적인 사례 연구에서 밝혀진 52개의 특정한 사고오류(thinking errors)를 기술했으며, 월터스(1990)는 이러한 사고오류를 상호작용하는 8개 세트의 범죄적 사고 패턴으로 수정하고 통합했는데, 이것이 그의 포괄적인 범죄 행동 이론의 핵심이 된다. 요컬슨과 세임나우 모델은 몇몇 주립기관의 상담사들 사이에서 폭넓은 호응을 받은 반면에, 월터스의 이론은 연방 교정국의 심리치료 프로그램에서 두각을 보였다. 사용을 위해 선택된 모델에 관계없이 범죄자들이 자신의 범죄를 정당화하기 위해 사용하는 인지왜곡 또는 '사고오류'에 도전하는 것이 치료의 필수적 부분인 것은 명백하다(Houston, 1998). 실제로 세임나우(1984)는 어떤 치료적 접근도 그것이 범죄자의 사고를 변화시키는 것에 영향을 미치지 못한다면 본질적으로 쓸모가 없다고 주장했다.

〈표 2-1〉 8개의 주요 범죄적 사고 패턴

Walters(1990)	Elliott & Verdeyen(2002)
완화하기	비난하는 게임이다.
잘라내기	나는 아무 느낌도 없다.
자격	나는 내가 원하는 것은 얻어야 한다.
권력지향	나는 책임자이다.
감상주의	나를 좋게 본다.
초낙관주의	나는 무엇이든 얻을 수 있다.
인지적 나태	그것은 너무 많은 일이다.
불연속성	나는 말과 행동을 다르게 한다.

　엘리엇과 버데인(Elliott & Verdeyen, 2002)은 월터스(1990)의 모델을 집단에서 범죄자가 표현하는 범죄적 사고에 도전하는 것을 추구하는 교정상담사를 위해 '사용자 친화적(user-friendly)' 방식으로 만들어서 적용하였다. 〈표 2-1〉에서 월터스의 8개의 주요 범죄적 사고 패턴이 왼편 열에 기재되어 있는 반면에, 엘리엇과 버데인이 기술한 상응하는 인지왜곡은 오른편 열에 나타나 있다. 앞에서 언급한 바와 같이, 이 장의 저자들은 치료 맥락에 상관없이 교정상담사들이 초기의 범죄적 사고에 노력의 초점을 맞추도록 격려한다. 그러나 상담사는 이러한 작업에 높은 수준의 인내와 헌신이 요구된다는 점을 주의해야 한다. 결국 어떤 경우에는 범죄자가 사용한 정당화, 합리화 그리고 변명의 보호막이 사회 법규를 위반한 일생의 과정에서 발전되어 왔다(Walters, 2001).

치료에 대한 저항

　어떤 상담에 관한 글에서는 상담관계가 내담자와 상담사 모두의 상호 동의가 있을 때만 발생할 수 있다고 제안한다. 이것은 아마도 이상적인 관계이며, 여러 상황에서, 특히 교정에서는 자주 발견되지 않는다. 많은 범죄자는 결국 자신의 의지에 반해서 교정시설에 구금되고, 교정상담에 참여하게 되며 틀림없이 비자발적이다. 그러나 몇몇 범죄자가 자발적으로 상담 프로그램에 참여한다 할지라도, 상담사는 여전히 심각한 저항에 직면할 수 있다. 범죄 행동은 매우 강화되고(Walters, 2001) 자아 동조적인 것으로,

범죄자의 옳고 그름에 대한 시각과 일치한다(Harris, 1995). 그러므로 범죄자는 변화에 대한 이유를 알지 못하고 치료과정에서 그렇게 해야 하는 동기가 거의 없다. 게다가 수용환경의 본질은 수용자들이 상담사들을 '경찰관'으로, 상담 회기를 '고자질하는 시간'으로 볼 수 있는 '우리 대 그들'의 분위기를 촉진한다(Morgan, 2003).

치료에 대한 저항은 여러 가지 형태를 취할 수 있다. 해리스(Harris, 1995)는 좀 더 일반적인 것 몇 가지를 발견했는데, 그것은 정보를 주지 않기, 약속을 잊어버리기, 상담과정을 불신하거나 묵살하기, 과제를 틀리게 하기, 명백한 혹은 은밀한 방식으로 상담사와 협력하는 것을 거절하기였다. 범죄자가 치료과정에서 표현하는 참여의 수준은 치료의 진전에 영향을 준다(Levenson & Macgowan, 2004). 물론 많은 범죄자가 겉으로 불평을 하는데 이것 또한 저항의 한 형태일 수 있다(Stanchfield, 2001). 그러한 범죄자들이 상담 회기 동안에 제시된 어떠한 정보도 내면화하는 것에 실패하면서, 단지 시늉만 하거나 바른말만 하는 것은 상당히 오랫동안 분명하게 알지 못할 수 있다. 엘리엇과 버데인(2002)은 교정상담사가 직면할 수 있는 열두 가지의 특별한 저항 유형을 기술했다. 상담에서 범죄자가 사용하는 이러한 '비열한 열두 가지(dirty dozen)'의 권력과 통제(power and control) 전술이 〈표 2-2〉에 제시되어 있다. 많은 교정상담사가 이러한 저항에 부딪혀 견디기 힘들어하고 좌절한다는 것은 이해할 수 있다. 그들은 범죄자가 상담에 대한 동기가 강화되지 않은 것으로 간주하고 무시하거나 짜증스럽게 반응하고, 범죄자가 수용적인 태도와 협력적인 행동을 할 수 있도록 압력을 시도한다(Harris, 1995). 후자의 접근법은 성공적인 상담의 종말을 알리는 신호로 상담사와 범죄자 간에 권력투쟁의 장이 마련될 수밖에 없다. 그러한 권력투쟁(power struggles)과 이에 따른 대립은 여러 가지 이유로 비생산적이다. 첫째, 연구에서 대립은 방어를 불러일으키고, 저항을 활성화시키며, 공격의 수단으로 변질되어 누군가를 무너트리기 위해 시도하는 것임을 지속적으로 보여 주고 있다(Elliott, 2002). 둘째, 범죄자는 권력투쟁에서 항상 승리자가 될 것이다. 그러한 갈등에 상담사를 휘말리게 하는 행동만으로도 범죄자의 팽창된 자기과시가 강화되기 때문이다(Elliott & Verdeyen, 2002). 마지막으로, 권력투쟁은 종종 상담사의 취약성 또는 '뜨거운 버튼(hot button)'이 드러나기 때문에 상담사의 신뢰성이 훼손되는 것을 방지하기 위해 적극적으로 피해야 한다.

그래서 교정상담사들은 상담과정에서 저항을 다루고 범죄자가 참여할 수 있도록 간접적인 방법을 사용하는 것에 능숙해야 한다는 점이 중요하다. 엘리엇(2002)은 초기의 범죄적 사고에 도전하는 것과 동시에 쓸모없이 오랫동안 지속하는 통제를 위한 투쟁

〈표 2-2〉 비열한 열두 가지 전술: 상담에서 수용자가 표현하는 권력과 통제 전술

전술	예시
시험하기	상담사가 실제로 워크북을 읽었는지 확인하기 위해 범죄자는 워크북의 처음과 끝부분 일부만 완성한다.
전환	범죄자가 교육 과제에 대해 상담사에게 도움을 요청하는 사이에 다른 범죄자가 시계를 15분 앞으로 맞추어 놓는다.
강요	범죄자가 심리교육 집단에 자신을 바로 등록해 주지 않으면 상담사를 고소할 것이라고 위협한다.
영향력 행사	범죄자가 1년의 감형을 받으려고 자신에게 주거 물질남용치료가 전적으로 필요하다는 주장을 뒷받침하기 위해 영향력 있는 시민으로부터 문서를 얻는다.
불명예	범죄자는 상담사를 '인종차별주의자'로 분류해서 재지정을 요청하는 청원을 제기한다.
소문 클리닉	범죄자는 상담사가 알코올 중독자이기 때문에 물질남용 집단을 수행하기에 적합하지 않다는 소문을 퍼트린다.
연대	몇몇 범죄자는 집단 구성원을 퇴출시켰다는 이유로 집단상담 회기에 참여하는 것을 거부한다.
협상	범죄자는 자신이 탈락했던 마약교육 시험에 재응시할 수 있도록 해 주면 상담사의 사무실을 청소해 주겠다고 제안한다.
보복	범죄자가 낮은 출석률과 파괴적 행동으로 집단에서 퇴출된 후 집단실에 있는 TV/VCR를 훼손한다.
환심 사기	범죄자는 상담사가 자신의 삶을 변화시키도록 동기를 강화해 줄 책임이 있다고 말한다.
분리	범죄자는 한 남성 직원이 여성은 남성 수용자와 비즈니스 업무를 할 수 없다고 말했던 것을 여성 상담사에게 말한다.
경계 침입	범죄자는 여성 상담사의 향수를 칭찬하면서 남편이나 남자친구가 그 향수를 좋아하느냐고 질문한다.

출처: Elliot, W., & Verdeyen, V. (2002). *Game Over! Strategies for Managing Inmate Deception*. Lanham, MD: American Correctional Association.

을 방지하는 세 가지 전략을 발견했다. 엘리엇은 상담에 저항하는 범죄자를 다루는 이러한 전략을 '3Rs'로 언급했다. 재설정(redirection), 재구성(reframing), 책임전환(reversal of responsibility)의 '3Rs'는 제1저자의 청소년 범죄자를 위한 긍정적 동료 문화(positive peer culture) 프로그램의 경험에서 나왔으며, 〈표 2-3〉에 제시되어 있다.

상담사가 '3Rs'의 적용을 선택할 것인지 말 것인지는 저항을 다루는 가장 중요한 요

〈표 2-3〉 상담에 저항하는 범죄자를 다루는 '3Rs'

전략	기법
재설정: 당면한 과제와 쟁점에 주의의 초점을 되돌리기	1. 저항을 무시하기 2. 초점변경(underfocusing) 사용하기(Stanchfield, 2001) 3. 범죄자가 원인을 제공한 문제/갈등에 초점 맞추기 4. 현재와 관련된 쟁점에 초점 맞추기 5. 범죄자의 저항에 대해 다른 집단 구성원에게 반응을 요청하기
재구성: 범죄자 저항의 근원에 대해 다른 관점을 가질 수 있도록 격려하기	1. 의미를 설명하기 2. 저항의 긍정적인 회전(spin) 생각하기 3. 저항의 부정적인 회전 생각하기 4. 범죄적 사고 패턴의 기저에 있는 부분으로 저항을 재명명하기
책임전환: 개인적 책임을 부여하고 책임감을 요구하는 방법으로 범죄자의 저항을 다시 반영해 주기	1. (범죄적) 의미의 기저에 있는 것에 주의를 둘 수 있도록 저항을 바꾸어 표현하기 2. 도전의식을 북돋울 수 있는 개방적인 질문으로 요청하기 3. 범죄자가 자신의 저항에 대해 가치판단을 할 수 있도록 격려하기 4. 잠정적으로 관찰한 반응 전달하기

출처: Elliott, W. (2002). Managing offender resistance to counseling. *Federal Probation, 66*, 172-178.

소 중의 하나는 범죄자와 확장되는 논쟁을 피해야 한다는 점을 기억하도록 격려하는 것이다. 상담사들은 범죄자의 자기패배적 행동의 본질을 지적하고, 그러한 행동에 지속적으로 참여하는 것에 대한 단기적이고 장기적인 결과를 명료하게 알려 주어야 한다. 그러나 상담사는 친사회적 생활방식을 적용하기 위해 결정하도록 범죄자를 강요할 수는 없다. 상담사가 실제로 할 수 있는 모든 것은 범죄자에게 충분한 정보와 피드백을 제공하는 것이다. 삶에서 범죄적 행동 패턴을 지속적으로 선택할지 혹은 친사회적인 방법을 창조할 것인지는 범죄자의 배타적인 영역이다(Walters, 2001).

윤리적 딜레마

미국상담학회(American Counseling Association)의 윤리적 기준에 대한 요약이 〈글상자 2-1〉에 제공되어 있으며, 좀 더 상세한 정보는 웹사이트(www.conuseling.org)를 통해 볼 수 있다.

글상자 2-1 　 **미국상담학회의 윤리적 실천기준에 대한 요약**

1. **비차별성**: 상담사는 다양성을 존중해야 하며, 나이, 피부색, 문화, 장애, 민족집단, 성별, 인종, 종교, 성적 지향, 결혼상태, 사회경제적 상태로 내담자를 차별해서는 안 된다.

2. **내담자에 대한 고지**: 상담사는 상담이 시작되기 전에 그리고 상담 전 과정에 걸쳐 상담과정 및 상담관계와 관련하여 가급적 서면으로 적절하게 알려야 한다.

3. **이중관계**: 이중관계는 명확하게 금지되어 있는 것은 아니다. 비전문상담사와 내담자의 관계는 그 상호작용이 내담자에서 도움이 될 때를 제외하고는 피해야 한다. 이러한 상호작용은 반드시 내담자의 동의가 있어야 한다.

4. **내담자와의 성적 친밀감**: 상담사는 현재의 내담자와 어떠한 형태의 성적 친밀감도 가져서는 안 되며 상담관계가 종결된 후 최소 5년 이내에는 이전 내담자와 성적 친밀감을 가져서는 안 된다.

5. **집단 활동에서 내담자 보호하기**: 상담사는 집단 활동의 상호작용 과정에서 초래될 수 있는 신체적 또는 심리적 외상으로부터 내담자를 보호하기 위한 조치를 취해야 한다.

6. **종결**: 상담사는 내담자의 치료가 지속되기 위해 적절한 준비를 할 수 있도록 지원해야 하며, 필요하다면 상담관계를 종결하고 사후관리를 해야 한다.

7. **내담자를 지원할 능력이 없음**: 상담사는 내담자에게 전문적인 지원을 할 수 없는 것으로 결정되면 상담관계를 시작하지 않거나 즉시 상담관계를 종결해야 한다. 상담사는 내담자를 위해 적절한 의뢰를 통해 도와줄 수 있다.

8. **비밀보장 요건**: 상담사는 내담자에게 최선의 이익이 되고, 다른 사람의 복리를 위해 요구되거나, 법적인 요구가 있을 경우의 공개를 제외하고는 상담서비스와 관련된 정보의 비밀보장이 유지되어야 한다. 공개가 필요할 경우에도 필수적인 정보만 공개되어야 하며 내담자는 그러한 공개에 대해 고지받아야 한다.

9. **하부직원의 비밀보장 요건**: 상담사는 하부직원들이 내담자의 사생활 및 비밀보장을 유지할 수 있도록 확실하게 조치해야 한다.

10. **집단 활동에서 비밀보장**: 상담사는 집단 활동에서 비밀유지가 보장되지 않을 수 있음을 집단 구성원들에게 분명하게 소통해야 한다.

11. **기록의 비밀보장**: 상담사는 상담 기록의 생성, 저장, 접근, 이전 그리고 폐기에서 적절한 비밀보장을 유지해야 한다.

12. **기록 또는 관찰에 대한 허가**: 상담사는 전자 기록 또는 관찰 회기를 위해 내담자에게 사전에 동의를 얻어야 한다.

13. **기록의 공개 또는 이전**: 상담사는 법적인 예외를 제외하고, 제3자에게 기록을 공개하거나 이전하는 것에 대해 내담자의 동의를 얻어야 한다.

14. **데이터 위장의 필요**: 상담사는 교육, 연구, 출판을 위해 데이터를 사용할 경우 내담자의 신원을 위장해야 한다.

15. **역량의 한계**: 상담사는 자신이 수행할 수 있는 한계 내에서만 실시해야 한다.

16. **지속적 교육**: 상담사는 자신의 전문적 기능을 유지하기 위해 지속적으로 교육에 참가해야 한다.

17. **전문성의 결함**: 상담사는 개인적 문제나 갈등이 내담자나 타인에게 해를 끼칠 수 있을 경우 전문적 서비스 제공을 삼가야 한다.

18. **자격증 명시**: 상담사는 소유하고 있는 전문자격증만 명시하고 제시해야 하며, 타인에게 상담자의 자격증이 잘못 알려져 있다면 수정해야 한다.

19. **성희롱**: 상담사는 성희롱을 해서는 안 된다.

20. **평가의 사용**: 상담사는 ① 자신이 실시할 수 있는 테스트와 평가만 수행하며, ② 자신에게 슈퍼비전을 받고 있는 자격이 없는 사람이 심리평가 기법을 사용하도록 허용해서는 안 되며, ③ 목적에 맞게 평가 도구를 사용해야 하며, ④ 내담자에게 평가의 유형과 목적 그리고 결과의 구체적인 사용에 대해 평가 전에 설명을 제공해야 하며, ⑤ 테스트와 평가 정보를 제시할 경우 정확하고 적절한 해석이 수반되는지 확인해야 하며, ⑥ 쓸모없고 오래되고 시대에 뒤떨어진 데이터 또는 테스트 결과를 현재의 목적을 위해 사용하는 것을 피해야 한다.

21. **연구에서 손상을 방지하기 위한 주의사항**: 연구를 수행하거나 감독하는 데 있어서 상담사는 ① 연구에서 피험자에게 신체적 · 사회적 또는 심리적 해로움과 손상이 일어나는 것을 피해야 하며, ② 연구 참여자에 대해 획득된 정보는 비밀보장이 유지되어야 하며, ③ 연구 자료와 결과에 영향을 미쳤을 수 있는 모든 변인과 조건을 조사관에게 보고해야 하며, ④ 연구 자료를 왜곡하거나 잘못 전달해서는 안 되며, 연구 결과를 조작하거나 의도적인 편향을 가져서도 안 된다.

22. **기술적용 프로그램**(technology applications): 상담사는 교정환경에서 기술을 사용하는 것에 대한 이점과 한계를 설명해 주어야 한다. 기술지원 원격상담(technology-assistance distance counseling)의 경우 내담자가 지적 · 정서적 · 신체적으로 그것을 사용할 수 있는 준비가 되어 있을 때에만 사용해야 한다.

출처: American Counseling Association (2005). *ACA Code of Ethics and Standards of Practice*. Alexandria, VA: American Counseling Association.

유능하고 잘 준비된 교정상담사들은 때때로 추상적인 윤리적 기준이 교정환경 내에서 상담의 실제 현실과 충돌하는 경우에 발생하는 모순되는 윤리적 요구들을 놓고 서로 그리고 그들 자신과 함께 투쟁한다. 어떤 사람들은 그러한 딜레마가 치료(treatment)와 보안(security)이라는 상충하는 2개의 철학 사이의 기본적이고 피할 수 없는 충돌 때문에 자연스럽게 발생한다고 주장한다. 교정기관의 주된 임무가 구금과 보안이기 때문에, 상담사 혹은 도와주는 사람과 일치하지 않을 수 있는 역할과 책임을 맡아야 한다. 소위 말하는 치료와 구금의 이중성은 이 장에서 검토해야 할 몇 가지 윤리적 딜레마 중 하나이다.

치료 대 보안의 이중성

치료와 보안의 이해관계가 상충한다는 전제는 논쟁의 여지가 있으며 '보안'에 대한 좁은 정의에 기초하고 있는 것 같다. 교정시설 내에서 효과적인 보안과 통제를 유지하는 목적은 도주를 방지하는 것 이상이다. 또 다른 주된 목표는 수용자 서로를 보호하고 그들 스스로를 보호함으로써 관계된 모든 사람의 안전과 일반적인 복지를 증진시키는 것이다(Dignam, 2003). 이것은 치료철학과 모순되지 않는다. 실제로 이 장의 저자들은 치료는 안전, 보안 그리고 체계로 특징지어진 환경 내에서만 일어날 수 있다고 주장할 것이다.

내담자 정의

모내한(Monahan, 1980)은 교정치료에 내재해 있는 상충하는 충성심을 부각하면서 '내담자는 누구인가?'라는 질문을 하였다. 교정상담의 본질은 상담사들이 여러 가지 다양한 업무를 수행하도록 요청하는 것으로 되어 있어, 다양한 시기에 여러 내담자 후보가 있을 것이라는 점을 시사한다. 윤리적 문제의 핵심은 일반적으로 범죄자와 기관의 이해관계가 나누어져 있다는 상담사의 인식에 따라 제기된다. 모내한의 '내담자는 누구인가?'라는 질문은 다중선택 항목이 아님을 관찰함으로써 그 딜레마를 부분적으로 해결하였다. 각 부분의 목적과 이해관계는 중첩될 수 있다. 모내한(1980, p. 5)의 제한적인 결론은 범죄자와 교정기관 모두 상담사의 '다른 역할과 다양한 우선순위'의 내담자라는 것이다.

이중관계/다중관계

교정상담 전문가들이 말하는 가장 일반적인 윤리적 딜레마 중의 하나는 이중관계 또는 다중관계(dual or multiple relationships)의 문제이다. 특히 교도관을 대신해서 수용동에서 근무해야 하거나 금지 물품을 찾는 데 투입될 때, 많은 상담사는 윤리적 '비상 버튼'을 누른다. 그러나 디그넘(Dignam, 2003, p. 50)은 상담사가 치료와 관련 없는 업무를 수행할 때 실제 불편감을 느낄 수 있지만, "임상가의 전형적인 요법과 전혀 다른 업무를 수행하는 것은 비윤리적으로 행동하는 것과 같지 않으며, 적어도 이중관계 또는 다중관계의 맥락은 아니다."라고 주장한다. 범죄자들의 복지가 다소 위협당할 것이라든지 또는 그 과정에서 범죄자들이 착취당할 수 있다는 주장이 확실히 증명될 수 없다면, 상담사들의 보안 관련 업무의 수행을 중대한 윤리적 문제로 제기하지 않는다.

역량 및 전문성 유지의 경계

범죄자 집단의 복잡하고 다양한 유형을 고려할 때, 상담사가 범죄자를 다룰 수 있는 충분한 지식과 역량을 갖추는 것이 윤리적으로 급선무이다. 상담사들은 범죄자와 일하는 것과 관련된 영역에서 자신을 훈련하고 경험을 보충해야 이러한 윤리적 의무를 시작하거나 지속적으로 이행할 수 있다. 독자적인 학습을 위한 선택내용은 범죄적 성격(Yochelson & Samenow, 1976, 1977), 범죄적 생활양식(Walters, 1990), 물질남용치료(Wanberg & Milkman, 1998; Walters, 1998), 정신병질(Hare, 1993), 속임수와 조종 다루기(Elliott & Verdeyen, 2002) 그리고 자살예방(suicide prevention)과 같은 주제(White, 1999)에 대해 읽어 보는 것이 필요하다. 상담사는 자신이 모든 사람에게 모든 것을 해 줄 수는 없음을 알아야 한다. 범죄자의 많은 다양한 욕구와 문제가 교도소에서 발견될 수 있으며, 상담사는 자신의 전문 지식의 범위 내에서 기능하도록 주의해야 한다(Dignam, 2003).

비밀보장

비밀보장이 상담관계에서 필수적이라는 점은 자명하다. 상담 회기 과정에서 언급된 내용이 외부에 옮겨지지 않을 것이라는 점을 아는 것이 내담자에게 편안함을 제공해 줄 수 있기 때문이다. 하지만 구치소 또는 교도소 내에서 상담이 진행될 경우, 비밀보장은 종종 기관의 안전과 충돌한다. 예를 들어, 한 범죄자가 상담 회기 과정에서 도주 의도를 드러낸다면, 상담사는 비밀보장을 파기해야 할지 결정해야 한다. 명백하게, 그러한 상황에서 상담사는 그 정보를 관리직원 또는 보안직원과 같은 제3자에게 알려야 한다는 심한 압박감을 느낄 것이다. 기관의 정책은 상담사에게 기관의 안전과 보안을 위협할 것으로 간주되는 정보를 알아내라고 지시할 수도 있다. 게다가 '경고할 의무'로 알려진 법에 명시된 요건에서 인식이 가능한 제3자를 피해로부터 보호해야 할 필요성이 있다면 비밀보장은 대체되어야 한다고 요구하고 있다(Walsh, 2003). 동시에 상담의 전문성 유지를 관리하는 곳의 윤리적 기준에서는 상담사는 내담자가 자신 또는 타인에게 손상을 줄 의도를 내비쳤을 때 적절한 관계 당국에 보고하도록 명시하고 있다. 이러한 기준은 내담자의 범죄자 여부와 관계없이 적용된다.

범죄자의 사생활과 비밀보장이 상대적으로 심각한 제한이 있다는 현실을 감안하면, 상담사들에게 더 중요한 윤리적 쟁점은 서비스의 모든 수혜자가 그러한 한계를 완전히 인식할 수 있도록 해야 한다고 주장할 수 있다. 명확하게, 범죄자에게 사생활과 비밀보장의 제한과 한계에 대한 정보는 상담과정이 시작되기 전에 해 주어야 한다(Dignam, 2003). 최소한 상담사들은 그들 자신과 범죄자를 위해 비밀보장이 엄격하게 유지될 수 있는 의사소통은 어떤 것이고, 상담관계에서 보호해 줄 수 있는 것과 없는 것은 무엇인지에 대해 명확하게 할 필요가 있다(Harris, 1995).

상황적 요구

교정환경 자체에서 발생하는 많은 쟁점과 요구가 있다. 이러한 것들은 상담사들을 일상적으로 기준에 부딪히게 하고, 상담사의 업무를 훨씬 더 힘들게 하고 스트레스가 된다. 이러한 요구를 효과적으로 절충하는 상담사의 능력은 종종 전문적인 도움에 피해를 주는 상담사의 소진(burnout)에 이르는 감정을 광범위하게 결정하게 될 것이다. 이러한 상황적 요구 중 몇 가지 가장 중요한 부분이 이 장에서 검토된다.

관료주의에서 일하기

교도소는 관료주의의 전형이다. 교도소는 절차와 선례를 위해 종종 개인을 무시하기도 하고 규칙과 서류업무를 가장 중요하게 여기는 조직이다(Pollock, 1998). 게다가 교정시설은 수직적 명령의 사슬을 가진 준군사적 관리 형태를 고수한다(Elliott & Verdeyen, 2002). 분명히 어떤 사람들은 다른 사람들보다 그러한 구조 내에서 일하는 것을 편하게 느끼고 그에 좀 더 쉽게 적응한다. 교정치료 전문가들은 교도소의 통제와 엄격성에 대처하는 데 특별히 어려운 시간을 가질 수 있다. '시스템에 저항하기'를 시도하는 상담사들은 벽에 부딪히게 되어 좌절하고, 환멸을 느끼며, 범죄자에 대한 가치는 거의 없거나 전혀 없는 것으로 끝난다. 이와 다르게 관료제 내에서 자신을 위한 틈새를 구축하기 위해 시간과 에너지를 바친 상담사들은 교정 '팀'의 가치 있는 구성원이 될 것이다.

과도한 서류업무 처리하기

서면 기록은 형사사법체계에서 가장 중요한 항목의 하나이다. 사건의 중요성 여부와 관계없이 범죄자에 대한 혹은 범죄자가 했던 모든 것은 교정 보고서나 기록의 형태로 시작되고 또는 끝을 맺는다(Schrink, 1976). 그러한 보고와 기록의 정확한 본질과 기능 그리고 개발하고 유지하는 데 책임이 있는 사람의 유형은 형사사법체계에 포함된 단계에 따라 다양하다. 교정기관에서 정보를 수집하고 보고서를 작성하는 것에 가장 책임이 있는 사람은 상담사이다. 각 범죄자에 대해 여러 가지 다른 유형의 기록과 보고서를 주기적으로 개발해야 한다. 일상적인 담당사례에 아주 많은 수용자가 있기 때문에, 이로 인해 발생하는 서류업무는 종종 엄청날 수 있다. 서류업무에 투여된 시간은 상담사가 내담자와 상호작용하는 기회를 감소시킨다. 불행하게도, 일부 비효과적인 상담사들은 이러한 서류업무 뒤로 숨는 것을 배웠다. 교정상담사가 서류업무를 잘 처리할 수 있게 도움 줄 수 있는 한 가지 긍정적 방법은 상대적으로 저렴한 개인용 컴퓨터나 소프트웨어를 활용하는 것이다.

많은 담당사례 관리하기

상담사들은 종종 100명이 넘는 수용자를 담당사례로 유지하도록 요구받는다. 담당사례의 실제 업무량은 담당하고 있는 수용자가 상당히 빠르게 변화하는 것으로 인해 상황을 더욱 악화시킨다. 만약 교정기관 수용자의 평균 구금 기간이 2년이고 상담사의 담당사례가 125명의 수용자라면, 상담사는 수용자가 석방되기 전까지 그들에 대해 어떤 부분도 실제로 전혀 알지 못할 것이다.

담당사례가 많을 뿐만 아니라 또한 다양하다. 상담사는 배정된 모든 수용자 또는 어떤 수용자도 받아들여야 하며, 전문적인 담당사례를 개발할 기회는 거의 없다. 수용자들은

그림 2-1 케이 잭슨(Kay Jacson) 박사가 성인 성범죄자를 진단하고 치료하는 뉴저지주 교도소 치료센터 앞에 서 있다. 잭슨 박사는 그녀의 사임은 위험할 정도로 과도한 담당사례, 치료에 대한 불충분한 행정적 지원, 지속적인 교도소 내 주요 치료 프로그램의 변화로 인한 '혼란' 그리고 '근무환경의 불편함'이라고 언론에 말했다.

출처: AP Photo/*Star-Ledger*, William Perlman

대체로 범죄로 유죄 판결을 받았고 어떤 유형의 교정시설 혹은 교정 프로그램에 수용되었다는 사실 이외에는 공통점이 거의 없다. 성인 중범죄자를 수용하는 기관의 상담사의 경우 살인, 강도, 강간, 아동 성추행, 음주운전, 공공장소에서의 음주 그리고 어떤 다른 범죄로 유죄선고를 받은 수용자가 담당사례에 있는 것은 특별한 상황이 아니다.

그러한 압력하에서 교정상담사는 가장 많은 도움이 필요한 수용자보다 그들이 상호작용하며 즐길 수 있는 수용자에게 집중하고 싶은 유혹을 받을 수 있다. 범죄자는 상담사 주변에서 그들이 자유시간을 보내기 원하기 때문이 아니라 그 자리에 있어야 할 필요가 있기 때문에 그곳에 있다. 마찬가지로, 상담사는 단지 그들과 상호작용하는 것을 좋아하고 자신의 모든 담당사례에서 어떤 방법으로도 도와줄 수 없다는 것을 합리화하기 위해서 그 자리에 있어서는 안 된다([그림 2-1] 참조).

인종적 및 민족적 편향에 반응하기

오늘날 수형자의 약 60% 정도가 흑인이나 히스패닉이며(Carson, 2014), 이러한 인종적 및 민족적 편향(skewing)이 가까운 미래의 어느 시점에 해소될 수 있다는 징후는 보이지 않는다. 이러한 인종적 및 민족적 편향은 대부분의 사람처럼 상담사도 그들과 다

른 타인을 다룰 때 자민족중심주의에 기대려는 경향이 있기 때문에 교정상담사들의 노력을 복잡하게 할 수 있다. 자민족중심주의(ethnocentrism)는 다른 사람의 신념보다 개인 자신의 신념을 토대로 다른 사람을 판단하는 것과 관계된다. 자민족중심주의와 밀접하게 관련된 것은 다른 사람에 대한 고정관념(stereotype)으로 지나치게 일반화하는 인간의 경향이다. 즉, 한 개인으로 그들을 보고 그들에게 반응하기보다 추정되는 집단 특성으로 사람을 판단하는 것이다. 명백하게, 자민족중심주의와 고정관념은 교정환경에서 실패하는 처방전이다.

교정상담사가 좀 더 인종적·민족적으로 민감하게 접근한다면 자민족중심주의와 고정관념과 관련된 많은 문제를 피할 수 있다. 그러한 접근은 종종 '교차문화(cross-cultural)' 또는 다문화(multicultural) 상담으로 언급된다(Dillard, 1987). 특별히 교정상담사는 다양한 인종과 민족에 대한 지식과 이해를 확장하고 심화하도록 노력할 필요가 있으며, 그렇게 함으로써 개인들이 '어디에서 왔는지'를 인식할 수 있고 몇몇 더 큰 집단이 아닌 개인으로 바라보는 것을 시작할 수 있게 된다. 또한 미국상담학회는 다문화 상담과 관련된 특수한 문제를 좀 더 잘 이해하여 반영하기 위해 현재의 윤리강령 분야를 개정하여 자민족중심주의를 다루기로 결정했다(ACA, 2005).

특수한 욕구가 있는 범죄자와 일하기

초보 교정상담사들은 종종 그들의 담당사례가 심각한 정신질환, 발달장애 그리고 물질남용 문제가 있는 범죄자로 구성되어 있음을 알게 되면 놀란다. 점점 그러한 특수한 욕구가 있는 범죄자(special needs offenders)가 교도소 수용자 사이에서 발견되고 있으며 상담사에게 특수한 치료의 필요성과 도전을 제시한다. 여성 범죄자와 일하는 상담사는 여성 범죄자들이 종종 자녀와의 관계 및 신체적 또는 성적 학대의 과거력을 포함한 다양한 가정적이고 사회적인 문제를 가지고 있다는 점에서 부가적인 요구에 직면하게 될 것이다.

1960년대 이래 가장 빠르게 성장하는 부분집단 중의 하나는 정신질환이 있는 범죄자이다. 1998년에 교도소와 구치소에 수용된 정신질환 수용자는 약 30만 명으로 추정되었으며, 이는 교도소 수용인원의 15%로 간주되었다(Schwartz, 2003). 교정시설은 이러한 집단의 요구에 반응하는 것에 종종 어려움을 겪는다. 1991년에 미국 교도소에서 심각한 정신질환이 있는 범죄자의 50%와 중간 정도의 정신질환이 있는 범죄자의 25%만이 적절한 수준의 치료를 받았던 것으로 추정되었다(Schwartz, 2003).

교도소 내에서 특별히 학대에 취약한 또 다른 중요한 수용자 집단은 발달장애가 있는 수용자이다. 지적장애나 인지적 손상이 있는 수용자들은 신체적 또는 성적 학대에 대한 유혹의 표적이 될 수 있다. 이에 더해 제1저자는 그러한 개인들이 기관 내에서 범죄를 저지르는 데 도와줄 것을 다른 수용자에게 종종 요청받는 것을 목격하였다. 그들은 죄가 없음에도 법규를 위반했다고 자백할 수 있다.

2013년에 주립 및 연방 교도소에 구금된 150만 명의 수용자 중에서 주립 교도소 수용자의 16%, 연방 교도소 수용자의 51%가 약물 관련 범죄로 구속되었다(Carson, 2014). 더욱이 물질남용과 범죄 행동 사이에는 많은 연결 고리가 있다(Walters, 1998). 물질남용자는 물질남용이 없는 사람보다 훨씬 더 많은 범죄 활동과 좀 더 광범위한 범죄 기록을 가지고 있는 반면, 범죄 활동 기록이 더 많은 사람은 과거 물질남용으로 보고되었을 가능성이 더 높다(Peters & Matthews, 2003).

구치소와 교도소 수용자들의 물질남용 영역에 대한 인식에서, 상담사들은 물질남용 치료를 수용자에게 제공하는 상담서비스의 필수요소로 간주해야 한다. 월터스(1998)는 효과적인 물질남용치료 서비스의 구성과 실행을 위해 포괄적이고 구체적인 지침을 제공했다(제11장 참조).

범죄학 연구에서 가장 널리 알려진 발견 중 하나는 남성이 여성보다 체포율이 높다는 것이다(Holtfreter, Reisig, & Morash, 2004). 비록 남성과 여성의 성별 격차가 여전히 크지만, 지난 30년에 걸쳐서 좁혀지고 있다(Pollock, 1998). 여성 범죄자는 남성 범죄자보다 변화에 대한 동기가 좀 더 진지하게 강화되어 있지는 않으나, 상담서비스는 좀 더 많이 받고 싶어 한다(Elliott & Verdeyen, 2002). 더욱이 여성 범죄자는 과거의 성적/신체적 학대 및 자녀와의 분리와 같은 문제들을 상담받기 위해 적극적으로 상담서비스를 찾는다(Hislop, 2001). 따라서 여성교도소에서 일하는 교정상담사는 수용인원의 유의미한 정도까지 다양한 상담서비스를 제공할 것으로 기대된다.

위기개입 서비스 제공하기

뿌리 깊은 범죄적 성향이 있는 구속된 범죄자들을 상담하는 것은 힘든 일이며, 진정한 인지적 및 행동적 변화가 많은 경우에서 가능하지 않을 수 있다(Harris, 1995). 실제로 전형적인 범죄자의 성격 병리(character pathology)는 변화를 잘 받아들이지 않는 것으로 나타난다(McMackin et al., 2004). 그러므로 특별히 기관에서 그러한 범죄자들과 일하는 것은 종종 위기개입(crisis intervention)으로 귀결되며, 이것은 막 시작된 위기를 관리할 수 있도록 수용자를 도와주는 것이다.

교정시설은 의심의 여지없이 스트레스가 많은 환경이고 범죄자는 구금으로 야기된 일련의 문제를 다루어야 한다. 이는 가족 구성원으로부터의 분리, 개인 생활에서 새로운 체계의 도입, 이전 대처전략의 상실(예: 술과 약물 사용) 그리고 교도소 환경 자체에 대한 두려움(예: 신체적 또는 성적 폭력)을 포함하지만, 특별히 그러한 것에 국한되지는 않는다(Morgan, 2003). 어떤 범죄자들은 그러한 환경적 구조와 '수용자 코드(inmate code)', 즉 불문율에서도 잘 생활한다(Elliott & Verdeyen, 2002). 많은 사람은 쉽게 적응하고 잘 섞이는 반면, 다른 사람은 심각한 적응의 어려움과 내적 스트레스를 경험한다. 따라서 위기개입과 단기 지지상담서비스는 수용자가 새로운 환경에 적응하고 있는 후자의 집단을 도와주기 위해 필요하다.

물론 적응의 어려움은 신입 수용자에게만 국한된 것이 아니며, 오히려 만성적 불안과 스트레스는 모든 범죄자에게 해당하는 구금의 불가피한 부산물이다(Morgan, 2003). 장기형 또는 단기형을 선고받은 범죄자 모두 그들이 다루어야 하는 다양한 스트레스와 삶의 문제에 직면하게 된다. 예를 들면, 가족 구성원들 또는 중요한 타인이 범죄자와 연락을 단절함으로써 사회적 지지의 소중한 원천이 박탈되는 것은 비일비재하다(Lynch & Sabol, 2001). 심지어 석방이 가까운 범죄자들조차도 '점점 짧아지는(getting short)'으로 불리는 과정에서 불안과 걱정을 경험한다. 가족 구성원들과 다시 친해지는 것, 직장을 구하는 것 그리고 범죄적 행동을 피하는 것과 같은 문제들이 출소를 앞둔 범죄자들의 주된 걱정의 영역이 된다.

교정상담사는 경력의 어느 시점에서든 자살 가능성이 있는 수용자에게 위기지원 서비스를 제공하도록 요구받을 수 있다. 자살은 유치장과 구치소에서 사망의 주요 원인이고, 교도소에서는 사망의 두 번째 주요 원인이다(Morgan, 2003). 그러므로 상담사들이 자살에 관한 인구학적ㆍ역사적ㆍ상황적 그리고 심리적 위험요인들에 철저히 익숙해져야 할 필요가 있다(White, 1999). 이에 더해 상담사는 앞에서 세부적으로 언급했던 특수한 욕구가 있는 범죄자에게 지원서비스를 제공할 수 있도록 준비할 필요가 있다. 마지막으로, 교정상담사는 약탈적인 수용자에 의해 신체적 또는 성적 학대를 받는 범죄자에게 의심의 여지없이 지지서비스를 제공해야 한다.

잔혹한 교도소 환경에서 생존하기

교도소가 잔혹한 환경이라는 것은 명백하다. 교도관들은 수용자에 의해 공공연하게 드러나는 폭력을 목격하고, 범죄자에게 언어적 학대와 위협을 받기도 하며, 파괴적인 수형자를 다루기 위한 물리적 강제의 적용을 관찰하거나 필요하다면 그에 참여하기도 한다. 이러한 폭력과 공격에 대한 노출은 많은 상담사가 삼켜야 할 쓴 약이 될 수 있다. 많은 사람이 범죄자를 '도와주고' 그들에게 '좋은 점을 찾기' 위해 교정현장에 들어온다. 그러나 교정현장에서의 일을 직업으로 삼는 거의 모든 사람은 폭력과 다른 반사회적 행동을 목격한 후 경험하는 충격, 역겨움, 두려움 그리고 분노를 줄일 수 있는 '정상화(normalization)'의 과정(Welo, 2001)을 경험했다.

불행하게도, 교정상담사들은 범죄자들에 의해 자행되는 폭력과 파괴를 상당히 많이 접하게 되는 것이 문제이다. 상담사들은 담당사례로 배정된 범죄자와 관련된 현재의 조사 보고서 및 다른 서류와 친숙해져야 한다. 그러한 보고서는 '그 범죄자의 끔찍한 범행 이야기, 피해자가 받은 충격에 대한 진술 그리고 그들의 가족 구성원의 비통함'이 가득 차 있다(Welo, 2001). 범죄자들에 의해 야기되는 고통과 비참한 이야기에 대한 반복적 노출은 냉소주의, 환멸감 그리고 종국적으로 소진에 이르게 할 수 있다(Elliott & Verdryen, 2002).

최종 고려사항

이 장은 교정상담사들이 직면하는 많고 다양한 도전에 대한 탐색에 전념했다. 독자들은 적대적이고 반항적인 수용자 집단에 효과적인 상담전략을 개발하는 것, 교정시설의 상담에 내재한 다양한 윤리적 딜레마를 해결하는 것 그리고 교도소 환경에서 상담에 관한 특수한 상황적 요구를 해결하는 것에 내재하는 복잡성에 대해 깊은 이해를 갖기를 바란다. 그러나 이러한 논의는 소진 예방(burnout prevention)의 문제에 주의를 기울이지 않으면 불완전할 수 있다.

교정상담사가 소진 및 소진의 해로운 신체적 · 정서적 결과에 굴복하지 않도록 도움을 주기 위해 결연한 노력의 일환으로, 엘리엇과 버데인(2002)은 소진 예방과 직업 만족을 위한 10개의 전략을 제시하였다. '교도소 직원을 위한 십계명'으로 알려진 이 전략은 〈글상자 2-2〉에 열거되어 있다. 마지막으로, 이 장의 저자들은 교정상담사가 최선을 다해 건강한 유머 감각을 유지하고 발휘하기를 권고한다. 심지어 소위 '교수대 유머(gallows humor)'는 충격, 역겨움, 위험한 상황으로부터 자신을 분리하고 그러한 상황에서 불필요한 정서적 및 행동적 반응을 방지하는 데 효과적인 방법이 될 수 있다(Kauffman, 1988). 마찬가지로, 범죄자들의 속임수와 조종에 대처하는 가장 성공적인 방법 중 한 가지는 그러한 희생으로부터 배운 교훈들을 되새겨 보고, 자신에게 미소를 띠며, 앞으로 나아가는 것이다(Elliott & Verdeyen, 2002).

글상자 2-2 /// 교도소 직원을 위한 십계명

1. 일과를 마치고 안전하고 건강하게 집으로 돌아가라.
2. 자신, 범죄자 그리고 다른 직원에 대해 현실적인 기대를 확립하라.
3. 확고하고 일관된 한계를 설정하라.
4. 권력투쟁을 피하라.
5. 대인 간의 경계를 관리하라.
6. 개인적인 상황으로 간주하지 말라.
7. 건강한 회의주의 태도를 추구하라.
8. 관료제도와 싸우지 말라.
9. 감독자와 동료에게 도움을 요청하라.
10. 업무를 집으로 가져가지 말라.

출처: Elliot, W., & Verdeyen, V. (2002). *Game Over! Strategies for Managing Inmate Deception*. Lanham, MD: American Correctional Association.

토론 질문

1. 범죄자를 상담할 때 범죄적 사고를 확인하고 도전하는 것의 중요성에 대해 토론하라.
2. 범죄자 치료에서 집단상담이 왜 선호되는 방식인지 설명하라.
3. 상담에서 범죄자 저항을 다루기 위해 저자들이 추천한 전략을 기술하라.
4. 교정상담사가 직면하고 있는 몇 가지 윤리적 딜레마는 무엇인가? 그리고 어떻게 하면 윤리적 딜레마를 성공적으로 해결할 수 있는가?
5. 교정상담사의 업무에 더 많은 스트레스로 다가오는 몇 가지 상황적 요구에 대해 토론하라.

제**2**부

교정상담과 치료의
역사적 기반

이어지는 제3장에서 논의되는 많은 치료전략은 적어도 순수한 형태로 오늘날 교정현장에서 실행되지는 않는다. 그러나 현대적인 상담은 제3장부터 제5장까지 언급된 역사적 접근에서 나왔으며 전문가들은 그것을 숙지해야 한다. 예를 들어, 우리가 전문상담사로서 정신분석을 활용하지는 않지만 방어기제, 자아통제, 전이, 투사 그리고 정신분석 및 정신역동적 전통과 연결된 다른 개념에 대한 토론을 듣는 것은 특이한 일이 아니다. 마찬가지로, 좀 더 현대적인 학습이론(상담의 사회학습과 인지행동 모델)은 자극과 강화, 처벌에 대한 확실한 이해를 포함한다. 간단히 말하자면, 도움을 주는 직업에 종사하고 있으면서 그들의 전통을 이해하지 못하는 것은 현명하지 않다. 제3장의 목표는 그것을 제공하는 것이다.

제3장에서 논의되는 정신분석적 전통은 역사적으로 중요한 기록이며, 상담에 대한 많은 접근의 근본을 형성하는 데 기여했다. 정신분석과 정신역동적 모델이 교정기관 내에서는 제한적으로 실용적인 가치를 지니지만, 그것들은 여전히 치료와 상담의 연속적인 발전을 위해 중요한 기반을 제공한다. 더욱이 치료적 동맹, 방어기제, 자아통제의 개념과 같은 정신역동적 사고의 일부 요소는 임상적 지향과 관계없이 상담사들이 고려해야 할 중요한 부분이다. 또한 이러한 임상적 차원 중에서 많은 것이 수정되었지만, 친숙한 구성으로 이후에 전통으로 나타났다.

제4장은 고전적 및 조작적 조건형성의 급진적 행동 접근에 관해 설명한다. 고전적 조건형성은 성범죄자와 같은 특수한 경우를 제외하고 교정시설에서 광범위하게 사용되지는 않지만, 토큰경제와 같은 조작적 조건형성은 교정시설에 있는 청소년에게 많이 사용되고 있다. 물론 사회학습과 인지행동 접근의 핵심요소들은 가장 초기의 행동모델인 전통적인 조작적 조건형성으로부터 성장했다. 급진적 행동개입의 핵심개념(효과적인 강화기법 및 적절한 처벌과 불승인)은 매우 효과적이기 때문에 많은 기관이 이러한 개입방법을 사용하기 위해 모든 직원을 지금도 훈련시키고 있다.

마지막으로, 제5장은 대부분의 교정기관 내의 상담은 집단상담이나 개인상담의 형식으로 행해지고 있다는 것을 분명히 하고 있다. 교정기관 내에서 집단상담 프로그램은 단순히 비용 절감을 위한 시도 그 이상이다. 제5장은 집단 프로그램의 몇 가지 기능에 관해 설명한다. 이러한 기능들은 종종 개인과의 일대일 치료를 통해 효과적으로 성취될 수 없는 경우가 있다. 집단 프로그램은 ① 동료의 지지, ② 역할모델의 기회, ③ 다른 사람을 도울 수 있는 기회, ④ 새로운 기술을 연습할 수 있는 기회, ⑤ 학습기회의 증가, ⑥ 범죄 기록 또는 중독과 같은 문제에서의 낙인 다루기를 포함한다. 일부 내담자에게 집단상담은 개인상담보다 더 강력한 행동 변화의 기회를 제공할 수 있다. 제5장은 집단과정의 핵심 개념에 대한 논의에서부터 교정시설 내의 일부 초기 집단치료의 효과에 대해 개관하여 설명한다. 교류분석, 환경치료(치료공동체 형식), 생활지도집단 상호작용(guided group interaction), 현실치료 그리고 인간중심치료가 그 내용이다. 앞으로 이해할 수 있겠지만, 연구에 의하면 이러한 치료 중에서 생활지도집단 상호작용 같은 몇몇은 성공적이지 않았지만 다른 시도들은 과거의 실패를 바탕으로 점차 좀 더 성공적으로 학습되고 있다는 사실이 밝혀졌다.

제 **3** 장

정신분석치료

데이비드 레스터(David Lester) & 패트리샤 반 부어히스(Patricia Van Voorhis)

불안	자유연상
무의식적 욕구의 의식화	원초아
역전이	해석
방어기제	대상관계
일탈적 초자아	심리적 결정주의 원리
전치	투사
자아	투사적 동일시
자아통제	정신역동적 치료
자아결함	반동형성
자아실패	초자아
자아이상	치료적 동맹
자아심리학	전이
자아강도	무의식을 보여 주는 창

정신분석치료는 의식뿐만 아니라 무의식적 생각과 욕구에 초점을 맞춘 인간의 마음
에 관한 이론에 토대를 두고 있다. 이러한 무의식적 생각의 일부는 아동기에 형성되었
고 그러한 생각을 했다는 이유로 처벌받았기 때문에 무의식이 되었다. 다른 무의식적
인 생각들은 우리 자신의 고유한 생각이 아니라 부모나 다른 사람들이 우리에게 인식

그림 3-1 런던 태비스톡 클리닉(Tavistock Clinic) 앞에 있는 지그문트 프로이트 동상

출처: 마이크 필(Mike Peel)이 찍은 사진(www.mikepeel.net).

시킨 것이다.

정신분석이론은 무의식적인 생각들을 우리가 인지함으로써, 다시 말하면 우리 마음에 작용하는 심리적 힘에 대한 통찰력을 제공함으로써 행동에 대한 무의식적인 생각의 영향을 최소화하려는 이론이다. 이러한 통찰력은 우리의 생각을 합리적으로 평가할 수 있도록 하고 문제가 되는 상황에 직면했을 때 보다 더 적절한 선택을 할 수 있도록 한다.

정신분석은 19세기 말과 20세기 초에 지그문트 프로이트(Sigmund Freud; [그림 3-1] 참조)에 의해 개발되었다. 이 이론은 처음으로 시도된 심리치료 이론으로 정상적인 행동과 비정상적인 행동에 관한 이론이다.

정신분석이론은 매우 복합적이다. 프로이트도 자신의 견해를 변경하고 이론을 평생 동안 지속적으로 수정했으며, 후세의 정신분석가들도 프로이트의 이론을 수정했다. 결과적으로, 우리는 정신분석에 대한 단일 이론은 존재하지 않는다는 것을 기억해야 한다. 정신분석에는 공통된 가정을 중심으로 다양한 변화가 존재한다.

정신분석은 심리치료의 가장 중요한 기법이다. 정신분석은 치료의 방법에 관한 관심을 불러일으켰고 이후의 모든 치료방법에 대한 토대를 제공하였다. 많은 심리치료의 체계는 프로이트의 원래 기법을 수정한 것이다. 정신분석과 다르게 보이는 체계 역시 대부분 하나 혹은 그 이상으로 프로이트의 생각에 대한 반작용이기도 하다. 그래서 정신분석은 인간 행동에 대한 중요한 이론이고 심리치료에 대한 중요한 체계이다.

정신분석의 기법에 관해 설명하기 전에 먼저 정신분석이론의 몇 가지 전제에 대해 개괄적으로 설명하는 것이 필요하다.

정신분석/정신역동[1] 이론

프로이트에 의해 형성된 기본적 전제는 모든 행동에는 동기가 있다는 것이다. 여기에서 핵심적인 단어는 '모든'이다. 모든 행동에는 동기가 있다는 것은 직업 선택과 배우자 선택, 오늘 입을 옷의 선택, 심지어 이 책을 읽으면서 귓불을 만지거나 코를 만지는 사소한 행동도 포함된다. 이러한 가정은 종종 심리적 결정주의 원리(principle of psychic determinism)라고 부른다. 프로이트는 각각의 행동이 하나의 욕구(wish)나 동기가 아닌 아마도 많은 욕구나 동기에 의해 결정된다고 주장했다. 더욱이 이러한 욕구의 일부는 무의식적이어서 무의식이 우리의 행동을 결정한다는 사실 자체도 인식하지 못한다.

프로이트는 본질적으로 발달과 관련된 세 가지 주요 욕구에 대해 말했다(그는 또한 이를 성격의 세 가지 요소라고 언급했다). 원초아(Id)의 욕구는 인생의 초기에 소유했던 욕구이다. 원초아의 욕구는 다소 원시적이고 조직화되어 있지 않으며, 때로는 공격적이다. 어린아이가 그의 아버지에게 "내가 아빠를 시멘트 트럭으로 때려눕혀 버릴 거야."라고 말하는 것이 원초아 욕구의 좋은 예이다. 원초아의 욕구는 직접적으로 만족되는 경우가 드물고, 우리가 성장하면서 대부분 무의식이 된다. 음식과 따뜻함 또는 싸움과 도주와 같은 기본적인 욕구는 원초아에서 나온다.

초자아(Superego)의 욕구는 다른 사람, 특히 우리 부모로부터 물려받은 욕구이다. 여기에는 두 종류가 있다. 보통 우리가 양심이라고 불리는 금지("엄마에게 거짓말하지 마라."와 "접시를 닦지 않으면 후식을 먹을 수 없다.")와 보통 자아이상(Ego ideal)이라 불리는 우리가 되고 싶어 하는 욕구("나는 커서 아빠처럼 변호사가 되고 싶어.")이다.

자아(Ego)의 욕구는 복합적이고, 조직적이고, 현실적이며, 성숙한 욕구로 우리가 대부분의 시간에 보여 주는 욕구의 종류들이 좋은 예이다. 자아의 기능은 원초아의 욕구와 초자아의 요구 그리고 개인의 당면한 환경에서 요청되는 것들 사이에서 균형을 잡는 것이다.

원초아, 초자아 그리고 자아라는 용어는 형용사처럼 잘 생각해 내는 것이지, 두개골 안에 있는 작은 구조들이 아니다. 당신이 아버지가 당신에게 한 말이나 행동 때문에 아버지에게 화가 나 있다고 생각해 보자. 원초아의 욕구는 아버지를 때리고 실제로 상처 입히기를 원할 수 있다. 초자아의 욕구는 아버지를 때리는 것은 잘못이라는 것일 수 있고, 당신 자신이 모델로 삼은 아버지는 절대로 사람을 때리지 않을 것이라고 할 수 있다. 자아의 욕구는 당신의 아버지를 사랑하는 것일 수 있다. 당신은 아버지와 관계하는 것이 어려울 수 있지만, 아버지에게 많은 애정을 느낀다. 하지만 당신은 또한 약간의 분노를 느낀다. 결국 당신은 자신이 아버지에게 얼마나 화가 나 있는지에 대해 말하려고 편지를 쓴다. 이러한 행동은 모든 욕구(더 많은 것이 아마도 당신의 특정한 상황에서 유래되었을 수 있는)에 의해 동기가 부여되고 타협이 이루어진다. 결국 자아의 일차적인 기능은 원초아와 초자아의 욕구를 조절하려고 시도하는 심리적인 '온도조절 장치'이며 이러한 욕구를 사회적으로 받아들여질 수 있는 생산적인 행동으로 표현하게 하는 것이다.

우리는 성숙해지면서 이러한 욕구를 통제하게 된다. 우리는 어린 시절에 우리가 품었던 욕구로부터 나온 파생된 욕구를 형성시킨다. 어머니의 젖을 빨고 싶은 욕구는 병, 고무젖꼭지와 엄지손가락, 사탕, 담배와 파이프, 이 책을 읽으면서 연필 끝을 빠는 것과 교실에 앉아 있을 때 손가락으로 입술을 접촉하는 것, 사랑하는 사람에게 입술로 키스하고 접촉하려는 욕구로 이어진다. 어머니의 젖을 먹으려는 초기의 욕구는 이제 수백 가지의 음식을 좋아하는 것으로 발전했다.

만약 당신의 욕구 대상, 예를 들어 랍스터 뉴버그(Lobster Newburg)를 포기해야 한다면, 당신은 그것을 대신할 다른 많은 것을 가지고 있기 때문에 파생된 욕구를 조절할 수 있다. 아기는 대체용품이 거의 없다. 아기는 종종 평소에 먹던 것과 다른 액체를 먹지 않는다. 더욱이 당신은 성장하면서 스스로 먹을 음식을 준비할 수 있지만, 아기는 엄마에게 의존해야 한다.

프로이트의 핵심적 개념은 불안(anxiety)으로, 그는 불안이 두 가지 방법으로 만들어진다고 주장했다. 첫째, 당신은 당신의 어떤 욕구(의식적 또는 무의식적)가 박탈될 때마다 불안해진다. 둘째, 당신은 당신의 무의식적인 욕구가 당신에게 의식될 가능성이 있을 때마다 불안해진다. 이것은 인간의 기본적인 딜레마를 내포하고 있다. 당신이 아버지를 공격하고 싶은 무의식적인 욕구를 가졌다고 하자. 만약 그 욕구가 박탈당하면 당신은 불안해질 것이다. 그러나 그것을 인식하게 할 만한 어떤 일을 하면 역시 불안해진다. 해결책은 당신이 진정으로 무엇을 하고 있는지 인식하지 못한 채 그것을 부분적으로 만족시킴으로써 그 분노를 자신의 내면으로 돌리고 우울한 감정만 느낄 뿐 분노는 느끼지 않는 것이다. 또는 어떤 측면에서 아버지와 같은 사람(예: 고용주나 술집에 있는 남자)을 만나 유사한 점을 깨닫지 못한 채 그와 싸움을 하게 된다. 아니면 당신 아버지가 당신을 미워한다고(당신이 아버지를 미워하는 것보다) 결정하고 아버지를 피한다.

이와 관련해서 프로이트보다 먼저 정신분석을 연구한 브로이어(Breuer)는 충격이 커서 해결되지 못한 사건은 심각한 불안으로 남아 있고 해결되지 못한 이슈는 이후에 비합리적인 느낌과 행동으로 동기화될 수 있다고 인식했다(Redl & Toch, 1979).

모든 정신의학적 증상과 비정상적인 행동, 심지어 많은 정상 행동도 무의식적 욕구를 의식하지 않고 그것을 만족시키는 방법으로 딜레마를 벗어난다. 다섯 살 소년이 의식적으로 엄마에게 끌렸는지는 모르지만, 엄마와 절대로 결혼할 수 없다는 것을 알게 되었다. 그래서 그는 성장해서 엄마와 닮은 여자와 결혼하기로 결심한다. 그가 성인이 되었을 때는 다섯 살 때 자신이 가졌던 욕구를 잊어버린다. 그래서 엄마와 같은 여자와 결혼했을 때 그의 선택 뒤에 있는 무의식적인 동기를 인식하지 못한다.

방어기제(defense mechanisms)는 이러한 대체에 대해 좀 더 자세하게 설명한다. 예를 들어, 전치(displacement)를 통해 당신은 당신의 아버지를 대신해서 고용주에게 화를 낼 수도 있고, 반동형성(reaction formation)을 통해 무의식적으로 아버지를 향해 화를 내고 싶지만 실제로는 아버지를 좋아한다고 말하기도 하며, 투사(projection)를 통해 아버지가 당신을 미워한다고 생각한다. 방어기제는 자아가 원초아와 초자아의 욕구를 통제할 수 없을 때 발생한다. 어떤 방어기제는 스트레스에 상당히 적절하고 정상적인 적응방법이다. 그러나 과도하게 방어적인 사람이 방어를 관리할 수 있는 능력을 상실할 때 역기능적인 행동이나 폭력이 나타날 수 있다. 〈표 3-1〉은 다양한 방어기제에 대한 정의와 예시를 보여 주고 있다.

정신분석가는 범죄자 또는 비범죄자의 행동에 관해 설명할 때 '이 사람이 그렇게 행동한 진정한 이유가 무엇인가?'라는 질문을 항상 한다. 정신분석가들은 의식적인 이유에 대해서도 궁금해하지만 좀 더 중요한 행동의 무의식적 이유를 밝히려고 시도한다.

프로이트가 1800년대 후반에 정신분석학을 정립한 이후로 많은 변화를 겪었다는 점을 인식하는 것은 중요하다. 사실 정신분석적 치료는 그 이후로 정신역동적 치료(psychodynamic therapy)로 발전해 왔다. 정신역동적 사고의 최근 연구 분야인 자아심리학(ego psychology)은 결정론적인 원초아에 초점을 둔 프로이트의 이론을 강조하지 않는다. 자아심리학자들은 대신에 자아의 발달에 초점을 맞춘다. 이 영역에서의 대부분의 활동은 자아의 기능이 발달에 따라 어떻게 향상되거나 확장되는지를 검토한다. 다시 말하면, 성숙한 자아는 현실을 유연하고 적응적인 방법으로 다룬다(Hartmann, 1995). 우리는 또한 이러한 심리학자들이 앞서 논의된 자아 방어기제의 개념을 형성한 것을 신뢰한다.

〈표 3-1〉 선택된 정신분석적 방어기제

- **억압(repression)**: 욕구와 생각을 의식 밖으로 밀어내거나 의식에 닿지 않게 하려는 적극적인 시도. 예: 어렸을 때 애완동물이 차에 치였다는 사실을 잊는다.
- **전치(displacement)**: 감정과 욕구의 주된 대상을 덜 위협적인 대상으로 전환하는 것. 예: 사장에게 화가 났는데 고함은 남편이나 아내에게 지른다.
- **승화(sublimation)**: 전치의 좀 더 장기적인 형태로 선택된 대상이 사회적으로 수용될 수 있는 것. 예: 아버지를 때리고 상처 주고 싶지만 프로 권투선수나 축구선수가 된다.
- **부인(denial)**: 억압해서 잊어버리는 것이 아닌, 어떤 사실이나 경험의 진실을 부정하는 것. 예: 딸이 사망했는데 마치 살아 있는 것처럼 행동하고 딸을 위해 침대를 정돈한다.
- **반동형성(reaction formation)**: 욕구와 반대되는 감정 혹은 반대되는 욕구로 변화되거나 변형되는 것. 예: 아버지를 미워하고 깊게 원망하지만, 모든 사람에게 자신이 아버지를 얼마나 사랑하는지 말하고 아버지에게 애정 어린 태도로 행동한다.
- **투사(projection)**: 무의식적인 욕구와 생각을 가지고 있지만, 자신의 내면에서는 그것을 인정하지 않고 누군가 다른 사람에게 그 원인을 돌리는 것. 예: 어떤 사람을 더 이상 사랑하지 않으면서도 그 사람이 자신을 사랑하지 않는다고 비난한다.
- **합리화(rationalization)**: 수용할 수 없는 어떤 행동에 대해 수용할 수 있는 이유를 찾는 과정. 예: 아이에게 엄하게 벌을 주고 "다 너를 위한 거야."라고 말한다.
- **퇴행(regression)**: 욕구와 생각을 초기 발달 단계의 욕구와 생각으로 대체하는 것. 예: 스트레스를 받는 상황에서 자신을 위해 일하는 누군가를 화나게 하여 심통을 부린다.

1950년대 이후에 형성된 또 다른 이론가들은 대상관계(object relations)이론을 개발했다. 이 이론에서 대상은 사람을 가리킨다. 대상관계는 친밀한 관계에서 기능하는 우리의 능력에 영향을 미치는 일련의 인지적이고 정서적인 과정을 의미한다. 대상관계는 또한 인간이 타인과 관계를 맺어야 하는 필요성에 의해 크게 동기가 강화된다고 가정함으로써 프로이트가 초점을 둔 결정론적인 추동과도 거리가 있다(Cashdan, 1988). 대상관계이론의 입장에서 볼 때, 인간은 모성관계뿐만 아니라 다른 초기 관계를 내재화한다. 이 관계의 흔적은 현재의 관계에도 종종 영향을 미친다. 이것은 또한 우리 자신에 대한 느낌(예: 자아존중감)과 다른 사람에 대한 느낌(예: 적대감)을 지배할 수도 있다. 이러한 이론 중 많은 것은 미래의 관계에 미치는 영향에서 어머니-자녀 관계가 가장 중요한 관계라고 주장한다. 하지만 어머니에게 초점을 둔 것에 대해 비판들이 있다. 실제로 페미니스트 치료자(Caplan & Hall-McCorquodale, 1985 참조)와 옹호자들(Steinem, 1994)은 정신분석적 및 정신역동적 모델을 '어머니 비난' 접근이라고 한다. 가족치료와

약물 남용 치료에 대한 이후 장에서 볼 수 있듯이, 대상관계이론은 심리치료에 대한 현대의 많은 정신분석적 접근의 기초가 된다.

정신분석치료

정신분석의 목표는 다양한 방법으로 설명될 수 있겠지만, 간단하게 말하면 무의식에 있는 것을 의식하도록 만드는 것이다. 만약 당신의 무의식적 욕구를 의식화(conscious of your unconscious desires)할 수 있다면, 당신이 그 욕구를 바로 만족시킬 필요가 없을지라도 적어도 미래에 좀 더 적절한 선택을 할 수 있을 것이다. 만약 당신이 부모를 대신할 수 있는 사람에게 프로포즈를 하고 그 사람과 결혼했다는 것을 알게 된다면, 다음에 다시 사랑하는 사람이 생겼을 때 자신에게 '이 사람에 대한 나의 사랑이 그녀 또는 그가 나의 부모님을 닮았기 때문이라 할지라도 그녀 또는 그와 결혼할 것인가?'라고 스스로 질문할 것이다. 정신분석은 당신이 선택하도록 시도하는 것이라기보다는 선택에 영향을 미치는 것에 대해 알 수 있도록 하는 것이다.

이렇게 하는 것은 어려움이 있다. 무의식적인 욕구를 의식한다는 것은 당신을 불안하게 하고 극심한 공포에 이르게 할 수 있다. 동시에 새로운 인식은 어린 시절의 학대와 같은 고통을 주는 정보와 관련된 것일 수도 있다. 그 과정은 정신분석가의 안내에 따라 천천히 그리고 조심스럽게 진행되어야 한다. 이 과정은 현재와 과거를 연결하여 내담자가 나아갈 수 있게 하는 것이 아니다. 오히려 과거가 '재연되고(rehearsed), 분류되며, 대응할 수 있게 되고, (궁극적으로는) 옆에 따로 있게' 하는 것이다(Redl & Toch, 1979).

전통적인 형태의 정신분석은 3년에서 7년 혹은 그 이상 동안 일주일에 세 번에서 다섯 번의 만남을 갖는다. 적어도 1시간에 200달러의 비용이 들기 때문에 정신분석은 대부분 경제적으로 여유가 있는 사람들이 계속 이용할 수 있다.

정신분석의 기법은 무엇인가? 정신분석에서는 먼저 내담자를 편안한 상태로 카우치에 눕게 하고(또는 의자에 앉게 하고) 자유연상의 과정을 시작한다. 자유연상(free association)에서 내담자는 검열 없이 떠오르는 생각은 무엇이든지 자유롭게 말한다. 이것이 쉬워 보이지만 반드시 그렇지는 않다는 것을 기억해야 한다. 우리 중에 소수만이 우리가 생각하는 것을 알 수 있다. 얼마나 자주 우리는 우리의 생각을 분산시키며, 우리가 경험한 것을 느끼지 못하도록 하며, 술을 마시거나 수면제를 먹고 분산시키며, 어떤 활동을 하면서 자신을 분주하게 하는가? 심지어 다른 사람인 정신분석가와 함께 하는 자유연상은 더 어려울 수도 있다. 정신분석가들은 진정한 자유연상을 하기 위해서는 수년의 정신분석과정을 거쳐야 한다고 말한다.

이에 더해 무의식을 보여 주는 창(windows to unconsciousness)이 있다. 꿈은 또한 우리의 잠재 의식적인 생각을 표현하는 것이라고 믿는다. 정신분석적인 전통에서 말실수 또는 '프로이트 학설의 말실수(Freudian slips)'는 무의식의 욕구를 표출하는 것으로 믿는다. 예를 들어, 만약 우리가 수학 시험을 준비하고 있다고 말하는 것이 아니라 "수학 시험을 없애 버리겠다."라고 무심코 말한다면 친구들은 미소를 지을 것이다.

당신의 정신분석가들은 당신이 하는 말을 듣고 당신이 그들에게 어떻게 행동하는지를 평가할 것이다. 정신분석가들은 매우 중립적으로 행동하기 때문에, 당신의 생각과 욕구를 분석가에게 귀인할 때 당신이 왜 그렇게 하는지 궁금하게 여긴다. 이것을 전이(transference)라고 한다. 당신은 정신분석가들을 있는 그대로 대하지 않고 그들이 당신의 인생에서 중요한 사람인 것처럼 대한다. 일부 정신분석가는 이러한 전이가 내담자에 의해 최종적으로 이해되고 해결되는 시점이 정신분석의 종결이라고 말한다.

마지막으로, 정신분석가들은 당신의 행동을 해석(interprets)하고 당신의 행동 뒤에 있는 무의식적 동기를 이해하도록 당신을 돕기 위해 노력한다. 분석가들은 그 동기가 무엇인지에 대해 생각하는 바를 말해 주지 않고 당신 스스로 그것을 발견할 때까지 기다린다. 분석가들은 당신이 아내와의 언쟁에 대해 말하는 것을 듣고 당신이 유사점을 알 수 있기를 바라면서 "다른 사람과 있었던 기억나는 어떤 언쟁이 있었는지 궁금합니다."라고 물어볼 수 있다. 정신분석가들은 최고의 해석이 내담자 자신에 의해서 이루어진다고 말한다. 이것이 기법이 천천히 진행되어야 하는 이유이다.

대부분의 무의식적 욕구가 어린 시절에 가졌던 소망으로부터 나오고 대부분의 초자아의 소망은 부모에게 받은 소망에서 나오기 때문에, 정신분석가들은 아동기를 매우 중요하게 다룬다. 정신분석에서는 대부분 어린 시절과 부모, 형제자매에 관해 이야기하는 시간을 갖는다. 따라서 정신분석은 치료에서 역사적으로 접근하는 것으로 기술된다.

정신분석치료에서 최근의 접근들은 전통적인 형태에 비해 좀 더 유연하다. 오늘날의 치료는 자유연상과 꿈치료, 전이에 더 의존한다. 이것들은 좀 더 현재에 중점을 두고 있음을 알 수 있다. 과거와 무의식을 보여 주는 창의 중요성을 폐기하지 않고 오늘날 정신역동적 전통 내에서 일하는 심리치료자들은 현재를 더 강조한다. 그래서 내담자와 치료자 사이의 치료적 동맹(therapeutic alliance)은 전이만큼 중요하다. 치료자들은 때때로 지시적일 수 있고, 내담자가 치료의 다양한 측면을 '훈습(work through)'하도록 기다리기보다 구체적인 제안을 제공하기도 한다. 마지막으로, 현재 대부분의 정신분석적 적용은 몇 년 동안 지속하지 않으며 일주일에 여러 번의 회기를 진행하지도 않는다.

통합적인 대상관계치료는 내담자가 치료자 또는 다른 사람에게 보이는 투사적 동일시(projective identifications)와 관련된 치료적 동맹을 내담자와 치료자가 개발하는 과정이 포함된다. 투사적 동일시는 내담자가 다른 사람의 모습에서 수용할 수 없는 자신의 모습을 보는 방어기제의 하나이다. 예를 들어, 내담자가 치료자에게 왜 자신에게 화가 났는지 묻는 것을 볼 수 있다. 치료자는 화를 내지 않았기 때문에 내담자의 말을 투사로 인식한다. 그래서 투사의 경우, 예를 들어 화난 것은 내담자라고 내담자에게 해석해 준다. 이로 인해 내담자는 억압된 분노를 인식하고 수용할 수 있는 기회를 제공받을 수 있고, 분노의 원천을 좀 더 잘 이해할 수 있게 된다. 그 의도는 분노를 사라지게 하는 데 있기보다는 그것의 원천을 수용하고 이해하며 적절한 방식으로 분노를 다루게 하는 것이다.

범죄에 대한 정신분석적 접근

범죄자를 다루면서, 정신분석가들은 '범죄 행동으로 동기가 강화되는 그 사람 내면의 의식적인 그리고 무의식적인 욕구는 무엇일까?'라는 질문을 자신에게 한다. 그렇지 않으면, '대부분의 사람에게 발견되지만 범죄자들이 활용하지 못하는 전형적인 친사회적 욕구는 무엇이며, 범죄자가 억제하지 못하는 빈사회적인 행동은 무엇인가?'라는 질문을 한다. 각 범죄자의 대답은 사람마다 다양하고 독특하다. 여기에서 일반적인 규칙을 진술하려고 한다면, 예를 들어 '절도범은 보통 ……에 의해 동기가 강화된다.'라고 일반화할 경우 우리는 부정확한 결론을 내리게 될 것이다. 각각의 경우마다 다른 방법으로 접근하는 것이 치료의 과정을 조명하는 데 유용한 도구가 될 것이다. 노출증 환자에 대해 정신분석가가 발견한 것을 다음에서 설명하고자 한다.

화가 난 노출증 환자의 사례

정신분석가가 한 내담자에게 발견한 것을 설명하기 위해 맥콜리(McCawley, 1965)가 보고한 하나의 사례를 여기에 요약한다. 내담자가 처음으로 자신의 신체 일부를 어린 여학생에게 노출했을 때, 그 내담자는 자신의 첫 번째 아내와 결혼생활의 문제를 가지고 있었던 신학생이었다. 그의 아내는 그의 야망에 비판적이었고, 그를 과소평가했으며, 종종 성관계를 중단하고 계속하는 것을 거부했다. 그는 신학대학교에서 점점 책임이 증가했다. 그는 자신의 신체를 노출한 이후에 체포되어 보호관찰 명령을 받았다. 그리고 곧바로 신학대학교를 떠나게 되었고, 아내와도 이혼했다.

그의 두 번째 아내는 그에게 공감적이었으며 성적으로도 만족했다. 그의 아버지는 아들에게 사업을 시작할 수 있도록 자금을 지원했지만, 사업을 운영하는 방법에 대해 비판하기 시작했다. 이러한 스트레스가 점점 커지면서 그 내담자는 다시 자신의 신체를 노출하기 시작했다. 여자아이에게 자신의 신체를 노출했을 때, 그는 체포되었다.

이 내담자의 치료와 관련해서 내담자가 어린 시절에 아버지가 가끔 집에 들어오지 않았고 강박적인 사업가라는 사실이 밝혀졌다. 아버지는 아들에게 함부로 말했고 거의 적대적으로 대했다. 어머니도 모든 자녀를 함부로 대했고 고마워할 줄 모른다고 늘 심하게 꾸짖었다.

그래서 그 내담자는 부모로부터 정서적인 애착이 박탈되었고, 맥콜리는 그 내담자가 부모님을 자신의 모델로 하는 것에(또는 정신분석적 용어로 부모와의 동일시에) 실패했다고 추정했다. 그는 어린 시절에 가까이 지내는 친구들이 거의 없었지만 학교에서는 친밀한 관계에 있는 약간의 친구들이 있었다. 이 소년들은 자신의 성기를 자주 서로에게 노출하였다. 이 관계가 아동의 성격 형성기에 매우 만족스러운 관계였기에 내담자가 스트레스를 받으면 그 발달 단계로 퇴행한다고 맥콜리는 느꼈다.

첫 번째 에피소드에서 내담자는 열등감과 성적 무능력감에 압도당하고 있었다. 두 번째 에피소드에서 그는 사업적 감각이 미흡하다고 느꼈다. 각각의 경우에, 그는 첫 번째 아내에게 그리고 아버지에게 화가 났다. 그러나 상담 회기에서 자신의 분노를 인정하는 데는 시간이 필요했다. 그는 첫 번째 체포로 참을 수 없는 결혼생활과 신학대학교 내에서의 가중되는 책임감에서 벗어나게 되었다는 것을 종국적으로 알게 되었다. 두 번째 에피소드는 사업의 압박으로부터 그를 구제해 주었다.

첫 번째 아내 그리고 이후 아버지를 향해 느낀 분노는 아동기에 그의 부모로부터 받은 거절과 적개심의 결과로 그의 강렬한 무의식적인 분노로 인해 증가되었다. 첫 번째 아내와의 관계는 그의 어머니와의 관계가 되풀이되고 있어서, 특별히 그에게는 스트레스가 되었다. 아버지와의 사업상 관계에서는 초기 아버지와의 관계가 되풀이되었다. 그가 아동기에 보였던 행동 패턴(성기 노출)으로 퇴행하는 것은 다시 아동이 되어 성인의 책임감을 회피하고 싶어 하는 그의 욕구를 상징한다.

내담자가 성인기 자신의 행동과 아동기 사건 간의 연관성을 발견하기 위해서는 많은 시간이 필요하다. 오랫동안 억압되었던 느낌과 욕구를 인식하기 위해서는 시간이 필요하다. 이 내담자가 직면한 문제의 핵심은 복합적인 내면의 갈등과 문제에 대해 단지 표면만 보는 것이다. 그러나 내담자가 아동기의 경험과 성인기의 행동 사이의 연결을 보기 시작하자 그의 무의식적인 욕구와 느낌을 알 수 있었고 그의 행동에 대해 좀 더 적절한 선택을 할 수 있었다. 예를 들어, 그의 아버지 또는 그의 두 번째 아내에게 화를 낼 때도 만약 그가 선택할 수 있다면 사회적으로 수용될 수 있는 방법을 발견할 수 있었다. 또는 이러한 화가 일어날 수 있는 경우에 그 상황을 피하는 것을 선택할 수 있었다. 정신분석으로부터의 결과는 증가된 자기인식과 자기통찰로 좀 더 합리적이고 만족스러운 방법으로 삶을 살아갈 수 있도록 하는 것이다.

공격적인 비행 행동

리들과 와인먼(Redl & Wineman, 1951)은 비행아동 집단을 위해 개발한 치료 프로그램에 관해 기술했다. 그 아동들은 폭행, 절도, 거짓말, 무단결석 등과 같은 전형적인 비행 행동을 보였다. 더구나 그들의 공격성과 통제되지 않는 행동으로 인해 거의 관리를 할 수 없었다. 리들과 와인먼은 여름 캠프와 부분적 접촉을 통해 그들을 치료하려고 시도했는데, 결국에는 기금이 고갈되어 18개월 정도의, 비행아동 중 5명을 위한 집을 마련했다. 리들과 와인먼은 이 아동들을 어떻게 기술했을까?

자아결함

리들과 와인먼은 이러한 아동들의 충동이 비정상적으로 강할 가능성을 고려했다. 다시 말하면, 그들의 원초아 욕구가 정상적인 아동들보다 훨씬 더 많고 훨씬 더 강렬하

다. 그러나 그들은 이러한 가능성을 거부하고 대신에 그들의 자아 욕구가 원초아 욕구
보다 우위에 있어서 문제를 통제할 수 있다고 주장한다.

리들과 와인먼은 자아가 우리를 현실과 접촉할 수 있도록 한다고 언급했다. 자아는
정상적인 사람을 위해 다음과 같은 기능을 수행한다. 자아는 외부 환경을 지각하고 판
단한다. 자아는 또한 우리 내부에서 일어나고 있는 것을 모니터하고 원초아 욕구와 초
자아 욕구를 어느 정도 알아차린다. 자아는 현실의 요구가 무엇인지 인식할 뿐 아니라
이러한 요구에 맞추어 우리의 행동을 변화시킬 힘을 가지고 있다. 이러한 두 가지는 우
리가 치과에 가야 한다는 것과 우리를 그곳으로 가게 한다는 것을 말한다.

자아는 또한 선택적 기능이 있다. 자아는 여러 가지 대안 중에서 하나를 결정할 수
있고 우리 자신을 위한 최선의 행동과정을 선택한다. 마지막으로, 자아는 어느 정도 통
합을 이루기 위해 우리에게 있는 모든 욕구와 성격의 모든 부분을 종합하고 균형을 잡
는다.

리들과 와인먼은 일탈한 자아는 적절한 수행을 할 수 없다고 주장했으며 자아실패의
일부를 간략하게 정리하였다.

자아실패

1. 일탈적 자아는 좌절에 수반되는 감정을 인내하지 못한다. 일탈적 자아는 욕구의
   완전한 충족을 요구한다. 다시 말하면, 원초아의 욕구를 통제할 수 없다.
2. 일탈적 자아는 불안전과 불안, 공포의 감정을 다룰 수 없다. 이러한 감정들에 직면
   하면 극도의 공포로 행동을 포기하거나 감정을 부인하는 경향이 있으며, 혹은 가
   까이에 있는 모든 것을 격렬하게 공격하고 파괴한다.
3. 일탈적 자아는 만약 젊은이들이 유혹을 받고 유혹에 저항할 수 없다면 명확한 위
   험 신호를 주지 못한다. 환경에서 자극적인 것들이 젊은이들을 유혹하면 굴복하
   게 된다. 이에 더해 일탈적 자아는 다른 사람으로부터의 영향에 민감하다. 만약에
   다른 소년이 식탁 위로 뛰어오르면 그도 또한 똑같이 뛰어오를 것이다. 이 집단의
   소년들은 쉽게 흥분하고 동요한다. 이 집단의 소년들은 장난감이나 다른 도구들
   을 의도된 목적으로 사용하기보다는 무기로 사용하거나 파괴해 버린다.
4. 일탈적 자아는 가치 있고 간직하고 싶은 소유물을 돌보는 데 어려움이 있다.
5. 일탈적 자아는 새로운 상황을 다루는 데 어려움이 있다. 비행청소년들은 그 상황

이 새로운 것이 아니며 이 장소 또는 이 마을을 이전에 방문했다고 주장한다. 다른 대안으로 그들은 공황 상태에 빠져서 조급하게 새로운 대상을 공격적으로 다룬다. 세 번째 대안으로 낯선 것을 조롱한다.

6. 일탈적 자아는 과거의 기억으로 쉽게 빠져든다. 상담사가 소년을 통제하려고 시도하면서 그와 몸부림하면, 그 소년은 마치 잔인한 아버지가 자신을 죽이려고 했던 것처럼 상담사에게 반응하곤 한다.

7. 일탈적 자아는 죄책감에 대처할 수 없다. 죄책감에 직면하면, 그들은 공포와 부인 그리고 파괴적 반응을 하는 경향이 있다.

8. 일탈적 자아는 자신에게 닥친 결과의 원인을 기억하는 것에 어려움이 있다. 그들은 자신의 인생에서 재앙을 초래한 행동을 쉽게 잊어버린다.

9. 일탈적 자아는 약간의 보상에 만족하는 데 어려움을 보인다. 그들은 비합리적으로 더 많이 요구한다. 그들은 이전의 만족감을 기억하는 것에 어려움이 있어서 야구경기와 같은 활동을 즐길 수 있을지 의심한다.

10. 일탈적 자아는 규칙 또는 일상적인 것에 대해 현실성 없다. 만약 그 소년에게 "내일."이라고 말해 주면, 그는 "절대 안 돼."라는 말을 듣는 것처럼 행동한다.

11. 어떤 측면에서 일탈적 자아는 상호관계에서 아무것도 보지 못한다. 그 소년은 다른 소년들이 그를 때릴 것이라고 깨닫고 그에 적절하게 행동해야 하지만, 이에 대해 정확하게 예측하지 못한다. 그는 다른 사람에게 일어났던 일 또는 경험으로부터 배우지 못한다.

12. 실패는 완전히 실패했다는 느낌 또는 성인에 대한 적대감으로 반응한다. 성공은 자만심과 무분별한 행동으로 반응한다. 비행청소년은 경쟁에 대처하는 데 어려움이 있다.

자아강도

다른 한편에서 일탈적 자아는 많은 강점이 있고 여러 상황에서 잘 대처할 수 있다. 충동 만족과 관계된 것이라면, 일탈적 자아는 훌륭하게 기능할 수 있다.

1. 일탈적 자아는 죄책감을 통제할 수 있다. 그 소년들은 반사회적 행동의 이면에 있는 동기를 억누르고, 그 사건에 대해 자유롭게 자랑하도록 내버려 둔다. 그들은

"그가 먼저 시작했어요." "누구나 그렇게 해요." "우리 모두 함께 그것을 했어요." "다른 아이들은 나보다 먼저 그런 것을 해요." "그가 자업자득한 거예요." "나는 어쩔 수 없이 그렇게 해야만 했어요." 등으로 합리화한다.

2. 일탈적 자아는 자신과 비슷한 생각을 하는 친구들을 찾고 다른 사람들이 반사회적인 행동을 하도록 선동하고 비행 행동을 부추김으로써 반사회적 행동의 지원을 얻고자 한다.

3. 일탈적 자아는 변화에 저항한다. 만약 고통스러운 사실에 직면하면 그 소년은 침묵을 유지할 것이다. 또는 단순히 그의 감독자를 떠밀어내기 위해 개선된 행동을 보여 줄 수 있다. 그 집단은 변화하려는 사람들을 외면할 수 있다. 비행청소년은 일탈적인 생활방식을 위협하는 사람들을 피할 수 있다. 그는 좋은 위탁 가정에서 떠날 수 있다.

4. 단순히 변화에 저항하는 것을 넘어서, 일탈적 자아는 변화에 대해 적극적으로 투쟁한다. 일탈적 자아는 상담사의 약점을 진단할 수 있고 혹은 일탈적 착취에 유용할 수 있는 다른 소년을 찾아낼 수 있다. 일탈적 자아는 언쟁에 능숙하며 문제 영역의 대화에서 벗어나 다른 방향으로 전환할 수 있다. 또한 자신의 반응을 정당화하기 위해 다른 사람들에게 행동을 유발할 수 있다. 상담사 및 성인들과의 관계에서, 영향을 받지 않으면서 우정을 형성할 수 있다.

요약하면, 일탈적 자아는 인생의 많은 사건과 다양한 정상적인 감정에 대처하는 데 어려움이 있다. 다시 말하면, 일탈적 자아는 비행 행동을 방조하는 풍부한 자원이 된다.

일탈적 초자아

리들과 와인먼은 일탈적 초자아(delinquent superego)에도 결함이 있다고 믿었다. 그들은 가치 및 양심과 관계된 문제가 발생할 때 위험 신호를 보내며 어떤 가치와 기준을 제시하는 것이 정상적인 초자아의 기능이라고 보았다. 일탈은 초자아에도 있다. 리들과 와인먼은 초자아가 없는 어떤 사람도 만나 본 적이 없다고 말했다. 그러나 일탈적 초자아는 일탈적인 생활양식에 기여하는 성격적 특성이다.

1. 일탈적 초자아는 특유한 가치를 지닌다. 일탈적 초자아는 종종 일탈적 행동 코드

와 동일시된다. 아이젱크(Eysenck, 1970)가 제시했듯이, 그 일탈도 기준과 가치가 내면화되어 있지만 큰 사회의 것이라기보다는 비행 하위문화의 것들이다. 그러나 그들은 종종 큰 사회로부터의 기준 및 가치에서 섬(island)이 될 수 있다.

2. 일탈적 초자아는 또한 위험을 감지하는 신호가 약하다. 만약에 그것이 조금이라도 작동한다면, 행동하기 전에 또는 미리 예상하기보다는 행동한 이후에 죄책감을 보인다.

원천

일탈적 자아와 일탈적 초자아의 특유성은 어떻게 발달되었을까? 일탈적 초자아는 성장기에 적절한 역할모델이 없었기 때문에 발달한다. 일관성 없고 난폭한 부모의 행동으로, 소년은 부모를 모델로 할 수 있을 만큼 그들을 사랑할 수 없고 존경할 수도 없다. 그러나 그 소년이 부모와 동일시하거나 그들을 자신의 모델로 할지라도, 그 부모의 행동이 정신적 장애가 있고 반사회적으로 행동하기 때문에 부적절한 행동을 학습한다.

학습만이 초자아 발달의 유일한 원천(source)은 아니다. 어린 시절 부모의 양육, 유대관계, 애착은 내재화된 친사회적 가치의 발달에 결정적인 영향을 준다. 따라서 사랑과 따뜻함, 편안함을 제공하는 데 실패한 부모의 자녀들은 종종 다른 사람의 안녕감(well-being)에 대한 일반적인 관심을 내재화하는 데 어려움을 가진다. 이러한 측면에서 학대하고, 방임하며, 중독된 부모의 자녀에 대해 특별한 관심을 기울여야 한다(Bowlby, 1969).

정상 아동도 또한 강한 자아의 개발을 위해 도움받을 필요가 있다. 그 아동은 좌절과 불안, 두려움, 죄책감의 정서를 다루는 방법을 배워야 한다. 자신이 가진 자원에만 남겨 두면, 그는 이러한 기술들을 개발하지 못한다. 그리고 만약에 그가 학대받고, 방임되고, 미움을 받았다면, 그런 기술을 학습하는 데 더 많은 어려움이 있을 것이다. 사실 이것이 정신분석이론에서 일반적인 원칙이다. 즉, 정신적인 장애가 있는 모든 행동은 출생에서 6세 혹은 7세까지의 초기 아동기 동안 발생한 심각한 좌절과 외상의 결과이다.

리들과 와인먼이 이러한 소년들의 행동을 설명하기 위해 두 개의 삽화를 제시하고 있다. 먼저, 자아결함(ego deficits)에 대한 두 사례이다.

아이들은 평상시처럼 활발한 분위기로 스테이션 왜건(station wagon)에서 내리며 튀어나와 미친 듯이 집으로 들어왔다. 다행히 문이 열려 있어서 발로 차거나 두드릴 필요는 없었다. 그때 나는 사무실에 전화가 와서 문이 닫혀 있었다. 마이크는 내가 그를 위해 서랍 속에 넣어 둔 잭나이프에 대한 어떤 것을 크게 말하면서 나에게 소리를 질렀다. 나는 수화기를 놓으며 "그래, 들어와."라고 말했다. 그러나 잠금장치가 문에서 미끄러져 문을 열 수가 없었다. 내가 전화 통화를 하고 있어서 "잠시만요, 바로 올게요."라고 상대에게 말할 순간조차 갖기도 전에 그는 문을 발로 차며 나를 "개자식."이라고 반복해서 부르며 놀렸다. 나는 문을 열고 그에게 나이프를 주었다. 내가 그를 일부러 기다리게 한 것이 아니었고, 잠금장치가 미끄러졌다는 명백한 사실을 말했을 때도 그는 흥분이 가라앉지 않아서, 나는 고함치는 소리와 "젠장."이라며 경멸하는 말을 들었다.

(목록: 4/7/47, David Wineman; Redl & Wineman, 1951, p. 92)

우리는 이발하는 일정을 오늘 최종적으로 마무리했다. 오늘은 조가 나와 함께 이발하러 가는 차례이다. 이것은 래리에게 상당한 반응을 불러일으켰다. 래리는 내가 조와 함께 이발사에게 간다는 소식을 들은 후에 오늘 내 숙소로 불쑥 들어왔다. 래리는 오늘 자신을 데려가 달라고 요청했다. 나는 모든 일정이 확정되었고 조의 시간에 래리는 쇼핑 일정이 있어서 조와 간 다음에 가기로 동의했음을 확인해 주었다. 그는 이러한 설명에도 막무가내였으며, 순간적인 특정한 욕구에 몰두되어 완전히 휩쓸려 있었다. "그래요." 그는 우는 소리를 내며 동시에 괴성을 질렀다. "나는 절대로, 단 하나도 하지 않을 거야. 나는 절대로, 절대로, 어느 것도 하지 않을 거야." 나는 다시 충고하며 "그렇지만 래리야, 너도 알다시피 너는 내일 갈 거야. 우리가 그렇게 하기로 확정했잖아. 그리고 우리는 항상 계획한 대로 일을 하고 있잖아." "아니야."라며 그는 소리를 질렀다. "나는 절대로 내 것을 얻지 못할 거야."

(목록: 2/7/47, Emily Kener; Redl & Wineman, 1951, p. 143)

그리고 다음은 일탈적 자아의 강력함을 보여 주는 두 사례이다.

언제 한번은 전체 집단이 건물 옥상에서 벽돌을 밑으로 던지는 매우 위험하고 파괴적인 행동을 하고 있었다. 우리는 그러한 행동을 수용할 수 없어서 '끈기 있게 설득하기로' 결정했다. 특히 앤디는 이러한 주제에 접근하는 것 자체만으로도 상당한 분노에 사로잡혔다. 앤디는 면담하는 감독자에게 울면서 큰 소리로 "그런데 모두가 다 그렇게 했는데 왜 나에게 이런 말을 해요. 그것이 왜 내 잘못인가요?"라고 말했다. 우리가 모든 것이 그의 잘못이라고 말하려는 것이 아니라 그 문제에 대한 그의 개인적인 영역의 책임을 말하고 있다고 알려 주어도, "그래도 우리 모두 그곳에 있었는데 왜 나에게만 말해요?"라며 여전히 이를 인정하지 못했다.

(Redl & Wineman, 1951, p. 176)

우리는 이 소년들 집단에서 그들이 처음에는 악의 없이 바라보지만, 그들이 하려고 했던 것보다 훨씬 더 자극적이고 유혹적으로 노출되어 언제나 마무리에는 다시 마술처럼 그 행동에 빠져드는 것을 발견했다. 그들은 분노한 이웃들이 그들을 쫓아낼 것으로 예견되는 골목에서 늘 서성거리기 때문에, 파괴적으로 유리창을 부수고 이를 '복수의 행동'으로 간주한다.

그들은 다양한 대학건물의 많은 모든 지하건물 중에서 콜라 자판기에 동전 대신에 버튼이 매우 잘 반응할 수 있는 것으로 보이는 자판기들을 찾아낼 수 있다. 이것은 로스쿨이 있는 모든 장소에서도 발생하기도 한다. 혹은 그들은 점원의 감시가 약한 것으로 보이는 가게들을 주의 깊게 찾아내며, 캠프에서 담배나 현금관리에 방심하는 경향이 있는 상담사들의 방 주변을 둘러보고 알아 둔다. 우리가 염두에 두는 경우, 그들은 훔치려고 결정하고 그 구역에 들어가지 않는다. 그들의 모든 자아는 '상황적 유혹'이 그들을 추동시키고, 나머지는 예측 가능한 '기회'로 남겨 둘 수 있다는 것을 알고 있다.

(Redl & Wineman, 1951, pp. 188-189)

치료에 대한 함의

리들과 와인먼은 그들과 함께하는 아동을 위한 치료가 항상 치료 지향적인 환경에 놓여 있을 때 이루어진다고 믿었다. 그들은 훈련받은 직원과 함께 5명 정도의 소년이 함께 사는 집을 마련했다. 리들과 와인먼이 기술한 치료가 종결된 것은 소년들이 사회에서 기능할 수 있을 것으로 고려되어서가 아니라 운영자금이 중단되어서였다. 그래서 치료가 계속 허용되었다면 수년이 소요되었을 수 있었다. 리들과 와인먼은 그 프로그램의 세 가지 구성요소를 다음과 같이 기술했다.

1. **위생적인 환경**: 직원은 소년들이 어린 시절에 경험한 다양한 외상을 다루고 그들을 보호하기 위해 충분히 훈련받아야 한다. 직원은 소년들의 행동과 관계없이 소년들에게 사랑과 보상을 주어야 한다. 소년들이 잘못된 행동을 한다고 사랑과 보상을 유보하는 것은 잘 지내지 못한다고 환자에게 약물을 유보하는 것과 같다. 소년들이 살아갈 집은 소년들이 전에 살았던 가정과 유사한 장식과 가구를 비치하여 편안함을 느낄 수 있도록 해야 한다. 같은 맥락에서 리들과 토치(Redl & Toch, 1979)는 학대 가정에서 가혹한 처벌을 받은 비행아동은 세상이 제멋대로이고 학대적인 곳이라는 잘못된 세계관을 형성할 수 있음을 상기시켰다. 우리는 일탈적인 생활로 특징짓는 적개심과 무관심, 잔인함의 부당성을 증명하고, 대신에 그들의 미래에 대한 동기강화로 밑밥을 제공하여 마음을 누그러뜨려야 한다.

2. **자아의 지지에 초점 두기**: 초기 치료에서 주요하게 강조하는 것은 소년들의 자아를 구축하는 것이다. 죄책감을 다루지 않고 양심을 강화한다는 것은 시기상조일 수 있다. 소년들에게 행동에 대한 대안적 전략으로 제공할 수 있는 주요한 기법은 레크리에이션을 활용하는 것이다. 적절하게 선택된 레크리에이션 활동은 구조화된 환경에서 충동을 해소할 수 있게 하는 역할을 한다. 이러한 소년들을 위해 운동은 만족감을 주어야 한다.

3. **생생한 사건의 활용**: 직원들이 항상 소년들의 주변에 있기 때문에 일상생활에서 일어난 사건들이 잊히기 전에 활용될 수 있다. 직원들은 또한 예정된 면담시간이 아니더라도 그 행동과 관련된 대안적 행동들을 가르치려고 노력해야 한다.

범죄자를 위한 정신분석

쇼엔펠드(Schoenfeld, 1971)는 정신분석에서는 정확하게 말로 표현할 수 있는 성인 신경증 환자 혹은 무의식적인 충동(특히 그들의 원초아)을 행동화하지 않은 경우와 같은 지적인 사람들과 작업할 수 있다고 주장했다. 그러나 일반적인 소년 범죄자는 지적이지도 않고, 생각이 분명하지도 않으며, 일부는 욕구를 행동화한다. 쇼엔펠드는 정신분석이 많은 시간이 소요되며 비용이 비싸다는 점을 언급했다. 더욱이 범죄자들과 작업할 수 있는 훈련받은 정신분석가들도 거의 없다. 따라서 정신분석은 대부분 범죄자나 비행청소년에게 실용적인 대안이 아니다.

좀 더 최근의 교정치료 프로그램에 대한 메타분석에서는 범죄자를 위한 정신분석 또는 다른 통찰 중심의 치료가 부적합한 것으로 나타났다(Andrews et al., 1990; Lipsey, 1992). 이 보고서는 다음 장에서 설명한 행동적·인지행동적 그리고 사회학습 모델이 비행청소년 혹은 성인 범죄자에게 훨씬 더 효과적이라고 제시했다.

범죄자를 위한 정신분석에 온전한 지지를 보내기에는 한계가 있지만, 좋은 상담과 사회적 서비스의 일부가 될 수 있는 정신분석의 이론과 실행에 일부 가치 있는 영역이 있다. 첫째, 상담사들은 방어기제가 무엇인지와, 그것이 마음속 깊이 자리한 불안에서 온다는 것을 알아야 한다. 만약에 우리가 기술의 결함과 '지금-여기'에서의 행동 문제를 교정하는 것에만 서두르고 오래 누적된 감정과 표현되지 않은 두려움 그리고 해결되지 않은 문제들을 무시한다면, 우리는 이러한 해결되지 않은 이슈들이 교육과 기술개발 혹은 인지치료와 같은 시도들을 막거나 방해한다는 것을 발견하게 될 것이다(Palmer, 1994; Palmen et al., 2012). 쇼엔펠드의 주장에 따라 살펴보면, 일부 범죄자는 불안이 높고 심지어 신경증적이다. 신경증적인 범죄자는 보통 그들의 높은 불안과 관련된 역동을 통해 문제 상황에 빠진다. 제스니스 검사(Jesness Inventory; Jesness, 1996; 제6장 '범죄자 진단 및 평가' 참조)에 의해 분류된 신경증적 범죄자에 관한 최근 연구에서는 그들이 다른 범죄자들보다 장기적인 재범률이 더 높고, 교도소에서 더 많은 스트레스를 경험하며, 인지행동적 개입에 잘 반응하지 않는 것으로 나타났다(Listwan et al., 2004). 이 범죄자들은 스스로 향상될 수 없으며(Warren, 1983), 그들의 불안을 다루어 주는 프로그램에서 다른 유형의 범죄자보다 좀 더 성공적인 교정 결과를 성취했다(Palmer, 1974, 2002).

둘째, 대부분의 상담사가 내담자를 위해 전이를 해석할 수 있는 훈련을 받지 못했다 하더라도 전이가 일어났을 때 이를 인식하는 것이 어느 정도 가치가 있다. 게다가 전이는 치료 상황에서뿐만 아니라 매일의 삶에서도 일어난다. 내담자가 자신을 과거의 '대리인(stand-in)'으로 여기고 있다는 것을 인식하는 상담사는 내담자의 비난과 애착에 대해 덜 혼란스러울 것이다. 예를 들어, 오랫동안 권위에 대해 불신을 품은 학대받은 비행청소년은 우리에게 잘 반응하지 않을 수 있어서, 우리는 그의 행동을 개인적인 것으로 받아들이지 않는 것이 더 좋을 수 있다. 정신분석에 대해 우리가 무엇을 말하든지,

상담사와 다른 사회서비스 종사자는 전이를 인식하기 위해 여전히 훈련받고 있다. 더욱이, 교정시설에서 근무하는 상담사들은 역전이에 대한 자신의 경향을 반드시 자각해야 한다. 역전이(countertransferecne)는 내담자가 상담사의 '버튼(buttons)'을 눌러서, 이로 인해 상담자의 분노와 보복, 관심의 결여가 내담자에 대한 좀 더 객관적인 이해를 방해할 때 일어난다. 그리고 우리가 우리 자신의 비합리적인 반응(역전이)을 보는 것에 실패했을 때, 우리는 내담자의 성장을 촉진할 수 있는 경험에 참여할 수 없다(Adler, 1982).

셋째, 자기통제(self-control)가 범죄학 이론의 핵심 구성요소로 다시 등장했다(Gottfredson & Hirschi, 1990). 대부분 통제력 부족과 충동성이 대처전략을 제시하는 상담에서 목표가 되어야 한다고 주장하지만(Andrews & Bonta, 2010), 정신분석적 패러다임에서는 통제, 특히 자아통제(ego control)의 개념에 대해 많은 것을 말해 주고 있다는 점을 인정해야 한다. 환경의 맥락에서 낮은 자아통제는 본질적으로 초자아의 요구 또는 원초아의 충동에서 균형을 유지하는 자아의 무능력이다. 그 의미는 자아가 강화되어야 한다는 것이다.

예를 들어, 비행범죄자와의 작업에서 오거스트 아이콘(August Aichorn, 1935)과 이후의 커트 아이슬러(Kurt Eissler, 1949)와 같은 정신분석가는 전이의 과정을 통해 일탈적 자아와 초자아를 강화하려고 시도했다. 비행범죄자들에게 이것은 초기 또는 준비 단계에서 발생하지 않으면 불가능했다. 이러한 초기 단계의 목표는 비행범죄자와 정신분석가 사이에 전이를 형성하는 것이다. 나르시시즘적이거나 정신병질적인 또는 다른 사람에게 긍정적인 느낌을 받지 못하는 비행범죄자의 경우, 도덕적 기준을 편안하게 내려놓을 수 있고, 비행범죄자에게 전능하게 보이는 특별한 유형의 정신분석가가 필요하다. 즉, 정신분석가는 비행범죄자보다 더 정교하고 재치가 있어야 한다(Wulach, 1983). 비행범죄자는 또한 정신분석가의 전능한 힘이 오직 자신에게 혜택을 주기 위해 사용되고 있음을 느껴야 한다. 그들은 정신분석가를 친절하게 보아야 한다.

치료자는 다른 사람에게 책임감 있고 관심을 보여야 한다. 만약 정신분석가가 내담자를 판단하지 않고 내담자의 문제를 해결하는 데 도움을 준다면, 긍정적인 전이가 형성되기 시작할 수 있다. 아이슬러(1949)는 이러한 과정에서 아동기에 비행범죄자를 불행하게 했던 부모로부터의 외상 경험을 되풀이한다고 믿었다. 만약 이 과정이 성공한다면, 정신분석가는 비행범죄자에게 더 이상의 외상을 일으키지 않고 이러한 과정을 되풀이할 수 있다. 이러한 방법으로, 초기 외상의 강력한 영향이 어느 정도 사라지고,

비행범죄자는 권위적 인물에 대한 신뢰를 가지기 시작한다.

　아이슬러는 비행범죄자들이 지속적으로 새로운 것과 색다른 것을 추구한다고 언급했다. 그의 견해에 따르면, 이것은 그들이 내면의 생각에 대한 자각을 회피하도록 도와주는 것으로 하나의 방어이다. 비행범죄자들이 예민하고 지루하면 빠져나가기 때문에 정신분석가들은 그들을 자극하기 위해 놀라운 것을 제공하려고 지속적으로 노력해야 한다. 분석가도 예측할 수는 없다. 정신분석가의 독창성이 높을수록 그에 따른 효과도 높아진다. 정신분석가가 관심을 보이고 내담자가 치료자에 대한 신뢰가 높아지는 것이 보이면, 많은 치료적 이점이 성취될 수 있다(Eissler, 1949).

　마지막으로, 공격성, 물질남용, 성범죄와 같은 특정 형태로 치닫게 하는 외상 및 다른 역경의 역할을 인식하면서, 범죄자에 대한 정신역동적 치료는 일부 환경에서 지속적으로 실시되고 있다. 이러한 환경 중 하나는 배정된 공격적인 환자를 치료하고 있는 미국 보훈병원이다. 참전군인들을 대상으로 한 공격성에 대한 심리평가에서, 효과성은 인지행동 집단에 비해 정신역동적 집단의 효과성이 더 컸다(Lanza et al., 2002). 상당히 큰 표본을 대상으로 한 연구에서 정신역동적 치료는 의존적 성격의 남성에게 더 효과적이었고, 인지행동 접근은 반사회적 사고 패턴이 있는 남성에게 좀 더 효과적인 것으로 나타났다(Saunders, 1996). 물질남용자의 치료는 금주와 재발방지에 대처하기 위한 인지행동 접근으로 시작하고, 그 이후에 물질남용과 관련되어 기저에 있는 갈등을 해결하기 위한 작업으로 일부 범죄자에게 정신역동치료를 실시한다(Herman, 2000). 이러한 범죄자에게 인지행동과 재발방지의 요소가 배제된 정신역동적 치료만으로는 효과가 없다. 정신역동적 접근의 결과는 또한 치료적 동맹의 질에 따라 변화한다(Horvath & Symonds, 1991).

　정신역동적 치료는 외상, 특히 초기의 외상에 대한 효과에서 중요한 관점을 제공한다. 정신분석가들은 해결되지 못한 외상은 재현(reenactments)의 형태로 혹은 외상 후 스트레스 장애와 같은 극단적인 형태로 지속되어 나타난다고 보았다. 해결되지 못한 문제는 또한 우리가 학대한 부모를 닮은 배우자를 선택할 때와 같이 미래 행동의 잠재적 동기로 작용한다. 여기에서 다시 강조하면, 신뢰할 수 있는 치료자와의 전이는 변화를 위한 유용한 도구이다. 정신분석가와 내담자가 과거의 사건 또는 관계를 토론할 때, 치료적 관계(전이)는 그 과거가 '재연되고(rehearsed), 분류되고, 대응할 수 있게 되며, (궁극적으로) 옆에 따로 있게' 허용하는 것이다(Redl & Toch, 1979). 정보를 위해 과거를 다시 체험하는 것의 필요성과 목적에는 동의하지 않지만(Foa, Olasov-Rothbaum, &

Steketee, 1993; Liebert & Spiegler, 1994), 외상 희생자를 위한 치료적 접근으로는 여전히 유용하다.

오늘날, 아이콘과 아이슬러의 작업에서 논의된 것보다 자아통제를 발전시키는 접근은 좀 더 짧다. 사실 심리학은 정신분석적 치료가 수년 동안 일주일에 여러 번 실시해야 한다는 관념에 더이상 얽매이지 않는다. 현대의 모델은 일반적으로 더 짧다(Arlow & Brenner, 1988).

결론

이 장의 앞부분에서 설명했던 바와 같이, 프로이트의 정신분석이론은 인간의 마음을 연구한 첫 번째 주요 이론이고 심리치료에 대한 첫 번째 주요 기법이다. 심리학 분야에서 차지하는 그 위상 때문에 프로이트 이론은 다른 이론에 비해 더 많은 분석과 비판을 받았다.

게다가 기본 이론을 설명하는 방법은 많이 있지만, 이 장에서 제시된 생각들은 이 이론의 기본에 대해 명확하게 접근하여 설명하려고 시도했다.

정신분석이론은 범죄자를 이해하기 위한 탁월하고 상대적으로 포괄적인 방법을 제공한다. 이 이론에 기초하여 범죄의 원인과 동기에 대해 많은 일반화를 제안할 수 있다. 그러나 특정 범죄자를 이해하기 위해서는 그에 대한 많은 정보와 그의 생각 그리고 과거가 필요하다. 내담자에 대한 피상적인 지식은 의문스러운 추측만을 가지게 한다.

이런 형태의 치료는 효과성에 대해 평가하는 것이 매우 어렵다. 정신분석의 측정하기 어려운 이점(즉, 자기에 대한 더 깊은 이해)은 개인이 이러한 유형의 치료를 추구하는 여러 해와 맞물려 효과성 측정을 어렵게 한다. 다른 연구자들은 비범죄자들 사이에서 이러한 효과성을 밝혀내기 위해 노력했는데, 정신역동적 치료는 시간이 경과되면서 효과성이 있고, 가장 중요한 치료적 효과는 치료의 초기 3개월 이내에 결정되는 것으로 나타났다(Roseborough, 2006).

치료기법의 하나로서 정신분석은 그 시간이 좀 더 짧아지기는 했지만 큰 단점이 있다. 치료에 요구되는 시간과 비용이 엄두도 못 낼 정도로 과도하다. 소수의 비범죄자는 실제로 정신분석을 받고 있고 혹은 받을 수 있는 여건이 가능하다. 그렇지만 범죄자에게 정신분석을 실시하는 것은 거의 어렵다.

1. 무의식이 존재한다는 어떤 증거를 생각할 수 있는가? 무의식이 있다고 확신했던 경험이 있는가? 나열할 수 있는 증거는 무엇인가?

2. 정신분석이 범죄자들에게 사용하기에 합리적인 절차인가? 왜 그렇게 생각하는가? 혹은 왜 그렇지 않다고 생각하는가? 두 가지 관점 모두 설명할 수 있는가?

3. 리들과 와인먼에 의해 연구된 비행아동들의 중요한 특성을 기술하라.

4. 당신은 범죄에 대한 욕구와 생각 혹은 상상을 경험한 적이 있는가? 그러한 욕구의 만족을 멈추게 한 것은 무엇이었는가? 그러한 욕구 및 억제 요인을 프로이트의 개념과 연관시킬 수 있는가?

5. 정신분석치료에 사용된 기본적인 기법을 기술하라.

6. 정신분석이론 또는 정신역동이론에서 어떤 종류의 교훈을 배울 수 있으며 범죄자와의 일상 작업에서 사용될 수 있는 것은 무엇인가? 이러한 이론들의 어떤 측면이 정신분석적으로 훈련받지 않은 사람에 의해 사용되면 안 되는가?

미주

1 '정신역동적'과 '정신분석적'이란 단어는 종종 호환적으로 사용되었다. 그러나 좀 더 최근의 정신분석적 사고와 실행에서의 견해는 보통 '정신역동적'으로 언급된다. 초기 정신분석적 접근과 대조적으로, 정신역동적 모델은 자아 발달과 대상관계에 좀 더 초점을 두고 있다.

제 **4** 장

급진적 행동주의 개입

데이비드 레스터(David Lester), 마이클 브래즈웰(Michael Braswell) &
패트리샤 반 부어히스(Patricia Van Voorhis)

주요 용어

절제강화	조작적 조건형성
혐오요법	긍정적 행동지지
혐오적 결과	정적 강화물
고전적(반응적) 조건형성	프리맥 원리
조건 반응	촉구
조건 자극	처벌
수반성 계약	급진적 행동주의 접근
내재적 민감화	재발방지
노출치료	반응 대가
점차 약화시킴	조성
홍수법	자극통제
기능적 행동평가	체계적 둔감화
일반화	타임아웃
실제상황 치료	토큰경제
미니 공포증	무조건 반응
부적 강화물	무조건 자극

행동수정 또는 행동치료는 이전 장에서 논의된 정신분석적이고 통찰 지향적인 전략과 극명한 대조를 이룬다. 아마 가장 중요한 차이는 전통적인 정신분석적 모델과 대조를 이루는 행동 전략의 효과에 관한 것이다. 이 연구들에서는 범죄자들을 대상으로, 이 장에 제시된 급진적인 행동 전략 그리고 제8장과 제9장에 논의된 인지적, 인지행동적, 사회학습 방법을 사용했을 때 성공할 가능성이 가장 크다는 것을 보여 주고 있다(Andrews et al., 1990; Andrews & Bonta, 2010; Antonowicz & Ross, 1994; Garrett, 1985; Gottschalk et al., 1987; Izzo & Ross, 1990; Lipsey, 1992; Pearson et al., 2002; Sherman et al., 1997 참조; 제14장 참조).

행동주의 모델은 또한 접근과 전제에서 정신분석 모델과 현저한 차이를 보인다. 가장 주목할 만한 것은 행동주의 접근이 현재(지금-여기)를 다루고 있는 반면 정신분석 모델은 과거를 밝혀내고 이해하고 치유하는 것에 상당한 시간을 전념한다는 것이다. 행동주의 접근은 특정 표적 행동을 증가시키거나 감소시키려고 시도한다. 전통적인 상담 접근과는 다르게 행동치료자는 문제 행동의 정서적 근원에 대해 거의 관심을 기울이지 않는다. 대신에 그들은 이러한 행동을 유지하게 하는 혹은 제거하게 하는 현재의 조건을 확인하는 것에 초점을 두고 작업한다. 사실 급진적 행동주의 개입은 치료자와 내담자 사이에 상호작용이 없어도 이루어질 수 있기 때문에 변화의 매개체는 상담 관계라기보다는 자극, 보상, 처벌을 다루는 치료자의 조작 메커니즘이 행동을 실행하고 유지하게 한다.

마지막으로, 행동주의자들은 역기능적 행동을 발생시킬 수 있는 병리나 질병에 초점을 두지 않는다. 학습의 관점에서 문제 행동의 원인은 정상 행동의 원인과 전혀 다르지 않다. 둘 다 같은 방식으로 학습되며, 같은 학습모델로 설명될 수 있다.

행동주의 접근의 성공은 대부분 범죄자의 성격과 그들이 저지른 범죄 행동과 관련될 수 있다. 예를 들어, 비키 맥키타이어 에이지(Vicky MacIntyre Agee, 1995)는 전통적인 치료가 많은 부분에서 청소년 범죄자 인구의 특성에 적합하지 않을 수 있다고 밝혔다. 그녀의 견해는 성인에게도 또한 적용된다. 여기에 포함되는 견해는 다음과 같다.

1. 전통적인 치료는 치료에 저항하고, 자신의 문제를 부인하며, 공격적이고, 의례적이고, 중독적인 행동에 참여하는 비자발적이고 비순응적인 청소년을 끌어들이지 못한다.
2. 통찰지향치료에서 전통적 심리치료 기법은 사회 인지적 기술(예: 낮은 공감능력, 낮

은 의미—결과 추론능력, 경직된 사고)에 기질적 결함이 있는 청소년에 대해서는 실제적이고 이론적인 한계를 가지고 있다.

3. 분노를 '표출시키는(venting)' 것과 같은 전통적 기법은 기질적으로 공격성을 통제하는 데 어려움이 있는 청소년에게 부적절하다.

4. 전통적으로, 비지시적 기법은 빈번하게 공격적이고 비순응적이며, 다른 사람에게 피해를 주는 집단에게 사회적으로 수용되는 행동을 학습시키기 위해 요구되는 집중적인 감독, 직면, 한계 설정 그리고 직접적 지침을 제공하지 않는다.

5. 초기 아동기 경험에 초점을 두는 전통적 심리치료 접근은 청소년들이 현재의 개인적인 책임에서 초점이 벗어나도록 허용한다. 이것은 역기능적인 가족과 직원, 사회에 대해 비난하는 것으로 외현화를 부추기는 경향이 있으며, 청소년들이 다른 사람에게 피해 주는 것에 더 많은 정당화를 제공한다.

6. 일대일치료에 대한 전통적인 강조는 매우 효과적인 개입 형태로 여겨지는 또래기반 집단치료와 상반된다.

7. 전통적 접근은 불안, 우울, 건강, 자아존중감, 도덕적 발달처럼 재범을 예측하지 못하는 문제를 통해 서비스를 지향하는 경향이 있다.

행동치료는 동물들의 행동습득 방법을 파악하기 위해 초기 생리학자들이 수행했던 방대한 작업의 결과물이다. 20세기 초기에 수행된 이러한 과학적 연구들은 수많은 학습 법칙을 만들었다. 이반 파블로브(Ivan Pavlov, 1927)의 고전적 조건형성에 관한 연구는 어떻게 행동이 학습되는지에 대한 가장 초기의 체계적인 설명 중 하나로 간주된다.

다음 단계는 이러한 모델이 인간에게 적용될 수 있는지 알아보는 것이었다. 심리학자 존 왓슨(John Watson)과 메리 커버 존스(Mary Cover Jones), O. 호버트 모러(O. Hobart Mowrer), 윌리 모러(Willie Mowrer) 등은 동물이 실험실에서 행동을 학습했던 것과 같은 방식으로 인간 행동도 상당 부분 학습될 수 있음을 발견했다. 결국에는 문제 행동이 어떻게 학습될 수 있는지에 대한 이론들이 제기되었고, 이러한 이론들의 결과물로서 이 집단에서 가장 초기의 행동치료 기법들이 마련되었다(Spiegler & Guevremont, 2010). 1950년대 무렵, 심리학계에서는 정신분석의 효과성에 대해 광범위한 의구심들이 드러나기 시작했으며, 행동치료는 좀 더 널리 수용되기 시작했다(Eysenck, 1952).

이 시기에 에드워드 손다이크(Edward Thorndike)의 초기 연구(1913)와 1950년대 B. F. 스키너(B. F. Skinner, 1953)의 개선으로, 두 번째 행동주의 접근인 조작적 조건형성이 등장했다. 고전적(또는 반응적) 조건형성과 조작적 조건형성의 두 접근법은 관찰 가능한 강화와 처벌, 자극을 사용하여 좀 더 직접적으로 훈련하는 접근으로, 기계론적인 행동의 변화를 목표로 삼기 때문에 급진적 행동주의 접근(radical behavioral approaches)에 속한다. 그와 동시에 이 접근법은 인지와 인지행동, 사회학습 모델(제8장과 제9장 참조)에서 초점을 두는 사고과정의 중요성을 최소화시킨다.

행동주의 관점에 따르면, 범죄 행동은 학습된 행동이기 때문에 또한 '학습되지 않을' 수도 있다. 우리는 이제 개인의 '재학습(relearn)'을 돕기 위해 고안된 다양한 기법으로 나아간다.

고전적 조건형성

고전적(반응적) 조건형성[classical(respondent) conditioning]은 러시아의 생리학자 이반 파블로브(1927)에 의해 처음 기술되었다. 파블로브의 연구는 주로 피험자의 행동을 변화시키는 자극과 반응 사이의 연관성에 대한 것이었다. 연구의 초점은 반응이 있기 '전에' 발생한 자극에 대한 것이었다. 어떤 자극이 어떤 반응을 유발하는지 발견함으로써 피험자 환경에 '새로운' 자극을 도입해서 조작할 수 있다면 이후에 새로운 행동을 '조건화'할 수 있다. 물론 긍정적인 행동이든 부정적인 행동이든 [그림 4-1]에 도식화되어 있는 것과 같이 왓슨(1916)의 고전적 실험인 '어린 앨버트(Little Albert)' 실험에서 증명된 바대로 조건화될 수 있다. 왓슨은 무해한 흰쥐(조건 자극, conditioned stimulus, CS)를 매우 큰 소음(무조건 자극, unconditioned stimulus, UCS)과 반복적으로 연결시켜, 앨버트가 원래 작은 동물을 무서워하지 않았음에도 불구하고 그가 일반적으로 두려워하는 큰 소음(무조건 반응, unconditioned response, UCR) 때문에 흰쥐에 대한 공포(조건 반응, conditioned response, CR)를 조건화할 수 있었다. 어린 앨버트의 부정적인 학습을 되돌리려면, 행동주의자는 장난감이나 사탕과 같은 긍정적인 것을 무서워하는 흰쥐와 연합시켜야 할 것이다.

고전적 조건형성 모델에서 행동주의자는 두 가지 자극을 식별한다. 무조건 자극은 본질적으로 무조건 반응(UCR)을 유발하는 자극으로서의 역할을 한다. 예를 들어, 대부분의 아이에게 매우 큰 소음이 공포(무조건 반응)를 일으키게 하는 것에는 어떤 조건도 필요하지 않다. 하지만 행동주의자의 조건형성이 없었다면 앨버트가 흰쥐를 두려워하

그림 4-1 고전적 조건형성 절차-흰쥐에 대한 공포

지 않았을 수도 있다. 큰 소음(무조건 자극, UCS)에 흰쥐(조건 자극, CS)를 반복해서 짝지음으로써 앨버트에게 소음을 쥐와 연합시키게 되었다. 앨버트는 이와 같은 방법으로 흰쥐(조건 반응, CR)에 대한 두려움이 조건화(또는 학습)되었다.

조건 자극은 행동에 있어 매우 중요한 선행요인이다. 자극은 우리에게 두려움, 분노, 섹스, 일, 범죄 그리고 우리가 생각할 수 있는 거의 모든 다른 행동을 하도록 촉구한다. 어떤 자극(예: 화재 경보음과 신호등)은 대부분의 사람에게 효과적이어서, 사회에서 일반적인 행동을 하도록 촉진시킨다. 다른 어떤 자극은, 예를 들어 특정한 두려움 같은 것은 특수한 학습환경에 나타나는 특이한 것이다. 또 어떤 자극은 문제가 있는 것인데, 어린 아동을 성적으로 매력적이라고 여기는 성인의 동일시가 그 예이다.

급진적 행동주의 개입의 목적은 바람직하지 않은 표적 행동을 줄이거나 바람직한 표적 행동을 증가시키는 것 또는 둘 다이다. 우리는 문제 행동을 변화시키기 위해 고전적 조건형성을 어떻게 사용할 수 있을까? 그렇게 하기 위한 한 가지 방법은 일단 그들이 매력을 느끼는 대상에 대해 두려워하거나 불쾌하도록 만드는 것이다. 우리는 혐오요법(aversion therapy)이라 불리는 과정을 통해 미니 공포증(mini-phobia)을 만든다. 문제 행동을 살펴보기 위해, 알코올 중독에서 벗어나고 싶어 하는 알코올 중독자가 있다고 하자. 그는 알코올에 끌리지만 술 마시는 것을 중단하고 싶어 한다. 혐오요법은 술 앞에서 두려움이나 메스꺼움을 느끼게 만드는 것이다. 먼저, 그에게 자동적으로 메스꺼움을 느끼게 만드는 자극(즉, 무조건 자극)이 필요하다. 예를 들어, 우리는 아포모르핀(apomorphine)과 같은 약물을 사용하여 사람들에게 주사를 놓아서 메스꺼움을 느끼고 토하게 만든다. 알코올 중독자에게 아포모르핀을 주입하고 그가 메스꺼워하며 구역질을 할 때까지 기다렸다가 그에게 마실 술을 준다. 그는 술을 마시고 구토를 한다. 이것을 계속 반복하게 되면, 결국 그는 알코올을 보고, 냄새를 맡고, 심지어 생각만 해도 구토를 하거나 메스꺼움을 느끼게 된다. 이것은 [그림 4-2]와 같이 나타낼 수 있다.

그림 4-2 고전적 조건형성 절차-알코올에 대한 혐오

우리는 이러한 방식으로 여러 가지 행동을 치료할 수 있다(예: 물질남용, 과식, 소아성애, 흡연). 선호하는 성적 대상(예: 아동의 사진)과 혐오스러운 냄새나 사진, 메스꺼움 등을 짝짓는 방법으로 성범죄자들을 치료할 수 있다. 사실 우리는 명확하게 관찰할 수 있고 분리된 행동에 대해서는 어느 것이든 이러한 방법으로 치료할 수 있었다. 하지만 이러한 치료가 상당히 논란의 여지가 있을 수 있다는 점은 명백한 사실이다.

이러한 혐오감의 조건화에는 세 가지 종류가 있다.

1. 우선, 앞의 예에서 활용된 약물로 유도하는 메스꺼움이 있다.
2. 때로는 행동치료자가 전기 충격을 (대개 손가락이나 팔에) 혐오 자극으로 사용한다. 이러한 과정은 윤리적으로나 법적으로 문제가 될 수 있기 때문에 다른 방법이 실패한 경우에 사용된다. 충격요법은 일반적으로 불쾌감으로 대체되지 않고, 다른 대안에 반응하지 않는 위험한 행동을 제거하기 위한 목적으로 사용된다(Kazdin, 1989). 만성 재채기와 자해 행동 또는 반복적인 구토와 같은 문제를 중단하기 위한 의학적 적용은 의사가 이러한 행동에 생리학적 원인이 없다는 것을 알았던 경우에 성공적인 것으로 나타났다.
3. 행동치료자는 내재적 민감화(covert sensitization)를 통해 내담자에게 상상을 불러일으키는데, 이 상상은 욕망하는 대상과 관련된 이야기에 혐오스러운 요소를 엮어 넣은 것이다. 이 경우, 내담자는 조건 자극과 무조건 자극을 시각화해야 한다. 이를 위해 녹음기를 사용하여 내담자가 이전에 욕망하던 대상을 더 이상 욕망하지 않을 때까지 하루에 여러 번 녹음된 것을 들도록 할 수 있다.

혐오요법의 예들은 중독 및 착취적 성행동에 관한 문헌에서 찾아볼 수 있다. 예를 들어, 바커와 밀러(Barker & Miller, 1968)는 강박적 도박 행동의 치료에 혐오 자극으로 전기 충격을 사용하는 것에 대해 보고했다. 그들은 한 도박자를 위해 슬롯머신을 실험실로 가져와 정상적인 도박장 분위기로 꾸며 놓은 방에 설치했다. 도박자가 한 번에 3시간씩 게임을 하는 동안 그는 최대 70볼트로 충격을 받았으며, 어느 한 시점에는 6시간 동안 300~600회의 전기 충격을 받았다. 결국 바커와 밀러는 그가 도박을 시도하면 무작위로 충격을 배분하여 시도의 50%에 대해서만 충격을 주는 것이 매번 충격을 주는 것보다 더 효과적이라는 것을 발견했다. 그들은 또한 그 치료가 도박자에게 강한 감정을 일으켰다고 언급했다. 한 내담자는 3시간의 치료 후에 아프기 시작했고, 슬롯머신을 향해 혐오감을 느끼면서 그 기계를 창문 밖으로 던지고 싶어 했다. 그는 상담자에게도 상당히 화가 났지만 치료를 중단하지는 않았다. 또 다른 내담자는 치료 도중에 울음을 터뜨렸고, 여러 차례에 걸쳐 그 기계를 공격했다.

또 다른 예에서, 말레츠키(Maletzky, 1980)는 노출증 치료에 지원된(assisted) 내재적 민감화라는 절차를 사용했다. 피험자는 10개월에서 12개월 동안 한 달에 2회의 치료를 받았다. 노출 장면에 대한 이미지와 사진은 혐오 자극으로 악취가 나는 물질(발레르산)과 짝지어졌다. 이러한 치료는 또한 피험자 집에서도 회기가 진행되었다. 행동치료에 이어 부부 문제 및 사회불안 같은 관련된 문제에 대해 12개월의 심리치료가 추후로 진행되었다. 추후로 진행된 1년 동안, 혐오요법을 사용한 몇 차례의 '촉진(booster)' 회기가 치료실 및 피험자 집에서 진행되었다. 말레츠키는 내담자의 87%가 모든 명시적 노출 행동에 대한 제거방법이 학습되었다고 보고했다.

고전적 조건형성은 또한 두려움을 없애는 데도 사용될 수 있다. 가석방과 관련된 취업 면접에 대해 극도의 불안을 보이는 범죄자 내담자가 있다고 가정해 보자. 우리는 조셉 울프(Joseph Wolpe, 1958)가 개발한 기법인 체계적 둔감화(systematic desensitization)를 통해 이러한 시기에 내담자를 이완할 수 있도록 도와준다. 먼저 최면이나 요가 훈련에서 사용되는 것과 유사한 이완방법을 소개한다. 그리고 난 이후 계속 그에게 이완방법을 제공하면서, 일자리를 구하기 위해 고용주와 면접하는 누군가의 사진과 같은 두려워하는 대상의 위험하지 않은 사례를 제시한다. 그가 이러한 자극 앞에서 완전히 이완할 수 있으면, 우리는 자극의 강도를 높여 종국적으로는 그가 실제 고용주가 있는 방으로 들어가 실제로 그 직업에 대한 면접을 보게 할 수 있다. 이 상황에서 내담자는 새로운 반응을 학습하고 이전 반응은 잊어버린다는 점에 유의해야 한다. 목표는 회피를 '접근' 행동으로 대체하는 것이다.

어떤 경우에는 이완훈련 없이 고용 면접에 점진적으로 노출하면서 불안감을 낮아지게 할 수 있다. 잠깐 [그림 4-1]로 돌아가서 조건 자극은 무조건 자극과 함께 반복적으로 제시됨으로써 형성되었다는 것을 회상해 보자. 만약 우리가 무조건 자극 없이 조건 자극을 여러 번 제시한다면 어떻게 될까? 무조건 자극과 연합된 학습은 보통 소거된다. 그래서 만약 어린 앨버트가 큰 소음 없이 반복적으로 흰쥐를 경험했다면, 그 쥐에 대한 두려움이 소거되었을 수 있다. 이러한 과정을 노출치료(exposure therapy)라고 한다. 강렬하고 좀 더 지속적인 노출로는 홍수법(flooding)이 있다.

　고전적 조건형성에 대해 잘못 이해하는 점이 있기에 몇 가지 사안에 대해 명확하게 해야 할 필요가 있다.

1. 내담자가 자신의 행동 변화에 대해 동기가 없다면 고전적 조건형성은 일반적으로 효과가 없을 수 있다. 그 효과가 무효화되기 쉽다. 이를테면 알코올 중독자가 술을 마실 때 메스꺼움을 느끼게 하는 데 성공했다고 가정해 보자. 만약 그가 자신의 음주 행동을 변화시키고 싶지 않다면, 그가 상담실을 나가면 할 일이라고는 술을 마시는 것이다. 처음에 그는 메스꺼움을 느끼고 구역질을 할 수도 있다. 그러나 그가 상담실에서 습득한 학습은 매우 빠르게 '소거'될 수 있고, 그는 더 이상 알코올에 메스꺼움을 느끼지 않을 것이다. 그는 메스꺼움의 기간을 이용하여 알코올을 피하고 대체물을 찾도록 동기가 강화되어야 한다. 앤서니 버지스(Anthony Burgess)의 고전 소설 『시계태엽 오렌지(A Clockwork Orange)』(1987)는 좋은 문학 작품일 수 있지만, 심리학적으로는 좋지 않다. 폭력 행동에 대해 메스꺼움을 느끼도록 조건화된 알렉스는 몇 번의 싸움으로 혐오감 조건화 효과를 무효화시킬 수 있었다. 그 메스꺼움은 결국 소거되거나 사라질 것이다. 그는 자살하지 않을 수도 있었다.

2. 미니 공포증을 형성하는 것은 좋지만 그것만으로 충분하지 않다. 내담자가 이전에 이끌렸던 대상을 회피하고 있는 동안, 우리는 그에게 반드시 새롭고 사회적으로 수용될 수 있는 대체 행동을 가르쳐야 한다. 소아성애를 없애는 것만으로는 충분하지 않다. 그에게 데이트 방법과 다른 적절한 사회적 행동을 가르쳐야 한다. 알코올 중독자가 술에 취하지 않게 되었다 하더라도, 우리는 2차 중독의 위협과 술을 마시고 싶은 욕구를 불러일으킬 수 있는 다른 문제들도 다루어야 한다. 이에 더해 스트레스 상황에서 좀 더 적절하게 반응하는 방법을 가르쳐야 한다. 우리가 이렇게 하지 않으면, 그 내담자는 이전의 바람직하지 않은 행동으로 되돌아갈 위

험성이 있다.

3. 혐오 조건화의 무조건 자극은 일상생활에서 처벌(punishment)로 불린다. 처벌은 어떤 바람직하지 않은 행동을 신속하게 없애고자 할 때만 유용하다. 처벌 그 자체는 사람들에게 무엇을 해야 하는지 가르치지 않기 때문에 범죄자 재활에 충분하지 않다. 단지 미니 공포증과 두려움 또는 메스꺼움을 유발할 뿐이다. 이것은 처벌이 최적의 교수법이 아니라고 심리학자들이 말하는 이유이다. 정적 강화를 기반으로 한 절차(다음 절 참조)가 좀 더 친사회적인 새로운 행동을 가르치는 데 훨씬 더 효과적인 것으로 나타났다.

조작적 조건형성

스키너(1953, 1971)와 가장 명확하게 연관되어 개발된 것으로 확실한 조작적 조건형성(operant conditioning)은 적절한 보상을 사용하여 행동을 수정한다. 어떤 자극(S)이 있을 때 특정한 행동 반응(R)이 일어난다고 가정해 보자. 이 반응에 강화물(하나의 보상 자극)이 뒤따른다면, 그 행동 반응은 후속적으로 그러한 자극이 있을 때 발생하기 더 쉽다. 이것은 [그림 4-3]과 같이 도식화할 수 있다.

강화물은 두 가지 종류가 있다. 정적 강화물(positive reinforcer)은 만족스러운 자극의 시작이다. 예를 들어, 음식, 마실 것, 애정 또는 관심이 될 수 있다. 부적 강화물(negative reinforcers)은, 예를 들어 불안 혹은 고통의 감소로 불쾌한 자극을 없애는 것이다. 다시 말해, 정적 강화와 부적 강화는 둘 다 원하는 행동의 결과로 보상이 주어지는 것이다. 두 경우 모두 강화물은 표적 행동이 반복될 가능성을 높이는 모든 행동의 결과이다. 다시 말하면, 보상이나 강화는 표적 행동을 보여 주는 내담자에게 수반된다.

이 과정이 일상생활에서 어떻게 작용할 수 있는지에 대한 예시를 보면 명확히 이해하는 데 도움이 될 수 있다. 한 엄마가 아이를 침대에 두고 거실로 나간다. 아이는 혼자 있는 것이 무서워 엄마를 부른다. 엄마는 아이가 부르는 소리를 무시한다. 아이는 결국

그림 4-3 조작적 조건형성 절차

울기 시작하고 엄마는 무슨 일이 있는지 보러 간다. 여기에서 자극은 어두운 침대에 혼자 있는 것이고, 반응은 아이가 우는 것이다. 이 강화물은 부적 강화물로, 엄마가 와서 불편함이 사라진 것이다. 엄마가 이렇게 계속하게 되면 결국은 아이의 행동이 조성되어 아이는 밤에 잠들기 전에 몇 시간 동안 울게 된다.

정적 강화물이 작용하는 하나의 예로, 자폐아에게 말을 하도록 가르치는 방법을 고려해 볼 수 있다. 우리는 아이가 원하는 반응을 보이면 한 숟가락씩 음식을 먹을 수 있게 할 것이다. 우선, 아이가 우리와 눈을 마주칠 때마다 우리는 그에게 한 숟가락씩 보상을 줄 수 있다. 우리는 그가 자발적으로 우리와 눈을 마주칠 때까지 기다리거나, 아니면 손으로 그의 고개를 돌려야 할지도 모른다. 이렇게 여러 번 하고 나면 그는 자발적으로 눈을 마주칠 것이다. 이제 우리는 'fff' 소리를 낸다. 그가 우리와 비슷한 소리를 낼 때까지 계속 반복한다. 그다음에 그에게 한 숟가락의 음식을 준다. 결국 우리는 'fff' 소리와 더 비슷한 근사치를 요구하면서 근접한 것에 대해서만 그에게 보상을 준다. 그다음에는 다른 소리들로 이동하면서 결국 단어와 문장으로까지 넘어간다. 이러한 과정을 조성(shaping)이라고 부른다. 우리는 아이에게 보상을 주기 전에 점차적으로 더 엄격한 기준을 제시하면서 원하는 반응에 근접한 것에 대해 보상을 준다. 참고로, 고전적 조건형성을 사용하기 위해서는 이미 내담자의 행동 목록에 있었던 반응이 필요하다. 조작적 조건형성에서 우리는 반응을 조성할 수 있고, 따라서 내담자에게 새로운 행동을 만들 수 있다.

조작적 조건형성은 그 외에 고전적 조건형성과 어떻게 다른가? 조작적 조건형성은 행동의 결과에 영향을 줌으로써 행동을 수정하는 반면, 고전적 조건형성은 특정 행동에 대한 선행사건이나 자극에 영향을 미친다. 이와 같이, 행동은 그것의 선행사건과 결과에 영향을 받는데, 특정 행동(예: 폭력)의 가능성이 특정 자극(예: 조롱)에 의해 증가한다는 것이다. 그러나 그것을 반복할 가능성은 폭력 행동이 보상적 또는 처벌적 결과를 발생하게 하는지에 따라 달라지기도 한다. 조작적 치료모델에서 '학습자'는 강화되기 전에 먼저 표적 행동을 보여야 한다. 고전적 조건형성에서는 학습자가 조건 자극과 무조건 자극 간의 연합을 경험하기 때문에 좀 더 수동적일 수 있다. 고전적 조건형성에서 무조건 자극인 전기 충격은 표적 행동 이후에 일어나지 않는다. 그것은 반드시 표적 행동과 동시에 일어나야 한다.

조작적 조건형성에서 강화물의 가치는 특이성이 있어야 한다. 즉, 특정 강화물은 어떤 학습자에게 보상으로 인식될 수 있지만, 다른 학습자에게는 오히려 관심이 없고 심지어 불쾌할 수도 있다. 널리 받아들여질 수 있는 보상으로 칭찬이나 관심, 돈과 같은 여러 가지 것을 생각할 수 있지만, 일반적으로 행동치료자는 치료받고 있는 개인에게 가장 강력한 강화물이 무엇인지를 찾아내는 데 상당한 주의를 기울여야 한다. 따라서 많은 프로그램에서 실질적인 상으로 교환할 수 있는 토큰이나 포인트를 수여함으로써 참가자들이 원하는 강화물을 선택할 수 있도록 기회를 제공한다.

어떤 사람(예: 우울증이 심한 개인)에게 보상으로 작용할 수 있는 무언가를 찾기 어려울 수도 있다. 그러한 경우 대부분의 사람이 보상으로 여길 수 있는 결과가 강화물이 되는 것은 아니다. 이와 관련하여 프리맥 원리(Premack Principle)에서는 자주 행해지는 일상적인 행동으로 표적 행동을 대신 강화할 수 있다고 주장한다(Masters et al., 1987). 예를 들어, 우울증이 심한 수용자가 즐거운 활동이나 보상을 확인할 수 없다면, 우리는 그가 수용 거실을 청소하는 것에 따라 의자에 앉아 창밖을 바라보는 것과 같은 일상을 만들어 줄 수 있다.

조작적 조건형성은 개별과 집단 환경 모두에서 치료적으로 사용된다. 치료자는 두 환경 모두에서 효과적인 강화의 원칙을 고수한다. 스피글러와 게브르몬트(Spiegler & Guevremont, 2010)는 다음과 같이 효과적인 강화물의 목록을 작성하였다.

1. 강화물의 투입은 표적 행동의 수행에 따라 수반되어야 한다.
2. 보상은 표적 행동을 보여 준 것에 대한 반응으로 획득된 것임을 내담자가 확실하게 알 수 있도록 모든 노력을 기울여야 한다.
3. 강화는 표적 행동을 수행한 직후에 투입되어야 한다.
4. 초기에는 연속적으로 강화를 주고, 이후에는 간헐적으로 강화를 사용해야 한다. 궁극적으로, 대부분의 내담자는 단계적으로 강화 계획이 줄어든다.
5. 강화물은 보상 가치를 유지해야 한다. 강화물을 반복적으로 사용하여 내담자가 싫증을 느낀다면 치료자는 강화물을 변경할 수 있다.
6. 가능한 한 자연스러운 강화물을 사용한다. 이러한 것으로 칭찬과 같은 보상은 내담자가 치료 장면 이외에서도 경험할 수 있다. 이것은 표적 행동을 유지시킬 수 있는 가능성을 높인다.
7. 강화물은 일관되게 투입되어야 한다.

강화를 투입하는 방법은 다양할 수 있다. 이 장의 앞부분에서 조성과정에 대해 논의하였다. 다른 경우에는 수반성 계약(contingency contract)이 좀 더 적절할 수 있다. 수반성 계약은 내담자의 행동 책임과 강화를 투입하는 담당자들의 책임을 명시한다. 그 계약에는 행동 수행을 위한 강화물뿐만 아니라 표적 행동도 제시한다. 계약은 명확하고 모호하지 않은 용어로 작성되어야 하며, 가능한 한 내담자가 계약 조건을 협의할 수 있도록 기회를 제공해야 한다. 예를 들어, 스튜어트(Stuart, 1971)는 부모와 비행아동이 행동치료자와 함께 앉아 가족을 위해 계약을 맺는 계획을 고안했다. 스튜어트는 약물 남용과 무단결석 혐의로 소년 법원에 회부된 딸이 있는 한 가족과 작업했다. 캔디는 주말 저녁 7시에 외출할 수 있는 특권에 대한 대가로, 주중에 모든 수업에서 평균 B 이상을 받고 밤 11시 30분까지 귀가하기로 했다. 캔디가 집안일을 모두 하고 통금시간을 지키면, 부모는 표적 행동을 보여 준 다음 날 아침에 금전적 보상을 주기로 동의했다. 이에 더해 보너스와 벌칙 체계도 고안되었다.

이러한 계약의 효과는 간접적인 경우가 많다. 종종 주된 효과는 가족 간의 마찰과 논쟁을 줄이는 것이다. 그러면 가족 간의 상호작용 패턴이 모두에게 좀 더 보상을 준다. 스튜어트는 부모를 위한 대인관계 상호작용훈련이나 청소년을 위한 학업 및 직업 상담과 같은 지원상담이 유용할 수 있다고 언급했다. 그러나 수반성 계약의 한 가지 결점은 이 과정을 통해 표적 대상이 될 수 있는 행동의 수와 관련이 있다. 제한된 수 이상의 표적 행동이 다루어질 경우, 수반성 계약은 감당할 수 없게 될 수 있다(Stein & Smith, 1990).

내담자에게 익숙하지 않은 새로운 것으로 표적 행동을 취한다면, 그 행동에 대해 계약하는 것만으로는 충분하지 않다. 내담자가 특정 행동을 수행하도록 지시해 주는 촉구(prompts)를 구조화하는 데 어느 정도 주의를 기울여야 한다. 이것은 촉구하기 혹은 자극통제(stimulus control)라고 불리는데, 내담자가 특정한 방식으로 행동하도록 유도하기 위해 선행사건이 발생하도록 하는 것이다. 분노관리 및 공격성 대체훈련 프로그램에서 '자신을 점검하라(check yourself)'는 익숙한 문구는 공격적인 사건을 예방해야 하는 시점에서 내담자의 분노를 통제하기 위해 상담자가 내담자에게 해 줄 수 있는, 혹은 내담자가 자신에게 할 수 있는 진술이다. 그러면 내담자의 자기통제는 치료자에 의해 강화될 수 있다(Goldstein, Glick, & Gibbs, 1998). 시간이 지남에 따라 촉구를 단계적으로 줄이거나 점차 약화시킬(fade) 수 있다. 자극통제는 대신 내담자가 피하려고 하는 행동에 대해 너무 많은 자극을 주는 환경은 피하도록 격려하는 것이 포함될 수 있다(Masters et al., 1987).

지금까지 조작적 조건형성에 대한 우리 논의의 초점은 강화의 사용을 통해 친사회적이고 기능적인 행동의 개발을 격려하는 것이었다. 그런데 조작적 조건형성에서는 바람직하지 않은 행동을 줄이는 것에 많은 주의를 기울이고 있다. 그렇다면 바람직하지 않은 행동을 줄이기 위해 어떤 전략을 사용할 수 있을까? 고전적 조건형성 패러다임 내에서 혐오요법이나 처벌에 대해서는 이미 논의하였다. 우리는 이 시점에서 조작적 조건형성 모델 내의 다른 선택을 제시한다.

문제 행동 줄이기

바람직하지 않은 행동을 줄이는 데 사용되는 가장 일반적인 전략 중 하나는 표적 행동의 강화를 중단하는 것이다. 모든 행동은 한 번 혹은 그 이상의 강화를 통해 유지된다. 그렇다면 치료자들이 일반적으로 취하는 한 가지 방향은 무엇이 행동을 유지하게 하는지를 확인하고 그들이 줄이고자 하는 행동의 모든 강화물을 제거하는 것이다. 특별한 사회적 관심 또는 부모와 교사의 분노 혹은 감정 표현조차도 아동의 행동화를 강화하는 역할을 할 수 있다. 그러한 경우에 부적절한 행동을 무시하면 강화가 제거되어 바람직하지 않은 행동이 사라질 수도 있다. 그러나 이 전략은 아이를 무시하는 일반적인 패턴과 혼동되어서는 안 된다. 대신 부적절한 행동을 무시하는 실행은 일반적으로 더 큰 행동치료 프로그램의 일부로 사용된다. 다른 시점에서는 동일한 부모나 교사가 적절한 행동에 대해 칭찬할 것으로 기대한다.

아동을 대상으로, 부적절한 행동에 대한 자극뿐 아니라 정적 강화를 제거하는 좀 더 일반적인 방법 중 하나는 타임아웃(time-out)이라고 알려진 훈련을 통해서이다. 타임아웃은 행동이 발생한 장소에서 그 행동에 대한 강화물이 없는 방이나 구석으로 아이를 격리하는 것이다. 아동의 경우 타임아웃은 비교적 제한된 시간 동안 이루어지며, 보통 5분을 넘지 않는다. 사실 일반적인 규칙은 아동의 나이 1년마다 1분의 타임아웃 시간을 제안한다.

조작적 모델은 또한 나쁜 행동에 대해 부정적인 결과를 사용할 수 있다. 부정적인 결과를 초래하는 행동들은 어떤 시점에서 회피하게 될 것이다. 예를 들어, 우리 대부분은 속도위반 과태료가 너무 비싸서 좀 더 적절한 속도로 운전하게 된다. 그러한 경우에 행동은 반응 대가(response costs)의 결과로 줄어드는 것이다.

형사사법기관에서 배상, 벌금 및 구금이 일부 행동에 대한 반응 대가를 제공하는 것으로 보일 수 있지만, 이러한 선택사항들이 바람직하지 않은 행동을 줄이기 위한 행동지침을 따르고 있는지는 의문이다. 스피글러와 게브르몬트(2010)는 그러한 지침을 다음과 같이 열거하였다.

1. 부정적 결과는 바람직하지 않은 표적 행동 직후에 발생해야 한다.
2. 부정적 결과는 표적 행동이 발생할 때마다 일관되게 투입되어야 한다.
3. 반응 대가는 수용될 수 없는 특정한 행동의 결과로 발생한다는 것을 내담자에게 상기시켜 주어야 한다.
4. 결과가 제공된 바로 뒤에 강화가 주어져서는 안 된다.
5. 내담자는 부정적 결과를 받기 이전에 경고를 받아야 한다.
6. 바람직하지 않은 행동을 대신할 수 있도록 하기 위해 대안이 되는 좀 더 바람직한 행동이 개발되어야 한다.

행동을 줄이기 위한 이러한 지침에 처벌과 혐오, 반응 대가가 행동치료의 중심이 되어서는 안 된다는 제안도 추가해야 한다. 겐드로와 앤드류스(Gendreau & Andrews, 2001)는 행동치료 전체에서 강화물이 처벌보다 4 대 1의 비율로 더 많아야 한다고 언급했다. 다시 말해, 대부분의 행동치료에서는 강화물을 활용해야 한다.

처벌의 또 다른 형태인 혐오적 결과(aversive consequences)가 조작적 조건형성에 투입될 수 있다. 그러나 고전적 조건형성에서 혐오요법을 사용하는 것과 달리 조작적 조건형성에서의 혐오요법은 행동이 이루어진 후에 행동의 결과를 다룬다. 중증의 정신질환 내담자가 자해 행동을 하는 상황에서 신속하게 행동이 제거되어야 할 필요가 있는 경우에는 가벼운 전기 충격이 유용할 수 있다. 전기 충격의 대안으로 유독한 냄새, 쓴맛이 나는 물질, 밝은 빛 그리고 다른 혐오 자극이 포함될 수 있다.

조기 개입 및 범죄자 치료에 대한 급진적 행동주의 접근

실제적인 조작적 조건형성의 예는 오리건 사회학습센터(Oregon Social Learning Center)의 제럴드 패터슨(Gerald Patterson)의 작업에서 볼 수 있다. 패터슨과 동료들은 행동치료의 원리를 부모들에게 가르치기 위해 성공적인 접근법을 개발했다. 이 과정은 과제와 함께 8주에서 14주간의 매우 구조화된 교육이 포함된다. 그들은 부모가 아동의 행동을 관찰하고 나서 이러한 행동들의 빈도와 상황을 추적하고 모니터하도록 훈련하는 것으로 시작한다. 이러한 모니터링을 통해 강화 시스템을 개발한다. 이것은 일반적으로 아동이 포인트를 받으면 이후에 상호 합의한 보상으로 교환할 수 있는 토큰 시스템이다(Patterson, 1982; Patterson & Gullion, 1976). 부모들이 좋은 행동을 인지하고 강화하는 데 능숙해지면, 부적절한 행동을 시도하지 않도록 적절한 처벌(예: 타임아웃, 특권 상실, 반응 대가)을 사용하면서 원하지 않는 행동을 줄이는 방법에 대해 배운다. 이 모델은 비행아동 가정에 특히 유용할 수 있는데, 대부분의 이러한 가족은 아동에게 정적 강화의 사용이 적고(Patterson, 1982) 혐오 반응을 남용할 가능성이 좀 더 높은 것으로(Kazdin, 1989) 관찰되었기 때문이다.

행동주의 가족 프로그램에는 많은 유형이 있다. 한 명의 훈련받은 치료자가 한 가족을 개별적으로 작업하는 유형에서부터 패터슨처럼 여러 가족에게 아동 양육에 대한 행동주의 원리를 사용하도록 훈련하는 유형에 이르기까지 다양하다. 많은 프로그램에서는 이러한 아동에 대한 기술뿐만 아니라 부모 기술까지 포함한 다양한 가족 기술을 다루고 있다. 예를 들어, 가족 강화 프로그램의 교육과정(Kumpfer, DeMarsh, & Child, 1989)은 부모와 아동, 가족 기술을 목표로 한다. 초기에는 부모와 아동이 별도의 과정에 참여한다. 부모는 명확한 의사소통 및 관심과 보상의 사용, 효과적인 훈육, 약물 사용 교육, 제한 설정, 문제 해결과 관련된 기술들을 발전시킨다. 아동은 의사소통을 향상시키고, 감정을 이해하고, 분노에 대처하고, 스트레스를 관리하고, 또래의 압력을 극복하기 위한 작업을 한다. 그들은 또한 약물 남용의 결과와 부모와의 규칙에 순응하는 교육을 받는다. 나머지 회기는 실제 가족 문제 해결 및 활동에 적용하면서 동일한 많은 기술에 대해 가족 단위로 작업한다.

조작적 조건형성은 또한 약물 남용 치료에도 활용되고 있다. 아마도 이것의 가장 명확한 예는 약물 절제에 대한 금전적 강화의 사용일 것이다(Higgins & Silverman, 1999 참조). 이러한 프로그램의 한 예로, 케네스 실버먼(Kenneth Silverman)과 동료들은 코카인 환자들에게 소변검사로 확인될 수 있는 절제에 대해 바우처(vouchers)를 수여했다. 약물 남용자가 돈으로 마약을 구입하는 것을 방지하기 위해 돈 대신 바우처가 사용되었다.

연구자들은 이러한 절제강화(abstinence reinforcement) 프로그램에 참여한 환자의 절반 이상이 6주 이상의 절제를 달성한 것에 반해 바우처를 받지 않은 대상자들은 5%만

절제를 유지한 것을 발견하였다(Silverman et al., 1998). 이 프로그램의 최대 지불액은 1,155달러의 가치를 받았다. 동일 집단에서 치료에 저항하는, 메타돈 치료를 받고 있는 정맥주사 마약중독자를 연구하면서, 금전 종류 강화의 효력에 대해 좀 더 명확한 예를 얻을 수 있었다. 연구자들은 이러한 개인들에게 훨씬 더 높은 금액 수준의 바우처에 대한 효과를 실험했다. 이 사례에서 개인은 총 3,480달러 이상의 바우처를 받을 수 있었다. 좀 더 가치 있는 바우처를 받은 집단은 그들보다 낮은 수준을 받았던 집단보다 절제 비율이 현저하게 더 높았고, 좀 더 긴 기간 동안 절제를 유지했다. 비록 이것은 엄청난 금액이지만, 이 모든 것의 교훈은 강화의 크기가 분명히 중요하다는 것이다.

스타인과 스미스(Stein & Smith, 1990)는 적대적 반항장애로 진단받은 청소년들을 치료하기 위해 조작적 조건형성 프로그램에 인지 재구조화(제9장 참조)를 결합하여 사용했다. 그 치료를 시작하기 전에, 청소년의 부모들에게 방 관리, 개인위생, 집안일 완수, 학대 행동과 언어, 안전 위반과 같은 표적 행동들에 대한 행동 빈도 혹은 기저선을 확인하도록 요청했다. 각 행동 범주와 관련된 규칙과 기대치가 개발되었고, 아동의 하루 용돈은 규칙의 순응에 수반하여 지급되었다. 부모들은 음식과 숙소를 제공했다. 의류와 자동차 비용, 레크리에이션 활동과 같은 모든 추가적 욕구는 스스로 번 용돈으로 충당해야 했다. 모든 규칙을 지키면 매일 용돈이 지급되었고, 일주일 내내 준수할 경우 주말에 보너스를 주었다. 조작적 조건형성과 인지 재구조화를 결합한 집단의 결과가 인지 재구조화만 받은 유사한 청소년 집단에 비해 훨씬 더 효과적이었다.

스타인과 스미스는 강화로 돈 혹은 용돈을 바로 지급하여 훌륭한 결과를 달성했지만, 특히 비행청소년을 치료하는 프로그램에서 사용하는 좀 더 일반적인 접근은 좀 더 의미 있는 보상으로 교환할 수 있는 토큰이나 포인트를 지급하는 것일 수 있다. 실제로 토큰경제(token economy)는 가장 자주 사용되는 조작적 조건형성 모델 중 하나이다. 최초의 종합적인 토큰경제는 1960년대 초에 일리노이의 정신질환자를 위한 애너 주립병원에서 테오도로 에일런과 네이선 아즈린(Teodoro Ayllon & Nathan Azrin, 1968)에 의해 개발되었다. 정신질환자에게 원하는 행동을 하도록 동기를 강화하기 위해 조작적 절차와 토큰 강화가 사용되었다.

토큰경제는 내담자 집단에서 사용할 수 있기 때문에 특히 유용하다. 치료자는 먼저 원하는 표적 행동과 각 행동이 받게 될 보상(예: 포인트, 토큰, 별의 수)의 목록을 작성한다. 다음으로, 내담자 집단은 토큰으로 교환할 수 있는 보상이나 강화의 목록을 확인한다. 예를 들어, 추가 텔레비전 시청 특권, 주말 휴가, 레크리에이션 시간, 상점에서의 구매 그리고 기타 강화물 등이다. 토큰경제는 이전에 열거했던 원칙에 따라 강화물이 투입되도록 고안된 체계적인 규칙 시스템에 의해 운영된다. 따라서 토큰경제는 좀 더 나은 공부 습관, 청결한 위생 상태 그리고 프로그램의 다른 구성요소를 통해 학습된 기술의 사용과 같은 다양한 행동을 강화하는 데 사용될 수 있다.

토큰경제는 행동을 줄이기 위해 사용될 수 있다. 이것은 보통 내담자가 부적절하게 행동했거나 기대 행동을 하지 못할 경우 토큰이나 포인트를 잃게 되는 것도 포함한다. 토큰경제는 많은 청소년 교정 프로그램에서 중심이 되었다. 고전적인 실례 중 하나인 성취 장소(Achievement Place)는 소년 법원이나 복지기관에서 위탁한 청소년들을 위한 가족적인 거주형 치료 프로그램으로, 1970년대에 캔자스주 로렌스에서 운영되었다(Phillips et al., 1973). 그 프로그램에서는 예의범절, 학업능력, 개인위생 습관 등 다양한 행동을 적절하게 수행할 경우 보상을 받는 강력한 토큰경제 시스템을 가지고 있었다. 청소년들이 받은 토큰은 간식, 외출 허가, 돈, 레크리에이션 시설의 이용 등으로 교환할 수 있었다.

청소년들은 이 프로그램에 들어가면 매일 포인트를 받았다. 그 이후에 그것은 주간 회계 시스템을 거치게 되고, 마침내는 조건화된 특권을 사용할 수 있게 된다. 청소년이 이 마지막 단계를 다룰 수 있다면, 그는 집으로 돌아갈 준비가 된 것이다. 후속 연구에서 이 프로그램에서 치료받은 청소년들은 시설에 있거나 보호관찰을 받은 청소년보다 1년 후의 학교 출석률이 더 높았다. 그들은 또한 2년 후의 재범률에서 더 낮았다(성취 장소 집단 19% vs. 시설 청소년 53%와 보호관찰 대상 54%). 1980년대 후반까지 이 모델을 사용한 거주형 프로그램은 215개 이상이었고, 이 모델은 가족교육모델(Teaching Family Model; Wolf, Braukmann, & Ramp, 1987)로 불리게 되었다.

이러한 프로그램을 통한 강화와 처벌은 종종 범죄자의 성격 특성에 의해 결정된다. 품행장애로 진단받은 아동이나 반사회성 성격장애로 진단받은 성인과 같이 정신병적 성격 특성이 있는 개인들은 보상과 처벌 체계에도 잘 반응하지 않을 수 있다(Blair et al., 2004). 그들의 행동은 변화가 어려운 뿌리 깊은 성격 특성에 달려 있다.

토큰경제의 사용을 포함한 급진적 행동주의의 다른 적용으로는, 1997년 장애인 교육법 개정안(Individuals with Disabilities Education Act Amendments, IDEA 1997)의 통과와 함께 도입되었다. 이 법안에서는 특수교육 상황에 있는 학생들에 대한 기능적 행동평가(functional behavioral assessments)와 긍정적 행동지지(positive behavioral supports)의 수행 및 개입이 규정되었다. 그 법안은 도전적인 행동을 보이는 발달장애가 있는 학생들을 대상으로 했다. 기능적 행동평가는, 첫째, 문제가 있는 학생의 행동은 목적이 있고 아동에게 약간의 기능을 제공한다고 가정했다(예: 어려운 과제 피하기, 또래의 관심). 둘째, 그러한 행동은 환경의 방향에 따라 악화되거나 지지되는 것으로 가정되었다. 셋째, 그러한 선행사건과 지지하는 행동의 결과를 확인하는 것은 긍정적인 행동을 지지하기 위한 개입과 방법을 개발하는 데 사용되어야 한다(Dunlap et al., 1991). 간단히 말해서, 무엇이 부적절한 행동을 자극하고 강화하는지 평가하는 것과 특수한 욕구와 관련되어 훈육 문제가 제기된 각 학생에 대해 어떻게 행동하는지 평가하는 것은 학교 담당자의 의무이다.

안타깝게도, 현대의 학교환경은 파괴적인 행동에 많은 자극을 제공한다. 예를 들어, 하스(Haas, 1999)의 보고에 따르면 거의 2,000명에 달하는 고등학생에 대한 설문 조사에서 언어적 모욕, 목표 달성의 어려움, 공격적인 역할모델, 또래 압력, 중요한 또래집단으로부터의 고립, 학업 실패, 다른 학생들로부터의 적대감에 노출된 것으로 나타난 학생들의 비율이 심각하게 높았다. 이 중에서 학업 실패에 대한 좌절, 다른 학생들로부터의 모욕, 목표 달성의 어려움은 학교에서의 공격적인 행동과 유의미하게 관련된 것으로 입증되었다. 따라서 개별 학생의 행동에 영향을 미치는 조건에 대한 의무적인 기능적 행동분석은 학교생활의 많은 질적인 부분에 대한 검토가 될 수 있다.

IDEA 1997에서는 또한 기능적 행동평가에서 확인된 문제들을 다루기 위해 학교에서 계획을 수립하도록 규정했다. 일반적으로 긍정적 행동지지를 불러일으키는 것은 학생을 위한 행동 프로그램 개발과 관련이 있으며, 여기에는 교육 환경이나 업무의 변화, 또래에 대한 통제력 향상, 새로운 사회기술교육, 학교 또는 수업 보상체계의 변화가 포함될 수 있다. 일부 프로그램은 적절한 새로운 행동을 가르치고 보상하기 위해 또는 학생들에게 지지적인 역할을 제공하는 또래와 직원 팀을 개발하기 위해 토큰경제를 사용하였다. 많은 경우, 긍정적 행동지지는 학교 전체가 포함된다(Scott et al., 2002).

긍정적 행동지지의 개념은 강화기반 전략의 중요성을 강조하고 지나치게 처벌적인 방향은 반대한다. 그 법안의 분명한 한 가지 의미는 학교가 환경적인 자극과 보상에 대한 통제를 좀 더 신중하게 하고 학생들에게 가르치고 기대하는 행동에 대해 좀 더 명확히 하도록 격려하는 것이었다. 이것이 토큰경제처럼 구조화될 필요는 없지만, 이 법안에 대한 하나의 반응으로 비행청소년을 위한 교정교육 프로그램이 마련되었다. 교사들은 학생들이 적절한 사회기술을 사용하고, 부적절한 특정 행동이 감소하며, 과제를 잘 수행하는 것에 보상을 주는 점수체계를 만들었다(Feinstein, 2003).

다양한 인종적 배경과 사회경제적 조건을 가진 가족과 개인을 고려한 프로그램 모델을 개발하고 검증하기 위해 가정과 학교 둘 다를 기반으로 조작적 및 고전적 조건형성을 적용하려는 공동 노력이 나타났다. 예를 들어, 문화적 태도와 관습이 아동 양육에 영향을 미친다는 것은 잘 알려진 사실이다(Forehand & Kotchick, 1996). 따라서 문화적으로 적절한 맥락에서 교훈이 제시되어야 한다. 더욱이 빈곤과 도시생활에서의 역경은 학교 프로그램이나 가족치료를 성공적으로 수행하기 위해 이용할 수 있는 자원을 유의하게 감소시키는 스트레스 요인이 된다. 학교 및 가족 지원서비스는 이런 점에서 매우 중요하다.

새로 습득되거나 감소한 행동의 안정화

행동치료의 중요한 문제는 고전적 혹은 조작적 조건형성을 통해 습득된 학습이 행동치료가 종료된 후에도 지속할 수 있을 것인지 여부이다. 예를 들어, 우리가 앞서 언급한 것처럼, 혐오 조건형성 동안 감소되었던 행동이 일단 치료가 끝나면 다시 이전으로 돌아갈 수 있는데, 특히 내담자가 변화에 대한 동기가 없을 경우에 그렇다. 마찬가지로 대안학교에서 아이들에게 더 나은 작업 습관을 가르치고 토큰경제를 통해 그러한 습관을 강화한다면, 보상체계가 더 이상 존재하지 않을 때도 그 습관이 유지될 수 있을까? 달리 말하면, 이렇게 새로 습득되었거나 감소된 행동들이 프로그램을 떠나 그 사람의 일상생활에서도 일반화될 수 있는가? 치료가 일반화(generalizable)될 수 있는가, 혹은 범죄자 내담자가 프로그램을 떠나면 범죄 행동으로 돌아갈 것인가?

다행히도, 행동모델은 다른 환경에서도 치료가 일반화될 수 있도록 돕기 위해 몇 가지 전략을 제시한다. 한 가지 권고사항은 실제상황 치료(in vivo therapy) 또는 병원환경보다는 내담자의 일상생활에 근접해서 치료하는 것이다. 예를 들어, 제럴드 패터슨의 행동 접근법의 상당 부분은 가정에서 이루어진다. 부모들은 가정환경에서의 행동에 대해 모니터하고 반응하도록 훈련받는다.

일반화를 향상시키는 또 다른 기여요인은 강화물이나 처벌인자(punisher)의 특성에서 찾을 수 있다. 칭찬은 치료가 끝난 후에도 간헐적으로 계속될 수 있는 강화물의 한 예이다. 내담자에게 자기강화를 가르치는 것(예: 스스로 칭찬하는 것)은 자연적인 강화를 제공할 뿐만 아니라 치료를 종료한 이후에도 내담자가 따라할 수 있는 강화물이 된다.

또한 추후 회기(follow-up)도 일반화를 향상시키는 데 유용한 것으로 입증되었다. 이와 관련하여 성범죄자를 대상으로 한 말레츠키(1980)의 작업에서는 초기 치료 후 정기적인 간격으로 추후 회기를 제공했다. 더 나아가 재발방지(relapse prevention) 프로그램은 약물 남용이나 성범죄 행동에 대한 재발 증상을 내담자가 인식하도록 교육한다.

프로그램은 시간이 지남에 따라 단계적으로 보상을 해야 한다. 예를 들어, 콜로라도주 폐쇄형 청소년치료(Closed Adolescent Treatment) 프로그램(1979)과 이후 오하이오주 페인트 크리크 청소년센터(Paint Creek Youth Center, 1987)의 비행청소년을 위한 비키 에이지(Vicky Agee) 프로그램에서는 매우 구조화된 일일 보상계획을 시작했다. 그러고 난 이후 일주일에 한 번 강화를 받는 체계로 하였다. 마지막 단계는 토큰경제 계획이 완전히 없어진 지역사회 재통합 단계였다.

끝으로, 내담자에게 더 의미 있는 행동일수록, 치료 후에 그 행동을 유지하기 위한 동기가 강화될 가능성이 있다(Spiegler & Guevremont, 2010). 그러나 때가 되면 새로운 사회기술을 학습한 사람들은 치료과정에서 투입된 강화물보다 궁극적으로 더 중요한 방식으로 보상받는다는 것을 아마도 발견할 것이다(Goldstein et al., 1989). 실제로 교정 개입을 위한 인지 및 사회 기술 접근법은 널리 사용되고 있으며 성공적인 교정치료 접근이 되고 있다. 그들은 조작적 조건형성뿐 아니라 사회학습 전략도 사용하며, 청소년이 합법적인 방법을 통해 보상을 획득하는 데 필요한 사회적·학문적·직업적 기술을 갖지 못해서 비행청소년이 된다는 가정에 기반을 둔다. 이 치료에서 초점을 두는 내용은 다음과 같다.

1. 읽기와 같은 기본적인 학습기술 교육하기
2. 부모와 감독자, 또래와 관계를 맺을 때 적용할 수 있는 태도와 역할 교육하기
3. 부모와 청소년에게 상호보상이 가능한 방법으로 상호작용하도록 교육하기

이 세 가지 교육 영역에 부수적으로, 상담사는 청소년들과 신뢰와 지지 관계를 발전시킨다(O'Leary & Wilson, 1975). 지금까지 우리는 상담에 행동적 접근방식을 대조했는데, 어쩌면 오해의 소지가 있을 수 있다. 실제 현장에서는 상담하면서 행동치료로 보완하는 것이 드문 일이 아니다. 따라서 소아성애에 대해 내재적 민감화 치료를 받는 개인이 동시에 심층상담도 참여할 수 있다(Maletzky, 1991). 유사한 방식으로, 행동치료자와 내담자 간의 상호작용을 살펴볼 수 있고 전형적인 상담 행동도 관찰할 수 있다.

교정 실무자에 대한 적용

급진적 행동주의 접근은 범죄자들의 성공에 너무나 중요하기 때문에 현재 많은 진보적 교정기관에서는 교정직원에게 효과적인 강화와 적절한 처벌 및 불승인 기법을 교육하고 있다. 예를 들어, 겐드로와 앤드류스(2001)는 프로그램 평가 도구인 CPAI-2000에서 실무자들이 내담자를 처벌하거나 불승인하는 것보다 훨씬 더 자주 강화하는 것이 필요하다고 강조했다. 실제로 강화물은 4 대 1 정도로 처벌인자보다 많아야 한다. 또한 신시내티 대학교의 교정 연구소를 통해 제공되는 신입직원 훈련 커리큘럼에서는 직원들이 강화물을 투입하는 데 있어 조작적 조건형성의 핵심 원리를 사용하도록 교육한다 (UCCI, 2010).

1. 강화물은 행동이 일어나는 동안 혹은 직후에 투입되어야 한다.
2. 강화물은 원하는 행동을 촉구하는 수반성이 있어야 한다.
3. 강화물은 일관되게 투입되어야 한다.
4. 강화물은 단계적이어야 한다. 자주 그리고 그 이후에 간헐적으로 투입한다.
5. 내담자는 강화에 대한 이유를 알고 있어야 한다.
6. 내담자는 강화 목록에서 선택할 수 있어야 한다.
7. 칭찬, 승인, 인정과 같은 사회적 강화물은 범죄자들과 상호작용하기 위한 교정기관의 전략에서 중요한 요인이다.

처벌의 투입은 직업개발 활동에 참여하지 못한 것에 대해 지역사회 봉사와 같은 반응 대가를 투입하는 것으로 구성될 수 있다. 또한 이것은 내담자가 학교에 출석하는 것을 거부할 경우 자유시간이 상실되는 것과 같은 특권의 제거를 포함할 수 있다. 둘 다 내담자가 처벌받는 것으로 그 행동을 줄이는 것에 의미를 두고 있다.

이러한 처벌인자가 어떻게 투입되어야 하는지에 대해 조작적 행동의 핵심 원리를 다시 적용한다.

1. 처벌인자는 반드시 바람직하지 않은 행동에 뒤이어 바로 투입되어야 한다.
2. 처벌인자는 그 행동이 발생할 때마다 일관되게 투입되어야 한다.

3. 내담자는 반드시 왜 처벌을 받는지에 대한 설명을 들어야 한다. 여기에는 그 행동의 장단기적인 부정적 결과에 대한 설명이 포함될 수 있다.

4. 처벌 이전에 경고 신호가 있어야 한다.

5. 처벌이 표적 행동에 비해 지나치게 가혹하거나 불균형적이어서는 안 된다. 내담자가 처벌에 대해 감정적인 태도와 회피, 철회로 반응하는 것은 처벌이 불합리하고, 지나치게 가혹하며, 설명이 잘 이루어지지 않았다는 것을 나타내고 있음을 직원은 인식해야 한다.

6. 일단 처벌 조건이 충족되면, 불승인은 종결되어야 한다.

7. 처벌이 내담자에 대한 유일한 행동 반응이 되어서는 안 된다. 직원은 좋은 행동 및 향상되어야 할 것을 강화한다는 점을 잊지 않아야 한다.

8. 실무자들은 바람직하지 않은 행동에 대한 대안을 만들어야 한다(제8장 참조).

이 분야에서는 좋은 행동훈련을 치료자들만이 수행하는 업무로 더 이상 보지 않는다는 점을 강조하는 것이 중요하다. 내담자가 교정 프로그램을 떠날 때, 소장부터 일선 직원까지의 모든 직원이 효과적인 강화와 불승인을 실시하고 있음을 볼 수 있어야 한다. 사례 연구에 대한 적용은 〈글상자 4-1〉과 〈글상자 4-2〉를 참조하라.

글상자 4-1 // 사례 연구: 제이슨

이제 독자들에게 제이슨을 소개하는 것이 좋겠다. 이 책 전반에 걸쳐 당신은 제이슨의 사례관리자 또는 상담사의 역할을 맡게 될 것이다. 이 자격으로 당신에게 요청할 것은 ① 제이슨을 위한 수반성 계약을 고안하고(〈글상자 4-2〉 참조), ② 제이슨에게 어떤 특정 상담전략이 좋을지 생각해 보고, ③ 치료 계획을 세우는 것이다.

먼저, 당신에게 그를 소개한다.

I. 배경 및 사회생활력

'JT'라고 불리기를 좋아하는 제이슨은 절도죄로 기소되어 5년형을 선고받고 주립 교도소에서 3년째 복역하고 있는 24세 남성이다. JT는 14세 때 청소년 형사사법 제도를 처음으로 접하게 되었다. 무단결석, 경미한 학교 기물 파손, 그가 '남자다움을 지킨 것'으로 언급한 싸움으로 몇 주간 정학을 당하면서, 그는 두 번이나 보호관찰을 받았다. 그는 가정생활에 어려움이 있었다. 그의 어머니는 교육을 거의 받지 못한 조용한 여성이었다. 그녀는 공장 조립라인에서 열심히 일했고, 적어도 재정적으로는 가족을 함께 부양하는 것처럼 보였다. 하지만 10시간 동안의 근무로 인해 부모로서 다른 기능을 감당할 에너지나 시간적 여유는 거의 없었다. 제이슨의 아버지는 JT의 어머니와 결혼하기 전에 세 번이나 결혼한 적이 있고, 음주와 도박을 하며 때때로 아내를 때리는 것으로 알려져 있었다. 그는 종종 몇 주씩 집을 비우는 경우가 많았다.

JT가 18세가 될 무렵, 그의 형 조는 네 번째 범행인 폭행과 구타로 5년 동안 복역을 하고 있었다. JT의 여동생 메리는 다른 길을 걷고 있었다. 아버지로부터 자주 조롱을 받았지만, 그녀는 고등학교에서 계속 우등생 명단에 들었으며, 언젠가는 고등학교 언어 교사가 되려는 꿈이 있었다. 그 꿈은 최근에 실현되었다. JT는 이 세상에서 성공하기 위해서는 '거리에서의 교육'이 필요하다고 주장하며 그녀의 교육 목표를 무시했지만, JT와 메리는 나이가 두 살 차이여서 항상 친했다. JT와 조, 메리 셋 다 평균 이상의 지능을 가지고 있었지만, 메리만 유일하게 자신의 능력을 최대한 활용하려고 노력했다.

제이슨은 10학년 때 학교를 중퇴했다. 그는 지금 그때의 결정을 후회하지만, 그 당시에는 학교가 따분하게 느껴졌고 선생님들을 좋아하지 않았다.

II. 범죄력

이번이 제이슨의 첫 번째 구속이지만, 성인 유죄 판결로는 네 번째이다. 그의 청소년 범죄 기록에는 2건의 판결이 있는데, 한 건은 폭행이고 다른 한 건은 기물 파손 및 무단 결석에 대한 것이다. 제이슨은 19세에 폭행으로 유죄선고와 보호관찰처분을 받았다. 22세가 되자 제이슨은 절도죄로 2건의 유죄선고가 추가되었다. 제이슨이 범한 과거의 모든 범죄는 전과가 있는 동료들과 어울려 행동한 것에 따른 것이었다.

III. 최근 범행

제이슨은 강도죄로 유죄를 선고받았다. 그는 두 친구와 함께 인근 동네 약국에 침입했다. 이 3인조는 약사에게 총을 겨누고 현금 855달러를 챙겼다. 이것은 무기 사용과 관련된 제이슨의 첫 번째 범행이다.

당신은 JT의 교도소 상담사이다. 그의 징계보고서는 세탁 감독관에게 '말대꾸하는' 행위와 일종의 알코올 음료를 만들기 위해 부엌에서 과일을 훔치는 것과 같은 비교적 사소한 위반으로 이루어져 있다. 기록에 따르면, 그의 건강 상태는 좋은 편이다. 시간이 지나면서 제이슨의 공격적인 행동은 심해졌다. 이번이 성인으로서 저지른 그의 두 번째 폭력 범죄이고, 무기를 사용한 첫 번째 범죄이다. 제이슨은 약간의 열등감을 느끼고 있지만, 그의 초기 면담에서는 많은 거짓 허세를 보였다.

글상자 4-2 //// **JT의 사례: 수반성 계약**

이 글상자에서 논의되는 수반성 계약은 〈글상자 4-1〉에 제시된 제이슨의 사례 연구를 토대로 하였다. 앞에서 설명한 바와 같이, 수반성 계약은 강화하고자 하는 특정 행동을 이행하는 여부에 따라 교도관이 수용자에게 특권을 부여하는 것이다.

예를 들면 다음과 같다.

치료 계획 예시
- **(제이슨을 위한) 행동 접근 목표**
  - 가족 구성원들과 더 자주 연락한다.
  - 제이슨과 메리의 관계를 강화한다.
  - 메리의 성취에 대해 존경을 표한다.
- **접근**

제이슨은 몇 가지 수반성 계약에 참여하게 될 텐데, 궁극적으로는 다음을 이행하는지에 따라 귀휴를 받게 된다. ① 가족 구성원과 연락(전화 및 편지) 자주 하기, ② 가족, 특히 메리와 접견 요청하기, ③ (사회기술 프로그램에서 배운 대로) 주요 관계기술 보이기. 이러한 계약은 관리 가능한 수준의 변화와 자신 또는 사회적 책임감으로 발전시켜 나가야 한다. 처음에는 제이슨을 귀휴 보내는 것으로 강화하기보다는 도서관 이용 혜택을 증가시킨다.

보완 상담과정에서 ① 가족 구성원에 대한 책임감의 의미, ② 무책임한 행동의 거부, ③ 책임감 있는 관계와 관련된 기술, ④ 친사회적 방식으로 경력을 성취한 사람들을 존중해야 할 이유에 대해 다룰 것이다.

접근 예시
행동계약 혹은 수반성 계약은 일반적으로 다음의 요소를 포함한다.

1. 내담자와 상담자 모두의 역할에 대한 진술
2. 내담자에게 기대하는 행동(들)에 대한 명확한 기술
3. 그러한 행동과 관련된 보상(들)에 대한 명확한 기술
4. 각 목표 달성에 대한 성공 또는 실패를 결정하는 데 사용될 기준 확인
5. 계약 변경에 대한 기준

다음은 상담과정에서 사용될 수 있는 간단한 행동계약의 예이다

계약서

과제	보상
누가: _____	누가: _____
과제: _____	과제: _____
언제: _____	언제: _____
수행 방법: _____	수행 정도: _____
_____	_____
_____	_____

서명: _____　　날짜: _____

서명: _____　　날짜: _____

과제 합의에 대한 의견: _____

_____

과제 변경에 대한 합의: _____

_____

_____

제이슨의 치료 계획 중 이 부분에 해당하는 계약서는 다음과 같을 것이다.

계약서

과제	보상
누가: *제이슨*	누가: *상담사*
과제: *메리에게 전화하기*	과제: *주당 4시간의 도서관 이용 시간 추가*
언제: *15분, 주 1회, 3주*	언제: *3주*
수행 방법: *메리가 나를 방문할지 알아보기 위해 주 1회 전화한다. 전화를 포기하기 전 최소한 3번은 시도한다.*	수행 정도: *제이슨이 3주간 주 1회 전화를 한 후, 10~15분 동안 대화하려고 노력한다.*

서명: *제이슨 스미스*　　날짜: *2015. 4. 20.*

서명: *요셉 존스*　　날짜: *2015. 4. 20.*

과제 합의에 대한 의견: _____

_____

과제 변경에 대한 합의: *메리가 전화를 받을 수 없는 경우, 과제는 수정될 수 있다.*

_____

_____

결론

행동치료(특히 토큰경제 시스템)의 매력적인 특징 중 하나는 전통적인 상담보다 이 기법으로 내담자를 치료하는 것이 비용이 적게 든다는 점이다. 기술을 사용하는 직원은 훈련을 적게 받아도 되기 때문에 그 기술은 특히 교정시설에서 관찰 가능한 행동을 치료하는 데 이득이 있다고 주장된다. 또한 토큰경제 시스템은 주어진 재정으로 매우 많은 내담자를 치료하는 데 사용할 수 있다. 이러한 프로그램이 효율성이 있지만, 직원이 주의 깊게 훈련받고 감독받아야 한다. 보상이 일관성 없이 부적절하게 또는 비윤리적으로 제공된다면 프로그램은 효과가 없을 것이다. 이와 같은 남용을 방지하기 위해서는 치료 프로그램을 감독하고 직원들에게 행동치료의 원칙에 대한 적절한 교육을 제공할 수 있는 자격을 갖춘 전문가, 더 나아가 임상 책임자를 확보하는 것이 필수적이다.

이후의 장들에서 고전적 및 조작적 조건형성의 많은 전략이 사회학습 및 인지행동 모델과 같은 새로워진 치료전략의 구성요소라는 것을 알게 될 것이다. 예를 들어, 물질남용치료에 대한 재발방지 접근은 자극통제와 강화의 가치를 명확하게 인정한다. 이러한 이후의 치료법들은 급진적 행동주의 모델에서 제시하는 학습모델을 넘어서는 방법으로서 인간이 학습한다고 인식한다. 인간은 다른 사람의 행동, 특히 역할모델을 관찰함으로써 간접적으로 대리학습을 하게 된다(제8장 참조). 예를 들어, 비행청소년들은 프로그램 직원이나 또래의 행동을 모델로 따라 할 것이다. 그들은 다른 범죄자들이 직원과 상호작용하는 모습을 지켜보면서 학습할 것이다. 이렇게 학습이 이루어진다는 것을 인식하는 것이 중요하다. 확실히 교도관이 좋은 역할모델이 아닐 경우, 교정치료 프로그램의 노력이 약화되는 경우가 많다.

인간은 또한 신념, 인식, 태도, 가치를 학습하는데, 이것은 그들의 행동에 지대한 영향을 미칠 수 있다(제9장 참조). 이들 중에는 범죄자가 범죄 희생자를 비난하는 경우와 같은 범죄유발적인 것도 있다. 우리는 생각이나 인지적 자극을 강화하는 학습을 할 수 있다. 이 모든 것은 이후의 사회학습 및 인지행동 접근의 치료 목표가 되는데, 이에 대해서는 다음 장들에서 논의할 것이다.

끝으로, 선호되는 교정 개입방법과 관계없이, 모든 교정직원은 처벌 및 강화의 적절한 사용에 대해 숙지하고 있어야 한다. 처벌이 남용되거나 강화가 적절한 방식으로 이루어지지 않는 교정환경에서는 교정 개입이 쉽게 성공할 수 없다.

1. 고전적 조건형성을 기술하라.

2. 조작적 조건형성은 고전적 조건형성과 어떻게 다른가?

3. 당신의 부모를 모델화해서 당신에게 조성된 행동을 생각할 수 있는가? 그들은 어떤 행동에 대해 당신에게 보상을 했으며, 또 어떤 종류의 일반적인 보상을 사용했는가?

4. 사람들의 행동을 변화시키는 방법의 하나로서 행동치료 대 전통적인 상담에 대한 비판은 무엇인가?

5. 행동치료는 어떻게 남용될 수 있으며, 그러한 남용을 막기 위해 할 수 있는 조치는 무엇인가?

6. 행동치료의 결과를 일상생활에서 일반화할 수 있는 가능성을 높이기 위해 할 수 있는 조치는 무엇인가?

7. 조작적 조건형성 프로그램을 구성하는 데 있어서 모니터링은 어떤 역할을 하는가?

8. 부모훈련 프로그램이 문화적으로 민감해야 하는 이유는 무엇인가?

제 **5** 장

집단치료와 환경치료에서의 초기 접근

데이비드 레스터(David Lester) & 패트리샤 반 부어히스(Patricia Van Voorhis)

주요 용어

어른자아상태	환경치료
정화	재진술
어린이자아상태	부모자아상태
조건적 긍정적 존중	인간중심치료
직면	긍정적 동료 문화
일치성	현실치료
자아상태	치료공동체
공감적 이해	교류분석
게임	교류
진솔성	치료 효과
생활지도집단 상호작용	무조건적 긍정적 존중

　　대부분의 교정상담은 집단으로 실시된다. 사실 제8장에서 제10장까지 논의되는 사회학습과 인지행동치료, 가족치료는 주로 집단으로 행해진다. 그러나 교정시설에서 사회학습과 인지행동 접근이 성장하기 이전 상담모델을 논의하기 위해 우리는 집단치료의 기본 원리 일부를 먼저 이 장에서 설명한다. 그 시대에 유명한 많은 상담모델이 있었고 지금까지도 논의되고 있으며, 몇 가지는 여전히 교정현장에서 사용되고 있다. 이 장에서 우리의 초점은 앞 장에서 논의되었던 정신분석과 급진적 행동주의 관점을 유지

그림 5-1 마이클 애틴스키(Michael Atinsky, 오른쪽)가 캘리포니아 모데스토에 있는 스타니슬라우스 카운티 주립 교도소에서 수용자들을 위한 토론집단을 진행하고 있다.

출처: AP Photo/Rich Pedroncelli.

하는 것이다. 그래서 독자들이 현대의 교정상담과 치료의 토대에 대한 감각을 얻을 수 있기를 바란다.

집단상담과 개인상담의 분명하고 중요한 차이는 다른 내담자의 존재이다([그림 5-1] 참조). 보통 5명에서 10명의 내담자가 문제에 관한 토론이나 행동과 태도의 변화에 대해 작업하기 위해 일주일에 한 번 또는 두 번 90분 정도의 시간 동안 1명의 상담사 혹은 공동 상담사와 만난다. 집단치료의 구체적인 방식을 논의하기 전에, 집단의 존재 그 자체가 변화를 위한 도구로 간주된다는 것을 강조하는 것이 중요하다. 다시 말해서, 집단은 개인치료에서 할 수 없는 몇몇 치료적 도구를 제공한다.

얄롬(Yalom, 2005)은 집단상담의 치료적 속성을 다음과 같이 기술했다.

1. **정보전달**: 상담사와 다른 내담자들 둘 다가 서로에게 정보를 전달한다. 그들은 삶의 문제에 대한 직접적인 지침을 조언하고, 제안하며, 제시한다. 이러한 조언은 정보를 우연히 듣게 되어 암시적일 수 있고, 혹은 상담 프로그램에서 계획된 부분일 수 있다. 모든 참가자가 이슈에 대해 다른 견해를 제공하기 때문에 개인상담보다 배울 수 있는 기회가 더 많다.

2. **희망의 고취**: 집단은 내담자에게 영향을 미치기 위해서 절대적으로 중요한 모델을 제공하고 희망을 전달한다. 어떤 집단들은 치료를 오래 받은 사람이나 위기를 극복한 사람을 새로운 구성원으로 받아들여서 작업한다. 이것은 '그가 할 수 있다면 나도 할 수 있다.'는 태도를 촉진한다.

3. **보편성**: 내담자들은 그들 자신만이 슬프고, 고통스럽고, 약물을 복용하고, 혹은 범죄를 저질렀던 것처럼 그들의 문제도 대부분 독특하고 혼자만의 것으로 느낀다. 그들의 사회적 고립은 보통 이런 느낌을 강화한다. 다른 내담자가 비슷한 생각과 느낌을 발표하는 것을 듣는 것 그리고 그들이 유사한 이슈로 작업하는 것을 보는 것도 치료적 효과가 있다.

4. **이타주의**: 집단상담 과정에서 내담자들은 서로를 돕는다. 그들은 지지하고, 제안하고, 안심시키고, 통찰을 제공하고, 유사한 문제를 나누고, 타인의 강점을 서로에게 말한다. 이러한 움직임이 치료의 힘으로 작용한다. 어떤 경우에는 이러한 지지가 집단치료 종료 후에도 지속될 수 있다.

5. **초기 가족집단의 교정적 재현**: 내담자들은 종종 그들의 가족인 부모와 배우자, 자녀들과 좋지 않은 경험이 있다. 집단은 더 나은 사회적 관계를 형성할 수 있는 부분적 가족을 제공한다. 내담자들은 집단 구성원에게 자신의 가족 구성원을 향한 느낌을 전이(transfer)하지만, 상담사의 안내로, 대인관계 문제에 더 나은 해결책을 성취한다.

6. **사회화 기술의 발달**: 집단상담은 사회학습의 기회를 제공한다(제8장 참조). 이러한 새로운 기술들이 내담자의 치료 외부에 있는 관계, 즉 가족과 친구, 고용주에게 내담자의 삶을 증진하는 방법으로 일반화될 수 있기를 기대한다.

7. **모방 행동**: 사회학습은 내담자가 집단의 다른 구성원과 상담사에 대해 자신의 본으로 삼고자 하는 내담자의 경향성에 의해 촉진된다. 더욱이 다른 내담자가 집단과 상담사로부터 치료적 관심을 받는 것을 보면서 대리상담을 경험할 수도 있다. 내담자들은 외부 세계에서 시도하기 전에 집단 내에서 새로운 행동을 실험할 수도 있다. 이 변화과정은 집단 구성원들이 동료라는 점에서 더 촉진될 수 있다. 특히 청소년들에게는 동료들이 변화를 위한 잠재적인 힘이 될 수 있다.

8. **대인관계학습**: 이 요소와 관련해서 집단은 그 자체가 하나의 미시사회이다. 집단 구성원들은 상호작용을 하며 관계를 형성한다. 그들은 그들의 장점, 한계, 왜곡, 부적응적인 행동 그리고 대인관계 행동의 다른 중요한 측면에 대해 학습한다. 그들은 다른 사람을 향해 그들이 어떻게 행동했는지에 대한 피드백을 받는다.

9. **정화**: 집단 내의 상호작용은 감정을 불러일으키고 집단 구성원들은 훈련받은 상담사에게 지지받으며 집단 내에서 이러한 감정을 표현할 수 있다. 이러한 정화(catharsis)는 바람직하며, 좀 더 감정적으로 상호작용할수록 내담자에게 미치는 영향력은 더 커질 수 있다.

10. **집단 응집력**: 효과적인 집단치료 환경에서 집단 내의 내담자들은 서로를 수용하고, 나누고, 소속되어 있고, 서로에게 큰 의미를 지니게 된다. 집단은 삶의 스트레스로부터의 피난처가 된다. 집단 응집력과 사회적 지지는 자기수용, 자아존중감, 감정표현 및 다른 치료 활동을 촉진한다.

어떤 조건에서 집단상담의 이점이 잘 성취될 수 있을까? 집단역동 전문가들은 집단의 크기를 중요한 요인의 하나로 간주한다. 강당에 내담자들이 가득 찬 상태에서 행해지는 집단치료는 앞에서 열거한 이점을 성취할 수 없다. 집단 구성원이 8명에서 10명으로 구성될 때 가장 이상적이다. 어떤 구성원들은 중도에 탈락될 수 있고 혹은 첫 모임조차도 나타나지 않을 수 있어서 12명에서 14명의 구성원으로 시작하는 것을 추천한다. 물론 교정기관에서 구성원들은 다른 환경으로 이송될 수도 있고 새로운 범죄를 일으키기도 한다. 구성원의 수가 12명을 초과하면 구성원 간에 신뢰를 형성할 수 있는 시간에 어려움이 있으며, 한 집단으로서 '끈끈해지기(jelling)' 어려울 수 있다. 또한 일부 구성원이 주도적인 구성원에게 미루며 참여를 회피하게 하는 기회를 제공한다. 동시에 소집단(8명 미만)은 지나치게 자기를 의식하게 하거나 불편을 느끼게 하는 압박이 나타날 수 있다. 예를 들어, 가석방자를 위한 인지행동 프로그램의 평가에서 반 부어히스와 동료들의 연구에서는 8명보다 작은 집단은 큰 집단에 비해 범죄자의 재범을 감소시키는 데 효과성이 훨씬 적은 것으로 밝혀졌다.

구성원의 구조는 또 다른 고려사항이다. 모든 구성원이 동시에 시작하고 종결하는 폐쇄형으로 집단을 구성할 것인지 혹은 어느 시점에 새로운 구성원을 받아들이는 개방형으로 할 것인지의 이슈는 집단 크기의 문제처럼 명확하지는 않다. 각 모델은 자체의 장점과 단점이 있다(Strordeur & Stille, 1989 참조). 중간처우의 집(halfway house)이나 구치소는 수용 기간이 짧아서, 폐쇄형 집단은 실제로 극소수의 범죄자만 집단에 의뢰될 수 있음을 의미한다. 새로운 집단이 시작되어 참여하기도 전에 그들의 기간이 종료될 수 있다. 이와는 대조적으로, 개방형 집단은 더 많은 내담자에게 서비스할 수 있고 신규 구성원이 더 경험 있는 구성원과 함께 작업할 수 있는 기회를 제공할 수 있다. 반면에, 폐쇄형 집단은 구성원의 변화를 경험하는 집단보다 응집력이 더 강할 수 있다. 결국 어떤 형태의 집단을 선택할지는 프로그램의 종류에 따라 신중하게 선택해야 한다. 신규 구성원은 효과적인 방법으로 '상황을 이해하는 것'이 쉽지 않을 수 있다. 간단히 말해서, 우리는 집단이 개방형이어야 하는지 또는 폐쇄형이어야 하는지에 대한 명확한 답을 가지고 있지 않다.

범죄자와의 집단상담에 대해 논의하는 자료는 상당히 많다. 집단상담을 범죄자에게 사용하는 경우 명백한 두 가지 장점이 있다. 첫째, 집단상담이 더 경제적이며, 교정시설에서는 경제적인 측면이 매우 중요한 가치를 지닌다. 1명의 상담사가 동시에 10명 또는 그 정도 수준의 내담자를 치료할 수 있고, 직원의 수보다 더 많은 내담자를 치료할 수 있다.

둘째, 집단상담은 범죄자가 자신이 속한 집단의 규칙을 따르게 한다. 범죄자들은 종종 변화를 위한 동기강화를 받지 못한다. 그들은 치료에 대한 저항도 한다. 그들은 심지어 치료의 필요성을 부인하기도 한다. 유사한 범죄를 저지른 범죄자들은 전문적인 상담사들이 실패한 이러한 부인과 저항을 때때로 무너뜨린다(Myers & Jackson, 2002; Walters, 2001).

집단치료는 전반적 기능평가척도(Global Assessment of Functioning Scale; Kanas, 2006)와 같은 심리적·사회적·직업적 기능의 수준에 대한 평가에서 점수가 향상되었을 뿐만 아니라 증상의 심각성에서도 향상된 것이 발견되었다. 마지막으로, 집단치료는 개인치료 만큼 효과적이다. 범죄자에 대한 개인치료에서의 재범 감소를 집단치료와 비교한 메타분석에서는 차이가 나타나지 않았다. 개인치료와 집단치료는 동일하게 효과적이다(Andrews et al., 1990; Lipse, 1992).

1950년대 이래로, 집단치료에 관한 문헌은 특정한 심리치료 이론과 양식이 어떻게 집단상담에 적용되는지에 대해 초점을 두었다. 이 책에서 논의되는 양식인 정신역동과 행동주의, 사회학습, 인지행동 접근들은 집단상담의 기본으로 광범위하게 사용되고 있다. 이 장에서는 다섯 가지 추가적인 심리치료 체계, 즉 인간중심치료와 교류분석, 환경치료, 생활지도집단 상호작용, 현실치료를 언급할 것인데, 이들 치료체계는 이 책에서 한 장을 할애하지는 않았으며 범죄자 치료에서 더 중심적인 이론들에 비해 근거가 없다. 이러한 접근들이 교정시설에서 상당히 관심을 끌었지만, 일반적으로 메타분석 연구의 실증적인 검증을 거치지 않았기 때문에 역사적인 맥락에서 이들을 기술하고자 한다. 다시 말하면, 그것들은 이 책의 뒷부분에서 논의되는 양식만큼 범죄자들에게 효과적이라는 점이 아직은 나타나지 않았다.

인간중심치료

인간중심치료(person-centered therapy)는 칼 로저스(Carl Rogers, 1951)에 의해 개발되었다. 칼 로저스는 만약 적절한 조건이 치료 상황에서 주어진다면 긍정적인 변화와 자기실현화에 대한 잠재력은 내담자 내부에 있다고 가정했다. 인간중심치료는 내담자들이 향상된 자기가치감을 느끼고 건강한 자기개념을 발전시키도록 돕기 위해 고안된 인본주의적 접근이다. 인간중심 치료자의 목표는 이러한 변화가 일어날 수 있는 치료적 관계를 형성하는 것이다. 이를 달성하기 위해 치료자는 내담자에 대해 공감적 이해를 하기 위해 노력하고, 내담자에게 무조건적인 긍정적 존중을 보이며, 진솔하게 행동하려고 노력한다. 치료적 접근은 내담자들이 자신의 감정과 인식을 드러내고, 이해하며, 인정하는 것을 시도하도록 격려받는다는 점에서 탐색적인 특성이 있다.

공감적 이해(empathic understanding)는 내담자가 말하고 느끼고 있는 것에 대해 상담자가 이해하고 있음을 내담자에게 보여 주는 노력이다. 공감은 승인을 의미하지 않으며, 동정과도 같은 의미가 아니다. 이것은 상담사가 최소한 상담 상황에서 논의되고 있는 이슈에 대해 내담자의 정신 상태를 충분하게 이해한다는 것을 의미한다.

조건적 긍정적 존중(conditional positive regard)은 어떤 사람이 일정한 조건을 충족해야만 그 사람을 좋아하는 것을 의미한다. 예를 들어, 자녀에게 조건적 긍정적 존중을 주는 부모는 아마 자녀가 예의 바르고, 좋은 행동을 하며, 학교에서 좋은 성적을 냈을 때와 같은 특정 기준을 충족했을 때만 자녀를 인정하고 보상을 준다. 이와 반대로, 무조건적 긍정적 존중(unconditional positive regard)은 그들이 행동하고, 말하고, 생각하고, 느끼는 것과 관계없이 그 사람을 가치 있게 여기는 것을 의미한다. 따라서 인간중심치료와 행동치료 사이에는 명백한 차이가 있다. 행동주의자들은 존중 및 다른 정적 강화가 특정 행동 기준에 수반되어야 하는 많은 경우를 인정한다.

진솔성(genuine)이 있으려면, 상담사는 내담자와의 관계에서 개방적이고 정직해야 한다. 이렇게 하여 상담사는 내담자가 자신의 대인관계를 어떻게 해야 하는지에 대한 역할모델이 되어야 한다. 일치성(congruence)은 자질과 밀접하게 관련되어 있다. 일치하는 사람은 자기 자신과 다른 사람에게 정직한 사람이다. 허울이나 외양 혹은 자신이 아닌 다른 누군가가 되려고 노력하는 것에 에너지를 거의 사용하지 않는다. 그들은 다른 사람이 보는 것과 실제 자신의 모습이 거의 일치한다. 일치하는 개인은 우리가 신뢰하기 더 쉽다. 결국 그들은 내담자와 치료적 동맹을 더 쉽게 형성하는 경향이 있다. 인간중심치료는 치료적 기술과 내담자를 위한 궁극적인 목표 둘 다에서 일치성을 중요시한다.

재진술(paraphrasing)과 고개를 끄덕이는 것과 같은 비언어적인 이해의 표시도 또한 사용한다. 내담자에게 이해와 수용의 언어적 · 비언어적 메시지를 주면서, 내담자가 개방과 자기이해, 자기수용을 더 많이 할 수 있도록 격려한다.

인간중심 상담방법은 상담사가 따르는 상담체계와 상관없이 모든 상담사가 개발해야 할 기술들을 담고 있다. 그러나 이것이 범죄자 상담에 완전히 적용된다고 모든 사람이 동의하는 것은 아니다. 비록 인간중심치료가 치료에서 널리 알려지고 높이 평가받는 접근이지만 범죄자에게 효과적인 것으로 나타난 연구는 거의 없다. 트루액스, 워고와 실버(Truax, Wargo, & Silber, 1966)가 수행한 하나의 연구에서는 구속된 비행청소녀들이 무작위로 치료 조건과 비치료 조건에 할당되었다. 치료를 받는 비행청소녀들은 3개월 동안 24회기의 집단을 진행했다. 인간중심 집단상담을 받은 소녀들은 더 긍정적인 자아상을, 정상적 가치에 더 순응성을 그리고 출소 후 1년 동안 기관에서 소모적이지 않은 시간을 개발하였다.

치료 효과에 관한 많은 연구를 검토했을 때, 불행스럽게도 인간중심 접근은 효과적으로 작용하지 못했다. 아마도 내담자와 상담사가 주고받는 대화의 예시가 인간중심 접근이 왜 범죄자에게 잘 작용하지 않는지를 가장 정확히 설명해 줄 것이다. 아내에게 화가 나서 폭력적인 행동을 한 다음 날 상담사를 만난 존의 사례를 생각해 보자. 상담사는 〈글상자 5-1〉에서 보이는 것처럼 다른 방법으로(Van Dieten, 1998) 존에게 반응한다. 만약 인간중심치료가 선택된 접근이라면 상담사는 존이 그의 아내를 향한 화와 좌절의 원인을 이해하도록 도와주어야 한다. 그렇게 함으로써 존은 자기이해와 자기존중이 증진된 수준에 도달할 수 있다.

글상자 5-1 // **인간중심 대화 vs. 인지행동 대화**

• 인간중심 대화

존: 직장에서 최악의 날을 보냈어요. 상사는 지각한 것과 직장에서 실수한 일로 계속 나를 힘들게 했어요. 내가 그렇게 취급당할 만한 잘못을 하지는 않았어요. 누구라도 내 앞에 있으면 주먹으로 칠 것 같은 느낌이 들었어요. 나는 단지 아내가 저녁 식사를 엉망으로 할 것이고 아이들은 소리 지르고 있다는 것을 알아요. 내가 문으로 걸어 들어갔는데 아내는 TV를 보고 있었어요. 저녁도 준비하지 않고 문을 닫지 않았다고 잔소리만 했어요.

상담사: 존, 그랬군요. 정말 좌절감을 느꼈을 것 같네요. 당신의 아내가 당신에게 좀 더 관심을 보여 주기를 원하는 것 같네요.

존: 아내는 심지어 나를 쳐다보지도 않았어요. 그리고 아내는 왜 우리가 좀 더 많은 돈을 가질 수 없는지에 대한 논쟁을 하기 시작했어요. 도저히 참을 수가 없었어요. 아내는 너무 많은 말을 했고 정말로 많은 요구를 했어요. 그래서 내가 이성을 잃었던 것 같아요.

상담사: 존, 그런 이유로 화가 나고 좌절감을 느껴서 아내를 폭행하게 되었군요. 이런 느낌을 좀 더 자세히 살펴볼까요?

• 인지행동 대화

존: 직장에서 최악의 날을 보냈어요. 상사는 지각한 것과 직장에서 실수한 일로 계속 나를 힘들게 했어요. 내가 그렇게 취급당할 만한 잘못을 하지는 않았어요. 누구라도 내 앞에 있으면 주먹으로 칠 것 같은 느낌이 들었어요. 내가 집에 갔을 때 아내가 저녁 식사를 엉망으로 할 것이고 아이들은 소리 지르고 있다는 것을 알아요. 내가 문으로 걸어 들어갔는데 아내는 TV를 보고 있었어요. 아내는 심지어 나를 쳐다보지도 않았어요. 그리고 아내는 왜 우리가 좀 더 많은 돈을 가질 수 없는지에 대한 논쟁을 하기 시작했어요. 도저히 참을 수가 없었어요. 아내는 너무 많은 말을 했고 정말로 많은 요구를 했어요. 그래서 내가 이성을 잃었던 것 같아요.

상담사: 존, 누군가를 때리는 폭력은 용납할 수 없어요. 경찰과 당신의 보호관찰관은 이러한 행동에 대해 당신을 소환하고 접근금지 명령을 내리는 것이 타당합니다. 우리는 당신의 상사, 아내와 함께 당신의 실망스러운 일을 상의할 예정입니다. 그러나 당신이 아내를 때릴 만한 이유가 있다 하더라도, 그것에 대한 반응으로 때리는 것은 용납할 수 없습니다.

존: 정말로 힘든 하루를 보내고 집에 오면 좀 더 관심을 받고 싶어요. 그렇게 되지 않을 때면 정말 너무 화가 나요. 나도 가족들을 때리고 싶지 않아요.

상담사: 다른 사람을 때리기 전에 당신이 생각하는 것을 살펴보는 것이 중요해요. 우리는 적절한 때 당신의 결혼생활에 대한 좌절과 느낌을 이야기할 수 있지만, 지금은 당신의 생각이 행동에 어떻게 영향을 줄 수 있는지의 가능성에 대해 걱정이 되네요. 당신은 이러한 실망이 폭력적 행동을 정당화할 수 있다고 여기에서 말할 수 있나요?

일부 인간중심 치료자들이 이들 대화 예에서보다 더 지시적일 수 있는 가능성을 인정할 수 있지만, 치료자들은 어떤 시점에서 인간중심치료의 전략을 알 수 있도록 해야 한다. 이 전략들, 특히 무조건적 긍정적 존중과 재진술은 범죄자들이 그들의 행동에 대한 암묵적인 승인으로 해석할 수 있다. 앞의 인간중심 사례에서 상담사는 화와 좌절, 실망에 대한 부적절한 반응을 강화하는 것으로 보인다. 더 중요한 것은 그 여성이 위험한 상태에 있고, 치료에서 범죄자의 행동을 설명하지 않는 것이다. 이와 관련하여 한 가지 희망은 존의 좌절에 대한 더 나은 이해가 궁극적으로 폭력을 끝낼 수 있을 것이라는 점이다. 이와 대조적으로, 인지적 접근은 더 예방적 수준에서 시작한다. 우선 상담사는 폭력적인 행동은 용납할 수 없다고 설명하면서 범죄자의 생각이 어떻게 폭력에 영향을 미쳤는지에 대해 교육한다. 이에 더해 상담은 생각 그 자체의 정확성에 대해 작업할 것이다. 이후에 인지행동 치료자는 아마도 이 상황을 범죄자에게 '고위험' 상황이라고 할 것이다. 그 시기에 상담은 힘든 날들에 대처할 수 있는 더 나은 방법을 범죄자에게 제공하기 위해 대응전략 개발 작업에 착수한다.

　우리는 존중과, 이해, 진솔성, 공감이 범죄자와의 작업에 필요하다고 생각한다. 수많은 경우에 이러한 상담기술은 범죄자와 치료적 동맹을 발전시키기 위해 가장 중요하며 유용하다. 그러나 무조건적 긍정적 존중과 동의가 범죄자들에게 쉽게 범죄적 사고와 착취적 행동의 강화로 보일 수 있기 때문에 주의해서 사용해야 한다.

교류분석

　에릭 번(Eric Berne, 1961)에 의해 개발된 교류분석(transactional analysis)은 부분적으로 프로이트의 정신분석이론에 토대를 두고 있다. 구조적 분석이라고 불리는 교류분석의 첫 번째 단계에서 번은 프로이트의 개념을 단순화하여 사실상 전체적으로 만들었다. 특별히 원초아와 자아, 초자아의 욕망에 대해 말하기보다, 번은 어린이와 어른, 부모의 자아상태에 대해서 말했다. 자아상태(ego state)는 행동 패턴과 그에 수반하는 사고, 느낌에 대한 하나의 일관성 있는 체계이다. 어린이자아상태(child ego state)는 우리가 어린아이처럼 행동하는 방법과 비슷하며, 예를 들어 우리가 파티에서 즐겁게 놀 때 혹은 화를 낼 때 이 상태로 들어가게 된다. 어른자아상태(adult ego state)는 프로젝트에 대해 동료들과 협력할 경우와 같이 성숙하고 합리적인 사람이 되었을 때 보여 주는 행동 패턴이다. 부모자아상태(parent ego state)는 종종 자녀와 함께 있을 때 양육하는 혹은 부모 역할을 하는 경우이지만, 때로는 우리에게 그러한 역할을 하게 하는 친구들도 있다. 부모자아상태에 있는 사람들은 보통 다른 사람들에게 지시적이다.

　이 용어들은 정신분석적 또는 정신역동적 용어들보다 더 이해하기 쉽고 적용하기도 쉽다. 많은 사람이 어떤 무의식적인 원초아의 욕망이 그들의 행동에 동기를 강화했는지 발견하기는 어렵지만, 그들의 어린이자아상태가 행동을 지시하는 경우는 쉽게 확인할 수 있다. 교류분석 용어는 프로이트의 정신분석이론에서의 용어보다 사람들에게 불안감을 덜 불러일으킨다. 내담자들은 빠르게 전문용어를 배울 수 있고 자신의 자아상태를 그들 스스로 확인할 수 있다.

때로는 개인상담에서 그리고 때로는 집단상담에서 내담자들에게 이 용어를 소개한 후에, 번은 사람들이 상호작용하는 방법을 탐색하도록 돕는다. 그는 특히 토론과정에서 각 구성원의 관계가 어떤 자아상태인지 그리고 어떤 자아상태에서 각 구성원이 말을 하고 있는지 내담자들이 인식하도록 가르친다. 대부분의 경우, 가장 이상적인 것은 어른자아가 어른자아에게 소통하는 것이다. 예를 들어, 만약에 우리가 부모자아상태로 동료와 의사소통을 한다면, 그가 어린이자아상태에서 우리와 소통하는 것에 놀라지 않아야 한다. 그리고 다시 그는 단지 화를 낼지도 모르지만, 분노는 또한 자신의 어린이자아상태를 포함할 것이다. 대신에 우리 모두는 성인 수준에서 대화하는 것에 대해 생각하는 것이 현명하다.

번은 사람들 사이의 교류(transaction)가 명백한 또는 은밀한 수준에서 동시에 이루어진다고 가르쳤으며, 그는 이 과정을 게임(game)이라고 칭했다. 예를 들어, 2명의 동료가 프로젝트 작업을 위해 몇 시간 있으면서 성인 대 성인의 대화를 하는 것이 명백할 수 있지만, 성관계를 가질 가능성에 대해서는 은밀한 어린이 대 어린이 대화를 나눌 수 있다. 다시 말하지만, 번과 동료들이 소개한 용어는 사람들이 쉽게 이해할 수 있으며 매일의 행동에 적용할 수 있도록 해 준다. 집단에서 상호작용하는 내담자들에게 상호작용에 대한 이해를 더욱 촉진시킬 수 있어서, 집단상담은 교류분석의 인기 있는 형식이 되었다.

범죄자에게 최초로 교류분석을 적용한 것 중의 하나는 정신분석적 접근이 실패한 후에 언스트와 키팅(Ernst & Keating, 1964)이 그 양식을 바꾸어 진행한 것이다. 정신분석 단계의 과정에서 집단 리더는 집단 전체에 대한 코멘트(comment)를 총괄하고, 집단 응집력을 높이기 위해 노력하며, 집단 그 자체가 치료 효과가 있을 것이라고 믿고, 친절하고 자애로운 경청자 역할을 하려고 노력했다. 대신에 그들은 수용자들이 집단을 이용한다는 것을 발견했다. 예를 들어, 한 수용자 집단에서는 다른 집단 구성원들의 신뢰를 이용하여 방어기제를 작동한다. 그 수용자들은 "박사님, 우리는 그것에 관해 지난 밤에 다루었습니다."와 같은 다양한 책략을 사용하여 의미 있는 주제를 회피하거나, 1~2명의 약한 수용자에게 집단 활동의 초점을 맞추게 함으로써 치료로부터 자신들을 벗어나게 한다.

그 이후에 집단 리더들은 교류분석 방식으로 바꾸었다. 그들은 집단 첫 회기에 각 수용자에게 치료 목표를 명확히 하였고, 이러한 치료 계약의 사용으로 시간 낭비를 줄였다. 그들은 집단 구성원의 목소리 톤과 몸 자세와 같은 인간 행동의 총체적인 행동 변화에 초점을 두었다. 이러한 행동의 어떠한 부분이라도 변화를 보일 때 집단 리더는 변화의 이유와 의미를 검토했다. 예를 들면 다음과 같다.

> 필은 낮은 음성과 명료하고 자신감 있는 태도로 맥에게 "맥, 내가 너를 위해 할 말이 있어. 너는 좋은 매너에 대해 말하지만 다른 사람이 말하고 있는 도중에 끼어들어. 이 말을 듣고 싶지는 않겠지만 너를 위해서 해 주어야 할 것 같아."라고 말했다. 맥의 대화 반응은 "네가 순수하지 않다는 것을 내가 알고 있어서 너는 화가 난 거야. 게다가 너는 박사님에게 좋은 인상을 주려고 애쓰고 있어."라고 튀어 오르듯이 필에게 말했다(Ernst & Keating, 1964, p. 977). 이 지점에서 필은 흥분해서 맥을 향해 소리를 질렀다. 필의 음성 변화에 초점을 두면, 그의 첫 번째 목소리 톤은 16세 때까지 함께 살았던 매우 존경한 양아버지 목소리가 모델이 되었음을 회상할 수 있었다. 두 번째 목소리는 어린 시절 짜증 부릴 때의 음성이었다. 이 작업을 하면서 필은 어른자아상태에서 활동하고 있는 다른 집단 구성원을 모델로 삼았다. 대부분의 수용자는 그들의 어린이와 어른, 부모 자아상태를 확인할 수 있으며 교류를 분석하는 행동은 그들의 어른자아상태를 강화한다. 결과적으로, 그 집단은 그들이 행한 게임을 분석할 수 있게 된다.

제스니스(Jesness, 1975)는 행동수정 프로그램을 실시하는 다른 학교와는 달리 일탈 청소년을 위해 교류분석 프로그램을 실시한 캘리포니아의 청소년센터 연구 프로젝트(Youth Center Research Project)에 대해 보고했다. 15~17세 소년들은 무작위로 2개의 학교에 배치되었고, 그 이후에 그들의 과정이 관찰되었다.

교류분석 프로그램에서는 청소년들에게 교류분석이론에 대해 읽을 수 있는 책을 주었고 그들이 상담사와 구체적인 행동계약을 하도록 격려받았다. 대부분의 상담은 집단 회기로 구성되었다. 행동수정 프로그램에서는 학업성적과 일상 행동에 대해 보상을 주는 토큰경제 시스템이 도입되었다. 또한 토큰경제는 반사회적 행동의 처벌도 포함되었다.

제스니스는 치료 후 두 집단에서 가석방 취소 비율이 동일하게 나타난 점을 언급했는데, 첫 회 동안에 가석방 취소가 약 32% 정도였다. 두 집단 간 치료 효과(treatment effect)의 차이는 없었지만, 이러한 비율은 캘리포니아 교정 시스템 내의 다른 학교보다 낮았고, 새로운 치료 프로그램이 시작되기 전 그 타깃 학교의 비율보다도 낮았다. 따라서 두 프로그램은 약간의 긍정적인 효과가 있었다. 제스니스는 치료 프로그램이 시행되는 동안 직원들이 청소년들의 파괴적인 행동에 징벌을 부과하는 일이 줄어든 것을 발견했다. 직원들은 프로그램 운영을 배우면서 청소년들의 징계 문제에 대한 접근이 더 숙련되고 유연해졌다.

어느 정도까지는 이 소년들의 성공은 성격 특성에 달려 있다. 예를 들어, 제스니스는 워런(Warren)의 I 수준(I-Level) 체계(Warren, 1983)를 사용하여 청소년들을 분류하였는데 I_2 수준의 사회성이 없는 수동적 일탈 청소년은 행동수정 프로그램을 더 잘 했지만, I_3 수준의 조종자(manipulators)는 교류분석 프로그램에 더 잘 반응했다. 따라서 치료 프로그램에 일탈 청소년들을 효과적으로 배치하는 것은 일탈 청소년들을 위한 적합한 분류 시스템에 달려 있다. 이러한 결과는 범죄자 반응성에 대한 개념을 논의하면서 교정 분류 시스템에 대해 기술하는 제7장에서 추가로 더 설명할 것이다.

행동수정 프로그램은 청소년들의 행동에 큰 효과가 있지만, 교류분석 프로그램은 청소년의 태도와 자기보고 자료에 더 큰 효과가 있다. 치료 후에 교류분석 프로그램에 참여한 청소년들은 직원들에게 긍정적 존중을 보이기 시작했으며 이는 가석방 성공에도 좋은 영향을 미쳤다.

프로그램의 질 또한 중요한 문제이다. 예를 들어, 가석방 성공은 교류분석 프로그램의 상담사 역량과 관계가 있지만 행동수정 프로그램과는 관계가 없다는 몇몇 증거가 있다. 게다가 교류분석 프로그램의 성공은 청소년들이 프로그램에 참여하는 정도와 관계가 있다. 따라서 행동수정 프로그램은 훈련되지 않은 상담사와 동기가 강화되지 않은 청소년들과 상담할 때 더 효과적으로 작용할 수 있다.

청소년센터 조사연구(Youth Center Research Study)에서는 다른 교정 평가에서 밝혀진 중요한 패턴을 발견했다. 첫째, 하나의 프로그램이 모든 범죄자에게 작용하는 경우는 드물다. 대신에 일반적으로 다른 것에 비해 좀 더 잘 작용할 수는 있다. 간단히 말해서, '마법의 치료(magic bullets)'란 존재하지 않는다(Palmer, 1992). 둘째, 프로그램 질의 문제이다. '예술 프로그램 형식'은 제대로 잘 전달되지 않으면 작용하지 않는다(Lipsey, 2009). 마지막으로, 범죄자들에게는 집단으로 듣는 것보다 집단으로 참여하는 것이 더 중요하다(Van Voorhis et al., 2002).

환경치료

　전통적인 기관인 교정기관과 정신병원은 공통적인 특징이 있다(Goffman, 1999; Sykes, 1958). 이 기관의 목적 중 하나는 수용자들을 사회로부터 격리하여 구금의 기능을 수행하는 것이다. 이 기관에 입소하는 것은 종종 두렵고, 굴욕적이며, 의기소침하게 만든다. 이곳에 입소하면, 수용자들은 그들이 할 수 있는 결정을 전부 직원에게 의존해야 한다. 외부와의 의사소통은 제한되고, 수용자 개인의 정체감이 기관의 일상에 의해 약화된다. 이러한 기관환경에는 종종 고립과 상당한 단조로움, 엄격한 생활, 권위적 분위기, 인간미 없는 직원이 있다. 이 기관들은 일반적으로 순응과 수동성에는 보상을 주며 자족(self-sufficiency)보다는 의존을 만든다.

　때때로 환경치료(milieu therapy)라고 언급되는 치료공동체(therapeutic community) 개념은 제2차 세계대전 후 송환된 전쟁 포로들의 사회복귀를 시도하면서 맥스웰 존스(Maxwell Jones)와 다른 학자들에 의해 개발되었다. 계획의 발전은 또한 정신장애가 있는 수용자의 증상을 조절할 수 있는 약물의 효과성이 높아지면서, 직원에 대한 위협이 줄어들고 치료에 더 잘 순응할 수 있게 되었다. 치료공동체의 발전을 위한 세 번째 자극은 수용자 수의 증가와 훈련받은 상담사의 상대적인 부족이었다(Jones, 1968, 1973).

　치료공동체가 어떻게 운영되는지는 많은 차이가 있다. 이러한 기능의 핵심 원칙은 기관의 모든 구성원, 즉 전문적인 직원과 비전문적인 직원, 수용자들이 치료 경험을 제공해야 한다는 것이다. 모든 사람은 치료공동체를 구성하기 위해 함께해야 하며 수용자의 행동 변화를 돕기 위해 모두 적극적인 역할을 해야 한다. 일반적으로 집단 운영의 절차가 활용된다. 집단상담은 훈련받은 전문 직원에 의해 종종 지도되지만, 때로는 수용자 스스로가 이러한 회기를 지도한다. 많은 치료공동체에서 수용자들은 프로그램 관리의 결정에 큰 영향을 미친다. 전문 직원과 함께 수용자도 신입 수용자를 면담하고 심사할 수 있다. 일부 치료공동체에서는 수용자들이 공동체에 신입 수용자가 입소하는 것을 거부할 수 있다. 교정기관에서 이것은 치료공동체라기보다는 보호환경(custodial setting)으로 보내지는 것을 의미할 수 있다. 여기에서는 개인상담과 사회적 활동, 공동체 운영을 토론하기 위해 수용자와 직원의 미팅 기회가 주어진다. 치료공동체를 기관에 도입하면 그 기관의 전체 사회구조가 바뀐다. 특히 직원은 권위적인 절차에서 좀 더 민주적인 절차로 바뀌어야 한다. 직원들은 전반적인 치료철학의 원리를 이해하고 적용하기 위해 특별한 훈련 프로그램이 요구될 수 있다.

　치료공동체의 기능은 분명히 외부 세계에서의 수용자들 생활과 좀 더 유사하다. 따라서 치료공동체 참여는 개인의 자율권이 박탈된 환경보다 수용자가 출소를 준비하는 데 좀 더 좋을 수 있다. 더욱이 치료공동체는 하루 24시간 치료를 제공한다. 2명의 수용자 간 사소한 갈등조차도 그들의 동료와 관련될 수 있어서 다음 날 집단 미팅 주제의 하나로 논의될 수 있기 때문에, 수용자들은 항상 치료적 상황에 있다. 수용자에 대한 '지금-여기'에서의 사회적 학습이다.

　치료공동체는 그들이 사용하는 치료 양식에 따라 변한다. 예를 들어, 옥스퍼드와 위스콘신에 위치한 연방교정기관 내의 치료공동체는 주로 마틴 그로더(Martin Groder)에 의해 수정된 교류분석에 주요한 토대를 두었다(Erskine et al., 1988 참조). 캘리포니아의 소녀들을 위한 벤추라 스쿨(Ventura School)에서는 윌리엄 글래서(William Glasser, 1965)가 현실치료에 토대를 둔 공동체를 세웠다. 여전히 좀 더 직면적인 접근인 생활지도집단 상호작용 또는 긍정적 동료 문화도 사용되었다.

　환경 내에서 사용되는 치료 양식으로부터 환경의 효과를 분리할 수 없고, 치료공동체에서 사용되고 있는 치료 양식의 형태가 다양하기 때문에, 그것들의 효과를 요약하기는 어렵다. 예를 들어, 초기의 메타분석에서는 환경치료가 범죄자의 재범을 줄이는 데 실패한 것으로 나타났다(Andrews et al., 1990; Garrett, 1985). 그러나 좀 더 최근에 행해진 약물 범죄자를 위한 치료공동체 평가에서는 특별히 공동체에서 사후관리가 수반된다면 권유할 수 있다는 결과가 나왔다(Griffith et al., 1999; Knight, Simpson, & Hiller, 1999; Lipton, 1996; Martin et al., 1999; Wexler, Melnick et al., 1999). 다른 연구에서 치료공동체는 술과 다른 약물 사용의 감소뿐만 아니라 다른 사람과 싸우려는 행동과 충동도 감소시킬 수 있는 것으로 밝혀졌다. 효과성 질문에 관한 답변은 치료공동체의 질과 치료공동체 내에서 제공된 치료의 질에 따라 달라진다는 것이다.

생활지도집단 상호작용

　생활지도집단 상호작용(Guided Group Interaction, GGI)은 에이브러햄스와 맥코클(Abrahams & McCorkle, 1946, 1947)이 캔터키주 포트 녹스의 군 범죄자와 작업하면서 처음으로 기술되었다. 이 범죄자들은 15명에서 35명의 남성집단으로 매일 약 50분 정도

만났다. 그들 개인과 집단의 노력 후에 약 40%의 남성이 업무에 복귀했고, 그들의 재범률은 6~10%였다. 맥코클은 그 당시에 이 집단을 생활지도집단 상호작용이라고 부르지 않았다. 이후에 빅스비와 맥코클(Bixby & McCorkle, 1951)은 뉴저지 교정기관에서 그들이 사용한 생활지도집단 상호작용에 대해 보고했다. 비행범죄자들은 집단상담을 제공하는 한 집단의 치료공동체 내에 있었다. 이 집단들은 적극적인 리더가 지도했으며 리더와 집단 구성원들은 서로에게 매우 직면하는 경향이 있었는데, 이러한 특성이 생활지도집단 상호작용의 특징이 되었다.

생활지도집단 상호작용은 청소년들의 동기강화에 핵심적인 역할을 하는 동료들의 압력과 지지의 힘을 동력으로 이용하기 위해 고안되었다. 직원 리더들이 집단 운영에 직접 나서지 않고 집단 구성원들이 대부분 작업하도록 허용한다. 직원들은 집단을 만들고, 운영에 관한 규칙을 정하고, 집단 내에서 중요하게 여겨지는 가치와 행동, 태도를 확인시킨다. 이것은 집단에 대한 규칙과 기대를 정한 이후에, 직원들이 권위적이지 않고 민주적이어야 한다는 기대를 의미한다. 리더는 또한 역할모델이 될 수 있고 집단을 위한 촉매제가 될 수 있지만, 리더가 집단 구성원들의 변화의 대리인(agents)이 되도록 해야 한다. 집단 구성원들은 다른 구성원의 합리화와 생각의 오류에 대해 직면하도록 격려받는다. 집단 구성원들은 다른 동료가 만족스럽지 못하거나 그들의 행동에 대해 '사실대로 고백하지' 않으면 종종 도와주지 않는다. 새로운 비행범죄자가 기관에 들어오면, 경험이 많은 집단 구성원들이 신입 구성원의 합리화에 대한 공격(attack)을 주도한다. 적절한 경계 내에서 직면이 이루어지도록 예방조치가 취해진다. 직원은 모욕적인 직면과 다른 구성원들을 지배하기 위한 목적으로 행해지는 직면을 확인하고 다룰 수 있도록 훈련받는다. 그러나 특정 구성원을 과보호하거나 구성원이 문제를 집단에서 해결하지 않고 선택한 직원에게 가져오는 상황을 만들어서는 안 된다. 변화를 위한 집단의 잠재력은 문제를 일대일 개인상담 회기에서 해결하려고 할 때 보다 집단에서 모든 문제를 작업하는 것으로 기대할 때 강력해진다.

다음은 전형적인 청소년 구금시설의 프로그램에 대한 설명이다.

　　　이 프로그램은 일탈 청소년들을 위한 지역사회에 기반을 둔, 거주 사회복귀 프로그램(residential rehabilitation program)이다. 치료 양식에서 생활지도집단 상호작용은 동료의 압력을 활용해서 비행 행동을 수정하며 기관에서의 생활 문제들을 최소화하기 위해 특별하게 고안된 사회적 치료법이다. 이러한 과제들은 지도적 및 치료

적 책임을 프로그램의 거주자에게 부여함으로써 성취될 수 있다. 거주자들의 가치
와 의사결정 기술, 동기, 기질을 평가할 수 있는 상황을 만드는 것에 능숙한 직원들이
치료 회기를 포함하여 구성원들의 일상 활동을 통해 지도한다. 거주자들은 생산적인
시민이 되고자 하는 기회를 증진하는 결정을 할 경우, 주로 그들의 동료들에 의해 선
택적으로 보상을 받는다. 구성내용에서 고용과 교육, 체육을 결합한 생활지도집단
상호작용에서는 거주자의 75% 이상이 지역사회에 성공적으로 복귀할 수 있었으며
더 이상의 비행 행동이 없었다. 이것은 구금이 없고 처벌이 없는 환경에서 성취된다.
그곳에는 창살이나 잠긴 문이 없다. 그곳에는 거주자에게 다양한 과제를 강요하는
감시자 혹은 감독관이 없다. '힘이 법이다(might makes right)'라는 것에 기반한 지위
체계는 다른 소년원이나 교도소에서처럼 만연하지 않았다. 교정기관에서 수용자에
게 소요되는 비용의 약 1/3 비용으로 젊은이들에게 위엄 있고 인간적인 환경에서 그
들의 행동을 변화시킬 수 있는 기회가 주어진다.

생활지도집단 상호작용 프로그램은 상습적인 일탈 청소년과, 정신장애, 성범죄, 약
물 사용, 지적장애 청소년, 심각한 도주자와 같은 일탈 유형은 배제한다. 실제로, 연구
에서는 모든 범죄자가 이와 같은 프로그램에서 받은 직면으로부터 효과적이지는 않은
것으로 나타났다. 예를 들어, 불안이 매우 높아 행동화(acting-out) 문제를 보이는 범죄
자들은 직면에 노출되었을 때 긴장이 증가된다(Listwan et al., 2004).

생활지도집단 상호작용 프로그램은 초기에 일탈 청소년을 위해 설립되었는데 점
차 성인 물질남용자를 위한 치료공동체에 적용되었다. 두 경우 모두에서 생활지도집
단 상호작용의 원리는 거주 프로그램의 모든 측면을 조성하기 위해 사용되었다. 치료
공동체와 생활지도집단 상호작용 프로그램을 최근에 적용한 프로그램을 긍정적 동료
문화(positive peer cultures)라고 한다. 긍정적 동료 문화에 대한 초기의 평가에서는 재
범률이 실질적으로 감소한 것으로 밝혀졌다(Vorrath & Brentro, 1985). 이후의 평가에서
는 도덕적 추론을 향상시키고 범죄적 사고를 감소시키기 위해 인지행동 프로그램 요
소를 긍정적 동료 문화에 조합하였다. EQUIP 프로그램이 그 실례이다(Gibbs, Potter,
& Goldstein, 1995). 이 프로그램의 직원들은 그 문화와 그 집단이 그저 대립적이지만은
않음을 확실히 하기 위해 성실하게 작업했다. 게다가 구성원들은 서로를 향해 긍정적
인 자세로 행동하고, 긍정적인 삶을 살도록 서로를 격려하는 방법을 배웠으며, '상호 자
조(mutual self-help)'의 중요성을 강조했다. EQUIP 프로그램의 결과는 긍정적이었다.

생활지도집단 상호작용과 긍정적 동료 문화 프로그램은 초기 메타분석 결과에서 비판적인 것으로 나타났지만(Andrews et al., 1990; Garrett, 1985), 이후의 평가에서, 특히 물질남용을 위한 치료공동체 맥락에서 더 강력한 치료 효과가 있는 것으로 나타났다 (Griffith et al., 1999; Lipton, 1996; Martin et al., 1999; Wexler et al., 1999).

현실치료

현실치료(Reality Therapy)는 윌리엄 글래서에 의해 소개된 상담기법이다. 글래서 (1965)는 심리치료를 추구하는 모든 사람은 똑같은 기본적인 불충분함, 즉 자신의 본질적인 욕구를 충족시키지 못하는 무능함으로 고통받는다고 주장했다. 내담자의 증상이 더 심각할수록 이러한 본질적인 욕구들은 더 많이 박탈되었다.

여기에 현실치료의 '현실'이 있다. 가장 기본적인 인간의 욕구는 사랑하고 사랑받는 욕구이며 우리가 우리 자신과 다른 사람에게 가치 있는 존재라고 느끼는 욕구이다. 이러한 욕구를 만족시킬 수 있는 유일한 방법은 최소한 한 사람과 관계를 통해 만족스러운 행동의 기준을 유지하는 것이다. 우리는 사회의 규칙을 어겼을 때 우리 자신을 바로잡아야 하며 그것을 준수했을 때 우리 자신을 칭찬해야 한다. 우리가 우리의 욕구를 충족시킬 때, 다른 사람이 그들의 욕구를 충족하려는 능력을 박탈하지 않도록 주의해야 한다. 그렇게 하면 우리는 책임 있는 존재가 된다. 이 지침을 따르지 않으면 우리는 무책임하게 된다. 핵심은 우리가 실제로 행동하는 것과 행동 선택의 진정한 결과에 대해 현실적이어야 한다는 것이다.

많은 사람은 사랑하고 사랑받고 싶은 욕구와 자신이 가치 있는 존재라고 느끼는 욕구를 충족하기 위해 시도하지만, 이러한 시도가 성공하지 못한 경우는 그들이 주로 자신의 행동이 자신의 개인적인 관계와 자기가치에 미치는 영향을 부인했기 때문이다. 그들은 행동의 결과에 대해 고려하지 않았거나 혹은 행동의 결과에 대해 비합리적인 생각을 가졌을 가능성이 있다. 상담이 성공하기 위해서는 현실을 인정하고 받아들이며 현실의 틀 내에서 욕구를 충족하기 위해 노력해야 한다.

현실치료 기법

현실치료에서는 상담사가 세 가지의 핵심 절차 내에서 작업할 것을 권유한다.

- **개입**: 상담사는 내담자와 관계를 맺어야 하며, 돌봄과 존중이 있는 관계를 형성해야 한다. 이 과정에서 상담사는 책임감 있게 행동해야 한다. 상담사는 엄격해야 하지만 관심과 인간성, 섬세함이 있어야 한다. 상담사는 책임감 있는 사람이 되기 위한 자신의 노력에 대해 자기 자신에게 말할 수 있어야 한다. 상담사는 냉담하거나 거만하지 않아야 한다. 상담사는 또한 내담자가 따를 수 있는 좋은 역할모델로서 행동해야 한다.
- **무책임한 행동 거부**: 상담사는 비현실적이고 무책임한 내담자의 행동은 거부해야 한다. 그러나 동시에 상담사는 내담자를 수용하고 그들과 관계를 유지해야 한다. 다시 말하면, 상담사는 내담자의 무책임한 행동은 거부해야 하지만 한 사람으로서 내담자를 수용해야 한다. 강조해야 하는 것은 행동에 대해서이다. 상담사는 내담자의 책임감 있는 행동은 칭찬하지만 무책임한 행동은 승인하지 않아야 한다. 내담자가 자신의 행동을 책임감 혹은 무책임감으로 분류하여 판단할 수 있도록 하는 것이 더 좋다. 상담은 내담자가 행동을 책임감 있게 할 수 있도록 제시하는 것이며, 반드시 내담자를 행복하게 해야 하는 것은 아니다. 만약 행동이 더 책임감 있게 되면 자기존중도 따르게 된다.
- **교육**: 상담사는 내담자가 현실에서 설정된 한계 내에서 좀 더 좋은 방법으로 자신의 욕구를 충족하도록 가르쳐야 한다. 상담사는 내담자의 현재의 삶과 자신의 행동, 관심, 희망, 두려움, 의견, 가치, 개인적인 옳고 그름에 대한 생각에 초점을 둔다. 상담사는 내담자가 관심의 범위를 확대할 수 있도록 노력하며, 어려움 너머의 삶에 대해 인식할 수 있도록 노력하면서 새로운 시야를 형성하도록 대화한다.

일, 스포츠, 책, 영화, 취미, 재정, 건강, 결혼, 성, 종교 등 어떠한 주제도 논의될 수 있다. 목표는 내담자가 그들의 생각을 상담사의 생각과 비교하여 검토하게 하는 것이고, 그렇게 하면서 무엇이 책임감인지 배우게 하는 것이다. 때로는 자신의 잘못을 인정하고 자신의 의견을 바꾸는 상담사와의 토론은 내담자가 따를 수 있는 좋은 모델이 된다.

상담사는 내담자의 장점과 책임감 있는 행동을 찾고 이러한 영역을 확장하기 위해 노력한다. 상담사는 내담자가 변명하는 것을 허용하지 않아야 한다. 그럼으로써 상담사는 현재에 초점을 둔다. 과거는 바뀔 수 없음에도 너무 자주 내담자의 변명으로 사용된다.

상담사는 내담자에게 왜 이런 방법으로 행동하는지에 대해 질문하기보다 내담자가 하고자 하는 것이 무엇인지에 대해 질문하는 것을 선호한다. 행동의 이유는 중요하지 않다. 그러나 내담자가 하고자 하는 것의 현실성과 그것의 결과는 매우 중요하다. 내담자는 이러한 행동을 하는 것이 자신에게 도움이 되는 방법인지를 고려하도록 배워야 한다.

내담자가 자신의 책임을 인정한 후에 책임지는 방법을 배우게 되면, 그들의 증상과 문제는 약화된다. 내담자는 지금 그들의 욕구를 책임감 있게 충족시키고 있다. 내담자에게 책임 있는 행동의 과정을 유지하게 하는 것은 아동이 부모에게 화를 내는 것처럼 내담자를 화나게 만들 수 있다. 그러나 사랑과 훈육을 통한 다른 사람과의 친밀감은 내담자가 자아존중감을 높일 수 있도록 도와준다. 훈육은 사랑을 의미한다. 이는 개인에게 "나는 당신이 더 좋은 방법으로 행동하도록 강요할 만큼 충분히 돌보고 있다."라고 말한다. 예를 들어, 자유방임적인 부모의 아동들은 종종 사랑받지 못한다고 느끼면서 자란다. 우리는 책임감 있는 다른 사람과의 관계, 특히 우리를 사랑하고, 훈육하고, 새롭게 획득한 책임감을 빠르게 시도해 보도록 허락하는 사랑하는 부모를 통해 책임감을 배운다. 상담사는 유사한 역할을 하려고 시도한다.

현실치료는 개인상담과 집단상담에서 사용될 수 있다. 현실치료는 아동, 일탈적이고 정신적인 어려움이 있는 내담자 그리고 교실에서 학생들에게 개별적으로 실행하면서 사용되었다. 현실치료가 기관에서 사용될 때에는 프로그램이 총체적이어야 한다. 직원들은 현실치료에 대해 교육을 받고 프로그램에 개입되어야 하며, 이는 전문적인 직원뿐 아니라 구금을 담당하는 직원 모두를 의미한다. 교육과 특권, 그 기관의 모든 다른 구성요소들이 현실치료 프로그램에 연계되어야 한다.

실행기법

코헨과 소도(Cohen & Sordo, 1984)는 실제 현실치료의 몇몇 삽화를 보여 주었다. 다음은 몇 가지 예시이다.

• 개입

　　데이비드는 차를 절도한 혐의로 체포되었다. 그는 자신의 보호관찰관에게 차를 훔쳤고, 면허 없이 운전했으며, 차를 파손했음을 인정했다. 그는 많은 교훈을 얻었음을 강조했다. 그는 결혼해서 어린 딸이 있으며, 범죄를 멀리하고 안정적인 직업을 구하여 새로운 삶을 살겠다고 약속했다. 보호관찰관은 데이비드가 한 말을 받아 적으면서 천천히 다시 말해 보라고 했다. 데이비드는 의심스러웠지만, 보호관찰관은 치료계획을 세울 때 데이비드가 진술한 그의 목적을 정확하게 두 사람 모두 기억하는 것이 중요하다고 설명했다. 다음 만남에서 보호관찰관은 데이비드가 이전 회기에서 진술했던 그 목표를 읽어 주었다. 궁금해하는 데이비드에게 보호관찰관은 현실치료의 원리에 관해 설명하기 시작했다. 개입과정이 진행되고 있었다.

• 무책임한 행동 거부

　　재클린은 8세의 딸이 있는 24세의 미혼모이다. 그녀는 수준 높은 고객을 상대하는 성매매 여성이다. 각각의 상담 회기 과정에서 그녀는 자신의 생활방식을 방어했다. 그녀는 자신이 하는 일이 외로운 남자들을 도와주고 좌절한 남자들의 성적인 배출구를 제공하는 사회적인 직업의 한 형태라고 생각했다. 그녀는 약물이나 알코올을 전혀 사용하지 않았다. 그녀는 정기적으로 상담 회기에 참여했지만, 상담사는 그녀의 행동과 삶의 방식을 재평가하게 할 수 없었다. 마지막으로 한 회기에서 만약 성매매가 좋은 직업이라면 그녀의 딸도 그렇게 되기를 바라는지에 대해 말했다. 그 시점에서 그녀는 무너지면서 울었다. 그녀가 회기를 진행할 수 없어서 상담사는 그녀와 함께 밖으로 걸어 나갔고, 그녀는 그곳에서 택시를 불렀다. 다음 회기에서 그녀는 다른 삶의 계획을 준비하기 시작했다.

　　조지프는 18세이다. 그는 자신이 태어나기 전에 교통사고로 사망한 아버지와 그 이후에 생활했던 양부모의 집에 대해서 말했다. 사회복지사는 그에게 무엇을 기대했을까? 사회복지사는 엄하지만 부드럽게 말했다. 상담사는 비록 조지프의 어린 시절이 비참했지만, 그를 불행한 아이로 여기지 않는다고 설명했다. 그는 조지프와의 대화를 현재 일어나고 있는 것과 미래에 일어날 수 있는 것으로 제한하였다. 조지프는 자신의 과거를 이야기하기 위해서는 다른 사람을 찾아야 한다. 과거는 일어나서 종료되었다. 미래는 나아질 수 있다. 회기의 마무리 즈음에, 조지프는 변화를 위한 계획에 동의했다.

• 계획에 대한 헌신

제롬은 절도 혐의로 세 번째 형기를 마치고 석방되어 그전부터 좋은 관계에 있던 가석방 담당관을 만났다. 그들은 삶의 세 가지 측면인 일과 가족, 법의 준수에 대해 작업하기로 동의했다. 그들은 공식적인 계약을 체결했다. 제롬은 비록 만족스럽지는 않지만, 가정용 제품을 수리하는 가게에서 일하기 시작했다. 그는 더 좋은 직업을 찾기 전까지는 그 직장을 떠나지 않겠다는 것에 동의했다. 그는 지역사회 센터에서 야구를 하는 시간을 제외하고 남은 시간은 아내와 함께 보내기로 동의했다. 마침내 제롬은 지역 경찰들과 친밀한 관계를 형성하기 위해 노력했다. 세 가지 과제는 세부적으로 점검을 받았고 매주 계약을 체결했다. 가석방 담당관은 그의 고용주와 아내, 지역 경찰서를 정기적으로 방문했다. 가석방 담담관은 제롬이 계약을 충실하게 이행하고 있다고 고용주와 그의 아내에게 그를 칭찬했으며 이는 제롬의 자아존중감을 증진시켰다. 그는 자신의 성공에 자랑스러움을 갖기 시작했다. 제롬은 2년 동안 성실하게 가석방 담당관과의 약속을 이행했으며 이 시기에 그의 삶의 영역이 다른 곳으로까지 확장되었다. 마침내 제롬은 조기에 가석방에서 벗어나 자유롭게 되었다.

현실치료의 고전적인 적용은 캘리포니아에 있는 소녀들을 위한 벤추라 스쿨에서 글래서(1965)에 의해 처음으로 실시되었다. 이 기관에 수용된 소녀들은 일탈 행동의 경험이 있으며 보다 덜 제한적인 청소년 보호관찰 기관에서 실패했다. 벤추라 스쿨은 성인 교도소에 수용되기 전에 마지막으로 사회복귀의 기회를 주는 학교이다. 소녀들은 일반적으로 6개월에서 8개월 동안 이곳에 머물러 있었고 적어도 1년을 넘기지는 않았다.

이 학교에는 3개의 프로그램이 있었다. 구금 프로그램은 소녀들이 도주하지 못하도록 했으며 치료 프로그램은 현실치료에 토대를 두었다. 이 학교에 있는 모든 사람이 일관성 있는 철학을 유지할 수 있도록 하기 위해, 치료에 대한 책임이 있는 상담사들은 현실치료의 원리를 학교 직원들에게 훈련하면서 그들과 함께 작업했다. 이 학교 프로그램은 학업과 직업, 레크리에이션으로 구성되었다.

모든 소녀는 하루 일과를 일정에 따라 진행했다. 학교에 있는 모든 사람은 현실치료를 훈련받았고, 치료 프로그램은 소녀들의 발전을 위해 총제적으로 구성되었다. 예를 들어, 모든 직원은 무책임한 행동을 하지 못하게 했다. 그들은 훈육과 함께 따뜻함과 애정을 주었다. 석방될 수 있을 정도로 충분히 향상된 소녀는 사회에 복귀시켰지만 그렇지 않은 소녀는 다른 기관으로 이송했다.

현실치료의 원칙에 따라서 직원들은 소녀들의 과거에 대해서는 제한적인 관심을 보였고, 오직 현재에 초점을 두었다. 소녀들은 자신의 행동에 책임을 진다. 이 학교에 머물러 있는 동안, 소녀들은 직원들이 수행한 자신들에 대한 평가를 통보받는다. 무책임하게 행동하는 소녀들은 그 프로그램에서 배제되며 특별한 훈육실에 수용되는데, 이곳에도 자체적인 1일 프로그램이 있다. 전체 400명의 소녀 중에 일반적으로 1명이나 2명 정도가 긴 시간 동안(몇 개월) 훈육실에 수용되고 12명 정도는 일시적으로(며칠에서 몇 주) 수용된다.

이러한 다양한 실례에서 직면(confrontation)의 요소를 놓칠 수 없으며, 현실치료에서는 확실히 직면을 허용한다. 그러나 그 모델은 또한 교정기관에서 사용한 현실치료와 생활지도집단 상호작용 둘 다에서 때때로 간과했던 내담자에 대한 개입과 존중의 질을 강조한다. 언제, 어떻게 직면할 것인지를 아는 기술은 정교한 부분이다. 상담사는 내담자의 신뢰 혹은 자기존중을 파괴하지 않는 방법으로 직면해야 한다. 상담사와 집단 구성원들은 직면이 서로에게 도움이 될 수 있게 적절한 경계 내에서 실행될 수 있도록 주의해야 한다. 불행히도, 교정의 역사에서는 극단적인 학대로 직면하는 것에 특권을 주었던 프로그램에 대한 실례를 너무 많이 제공했다. 현실치료 전략과 생활지도집단 상호작용에서의 특정 사례들[예: 1970년대 후반의 시나넌(Synanon)과 데이톱 빌리지(Daytop Village)]은 '최고의 실행' 모델로보다는 윤리적 결함이 있는 치료 접근법의 사례 연구로 제시될 가능성이 좀 더 높다. 언어적 공격 회기(verbal attack sessions)는 2개의 실행, '게임' 혹은 '머리 자르기(the haircut)'로 언급된 회기에서 가장 고통스러울 수 있으며, 이것은 그 이후로도 문제가 되었다(Ditch & Zweben, 1984 참조). 이것은 교정에서 상담사가 직면을 회피한다고 말하는 것이 아니며, 실제로 상담사들이 직면을 피하지는 않았다. 그러나 직면에는 정확한 것과 부정확한 것이 있다. 앞에서 언급한 바와 같이, 이후의 모델들은 이러한 접근법을 다시 적용해서 '상호 자조'와 인지기술을 좀 더 강조했으며, 상담사와 동료들이 적절한 방법으로 직면을 사용하도록 했다(Wexler, 1994).

교정기관에서 사용된 현실치료에 대한 효과성 평가는 모호하고, 벤추라와 시나넌에서 실시된 프로그램도 적절하게 평가되지 않았다. 현실치료에 대한 대부분의 저술은 교정환경에서보다는 교육적으로 사용하여 적용한 것이다. 더욱이 1960년대 이후에 이와 관련된 전략은(Lennon, 2000) 행동의 선택과 선택과정 자체 사이에서 실행된 선택에 더 초점을 둔 현대적 접근으로 진전되었다(Glasser, 2000).

결론

집단치료와 환경치료는 범죄자 치료를 위해 선호되는 양식으로 일반화되었다. 여기에는 몇 가지 장점이 있다. 첫째, 집단치료와 환경치료는 경제적이다. 기관과 단체의 예산을 최소화하는 경우에, 심리적 서비스는 종종 삭감되는 첫 번째 프로그램 중 하나이다. 집단으로 범죄자를 치료하는 것은 개인치료를 하는 것보다 1명의 상담사가 제한된 시간에 더 많은 범죄자를 도울 수 있도록 한다.

집단치료와 환경치료는 범죄자를 치료하는 데 확실한 장점이 있다. 앞에서 언급했듯이, 상담사들은 범죄자의 사고방식과 태도를 완전하게 이해하는 데 때로는 어려움을 겪는다. 이 경우 다른 범죄자들이 상담사의 지식을 보완해 줄 수 있다. 치료에 오랜 시간 참여한 범죄자는 새로 들어온 범죄자의 생각과 느낌을 정확히 인식하고, 그들을 치료과정의 다음 단계로 나아갈 수 있도록 격려할 수 있다.

더욱이 매주 1~2시간 이상으로 치료 부분을 제도화하여 확대한 것은 바람직한 일이다. 만약에 범죄자가 상담사와 매주 한 회기씩 만난다면 그 주의 나머지 시간에는 무엇을 해야 하는지? 일반적으로, 그는 상담 목표를 지지하지 않고 때로는 그 목표에 적대적일 수 있는 다른 범죄자 및 기관 직원과 관계를 맺는다. 환경치료와 치료공동체는 전반적인 환경이 사회복귀의 목표와 과정을 지지하는 방법으로 구조화되도록 보장한다. 그래서 매주 1시간 정도의 시간 제한적인 상담을 실행하는 것보다 범죄자에게 더 큰 영향을 기대할 수 있다.

결론적으로, 집단과 환경상담에서 실용적인 상담 목표는 인정받고 있는 최고의 사회복귀 프로그램을 모두 함께 지원하는 것이다.

그러나 우리는 그러한 프로그램에도 위험이 있음을 주목해야 한다. 이 프로그램을 조직하고 감독하는 사람들이 적절한 목표를 설정하고 이러한 목표를 실행하기 위해 실력 있는 직원들을 고용하고 훈련한다면 이 프로그램들은 아마도 상당히 효과적일 것이다. 그러나 집단치료와 환경치료는 억압적이며, 범죄자 자신의 목표와 이상이 아닌 것에 순응하도록 사람들을 강요할 수 있다. 이러한 맥락에서 사용한다면, 이 프로그램은 독재적인 직원에 의해서는 '재교육'일 수 있고 상대 측에서는 '세뇌'라고 할 수 있다. 그래서 집단치료와 환경치료 유형을 사용하는 프로그램을 볼 때 프로그램 원래의 목적을 뒤엎을 수 있거나 비치료적인 요소를 도입할 수 있는 직원 구성원을 경계해야 한다.

토론 질문

1. 집단상담이 성공적인 이유와 집단상담이 개인상담과 다른 점은 무엇인가?

2. 집단상담의 단점은 무엇인가? 즉, 집단상담에서 얻을 수 없지만 개인상담에서 얻을 수 있는 것은 무엇인가?

3. 집단상담의 치료적 속성은 무엇을 의미하는가? 치료적 속성의 실례는 무엇인가?

4. 생활지도집단 상호작용에서 사용하는 치료과정을 기술하라.

5. 치료공동체와 환경치료의 목적을 설명하라.

6. 현실치료에서 내담자들이 자신의 삶에서 핵심 욕구를 충족할 수 있도록 도와주는 방법으로서 책임감과 행동에 초점을 두는 이유는 무엇인가?

7. 현실치료에서 내담자들이 핵심 욕구를 인정하도록 격려하는 것이 중요한 이유는 무엇인가?

8. 교정기관 내담자들에게도 직면해야 하는가? 그렇다면 언제, 어떤 조건에서인가?

9. 주어진 상담 프로그램이 범죄자에게 효과적일 수 있는지를 어떻게 결정할 수 있는가? 우리는 예감을 따라야 하는가?

제**3**부

범죄자 평가와
진단 및 분류

이 책에서는 다양한 개인 및 집단 교정치료 전략을 제시하기 위해 노력하고 있다. 그러나 여기에 제시된 전략이나 기법들이 모든 범죄자에게 항상 작용하지는 않는다. 청소년과 성인 범죄자는 치료 욕구, 다른 사람에게 미치는 위험, 교정환경에 어느 정도 대처할 수 있는 능력, 특정한 상담방식에 대한 순응성, 교정치료 프로그램에 참여하고자 하는 의지, 재범 가능성 등에 따라 서로 다른 매우 이질적인 집단임을 보여 준다. 이러한 차이를 확인하는 것과 계획하는 것에 실패한다면 교정기관은 위험에 빠질 뿐 아니라 큰 재정적인 부담을 안을 수 있다.

예를 들어, 내담자가 타인에게 위해를 입히기 전에 미리 그에게 폭력성이 잠재되어 있다는 것을 확인하지 못하면 위험하다. 행동의 연속선상에서 그 반대로 위험성이 낮은 범죄자를 지나치게 엄격한 교정환경에 구금하면 경제적 손실도 크고 비효율적이며 부당한 일이다.

다음의 두 장에서는 교정 시스템이 범죄자의 치료와 안전 욕구를 어떻게 충족시킬 수 있는지에 대해 ① 정신질환 범죄자들에 대한 임상적 확인, ② 모든 교정 내담자에 대한 잠재적 위험성 및 치료 욕구에 대한 체계적 검사 또는 선별을 논의할 것이다.

제6장에서는 정신질환의 주요 유형과 지적장애에 대해 중요한 개요를 제시한다. 최근 들어 교정기관에는 지적장애와 정신질환이 있는 범죄자의 비율이 증가하고 있다. 이러한 증가 추세는 어느 정도 '마약과의 전쟁'의 결과로, 미국의 여러 주에서 마약 범죄자에게 실형 선고가 요구되었기 때문이다. 또한 지역사회 정신건강 서비스를 위한 기금이 줄어들면서 이제는 교도소가 국가에서 정신건강 서비스를 제공하는 최대 공급자가 되는 상황에 이르렀다. 어떤 범죄자가 위험한 존재라면 그들은 다른 사람들에게 상당한 위협이 될 수 있고, 정반대로 그들 스스로가 매우 취약하다면 다른 수용자들에게 피해를 받을 수도 있다. 동시에 정신질환을 적절하게 관리하지 않으면 교도소에서 정신건강 상태를 크게 악화시킬 수 있다. 따라서 정신건강과 관련된 진단은 교정현장을 결정하는 데 주요한 요인이 되어야 한다. 카보넬(Carbonell), 애니스티스(Anestis)와 샐리스버리(Salisbury)는 정신질환에 대한 평가와 진단은 자격이 있는 심리학자나 정신과 의사에 의해 내려져야 하지만, 교정직원들이 그러한 증상을 알 수 있도록 훈련받는 것은 매우 중요하다고 지적했다. 그렇지 않으면 적절한 서비스 의뢰가 제때에 이루어지지 않아 비극적인 일이 발생하거나 다른 문제들을 방지할 수 없게 된다. 이 장에서는 또한 직원이 우려사항에 대해 어떻게 보고해야 하는지에 대해 귀중한 조언을 제공한다.

범죄자 간의 중요한 차이를 확인하는 두 번째 전략은 제7장에서 논의된다. 제6장에서 논의된 방법들과 대조적으로, 제7장에서는 대부분 입소 시 교정환경의 모든 구성원에게 시행되는 분류전략에 대해 논의한다. 예를 들어, 위험성 평가는 판결 직후에 실시되며 도주나 조건 위반, 새로운 범죄를 일으킬 가능성에 따라 범죄자를 고, 중, 저로 분류한다. 제7장에서는 또한 교정치료 프로그램에서 다루어야 할 범죄자의 욕구를 선별하는 데 상당한 주의를 기울이고 있다. 교정 실무자는 미래의 범죄와 관련된 이러한 욕구를 우선시하도록 권고받는다. 또한 젠더 반응적(gender-responsive) 위험성 평가나 성범죄자와 같은 특정 집단에 대한 특수한 평가와 같은 교정 평가에서의 최근의 진전도 논의된다.

앞서 언급한 바와 같이, 적절한 분류전략을 세우지 못하면 교정기관은 더 큰 손실을 초래한다. 예를 들어, 모든 보호관찰 대상자가 매주 감시를 받을 필요는 없다. 고위험 범죄자들만이 집중적인 감독이 필요하다. 그 외의 대상자들에게 부족한 자원을 지나치게 집중할 필요는 없다. 마찬가지로 불안이 높은 수용자는 공격적으로 범죄를 저지르는 수용자들과 치료에서 다르게 반응을 할 수 있다. 반 부어히스(Van Voorhis)는 내담자의 욕구와 심리적 특성에 가장 적합한 치료방법을 제공하는 것이 타당하다고 언급했다. 범죄자들을 모두 똑같이 치료한다면, 종종 치료 프로그램에서 가능할 수 있을 만큼 그 프로그램이 성공적이지 않은 상황이 발생한다. 간략하게 말하면, 정확하게 배정된 내담자의 성공은 부정확하게 배정된 내담자의 실패로 인해 상쇄될 수 있다. 그러나 실패한 내담자들도 다른 유형의 프로그램에서는 성공적일 수 있다.

제 **6** 장

범죄자 진단과 평가

조이스 L. 카보넬(Joyce L. Carbonell), 조이스 C. 애니스티스(Joye C. Anestis), &
에밀리 J. 샐리스버리(Emily J. Salisbury)

주요 용어

반사회성 성격장애	미네소타 다면적 인성검사 2
회피성 성격장애	(MMPI−2)
양극성장애	기분장애
경계선 성격장애	자기애성 성격장애
재판 수행능력	정신장애로 인한 무죄(NGRI)
의존성 성격장애	강박성 성격장애
정신질환의 진단 및 통계 편람 제5판	편집성 성격장애
(DSM−5)	성격장애
동적 평가	투사검사
기분부전장애	정신병적 장애
정신질환이지만 유죄	조현성 성격장애
연극성 성격장애	조현병
정신이상방어	조현형 성격장애
지적장애	정적 평가
주요우울장애	물질사용장애
조증장애	주제통각검사(TAT)
밀런 임상다축검사(MCMI−Ⅲ)	웩슬러 성인지능검사−Ⅳ(WAIS−Ⅳ)

서론

정신건강 평가는 사람들이 왜 그리고 어떻게 다른 방식으로 생각하고, 느끼고, 행동하는지에 대한 질문에 대답하려는 시도이다. 이러한 평가는 개인이 스트레스에 어떻게 대처하는지, 자극이나 사건을 어떻게 지각하는지, 주어진 시간에 감정을 어떻게 느끼는지, 어떤 종류의 걱정과 관심사를 가졌는지, 주어진 과제에 주의를 기울이거나 집중할 수 있는 능력은 어떤지, 최근이나 과거에 일어났던 다른 사건들을 기억할 수 있는 능력은 어떤지, 다른 사람들과 어떻게 지내는지, 문제를 해결하거나 다른 이슈들에 대해 생각하는 능력은 어떤지에 대해 설명하려고 시도한다. 이것은 평가의 일반적인 목적이지만, 범죄자를 다룰 때 발생하는 이슈들을 진단하고 평가하는 것도 매우 유사하다. 범죄자는 재판 이전과 이후, 수용 중에 또는 보호관찰이나 가석방의 경우에 평가받을 수 있다. 질문은 수용 중 범죄자의 기능과 관련된 지적 및 정서적 기능을 고려할 수 있는 전통적인 쟁점들에서부터 정신이상 및 수행능력과 같은 법심리적(psycho-legal) 쟁점들에 이르기까지 다양하다.

목적이 무엇이든 평가는 주어진 시간에서의 개인의 스냅사진이다. 평가는 시간이 지나도 거의 변하지 않는 개인의 본질적인 성격과 지능에 대한 정보를 제공하기도 하지만, 검사나 면담을 하는 그 당시에 어떻게 생각하고 느끼고 기능하는지를 반영할 수도 있다.

죄수복 차림의 젊은 남성이 미소 짓고 있는 사진을 생각해 보라. 우리는 그 사진을 보면서 그가 왜 행복한지 모르지만, 적어도 사진을 찍는 그 순간에는 행복해 보였다고 말할 수 있다. 마찬가지로 평가할 당시에 한 개인이 괴롭거나, 우울하거나, 불안하거나, 두렵거나, 화가 난 상태라고 할 수 있지만, 그것이 평가 이전과 이후의 상태에는 적용되지 않을 수 있다. 이러한 평가를 동적 평가(dynamic assessment)라고 한다. 즉, 이 평가는 시간에 따라 변할 수 있다.

그러나 다른 평가들은 좀 더 정적이다. 예를 들어, 턱수염이 있는 한 남성의 사진을 본다면 사진을 찍기 전부터 그에게 턱수염이 있었다고 아무렇지 않게 말할 수 있을 것이다. 그리고 자연스럽게 턱수염의 길이에 따라 그가 얼마 동안 턱수염을 길렀을지 이야기할 것이다. 또 그의 눈이 초록이라면 우리는 사진을 찍기 전이나 후에도 그의 눈이 초록일 것이라고 가정할 수 있다. 이처럼 어떤 평가들은 한 개인이 세상과 관계를 맺는 기본적인 양식에 관한 정보를 제공해 준다. 여기에는 그 사람이 사회 전체와 관계를 맺는 방법과 알코올이나 다른 약물 남용에 대한 경향성, 문제를 해결하는 방식, 그 사람의 기본적인 성격 스타일과 관련된 다른 문제 등이 포함된다. 이러한 평가들은 시간이 지나도 그다지 변화되지 않기 때문에 정적 평가(static assessment)라고 부른다.

젊은 남성의 스냅사진 한 장이 그 당시에 대해 어떤 것을 알려 준다고 할 때, 그 남자를 실제적으로 알고 있다면 훨씬 더 많은 정보를 제공한다는 것도 쉽게 알 수 있다. 예를 들어, 당신이 그를 알고 있다면 그가 행복해하는 이유가 방금 조기 석방을 허가받았기 때문이라고 사진사에게 말해 줄 것이다. 이처럼 당신이 관찰하는 일상의 정보가 정신건강 전문가가 수행하는 평가와 결합하면, 각각 독립적으로 있을 때보다 더 완성된 그림을 보여 줄 수 있다.

요약하면, 정신건강 전문가의 평가는 사람들이 왜, 어떻게 다른 방식으로 생각하고 느끼고 행동하는지에 대한 질문에 대답하려는 시도이다. 이것은 평가받는 개인이 평가가 시행되는 시점에 어떻게 느끼고 생각하고 기능하는지에 대한 정보를 제공함으로써 그리고 이 정보를 교정상담사나 다른 직원들이 제공하는 일상적으로 관찰된 정보와 통합함으로써 이루어진다.

실제로 교정환경에서 발생하는 많은 문제는 정신건강 서비스의 필요성을 증가시킬 수 있다(American Bar Association, 1989, 2011; National Commission on Correctional Health Care, 2015). 교정상담사, 사례관리자 그리고 다른 직원들이 특정한 징후와 증상들을 인지하고 이러한 정보를 이용해서 적절하게 의뢰할 수 있는 능력은 중요하다. 이 장에서는 모든 유형의 정신질환을 논의하지 않더라도 주요 유형을 다루면서 세 가지 사례를 예시로 설명할 것이다. 이 장 전체에 걸쳐 평가가 어떻게 이루어지는지 설명하면서 이 수용자들을 언급할 것이다. 다음은 3명의 수용자 사례이다.

> **제임스:** 19세의 백인 남성으로, 3~4명의 형들과 함께 빵을 훔쳐서 교정기관에 수용 중이다. 이 일은 가벼운 운전 위반을 제외하고 형사사법체계를 처음으로 접하는 것이다. 제임스는 다른 사람들에게 매우 조용하고 주로 혼자 지내는 것으로 보였다. 그는 질문을 많이 하지 않았고 다른 사람에게도 간결하게 반응하면서 대답했다. 그는 빈번하게 사소한 규칙 위반을 했으며 교도소의 일상이 변화하면 적응하는 데 어려워했다. 그는 종종 짓궂은 장난의 대상이 되기도 하고 때로는 다른 사람을 맹렬하게 비난했다.

마리안나: 30세의 히스패닉 여성으로, 현재 구금되어 있다. 그녀는 남편과 함께 코카인을 국내에 수입한 혐의로 기소되었다. 교정직원은 그녀가 먹지도 않고 우울해 보이는 것에 주목했다. 변호사는 그녀의 재판 수행능력에 의문을 제기해 왔다.

호레이스: 45세의 흑인 남성으로 2급 살인죄로 기소되어 4년째 수용 중이다. 그는 다른 수용자와 직원들에게 '이상하게(strange)' 보이는데, 그는 자신이 특별한 능력이 있다고 믿고 있다. 그는 전반적으로 수용 관리상의 문제는 없지만, 교도소의 일과가 어떤 이유로 바뀌게 되면 그때마다 짜증을 낸다.

교정직원의 역할

교정직원은 정신건강 전문가에게 정보의 원천을 제공함으로써 수용자와 보호관찰 대상자를 평가하는 데 중요한 역할을 할 수 있다. 앞서 언급한 대로, 정신건강 전문가는 범죄자를 여러 달에 걸쳐 여러 번 만날 수 있는 교정직원이나 보호관찰관에 비해 범죄자를 짧은 기간만 볼 수 있다. 교정직원들은 수용자의 정신건강 평가에 도움이 될 만한 중요한 것들을 알 것이고, 그 범죄자에게 평가와 가능하다면 치료도 필요하다는 것을 제일 먼저 감지할 것이다. 따라서 교정직원들의 관찰과 개입이 수시로 범죄자를 평가와 치료로 이끌어 준다. 정신건강 전문가에게 범죄자를 의뢰하려고 결정하는 데 있어 당신이 이미 알고 있는 것 그리고 당신이 알고 있는 관찰된 것으로 시작하는 것이 중요하다.

교정직원들은 다양한 상황과 맥락에서 수용자를 만나고 상호작용할 기회가 있어서, 수용자 행동을 관찰할 수 있는 특수한 위치에 있다. 교정직원들은 이러한 관찰의 기회를 통해 전문가들이 정신건강 평가를 하는 데 도움이 될 수 있는 수용자의 행동에 관한 중요한 정보를 수집할 수 있다. 교정직원의 역할이 결정적이기 때문에 정확하게 관찰하고 의사소통할 수 있는 그들의 능력이 대단히 중요하다. 그들은 전문가와 의사소통하기 위한 중요한 정보가 무엇이고, 그 정보를 가지고 어떻게 의사소통해야 하는지 알아야 한다.

관찰과 관련해서 흔히 발생하는 문제는 관찰자가 보았던 것에 대해 추측을 하거나 그 사람에게 관찰되었던 행동보다는 자신의 추정으로 보고하는 경향이 있다는 점이다

(Eysenck & Eysenck, 1983). 이에 대해 생각할 수 있는 또 다른 방법으로는 많은 사람이 사건 자체를 기술하기보다는 사건에 대한 그들의 해석을 보고한다는 점을 이해하는 것이다. 게다가 사람들은 목격한 사건의 정보와 나중에 알게 된 정보를 통합시켜 최종적으로는 신뢰할 수 없는 보고를 하는 경향이 있다(Loftus & Palmer, 1974). 그들이 관찰한 것에 대해 보고를 요청받을 때, 보고한 그 정보는 관찰한 정보와 후속 정보가 혼합된 정보이다.

앞서 기술한 수용자 제임스는 눈을 마주치지 않는다. 한 직원은 그를 시무룩한 것으로 묘사하고 또 다른 직원은 그를 수줍고 내성적인 것으로 보고한다. 둘 다 같은 행동을 보았지만, 그들은 행동 자체가 아닌 그에 대한 자신의 해석을 보고한 것이다. 제임스가 눈을 마주치지 않고 시무룩하다고 묘사한 그 사람은 때마침 누군가로부터 제임스가 지시에 주목하지 않는다고 지적하는 것을 우연히 듣고, 자신이 직접 관찰하지 않더라도 기술하면서 이 내용을 덧붙였을 수 있다. 정신건강 전문가에게 의사소통하기 위해 가장 중요한 것은 관찰한 행동에 관한 기술이다.

호레이스의 경우, 단순히 그가 이상하다고 진술하기보다는 그가 했거나 말한 것들을 설명했다면 더 유용한 정보가 되었을 것이다. 왜냐하면 이상하다는 말은 어떤 구체적인 정보를 전달해 주지 않기 때문이다. 사실 사람의 성격을 묘사하는 꼬리표는 그것이 붙여진 사람보다도 그것을 붙이는 사람에 대해 더 많은 것을 말해 주곤 한다. 마리안나의 경우, 그녀가 우울하다고 믿더라도 당신을 그렇게 믿도록 했던 그녀가 하는 것과 하지 않고 있는 것을 언급하는 것이 중요하다.

일반적으로, 중요할 수 있는 부분이 누락되는 것보다는 과도한 정보를 제공하는 것이 오히려 더 낫다. 그래서 뭔가 의심스럽다면 그 정보를 전달하라. 당신이 관찰한 것에 대해 가능한 한 구체적으로 설명하라. 당신이 기술하고자 하는 행동에 대해 다음과 같이 자신에게 질문해 보라.

1. 그 행동은 얼마나 자주 발생하는가? 매일 발생하는 사건인가? 혹은 일주일에 몇 번만 발생하는가?
2. 그것은 작업할 때 혹은 수용동에 있을 때와 같이 어떤 특정한 맥락에서 발생하는가?
3. 그것이 다른 수용자 혹은 직원과 같은 특정 사람들과 연관되어 있는가?
4. 그것은 언제 발생하는가? 전화 혹은 접견 후에만 일어나는가? 다른 상황에서도 그런 일이 일어나는가?

구체적인 관찰을 보고하는 것이 가장 도움이 되는 접근이다. 제임스의 사례에서 그가 이야기할 때 주목하지 않는다고 기술하는 대신 눈을 마주치지 않는다고 하는 것이 당신이 실제로 본 것에 대한 좀 더 정확한 보고이다. 마리안나는 그녀가 언제, 얼마나 자주 우는지 설명하고, 죽고 싶다는 것에 관한 그녀의 진술을 보고하는 것이 도움이 될 수 있다. 호레이스의 경우, 외계인에 대한 그의 진술을 기록하고 그의 외계인 친구들에 관하여 작성하고 있는 글들의 복사본을 구해서 기술할 수 있다.

이처럼 다양한 행동의 가능성 때문에 정신건강 전문가들이 사용하는 주요 진단 범주에 대해 어느 정도 알아두면 도움이 될 수 있다. 다음 절에서는 일반적으로 DSM-5로 알려진『정신질환의 진단 및 통계 편람 제5판(Diagnostic and Statistical Manual of Mental Disorders, Fifth Edition, DSM-5)』(APA, 2013)에 열거된 몇 개의 주요 범주를 기술할 것이다.

정신질환의 진단 및 통계 편람 제5판

정신질환의 진단 및 통계 편람 제5판(DSM-5)은 정신건강 진단의 '바이블(bible)'이다. 교정상담사나 사례관리자가 진단할 것으로 기대되지 않지만, 정신건강의 주요 범주에 대한 기본 정보를 아는 것은 도움이 된다. DSM-5는 지침이 되는 기준을 제공하면서 다음과 같은 경고로 시작한다. "비임상적, 비의료적 혹은 충분히 훈련받지 않은 개인이 정신장애의 유무를 평가하기 위해 DSM-5를 사용하는 것은 권장되지 않는다"(p. 25). 안락의자 진단(armchair diagnoses)은 일반적이지만 빈번히 부정확하다. 잘못된 분류는 교정환경 내에서 범죄자와 직원 모두에게 여러 가지 문제를 일으킬 수 있다.

이에 더해 정신건강 요원이 DSM-5를 사용해 사람들의 범주를 분류할 수 있지만 범주 간에 많은 중복이 있고 많은 사람에게 다중진단이 있다는 것을 기억하는 것이 중요하다. 각각의 진단에 대한 기준이 다양하고, 한 사람이 어떤 문제가 있는 것으로 진단받기 위해 모든 기준을 다 충족할 필요는 없기 때문에, 똑같은 진단을 받은 사람도 서로 상당한 차이를 보일 수 있다. 예를 들어, 한 사람이 장애로 진단받기 위해 9개 증상 중 3개가 있어야 한다면, 다른 두 사람이 각각 3개의 증상이 있을 때 완전히 다른 증상일 수 있다. 이런 문제들이 있지만, 진단 범주는 중요한 정보를 제공하고 치료 계획을 세우는 데 도움이 된다.

DSM-5에는 스물한 가지의 주요 진단 분류가 있는데, 여기에서는 몇 가지만 다룰 것이다. 이에 더해 '임상적으로 관심의 초점이 될 수 있는 다른 조건들'에 대한 범주도 있다. 비록 이전의 DSM(DSM-IV-TR; American Psychiatric Association, 2000)에서는 사람들을 몇 가지 다른 차원이나 축에 따라 진단하는 다축체계를 사용하는 것으로 널리 알려졌지만, DSM-5는 축이 없는 진단 기록으로 변화되었다. 이전의 경우, 축 I은 가장 잘 알려진 임상장애(예: 우울과 불안 장애, 조현병)를 기술했고, 축 II는 성격장애와 지적장애를 기술했다. 축 III은 정신과적 문제에 영향을 미칠 수 있는 의학적, 신경학적 상태를 기술했다(예를 들어, 암이라는 의학적 진단이 우울장애를 초래할 수 있다).

　가장 최신판인 DSM-5는 이러한 축 진단을 배제하면서 축 III을 축 I, II에 결합하였다. 정신장애의 모든 범주를 논하기에는 충분하지 않지만, 여기에서 기술한 장애들은 교정환경에서 가장 중요한 장애일 수 있다. 그 이유는 가장 흔하기도 하고 교정환경의 관리와 보안에 가장 많은 지장을 주기 때문이다. 명심할 것은 많은 사람이 하나 이상의 진단을 받을 수 있고, 진단 기준이 있더라도 한 사람에게 가장 적합한 진단이 무엇인지에 대해서는 여전히 불일치할 수 있다는 것이다.

기분장애

　기분장애(mood disorder)는 정신건강에서 감기와 같이 흔하지만, 약한 수준에서부터 심각한 수준에 이르기까지 다양할 수 있다. 사람들이 한때 우울했다가 다시 고양되는 느낌을 경험하는 것은 흔하지만, 기분장애에서 이런 느낌들은 좀 더 강하고 더 긴 기간 동안 일상생활 기능에 지장을 초래한다. 이러한 장애는 주요우울장애와 기분부전장애, 조증장애, 양극성장애와 같은 우울장애를 포함한다.

　주요우울장애(major depressive disorder)가 있는 사람은 거의 매일의 우울한 기분, 우울 에피소드(episodes), 거의 매일 모든 일상 활동에서의 흥미나 즐거움 상실, 식욕의 감퇴와 체중을 조절하려는 시도가 없는 상태에서의 의미 있는 체중 감소(혹은 증가), 수면의 어려움이나 끊임없는 수면에 대한 욕구, 불안이나 피로감과 무력감, 무가치감과 죄책감, 사고력과 주의력, 집중력, 기억력의 문제, 반복적인 죽음에 대한 생각이나 자살 사고를 경험한다. 심각한 주요 우울 증상이 있는 일부 개인은 또한 약간의 정신증 증상들을 경험할 수 있다.

　기분부전장애(dysthymic disorder)는 우울장애이지만, 지속 기간 면에서 좀 더 만성적인 경향이 있다. 기분부전증이 있는 사람은 만성적으로 우울하거나 초조한 것처럼 보이겠지만, 우울장애로 진단될 만큼 심각한 수준은 아니다. 기분부전장애가 있는 사람들은 수면의 어려움, 식욕 감퇴, 집중력과 의사결정의 문제, 낮은 자존감을 호소한다.

우울장애는 심한 우울을 경험하는 특징이 있는 반면, 조증장애(manic disorder)는 극도로 기분이 고조되거나 때로는 초조한 기분을 경험하는 것이 특징이다. 조증 삽화 중 개인은 적어도 일주일간 지속되는 고양되거나 초조한 기분을 경험한다. 개인은 의기양양함, 줄어든 수면 욕구, 계속되는 말, 사고의 비약, 집중의 어려움, 신체적 또는 정신적 흥분, 위험을 고려하지 않고 쾌락을 추구하는 활동에 과도하게 몰두하는 경험을 할수 있다. 양극성장애(bipolar disorder)는 조증장애와 우울장애가 교대로 발생하는 것이 특징이다. 이러한 기술에서 조증장애가 있는 혹은 조증 단계에 있는 개인이 어떻게 형사사법체계에 연루되는지 또는 구금생활에 대처하는 데 얼마나 어려울지를 쉽게 알 수 있다.

우울장애는 교정환경에서 흔한 정신건강 문제이다. 우울감은 주로 상실과 연관되어 있고, 일반적으로 구금은 수용자에게 일련의 상실을 수반한다. 몇몇 수용자는 개입 없이도 사라질 수 있는 단기 우울증 삽화를 경험하지만, 보통 이상으로 오랫동안 우울하거나 고양된 기분을 보이는 어떤 수용자는 정신건강 평가를 의뢰해야 한다. 앞서 논의했던 마리안나가 평가를 의뢰해야 하는 수용자의 실례이다.

마리안나의 사례에서 교정상담사는 그녀가 먹지 않고 슬프게 보인다는 것에 주목했다. 더 많은 관찰을 위해 그녀의 수면 습관을 확인하고 그녀와 대화를 나누었다. 야간 근무 직원은 그녀가 밤새 우느라 거의 깨어 있었다고 보고했다. 교정상담사가 그녀에게 어떻게 지내는지 물었을 때, 그녀는 눈물을 글썽이며 자신의 현 상황에 대해 절망적이라고 말했다. 그녀는 자살하고 싶은 느낌은 부인했지만 죽고 싶다고 말했다. 추가 평가를 위해 그녀는 정신건강 직원에게 의뢰되었다. 의뢰에서는 교정직원이 관찰한 것뿐만 아니라 수용자가 했던 말과 상담사가 관찰한 것이 포함되었다.

정신병적 장애

환경적 변화에 반응하여 발생하는 기분장애와 달리, 정신병적 장애(psychotic disorders)는 구금 상황에 의해 악화될 수 있다 하더라도 거의 대부분 그 이전에 존재한다. 게다가 정신병적 증상을 조절하기 위해 약을 복용하는 사람들이 체포 시에 그것을 밝히지 않을 수 있어서, 교정환경에서 한동안 약 없이 지내게 될 수 있다. 정신병적 장애와 기분장애의 또 다른 차이는 기분장애가 정상적인 기분 변화에서 병리적인 기분 변화에 이르기까지 연속선상에서 확장되는 반면 정신병은 양적으로가 아닌 질적으로 정상적인 행동이나 느낌과 다르다는 것이다. 따라서 당신은 누군가에 대해 약간 우울하다거나 심하게 우울하다고 설명할 때 "약간 정신병적이야."라고 기술하지는 않을 것이다.

　정신병적 장애는 현실 감각이 손상된 상태이다. 예를 들어, 조현병(schizophrenia)이 대부분의 사람에게 친숙한 정신병적 장애의 하나일 것이다. 그 외의 여러 정신병적 장애가 조현병과 증상이 공통되기 때문에 조현병은 정신병적 장애의 예시로 사용된다. '조현병'이란 말을 들으면, 대부분 환각(존재하지 않는 것을 보거나, 듣거나, 냄새 맡거나, 느끼는 것)이나 망상(사건이나 경험에 대한 오해를 포함하는 잘못된 믿음)에 대해 생각한다. 이것은 조현병의 '양성' 증상으로, 말과 행동의 와해와 같은 다른 증상도 포함된다. 조현병의 '음성' 증상에는 무감정과 말과 생각을 만들어 내는 능력의 손상, 무의욕증이나 활동을 시작하는 것에서의 문제가 포함된다. 조현병이 있는 사람은 이완연상(loose associations)으로 언어나 개념이 지리멸렬해서 다른 사람과 연결되지 않은 것처럼 보인다. 그들은 의례적(ritual) 행동을 하기도 하고, 그들의 감정 반응은 상황에 맞지 않을 수도 있다. 조현병 환자가 사람들과 잘 지낼 수도 있지만, 그들이 대인관계를 형성하는 것은 어렵다. 상담사와 다른 수용자들은 그들에게 라포(rapport)나 공감을 느끼지 못할 수 있다. 그들의 몇몇 행동과 증상의 특이성에도 불구하고, 그들의 행동은 크게 달라질 수 있다. 그들과 합리적인 대화를 수행하는 것이 어려울 때도 있지만, 이후에 논리적으로 잘 기록된 의료서비스 요청을 작성할 수도 있다(Kaplan & Sadock, 2000).

　호레이스는 교정환경에서 조현병이 있는 개인의 좋은 실례이다. 다른 사람들이 그를 이상하게 보지만 공개적으로 싫어하는 것은 아니며, 그렇다고 그와 가깝게 지내는 사람은 아무도 없다. 그는 일과가 약간만 달라져도 쉽게 화를 낸다. 다른 사람들은 알아채지 못하고 지나갈 수 있는데 호레이스에게는 매우 중요한 매일의 작은 의례가 많이 있기 때문이다. 직원들은 그의 많은 요구와 요청을 이해하지 못하는데 그것들이 외계인에 대한 망상적인 믿음과 그의 특별한 능력과 관련되어 있기 때문이다. 그는 사회적으로 철회되어 있고 자주 혼잣말을 하거나 허공을 응시하는데, 둘 다 환각으로 인한 것일 수 있다. 호레이스의 문제는 대부분 그의 계획이 망가지거나 어떤 행동이나 사건을 망상에 따라 해석할 때 발생하는데, 그의 그런 행동이 다른 사람의 눈에는 괴상하게 보인다. 그런데도 호레이스는 일정을 상당히 잘 따를 수 있고, 때로는 자신의 사례담당자와 비교적 정상적인 대화를 한다. 사례담당자는 호레이스가 일으키는 문제를 인지하고, 그가 의뢰에 대해 받아들일 수 있는 상대적으로 차분한 시기에 그를 의뢰하기 위한 기회를 만들었다.

정신병적인 사람은 다른 사람이 공유하지 않는 정보에 대해 행동한다는 것을 아는 것이 중요하다. 결과적으로 그들은 예측할 수 없는 사람이라고 여겨진다. 그들의 신념이나 지각적 왜곡에 도전하는 것은 유용하지 않다. 망상 혹은 정신병적인 사람은 자주 놀라거나 다른 사람을 의심한다. 아마도 가장 좋은 접근은 확정하지도 않고 부정하지도 않으며, 그러한 신념이나 왜곡이 수용자의 행동에 어떤 영향을 미치는지 이해하고 들어주는 것이다. 만약 당신이 망상이나 환각을 믿는 척하는 실수를 할 경우, 왜 그것에 대해 행동하지 않는지 도전받게 될 수도 있다. 그런 문제들에 대해 논쟁하려고 시도하면 수용자와의 협력을 상실하게 될 수 있다. 호레이스의 경우처럼 수용자가 과도하게 불안하지 않고 좀 더 협조적일 때 의뢰를 하기가 더 쉽다. 교정상담사나 사례관리자로서 당신은 정신건강 직원에게 당신이 관심을 가지고 보았던 행동들을 설명해 줄 수 있다. 그러한 행동이 본질적으로 간헐적이기 때문에, 실제 행동을 기술하고 보고하는 능력은 필수적이다.

지적장애

지적발달장애(이전의 DSM-IV-TR에서 정신지체로 불림)는 전통적으로 일정 수준 이하의 지능지수(IQ) 점수를 가진 것으로 간주되었는데, 오늘날 진단 기준에는 단지 IQ 점수만으로 포함되는 것이 아니라 적응기능의 결함도 포함되며 발달연령에서의 장애도 명백해야 한다(American Psychiatric Association, 2013). 한 개인을 지적장애(intellectual disability)가 있는 것으로 고려하기 위해서는 IQ 점수가 70 혹은 그 이하여야 하고 적응 행동에서의 결함도 동반되어야 한다. IQ가 73인 한 개인이 적응기능 또한 낮다면 장애로 고려될 수 있지만, IQ가 70인 한 개인이 적응기능이 좋다면 장애로 기술되지 않을 수 있다. 적응기능은 개인이 일상생활의 요구에 얼마나 효과적으로 대처하는지, 그들의 연령대와 사회문화적 배경, 지역사회 환경에서 기대되는 개인적인 독립 기준을 얼마나 잘 충족시키는지를 말한다(American Psychiatric Association, 2013). 지적 결함이 있는 사람은 구치소나 교도소 혹은 보호관찰이든 교정환경에서의 요구에 대처하는 것이 어려울 수 있다. 대부분의 지적장애가 있는 피고인이나 수용자는 '바보'로 분류되는 것을 원하지 않아서 자신의 지적 및 적응 결함을 숨기려는 방법을 개발할 수 있다는 사실로 인해 더 복잡하게 된다. 지적장애 수용자는 교도소에서 생존하기 위해 공격적일 수 있는데, 이는 그 사람이 사회적·인지적 기술을 숙달하지 못해서 다른 방법으로 대처할 수 없기 때문이다(Conley, Luckasson, & Bouthilet, 1992).

　지적장애가 있는 수용자의 대부분은 가벼운 정도의 범위일 수 있다. 이 범위의 상위에 있는 사람들은 기본적으로 글을 읽고 쓰는 능력과 직업기술을 습득할 수 있는 반면에, 하위에 있는 사람들은 기본적인 학업과 직업 기술을 습득하는 데 좀 더 어려울 수 있다. 이 범위의 상위에 있더라도 지적장애가 있는 사람은, 특히 스트레스가 되는 환경에 있을 때는 지원과 지도가 필요하다. 몇몇 연구에서는 수용자의 약 2%만이 지적장애가 있다고 하는데, 다른 연구에서는 수용자의 약 10%인 것으로 나타났다(Smith et al., 1990). 교정기관에 지적장애 수용자의 수가 적더라도, 이들은 다른 수용자보다 희생자가 될 가능성이 더 크기 때문에 직원들의 주의가 좀 더 필요하다(Denkowski & Denkowski, 1985; Linhorst, McCutchen, & Bennett, 2003).

　지적장애가 수용자와 직원 모두에게 일으킬 수 있는 문제들을 고려해 볼 때, 교정직원이 지적장애가 있거나 능숙하지 못해서 적절한 서비스를 받고 있지 못한 수용자를 파악하는 것이 중요하다. 지적 결함이 있는 개인에게 항상 나타나는 특정한 성격적·신체적 특징은 없기 때문에 이것을 식별하는 것은 어렵다. 몇몇 사람은 조용하고, 다른 사람은 의사소통 기술이 낮아서 그들의 욕구를 제대로 알리지 못하기 때문에 공격적이고 충동적이다(American Psychiatric Association, 2013).

　지적발달장애를 가진 사람을 항상 식별할 수 있는 성격 특성은 없지만 행동 단서들은 있다. 그와 같은 범죄자들은 질문이나 지시를 이해한다고 하지만, 그것을 자신의 말로 다시 반복할 수는 없을 것이다. 그들은 글을 읽는 기술이 부족하고 의사소통에서 간단한 단어만 사용하기 때문이다(Bowker, 1994). 그들은 복잡한 지시를 따르거나 추상적인 개념을 이해하는 것에 어려움을 겪을 수 있으며, 외부의 영향에 휘둘릴 가능성이 크고, 쉽게 피해자가 되거나 조종당할 가능성이 더 클 수 있다. 그들은 기관의 일과나 기관 일과에서의 변화에 적응이 느릴 수 있다.

　앞서 기술했던 사례의 제임스는 지적 기능을 평가받아야 할 수용자의 실례이다. 그는 지시를 따르는 것이 어렵고 말을 잘하거나 유창하게 하지 못한다. 그는 짓궂은 장난의 대상이 되고, 그것에 대해 화내는 반응을 보인다. 가벼운 장애가 있는 많은 수용자처럼 제임스는 그의 사례 상담사에게 자신이 특수교육을 받았던 이력이나 읽는 데 어려움이 있다는 것을 밝히려고 하지 않을 것이다. 낮은 쓰기능력으로 서면 요청을 수행하는 것이 어려워서, 그의 좌절감은 더 증가한다. 제임스의 평가를 의뢰하는 것은 그가 낮은 수준에서 기능하는지를 결정하고 그의 대처능력을 높일 수 있는 적절한 교육서비스를 의뢰하는 것에 도움을 줄 수 있다.

성격장애

성격이란 한 개인이 세상과 관계를 맺는 지속적인 방식이라고 생각할 수 있다. 여기에는 개인이 사건을 어떻게 지각하는지, 자신 및 타인과 어떻게 관계를 맺는지 그리고 스트레스에 어떻게 대처하는지가 포함된다. DSM-5에서는 성격장애(personality disorder)를 "개인이 속한 문화에서 기대되는 바로부터 현저하게 편향되어 있는 내적 경험과 행동의 지속적인 패턴이다. 이러한 지속적인 패턴은 개인적 및 사회적 상황의 광범위한 범위에서 경직되어 있고 만연하다."라고 정의한다(American Psychiatric Association, 2013, pp. 645-646). 성격장애는 청소년기나 성인기 초기에 시작되어 기능의 손상을 초래한다.

10개의 특정 성격장애에는 각각 진단 기준의 세트가 있다. 이러한 장애들은 공통으로 기술할 수 있는 유사성을 토대로 군으로 분류된다. A군은 '괴상하고 편벽된' 군으로서 편집성 성격장애(paranoid personality disorder), 조현성 성격장애(schizoid personality disorder), 조현형 성격장애(schizotypal personality disorder)가 포함된다. 이들은 전반적으로 타인을 불신하고, 사회적 관계보다는 고립을 선호하며, 다양한 감정을 경험하거나 표현하는 것에 어려움이 있고, 지각과 정보를 왜곡하는 경향이 만연하고, 괴팍한 혹은 마술적 사고, 특이한 외양, 편벽되거나 기괴한 행동을 특징으로 한다.

B군은 '극적-감정적' 차원으로서 반사회성 성격장애(antisocial personality disorder), 경계선 성격장애(borderline personality disorder), 연극성 성격장애(histrionic personality disorder), 자기애성 성격장애(narcissistic personality disorder)가 포함된다. 이들은 전반적으로 사회나 사회적 관계의 정상적인 기대를 무시하고, 타인에 대한 공감이 결여되거나 타인의 관점을 취하지 못하고, 충동적이고, 과민하거나 기분 변화가 두드러지고, 무책임하게 행동하고, 사기성이 있고, 대인관계가 매우 강렬하고, 불안정하고, 빈번하게 폭력적이고, 물질남용이 있고, 감정을 통제하거나 감정 표현을 조절하는 것이 어렵고, 자기를 손상하는 행동을 하는 경향이 있고, 항상 관심의 중심에 있기를 원하고, 낮은 자존감은 과장이나 자기비하로 드러나는 특징이 있다.

마지막으로, C군은 '불안하고 겁이 많은' 차원으로서 회피성 성격장애(avoidant personality disorder), 의존성 성격장애(dependent personality disorder), 강박성 성격장애(obsessive-compulsive personality disorder)를 포함한다. 이들은 사회적 억제, 부적절감, 거절이나 조롱에 대한 두려움, 돌봄에 대한 과도한 욕구, 자발적인 결정이나 독립적인 행동의 어려움, 유기나 혼자되는 것의 두려움, 세부적인 것이나 조직화에 대한 집착, 수행능력을 방해하는 완벽함에 대한 욕구가 공통적인 특징이다.

　　성격장애가 있는 수용자는 기관환경에서 많은 문제를 보인다. 성격장애가 있는 사람은 사회적 기대에 따르는 것 또는 좋은 결정을 내리는 것의 어려움으로 구금되었을 수 있으며, 그들을 구금되도록 했던 동일 행동이 기관환경에서도 반복될 가능성이 크다. 일반적으로, 그들은 스트레스가 높은 사건에 대처하는 능력이 매우 낮고 스트레스 수준이 증가할수록 판단이 악화되는 경향이 있다. 성격장애가 있는 수용자는 조종하고 충동적이며, 화가 나거나 스트레스에 대처하지 못하면 실제로 자해하거나 자살 행동을 할 수도 있다. 이러한 수용자들은 규칙을 어기거나, 분노에서 벗어나려고 그들 자신에게 피해를 주거나, 몇몇 특권을 위해 조종하려고 할 때, 교정직원의 주의를 끄는 일이 빈번하다. 이런 유형의 행동들이 지속적인 패턴으로 나타나거나 수용자가 자신이나 타인을 해칠 위험이 있을 때, 언제든지 정신건강 전문가에게 의뢰할 수 있도록 해야 한다. 성격장애가 있는 사람은 관리하고 감독하기가 어렵고 좌절감을 느낄 수 있다는 것을 명심하는 것이 유용하다. 이 집단의 사람들에게 좌절감을 느끼는 것은 흔한 일이긴 하지만, 이러한 좌절감이 정신건강 전문가에게 평가를 의뢰하는 데 방해가 되어서는 안 된다.

물질사용장애

　　물질사용은 알코올이나 처방 약 혹은 길거리 약물의 남용을 포함하는 광범위한 범주이다. DSM-5에서는 물질사용장애(substance use disorder)의 필수적인 특징은 "중요한 물질 관련 문제들이 있음에도 불구하고 개인이 지속적으로 물질을 사용하고 있음을 나타내는 인지적 · 행동적 그리고 생리적 증상군이다."라고 제시하고 있다(American Psychiatric Association, 2013, p. 483). 물질사용장애의 진단은 물질의 사용과 관련된 병적인 행동 양식에 기초한다. 병적인 행동 기준은 ① 조절능력 손상, ② 사회적 장애, ③ 위험한 사용, ④ 약물학적 진단 기준의 4개로 묶어서 나눌 수 있다.

게다가 물질사용은 강도와 심각도에서 다양할 수 있다. DSM-5에서는 한 개인이 가지고 있는 진단 기준의 증상 개수에 따라 심각도를 경도, 중등도, 고도의 범위로 분류한다. DSM-5에서는 사용되는 물질의 유형에 따라 물질 관련 장애를 나누지만, 많은 사람이 하나 이상의 물질을 남용하고 있고 물질 복용에 추가하여 다른 장애가 있을 수 있다. 하나의 물질은 다른 물질들이 초래하는 영향을 해소하기 위해 사용될 수 있다. 개인이 물질사용장애로 진단받았는지 여부와 관계없이, 물질의 장기간 복용은 심각한 의학적 문제와 기질적 뇌 손상을 일으키고, 일상적인 기능에 더 많은 문제를 야기할 수 있다. 그래서 물질사용의 과거력이 있는 개인은 마약 사용을 중단했더라도 과거 사용으로 여전히 영향을 받을 수 있다.

정신건강에 문제가 있는 주립 교도소 수용자 74%가 물질을 남용했거나 알코올에 의존했다(Bureau of Justice Statistics, 2006). 사법통계국(Bureau of Justice Statistics, 2006)은 마약 사용자가 비마약 사용자보다 훨씬 더 많이 범죄에 연루되어 있고, 그들이 치료를 받았을 가능성은 거의 없는 것으로 보고했다. 또한 심각한 알코올 사용은 체포자들에게 흔하다. 그래서 교정상담사나 사례관리자는 마약 사용의 과거력이 있으며 마약 사용으로 치료받았을 가능성은 낮은 수용자들을 많이 접하게 될 것이다. 물질사용은 수용자 행동에 심각한 영향을 미치기 때문에 교정상담사와 다른 직원들이 여러 가지 물질 복용의 다양한 징후와 그와 관련된 각각의 행동 유형을 인식하는 것이 중요하다. 물질사용장애의 치료는 어렵지만, 구조화된 프로그램이 몇몇 사람에게는 도움 될 수 있으며, 현재 사용자로 보이거나 마약중독의 과거력이 있고 이러한 장애의 장기 효과로 악영향을 받고 있는 것으로 나타나면 평가를 의뢰해야 한다.

자살

자살은 진단 유형은 아니지만, 교정환경에서 자살 사고가 증가하기 때문에 교정상담사에게는 중요한 쟁점이다. 자살은 물질남용을 포함해서 거의 모든 정신장애 범주와 연관될 수 있다. 몇몇 정신장애 범주는 자살 확률을 높일 수 있지만, 특정 장애의 유무에 따라 자살 가능성을 배제할 수는 없다.

자살은 특히 교도소에서 우려된다. 교도소 자살 연구들을 개관해 보면 자살이 교도소 사망의 주된 원인이고 전체 인구에서보다 교도소에서의 자살률이 훨씬 더 높다

(Carr, Hinkle, & Ingram, 1991; Noonan & Ginder, 2014; Winkler, 1992). 교도소의 자살률이 전체 인구의 자살률보다 더 높은 것 같지만, 그것이 불균형적으로 높은 것은 아니고, 교도소가 주립인지 연방인지에 따라 달라질 수 있다(Kennedy, 1984). 케네디(Kennedy, 1984)는 자살이 구금에 따른 우울과 불안에 대한 반응일 수 있으며, 특히 교도소 수용자에게는 임박한 석방을 둘러싼 불안도 위험요인이 될 수 있다고 제시했다([그림 6-1] 참조). 그러나 아마도 행

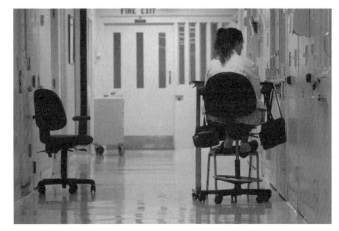

그림 6-1 캘리포니아주 폴섬의 새크라멘토에 있는 캘리포니아 주립 교도소(California State Prison)에서 의료과 직원이 자살 시도 우려가 있는 독거실 수용자를 철야로 계호하고 있다.

출처: AP Photo/Rich Pedroncelli.

동 지표에 대한 개선된 평가와 식별 및 정신건강 서비스로의 의뢰로 인해 자살률이 감소하고 있다는 점은 매우 중요하다. 예를 들어, 누넌과 진더(Noonan & Ginder, 2014)는 2000년과 2012년 사이에 지역 교도소에서의 자살률이 17% 감소했다고 보고했다.

정신건강 전문가에게 항상 자살에 대한 단서가 되는 단일 지표가 있는 것은 아니지만, 자살을 시도하는 수용자의 대부분은 그것에 대해 누군가에게는 말한다. 예를 들어, 1993년과 2001년 사이에 뉴욕주 교정시설에서 자살한 수용자의 84%가 구금 중에 수용자 상담서비스를 받았다(Way, Miraglia, & Sawyer, 2005). 절망감과 무력감에 대한 진술은 우려할 만한 일이어서 평가를 의뢰해야 한다. 게다가 일부 수용자는 자살 전에 소유물을 처리하고 그들의 일을 정리하려고 할 것이다. 특히 초범이나 중독된 수용자들의 경우는 수용 초기 시점이 고위험 시기로 나타나고 있다. 교도소에서는 또한 이혼이나 결별과 같은 관계의 상실이 자살과 관련될 수 있다(Arboleda-Florez & Holley, 1989; Way, Miraglia, & Sawyer, 2005).

모든 자살 관련 진술과 시도는 심각하게 받아들여야 한다. 자살 시도와 진술이 조종하는 행동이라는 일부의 주장도 있지만, 뜻하지 않게 혹은 의도적으로 죽음에 이를 수 있어서 심각한 결과를 가져올 수 있다. 주목을 받기 위해 위험한 상해와 죽음을 감수하려는 사람은 개입이 필요하다는 것을 기억해야 한다. 우울한 사람도 자살 위험이 있지만, 우울 증상을 보이지 않는 많은 사람도 마찬가지이다. 자살 시도 혹은 자살 성공의 잠재적 심각성을 고려해 볼 때, 말이나 행동으로 자살에 대한 생각을 표현하는 사람은 평가를 의뢰하는 것은 필수적이다.

평가와 진단 기법

범죄자가 일단 정신건강 전문가에게 의뢰되면, 문제를 평가하기 위해 다양한 기법이 사용될 수 있다. 문제의 본질, 수용자의 특성(예: 읽기와 주의집중 범위) 그리고 정신건강에 대한 전문적 훈련에 따라 어떤 유형의 평가를 수행할 것인지 결정한다. 정신과 의사는 면담을 수행하고 병력을 조사할 것이다. 임상심리학자도 또한 면담을 수행하고 병력을 조사할 것이다. 심리학자도 현재 문제의 본질에 따라 다양한 평가 도구를 사용할 것이다. 사용되는 검사 도구의 주된 두 가지 범주는 지능을 평가하는 것과 성격 특성을 평가하는 것이다. 대부분의 평가 도구 해석은 면담과정에서 수집된 정보에 따라 달라지므로 면담에 대해 먼저 논의할 것이다.

면담

면담은 한 개인의 배경 정보를 모으기 위한 기본적 방법이다. 면담이 어떻게 실시되는지는 면담자의 지향(예: 행동주의적·정신분석적)과 면담의 목적에 따라 다르게 수행된다. 면담은 매우 다양하지만 일반적으로 생물학적 정보, 현재 삶의 경험에 대한 정보, 증상 정보, 사회생활력 정보를 끌어내며, 따라서 검사자가 검사 결과를 범죄자의 삶의 맥락에 놓을 수 있도록 도와준다. 면담은 매우 유용하지만, 일반적으로 표준화되지 않아서 면담자가 다르면 같은 피면담자에게 다른 정보를 끌어낼 수 있다.

이러한 문제를 해결하는 데 도움을 주기 위해 몇 가지 구조화된 면담이 개발되어 왔으며 진단을 목적으로 사용되고 있다. 이러한 면담들은 종종 진단체계 중심으로 구조화되어 있으며 진단을 내릴 수 있다. 예를 들어, DSM-5를 위한 구조화된 임상 면담(Structured Clinical Interviews for DSM-5, SCID-5) 시리즈는 면담자에게 진단을 위해 어떤 질문을 요청해야 할 것인지에 대해 자세한 지시를 주고 이전 질문에 대한 응답에 따라 어떤 추가적인 질문을 요청해야 하는지 알려 준다. SCID-5-RV(연구용; First, Williams, Karg, & Spitzer, 2015a)는 아형과 심각도 기준뿐 아니라 다른 버전에 비해 더 많은 장애를 포함하고 있는 SCID-5 면담 시리즈에서 가장 종합적인 버전이다. SCID-

5-CV(임상용; First, Williams, Karg, & Spitzer, 2015b)는 임상환경에서 관찰된 가장 공통적인 장애들만 평가한다. SCID-5-PD(성격장애; First, Williams, Karg, & Spitzer, 2015)는 각각의 성격장애를 평가하기 위해 사용되어야 한다.

지능검사

지능은 오랫동안 논란이 되어 온 개념으로, 그것이 유전적 잠재력의 척도라고 주장하는 것부터 단순히 문화적 적응의 척도라고 주장하는 것에 이르기까지 견해가 다양하다. 가장 광범위하게 사용되는 있는 지능검사 중 하나를 개발한 데이비드 웩슬러(David Wechsler)는 지능이 특성상 포괄적이며 성격과 관련되어 있다고 믿었다(Groth-Marnat, 2003). 지능 점수를 측정하는 평가는 읽기나 쓰기가 필요로 하지 않는 집단으로 실시되는 검사에서부터 개별적으로 실시되는 검사에 이르기까지 다양한 형태가 있다. 지적장애는 적응기능의 결함도 포함하기 때문에, 지능검사 자체만으로 한 개인을 지적장애로 분류하는 것이 아님을 기억하는 것이 중요하다. 사용할 수 있는 적응기능에 대한 측정이 있지만, 평가되는 행동들이 교정기관의 생활과 관련성이 없기 때문에 일반적으로 교정환경에서는 거의 사용하지 않는다.

개정된 베타검사 제2판(Revised Beta Examination, Second Edition, 1978)이나 시플리-2(Shipley-2; Shipley et al., 2009)와 같은 '집단'검사는 선별을 위해 유용하지만, 범죄자에 대한 세부사항을 알려 주지 못한다. 개별검사는 검사자가 수용자를 좀 더 관찰할 수 있는 기회를 제공하며 수용자가 왜 특정 방식으로 행동하는지 검사자가 이해할 수 있게 도와준다. 범죄자가 느리게 작업하거나 지시를 이해하는 데 어려움이 있는가? 범죄자가 검사 당일 아프거나 기능에 어려움이 있는가? 아니면 그냥 단지 협조에 응하지 않는 것인가? 그러나 이러한 쟁점에도 불구하고 집단검사는 중요한 기능을 하며 대부분의 수용자에 대한 좋은 지능 점수 추정치를 제공한다.

개별 지능검사는 수행하는 데 비용이 더 들지만 개인에 대한 정보를 더 많이 제공해 준다. 웩슬러 성인지능검사-IV(Wechsler Adult Intelligence Scales IV, WAIS-IV; Wechsler, 2008)는 성인을 위한 표준화된 평가 도구이다. 이것은 다차원적 검사이며 여러 가지 다양한 능력을 평가한다. 검사에 한 시간 혹은 그 이상 소요되지만, 개인의 지적인 강점과 약점에 대한 세부 그림을 검사자에게 제공해 준다. WAIS-IV에서 한 사람의 점수는 개인을 평균적인 사람과 비교해서 같은 연령집단의 다른 사람들과 어떻게 비교되는지 보여 준다. 범죄자의 기술과 약점에 대한 정보는 교정직원이 그 범죄자에게 적절한 직업과 상담, 작업 배치를 찾는 데 도움이 될 수 있다.

지능검사는 개인의 학업 성취도를 측정하는 것이 아니며, 많은 기관에서는 수용자가 교도소에 입소할 때 교육서비스로 학업검사를 제공한다. 지능 점수는 적절한 교육 지원을 통해 개인의 학업 성취도를 예측하도록 돕기 때문에 학업검사와 결합해서 사용하면 유용한 정보가 된다.

성격검사

성격검사는 보통 두 가지 주요 범주인 투사검사와 객관적 검사로 구분된다. 로르샤하(Rorschach; Exner, 2002)와 같은 투사검사(projective tests)는 실시와 채점, 해석에 시간이 소요되기 때문에 미네소타 다면적 인성검사 2(Minnesota Multiphasic Personality Inventory 2, MMPI-2; Butcher et al., 1989; Graham, 2000)와 같은 객관적 성격검사처럼 일반적으로 사용되지는 않는다. 투사검사는 개별적으로 실시되고 채점도 개별적으로 해서, 많은 사람을 평가하고 선별해야 하는 환경에서는 선호되지 않는다. 성격에 대해 타당도 및 신뢰도가 있는 집단 실시용 도구가 있어서, 투사검사는 많은 사람에 대한 평가가 필요한 기관환경에서는 일반적이지 않다. 주제통각검사(Thematic Apperception Test, TAT), 투사 그림(Groth-Marnat, 2003), 다양한 문장완성검사와 같은 많은 다른 투사검사가 있다. 그것들은 모두 생각 혹은 이미지를 '투사'해야 하는 모호한 자극을 피험자에게 제시하기 때문에 투사로 간주된다.

MMPI-2는 가장 일반적으로 사용되는 객관적 검사 도구이다. MMPI-2는 567개의 예/아니요 문항으로 구성되어 있으며, 범죄자가 6학년 수준으로 읽을 수 있거나 녹음 테이프로 제시할 때 그 문제를 이해할 수 있는 수준을 요구한다. 이 검사에는 13개의 기본 척도가 있는데, 3개의 타당도 평가와 10개의 임상 지표이다. 이에 더해 알코올과 다른 약물 남용과 같은 요인을 평가하기 위한 많은 보충척도가 있다. MMPI-2와 이전의 MMPI는 교정환경에서 광범위하게 사용되었다. MMPI를 토대로 한 유형 분류체계가 수용자에게 사용하기 위해 개발되었다(Megargee & Bohn, 1979). 이것은 MMPI-2에 맞추어 업데이트되었다(Megargee et al., 2001). 유형 분류체계는 교정환경에서 널리 사용되어 성과를 거두었다. 이것은 범죄자들의 기관에 대한 적응 및 개인적 적응에 대한 정보를 제공하여 그들을 집단으로 분류하는 효율적인 수단을 제공한다.

끝으로, 밀런 임상다축검사 Ⅲ(Millon Clinical Multiaxial Inventory Ⅲ, MCMI-Ⅲ; Millon, 1997)는 175개의 문항으로 된 간단한 자기보고 검사이다. 그러나 이것은 심리적 증상을 보이거나 치료에 적극적으로 참여하는 대상에게만 사용하도록 고안되었다. 그래서 선별도구로는 유용하지 않다.

법적 이슈와 정신건강 평가

정신건강 평가의 목적은 개인의 정신 상태와 현재 기능 수준에 대한 상황을 제공하는 것이다. 이러한 평가들은 유용하지만, 심리학과 법이 중첩되는 이슈인 법심리적 (psycho-legal) 이슈와 항상 직접적인 관련이 있는 것은 아니다. 재판 수행능력, 정신이상, 책임 감경과 같은 법적 쟁점에 관한 결정은 거의 항상 정신건강 전문가의 참여가 이루어지지만, 그렇다고 단순히 범죄자를 진단하는 것이 이러한 쟁점과 관련된 문제에 적절한 답을 제공해 주어야 하는 것은 아니다. 사실상 진단은 유용한 정보를 거의 제공하지 못할 수도 있다. 법적 쟁점과 진단 쟁점 사이에는 '완전하게 맞아떨어지지 않는 (imperfect fit)' 점이 있다. DSM-5에서는 다음과 같이 언급하고 있다.

> 대부분의 상황에서 지적발달장애, 조현병, 주요신경인지장애, 도박장애 또는 소아성장애와 같은 DSM-5 정신질환의 임상적 진단은 그와 같은 조건을 가진 개인이 정신질환이나 특정한 법적 표준(예: 수행능력, 형사책임 또는 장애)을 위한 법적 기준을 충족한다는 의미는 아니다. 후자를 위해서는 보통 DSM-5 진단에 포함될 수 있는 정보, 즉 개인의 기능 손상에 대한 정보와 이들 손상이 어떻게 문제가 되는 특정 능력에 영향을 미칠 수 있는지 등을 넘어서는 추가적인 정보가 필요하다. 특정 진단이 손상이나 장애의 명시적 단계를 의미하지 않는 것은 분명 손상, 수행능력, 장애가 각 진단 범주 안에서 널리 다양하기 때문이다.
>
> (American Psychiatric Association, 2013, p. 25)

이렇듯 완전하게 맞아떨어지지 않음에도 불구하고 정신건강과 법은 불가분의 관계에 있다. 정신이상방어(insanity defense)는 빈번하게 논의되고, 빈번하게 TV 영화의 주제가 되기는 하지만 거의 드물다. 그것은 1% 미만의 사례에서 적용되고 그중 15~25%

만이 성공한다(Walker, 2001; Zapf, Golding, & Roesch, 2006). 정신장애로 인한 무죄(not guilty by reason of insanity, NGRI)가 되기 위해서는 특정 기준을 충족시켜야 하는데, 그 기준은 주마다 다양하다. 그러나 NGRI의 일반적 개념은 범죄자가 잘못된 행동을 선택한 것이 아니기 때문에 유죄 판결을 받을 수 있는 적절한 정신 상태에 결함이 있다는 것이다. 즉, 그 범죄자는 정신질환의 결과로 그러한 행동을 한 것이다. 일반적인 NGRI에 대한 지침은 그 사람이 그 행동의 부당성을 제대로 인식할 수 없거나 법률의 요구사항에 따라 행동을 수행할 수 없는 것으로 명시하였다. 그래서 진단만으로는 이 문제에 답할 수 없다. 그러나 정신건강 전문가는 그 사람의 기능과 그 사람이 다양한 상황에서 어떻게 반응할 수 있는지에 대한 정보를 제공할 수 있으며, 이를 진단 정보와 결합하여 법정에서 적절한 판단에 이르도록 도와줄 수 있다.

　　NGRI의 개념은 많은 사람에게 혼란을 줄 수 있어서, 다른 법심리적 해결책이 제시되었다. NGRI 방위의 희소성과 낮은 성공 가능성에도 불구하고 일반 대중은 널리 알려진 사례를 통해 많은 '유죄(guilty)'(범행을 저질렀지만 적절한 정신 상태가 아닌 사람)가 석방된다는 믿음을 가질 수 있다. 이러한 우려에 대한 하나의 해결책은 정신질환이지만 유죄(guilty but mentally ill) 판결로, 정신 상태에도 불구하고 유죄 판결을 받을 수 있지만 교도소나 법무병원에서 치료받을 수 있다는 것이다. 이는 범죄자가 유죄 판결을 받도록 하되, 이론적으로는 그 사람이 치료받을 수 있는 가능성을 극대화시키는 절충안이다. 정신질환이지만 유죄 판결을 받은 사람들은 많은 경우에 정신질환자들이 적응하는 데 장벽이 될 수 있는 교정환경으로 보내질 것이기 때문에, 이러한 쟁점이 교정직원에게 좀 더 관심사가 될 수 있다.

　　법심리적 영역에서 다른 주요 쟁점은 재판 수행능력(competency to stand trial)이다. 수행능력에서의 쟁점은 피고가 기본적으로 자신을 변호할 수 있을 만큼 충분히 기소와 소송절차에 대해 잘 이해할 수 있는지 여부이다. 자기변호를 도울 수 없는 사람은 공정한 재판을 받지 못할 가능성이 있어서 재판을 받을 수 없다. 개인이 출석하지 않으면 재판을 받을 수 없기 때문에, 소송절차에서 '정신적 부재(mentally absent)'인 사람도 역시 재판을 받을 수 없다. 지적발달장애와 정신병적 장애를 포함하여 이러한 쟁점과 관련된 많은 진단이 있다. 그러나 다시 한번 강조하면, 그것은 진단과 기능 수준에 대한 정보만 제공한다. 이러한 법심리적 쟁점에 대한 최종 결정은 항상 판사와 배심원의 손에 달려 있다.

　　NGRI가 범죄 당시 피고의 정신 상태라면, 재판 수행능력은 재판 시의 정신 상태이다. 게다가 NGRI는 최종적으로 무죄 선고이지만, 수행능력은 재평가될 수 있다. 다시 말해서, 피고가 적절한 약물치료 후에 안정이 된 조현병 개인의 사례처럼 한 시점에서는 수행능력이 없는 것으로 평가받고 다른 시점에서는 수행능력이 있는 것으로 평가받을 수 있다.

종합적으로, 정신 이상과 수행능력은 법률 용어이지 정신건강 개념은 아니라는 것을 기억하는 것이 중요하다. 정신질환으로 진단받은 사람들도 종종 온전한 수행능력이 있는 것으로 간주된다.

결론

요약하면, 교정직원은 범죄자를 정신건강 전문가에게 시기적절하게 의뢰하는 중요한 역할을 한다. 교정상담사, 보호관찰관 그리고 다른 교정직원은 수용자의 일상적 기능과 행동에 대한 정보를 제공하여, 정신건강 전문가가 그들의 평가 결과를 해석할 수 있는 중요하고도 필요한 맥락을 제공한다. 교정직원이 다양한 진단과 범죄자의 징후에 익숙해짐으로써 범죄자가 적절한 서비스를 받을 수 있도록 돕고 정신건강 전문가에게 가치 있는 조언을 제공할 수 있다.

의뢰하는 것 이외에도, 교정상담사와 다른 사람들은 평가과정과 그 결과에 대한 이해를 활용하여 범죄자가 구금되어 있거나 보호관찰을 받는 동안 더 나은 수준으로 적응하도록 도와줄 수 있다. 교정상담사와 직원은 평가과정에 도움을 주고 그 평가의 결과를 사용하는 특별한 위치에 있다. 요약하면, 정신건강 평가는 범죄자 배방, 치료에 대한 욕구, 약물에 대한 필요성 그리고 법적 상태에 관한 결정을 내리는 데 사용되지만, 평가를 위한 맥락을 제공해 주는 교정상담사와 다른 직원의 조언이 없다면 그것은 불완전할 수 있다.

1. 교정직원이 정신질환에 대한 지식을 어느 정도 가지고 있는 것이 왜 중요한가?

2. 정적 평가와 동적 평가의 차이는 무엇인가?

3. 내담자가 어떤 유형의 문제 행동을 보일 때 심리학자와 정신의학자 또는 정신건강 부서로 의뢰할 수 있는가?

4. 정신건강 담당자에게 교정기관 내담자의 행동을 관찰하여 보고할 때 어떤 유형의 실수를 피해야 하는가?

5. 정신질환을 진단할 때 일반적으로 따르는 절차는 무엇인가?

6. 개인이 자살을 고려하고 있다는 것을 나타내는 행동 증상은 무엇인가?

7. 정신질환의 진단만으로 정신장애로 인한 무죄(NGRI) 판결을 받는 것이 충분하지 않은 이유는 무엇인가?

8. 수행능력이 없다(incompetence)는 것은 정신장애로 인한 무죄(NGRI)와 어떻게 다른가?

제 **7** 장
- - - - - - -
범죄자 분류체계 개관

패트리샤 반 부어히스(Patricia Van Voorhis)

성인 내부 관리체계(AIMS)	신뢰도
교정 분류	반응성 평가
범죄유발욕구	반응 특성
차별적 치료	반응성 원칙
동적 위험요인	위험성 평가
젠더 반응적	위험요인
욕구검사(ION)	위험성 원칙
제스니스 검사	위험성/욕구 평가
서비스 수준 검사 개정판(LSI-R)	연계된 분류체계
매칭	정적 위험요인
메거지 MMPI 기반 유형 분류	치료 순응도
효율성 신념	유형
욕구 평가체계	유형 분류
욕구 원칙	타당도
오하이오 위험성 평가체계(ORAS)	여성 위험성/욕구 평가(WRNA)
심리학적 분류체계	

앞 장에서 정신질환 범죄자의 관리·감독과 욕구를 적절하게 제공하기 위해 그들을 식별하고 진단해야 할 필요성에 대해 살펴보았다. 정신질환이나 지적장애가 의심되는 범죄자의 경우에는 심층평가를 위해 심리학자나 정신과 의사 혹은 정신건강 팀에 의뢰해야 한다. 우리는 이 장에서도 범죄자 평가에 대해 논하겠지만, 여기에서는 교정기관 내의 모든 범죄자에게 적용되는 평가와 분류 절차에 초점을 맞추고자 한다.

이와 같은 평가의 필요성을 이해하기 위해서, 먼저 교정 내담자는 매우 이질적인 집단으로서 다양한 치료 욕구와 보안상 고려사항을 가지고 있음을 인식해야 한다. 위험성, 치료 욕구 및 다른 특수한 조건들(예: 정신적 및 신체적 건강)에 따라 범죄자를 분류하는 업무는 범죄자에게 실형이 선고되면 바로 실시된다.

최근 들어, 교정 분류(correctional classification)는 체계적인 평가와 검사 절차를 통해 크게 도움이 되고 있다. 기관 차원의 분류가 등장하기 이전의 교정 분류는 주로 상담사와 사례관리자가 범죄자의 위험성, 치료 욕구, 치료 순응도 또는 도주나 탈옥 가능성에 대해 전문적 판단을 토대로 결정하는 하나의 임상과정이었다. 그들의 평가가 때때로 적절할 수도 있었지만, 비평가들은 이 과정이 시간 소모적이고, 불공평하고, 주관적이며, 임의적이라고 지적했다(Bonta, 1996; MacKenzie, 1989). 전문적 견해 단독으로는 또한 잘 구성되었고 타당한 검사로 입증된 전문적 견해만큼 정확하지 않다는 것을 알고 있다(Grove & Meehl, 1996). 최상의 임상환경에서도 미래의 위험성에 대한 예측이 세 번 중 적어도 두 번은 오류라는 것을 이해하면 평가 및 예측 기법의 중요성이 분명해진다(Steadman, 2000). 성인과 청소년 범죄자를 분류하기 위한 구조화된 검사 및 절차는 전문적인 판단의 주관적인 사용에 대한 대안을 제공한다. 다양한 교정 분류체계는 보안, 구금, 치료 목적을 위해 사용될 수 있다. 각 체계의 운영 절차와 양식은 단기간의 관찰 후에 직원이 작성하는 행동 체크리스트부터 반구조화된 면담과 지필 검사에 이르기까지 다양하다.

모든 분류체계의 공통점은 다음과 같다.

1. 일반적으로 교정기관이나 프로그램에서 모든 범죄자에게, 보통 초기면담 시점에서 그리고 그 이후 정기적 간격을 두고 실시된다.
2. 프로그램은 범죄자들의 유형 분류(typology)를 토대로 구성하는데, 유형 분류에서의 각 '유형'은 유사한 욕구나 위험성 수준에 따라 범죄자를 분류할 수 있도록 한다.
3. 분류체계를 실행하기 위해서는 일정 수준의 직원훈련이 필요하다.

4. 분류과정은 모든 범죄자에게 동일한 기준을 신속하게 적용하여 균일하고 효율적인 절차를 제시하는 기관 정책에 따라 관리된다.

이처럼 범죄자들은 하위집단이나 유형(types)으로 분류되며, 각 하위집단은 상대적으로 동질적인 반면, 전체로서 기관이나 프로그램 집단은 이질적이다. 전체 범죄자가 동질적인 하위집단으로 분류되고 나면, 교정 실무자는 미래의 행동을 예측하고, 욕구를 확인하고, 치료를 계획하는 데 도움이 되는 매우 필요한 도구를 가지게 된다.

효과적인 분류의 목적과 원칙

이 장에서 설명하는 체계들은 다양한 조직의 욕구를 위해 고안되었으며, 각각의 분류체계에 의해 충족되는 목적도 체계마다 조금씩 다르다. 안타깝게도, 우리는 잘못된 목적으로 체계를 사용하는 기관을 드물지 않게 찾아볼 수 있다. 예를 들어, 제도적 체계가 일반적으로 지역사회에서의 새로운 범죄를 예측하지는 못한다. '분류체계에서 원하는 것은 무엇인가?'는 분류체계를 선택하거나 구성하기에 앞서 답해야 할 필요성이 있는 질문이다(Hardyman, Austin, & Peyton, 2004).

분류 및 치료에 대한 몇 가지 지침에 주의를 기울인다면 이러한 혼란이 어느 정도 해결되고 교정 분류체계를 효과적으로 사용할 수 있을 것이다(Andrews & Bonta, 2010). 앤드류스, 본타와 호지(Andrews, Bonta, &, Hoge, 1990)는 많은 분류 연구를 개괄하면서 위험성, 욕구, 반응성의 분류원칙을 제시했으며, 이것은 이 장 전체에 걸쳐 자주 언급될 것이다.

위험성 원칙

언뜻 보기에도 위험성 원칙(risk principle)은 사회를 보호하고 교정인구를 안전하게 지키기 위한 교정의 기본적인 목적에 대한 말이다. 물론 교정인구의 위험요소와 취약요소를 분리하거나, 혹은 재범과 도주, 다른 위법 행위의 예측 가능성을 토대로 감독수준을 최소, 중간 또는 최대로 구분하여 범죄자를 보안기관이나 지역사회에 배치함으로써 이 목적이 달성되기도 한다(Clear, 1988; Levenson, 1988). 도주한 수용자나 새로운 범죄를 저지른 가석방자, 재판에 출석하지 않은 피구금자보다 형사사법체계에서 더 우려해야 할 사람은 거의 없기 때문에, 우리는 고위험 범죄자를 분명히 밝혀낼 필요가 있다. 공공의 안전은 교정 분류의 가장 중요한 목적으로 널리 인식되고 있다(Feeley & Simon, 1992; Van Voorhis & Presser, 2001).

그러나 최근 몇 년 동안 위험성 원칙이 교정의 사회복귀에서도 중요한 영향을 미치고 있다. 연구에서는 집중(intensive) 교정치료 프로그램이 저위험군보다 고위험군과 중위험군에게 더 성공적인 것으로 나타났다. 즉, 집중치료 프로그램에서 고위험 범죄자가 심각성이 낮은 저위험 범죄자보다(집단으로써) 재범이 더 크게 감소할 가능성이 높다(Andrews et al., 1990; Bonta, Wallace-Capretta, & Rooney, 2000; Lipsey, 2009; Lovins et al., 2007; Lowenkamp & Latessa, 2002).

이러한 의견에 대한 당신의 반응은 "음, 역시 고위험 범죄자가 더 개선의 '여지'가 있군!"과 같은 것이다. 그러나 이것은 그림의 일부에 불과하다. 위험성 원칙은 또한 저위험 범죄자에게 집중 교정치료를 실시할 경우 수행력이 더 낮은 경향이 있음을 언급하였다. 왜 그럴까? 우선, 저위험 범죄자들은 많은 친사회적 속성을 가지고 있다. 집중 교정 프로그램에 대한 시기상조의 도입은 범죄 태도와 행동을 모델링하는 반사회적 역할 모델을 제공해 줄 뿐이다. 특히 기관 프로그램의 경우에 그러한 치료는 또한 이들 개인의 저위험요인, 즉 가족, 교육, 고용 그리고 친사회적 관계를 만드는 매우 많은 특성을 방해한다.

따라서 위험성 원칙이 치료에 미치는 영향은 다음과 같다.

1. 고 · 중 · 저 위험으로 범죄자를 분류한다.
2. 고위험, 중위험 범죄자에게 집중치료의 노력(집중적인 보안만이 아닌)을 시행한다.
3. 가능하다면 저위험 범죄자를 기관에 배치[예: 비행청소년 훈련캠프(Boot Camps)]하거나 범죄유발의 영향에 노출시키는 집중치료 개입에 배치하는 것을 피한다.

욕구 원칙

교정에서는 범죄자의 기본적 욕구에 주의를 기울여야 하는 윤리적 책임이 있다. 그리고 대부분의 교정기관에서는 다양한 욕구를 다루는 것을 사례관리와 상담의 일상적인 업무로 여기고 있다. 유능한 상담사나 사례관리자는 주거, 물질남용 서비스, 직업개발, 교육, 의료 지원, 정신건강과 관련하여 범죄자가 받아야 할 서비스를 결정하기위해 노력할 것이다. 그들은 종종 범죄자 개개인의 욕구를 확인하기 위해 객관적인 욕구 평가를 사용한다.

그러나 앤드류스와 본타(2010)는 우리가 이 과정에서 다음과 같은 두 번째 질문을 종종 생략하고 있음을 상기시킨다. 어떤 욕구가 이 범죄자의 범죄 행동과 관련되어 있는가? 이 범죄자가 다시 문제를 일으키게 될 가능성이 가장 높은 욕구에 대해 인식하고 치료하고 있는가? 욕구 원칙(needs principle)에서는 향후의 범죄와 관련된 욕구들을 가장 우선적으로 범죄자 프로그램에서 다루어야 한다고 주장한다. 그러한 욕구들은 또한 위험요인이며 범죄유발욕구(criminogenic needs)라고 한다.

범죄유발욕구로 고려할 수 있는 모든 욕구 중에서 어느 것이 가장 중요한가? 지난 20여 년간 학자들과 정책결정자들은 가장 중요한 범죄유발욕구 세 가지가 반사회적 유대, 반사회적 성격 특성(예: 충동성, 초조감) 및 반사회적 가치와 신념, 태도라고 주장했다(Andrews, Bonta, & Hoge, 1990; Dowden & Andrews, 2000; Gendreau, Little, & Goggin, 1996). 그러한 우선순위는 태도와 유대, 성격이 재범과 가장 상관관계가 높다는 것을 발견한 초기의 위험성 평가연구에 의해 결정되었다. 안타깝게도, 초기 연구는 주로 남성 범죄자들의 욕구에 초점을 두었다(Bloom, Owen, & Covington, 2003; Hardyman & Van Voorhis, 2004; Morash, Bynum, & Koons, 1998; Reisig, Holtfreter, & Morash, 2006). 여성 범죄자들에 관한 최근 연구에서는 양육 스트레스와 현재의 정신건강 증상, 빈곤, 외상, 관계 문제, 물질남용에 적극적인 주의를 기울이도록 촉구한다(Van Voorhis et al., 2010; Wright, Salisbury, & Van Voorhis, 2007).

어느 욕구가 가장 중요한지에 대한 질문을 떠나서, 욕구 원칙은 사례관리자와 상담사에게 향후의 범죄와 관련된 위험요인에 우선순위를 부여하도록 안내한다. 게다가 이러한 욕구를 줄이기 위한 노력을 프로그램에서도 초점을 맞춘다면 향후의 범죄 행동을 줄일 수 있는 좋은 기회가 된다. 범죄유발욕구를 치료하는 프로그램들은 그것을 치료하지 않거나 향후 범죄와 관련되지 않은 개인적 문제들(예: 요리기술)에 초점을 두는 프로그램보다 훨씬 더 효과적이다(Andrews et al., 1990; Lowenkamp & Latessa, 2002; Smith, Gendreau, & Swartz, 2009).

반응성 원칙

위험성과 범죄유발욕구에 따라 분류한 후 범죄유발욕구에 개입 목표를 두고 진행한다고 해도 중요한 고려사항들은 여전히 남아 있을 것이다. 이러한 차이는 범죄자가 치료 계획에 얼마나 잘 반응할 수 있을 것인가에 영향을 미친다(Andrews et al., 1990; Bourgon & Armstrong, 2005; Van Voorhis et al., 2013). 분명히, 지능, 불안, 인종, 인지적 성숙, 성격, 주의력결핍장애, 주거, 학습 스타일, 육아, 이동 수단과 같은 요인과 그 외의 다른 고려사항들이 치료 순응도(treatment amenability)나 범죄자 프로그램 성공 가능성으로 바뀔 것이다. 반응성 원칙(responsivity principle)에서는 주어진 교정 프로그램의 성공에 방해가 될 만한 범죄자의 특성과 상황들을 프로그램에서 고려해야 한다고 강조한다(Gendreau, 1996b).

대부분의 반응성 특성은 위험요인이 아니다. 그러나 그것이 상담사나 사례관리자에게는 위험요인만큼 중요하다. 왜냐하면 반응성 특성이 다루어지지 않으면 위험요인을 해결하기 위한 기회를 전혀 얻을 수 없기 때문이다. 다음의 예를 생각해 보라.

카산드라의 보호관찰관은 초기면담과 위험성 평가를 마친 후, 그녀가 알코올과 그 외의 다른 약물을 수년간 남용해 왔음을 알게 되었다. 게다가 그녀는 고등학교 교육을 받지 못했다. 그녀가 보호관찰 기간 동안 물질남용치료 프로그램에 출석하게 하고 검정고시를 보도록 하는 것이 합리적인 결론일 것이다. 그러나 카산드라는 한부모로, 적절한 교통수단과 보육시설을 이용할 수 없는 상황이다. 차를 살 수 없는 형편이고 아이들은 너무 어려서 집에 혼자 둘 수 없다. 육아나 교통수단이 향후 범죄 행동에 영향을 미치는 위험요인은 아니다. 그러나 이 두 문제를 해결하지 않고서는 그녀가 물질남용치료나 검정고시 수업을 받을 수 없을 것이다. 다시 말해, 재범 가능성을 낮추는 방식으로 그녀의 변화에 도움을 줄 서비스를 이용하기 어려울 것이다.

교정에서 반응성 원칙의 중요성은 새로운 것이 아니다. 1960년대와 1970년대 초반의 몇몇 프로그램은 차별적 치료(differential treatment)나 매칭(matching)의 개념으로 성공적으로 작업했다(예: Palmer, 1974, 2002; Reitsma-Street & Leschied, 1988; Warren, 1971, 1983 참조). 그러나 놀랍게도 반응성은 교정치료나 교정 프로그램의 평가에 거의 반

영되지 않았다. 반응성 개념이 고려되지 않으면, 일반적으로 치료 효과가 '가려지게 (mask)' 된다(Van Voorhis, 1987). 프로그램이 '실패했다는' 소식을 반복적으로 듣게 되는 데, 사실상 그것들이 어떤 유형의 범죄자에게는 성공적이었고 다른 유형의 범죄자에게 는 실패했을 때 집단 전체적으로는 실패로 인해 성공이 상쇄된다.

예를 들어, 인기 있는 인지행동 프로그램에 대한 최근의 평가에서 반 부어히스(Van Voorhis)와 동료들은 제스니스 검사(Jesness Inventory; Jesness, 1996)를 사용하여 성인 남성 가석방자들을 다음의 네 가지 성격 유형으로 분류했다.

- **반사회적(asocial)**: 반사회적 가치, 신념, 태도가 내재화되어 있는 범죄자로 범죄가 생활양식이다.
- **신경증적(neurotic)**: 매우 불안한 범죄자로, 내적인 위기가 행동화되어 범죄 행동 으로 나타난다. 이러한 범죄자의 범행은 좀 더 개인적이고 사적인 경우가 많으며 개인적 이익을 취하기 위한 것은 아니다. 역기능적이고 자기패배적인 대처 반응 이 이들에게 문제를 일으키게 할 수 있다.
- **의존적(dependent)**: 미성숙하고 쉽게 이끌리는 경향이 있다. 그들 자신의 순진함 (naiveté)과 다른 범죄자에게 너무 쉽게 이끌리는 과정에서 문제에 처하게 된다.
- **상황적 범죄자(situational offenders)**: 친사회적인 가치를 가지고 있으며 광범위한 범죄력은 거의 없다. 그들은 특정한 생활사건에 대처할 수 없거나, 물질남용으로 인해 상황에 따라 범죄 행동을 보인다.

가석방자들이 로스와 파비아노(Ross & Fabiano, 1985)의 인지기술 프로그램(추론과 재 활)에 배정되었을 때, 어떤 유형은 다른 유형들보다 확실히 더 성공적이었다([그림 7-1] 참조; Van Voorhis et al., 2013).

[그림 7-1]은 인지기술 프로그램이 의존적 및 상황적 범죄자에게 가장 적절하다는 것을 보여 준다. 반면에, 신경증적인 프로그램 참가자들은 이 프로그램에 참가하지 않 은 대조집단보다 결과가 더 좋지 않았다. 주목할 점은 집단 전체적으로도 이 프로그램 이 매우 성공적인 것으로 나타나지 않았다는 것이다. 좀 더 정확히 말하면, 이 프로그 램이 어떤 범죄자에게는 효과가 있었지만 다른 범죄자에게는 효과가 없었다. 우리는 고불안 범죄자들의 수행능력이 왜 낮은지 알지 못한다. 그들의 프로그램 사전평가에 서는 그들에게 그 프로그램이 요구되었지만, 그들에게 성공하지 못했을 뿐이다. 아마

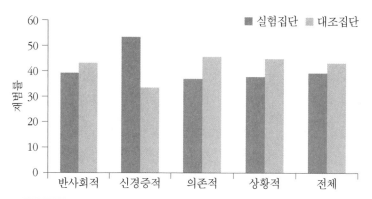

그림 7-1 특정 성격 유형별 인지기술 프로그램 후 교도소에 수감된 비율

출처: Van Voorhis et al. (2013).

도 너무 많은 직면(confrontation)이 있었던 것 같다. 초기의 생활지도집단 상호작용 프로그램에서도 비슷한 결과가 관찰되었다(Empey & Lubeck, 1971). 의미적으로는 그와 같은 범죄자들은 직면되었을 때 행동화할 가능성이 더 크다. 혹은 어떤 자기패배적인 태도로 그들에게 제공된 프로그램의 기회를 충분히 활용하지 못했을 수도 있다.

이후에 이 프로그램에서는 신경증적 범죄자들을 그들의 욕구에 더 적합한 프로그램으로 의뢰할 수 있었다. 그러한 실행은 범죄자가 혜택을 받을 수 있는 프로그램과 매칭시키려는, 분류체계에서 의도한 바를 실무자가 정확하게 수행하는 것을 포함한다. 대안적으로는 고불안 범죄자들에게 더 잘 맞고 효과적일 수 있는 인지 프로그램으로 변경할 수 있다. 아마도 몇몇 촉진자가 너무 직면적이었을 것이다.

다른 목적

우리는 분류의 추가적인 목적을 확인할 수 있었다. 예를 들어, 교정관리자는 직원과 치료 선택, 수용 거실 공간과 같은 영역에 자원을 배치하기 위해서 분류를 사용한다. 분류체계는 집중 감독이 요구되는 보호관찰 대상자를 그렇지 않은 대상자와 분리하여, 보호관찰관이 위험성이 낮은 대상자에게 과도한 시간을 할애하지 않게 해 준다. 분류는 또한 의사결정을 간소화시켜 각 개인에게 맞는 기관과 생활 단위, 사례관리자, 치료 선택을 효율적인 방법으로 배치할 수 있게 한다. 마지막으로, 많은 교도관이 체계적인 분류체계의 통일성을 인식하고 있다. 분류는 분류실에 들어온 모든 사람에게 본질적으로 같은 검사나 분류모델을 적용하기 때문에 평등한 방법으로 결정하도록 도와준다. 그러나 교정치료와 상담의 목적을 위해서는 앞서 논의한 세 가지 원칙이 가장 중요하다.

우리는 일반적으로 사용되는 분류체계의 다양한 유형을 재검토하면서 이 원칙들을 자주 거론할 것이다. 그러나 독자들은 때때로 하나의 분류모델에 세 가지 중 하나 이상의 원칙이 적용되는 경우도 발견하게 될 것이다. 예를 들어, 범죄유발욕구는 일반적으로 미래의 범죄 행동에 대한 하나의 예측인자이기 때문에 욕구요인이면서 동시에 위험요인이 된다.

일반적으로 사용되는 분류체계 유형

분류체계의 선택은 선택하려는 그 목적에 따라 결정된다. 사용 가능한 교정 분류체계와 각각의 제공 목적은 〈표 7–1〉에 개관되어 있다. 각 체계의 유형은 다음에서 논의할 것이다.

〈표 7–1〉 교정 분류 접근 개관

체계 유형	목적: 교정시설	목적: 지역사회 교정
위험성 평가	최대, 중간, 최소 구금 기관으로 배치하기 위해 기관 내 위법 행위를 예측한다.	고·중·저 위험성 사례로 분류하여 새로운 범행을 예측한다.
욕구 평가	프로그램에 의뢰하기 위해 범죄자 욕구를 확인한다.	프로그램에 의뢰하기 위해 범죄자 욕구를 확인한다.
위험성/ 욕구 평가	기관에서는 거의 사용되지 않는다. 치료와 사회복귀 계획을 위해 사용될 수 있다. 당국에서 종종 범죄자의 지역사회 위험성을 알아야 할 필요가 있다.	위험요인이면서 또한 욕구인 것을 통해 새로운 범행을 예측한다.
반응성 평가	지능과 성숙도, 성격, 특정 프로그램에 참여하는 데 방해가 될 수 있는 범죄자의 능력과 같은 다른 속성을 평가한다.	지능과 성숙도, 성격, 특정 프로그램에 참여하는 데 방해가 될 수 있는 범죄자의 능력과 같은 다른 속성을 평가한다.

위험성 평가체계

범죄자 분류를 위해 초기에 가장 널리 사용된 도구는 새로운 범행이나 교도소에서의 위법 행위를 예측하기 위해 고안된 위험성 평가(risk assessments)였다. 1970년대 초반에 미국 가석방위원회(U. S. Parole Commission)는 핵심 요인 점수(Salient Factor Score, SFS)를 사용하여 가석방자의 재범 위험성 수준을 고, 중, 저로 분류하였다(Hoffman, 1983). 교정시설에서는 수감된 범죄자들을 최대, 중간, 최소 구금으로 분류하기 위해 국립교정연구소의 모델 교도소 프로젝트(National Institute of Corrections, 1979)에 기반하여 구금 분류체계 모델을 사용했다.

〈표 7-2〉에 요약된 국립교정연구소(National Institute of Corrections, NIC) 평가와 같은 교도소 분류 도구들은 수용 시 모든 수용자에게 시행되고 그 이후 6개월에서 1년마다 재시행된다. 분류 전문가는 각 항목의 점수를 산출하고, 그 점수를 합산하며, 그 점수와 일치하는 구금 수준을 결정하기 위해 지침을 참고한다. 〈표 7-2〉에 나열된 대부분의 요인이 시간이 지나도 변하지 않는 정적 위험요인(static risk factors)이라는 점은 주목할 만하다. 재분류 평가는 그것을 교정하기 위한 시도이다. 교도소 내 위법 행위와 봉사시간, 시설치료 프로그램의 성취도와 같은 항목들은 개인의 구금 수준을 낮추거나 높일 수 있다. 이와 유사하게, 어떤 체계는 재분류를 목적으로 정적 항목의 점수나 가중치를 변경한다. 재분류 도구에서의 많은 항목은 분류체계를 위한 초기면담에서처럼 그 항목을 산정하지 않기 때문에 구금 수준이 낮아질 수도 있다.

〈표 7-2〉 시설의 구금 분류체계에서 고려되는 요인

수용 시 분류체계	재분류
• 시설 내 폭력 전과 • 현재 범죄의 심각성 • 이전 유죄선고의 심각성 • 도주 이력 • 이전 흉악범죄 • 안정성(나이, 교육, 직장) • 출소 시기	• 시설 내 폭력 전과 • 현재 범죄의 심각성 • 이전 유죄선고의 심각성 • 도주 이력 • 이전 흉악범죄 • 안정성(나이, 교육, 직장) • 교도소 내 위법 행위 • 프로그램/작업 수행 • 출소 시기

많은 타당도 연구에서는 이러한 구금 분류체계가 시설에서의 위법 행위를 예측하는 것으로 나타났다. 다시 말해, 분류체계는 **타당**했으며, 특히 남성 수용자들에게 타당했다(Hardyman, Austin, & Tulloch, 2002). 그러나 최근에 학자들은 여성 교도소의 수용자들에게 이 체계를 사용하는 것을 반대하고 있다(Bloom et al., 2003; Hardyman & Van Voorhis, 2004; Morash et al., 1998; Van Voorhis & Presser, 2001). 대부분의 주에서는 이러한 평가가 여성을 위해 타당화되지 않았으며(Van Voorhis & Presser, 2001), 설령 타당화되었더라도 그들은 종종 그 체계가 타당화를 위해 재설계되어야 한다는 것을 알고 있다. 현재의 구금 분류체계에서는 또한 여성들이 저지르는 사소한 수준의 위법 행위에 대해 지나치게 가혹한 교정시설로 배치하고 있어 여성에 대해 과도하게 분류하는 경향이 있다(Van Voorhis et al., 2008). 대신에 교도관들은 위험성/욕구 평가를 선택해야 하는데, 여성들의 욕구는 범죄와 관련된 정적 요인보다 교도소 내에서 이루어지는 심각한 위법 행위에 대해 더 잘 예측하는 경향이 있기 때문이다(Van Voorhis et al., 2010; Wright et al., 2007; Wright, Van Voorhis, Salisbury, & Bauman, 2012).

대부분의 시설 내 구금 분류체계는 또한 프로그램과 교정치료를 위한 제안을 제공하지 않는다. 마찬가지로, 지역사회에서의 재범을 예측하지도 않는다. 따라서 최소한의 구금을 위해 분류된 범죄자들이 외부 공장 출력과 가석방, 귀휴를 위한 최고의 대상자라고 가정하는 것은 전적으로 정확하지 않을 것이다. 이러한 목적을 위해서는 지역사회 위험성 평가 도구가 필요하다.

1970년대 초반에 미국 가석방위원회에서는 지역사회 환경에서 사용하기 위한 핵심요인 점수(SFS; Hoffman, 1983)를 시행했다. 그 항목들은 〈글상자 7-1〉에 나와 있다.

글상자 7-1 // **핵심 요인 점수(SFS)**

- 이전 유죄 선고/판결
- 이전 30일 이상의 구금
- 현 범행 당시의 나이
- 지난 3년 동안의 범행
- 교정에서의 도주
- 헤로인/아편 의존

출처: Hoffman (1994).

SFS 항목들은 정적인 것들로, 범죄자가 고위험으로 분류되면 이후에 저위험이나 심지어 중위험으로도 재분류될 가능성이 없음을 의미한다. 다시 말해, SFS는 치료 욕구에 대해 상담사에게 제공할 정보가 거의 없다. 그래도 그것은 재타당화되었고, 남성과 여성 범죄자 모두에게 타당한 것으로 나타났다(Hoffman, 1994). 시간이 지나면서 물질남용과 교육, 고용과 같은 좀 더 동적인 변인이 있는 새로운 위험성 평가 도구가 출현하게 되었다(Baird, Heinz, & Bemus, 1979; Baird, Prestine, & Klockziem, 1989).

대부분의 경우, 이 두 모델을 사용하는 기관들은 위험성에 따라 범죄자를 분류하는 데 그것이 유용하다는 것을 알게 된다. 이 모델들은 교정의 가장 중요한 기능, 즉 지역사회 및 시설 내 안전으로 광범위하게 고려되어야 할 정보가 무엇인지 알려 준다. 더욱이 시설 및 지역사회 위험성 평가체계는 시설의 배치와 선고(sentencing)의 차이를 줄이는 데 유용한 도구이다(Austin & McGinnis, 2004). 치료나 반응성 고려사항들을 알려 줄 추가적인 도구가 없다 할지라도(다음에 논의된), 이러한 모델들은 교정의 실제 모습을 바꾸어 놓았고(Feeley & Simon, 1992; Van Voorhis & Brown, 1996), 집중 보호관찰과 많은 중간 수준의 처벌, 수감 대안 등 다양한 프로그램을 만들었다.

대부분의 정적 위험성 평가 도구는 직원이 완성된 판결 전 보고서를 가지고 범죄자와 면담할 수 있다면 상당히 빨리 완결될 수 있다. 아주 적은 노력이나 시간으로, 기관에서는 범죄자의 실패나 새로운 범행 및 시설에서 심각한 언쟁에 개입될 가능성을 판단할 수 있다. 일단 위험성 분류가 완료되면, 기관은 수용된 범죄자를 최대구금, 중간구금, 최소구금 시설에 배치할지, 혹은 집행유예자/가석방자를 고위험이나 중위험, 저위험 사례관리로 할지를 알게 된다.

욕구 평가체계

위험성만으로 범죄자의 구금 수준이나 지역사회 감독 수준을 분류하는 것은 치료와 교도소 내 적응, 지역사회 복귀에 대한 적절한 결정을 안내할 수 있는 충분한 정보를 제공할 수 없다. 욕구 평가체계(needs-assessment systems)는 이와 같은 치료와 관련된 정보를 제공하려는 시도이다. [그림 7-2]는 일부 보호관찰 환경에서 사용되는 것과 유사한 욕구 평가 양식의 예시를 보여 준다(Baird et al., 1979). 욕구 평가 양식은 범죄자 문제의 심각성뿐만 아니라 범죄자 문제에 대한 직원의 평가를 기록하는 데도 사용된다. 이 모델은 본래 지역사회 위험성 평가와 시설 내 구금 모델을 보완하기 위해 개발되었다.

신입 수용자 분류 욕구 평가			
이름		수용 번호	
분류자		날짜	
검사 점수		지능(IQ)	
		읽기	
		수학	

욕구 평가: 수용자를 가장 잘 설명하는 답변을 선택하세요.

건강

1. 신체적으로 건강 하나 가끔 아픔	2. 일상적인 수행기능을 방해하는 장애나 질병	3. 의료적 돌봄이 자주 필요한, 심각한 장애나 만성 질병	코드

지적 능력

1. 독립적으로 기능할 수 있는 정상적인 지적 능력	2. 약간의 도움이 필요한, 경도 지체	3. 독립적인 기능이 심각하게 제한된 중도 지체	코드

행동/정서 문제

1. 적절한 정서 반응을 보임	2. 상담이 필요하고, 약물이 요구될 수 있는, 적절한 기능에 제한이 있는 증상	3. 특별한 개입과 의학적 혹은 분리 거주가 요구될 수 있는, 적절한 기능을 하지 못하는 증상	코드

알코올 남용

1. 알코올 문제가 없음	2. 가끔 남용하며, 약간의 기능 장애	3. 자주 남용하며, 심각한 장애, 치료가 필요함	코드

다른 약물 남용

1. 약물 문제가 없음	2. 가끔 남용하며, 약간의 기능 장애	3. 자주 남용하며, 심각한 장애, 치료가 필요함	코드

교육 상태

1. 고등학교 졸업이나 검정고시	2. 약간의 결함이 있으나 고등학교 졸업이나 검정고시 수준의 잠재력	3. 수학이나 읽기에 중대한 결함, 보충 프로그램이 필요함	코드

직업 상태

1. 만족스러운 직업을 구하고 유지할 수 있는 충분한 기술을 지님	2. 향상이 필요한, 최소한의 기술 수준	3. 거의 취업할 수 없는, 훈련이 필요함	코드

그림 7-2 내담자 욕구 평가

욕구 평가는 ① 범죄자 욕구에 대한 체계적이고 객관적인 확인, ② 행동 변화를 촉진하면서 신체적 · 심리적 · 사회적 악화를 방지할 수 있는 서비스를 범죄자에게 매칭하기 위해 필요한 정보, ③ 개별 사례관리 계획을 위한 도구, ④ 기관 및 프로그램 자원을 할애하는 데 필요한 정보를 제공한다(Clements, McKee, & Jones, 1984). 동시에 욕구 평가는 새롭게 등장하고 있는 수용자 사회복귀(re-entry) 프로그램에 절대적으로 필요하다(Austin & McGinnis, 2004; Hardyman & Van Voorhis, 2004; Parent & Barnett, 2003).

이 도구들에 의해 확인될 가능성이 가장 높은 욕구들은 건강과 지적 능력, 정신건강, 교육, 고용, 알코올 및 그 외의 약물 남용과 관련된 것들이 포함된다. 위험성 평가모델처럼, 욕구 평가는 초기면담과 교정 조건에 따라 정기적인 간격으로 시행되도록 설계되었다. 이러한 평가는 정신적 · 신체적 건강처럼 심각한 문제에 대한 최종 평가로 설계되지 않았다. 즉, 좀 더 집중적인 평가가 필요한 범죄자들을 확인하여 분류하기 위한 것이다.

욕구 평가의 가장 일반적인 양식은 교정 사례관리자나 상담사에게 그 문제가 일상적인 기능에 방해가 되는 정도에 따라 각 욕구를 평가하도록 요청한다([그림 7-2] 참조). 예를 들어, 알코올 남용 항목에 대한 반응에서 사례관리자는 ① 알코올 남용이 없는지, ② 가끔 남용하며, 약간의 기능장애가 있는지, ③ 자주 남용하며, 심각한 장애가 있고, 치료가 필요한지의 여부를 표시하도록 요구받는다. 이해할 수 있듯이, 이는 지나치게 주관적이어서 도구의 신뢰도에 문제를 일으킬 가능성이 있는 몇몇 항목에는 결함이 있다.

좀 더 수용할 수 있는 접근은 미국교정협회에서 수립한 지침을 더 충실하게 따르는 것인데, 이 접근은 각 욕구 수준에 대한 객관적인 기준을 제공하는 것과 평가와 판결 전 조사, 진료 보고서, 심리평가, 기타 문서에 의해 제공되는 추가적인 정보를 통해 결정을 내리는 것의 중요성을 강조한다(Clements et al., 1984; Hardyman et al., 2004; Hardyman & Van Voorhis, 2004). 그 대신에 많은 기관에서는, 특히 정신건강과 물질남용, 교육에 대해서는 확립된 도구를 사용한다. 예를 들어, 물질남용은 ① 약물 남용 심층 선별검사(Substance Abuse Subtle Screening Inventory, SASSI-3; Miller & Lazowski, 1999), ② 성인 물질사용검사(Adult Substance Use Survey, ASUS; Wanberg, 1993; Wanberg & Milkman, 1998), ③ 중독 심각도 지수(Addiction Severity Index; McLellan et al., 1992), ④ 약물 남용 선별검사(Drug Abuse Screening Test, DAST; Center for Addiction and Mental Health, 1999), ⑤ 미시간 알코올 중독 선별검사(Michigan Alcoholism Screening Test;

Selzer, 1971)와 같은 도구들에 의해 평가될 수 있다. 정신건강 선별검사로는 미네소타 다면적 인성검사 2(MMPI-2; Butcher et al., 1989), 증상 체크리스트 90(SCL90; Derogatis, 1994)이나 MCMI-III(Millon, 1998)를 활용하는 경우가 많다.

욕구 평가를 왜 하는지는 아마도 평가 자체만큼이나 중요할 것이다. 안타깝게도, 많은 평가가 있지만 사용되지 않고 있다(Miller & Maloney, 2013; Viglione, Rudes, & Taxman, 2015). 즉, 범죄자는 평가에서 그들이 말한 서비스나 프로그램을 전혀 받지 못한다. 예를 들어, 지역사회 교정의 출소작업 프로그램을 평가한 결과를 살펴보라([그림 7-3] 참조). 첫 번째 열은 반사회적 신념과 가치, 태도가 있는 것으로 LSI-R(Andrews & Bonta, 1995)에 의해 평가된 프로그램 내 범죄자의 비율이다. 두 번째 열은 출소 이전에 범죄적 사고와 인지기술을 위한 프로그램에 배치된 범죄적 태도가 있는 범죄자의 비율을 보여 준다. 세 번째 열은 프로그램 내에 있지만 그와 같은 프로그램이 필요하지 않은 것으로 평가받은 범죄자의 비율을 보여 준다. 마지막 열은 프로그램이 필요했고 실제로 그것을 완료한 범죄자의 비율을 보여 준다. [그림 7-3]은 이 기관에서 인지기술 프로그램에 범죄자를 **매칭**하는 욕구 평가를 사용하지 않았다(혹은 사용할 수 없었다)는 것을 아주 명확하게 보여 준다. 안타깝게도, 이것은 공통적인 문제이다. 많은 기관에서 평가는 시행되고 그 이후에 무시된다.

욕구 평가는 효과성 측면에서 중요한가? 사실상 그렇다. 예를 들어, 미국 주 전역의 중간처우의 집(halfway houses) 연구에서, 로웬캠프와 래티사(Lowenkamp & Latessa, 2002)는 철저한 욕구 평가를 토대로 범죄자를 프로그램에 매칭한 중간처우의 집은 그렇지 않은 시설보다 재범률이 훨씬 더 큰 폭으로 감소한 것으로 보고했다.

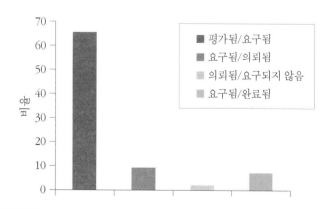

그림 7-3 재정기술 프로그램(Financial Skills Programming)에 관한 범죄자 매칭

출처: Van Voorhis & Spiropoulis (2003).

위험성/욕구 평가

위험성과 욕구 평가를 하나의 도구로 결합하는 지역사회 교정기관이 증가하고 있다. 이 새로운 도구들은 SFS(〈글상자 7-1〉 참조)와 대조적으로 동적인 항목들을 포함하고 있다. 따라서 점수는 시간이 지남에 따라 얼마든지 변할 수 있다. 그 같은 분류모델은 본타(1996)가 언급한 교정 분류의 제3세대와 가장 최근 세대를 구성하고 있다. 그런 체계의 예로는 대안적 제재를 위한 범죄자 관리 프로파일링(Correctional Offender Management Profiling for Alternative Sanctions, COMPAS; Brennan, Dieterich, & Oliver, 2006)과 서비스 수준 검사 개정판(Level of Service Inventory-Revised, LSI-R; Andrews & Bonta, 1995), LSIR의 최신 버전인 서비스/사례 수준 관리 검사(Level of Service/Case Management Inventory, LS/CMI; Andrews, Bonta, & Wormith, 2004) 등이 있다. 동적 위험성/욕구 평가 목록은 또한 공식적인 사용이 가능하고 평가 회사에서 구매할 필요가 없는 최근의 몇몇 평가를 포함하는데, 오하이오 위험성 평가체계(Ohio Risk Assessment System, ORAS; Latessa et al., 2010)와 여성 위험성/욕구 평가(Van Voorhis et al., 2010)가 포함된다. 앞부분에서 논의한 욕구 평가와 대조적으로, 위험성/욕구 평가(risk/needs assessments)에서는 욕구이면서 또한 위험요인(risk factors)이 되는 것만을 포함한다. 이것은 상담사들이 범죄유발욕구를 줄이는 것에 집중하여 재범을 감소시킬 가능성을 높이도록 돕기 위한 것이다.

예를 들어, 〈글상자 7-2〉에 있는 LSI는 1980년대 초에 돈 앤드류스(Don Andrews)에 의해 고안되었다(Andrews, 1982). 후속 연구에서 LSI-R 총점이 다양한 교정 내담자의 재범에 대한 예측력이 높은 것으로 나타났다(Andrews & Bonta, 1995; Simourd, 2004). 〈글상자 7-2〉를 살펴보면 LSI의 여러 항목이 동적 위험요인(dynamic risk factors)이라는 것을 알 수 있다. 독자들은 또한 범죄적 태도와 반사회적 유대와 같은 중요한 범죄유발욕구가 LSI 목록에 포함되어 있다는 것을 알 수 있다. 앞에서 언급했듯이, 이것은 교정치료 프로그램에서 변화시키려고 노력하는 중요한 개인 특성들이다. 따라서 LSI는 위험성 원칙과 욕구 원칙 둘 다를 다룬다.

LSI-R은 사례관리자와 상담사에 의해 시행된다. 평가과정은 반구조화된 면담이 요구된다(Andrews & Bonta, 1995). 다른 동적 위험성 평가 도구처럼 LSI도 범죄자의 위험성 점수에 대해 재평가를 실시한다. 재평가가 중요한 이유는 범죄자가 변화하면서(더 나아지는 것을 희망하며) 이전의 LSI 점수가 정확성을 잃기 때문이다. 재평가는 또한 좀

글상자 7-2	서비스 수준 검사 개정판(LSI-R)

- 범죄력
- 교육/고용
- 재정
- 가족/결혼생활
- 거주지
- 여가/취미
- 동료관계
- 알코올/약물
- 정서/성격
- 범죄 감정

출처: Andrews & Bonta (1995).

더 정확하게 위험성을 예측해 준다(Brown, 1990; Law, 2004).

LSI-R은 또한 다소 특정 유형의 치료모델에 적합하다는 점을 유의해야 한다. 범죄행동과 가장 중요하게 관련성이 있는 태도와 범죄력, 유대는 또한 범죄에 대한 사회학습이론과 인지행동이론에서도 언급하고 있다(Akers, 1973; Andrews & Bonta, 2010; Bandura, 1973 참조). 분류전략의 하나로서 LSI는 이 책의 제4, 9, 10장에서 논의된 바와 같이 행동적·사회학습적·인지행동적 치료전략에 기반한 프로그램에 가장 적합하다. 이 프로그램들은 범죄자에게 효과적인 것으로 나타났다(Andrews et al., 1990; Garrett, 1985; Gendreau, 1995; Lipsey, 1992; Palmer, 1992; Gendreau, Goggin, & Smith, 2001 참조).

비록 그렇다 할지라도, 학자와 실무자들 모두 LSI-R과 COMPAS 같은 평가를 여성 범죄자에게도 적용할 수 있는지에 대해 의문을 제기했다(Blanchette & Brown, 2006; Van Voorhis et al., 2010; Van Voorhis, 2012). 앞서 언급한 평가들이 타당화되었거나 여성의 재범을 예측해 주는 것으로 알려져 있기는 하지만, 자료에서는 그것들이 여성 범죄자의 욕구와 큰 관련성이 없는 것으로 나타났다. 구체적으로, 그 도구들은 우울과 양육 스트레스, 자기효능감, 남용, 역기능적 관계와 같은 현재 증상을 평가하지 못한다. 이에 대한 응답으로, 최근에 국립교정연구소는 기존의 위험성/욕구 평가와 함께 사용하기 위해 여성 위험성/욕구 평가(Women's Risk/Needs Assessment, WRNA)와 부가적으로 여성 위험성/욕구 평가 부록(WRNA-Trailer)을 개발했다. 새로운 젠더 반응적(gender-responsive) 평가는 여성 범죄자를 표본으로 타당화되어 초기의 젠더 중립적 도구들에 비해 통계적으로 유의미하게 개선된 것으로 나타났다(Van Voorhis et al., 2010; Wright

---

글상자 7-3 // **여성 위험성/욕구 평가(WRNA)**

위험요인
- 범죄력
- 반사회적 사고
- 반사회적 유대
- 고용/재정
- 교육
- 주거안전
- 분노
- 정신건강 과거력
- 현재의 우울증(증상)
- 현재의 정신증(증상)
- 물질남용 과거력
- 현재의 물질남용
- 가족 갈등
- 역기능적 관계
- 성인이었을 때 피해자화
- 아동 학대
- 성적 학대
- 양육 스트레스

강점
- 자기효능감
- 양육 참여
- 교육 자산

출처: Van Voorhis et al. (2010).

et al., 2007). 〈글상자 7-3〉은 WRNA에 의해 평가된 위험/욕구 요인을 보여 준다. 현재까지 WRNA는 30개 이상의 관할구역에서 채택되었다. WRNA의 축약판인 욕구검사(Inventory of Needs, ION)는 재판 전 환경에서 사용하도록 개발되어 타당화되었다(Gehring & Van Voorhis, 2014).

반응성 평가

이전에 언급했듯이, 치료에 반응한다는 것은 주어진 교정 프로그램이나 환경에 참여할 수 있다는 것을 의미한다. 즉, 그 프로그램은 학습 방식에서 그리고 지적 및 정서적 역량에서 적절하며, 그 프로그램이 성공하는 데 장애물이 전혀 없다는 것을 의미한다. 교정 적응과 교정 개입의 성공에 방해가 되는 개인적 상황과 특성을 반응 특성(responsivity characteristics)이라고 한다. 반응 특성을 해결하지 않으면, 몇몇 범죄자는 실패로 끝나게 될 것이다.

몇몇 반응요인은 평가되지 않아도 된다. 예를 들어, 미혼모가 물질남용치료 프로그램에 참석하기 위해 육아시설이나 교통수단이 필요한지를 결정하기 위한 검사는 찾을 필요가 없을 것이다. 그 외의 다른 상황들은 반응성 평가(responsivity assessments)를 필요로 한다. 예를 들어, 범죄자가 서면 과제를 준비해야 하고 그들의 사고와 행동 간의 관계를 인식해야 하는 프로그램에서는 지능을 평가해야 할 필요가 있는데, 기능이 낮은 개인은 그와 같은 상황에서 성공하기 어렵기 때문이다. 문화 타당성 검사(Culture Fair Test; Cattell & Cattell, 1973)와 시플리 생활척도검사-2(Shipley Institute for Living Scale-2; Shipley et al., 2009), 베타 III(Beta III; Kellogg & Morton, 2009)와 같은 지능 선별검사는 이러한 목적으로 자주 사용된다. 교육 프로그램에서는 범죄자의 읽기 수준을 결정하기 위해 종종 광범위한 성취도 검사(Wide Range Achievement Test, WRAT-4; Wilkinson & Robertson, 2006)를 사용한다. 우리는 점점 더 범죄자에게 직면하도록 제시하는 교정 프로그램은 불안이 높은 범죄자에게 성공하지 못할 수 있음을 알고 있다. 다음에 기술된 것과 같은 성격 평가는 이러한 범죄자를 확인하는 데 도움이 될 수 있다.

가장 초기의 반응성 평가 형태는 범죄자 성격 특성 평가를 포함했다. 1970년대와 1980년대에 많은 교정 심리학자는 차별적 치료의 개념을 가능하게 해 줄 심리평가를 개발하기 위해 작업했다(Jesness & Wedge, 1983; Megargee & Bohn, 1979; Quay, 1984;

Quay & Parsons, 1972; Warren, 1971, 1983). 모든 분류 연구가 그렇듯이 범죄자들이 모두 같지 않다는 개념에 근거하여(Palmer, 1978, 2002), 이러한 학자들에 의해 개발된 평가는 범죄자를 성격이나 개념적/인지적 성숙도에 따라 분류했다(Jesness & Wedge, 1983; Warren, 1983). 이러한 연구와 이후의 연구에 따르면 다른 '유형'은 교도소에서 다르게 적응했고(Bohn, 1979; Megargee & Bohn, 1979; Megargee et al., 2001; Quay, 1984; Van Voorhis, 1994), 특정 유형의 교정 개입에 대해 다른 반응을 보였다(Palmer, 1974, 2002; Van Voorhis et al., 2002; Warren, 1983).

이 절에서는 범죄환경에서 사용되고 있는 심리학적 분류체계(psychological classification systems)의 세 가지 예를 제공한다. 다른 유형체계에 대한 전반적인 개요를 제공하기 위해 이 절에서 소개할 것은 다음과 같다. 제스니스 검사(이전의 대인관계 성숙도 수준 또는 I 수준; Jesness, 2003; Warren et al., 1966)와 퀘이(Quay)의 성인 내부관리체계(AIMS; Quay, 1984), 메거지(Megargee) MMPI 기반 유형 분류(Megargee & Bohn, 1979; Megargee et al., 2001)가 여기에 포함된다.

세 가지 체계는 각 유형학의 기초를 형성하는 심리적 특성 및 기준 유형의 측면에서 다르다. 몇몇은 발달 유형학이고 다른 것들은 성격에 기반한 것도 있다. 메거지의 MMPI 기반 유형 분류는 심리적으로 불안정한 수용자를 포함하여 범주를 포괄한다. 몇몇 체계는 요인들의 조합(예: 성숙도, 성격, 병리학)을 이용한다. 그 체계는 또한 관리방법에서도 다르다. AIMS는 직원의 관찰이 요청되는 반면, Jesness 검사와 MMPI-2는 지필검사이다.

제스니스 검사 개정판(Jesness, 2003)은 설리번, 그랜트와 그랜트(Sullivan, Grant, & Grant, 1957)의 이론 작업으로 시작되었다. 이 작업은 1960년대와 1970년대에 캘리포니아 청소년 당국에서 청소년 범죄자에게 사용하기 위한 분류체계로 발전하게 되었다(Warren et al., 1966; Warren, 1983). 대인관계 성숙도 수준(I 수준)의 초기 모델은 사람들이 자신과 다른 사람을 보는 방식에 초점을 둔 분류체계이면서 치료모델이었다. I 수준 체계는 실무자들이 반구조화된 면담을 실시하고 임상적으로 평가하도록 요구한다. 이 과정은 시간이 많이 소요되고 평가과정에서의 복잡성으로 인해 취약한 것으로 간주되었다(Harris, 1988). 최근 I 수준 분류의 사용은 I 수준의 보험계리적 측정을 사용하는데, 이는 제스니스 검사의 한 부분이다(Jesness, 2003). 여기에는 160개의 OX(true/false) 항목만 포함되어 있어서, 면담에 비해 실시하는 것이 좀 더 쉽다. 이 검사는 청소년을 위해 개발되었지만, 지금은 성인과 청소년 모두에게 사용할 수 있다(Jesness, 2003).

　분류 도식은 자기 및 대인관계와 관련된 인지 발달/성숙도 수준에 따라 개인을 특징 짓는 네 수준으로 구성되었다. 네 수준 이외에, 범죄자 분류체계에서 각 수준에는 성격 하위유형이 있다. 따라서 분류체계에 의해 도출된 심리적 특성은 ① 인지 발달이나 대인관계 성숙도, ② 성격이다. 우리는 각각에 대해 차례로 설명할 것이다.

　I 수준의 발달 구성요소는 로빙거(Loevinger, 1996)와 피아제(Piaget, 1948), 콜버그 (Kohlberg, 1976) 등에 의해 발표된 여러 다른 자아 및 인지 발달(단계) 이론들과 공통된 가정을 공유한다. 이 이론들은 인지 발달에 대해 다음과 같이 주장한다.

1. (생각하는 것이 아니라) 어떻게 생각하는지를 기술하는 질적인 사고과정의 변화를 수반한다.
2. 모든 사람에게 똑같은 일련의 단계를 통해 일어난다.
3. 복잡성이 증가하는 방향으로 일어난다(즉, 사고가 발달과 함께 더욱 복잡해진다).
4. 상황에 따라 일관되는 것으로 보이는 각 발달 단계에서의 기본 논리를 표현한다.
5. 개인이 자신의 진단된 추론 단계보다 아래의 모든 단계와 위의 한 단계를 이해할 수 있도록 하는 계층적 통합 단계를 거쳐 일어난다.

　발달은 연속선상을 따라 어느 지점에서든 멈출 수 있어서, 이론적으로 인구의 횡단면(cross-section)은 모든 단계에 있는 사람들의 분포를 보여 줄 것이다.

　대인관계 발달 수준은 가장 덜 성숙한 신생아 단계(I_1)에서부터 거의 도달하기 어려운, 이론적으로 이상적인 성숙 단계(I_7)에까지 이른다. 각 수준을 특징짓는 사회-지각적 준거 틀에 대한 설명은 성격 발달에 따라 다른 사람에 대한 개별적 인식과 반응이 어떻게 변하는지를 보여 준다. 워런(Warren, 1983)은 각 수준에서 '상대적으로 일관된 일련의 기대와 태도, 삶에 대해 해석하고 작업하는 일종의 실용철학'을 구현하는 준거 틀을 언급했다. 그리고 자신의 환경을 이해하는 이러한 방식은 개인이 다음 수준으로 성숙할 때까지 상황에 따라 상대적으로 일관되며, 새로운 인지적 준거 틀은 이전의 경험과 관점으로 통합된다.

　설리번, 그랜트와 그랜트(1957)의 이론적 작업에는 일곱 가지 수준이 제시되어 있지만, 네 가지 수준만이 비행청소년과 범죄자 집단에 적용된다. 수준 2(I_2)와, 3(I_3), 4(I_4), 5(I_5)에 대한 필 해리스(Phil Harris, 1988)의 간략한 설명은 다음과 같다.

- I₂는 매우 어린 아이들의 전형적인 단계이다. 주요 관심사는 사람을 사물과 구별하는 것에 초점을 둔다. 다른 사람은 만족의 원천으로만 간주한다[예: '주는 사람(givers)'과 '받는 사람(takers)'으로, 타인에 대한 이해가 없고 타인의 행동을 예측하거나 영향을 주는 능력이 없음을 증명함].
- I₃의 청소년들은 그들이 힘을 가지고 있다는 것을 배웠다. 그들의 행동은 그들이 다른 사람들로부터 받았던 반응에 영향을 받는다. 그들의 활동 대부분은 권력이 어떻게 구조화되는지를 배우는 데 집중되어 있다. 그들은 다른 사람들과 상호작용할 때 정형화된 규칙과 단순한 공식을 적용하는 경향이 있다.
- I₄의 청소년들은 일련의 내재화된 가치에 따라 활동한다. 그들은 자신과 다른 사람의 감정과 동기 그리고 다른 사람과의 의사소통 및 관계의 관련성을 알고 있다. 그들은 규칙을 적용하는 데 엄격하고 자신의 고유성에 관심을 가지는 경향이 있다.
- I₅의 개인은 I₄의 사람들에 비해 규칙의 적용에 상당히 덜 엄격하다. 그들은 상황의 애매한 영역(gray areas)을 보는 경향이 있으며 그들 자신과 다른 관점에 대해 관대하다. 이 단계의 가장 두드러진 특징은 공감으로, 다른 사람의 관점에서 세계를 경험할 수 있는 능력이다.

이런 특성들을 개관함으로써 우리의 관리·감독하에 있는 교정 내담자들에 대한 차별적 대응을 위해 설득력 있는 사례를 제시한다. 예를 들어, 상담사는 I₃의 비행청소년에게 어젯밤 다친 기숙사 동료의 '입장에' 선다는 것이 어떤 것인지 쉽게 이해하기를 기대하지 않을 것이다. 마찬가지로, I₄의 비행청소년은 자신의 기대에 부응하기 위해 자신의 부분에 대한 어떠한 실패에 대해서도 방어할 수 있다. 이런 기대는 친사회적이거나 반사회적일 수도 있지만, 그의 I 수준 진단을 알면 그가 일관된 방식으로 이러한 가치들을 유지할 것임을 예측할 수 있다.

앞에서 설명한 수준들이 인지행동개입에서 어느 정도 적용할 수 있고(제9장 참조) 상담사에게 유용한 안내를 줄 수도 있지만, I 수준 성격 하위유형(혹은 제스니스 검사 하위유형)이 더 자주 사용된다. 이것들은 또한 이 수준들 각각에서 입증된 것으로 밝혀진 성격에 근거한 적응이라고 불릴 수 있다. 해리스(1988)는 다음과 같이 기술했다.

- **I₂**
  - 반사회적 수동형(Asocial Passive): 철회하거나, 징징거리거나, 불평함으로써 충족

되지 않은 요구에 반응한다.

－반사회적 공격형(Asocial Aggressive): 개방적인 공격으로 충족되지 않은 요구에 반응한다.

• I₃

－미숙한 순응형(Immature Conformist): 그 순간에 권력을 가지고 있는 사람에게 순응하며 자신을 다른 사람보다 권력이 없는 것으로 본다.

－문화적 순응형(Cultural Conformist): 오직 특정 동료집단에게만 순응한다.

－조종형(Manipulator): 권력, 성인 혹은 또래의 어떤 근원에도 반발한다. 다른 사람에 대해 극도로 불신한다.

• I₄

－신경증적 행동화형(Neurotic Acting-Out): 부정적 자아상 때문에 내적으로 갈등한다. 최고의 적합성을 내세우고 높은 수준의 활동을 유지함으로써 내적 갈등에 반응한다. 매우 사교적인 사람이라 해도 산만한 행동이나 언어적 공격을 통해 다른 사람들과 거리를 유지하려고 시도한다.

－신경증적 불안형(Neurotic Anxious): 이 유형의 사람들도 부정적 자아상 때문에 내적으로 갈등한다. 죄책감, 불안이나 우울로 내적 갈등에 반응한다. 내성적인 경향이 있으며 종종 자기를 이해하는 데 다른 사람들을 끌어들이려고 시도한다.

－문화적 식별형(Cultural Identifier): 사회화 과정의 일부로서 다양한 비행 행동을 허용하는 어떤 반사회적 가치들이 내면화되었다.

－상황적-감정적 반응형(Situational-Emotional Reaction): 현재의 위기나 상황, 최근에 생긴 감정 변화에 반응한다. 그러나 이 유형의 사람들은 친사회적 가치체계를 가지고 있다.

• I₅

이 집단의 하위유형은 I₄에서 나타난 유형과 같다.

제스니스 검사에 대한 치료적 적용은 범죄자를 분류한 다음 그들의 개별적인 '유형'에 맞게 작업할 수 있도록 특별히 훈련받은 사례관리자와 상담사에게 배정하는 것을 포함한다. 제스니스 검사 유형은 또한 적절한 치료전략과 생활환경을 결정하는 데도 유용하다. 캘리포니아 청소년 당국은 1960년대와 1970년대에 차별적 치료방법을 실험하여 어느 정도의 성공을 거두었다. 이 연구의 가장 중요한 결과는 비행 행동의 유형과 치료받은 유형 둘 다에 따라 치료 효과가 다르게 나타났고(Palmer, 1974, 2002; Warren, 1971, 1983), 그 차이는 프로그램의 효과성을 증진시키는 방식으로 제공될 수 있었다.

좀 더 최근의 성인 연구에서는 제스니스 검사 유형을 ① 반사회적, ② 신경증적, ③ 의존적, ④ 상황적의 네 가지로 축소함으로써 앞서 열거된 성격 유형들을 상당히 단축할 수 있었다. 이 유형으로 분류된 범죄자들은 ① 교도소에서 상당히 다르게 적응했으며(Van Voorhis, 1994), ② 장기간의 재범률도 달랐고(Listwan, Van Voorhis, & Ritchey, 2007), ③ 아동 성추행에 대한 판결도 다른 방법으로 이해했으며(Sperber, 2004), ④ 인지행동 프로그램에 대한 반응도 다른 것으로(Van Voorhis et al., 2013) 관찰되었다. 반응성 원칙은 상담사가 더 나은 치료와 관리·감독을 계획하기 위한 도구로써 평가 정보를 활용할 수 있다고 제안한다.

성인 내부관리체계(Adult Internal Management System, AIMS; Quay, 1984)는 분류에 범죄자가 직접적으로 하는 자료 입력을 포함하지 않기 때문에 모든 다른 체계와 다르다. 대신에 직원이 두 개의 행동관찰 체크리스트를 작성한다. 첫 번째는 생활사 체크리스트(Life Histories Checklist)로, 범죄자의 배경 보고서를 검토하고 간단한 면담을 한 후에 답변하도록 고안된 27개 문항으로 구성되어 있다. 두 번째 도구는 교정 적응 체크리스트(Correctional Adjustment Checklist, CAC)로, 직원이 작성하며 교정환경에서 짧은 기간에 걸쳐 이루어지는 범죄자에 대한 직원의 관찰을 토대로 한다. CAC는 41개 문항으로 구성되었다.

2개의 체크리스트 점수는 합산되고 범죄자는 다음 5개의 성격 유형 중 하나로 분류된다.

1. 공격적−정신병질적(Aggressive-Psychopathic)
2. 부적절한−의존적(Inadequate-Dependent)
3. 신경증적−불안(Neurotic-Anxious)
4. 조종하는(Manipulative)
5. 상황적(Situational)

명칭은 그 후에 덜 서술적인 알파 I, 알파 II, 시그마 I, 시그마 II, 카파로 변경되었고 그들 각자의 기관에서의 위법 행위 비율에 상응한다. 청소년에게 사용하기 위한 유사한 체계도 있다(Quay & Parsons, 1972). AIMS 매뉴얼은 각 유형에 대해 많은 치료 이슈를 제시하지만, 그 체계의 가장 일반적인 적용은 수용자를 수용동 단위로 분리하는 것으로, 특히 약탈적 수용자를 취약한 수용자들과 분리한다. 이런 목적을 위해서라면 그 체계는 치료 도구라기보다는 관리로 불리는 것이 더 적절하다. 3개의 연구에서 수용자 관리의 목적을 위한 그 체계의 효과성을 검토했다. 모두 규율 위반이 낮아진 것으로 보고되었다(Bohn, 1979; Levenson, 1988; Quay, 1984).

메거지 MMPI 기반 유형 분류(Megargee MMPI-based Typology; Megargee & Bohn, 1979; Megargee et al., 2001)는 청소년과 성인 범죄자에게 사용하기 위해 개발되었다. 명칭에서 암시하듯, 미네소타 다면적 인성검사(MMPI)의 결과로 분류가 이루어진다. 그 분류체계는 대규모 교정인구를 분류하기 위한 수단으로 플로리다 주립대학교의 에드윈 I. 메거지(Edwin I. Megargee)와 동료들에 의해 개발되었다. 이 분류는 프로파일의 배열 형태와 기울기, 모양, 높이를 기반으로 MMPI 프로파일을 10개 범주로 구분하는 것을 포함한다. 이렇게 하기 위한 채점 규칙은 『MMPI-2를 사용한 범죄자 분류: 메거지 체계(Classifying Criminal Offenders with the MMPI-2: The Megargee System)』(Megargee et al., 2001)라는 책에서 도움을 받을 수 있다.

열 가지 유형은 각 유형과 관련된 MMPI 프로파일의 간략한 설명과 함께 다음에 기술되어 있다. 메거지는 각 유형의 행동 특성을 확인하는 경험적 과정을 통해 선입견에 의한 편향 효과를 방지하기 위해서 각 유형에 특징 없는 이름(예: 에이블, 베이커, 찰리 등)을 명명했다. 각 유형에 대한 제이거(Zager)의 기술은 가장 약한 장애에서부터 심한 장애에 이르기까지 다음과 같다.

- **아이템(Item)**: 당국과 약간의 문제나 마찰이 있지만, 전반적으로 안정적이고 잘 적응하는 집단이다.
- **이지(Easy)**: 일반적으로 밝고 안정적이며, 적응도 잘하고, 개인적 자원 및 대인관계가 좋다. 대다수가 성취능력이 낮다.
- **베이커(Baker)**: 불안하고, 위축되고, 독단적일 가능성이 있으며, 알코올을 남용하는 경향이 있다.
- **에이블(Able)**: 매력적이지만 충동적이고 조종하는 것으로 기술된다. 이들은 성취 지향적이며 종종 구금생활에 잘 적응한다.
- **조지(George)**: 학습된 범죄적 가치가 있으며, 근면하고, 순종적이고, 불안한 특징이 있다. 이들은 종종 교육과 직업 프로그램을 잘 활용한다.

- **델타**(Delta): 반사회적 가치체계를 보이며, 쾌락적이고, 자기중심적이고, 조종하고, 밝게 보인다. 이들은 동료 및 당국과 관계가 좋지 않으며 충동적 감각을 추구한다.
- **주피터**(Jupiter): 불우한 배경을 극복하며 교도소에서나 출소 후에 예상보다 잘 적응한다.
- **폭스트롯**(Foxtrot): 거칠고, 세상 물정에 밝고, 냉소적이고, 반사회적인 것으로 기술된다. 범죄력이 광범위하고 교도소에 잘 적응하지 못할 뿐만 아니라 대부분의 삶의 영역에서 어려움을 겪는다.
- **찰리**(Charlie): 적대적이고, 염세적이고, 소외감을 느끼고, 공격적이고, 반사회적으로 나타난다. 낮은 적응력과 형사상의 유죄 판결, 복합 물질남용의 광범위한 이력이 있다.
- **하우**(How): 불안정하고, 흥분되어 있으며, 정신건강에 장애가 있는 사례로 기술된다. 이들은 확장된 욕구를 가지며 삶의 주요 영역에서 비효율적으로 기능한다.

MMPI 기반 체계는 특정 형태의 심리적 장애를 보이는 범죄자들을 효율적으로 식별하는 수단을 제공한다. 예를 들어, '하우'로 분류된 수용자는 정신적 장애가 있는 것으로 알려져 있고 종종 정신건강을 위한 치료를 보장받는다. 물론 이러한 분류가 제6장에서 설명한 카보넬(Carbonell), 애니스티스(Anestis)와 샐리스버리(Salisbury)의 것과 유사한 형식의 좀 더 철저한 평가들을 대신할 수는 없지만, MMPI 결과들은 이러한 진단 작업을 지원하는 데 유용하다. 이런 의미에서 메거지 체계는 모든 수용자를 분류하는 기능으로 그리고 더 나아가서 좀 더 심각한 형태의 정신질환으로 고통받고 있는 것으로 보이는 수용자를 평가하기 위한 도구로의 역할 둘 다를 제공한다.

이런 체계들이 반응성을 어떻게 다루는지 이해하기 위해 당신이 사례관리를 하고 있는 2명의 성인을 상상해 보라. 1명은 신경증적인 것으로, 다른 1명은 반사회적인 것으로(반사회적인 신념, 가치, 태도를 지닌) 분류되었다. 신경증으로 분류된 사람은 비판을 잘 견디지 못하고, 상당히 방어적이며, 적극적인 범죄자로 분류된 사람보다 우리를 신뢰하는 데 더 어려움을 겪는다는 것을 곧 알 수 있을 것이다. 그는 우리의 논의나 의도를 쉽게 오해한다. 신경증적 범죄자에 대한 어떤 종류의 비판도 그의 행동화를 감소시키기보다 오히려 증가시키는 결과를 초래한다는 것도 알게 될 것이다. 반면에, 반사회적 범죄자는 우리가 그의 범죄적 사고를 '믿지 않아야(not buying)' 한다는 것을 아는 것이 필요하다. 우리가 그를 곤경에 빠지게 한 범죄적 태도를 알려 줄 때 그는 우리의 말에 주의를 기울일 필요가 있다. 간단히 말해서, 한 사람에게 효과가 있는 것이 다른 한 사람에게는 역효과를 낸다. 우리가 치료를 의뢰할 때 유사한 현상이 발생할 수 있다. 특정 유형의 치료 프로그램이 신경증 범죄자에게 효과가 있을 수 있지만 좀 더 조종하는 범죄자에 의해 이용될 수 있다.

교정 분류의 향후 방향

교정 분류와 평가는 계속 발전하고 있는 영역이다. 세 가지 새로운 방향이 특히 주목할 만하다. 젠더 반응적 여성 위험성/욕구 평가(앞에서 논의한)의 개발뿐 아니라, 예를 들어 성범죄자와 정신병질자(사이코패스), 물질남용자와 같은 특정 유형의 범죄자를 위한 위험성 모델의 개발이 논의되어야 한다. 두 번째 새로운 방향은 보호관찰, 기관, 가석방 결정, 때로는 사전심리(pretrial)까지, 전반에 걸쳐 동일하게 평가하는 연계된 분류체계의 개발이다.

정신병질자 및 성범죄자와 같은 특정 유형의 범죄자와 특정 범죄유발욕구에 대한 연구에서는 이러한 개인들의 사례관리와 관리 · 감독을 지원하는 많은 부가적 평가를 만들었다. 이러한 평가의 예를 들면 ① 헤어 정신병질 체크리스트 개정판(Hare Psychopathy Checklist-Revised; Hare, 2003), ② 성범죄자 욕구 평가등급(Sex Offender Needs Assessment Rating, SONAR; Hanson & Harris, 2000), ③ 스태틱 99(Static 99; Hanson & Thornton, 1999), ④ 배우자 폭력 위험성 평가 가이드(Spousal Assault Risk Assessment Guide; Kropp et al., 1997), ⑤ 범죄감정척도(Criminal Sentiments Scale; Simourd, 1997)가 있다. 물질남용에 대한 평가는 이 장의 앞부분에서 언급되었다. 특히 성범죄자들은 일반적인 위험성/욕구 평가에서 저위험군으로 나타나지만, SONAR나 스태틱 99에서는 고위험군으로 나오는 경우가 종종 있다. 이것은 그들이 일반적인 위험성/욕구 평가에서는 파악할 수 없는 일련의 다른 위험요인을 가지고 있기 때문이다(제12장 참조).

또 다른 새로운 방향은 연계된 분류체계(seamless classification systems)가 언젠가는 지역사회와 기관에서의 분리된 체계 사용을 대체할 수 있음을 시사한다. 예를 들어, LSI-R, ORAS, WRNA나 COMPAS 같은 도구는 판결 전 시점에서 시행되고 그 후에 정기적인 간격으로 재시행될 수 있다. 그것은 교정시설까지 그 범죄자와 함께 가며 가석방이 되면 파기될 것이다. 프로그램이 완료되거나 절제(abstinence)가 달성되는 경우와 같이 상황이 변화하면, 동적 위험성/욕구 점수는 다시 조정될 수 있다. 이러한 모델의 가치는 특히 현재 지역사회로 복귀하는 교도소 수용자 수를 기록할 필요성을 해결하기 위해 고안된 신입 수용자의 사회복귀(re-entry) 및 전환(transition) 프로그램과 관련이 있다(Petersilia, 2003). 이와 같은 NIC 전환 모델(NIC Transition Model; Parent & Barnett, 2003)에서의 공식적인 제안은 이러한 평가를 사용하여 ① 수용자들이 교도소에 입소하자마

글상자 7-4 ╱╱ **타당도와 신뢰도는 무엇을 의미하는가**

이 장 전체에 걸쳐 우리는 **타당도**와 **신뢰도**라는 용어를 자주 사용했다. 우리는 어쩌면 '분류체계가 타당하지 않다.' 혹은 '이 분류는 정말 확실히 신뢰할 수 있는 방법인가?'라고 말할 때 그 의미가 무엇인지 논의해야 한다. 이러한 개념은 범죄자를 공정하게 치료하는 일에 필수적이기 때문에, 독자들이 이 용어들에 대해 합리적으로 이해할 수 있도록 잠시 설명하고자 한다.

• 분류체계는 언제 타당한가

분류체계는 측정하기로 한 것을 측정할 때 타당하다. 예를 들어, 교정 위험성 평가는 그 체계에 따라 재범이나 교도소 내 위법 행위를 예측할 수 있도록 약속한다. 범죄자들은 예측 점수에 따라, 고 · 중 · 저 위험 수준으로 분류된다. 예측 점수나 수준이 정확하다면, 고위험으로 분류된 사람들은 저위험으로 분류된 사람보다 새로운 범죄를 좀 더 많이 저지른다. 이것을 예측 타당도라고 한다. 이것이 맞는지 밝혀내기 위해 연구자는 범죄자 표본에서 자료를 가져와서 최소한 12개월에서 24개월 동안 그들을 추적하며, 그 기간에 저지른 새로운 범죄를 계속 추적한다. 그 자료를 분석했을 때, 다음 그림과 같은 어떤 것을 볼 수 있다.

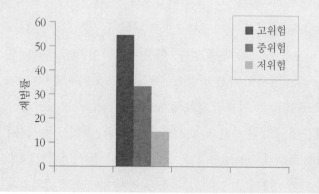

다시 말해, 고위험 범죄자는 실제로 저위험 범죄자보다 새로운 범죄를 저지를 위험성이 더 크다. 각 집단의 재범률이 같거나 '하향식 계단(descending stairs)'이 아닌 다른 것을 보여 주는 열(columns)과 같은 다른 어떤 것을 보았다면, 그 체계는 타당하지 않다고 결론지을 것이다.

타당도는 또한 그 체계가 같은 구성의 다른 측정 도구(이 경우에 위험성)와 상관관계가 있거나 유사한 분류가 되도록 요구한다. 타당도의 이러한 두 번째 형식을 '구성 타당도(construct validity)'라고 한다. 예를 들어, LSI-R과 SFS에 따라 분류된 범죄자 표본에서 대부분의 범죄자가 2개의 평가에서 동일한 분류가 이루어졌다면, 타당도는 구성된 것이다. LSI-R이 많은 범죄자에 대해 SFS와 다르게 위험성 분류를 했다면, 그 도구는 구성 타당도가 없다고 결론지을 것이다.

왜 우리는 윤리적 고려의 하나로 타당도를 자주 논의하는가? 교정환경에서 범죄자들의 삶은 교정 분류로 심각하게 영향을 받을 수 있다. 예를 들어, 재판을 받고 있는 개인은 위험성 평가 도구의 결과에 따라 서약서를 쓰고 석방될 수도 있고 수감될 수도 있다. 위험성 평가는 때때로 조기 석방이나 보호관찰 대상자에게 전자 감시를 해야 하는지를 결정해 주기도 한다. 마찬가지로, 교도소 분류체계는 수용자를 최소 구금형 시설로 보낼지, 아니면 활동의 자유가 거의 없고 특혜도 거의 없는 중간이나 최대 구금형 시설로 보낼지를 결정한다.

• 분류체계는 언제 신뢰할 수 있는가

분류체계는 동일한 개인을 두 번 검사하여 똑같은 분류 결과가 나왔을 때 신뢰할 만하다. 이것은 한 개인에게 하나의 검사를 두 번 실시할 수도 있고, 아니면 1명이나 2명의 개인에게 서로 다른 2개의 평가를 실시할 수도 있다. 우리는 유사한 결과를 원한다. 우리는 면담자에게 책임이 있는 너무 많은 판단을 요구하는 질문에 특히 우려하고 있다. 예를 들어, 이 장에서 범죄자의 물질남용으로 야기되는 이상 수준이 경미한지 아니면 심각한지를 확인하기 위해 면담자가 요청하는 질문에 대해 언급했다. 2명의 면담자가 그 항목에 똑같은 점수를 부여했을까? 평가의 신뢰도를 확인하기 위해 2명의 별도의 상담사나 사례관리자에게 두 번씩 평가받는 것에 동의한 범죄자 50명의 무작위 표본을 생각해 보자. 평가를 실시하고 각 평가에서 동일하게 나온 평가 결과의 사례 수를 세어 보라. 여기에 50쌍의 평가가 있는데, 최소한 그중의 80%는 평가를 실시한 사람과 상관없이 동일한 분류가 나타나야 한다.

자 출소계획을 세우기 시작하고, ② 교정 기간에서와 그 이후 동안에도 지속적인 관리를 보장하는 것이 포함된다. 타당도(validity)와 신뢰도(reliability)에 대한 설명은 〈글상자 7-4〉를 참조하라.

마지막 새로운 방향은 한 번에 필요한 프로그램 하나를 내담자에게 배정하는 관행에 도전한다. 예를 들어, 고위험 내담자가 처음에는 인지행동 프로그램에, 그 이후에는 정신건강 프로그램에, 다음으로는 물질남용 프로그램에 의뢰되었다면, 이러한 욕구가 동시에 발생하는 것인지 혹은 몇몇 치료적 관련이 있는 순서에서 다루어져야 할 필요가 있는지에 대한 고려가 없다면 그 사례에 대해 지나치게 단순한 관점을 취하는 것이다. 최근에 많은 연구자가 다양한 유형의 요인 및 군집 분석으로 위험성/욕구 척도를 실시하였는데, 그것들이 의미 있는 방식으로 동시에 발생하는 것으로 나타났다(예: Brennan, Breitenbach, & Dieterich, 2008: Brennan et al., 2012; Taxman & Coudy, 2015). 여기에 함축된 의미는 위험요인은 다른 위험요인들의 맥락에서 치료되어야 한다는 것이다. 여성 범죄자에 대한 스테파니 코빙턴(Stephanie Covington)의 작업(예: 2008a, 2008b)이 하나의 적합한 예이다. 코빙턴은 많은 여성 범죄자에게 물질남용은 정신건강, 외상 그리고 관계 문제와 함께 발생한다고 주장한다. 이 모든 것은 다루어져야 하며, 때로는 치료가 동시에 이루어져야 한다. 하나의 프로그램(예: 재발방지)으로 하나의 문제(예: 물질사용)를 목표로 하면, 여성의 물질남용에서 매우 큰 부분인 인과적 역동성을 치료에서 놓칠 수 있다.

결론

앞에서 논의한 체계들이 모든 분류 선택사항을 빠짐없이 언급한 것은 아니지만, 그래도 사용 가능한 체계의 유형에 대한 전형적인 예가 된다. 게다가 분류기법의 연구와 개발은 앞으로 수년 동안 많은 발전을 이루어 내야 하는 범죄학 연구의 주요한 영역이다. 그동안 분류는 이미 교정 관리와 치료의 중요한 도구가 되어 왔다. 실제로 연구에서는 분류모델의 시행이 치료 효과성을 높이고(Andrews & Bonta, 2010; Palmer, 2002), 기관의 적응과 높은 관련성이 있으며(Van Voorhis, 1994), 교정환경에서 위법 행위를 낮추고(Bohn, 1979; Levenson, 1988; Quay, 1984), 사례관리자와 상담사가 범죄자 행동을 변화시킬 가능성이 가장 높은 프로그램으로 안내해 주는 것으로 나타났다.

그렇다고 교정 분류의 노력이 항상 성공적이라든지, 그 체계를 쉽게 시행할 수 있다고 제시하는 것은 아니다. 사실 이 체계의 미래 소비자는 적어도 문서상으로 쉽게 구현되는 것처럼 보이는 체계로 인해 실제로 발생하는 심각한 실수를 경계해야 한다. 효율성 신념(myth of efficiency)은 교정인구를 분류하기 위한 많은 시도를 손상시키는 것으로 보인다. 효율성 신념은 기관이 이미 과로한 직원에게 과도한 부담을 주지 않아도 될 정도로 쉽게 완성될 수 있는 분류체계를 찾고자 하는 욕구에서 작용한다. 예를 들어, 보호관찰자 100명의 사례관리를 하는 보호관찰관은 위험성 평가 도구 서류를 작성하는 데 3분밖에 안 걸리기 때문에 그것을 완성해야 하는 것에 대해 불평할 필요가 없다는 신념이 있을 수 있다. 게다가 위험성 평가 도구는 앞의 [그림 7-2]에서 볼 수 있는 것처럼 명료하고 완성하기 쉬운 것으로 보인다. 질문이 그렇게 간단한데 왜 그것이 기관에 문제가 될까? 그러나 이러한 수준의 단순성은 또한 체계의 결점이 될 수 있는데, 그 양식이 너무 빠르게 작성될 수 있어서 직원이 그것에 대해 아무 생각도 할 필요가 없기 때문이다. 불행하게도, 이 간단한 체계들조차 부정확성으로 문제를 일으켰다(Austin, 1986; Buchanan, Whitlow, & Austin, 1986).

연구자들은 신뢰할 수 있는 평가의 문제와 더불어 분류와 평가가 단순히 의도된 목적대로 사용되지 못한 많은 사례에 주목하고 있다. 예를 들어, 범죄자들에게 사용할 수 있는 분류 도구에 근거하여 그들에게 알맞은 프로그램(Lowenkamp, 2004)이나 구금 수준(Van Voorhis & Presser, 2001)에 매칭하지 못하는 경우가 있다.

이러한 체계의 잠재적 사용자들은 또한 한 관할구역에서 위험성 평가 도구를 차용(borrowing)하고 그것이 얼마나 잘 들어맞는지 전혀 고려하지 않고 다른 관할구역에 시행하는 문제에 대해 경고해야 한다(Clear, 1988; Jones, 1996). 연구자들은 위험 수준을 구분하는 절단점(cut-off)이 여러 환경에서 크게 변할 수 있다고 경고해 왔다. 따라서 예측 도구가 가능한 한 정확하기 위해서는 각각의 새로운 지역에서 그것이 타당화되어야 한다(Wright, Clear, & Dickson, 1984). 여성 범죄자들에 대한 일련의 연구에서 경험한 바와 같이, 그 체계가 전혀 타당하지 않을 수 있고 불필요하게 엄격한 교정환경에 수용자를 잘못 배치할 수도 있다(Hardyman & Van Voorhis, 2004).

결론적으로, 분류는 관리와 치료 관점 둘 다에서 모두 일리가 있는 것으로 보인다. 그러나 어떤 프로그램 전략에서처럼 치료의 진솔성(integrity)이 문제이다. 앞에서 열거한 모든 체계는 사용에 관한 지침을 세심하게 확립했지만, 문제는 그러한 지침을 준수하지 않는 데서 비롯되었다. 그러나 성공적인 실행사례도 많이 있어서, 교정 프로그램의 기능을 향상시키는 데 기여했다. 사례 연구에 대해서는 〈글상자 7-5〉를 참조하라.

이 장과 앞 장에서 우리는 교정 내담자에 대한 올바른 이해를 달성할 수 있는 많은 도구를 제시했다. 교정 분류 도구들은 치료 계획에서 고려해야 할 위험성, 욕구, 반응성 특성을 식별할 수 있게 도와준다. 그것들은 상담사에게 내담자의 도전(challenge)과 강점에 대한 중요한 통찰을 제공한다.

내담자에게 적절한 개입을 의뢰하기 전에, 교정 사례관리자와 상담사는 먼저 치료 목표와 계획된 개입과정을 결정해야 한다. 이것은 내담자의 분류 점수, 정신건강 보고서, 교육적 평가뿐만 아니라 사회생활력과 범죄력을 검토하는 것까지 포함한다. 이러한 것들이 치료 계획의 토대를 형성하며, 그 토대 위에 내담자의 주요 욕구가 결합되어 관리·감독과 상담의 목표가 결정된다. 치료 계획에는 일반적으로 다음과 같은 구성요소가 포함된다.

I. 배경과 사회생활력
II. 범죄력과 범죄사건의 역동
III. 현재 범행에 대한 기술
IV. 위험성 점수와 욕구 및 반응성 평가의 결과
V. 치료 목표
VI. 내담자 욕구를 다루기 위한 치료적 접근

제이슨의 상황을 생각해 보라.

당신이 제이슨을 위한 치료 계획을 개발하도록 요청받았다고 가정하면, 바라기는 좀 더 긍정적이고 의미 있는 방향으로 그에게 향할 것이다. 치료 계획에는 제이슨의 사회생활력과 범죄력을 설명할 뿐만 아니라 관련된 정신건강과 분류 정보를 제공하고 그가 복역하는 동안 당신이 다루려고 계획한 범죄유발욕구를 상세히 설명할 것이다. 이 사례에서 당신은 제이슨을 면담하고 평가하기 위해 교도소의 정신건강 팀으로 의뢰할 만한 어떤 행동도 관찰하지 못했다. 그러나 그는 교정체계의 분류 팀에서 제공한 여러 가지 평가를 완료했다. 여기에는 서비스 수준 검사 개정판(LSI-R; Andrews & Bonta, 1995), 지능검사, 제스니스 검사(Jesness, 1996)가 포함된다. 이 평가의 결과는 다음과 같다.

• **분류 및 평가**: 제이슨의 LSI-R 점수는 그의 재범 위험성이 중상위인 것으로 나타났다. 이 위험성 분류는 지금 있는 기관이 그에게 적절하고, 또한 제이슨이 범죄유발욕구를 목표로 하는 여러 가지 집중치료 프로그램의 대상자라는 것을 제시한다. 이에 더해

LSI-R은 사례관리 도구의 기능도 제공하는데, 제이슨이 수용되어 있는 동안 목표가 되어야 할 범죄유발욕구에 우선순위를 매기기 때문이다. 제이슨의 주된 범죄유발욕구는 ① 범죄적 유대, ② 범죄적 태도, ③ 제한된 작업기술, ④ 교육적 제한, ⑤ 문제가 되는 가족관계이다.

제스니스 검사는 제이슨을 문화적 순응자(Cultural Conformist, CFC)로 분류했다. CFC는 ① 그들의 생활방식에 문제를 제기하거나 행동을 변화시킬 이유를 거의 보지 않고, ② 심각한 개인 문제가 있다는 것을 거의 인정하지 않는 범죄자로 기술된다. 그들이 개인적 문제를 인정할 때는 그에 대해 다른 사람(예: 경찰, 학교, 변호사)을 비난한다. CFC는 사회적 인정과 욕구 충족을 위해 동료들에게 중점을 둔다. 그들은 종종 그들의 범죄 행동을 강하게 지지해 주는 반사회적 가치를 가지고 있다.

문화 타당성 검사(Cattell & Cattell, 1973)에서 제이슨의 지능 점수는 118로, 확실히 평균 이상이었다. 그는 특히 스포츠나 모험 이야기의 열렬한 독자이다.

분류 팀 직원에게는 제이슨이 물질남용 개입을 위한 대상자로 보이지 않았다. 그러나 더 자세히 관찰하면 재평가되어야 필요가 있다. 예를 들어, 당신은 제이슨이 알코올 음료를 만들기 위해 과일을 훔친 것에 대해 징벌 대상자 진술서를 받았다는 사실을 방금 알게 되었다. 당신은 걱정이 되어 제이슨의 알코올과 다른 약물 사용에 대해 좀 더 검토할 계획을 세울 것이며, 아마 물질남용 진단 도구를 사용할 수도 있다. 범죄자가 초기면담에서 자신의 물질남용에 대해 잘못 표현한 것을 치료 실무자가 나중에 알게 되는 경우는 드물지 않다.

현재 당신은 다음의 범죄유발욕구에 초점을 맞추기로 결정한다.

- 반사회적이고 범죄적인 행동을 지지하는 범죄적 태도
- 제한된 인지기술(예: 빈약한 문제 해결 및 의사결정 기술)
- 제한된 학업 성취나 직업기술
- 공격적인 태도와 행동
- 친사회적 동료나 가족 구성원보다 범죄자에 대한 지향성

이것들이 LSI-R에 의해 확인된 모든 범죄유발욕구를 나타내는 것은 아닐 수 있지만, 현재로서는 우선순위가 된다. 이것은 제이슨이 개선되면서, 혹은 다른 범죄유발욕구(물질남용과 같은)들이 명백해지면서 시간이 지남에 따라 변할 수 있다.

당신은 또한 제이슨에게 다음과 같은 강점이 있다는 것에 주목한다.

- 평균 이상의 지능

- 양호한 신체건강
- 여동생의 지지
- 독서를 즐기며 고등학교를 졸업하지 못한 것에 대한 후회

따라서 당신은 다음과 같이 치료 목표를 작성한다.

1. 범죄유발적인 사고방식 줄이기
2. 문제 해결 및 의사결정 기술 구축하기
3. 분노조절 기술 구축하기
4. 제이슨의 친사회적 개인관계 격려하기(예: 여동생, 주요 교정직원, 반범죄유발적 행동모델이 되는 수용자)
5. 검정고시와 대학 수준 과정 완료하기

토론 질문

1. 반 부어히스에 의해 논의된 분류체계의 공통점은 무엇인가?
2. 교정 분류는 어떤 목적으로 수행되는가?
3. 정적 분류체계와 동적 분류체계의 차이는 무엇인가? 그 차이는 왜 중요한가?
4. 반 부어히스가 '효율성 신념(myth of efficiency)'을 언급하는 의미는 무엇인가?
5. 위험성 원칙과 욕구 원칙, 반응성 원칙을 구별하라. 교정치료 노력을 위해 각각은 어떻게 중요한가?
6. 정확한 욕구 혹은 반응성 평가를 통해 교정치료 프로그램을 보다 효과적으로 만들 수 있는 방법은 무엇인가?
7. 분류체계가 타당하고 신뢰할 수 있어야 한다는 진술은 무엇을 의미하는가?
8. 타당도가 입증되지 않은 분류체계를 사용하는 것은 왜 비윤리적인가?

제**4**부

교정상담과 치료에 대한
현대적 접근

이 부분에서 제시하는 3개의 상담 및 치료 접근은 정확하게 전달되었을 때 범죄자의 재범이 감소하는 것으로 알려진 핵심 방식들이다.

사회학습모델(관찰학습 접근법)은 제8장에서 논의된다. 제8장에서는 관찰학습이 인간 학습의 가장 일반적인 형태라고 주장한다. 그러나 이러한 관점에서의 학습은 ① 유능한 관계기술을 가진 역할모델, ② 새롭게 학습한 기술과 행동을 실습할 기회, ③ 실습에 대한 구체적 피드백, ④ 새로운 행동의 학습을 위한 내담자 강화의 제공에 세심한 주의를 기울일 때 가장 효과성이 높다. 사회학습이론은 일반적인 기술개발 프로그램과 분노관리 프로그램에 대한 이론적 근거를 제공한다.

인지치료는 사회학습 접근을 토대로 하지만 '사고과정'에 초점을 둔다(제9장 참조). 이러한 전략들은 역기능적 행동을 지지하고 부추기는 역기능적 인식, 태도, 신념을 목표로 한다. 교정환경에서 인지 재구조화 프로그램은 범죄 행동을 지지하는 범죄자의 '사고의 오류'를 변화시키고자 한다. 또 다른 접근은 인지기술에 대한 작업으로, 비행청소년이나 성인 범죄자들은 치료환경에서 개선될 수 있는 결함이 있는 사고기술을 종종 보여 준다.

마지막으로, 가족치료 모델은 가족제도를 범죄자의 교화를 위한 도구로 여긴다. 제10장은 가족치료 프로그램에 초점을 두고 있어서 역기능적 가족체계에서 살아온 범죄자들에게 가장 잘 반응할 수 있다. 제10장에서는 체계이론의 개념을 소개하고, 가족 문제의 발전 및 이러한 문제들을 다루기 위해 작업하는 치료 둘 다에 그 이론이 어떻게 작용하는지 논의한다. 체계치료는 구조, 의사소통, 전략 그리고 가족 공동치료 접근으로 예시된 바와 같이 이전 장에서 논의된 좀 더 선형적인 접근과는 현저하게 다른 패러다임에서 작동한다. 범죄자들에게 자주 사용되는 가족치료 모델은 다체계적 치료(Multisystemic Therapy, MST)이다. MST는 가족치료의 초기 모델에서 차용한 것이지만, 범죄자와 그 가족들에게 폭넓은 서비스를 제공한다. 제10장에서는 또한 부모들에게 급진적 행동주의 및 사회학습 접근의 핵심 전략을 교육했던, 오리건 사회학습센터(Oregon Social Learning Center)에서 제공한 것과 같은 양육기술 수업에 상당한 주의를 기울인다.

제 **8** 장

사회학습모델

패트리샤 반 부어히스(Patricia Van Voorhis) & 에밀리 J. 샐리스버리(Emily J. Salisbury)

정확한 피드백	관찰학습
정서적 유의성	참가자 모델링
각성 수준	지각태
인지적 조직화	역할모델의 보급률
복합적 목표 행동	역할모델
성분 반응	역할극
내현적 모델링	자기효능감
특이한	자기관찰
외적 강화	자기강화
기능적 가치	감각능력
모방 일반화	모방 특정화
일반화	구조화된 학습훈련/기술 스트리밍
목표 행동	상징 부호화
모방	상징적 모델
실제 모델	상징 시연
모델링	치료공동체
운동 시연	대리강화

제4장에 제시된 고전적 조건형성과 조작적 조건형성이 인간 학습의 유일한 모델은 아니다. 사실 직접적인 학습(조작적 조건형성)이 인간 학습의 주된 방식도 아니다. 앨버트 반두라(Albert Bandura, 1977)에 따르면, 인간이 성취한 학습 대부분은 관찰학습(observational learning) 과정을 통해 이루어진다. 다시 말해, 학습에서 강화와 처벌, 자극이 중요함에도 불구하고, 우리가 일생에 걸쳐서 학습했던 대부분은 다른 사람에 대한 관찰과 모방을 통해 간접적으로 학습된 것이다. 이러한 관점에서 역할모델(role models)과 모델링(modeling) 과정은 매우 중요하다(Bandura, 1977). 사회학습 접근은 제4장에서 논의된 여러 가지 학습 개념을 통합하지만 모델링에 중점을 두고 있다. 모델링은 치료에서 가르치기 위해 고안된, 관찰하고 모방할 수 있는 행동 혹은 목표 행동(goal behaviors)에 대해 내담자에게 방법을 제공한다.

사회학습 프로그램은 교정 사회복귀를 위한 노력의 가장 중요한 특징이다. 이러한 인기는 대개가 효율성과 비용 효과 때문이지만 그것의 효과성 또한 간과할 수 없다. 앞장에서 논의된 메타분석에서 사회학습모델은 특히 인지행동모델(제9장 참조)과 결합될 때 가장 효과적인 치료 접근이 되는 것으로 나타났다(Andrews & Bonta, 2010; Andrews et al., 1990; Antonowicz & Ross, 1994; Dowden & Andrews, 2000; Lipsey, 1992, 2009; Lösel, 1995). 실제로 높은 수준의 사회학습/인지행동치료 접근이 20~30% 정도의 재범 감소를 달성했다(Andrews & Bonta, 2010).

학습에 있어서 모델링의 중요성을 이해하기 위해서는 우리 자신의 학습 경험을 잠시 떠올려 보는 것이 필요하다. 직접적이었거나 혹은 오로지 보상과 처벌을 통해서, 심지어 점진적 조성과정을 통해서 학습한다는 것은 극히 비효율적이었을 것이다. 우리는 그러한 시행착오의 과정을 통해서만 운동과 언어, 사회, 직업 등의 기술을 습득하지 않았다. 우리는 특별히 높이 평가했던 운동선수 혹은 글쓰기 스타일을 관찰하거나, 인기 있는 사람들의 사회성 기술을 기억한다. 그런 다음 이러한 역할모델의 기술을 모방하고, 연습과 강화를 통해 그것들을 사용하는 데 점점 더 능숙해졌다.

다른 사람들에 의해 제공되는 모델링은 여러 가지 면에서 우리 자신의 학습을 촉진한다.

1. 새로운 행동을 수행하는 방법을 보여 주기 때문에 완전히 새로운 기법과 기술을 습득하는 데 매우 유용하다.
2. 시기적절하게 행동하는 방법을 촉진하거나 보여 준다.

3. 새로운 기술이나 행동을 사용해 보고 싶은 욕구에 대한 동기를 강화하거나 그 욕구를 증가시킨다(특히 그 모델이 자신의 기술을 위해 강화된 경우).

4. 우리를 탈억제한다. 모델 행동은 완전히 새로운 행동을 사용하는 것에 대한 불안과 두려움을 감소시키고, 이것이 새로운 기술을 실습하지 않고 회피하려는 경향을 감소시킨다(Masters et al., 1987; Spiegler & Guevremont, 2002).

대신에 어떤 행동으로 처벌을 받은 모델에 대해서는 보통 그들의 행동을 모방하지 않도록 한다. 예를 들어, 일반적으로 억제라는 개념은 다른 사람이 처벌받는 것을 보면 그들의 운명을 초래했던 것과 같은 행동을 저지르는 것을 회피할 것이라는 가정에 기초한다.

우리는 우리가 만나는 모든 사람을, 심지어 우리가 만난 많은 사람을 모방하지 않는다는 것을 알 수 있다. 그 대신에 우리는 유능하고, 매력적이고, 상을 받은 사람들의 행동을 모방한다. 이것은 매우 특이한 과정이다. 예를 들어, 당신은 매력적인 운동선수를 모방하려고 했을 수 있는 반면에, 당신 맞은편에 있는 학생은 그녀의 수학 선생님이 설명해 주는 지식에 감명을 받았고, 그녀 앞에 있는 학생은 반의 앞줄에 있는 학생의 복장과 스타일에 특별한 감각이 있다고 생각했다. 간단히 말해서, 모든 사람이 훌륭한 역할모델이 되는 것은 아니며, 다른 사람에게 중요한 역할모델이 우리에게는 아닐 수도 있고 그 반대의 경우도 가능하다. 우리는 이 장에서 청소년과 성인 범죄자에게 효과적인 역할모델이 되는 데 필요한 특성에 상당한 관심을 기울일 것이다.

안타깝게도, 모델링은 또한 범죄 행동의 학습을 촉진한다. 사실 반사회적 유대(혹은 역할모델)를 가지는 것은 비행과 범죄 행동의 강력한 위험요인이다(Akers, 2001; Andrews & Bonta, 2010; Elliot, Huizinga, & Ageton, 1985). 좋지 못한 부모의 모델링은 반사회적인 행동으로 강하게 연결되고(Patterson, 1982; Patterson, Reid, & Dishion, 1992), 공격적 행동의 모델링은 공격성을 보는 사람에게 공격성과 적대감을 일으킨다(Bandura, 1973; Kirby, Milich, & Hundley, 2003; Patterson, 1982).

환경 또한 사회학습 패러다임에서 중요하다. 교정 및 정신건강 분야 둘 다에서 인기 있는 치료전략의 하나인 치료공동체(therapeutic communities)는 내담자 치료에서 모든 측면의 환경이 중요함을 강조한다([그림 8-1] 참조). 예를 들어, 전통적인 치료공동체에서는 직원과 수용자 모두가 적절한 역할모델로서 행동하도록 훈련받는다(제5장 '집단치료 및 환경치료에서의 초기 접근' 참조). 치료 직원뿐만 아니라 모든 직원 구성원이 잠재적

그림 8-1 임상감독자 오토 윌리엄스 주니어(Otto Williams Jr.)가 뉴저지주 뉴어크 북부 주립 교도소의 신입자 마약 재활 프로그램의 시작 수업에서 치료공동체의 목표를 설명하고 있다.
출처: AP Photo/Daniel Hulshizer.

모델로 간주된다. 공정하고 존경받는 관계방식을 모델링하기 위해 권위적인 역할과 정책을 좀 더 공정한 의사소통과 의사결정 방법으로 대체하려는 노력이 이루어진다. 행정관리자들도 또한 시설생활의 억압적인 요소를 제거하고 가능한 한 시설 외부의 생활을 재현하려고 노력한다(Burdon et al., 2002). 치료공동체에서는 심지어 전통적인 교도소의 건축 및 설계 일부를 제거하기도 하는데, 지나치게 권위적인 환경에서는 범죄자들에게 프로그램을 통해 민주적이고 공정하게 기능하는 방법을 가르칠 수 없기 때문이다.

초기 형태의 환경치료와는 대조적으로, 사회학습모델을 기반으로 한 현대의 치료공동체는 확실한 성공의 징후를 보여 준다. 이러한 프로그램 중 하나인 캘리포니아 아미티 교도소의 약물치료 치료공동체에서는 치료집단 참가자들이 통제집단보다 출소 후 교도소에 재입소될 가능성이 유의미하게 낮은 것으로 나타났다(Wexler, De Leon, et al., 1999; Wexler, Melnick, et al., 1999). 더욱이 치료공동체 치료와 사후관리를 모두 종결한 치료집단 참가자들은 ① 치료에서 탈락했거나, 혹은 ② 치료는 종결되었으나 사후관리는 받지 않은 참가자들과 비교했을 때 교도소에 재입소할 가능성이 현저히 낮았다 (Prendergast et al., 2004).

사회학습 개입은 또한 인지과정(즉, 개인의 생각과 신념, 가치, 인식)을 고려한다. 실제로 우리 학습의 많은 부분은 우리의 행동을 촉진하고 지지하는 생각이나 우리에게 제시된 자극을 평가하는 생각들을 포함한다(Bandura, 1977). 인지행동 접근에서는 보상, 처벌, 역할모델 그리고 거의 모든 환경요인의 효과가 이러한 요인들에 대해 내담자가 어떻게 지각하는지에 크게 의존한다고 인식한다. 또한 이 접근에서는 더 의도적으로 사고와 사고과정을 목표로 삼는다. 범죄자에 대한 인지행동 접근의 좀 더 상세한 설명은 제9장에 기술되어 있다.

누가 좋은 역할모델이 되는가

앞에서 언급한 바와 같이, 오직 특정 개인만이 효과적인 역할모델로 기능한다. 점점 더 많은 연구가 이루어지면서 좋은 역할모델링의 특성을 보여 준다. 예를 들어, 앨버트 반두라와 동료들(Bandura, 1965, 1977; Bandura, Ross, & Ross, 1963; Bandura & Walters, 1963)의 초기 연구에서는 다음 요인들이 한 사람의 모방 여부에 영향을 미치는 것으로 나타났다.

1. 매력
2. 능력
3. 그 사람이 보상을 받은 정도

도널드 앤드류스(Donald Andrews, 1980)의 초기 연구는 범죄자들이 친사회적 태도와 행동을 어떻게 배우는지에 초점을 두었다. 유의할 점은 친사회적 태도에 대한 앤드류스의 용어는 '반범죄적 정서'라는 것이다. 일련의 연구에서 앤드류스는 범죄자들에게 친사회적 정서와 행동을 가르치기 위한 최적의 모델링 방법을 파악하기 위해 각각의 실험에서 학습환경을 조작하였다. 그는 반범죄적 개인에게 단순히 노출되는 것만으로는 충분하지 않고, 태도의 변화를 경험하기 위해서는 친사회적 가치의 토론을 포함하는 과정에 참여해야 한다는 것을 발견하였다. 이처럼 모델링한 상호작용을 보고 다른 사람과 실습하거나 반응하는 기회가 범죄자의 학습을 촉진했다.

역할모델의 관계 특성에 대한 추가적인 발견이 언급되었다. 앤드류스는 대인관계 기술이 있는 사람, 즉 보다 개방적이고, 온화하고, 다른 사람의 입장에 대해 이해하는 사람이 이러한 관계 특성의 기술이 거의 없는 사람보다 학습이 더 효과적이었다고 밝혔다. 한 연구에서 그는 프로그램 이후에 재범률이 가장 낮았던 내담자의 보호관찰관 유형은 반범죄적인 행동과 정서의 모델이 되었을 뿐만 아니라, 유능한 관계기술도 가지고 있었던 것으로 보고했다(Andrews, 1980).

〈표 8-1〉에서 보듯이, 관계기술의 점수가 낮고 암묵적인 범죄 정서를 모델링한 직원은 내담자들이 시간이 지나도 행동이 변하지 않는 경향이 있었다. 흥미롭게도, 유능한 관계기술을 가지고 있지만 반사회적 태도를 모델링한 직원의 내담자는 더 높은 재

〈표 8-1〉 관계방식 vs. 메시지: 범죄자들은 무엇을 배우는가

		단호한, 공정한, 온화한	거리감이 있는
보호관찰관의 메시지 내용	친사회적	친사회적 가치와 신념, 행동	행동 변화 없음
	반사회적	반사회적 가치와 신념, 태도, 행동	행동 변화 없음

출처: Andrews, D. (1980). Some experimental investigations of the principles of differential association through deliberate manipulations of the structures of service systems. *American Sociological Review, 45*, 448–462.

범률을 보였다. 반범죄적 행동을 모델링한 유능한 관계방식을 가진 직원의 내담자는 재범률이 더 낮게 나타났다. 역할모델의 관계기술 중요성은 마지막 집단에서도 나타난다. 관계기술은 낮지만 반범죄적 모델링이 강한 직원은 원하는 재범 감소를 만들지 못했다.

간단히 말해서, 온화한 대인관계 방식을 가진 모델들은 내담자와의 관계에서 거리감이 있는 모델들과 관계한 내담자들보다 훨씬 더 효과적이었다. 역할모델의 관계기술과 대인관계에서의 민감성은 매우 중요하다. 그것이 없다면 모방된 행동은 종종 학습되지 않는다. 그러나 발전된 관계기술을 가진 역할모델은 그들이 모델이 되어 전달하려는 모든 행동의 학습을 촉진한다는 것을 기억해야 한다. 만약 개인적으로 온화한 상담사나 동료가 반사회적인 행동을 모델로 한다면, 배우게 되는 것은 그의 행동이다.

그 이후의 저술에서 앤드류스와 본타(Bonta)는 효과적인 모델링의 특성을 좀 더 정의했다. 앤드류스와 본타(2010)에 따르면, 좋은 역할모델은 열정적이고, 개방적이고, 유연하며, 내담자에게 자신의 의견과 감정을 표현할 수 있는 자유를 허용한다. 이것은 상담사나 교정직원이 절대 불편감을 표현해서는 안 된다거나 항상 내담자가 듣고 싶어하는 말만 해야 한다는 의미는 아니다. 때때로 유능한 관계기술은 교정상담사가 내담자에게 불편감을 표현하는 것도 포함한다. 이것은 내담자의 심리적 안정감에 위협이 되지 않게 행해져야 하며, 신뢰와 공정한 관계가 확립되어 있을 때만 효과적이다. 예를 들어, 내담자가 약속을 어겼거나 주말 귀휴에서 늦게 돌아왔다면, 우리는 그 행동을 무시하는 사치를 할 여유는 없다. 우리는 우리의 관심사에 대해 정직해야 하며 우리의 지적은 그 행동과 그 결과, 즉 범죄자에 관한 그리고 관리감독자로서 우리에 관한 결과에 제한해서 그렇게 해야 한다. 이런 방법으로, 그 행동은 비판하지만 그 사람은 비판하지 않는다. 우리는 성공할 수 있는 내담자의 능력과 개인으로서 그의 고유한 가치에 대해 믿음을 가지고 있다.

또한 좋은 역할모델링의 관계 특성은 적절한 대인관계 범위 내에서 개방성과 온화함, 이해가 제공되는 상호 간의 호감, 존중, 돌봄의 환경을 유지하는 것도 포함한다. 사실 이러한 관계 특성이 갖추어져 있다면, 관리·감독 조건에 관한 범죄자의 순응이 증가하여 결과적으로 위반 및 취소(revocation) 횟수가 감소한다. 예를 들어, 스킴과 동료들(Skeem et al., 2007)에 따르면, 돌봄과 공정함, 신뢰감, 권위(그러나 권위적이지는 않음)가 있는 대인관계 방식을 가진 보호관찰관의 내담자는 기술적인 위반과 취소의 횟수가 유의미하게 감소했다. 권위적인 방식은 엄격하고, 요구하며, 지시적인 반면, 내담자의 요구에는 반응하지 않는다. 게다가 '냉정한(toughness, 보호관찰 대상자의 견해와 감정에 무관심하고, 순응을 기대하고, 기대가 충족되지 않을 때 처벌로 반응하는)' 직원의 증가는 실제로 범죄자의 위반과 취소 가능성을 증가시켰다. 다른 한편으로는 지나치게 허용적이고 관대한 직원도 범죄자의 비순응을 더 증가시키는 경향이 있었다(Andrews & Kiessling, 1980; Trotter, 1999). 그래서 내담자에 대한 교정직원의 이중역할 관계(단호하지만 공정한)는 매우 중요하다.

교정상담사는 관계 특성뿐만 아니라 친사회적 행동은 모방하게 하고 반사회적 행동은 단념하게 하는 방법에 상당한 주의를 기울여야 한다. 예를 들어, 행동에 대한 시연에서 역할모델이 명확해야 한다. 가능하다면 그 모델이 심지어 구두로 시행된 것일지라도 그가 모델이 되었던 그 행동을 사용해서 보상받았음을 표현해야 한다. 다시 말해, 상담사는 새로운 행동을 보여 준 내담자에게 보상이나 칭찬을 하는 것에 주의를 기울여야 한다. 다음 절에서 논의하겠지만, 조작적 조건형성 패러다임의 주요 구성요소인 강화는 또한 사회학습 개입의 핵심이기도 하다. 내담자들은 강화와 격려의 환경에서 작업해야 한다. 더욱이 새로운 행동이나 기술이 어렵거나 두려움을 유발한다면, 상담사는 내담자의 두려움을 공감해야 하지만 그래도 장기 목표를 달성하는 데 새로운 기술이 미치는 이점을 강조해야 한다. 적절한 경우, 상담사는 또한 자신이 비슷한 두려움을 가지고 있었지만 극복했던 때를 이야기할 수 있다.

우리는 또한 강화와 불승인(disapproval) 기법에 대해 어느 정도 주의를 기울일 것이다. 강화는 종종 칭찬의 형식을 취한다. 앤드류스와 본타(2010)는 그러한 칭찬은 내담자의 진술이나 행동에 대해 승인과 지지, 동의로 강력하고, 확실하고, 즉각적인 진술이어야 함을 권고한다. 눈 맞춤, 미소 혹은 경험의 공유와 같은 비언어적 표현도 승인에 대한 건강한 기법이다. 게다가 내담자의 행동에 대해 승인이 제공되는 이유, 즉 그 행동에서 좋은 점은 무엇이었는지에 대한 설득력 있는 진술에 어느 정도 시간이 주어져야 한다. 물론 이러한 특성의 반응들은 상담사의 반응이 기분 좋은 행동방식이 아닌 하나의 강화로서 구분될 수 있을 만큼 충분히 강력해야 한다.

앤드류스와 본타(2010)는 때로는 효과적인 방법으로 내담자의 행동을 불승인할 필요성을 인식하고 있다. 실제로 앤드류스의 초기 연구에서 연구된 좋은 관계기술을 가진 보호관찰 직원은 무분별하게 강화를 언급하지는 않았다. 그들은 수반성(contingent) 방법으로 강화를 했다(Andrews, 1980). 교정상담사들은 불승인이나 불인정을 명확하고, 확실하고, 즉각적으로 진술할 것을 권고한다. 이러한 반응은 며칠 후가 아닌 그 행동 직후에, 혹은 상담사가 그것을 알게 된 가까운 시간에 이루어져야 한다. 내담자는 상담사의 불승인 이유에 대해 명확한 설명을 들어야 한다. 여기에는 상담사가 반대하는 태도나 행동에 대한 친사회적 대안을 제안하는 것도 포함될 수 있다. 불승인은 상담사가 내담자와 만족스러운 관계를 유지하는 것과는 극명한 대조를 이루어야 한다(그렇지 않으면 그것이 불승인으로 인정되지 않을 수 있다). 마지막으로, 내담자가 일단 친사회적 행동을 다시 보인다면 더 긍정적인 관심으로 돌아가야 한다.

요약하면, 앤드류스와 본타(2010)는 '반범죄적 모델링'에 다음의 내용이 포함된다고 제시했다.

1. 범죄적 사고방식을 인식하고 그것을 반범죄적 사고방식과 구분할 수 있도록 배운다(범죄적 사고의 오류에 대한 제9장 참조). 예를 들어, 성범죄와 폭력적인 성범죄, 배우자 학대, 증오 범죄, 더 일반적인 형태의 폭력 등은 그들 자신이 인식하고 지지하는 언어가 있다(예: "그녀가 나에게 다가왔다"). 이러한 지향에 암묵적인 승인을 보이지 않아야 한다.
2. 경찰과 법원, 교정기관에 대한 모든 부정적인 태도를 교정한다.
3. 규칙 위반 행동이나 '목적이 수단을 정당화한다.'는 지향에 대해 느슨해지거나 관대하지 않아야 한다.
4. 사례관리자의 친범죄적 표현은 내담자의 재범을 촉진할 수 있다. 당신 자신의 반사회적인 표현(예: 형사사법체계에 관한 냉소)에 주의를 기울이라.
5. 내담자와 더 가까워지기 위한 노력으로 '속임수'를 시도하지 않는다.
6. '반범죄적 표현'을 모델링한다.
   ① 범죄 행동의 부정적 결과들을 강조한다.
   ② 범죄적 인식을 거부한다.

③ 범죄적 사람들과 유대를 형성하거나 그들의 신념체계를 수용하는 것의 '위험성'을 확인한다.

7. '친사회적 사람들'과의 유대를 격려한다.

8. 내담자가 '고위험' 상황을 피하도록 격려한다.

9. 유능한 자기관리 기술을 모델링한다. 자신의 행동을 점검하고, 행동하기 전에 생각하고, 자신의 행동 결과에 대해 생각하고, 자신에 대한 현실적인 기준을 설정하고, 회피와 부인 패턴에 대해 작업한다.

10. 치료 계획에 따라 출석하고 제시된 과제를 완료하게 한다.

11. 단순히 흥분하는 행동(예: 시끄러운 태도)보다는 범죄유발적 표현과 행동 그리고 재범을 유발할 수 있는 행동에 초점을 둔다.

12. 예를 들어, 책임감 있는 작업 습관과 같은 반범죄적 방식을 강화한다.

이 절에서는 모델링을 필수적인 치료기술로 묘사했다. 깊이 생각하지 않더라도, 상담사나 다른 직원이 오히려 반대기능을 수행할 수 있는(범죄자들의 반사회적인 행위를 미묘하게 강화하는) 여러 가지 행동을 상상할 수 있다. 예를 들어, 기관의 거주자들에게 지나치게 사랑받기를 원하고, 거주자의 공격적인 언어 사용에 미소를 짓고, '남자는 남자다워야 한다.'는 지향을 옹호하고, 여성에 대한 착취적인 언어와 행동에 반응하지 않는 중간처우의 집 사례관리자를 상상해 보라. 한 주 내내 그의 목표 중 어느 것도 달성하지 못했다는 사실을 무시한 채 '한 주를 형편없이 보낸' 거주자에게 주말 귀휴를 지원해 주는 상담사를 떠올려 보라. 보호관찰 조건의 친사회적 가치를 지지하는 대신에, '그 시스템을 비판하는' 농담을 하거나 내담자에게 "그저 판사만 만족스러우면 됩니다."라고 말하는 보호관찰관을 상상해 보라. 다른 직원들에게 대항하는 내담자의 모임이나 동맹을 허용하는 범죄적 동료들에 대해 생각이 거의 없는 그룹홈(group home) 상담사는 어떤가? 불행하게도 이러한 행동들은 교정환경에서 드문 것이 아니며, 그러한 행위의 강화도 마찬가지이다. 심지어 몇몇 범죄유발적인 지향은 우리 문화에서 상당히 지지받고 있다.

어떤 경우에는 이 절에서 권고하는 접근들이 너무 구조화되고 어쩌면 너무 엄격한 것으로 보일 수도 있다. 그러나 우리의 행동이 고의가 아니었다고 하더라도 반사회적 행동에 대한 모델링의 대가는 크다. 그리고 일관성에 대한 필요성은 책임감이 있는 개인에게보다 범죄자에게 더 중요하다. 아마도 우리는 전형적으로 친사회적인 생각과 행동을 보여 주는 아동에게는 가끔의 일탈에 대해 여유를 가질 수 있지만, 품행장애가 있는 아동이나 다른 행동 문제가 있는 아동에게는 일관성에 대한 여유를 가질 수 없다 (Patterson, 2003; Samenow, 1989). 비행청소년이나 성인 범죄자들에게도 그 결과는 똑같이 확실하다. 즉, 아무리 미묘하더라도 우리 구성원에 대한 반사회적 모델링은 반사회적 태도나 행동을 지속시키거나 부추길 가능성이 있다.

관찰학습 과정

그것의 중요성에도 불구하고, 역할모델의 기술은 관찰학습에 영향을 미치는 요인 중 하나일 뿐이다. 학습은 하나의 과정이고, 사회학습은 고전적 및 조작적 모델들에서 관찰했던 것보다 더 복잡한 과정이다. 앨버트 반두라(1977)는 이 과정을 설명하기 위해 관찰학습의 성공에 영향을 미치는 요인들의 순서를 제시했다.

[그림 8-2]에서는 목표 행동이 이미 모델링되었다고 가정한다. 관찰자가 모델링된 사건에 주의를 기울이지 않는다면 아마도 그 행동은 학습되지 않을 것이라는 점은 두말할 나위도 없다. 따라서 [그림 8-2]의 첫 번째 칸은 이러한 주의는 모델링의 특징과 관찰자의 특성에 따라 달라진다는 것을 보여 준다. 모델링의 자극은 특이한(distinctive) 것이어야 한다. 다시 말해, 모델은 눈에 띄어야 한다. 동시에 모델은 새로운 것으로서 관찰자와 너무 달라서도 안 된다. 우리는 닮고 싶은 사람을 모방(imitate)할 가능성이 더 크다. 광대나 여러 다른 유형의 오락물들은 모방보다는 오락적 가치로 간주될 가능성이 있다. 정서적 유의성(affective valence)은 보여 주고 있는 그 행동에 대한 정서적 반응을 의미한다. 모델이 되는 행동이 두려움이나 불안을 일으킨다면, 즐거워 보이는 행동보다는 모방할 가능성이 약할 수 있다. 예를 들어, 치과 치료에 대처하기 위해 준비시키는 모델보다는 테니스 강사의 행동을 모방하는 것에 더 관심을 가질 수 있다.

유사하게, 수행능력에서 높은 수준의 자기효능감(self-efficacy)이나 자신감을 주는 하나의 과제보다 복합적 목표 행동(complex goal behaviors)은 열의가 거의 없는 접근이 될 것이다. 반대로, 여학생들에게 수학을 잘하지 못한다고 말하는 경우처럼 우리가 그들의 자기효능감을 약화시킨다면, 수학 문제 푸는 것을 모델링할 때 불안이나 회피가 일어나는 것을 놀라워하지 않아야 한다.

[그림 8-2]에서 '보급률'이라는 단어는 역할모델의 보급률(prevalence of role models)

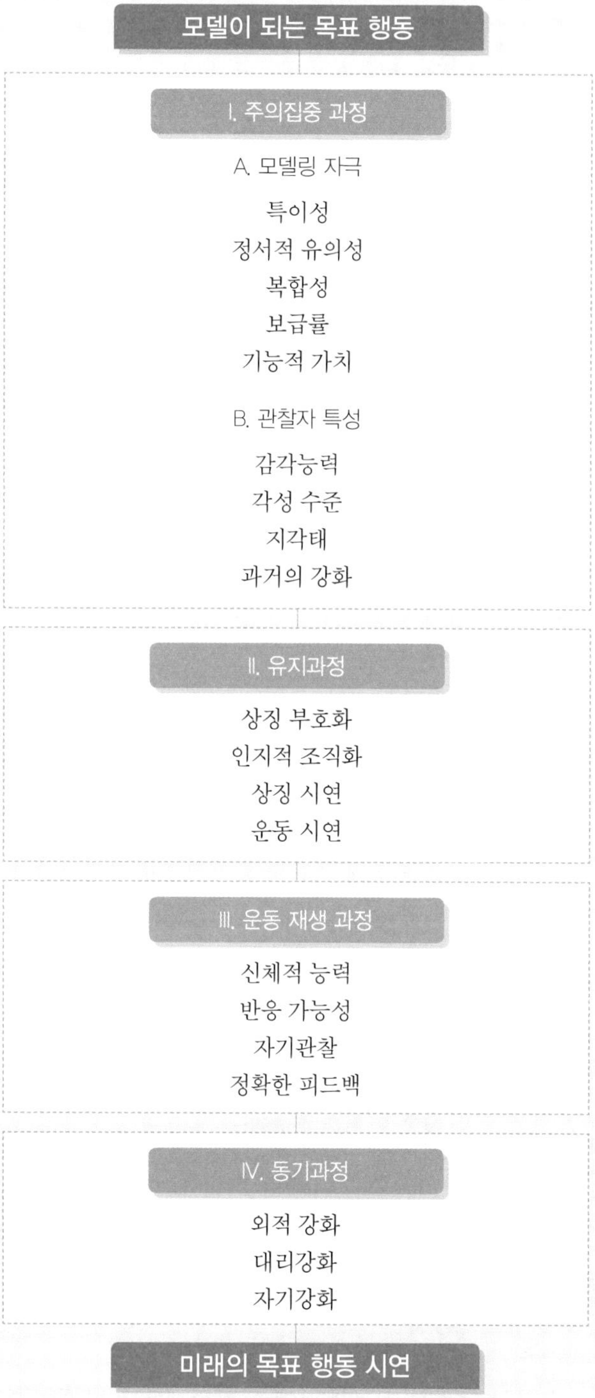

모델이 되는 목표 행동

I. 주의집중 과정

A. 모델링 자극

특이성
정서적 유의성
복합성
보급률
기능적 가치

B. 관찰자 특성

감각능력
각성 수준
지각태
과거의 강화

II. 유지과정

상징 부호화
인지적 조직화
상징 시연
운동 시연

III. 운동 재생 과정

신체적 능력
반응 가능성
자기관찰
정확한 피드백

IV. 동기과정

외적 강화
대리강화
자기강화

미래의 목표 행동 시연

그림 8-2 관찰학습 과정

출처: Bandura, A. (1977). Self-efficacy: Toward a unifying theory of behavioral change. *Psychological Review*, *94*, 191-215.

을 의미한다. 이상적으로는 우리의 내담자들이 치료집단의 내부뿐만 아니라 외부에서도 모델링할 수 있는 목표 행동을 볼 수 있기를 바란다. 이런 점에서 환경은 매우 중요하다. 실제로 치료 노력은 다음과 같은 이유로 좌절되는 경우가 종종 있다.

1. 우리가 가르치려고 시도하는 것에 반대되는 행동모델을 하는 부모와 가족 구성원(예: 공격적 행동)
2. 목표 행동을 위한 모델로서 강화나 제공에 관해 훈련받지 못한 기관 직원들 혹은(더 안 좋은 경우) 우리가 방지하려고 시도하는 매우 반사회적인 행동과 태도의 모델인 기관 직원들
3. 범죄 행동을 다시 하도록 비행을 부추기는 동료들

마지막으로, 모델이 된 목표 행동이 기능적 가치(functional value) 혹은 유용성이 높을수록 그것이 적용될 가능성이 더 있다. 예를 들어, 더 나은 행동과 새로운 기술은 얼마나 가치가 있을 것인가?

또한 관찰자가 모델이 되는 목표 행동에 주의를 기울이는 것은 관찰자의 특성과 많은 관련이 있다. 관찰자는 최소한 그 모델을 보고 들을 수 있는 감각능력(sensory capacities)이 있어야 한다. 그래도 관찰학습은 내담자가 주의를 기울이는 데 있어 지적·신경학적, 그 외 다른 신체적·정신적 장애를 나타내는 정신건강 분야에서도 사용되었다. 그러나 각성 수준(arousal levels) 또한 학습에 영향을 미치기 때문에 이러한 어려움은 미리 계획되어야 한다. 과각성과 부주의, 무기력한 내담자 모두 모델이 되는 행동에 참여하는 데 어려움을 겪을 것이다. 게다가 모델에 대한 내담자의 태도나 지각태(perceptual set), 모델이 되는 그 행동, 프로그램에서의 다른 내담자 그리고 이러한 특정 치료 프로그램에 참여하는 것에 대한 생각 전체를 고려하는 것이 필요하다. 과거에 유사한 경험이 강화된 적이 있는가? 혹은 현재의 경험에 참여하고자 하는 내담자의 욕구에 영향을 미치는 부담스러운 시련이 있는가? 학습자의 안 좋은 태도와 기대는 아무리 최상의 학습 상황이라도 방해가 된다. 선생님과 동료 학생들에게 부정적인 고정관념을 가지고 있는 내담자들은 학습에 어려움을 겪는다.

모든 것이 잘 되고 있고 내담자가 모델링에 주의를 기울인다면, 그는 계속해서 그 경험을 기억하거나 마음속에 간직하고 있어야 한다. 그 사건이 기억 속에 충분히 유지되기 위해서는 한 개인의 마음속에 정신적으로 조직되어야 한다. 개인의 언어로 그 기술/

목표 행동을 서술할 수 있는가? 상징 부호화(symbolic coding)는 관찰된 행동을 기억으로 변환하기 위한 여러 가지 전략 중 하나를 의미한다. 물론 행동을 언어로 변환하고 그 언어를 기억하는 방법은 한 가지이다. 우리는 또한 시각적 이미지를 유지할 가능성이 있다. 인지적 조직화(cognitive organization)는 우리가 사건을 다른 사람들과 연관시키거나 사건의 특정한 특징(예: 역할모델의 목소리 톤, 옷 스타일 등)을 평가하고 전체 문제에 대해 우리의 관심을 평가함으로써 발생한다.

　모델이 되는 목표 행동을 실습하는 것은 중요한 과제이다. 행동 시연이나 실습은 관찰학습 과정에서 필수적이다. 시연은 내담자가 상상으로 모델이 되는 사건을 되새길 때와 같이 상징적으로 발생할 수 있다(상징 시연, symbolic rehearsal). 내담자들은 또한 치료과정에서 실제로 그 행동을 시연하고 실습할 기회가 있어야 한다(운동 시연, motor rehearsal). 가장 일반적인 형태의 운동 시연은 역할극(role-playing)인데, 여기에서 내담자는 목표 행동을 반복할 기회가 주어지고, 상담사와 때때로 다른 내담자들이 그 행동을 실습하기 위한 목적으로 상호 보완적인 역할을 한다.

　학습에서 이 실습 단계의 성공은 반두라 모델의 세 번째 구성요소에 제시된 요인에 따라 크게 달라진다(그림 8-2 참조). 아마도 내담자가 신체적으로(그리고 정신적으로) 그 행동을 수행할 능력이 있어야 한다는 것은 말할 필요도 없다. 그 사람이 그 행동 전체를 정확하게 모사할 신체적 능력이 없다면, 그 행동에 근접하게 시연할 수 있도록 성분 반응(component responses)을 할 수 있어야 한다. 예를 들어, 첫 시도에서 골프 강사의 스윙을 완벽하게 재연하는 경우는 드물지만, 강사와 학생이 정확한 피드백(accurate feedback)과 정확한 자기관찰(self-observation)로 반응하면서 스윙을 몇 번 시도해야 한다. 바라건대, 그러한 피드백과 추가된 실습이 시간이 지남에 따라 골프 스윙을 개선할 것이다.

　반두라의 도식은 또한 미래에 그 행동을 사용하고자 하는 내담자의 동기에 대해 다룬다. 제4장에서 논의한 바와 같이, 조작적 조건형성 이론에서는 강화된 행동이 강화를 받지 않았거나 처벌을 받은 행동보다 반복될 가능성이 더 있다고 주장한다. 이 경우에 강화는 여러 가지 형태일 수 있다. 상담사의 칭찬이나 외적 강화(external reinforcement)가 대부분의 상황에서 발생해야 한다. 역할모델의 관찰자는 역할모델이 받는 강화에 주목하면서 대리강화(vicarious reinforcement)를 받을 것이고, 자신이 그 행동을 시연하는 것에 대해서도 유사한 보상을 기대하게 될 것이다. 자기강화(self-reinforcement)는 매우 중요하다. 특히 목표 행동이 가치 있는 행동이거나 많은 기능적 유용성이 있다면, 내담자는 그 새로운 행동을 수행하면서 강한 자부심과 만족감을 느끼게 될 것이다. 예를 들어, 새로운 운동기술, 자기주장, 학습 습관 개선, 향상된 양육 효과성과 같은 어떤 학습된 행동들은 그 자체로 강화의 역할을 할 가능성이 있다.

[그림 8-2]에는 몇 가지 주요 문제가 생략되어 있다. 첫째, 상당히 다양할 수 있는 모델링 과정의 특성에 대해서는 거의 언급하지 않았다. 모델이 되는 행동은 실제 모델(live model)이거나 영화, 책, 우리의 상상 속에서 관찰될 수 있는 상징적 모델(symbolic model)이 포함될 수 있다. 몇몇 사회학습 과정에서는 내현적 모델링(covert modeling)을 사용하기도 하는데, 이는 내담자가 자신이 수행하기를 원하는 그 행동을 시각적으로 수행하도록 격려하는 과정이다. 역할모델은 또한 참가자 모델링(participant modeling)에 함께 할 수도 있는데, 그들이 내담자와 함께 목표 행동을 수행하는 것이다.

아직 다루지 않은 중요한 고려사항은 학습환경 외부에서 그 행동을 반복하는 과정이다. 다른 학습모델에서처럼 내담자들은 치료 외부의 장면에서, 즉 일상생활에서 새롭게 획득된 행동들을 일반화(generalize)하는 것이 필요하다. 종종 행동의 모방 특정화(specific imitation)뿐만 아니라 모방 일반화(general imitation)도 요구된다. 예를 들어, 한 내담자가 친구들과 시내 술집(모방 특정화)과 같은 특정한 고위험 상황을 회피하도록 지도받는다면, 상담사는 그 내담자가 다른 고위험 상황도 식별하여 회피할 수 있도록(모방 일반화) 학습하기를 바랄 것이다. 학습된 기술의 일반화는 종종 환경적 고려사항(Goldstein et al., 1989)이거나 내담자의 가정과 이웃에서 발생하는 일들과 관계가 있다. 예를 들어, 부모들이 목표 행동을 강화하며 모델링이 될 수 있을 것인가, 아니면 그들이 역기능적인 대안으로 모델링이 될 것인가?

관찰학습 과정의 구조나 사회학습 패러다임에 대한 우리의 개요는 치료와 프로그램 계획에 대한 설득력 있는 사례를 만들어야 한다는 것이다. 우리가 근무하고 있는 많은 교정치료 환경에서 이 패러다임이 사용되겠지만, 어느 때에 모델링이 효과적으로 사용되고 어느 때에 효과적이지 않은가? 이와 관련하여 프로그램 기획자와 실무자는 다음과 같은 여러 가지 질문을 해야 한다.

1. 숙련된 역할모델을 고용하고 있고 훈련하고 있는가?
2. 내담자가 수행할 수 있는 목표 행동을 확인하고 있는가, 아니면 복합적 목표 행동을 관리 가능한 구성요소로 분리하고 있는가?
3. 역할극과 실습을 위한 충분한 기회가 있는가?

4. 직원은 내담자의 행동을 강화하고 새로 발견한 기술에 자부심을 느끼게 가르치고 있는가?

5. 교정환경의 다른 영역에 있는 직원도 목표 행동을 모델링하고 새로운 목표 행동을 사용하고 있는 내담자를 강화하고 있는가?

6. 교정환경의 외부 영역에서 새로 학습된 행동의 일반화를 촉진할 수 있도록 준비하고 있는가?

교정과 예방을 위한 사회학습 개입

프로그램 자체로서 그리고 다른 프로그램 구성요소의 하나로서, 사회학습과 모델링은 교정치료 노력의 주류를 형성한다. 우리는 수많은 예를 제시할 수 있지만, 설명을 목적으로 두 가지에 초점을 둔다. 부모 관리 훈련(Kazdin, 2000; Reid, Patterson, & Snyder, 2003)과 기술 스트리밍으로 불리는 구조화된 학습훈련이다(Goldstein et al., 1989).[1]

부모 관리 훈련

부모 관리 훈련(Parent Management Training, PMT)은 품행 문제를 보이는 아동과 청소년을 다루는 치료전략의 하나이다. 이 전략은 오리건 사회학습센터에서 개발되었지만(Patterson, 1974, 1982 참조), 그 이후에 미국과 전 세계에서 널리 적용되고 있고 연구가 진행되었다. PMT는 부모들이 집에서 자녀들의 행동을 변화시키도록 훈련시키는 사회학습 접근을 사용한다. 이 작업의 대부분은 적대적 반항장애와 품행장애가 있는 아동과 청소년 범죄자에게 초점을 두었지만, 이 접근법은 또한 자폐증, 주의력결핍 과잉행동장애(ADHD), 지적장애 그리고 다른 진단으로 진단된 아동에게도 사용되고 있다.

PMT에 대한 연구에서는 좋지 못한 부모 훈육이 어떻게 아동 행동 문제의 원인이 되는지(예: Patterson, 2003; Patterson, Reid, & Dishion, 1992) 그리고 유능한 양육기술이 그와 같은 문제를 어떻게 예방할 수 있는지(Kazdin, 2000; Reid, Patterson, & Snyder, 2003)를 보여 준다. 행동은 관찰과 모델링, 조성, 강화, 처벌을 통해 학습된다는 사회학습 패러다임을 유지하면서, 아동의 행동 문제는 좋지 못한 부모 훈육으로 인해 발전될 수 있음을 분명히 한다. 구체적으로 말하면, 부모는 ① 아동이 처벌을 피하도록 허용하고,

② 좋은 행동을 무시하고(강화하지 않음), ③ 강화하거나 처벌해야 할 행동을 충분히 관찰할 만큼 아동을 모니터하지 않고, ④ 한계를 설정하지 않고, ⑤ 일관성 없고 강압적으로 처벌한다. 아동의 혐오스러운 행동이 고조되면, 부모는 부적절한 수준의 분노와 공격성을 보이게 되고, 그것이 결국 아동에게 모델링된다. 그러면 이 일련의 사건은 시간이 지나면서 아동의 행동 문제를 더 심화시키고, 학업과 또래관계, 비행, 물질남용을 포함하여 아동의 삶에서 다른 문제들을 일으키기 시작한다.

이러한 행동에 대한 치료는 부모와 함께 시작한다. 1명의 부모나 한부모가 개별 회기나 다른 부모와의 회기에 참석한다. 그들은 아동에게 가르치고자 하는 친사회적 행동에 대한 선행사건이나 자극들을 확인하도록 지도받는다. 여기에는 언어적 촉구와 지시 및 모델링이 포함될 수 있다. PMT는 반사회적이고 부정적인 행동에 대한 욕구를 줄이기 위해 긍정적 행동에 대한 개발을 추구한다(Kazdin, 2000). 사회적 강화(예: 칭찬), 토큰 강화 혹은 바람직한 행동에 따라 특권을 부여해 주는 과정을 통해 부모에게 좋은 행동을 강화하는 것의 중요성을 보여 주는 것이 필요하다. 강화 일정은 개발되고 유지된다. 부모는 또한 짧은 타임아웃(time-outs)이나 특권의 상실을 사용하여 바람직하지 않은 행동을 줄이기 위해 작업해야 하지만, 선호되어야 하는 것은 긍정적 행동에 대한 보상과 발전이다. 조작적 조건형성의 다른 전략들도 부모에게 가르치는데, 조성, 소거 그리고 부적절한 행동을 부주의로 강화하지 않는 방법이 포함된다.

부모들은 한계를 설정하고, 칭찬하고, 자녀와 상호작용하는 새로운 방법들을 배우기 위해 작업할 때 치료자 혹은 다른 집단 구성원들과 함께 역할극에 참여할 수도 있다. 그들은 시간이 지남에 따라 아동의 행동을 확인하고 관찰하는 방법, 특히 치료과정 초기에 특정 강화 일정을 고수하는 방법을 배워야 한다. 이것은 전형적으로 기저선에 대한 행동을 추적하는 기록관리를 어느 정도 포함한다. 나중에 이러한 일정은 좀 더 간헐적이 되다가 궁극적으로는 단계적으로 중단될 수 있다. 그 치료에서는 또한 교실에서의 행동거지와 또래관계, 숙제를 포함한 학교에서의 아동 행동도 목표로 할 것이다. 학교 관계자와 선생님이 행동 프로그램의 파트너가 될 수도 있다.

치료 기간은 아동 행동 문제의 심각성에 따라 크게 달라진다. 경중인 경우, 치료는 6~8주까지 소요된다. 좀 더 장애가 있는 아동은 12~25주까지 지속될 수 있다(Kazdin, 1997). 이 치료는 또한 취학 전 시기에 가장 효과적인 것으로 나타났다(Bor, Najman, & O'Callaghan, 2001). PMT는 많은 통제 연구에서 평가되었으며 학교와 가정에서 (Patterson, Dishion, & Chamberlain, 1993; Serketich & Dumas, 1996 참조) 그리고 위탁 양육

환경에서(Chamberlain, Fisher, & Moore, 2003; Chamberlain & Reid, 1994) 행동 문제를 줄이는 데 효과적인 것으로 밝혀졌다. 비행의 감소도 또한 관찰되었다(Bank et al., 1991; Dishion & Andrews, 1995). 최근의 메타분석에서는 PMT 및 유사한 행동주의 부모훈련 프로그램의 경우 재범이 약 22% 감소한 것으로 나타났다(Piquero et al., 2008). 평가에서는 또한 부모의 양육기술도 향상되는 것으로 입증되었다. 그러나 그 전략은 시간이 다소 많이 걸리고 너무 많은 것을 요구한다. 당연히 빈곤, 제한된 사회적 지원, 부모의 반사회적 행동 과거력, 한부모 양육 그리고 다른 문제들로 인한 높은 스트레스를 다루는 가정들은 그 프로그램에서 탈락할 위험성이 높다(Kazdin, Mazurick, & Siegel, 1994).

구조화된 학습훈련/기술 스트리밍

사회기술훈련에 대한 구조화된 접근의 예는, 나중에 기술 스트리밍(Skill Streaming)이라고 불리게 되는, 아널드 골드스타인(Arnold Goldstein)의 구조화된 학습훈련(Structured Learning Training; Goldstein et al.,1989)에서 볼 수 있다. 기술 스트리밍은 또한 공격성 대체훈련(Aggression Replacement Training; Goldstein, Glick, & Gibbs, 1998)으로 불리는 치료 패키지의 세 가지 구성요소 중 하나이며, EQUIP(Gibbs, Potter, & Goldstein, 1995; 제9장 참조)로 알려진 또래 지원(peer-helping) 접근의 일부분이다. 비행청소년, 특히 공격성이 있는 비행청소년은 그렇지 않은 청소년보다 사회기술이 부족하다는 가정하에 작업하면서, 골드스타인과 동료들은 오십 가지 필수 사회기술 목록을 작성했다. 이것은 〈글상자 8-1〉에 나와 있다. 구조화된 학습훈련/기술 스트리밍은 이러한 기술들을 가르치기 위해 노력한다.

글상자 8-1 // **청소년을 위한 구조화된 학습기술의 예**

1군. 사회기술 기초
  a. 경청하기
  b. 대화 시작하기
  c. 대화하기
  d. 질문 요청하기
  e. 감사 인사하기

f. 자기 소개하기

g. 다른 사람 소개하기

h. 칭찬하기

2군. 사회기술 심화

a. 도움 요청하기

b. 참여하기

c. 지침 제공하기

d. 지침 따르기

e. 사과하기

f. 다른 사람 설득하기

3군. 감정 다루기 기술

a. 자신의 감정 알기

b. 자신의 감정 표현하기

c. 다른 사람의 감정 이해하기

d. 다른 사람의 분노 다루기

e. 애정 표현하기

f. 두려움 다루기

g. 자신에게 보상하기

4군. 공격성 대체기술

a. 허락 요청하기

b. 어떤 일이 있으면 함께 나누기

c. 다른 사람을 돕기

d. 협상하기

e. 자기통제 사용하기

f. 자신의 권리 옹호하기

g. 놀림에 대응하기

h. 다른 사람과의 문제 피하기

i. 싸움 피하기

5군. 스트레스 다루기 기술

   a. 불평 말하기

   b. 불평에 응답하기

   c. 경기 후 스포츠맨십

   d. 당황스러운 상황 다루기

   e. 따돌림 상황 다루기

   f. 친구 지지하기

   g. 설득에 대응하기

   h. 실패에 대응하기

   i. 모순된 메시지 다루기

   j. 비난 다루기

   k. 어려운 대화를 위해 준비하기

   l. 집단 압력 다루기

6군. 계획 수립 기술

   a. 할 일 결정하기

   b. 문제의 원인이 무엇인지 결정하기

   c. 목표 세우기

   d. 자신의 역량 결정하기

   e. 정보 수집하기

   f. 문제의 중요 순위 정하기

   g. 의사 결정하기

   h. 과제에 집중하기

출처: Goldstein, A., Glick, B., Irwin, M., Pask-McCartney, C., & Rubama, I. (1989). *Reducing Delinquency: Intervention in the Community*. New York: Pergamon Press.

    사회학습모델과 일관되게, 직원들은 ① 모델링, ② 역할극, ③ 수행에 대한 피드백, ④ 일반화 훈련하기의 교육전략을 사용한다. 마지막의 일반화 훈련은 청소년이 다양한 환경에서 새롭게 학습한 기술을 실행하도록 격려한다. 게다가 각각의 기술은 여러 단계로 나눠진다. 예를 들어, 협상하기 기술(기술 4, d)을 배운 청소년은 다음의 여섯 단계를 진행한다.

1. 자신과 상대방에게 의견 차이가 있는지 결정한다.
2. 상대방에게 자신이 그 문제에 대해 어떻게 생각하는지 말한다.
3. 상대방에게 그 문제에 대해 어떻게 생각하는지 물어본다.
4. 상대방의 대답을 개방적으로 경청한다.
5. 상대방이 왜 그렇게 느끼는지 생각해 본다.
6. 타협을 제안한다.

마찬가지로, 집단 압력 다루기(기술 5, 1)를 학습한 청소년은 다음의 네 단계를 수행한다.

1. 그 집단이 무엇을 하고 싶어 하는지 그리고 왜 그런지 생각해 본다.
2. 자신이 원하는 것은 무엇인지 결정한다.
3. 자신이 원하는 것을 그 집단에 어떻게 말해야 할지 결정한다.
4. 자신이 결정한 것을 그 집단에 말한다.

아널드 골드스타인과 그의 동료 배리 글릭(Barry Glick)이 공동으로 작업한 대부분의 저술에서는 사회학습 단계의 중요성을 강조한다. 예를 들어, 모델링은 각 단계의 기술을 보여 주는 실제 역할모델이나 비디오 영상모델을 사용해야 한다. 게다가 모델링은 교정환경 외부의 실제 삶의 경험에서 그 기술을 전환하고 일반화할 수 있도록 다양한 환경에서 이루어져야 한다.

역할극은 기술을 모델링한 직후에 그것을 실습하거나 시연할 기회를 제공한다. 역할극에서 청소년 참가자들은 그들의 실제 삶에서 그 기술을 사용하는 것과 관련이 있는 중요한 역할을 연기하기 위해 상대 연기자를 선택한다. 역할극에 참여하기 전에, 주인공은 그 기술이 자신의 삶에서 실제로 어떻게 사용될 것인지 설명해야 하며, 그것이 역할극의 시나리오가 된다. 물론 트레이너들은 주인공과 상대 연기자가 어떤 이유로든 기술의 모든 단계를 다루기도 전에 성급하게 역할극을 중단하지 않도록 해야 한다. 각 집단 구성원은 각각의 기술을 가르치는 역할극에 참여해야 하며 자신의 가정환경과 관련된 상황을 파악해야 한다.

수행 피드백은 각각의 역할극 실습에 대한 필수적인 후속 조치이다. 가능할 때마다 트레이너들은 칭찬과 격려를 제공해야 한다. 그러나 그 피드백은 상당히 구조화되어야 하고, 특정 단계가 실제로 효과적인 정도로 시연되었는지를 평가하는 데 많은 주의를 기울여야 한다. 다시 말해, 트레이너들은 그들의 평가를 일반적인 평가 의견으로 제한할 수 없다. 예를 들어, "좋았어, 조."는 충분한 평가가 아니다.

공격성 대체훈련과 구조화된 학습훈련의 자료들을 보면, 새롭게 학습한 기술이 훈련환경의 외부에서도 일반화되도록 하기 위한 기법에 상당한 주의를 기울인다. 프로그램 고안자들은 청소년들이 교정환경에서 새로운 행동을 보여 주었지만, 집으로 돌아가면 그것을 사용하지 못하는 많은 결함이 있는 프로그램 활동에 대해 경고한다. 그래서 전환 훈련에서는 새로운 친사회적 기술을 유지하도록 격려할 수 있는 많은 기법을 발견했다. 한 가지 전략은 과잉학습 혹은 그 기술의 초기 지표를 달성하기 위해 요구되는 학습보다 더 많은 학습 시도를 사용하는 것이 포함된다. 참가자들은 한 가지 기술도 다양한 방법으로 학습할 수 있다는 것을 스스로 발견하게 되는데, 각각 다른 상황에서의 역할극, 다른 사람의 실습 관찰, 기술 단계 작성 그리고 다양한 과제에 참여하기가 포함된다. 게다가 훈련에서는 집단 참가자들이 가정환경에서 경험한 것과 유사한 생활환경을 모사하려고 시도한다.

프로그램 참여자가 친사회적 행동을 강화하는 것에 실패한 환경 혹은 프로그램에서 중단시키려고 했던 반사회적 행동을 강화하는 환경으로 돌아가면 새로운 행동은 유지하기 어렵다. 따라서 골드스타인과 동료들은 부모와 가족 구성원에게 청소년에게 가르친 다양한 기술을 보여 주고 가정환경에서도 가르침을 지원해 줄 필요성을 그들에게 이해시키려고 시도했다. 기술 스트리밍을 사용한 하나의 프로그램에 대한 평가에서 가족 프로그램은 비행청소년 단독으로 그 프로그램을 진행하여 성취했던 것 보다 전반적인 프로그램의 효과성을 높이지 못했다(Goldstein et al., 1989). 부분적으로는 가족들의 완전한 참여를 보장하는 것이 어려웠기 때문일 것이다. 그 프로그램이 기록된 자료에서는 가족들이 역경에 과도한 부담을 느낀 것으로 시사되었다. 그들의 참여를 확보하는 것이 가족 프로그램 자체를 수행하는 것보다 더 많은 노력을 필요로 했을지도 모른다. 좀 더 최근의 평가에서는 더 호의적인 결과가 나타났는데, 특히 공격성 대체훈련의 다른 구성요소들과 결합되었을 경우에 더 그러했다(Goldstein, Glick, & Gibbs, 1998; Drake, Aos, & Miller, 2009). 사례 연구에 대해서는 〈글상자 8-2〉를 참조하라.

글상자 8-2 // JT의 사례: 사회학습 접근

이 글상자에서 논의되는 사회학습 접근은 〈글상자 4-2〉에 제시된 제이슨의 사례 연구를 토대로 한다. 사회학습 개입의 본질은 강화와 처벌에 대한 실습과 적절한 사용을 위한 기회를 연결하는 반범죄적 모델링 전략이다(Andrews & Bonta, 2010). 이러한 기법들은 교정직원과의 일상적인 상호작용뿐만 아니라 구조화된 집단 회기에서도 이루어져야 한다.

치료 계획 예시

- **(제이슨에 대한) 사회학습 접근의 목표**
  - 적절한 갈등관리 기술을 개발하기
  - 고위험 상황 이해하고 확인하기
  - 친사회적인 사람과 어울리고 반사회적인 사람은 피하기
- **접근**

제이슨은 사회성 기술 과정에 참여하여 갈등관리 기술과 반사회적인 사람을 피하는 것에 초점을 둘 것이다. 목표는 또한 반범죄적 모델링 기법에 관해서는 직원의 지속적인 준수를 통해 접근할 것이다.

접근 예시

앞에서 언급한 바와 같이, 제이슨은 사회성 기술 과정에 참석할 것이다(Goldstein et al., 1989 참조). 그는 다양한 사회성 기술에 대한 교육을 받겠지만, 갈등관리 및 긍정적이고 친사회적인 사람들과의 유대와 관계된 것에 초점을 둘 것이다. 다음은 제이슨과 다른 집단 구성원들이 타협기술을 교육받고 있는 회기의 전형적인 예이다.

1. **모델링**: 공동 지도자는 갈등관계에 있는 두 사람 간의 토론을 모델로 한다.

상담사 A(제이슨): 당신이 나에게 물어보지도 않고 방 안의 TV 채널을 바꿀 때, 나는 정말 화가 나요. 가끔 내가 정말 좋아하는 프로그램을 보고 있는데 당신이 방해해서 그다음에 어떻게 되었는지 알 수가 없어요.

상담사 B(호레이스): 가장 좋아하는 프로그램을 놓치면 힘들 거라고 생각해요. 누가 나에게 그렇게 한다면 나도 싫을 거예요. 하지만 제이슨, 당신은 TV를 자주 보잖아요. 중요한 경기나 멋진 영화 같은 빅쇼가 나올 때마다 당신이 이미 방에서 다른 걸 보고 있어요. 나는 올해 이미 멋진 쇼 몇 개를 놓쳤어요.

상담사 A(제이슨): (호레이스가 염려하는 것을 경청하고 그의 말을 듣고 있음을 나타

낸다.) 그래요, 나는 TV 보는 것을 정말 좋아하는데, 당신은 나보다 더 스포츠를 좋아하는 것 같네요. 아마 기숙사 회의에서 이 문제를 해결할 수 있을 것 같아요. 아마 주초에 어떤 좋은 쇼들이 나오는지 이야기해 볼 수 있을 거예요. 그러고 나서 시청할 TV 쇼의 일정에 대해 집단에서 투표하도록 해요. 일정표에 쇼가 없고 내가 다른 뭔가를 보고 있으면, 나는 내가 보던 것을 계속 볼 거예요. 하지만 당신이 어떤 프로그램이 있어서 나에게 바꾸기를 원한다고 말하고 싶다면, 바꾸는 것에 대해 나에게 말할 수는 있어요. 하지만 내가 먼저 그곳에 있었다면, 당신 말을 들어주지 않아도 되는 거죠.

상담사 B(호레이스): 괜찮은 것 같아요. 오늘 밤 그것에 대해 다른 사람들에게 이야기해 볼게요.

2. **역할극(실습)**: 제이슨은 유사한 갈등을 다른 집단 구성원과 역할극으로 실습한다. 그들은 다음의 기술을 시연하기 위해 시도한다.

① 분노 표현하기
② 다른 사람의 관점 경청하기
③ 다른 사람의 입장에 대해 이해한 것을 이야기하기
④ 서로에게 유익한 대안 제시하기

3. **피드백 받기**: 집단 리더와 다른 집단 구성원들은 역할극에 대한 견해를 밝힌다. 그들은 가능하면 칭찬해 주고 확신이 들 때는 제안해 준다(예: 비난하는 말은 사용하지 않도록 노력하고, 자신의 느낌을 이야기하고, 다른 사람의 동기에 대해 추정하지 않는 것 등)

4. **일반화 훈련하기**: 집단 리더는 구성원들에게 과제를 준다. 예를 들어, 이 경우에 그들은 제이슨과 다른 구성원들에게 집단 외부에서 유사한 갈등 해결전략을 실습하도록 요청할 수 있다. 시간이 지나면서 구성원들은 점점 더 어려운 수준의 이러한 지도내용을 실습해야 한다.

5. **과제 수행에 대한 피드백**: 집단 구성원들은 다음 모임에서 그들이 집단 외부에서 실습한 것을 토의한다. 리더와 집단 구성원들은 피드백을 제공한다.

사회성 기술 수업과 함께, 직원은 좋은 역할모델링의 기법을 사용하고 강화와 처벌도 적절하게 사용한다(Andrews & Bonta, 2010 참조). 제이슨의 경우에는 다음의 내용이 포함될 것이다.

직원은 제이슨이 하는 어떤 반사회적인 발언(예: "저 여자가 저 TV에 보험을 들었군.")에 대해서도 강화하는 것을 거부한다. 또한 직원은 제이슨에게 이러한 의사소통이 부적절하고 문제의 원인이 될 가능성이 있다는 것을 알려 주어야 한다.

제이슨에게 그가 참여하는 집단의 규칙을 따르는 것뿐만 아니라 교도소의 규칙들에도 순응하도록 주지시켜야 한다. 직원은 규칙의 시행이 일관성이 없고 표류하도록 허용해서는 안 된다.

직원은 수용자와의 상호작용에서 친사회적 행동의 모델이 되어야 한다. 직원은 또한 제이슨의 범죄유발적인 표현을 흉내 내거나 웃어넘겨서는 안 되며, 제이슨이 때때로 지나치게 '선을 넘는' 것을 알려 주어야 한다.

제이슨의 친사회적인 사람들(아마도 그의 여동생과 같은)과의 유대관계를 격려한다. 반사회적인 사람들과의 유대관계는 고위험 행동이고 항상 그에게 문제를 일으킬 수 있다는 사실을 알려 준다.

제이슨이 중요한 과제(예: 책임감 있는 작업 습관이나 새로운 사회성 기술)를 완수하면 그에게 칭찬과 격려를 제공한다.

결론

우리는 제4장에서 고전적 조건형성과 조작적 조건형성의 급진적 행동개입에 대한 설명과 함께 학습치료에 대한 제안을 했다. 이 장에서는 학습을 다른 사람의 경험을 관찰하면서 대리로 일어날 수 있는 하나의 과정으로 제시하였다. 다시 말해, 우리는 우리 환경에 있는 역할모델들로부터 배운다. 최근에 교정 프로그램은 이러한 학습 패러다임을 광범위하게 사용하고 있다. 그리고 설계에 따라 사회학습모델이 제공된다면, 그것은 현재 이용할 수 있는 가장 성공적인 프로그램 옵션 중 하나이다. 이 장에서는 사회학습이론에 근거한 프로그램들이 유능한 관계기술을 가진 효과적인 역할모델을 고용하고, 역할극을 위한 충분한 기회를 제공하고, 초기의 시도를 개선할 수 있는 피드백을 제공하고, 성취를 강화하고, 학습된 행동을 실제 삶의 상황에서 일반화한다면, 높은 수준의 치료 완전성을 입증한다고 강조하고 있다.

우리는 다음 장에서도 학습전략에 대한 논의를 계속한다. 다음 장에서는 인지가 우리 자신의 행동에 어떻게 지지를 제공하는지 뿐만 아니라 우리의 생각이 우리 주변의 사건과 사람을 어떻게 지각하도록 결정하는 역할을 하는지에 대해 논의한다. 우리의 생각 혹은 인지과정과 우리가 그것을 사용하는 방법 또한 학습되는 것이며, 동시에 인지는 학습으로 변화될 수 있다.

토론 질문

1. 효과적인 역할모델이 되기 위해 한 개인이 가져야 하는 관계기술은 무엇인가?
2. 지난 몇 년 동안 당신이 교육받았던 가장 효과적인 선생님에 대해 잠시 생각해 보라. 그 선생님의 수업은 효과적인 모델링의 원리를 어떤 방법으로 시연했는가? 그 선생님은 사회학습 과정의 다양한 단계를 어떻게 활용했는가?
3. 범죄자에게 〈글상자 8-1〉에 제시된 기술들을 가르치도록 지지하는 근거는 무엇인가?
4. 사회학습 과정의 중요한 구성요소나 단계들이 무엇인지 확인하라.
5. '반범죄적 모델링'은 무엇을 의미하는가? 사례관리자나 상담사가 때때로 부주의로 범죄적 모델링을 보여 주는 것은 어떤 경우인가?
6. 부모 관리 훈련에 따르면 좋은 양육기술은 무엇인가?

미주

1   우리가 이 두 가지 사례를 선택한 이유는 이들이 작업에서 특히 사회학습모델의 명확한 예를 제시하기 때문이다. 그러나 다음 장에서는 사회기술훈련(사회성 기술을 학습하는 과제에 적용되는 모델링)이 종종 인지적 구성요소와 결합되는 것을 보게 될 것이다. 인지적 구성요소는 참가자들에게 자신의 행동에 대한 생각을 바꾸도록 가르친다. 이러한 인지적 변화는 행동 변화에 영향을 미치게 된다.

제**9**장

인지치료

패트리샤 반 부어히스(Patricia Van Voorhis) & 에밀리 J. 샐리스버리(Emily J. Salisbury)

주요 용어

활성화 경험	나아가기
공격성 대체훈련(ART)	과잉일반화
흑백논리 사고	생리적 단서
분노조절훈련(ACT)	후인습적 추론
파국화	전인습적 추론
인지행동 접근	합리적 신념
인지 재구조화	합리적 정서치료
인지기술	환원기제
인습적 추론	역할극
범죄적 성격 집단	자기효능감
긍정 격하	자기지시훈련
젠더 반응적 프로그램	자기진술
비합리적 신념	자기대화
성급한 결론	당위성
생활기술	기술 스트리밍
확대	사회학습
정신적 여과	도덕적 판단 단계
모델링	'역겨운 사고'
도덕적 딜레마	스트레스 면역훈련
도덕교육 프로그램	사고오류

인지치료는 사람들이 사고하는 방식에 초점을 둔다. 물론 사고는 문제 해결 기술과 미래에 대한 계획능력, 다른 사람을 공감하는 능력, 유연성(우리가 세상을 구체적이고 절대적인 조건으로 보는지, 혹은 가능한 해석의 범위에서 좀 더 개방적으로 보는지), 책임감 수용하기, 행동의 결과 예측하기 등의 광범위한 과정과 기술이 포함된다. **인지**는 또한 우리가 생각하는 것과 우리의 태도, 신념, 가치, 우리의 주변 환경을 이해하는 비교적 안정된 태도를 의미한다. 인지심리학자로 잘 알려진 도널드 마이켄바움(Donald Meichenbaum)은 언젠가 대학생들에게 "우리의 생각은 종종 상황에 따라 옮겨 다닐 수 있는 인지적 틀(templates)로 작동한다."라고 설명했다(Meichenbaum, 1986). 예를 들어, 우리가 이웃집에서 훔치는 것이 잘못이라고 믿는다면, 아마 얼마든지 가능한 때에라도 훔치기를 자제할 것이다.

우리의 대부분은 우리의 생각이 때때로 어려운 상황을 급격하게 악화시키는 데 어떤 역할을 하는지 상기시키는 것은 필요하지 않다. 그러나 인지는 또한 우울증(Beck et al., 1979)과 불안장애(Beck & Emory, 1985), 다른 형태의 정신질환과 같은 심리적 문제에 중요한 역할을 하는 것으로 알려져 있다. 중요하게도, 반복적으로 범죄를 저지르는 사람들은 무책임한 '사고오류'(Barriga et al., 2000; Elliott & Verdeyen, 2002; Samenow, 1984; Walters, 1990; Yochelson & Samenow, 1976)나 내재화된 반사회적 도덕 가치(Jennings, Kilkenny, & Kohlberg, 1976)와 같은 반사회적 행동을 지지하는 생각들을 가지는 것으로 알려져 있다. 이와 관련하여 반복적인 범죄자들은 종종 매우 제한적인 문제 해결 기술 및 다른 인지기술을 가지고 있다(Andrews & Bonta, 2010; Gendreau, Little, & Goggin, 1996; Ross & Fabiano, 1985).

인지치료는 제3장에서 논의된 분석치료처럼 집중적이지 않고, 급진적 행동주의 개입(제4장 참조)에서 관찰할 수 있는 것보다 상담사와 내담자가 좀 더 관계를 맺는다. 인지적 접근으로, 상담사는 반사회적 사고를 변화시키고 좀 더 친사회적이고 기능적인 과정을 개발하기 위해 개인이나 집단으로 작업한다.

지난 10년 동안, 인지치료 양식은 상담과 치료에서 선호되는 접근이 되었다. 이는 현재 우리의 건강관리 환경 및 정신건강 수혜자들이 가능한 한 적은 회기로 치료하도록 보험 제공자들이 장려하는 '관리형 돌봄(managed care)'의 출현으로 특히 그렇다. 인지치료는 이용할 수 있는 가장 효율적이고 편리한 '지금-여기(here and now)' 접근으로 간주된다.

청소년과 성인 범죄자에 대한 인지치료의 관심이 증가하는 것도 마찬가지로 이해할 수 있다. 첫 번째, 인지상담 전략은 제4장과 제8장에서 논의된 행동주의 전략처럼 사고와 행동이라는 관찰할 수 있는 내담자의 특성을 다룬다. 따라서 인지전략은 정신분석 및 다른 치료방법에서 목표로 하는 무의식적 동기와 두려움, 불안보다 특성이 더 분명해서 사용하기가 좀 더 쉽다. 두 번째, 대부분의 교정기관은 소수의 심리학자나 임상사회복지사만 고용할 수 있어서, 많은 교정상담, 사례관리, 집단 촉진기능은 체계적인 교육을 받아야 하는 비임상가들에 의해 수행된다. 인지적 방법은 이 점에서 상당히 가치 있는 것으로 판명되었다. 기관들은 그들이 인지적 방법을 사용하기 위해 훈련받지 않은 비임상가를 효율적으로 훈련시킬 수 있다는 것을 발견했다. 특히 사례관리자, 보호관찰관 그리고 기타 사람들의 훈련이 종종 재직 중에 진행되는 훈련시간을 통해 수행되는 인지기술 프로그램의 경우 특히 그러하다. 하지만 비임상가들이 제공하는 프로그램들은 치료 회기보다는 교실 수업처럼 보인다. 그들은 구조화되고, 종종 각본으로 된 매뉴얼을 따르며 치료와는 거의 무관하다.

인지행동 프로그램이 인기 있는 세 번째 이유는 범죄자들의 본질과 관련이 있다. 범죄자들은 그들의 행동(그리고 그들의 행동을 발생시키는 사고)이 다른 사람들에게 피해를 주는 명백한 방식에서 비범죄자들과 다르다. 전문적이고 적절한 방법으로 직면이 이루어질 수 있다면, 이러한 위험한 행동과 역기능적인 사고방식에 직면하는 것이 이치에 맞다. 인지전략은 그렇게 하기 위한 틀을 제공한다.

마지막으로, 청소년과 성인 범죄자 대상의 인지적 개입에 대한 많은 메타분석에서는 오직 인지행동 프로그램에만 전념한 6개의 메타분석을 포함하여(Landenberger & Lipsey, 2005; Lee et al., 2012; Lipsey, Chapman, & Landenberger, 2001; Pearson et al., 2002; Tong & Farrington, 2006; Wilson, Allen, & MacKenzie, 2000), 그 프로그램들이 매우 효과적인 것으로 나타났다(Andrews et al., 1990; Antonowicz & Ross, 1994; Garrett, 1985; Izzo & Ross, 1990; Lipsey, 1992, 2009; MacKenzie, 2006). 이러한 방법의 효율성, 명료성 그리고 효과성은 흠잡을 데가 없을 것이다.

인지 및 인지행동 접근이 교정에서 확산되고 있는데, 일반적으로 두 모델 중 하나에 해당한다. 신념과 가치, 태도의 내용을 변화시키기 위한 노력으로 개입하는 인지 재구조화(cognitive restructuring)와 인지의 내용보다는 구조와 추론 형식(예: 우리가 생각하는 방식)인 인지과정의 증진을 추구하며 개입하는 인지기술(cognitive skills)이다. 구분이 항상 명확하지는 않다. 몇몇 프로그램은 내용과 과정 모두를 목표로 한다. 몇 명만 거론하자면, 로스와 파비아노(Ross & Fabiano, 1985), 골드스타인, 글릭과 깁스(Goldstein, Glick,

& Gibbs, 1998), 부시, 테이먼스와 글릭(Bush, Taymans, & Glick, 1998)에 의해 개발된 인지기술 프로그램은 인지과정과 범죄적 사고오류 둘 다를 목표로 한다.

우리는 인지 재구조화 접근으로 시작하며, 일반적인 사용을 위해 고안된 모델의 하나인 앨버트 엘리스(Albert Ellis, 1973)의 합리적 정서치료(Rational Emotive Therapy)에 대한 기본 작업에서, 범죄자를 위해 특별히 설계된 접근으로 범죄적 사고오류에 초점을 둔 요컬슨과 세임나우(Yochelson & Samenow, 1976)로 옮겨 간다.

인지 재구조화 접근

합리적 정서치료

엘리스(1973)에 의해 개발된 합리적 정서치료(Rational Emotive Therapy, RET)는 인지 재구조화의 토대로서 널리 알려져 있다. RET는 우리의 존재를 손상시키는 감정 및 생각과 관련되어 있다. 예를 들어, 내담자가 불쾌한 일, 실패 혹은 거절을 경험했다고 가정해 보자. RET는 이것을 하나의 활성화 경험(activating experience)이라고 하며 내담자가 그에 대해 어떻게 생각하는지 평가하려고 한다.

건강하지 못한 사고의 순서로는 비합리적 신념(irrational belief)이 그 활성화 사건을 뒤따른다. '그녀가 나를 거절하다니 정말 끔찍한 일 아닌가? 나는 아무 쓸모가 없어. 나를 받아 줄 여자는 아무도 없을 거야. 내가 부적절해서 벌받는 것은 당연해.' 많은 문제가 되는 감정 상태는 이 비합리적 신념에서 비롯될 수 있다. 그는 그 결과로 불안감, 우울감, 무가치감 혹은 적대감을 느낀다. 그러나 건강한 사고의 순서에서는 활성화 경험 뒤에 합리적 신념(rational belief)이 따른다. '그녀가 나를 거절한 것은 유감스럽고, 짜증 나고, 애석한 일 아닌가?' 뒤따르는 이러한 합리적 신념이 거절과 실망, 짜증의 감정 상태일 수 있지만, 이러한 상태는 비합리적 신념으로 인해 형성된 것들보다 훨씬 더 관리할 수 있고 일시적이다.

엘리스에 따르면, 합리적인 신념은 긍정적인 감정을 증가시키고 고통은 최소화한다. 그것들은 확실히 실제(상상이 아닌) 사건들과 관련되어 있다. 비합리적 신념은 행복을 감소시키고 고통을 극대화한다. 대부분의 경우에 비합리적 신념은 활성화 사건에 대한 왜곡된 인식이다. 그것은 내담자가 미래에 자신의 욕구를 충족시키지 못하게 한다.

RET는 감정 상태가 활성화 경험의 결과가 아닌 비합리적 신념의 결과라고 내담자에게 가르친다. 다시 말해, 이러한 신념들은 활성화 사건보다 종종 더 해롭다. 내담자는 비합리적 신념을 논박하도록 교육받아야 한다. 왜 그것이 끔찍한 일인가? 내가 어떻게 무가치한가? 아무도 나를 사랑하지 않을 거라는 증거는 어디에 있는가? 내가 왜 더 잘해야 하는가? 내가 어떤 규정으로 인해 비방받아야 하는가? 일단 내담자가 비합리적 신념을 합리적 신념으로 대체할 수만 있다면, 그는 더 행복해질 것이고 더 적절한 결정을 내린다.

비슷한 맥락에서 번스(Burns, 1980)는 몇몇 일반적인 비합리적 사고방식을 언급했다. 예를 들어, 흑백논리 사고(all-or-nothing thinking)에서는 모든 것이 검은색 아니면 흰색으로 간주된다. 완벽하지 못한 수행은 실패이다. 과잉일반화(overgeneralization)는 하나의 부정적 사건이 끝없는 패배의 패턴으로 보인다. 정신적 여과(mental filter)에서 개인은 부정적인 세부사항에 연연하고 긍정적인 측면을 걸러 내며, 긍정 격하(disqualifying the positive)에서는 긍정적인 경험이 이런저런 이유로 '중요하지 않은' 것으로 재분류된다. 확대(magnification) 혹은 파국화(catastrophizing)에서 개인은 어떤 것의 중요성을 과장한다. 예를 들어, 어떤 사람은 최악과는 거리가 먼 경우에도 "이것은 나에게 일어날 수 있는 최악의 일이야."라고 말한다. 그들은 자기 자신이나 다른 사람에게 꼬리표를 붙이고, 이것이 명명해서(name-calling) 부르는 것으로 이어진다. "나는 얼간이이거나 패배자야. 당신은 바보이거나 사악한 인간이야." 이러한 꼬리표는 왜곡된 것이고, 비합리적 감정을 일으키는 역할을 한다. 성급한 결론(jumping to conclusions)에서는 개인이 다른 사람의 생각을 안다고 추정하는데 그 사람에게 확인하면 사실이 아니다. 당위성(shoulding)에서 개인은 "나는 ……해야 한다(must 혹은 ought)."라고 말하면서 스스로 동기를 강화하려고 시도하는데, 그들이 그렇게 하지 않을 때 죄책감을 느낀다. 이것은 "내가 ……하면 좋을 텐데."라고 말하는 것이 더 좋다.

상담사들은 흑백논리 사고가 특히 알코올 중독, 약물중독, 폭식증 그리고 다른 중독장애의 특징이라고 언급한다(van Wormer, 1988). 익명의 알코올 중독자들(AA) 구성원들은 이러한 비합리적 사고과정을 역겨운 사고(stinking thinking)라고 부른다. 번스(1980)와 다른 사람들은 비합리적 생각이 자기파괴적일 뿐만 아니라 개인적 실패를 위한 준비라고 말한다. 많은 경우에 흑백논리, 삶에 대한 완벽주의적 접근은 또한 실패의 감정에서 도피하려는 필요성을 혹은 실패의 감정에서 약물을 투여할 필요성을 만드는 단계가 된다. 따라서 중독자는 비록 일시적이기는 하지만, 그러한 감정들을 사라지게 할 물질을 찾는다.

합리적 정서치료 기법

RET 상담사는 능동적이고, 설득력 있고, 교육적이고, 지시적이고, 적어도 엘리스 모델에 대해서는 빈틈이 없다. 상담사는 RET의 간단한 기본 이론을 가르친다. 치료는 내담자의 비합리적 신념을 논박하는 것을 포함한다. 치료에 '당위(should)'나 '의무(must)'는 전혀 없다. '끔찍한(awful)'은 정의하기 어려운 용어이다. 상담사는 이러한 비합리적 신념이 어떻게 내담자의 삶의 다른 측면에서 일반화되어 미래의 많은 결정, 행동 그리고 감정 상태에 영향을 미치는지 보여 준다. 상담사는 불안한 행동의 원인이 현재적이고 관찰할 수 있음을 알려 준다. 상담사는 내담자가 자신의 신념체계를 지속적으로 관찰하고 도전할 수 있도록 가르쳐야 한다. RET는 내담자의 초기 이력, 무의식적 생각과 욕구, 비언어적 행동, 꿈 혹은 상담 상황에서 발생하는 어떤 전이도 다루지 않는다. RET에 따르면, 그러한 초기 경험들은 오직 내담자 자신이 그것들을 영속시키기 때문에 내담자의 현재에 영향을 미친다.

상담사는 이론을 가르치고, 비합리적 신념을 지적하며, 해석을 받아들이기 쉬울 수 있다는 가식 없이 빠르게 해석한다. 상담사가 직면적으로 보일 수 있지만, 직면하는 과정에서 내담자가 아닌 내담자의 신념에 직면한다. 물론 좋은 상담기술은 내담자의 신념과 가치, 태도를 끌어내는 데 있어 중요하다.

상담사는 이러한 과제를 달성하기 위해 역할극, 모델링, 독서치료, 이야기, 행동치료 기법, 철학적 토론 혹은 시청각 자료와 같은 다양한 기법을 사용한다. 역할극(Role-playing, 제8장 참조)에는 새로운 행동(역할)을 다른 상황에서 시도하기 전에 상담 상황에서 실습하는 것이 포함된다. 모델링(Modeling, 제8장 참조)은 내담자가 모방할 수 있도록 촉진자나 다른 사람이 행동과 생각을 시연하는 것이다. 독서치료는 특히 자기개발의 주제가 담긴 유용한 책들을 읽는 것이 포함된다. 상담사는 또한 과제 수행을 강조하는데, 그것은 내담자가 상담에서 배운 내용을 실습하는 것이다. 내담자는 행동하고 실험할 수 있도록 격려받아야 한다. "이번 주에 새로운 사람 3명을 만나 보세요. 당신에게 가장 어려운 내용이지만 회피하지 말고 참여하세요. 사회적 참여를 시작해 보세요." 이것은 내담자가 위험을 감수하고, 새로운 경험을 얻고, 역기능적 습관을 중단하고, 철학을 바꾸는 것을 돕는다.

엘리스는 합리적 정서치료의 목표는 내담자에게 최소한의 불안(자기비난)과 적대감

(타인 비난)만 남겨 두게 하고, 내담자가 불안과 적대감을 최소의 정도만 지속하도록 보장하기 위해 자기관찰과 자기평가 방법을 제공하는 것이라고 말했다.

범죄자에 대한 RET 적용

대부분의 엘리스 작업은 비범죄자를 대상으로 했지만, 그의 초기 저술에서 엘리스(1979)는 자신이 치료했던 하나의 노출증 사례를 논의했다. 그 내담자는 한 해에 여러 차례 자신의 몸을 노출한 28세의 사회복지사였다. 그는 두 번 체포되었고, 그의 전문 경력을 망치기 직전이었다. 그는 결혼한 지 8년째로, 자녀가 둘이며 일도 잘했다. 그는 법원이 그에게 상담을 요청하거나 실형을 선고받도록 명령했기 때문에 강압으로 상담을 받으러 왔다.

엘리스는 내담자에게 그의 비합리적 사고를 보여 줄 수 있었다. 첫째, 내담자는 그가 성생활과 일반 생활에서 잘해야 하며, 그에게 중요한 다른 사람들의 인정을 받아야 하고, 특별히 그는 전문가이기 때문에 완벽해야 한다고 믿었다. 그가 자신에게 한 요구로 인해 아내를 성적으로 만족시키지 못했을 때 부적절하다고 느끼게 되었다. 우리가 자신에게 부과한 요구 중 어떤 것들은 비합리적이다. 우리가 살면서 항상 잘 수행할 수 있다면 좋을 것이다. 보상도 있고 기분도 좋을 것이다. 그러나 그것이 절대적으로 필요한 것은 아니며, 항상 잘 수행하지 못하는 것이 재앙이 아니다.

둘째, 내담자는 그의 아내가 자신을 그렇게 비난하지 않아야 하고 성적으로 그를 거부해서는 안 된다고 믿었다. 그는 아내가 너무 심술궂고 좌절감을 주고 있어 끔찍하다고 생각했다. 그는 또한 다른 여성들이 그의 성적인 접근에 당연히 응해야 한다고 생각했다. 다시 말하면, 그러한 사고는 비합리적이다. 다른 사람들이 우리가 원하는 것을 해 준다면 편리할 것이다. 그러나 그들이 해야 할 합리적인 이유는 없다. 그리고 그들이 우리가 원하는 것을 하지 않아서 끔찍한 사람도 아니다. 그들도 우리 자신처럼 그저 매일 살아가는 일들에 대처하고 생존하기 위해 노력하는 평범한 사람들이다. 셋째, 그는 삶이 그렇게 번거롭지 않아야 하며 삶이 자신에게 주는 어려움을 견딜 수 없다고 믿었다. 사실 그는 우리 대부분이 할 수 있듯이, "나는 이것을 견딜 수 없어!"라고 자신에게 말하는 동안 내내 어려움을 견딜 수 있었다.

이러한 비합리적 신념들은 그에게 자기연민과 우울, 분노와 같은 감정을 경험하게 했다. 엘리스는 종종 합리적 정서치료의 A(사건, action), B(신념, belief), C(결과, consequence) 모델에 따라 신념이 감정과 행동에 미치는 영향을 도식화했다. 이 모델을 사용하여 내담자의 비합리적 사고를 〈글상자 9-1〉과 같이 나타낼 수 있다.

글상자 9-1	내담자의 비합리적 사고 도식

사건[A]: 내담자는 어떤 노력에서 실패한다.

신념-비합리적[B]: 나는 항상 실패한다.

나는 결코 성공하지 못할 것이다.

나는 무가치한 사람이다.

결과[C]: 우울/자기연민/부적절한 행동

비합리적 신념에 도전한 후에 더 건강한 과정이 발생한다.

사건[A]: 내담자는 어떤 노력에서 실패한다.

신념-합리적[B]: 내가 항상 실패한다는 증거가 어디에 있는가?

내가 이번 일에 실패했다고 해서 그것이 미래에도 항상 실패할
것임을 의미하지 않는다.

나는 무가치한 사람이 아니다. 이번 특정한 일에 실패한 평범한
사람이다.

결과[C]: 약간의 짜증과 실망/적절한 행동

그래서 엘리스는 내담자의 비합리적 사고를 지적하고 각각의 구성요소에 도전할 수 있도록 도와주면서 그 내담자를 치료했다. 내담자는 특정한 결과(아내에게 좀 더 인정을 받는 것과 같은)를 원했지만 그것을 꼭 획득할 필요는 없다는 것을 깨닫게 되었다. 그가 자신의 '당위(shoulds)'와 '의무(oughts)'를 포기하고 선호와 소망으로 대체하면서, 그의 행동은 덜 강박적이 되었고 반사회적 성행동을 잘 통제할 수 있게 되었다. 엘리스는 내담자는 수용하지만 그 행동은 거부했다. 그는 내담자가 자신의 적개심과 우울증에 접촉하게 하면서 그것의 강도를 줄일 수 있도록 도왔다. 또한 내담자가 자신을 폄하하지 않고 자신의 행동을 인정하도록 도왔다. 이후에 그는 거절당할 위험을 무릅쓰고 다른 여성들을 만나는 숙제를 내담자에게 주었다. 그는 내담자에게 이완기법을 가르쳤다. 치료는 약 7개월 동안 진행되었다. 4년 후에도 그 남성은 노출증의 패턴으로 돌아가지 않았다. 그와 그의 아내는 이혼에 합의했고 둘 다 자신에게 좀 더 적합한 잠재적 파트

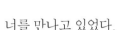

너를 만나고 있었다.

범죄적 성격 집단

이 시점에서 특별히 범죄자의 역기능적 인지 패턴을 목표로 개발된 인지 재구조화 전략에 대해 논의하는 것이 중요하겠다. 범죄 행동에 대한 많은 설명에서 범죄자들은 피해자 비난하기, 다른 사람의 재산과 개인 안전에 대한 특권 주장하기 그리고 그들의 범죄 행동을 지지하는 다른 사고방식과 같은 범죄 지향적인 특징을 보인다. 요컬슨과 세임나우(1976), 그 이후에 세임나우(1984, 2001)는 세인트 엘리자베스 병원의 범죄자들을 대상으로 한 그들의 작업에서 그러한 사고오류(thinking errors) 오십 가지 이상을 확인했다. 요컬슨과 세임나우에 따르면, 범죄자들은 다음과 같은 특징을 보였다.

1. 자신의 범죄 행동에 대해 다른 사람을 비난하는데, 예를 들어 "어쩔 수 없었다." 혹은 다른 누군가가 "그렇게 하도록 만들었다."라고 주장한다.
2. 자신의 책임에 대해 '그럴 리가 없다(I can't)'는 태도를 발전시킨다.
3. 종종 다른 사람에게 피해를 줄 수 있다는 개념을 이해하지 못한다.
4. 다른 사람, 특히 자신의 피해자에게 공감하거나 피해자 입장을 갖지 못한다.
5. 필요한 목표를 성취하기 위해 충분한 노력을 기울이지 못한다. 때로는 어느 정도의 노력이 필요한지 모르는 것 같다.
6. 책임을 받아들이기를 거부한다.
7. 다른 사람의 재산을 이미 자신의 소유인 것처럼 여기면서, 자신에게 다른 사람의 재산에 대한 소유권이나 특권이 있다는 태도를 보인다.
8. 무엇이 신뢰 가치가 있는 행동을 구성하는지 이해하지 못하는 것 같다.
9. 다른 사람들이 자신의 소망을 수용해서 '동조해 주기'를 종종 기대한다.
10. 충분한 사실을 수집하지 않고, 가정하고, 다른 사람을 비난하면서, 무책임하게 결정을 내린다.
11. 자존심이 자신의 실수를 인정하거나 다른 사람들이 의미를 이해하도록 하는 것보다 더 중요하다.
12. 성공에 대한 잘못된 정의와 성공에 걸리는 시간에 대해, 예를 들어 성공은 하룻밤 사이에 이루어진다는 것과 같은 믿음을 보인다.

13. 많은 범죄자가 비판을 받아들이지 못하는 것 같다.

14. 자신의 두려움을 부인하고, 두려움이 건설적일 수 있다는 것을 인식하지 못한다.

15. 다른 사람을 통제하기 위해 분노를 사용하며 자신의 분노를 적절한 방식으로 인정하지 못한다.

16. 과도하게 힘을 얻고자 시도하며, 부적절한 방법으로 '세력 과시(power thrusts)'를 시도한다.

다른 연구자들도 범죄자 사이에서 유사한 인지적 패턴을 확인했지만(예: Barriga et al., 2000; Elliott & Verdeyen, 2002; Ross & Fabiano, 1985; Sykes & Matza, 1957; Walters, 1990 참조), 요컬슨과 세임나우의 작업은 확인된 많은 사고오류와 그것을 교정하기 위해 상담사에게 제시한 제안에서 특히 상담사에게 유용하다. 요컬슨과 세임나우에 따르면, 상담사의 역할은 이러한 사고오류를 교정하는 것이며, 교정치료 시설의 임무는 둘 다에서, 즉 치료 및 관리 직원에 의해서 그리고 집단 작업 혹은 기관의 일상생활에서 수용자들에 의해서 그러한 오류들이 교정될 수 있는 환경을 제공하는 것이다. 직원과 수용자들은 자기 자신에게 그리고 다른 사람에게 있는 이러한 사고오류를 확인하고 교정하도록 배운다. 교정기법은 이전에 확인된 오류들을 합리적 사고로 대체한다. 이러한 교정의 몇몇 예시는 다음과 같다.

1. 무책임한 태도나 행동에 대한 어떤 변명도 허용하지 않는다.

2. 범죄자들이 책임의 초점을 그들 자신으로부터 옮기지 않도록 한다.

3. 범죄자들이 다른 사람에게 어떻게 피해를 주었는지 지적해 주고, 상처받는 것이 어떤 것인지에 대한 감각을 심어 준다.

4. 범죄자들이 역할을 취하는 과정 혹은 다른 사람의 관점을 취하는 과정을 가르친다.

5. 범죄자들이 주어진 임무에 충분한 노력을 기울이도록 사회화한다. 책임이란 때로는 우리가 원하지 않는 일을 하는 것을 의미하며 노력의 부족은 부정적인 결과를 초래할 수 있다는 것을 보여 준다.

6. 범죄자가 책임을 받아들이기 거부하고 있는 방식에 대해 지적한다.

7. 범죄자의 무책임성에 대해 역으로 상상해 보게 한다(예를 들어, 다른 사람이 범죄자에 대한 책임을 다하지 못하면 어떻게 될까?).

8. 범죄자에게 신뢰를 얻어야 한다는 것을 가르치고, 범죄자가 다른 사람의 신뢰를

저버리고 있는 사례에 주의를 기울이다.

9. 범죄자에게 개방적으로 기대를 소통하는 것, 그들이 너무 지나치게 요청하는지를 평가하는 것 그리고 실망에 대처하는 것을 가르친다.

10. 좋은 의사결정의 원리를 가르친다.

11. 범죄자에게 실수를 수용하는 것과 우리 모두 실수한다는 사실과 그것을 인정해야 한다는 것을 가르친다.

12. 범죄자에게 미리 계획을 세워야 하며 목표 성취를 위한 점진적 단계의 과정을 받아들일 필요가 있다는 것을 보여 준다. 다른 사람의 사회적 지위를 빠르게 따라잡으려는 생각을 갖지 않도록 한다.

13. 비판은 그것이 가치가 있다면 배우는 것이라고 가르친다. 만약 그 비판이 부당하다면 무시한다.

14. 삶에서 두려움의 중요한 역할 그리고 건강한 두려움을 건강하지 못한 두려움과 어떻게 구별할 것인지에 대해 범죄자에게 확인시킨다.

15. 적절한 분노관리 기술을 가르친다.

16. '세력 과시(power thrusts)'에 대해 주의를 기울이고, 허용하지 않는다.

1980년대 중반에 비키 에이지(Vicky Agee)가 개발한 시설인 페인트 크리크 청소년센터(Paint Creek Youth Center)는 요컬슨과 세임나우의 원칙을 시설의 토큰경제나 포인트 시스템(제4장 참조)에 포함했다. 포인트(points)는 다른 행동 중에서 청소년들이 사고오류의 사용을 자제하는 것에 대해 보상하는 것이다. 이 포인트는 그 이후에 특전과 교환할 수 있다. 페인트 크리크 프로그램은 가족치료, 성범죄자 프로그램 그리고 피해자 인식 집단과 같은 몇 개의 다른 프로그램 모듈을 사용했다. 그 프로그램에 대한 평가 결과는 프로그램을 모두 종료한 청소년들에게만 제한해서 판단했을 때 긍정적이었다 (Greenwood & Turner, 1993).

우리가 인지 재구조화의 예시 둘 다에서 본 것은 이러한 관점에서의 상담은 비합리적이고, 그릇되고, 잘못된 사고를 변화시키는 데 목표를 두고 추구한다는 것이다. 합리적 정서치료에서 확인된 비합리적 사고 유형들은 일반적인 불행과 우울을 초래할 수 있다. 반면, 범죄적 성격 집단(criminal personality groups)에서는 범죄적 사고오류들을 교정한다. 이러한 오류들이 명확하게 범죄자를 불행하게 만드는 것은 아니지만, 범죄 행동을 지지하고, 변명하고, 때로는 강화하는 역할을 한다. 그러한 오류의 사용은 범죄를 저지르는 데 가질 수 있는 억제를 완화하고, 그렇게 함으로써 범죄적 방식으로 행동하는 것을 '자유롭게' 한다.

이러한 프로그램의 인기에도 불구하고 몇 가지 예방 조치가 보장되어야 한다. 예를 들어, 범죄적 사고를 보이지 않는 범죄자가 범죄자 기반의 인지행동 프로그램에 참여한다면 어떻게 될까? 그러한 범죄자들은 많이 있다. 친사회적 가치를 가지고 있고 범죄적 사고가 적은 범죄자들이 이러한 인지 재구조화 집단에 참여해서는 안 된다. 그렇게 하는 것은 범죄적 사고를 가르치는 데 일조할 뿐이다. 다시 말하지만, 위험성 효과가 여기에 작용할 가능성이 있다. 이러한 특성의 프로그램들은 고위험군 범죄자에게는 효과적이지만 저위험 범죄자에게는 종종 문제를 악화시킨다(Andrews & Bonta, 2010; Lipsey, 2009; Smith, Gendreau, & Swartz, 2009; Van Voorhis et al., 2013 참조).

인지기술 접근

인지 재구조화가 추론의 내용을 변화시키고자 한다면, 인지기술 프로그램은 주로 사람의 추론구조 혹은 추론 과정을 변화시키고자 한다. 인지기술 프로그램을 온전히 이해하기 위해서는 절차와 내용 간의 차이를 이해하는 것이 중요하다. 인지 재구조화 프로그램은 사람의 사고 내용−실제 생각을 목표로 한다. 인지기술 프로그램은 사고의 과정−생각이 형성되는 방법을 목표로 한다. 예를 들어, 사람이 차를 운전하는 방식이나 원하는 재산을 얻기 위해 추구하는 방식에서 충동적인가의 여부와 상관없이, 충동성에는 특징적인 인지과정 혹은 인지구조가 있다. 한 가지는 그 행동의 결과에 대해 거의 생각하지 않는다는 것이다. 마찬가지로, 두 가지 유형의 행동을 보이는 개인은 이러한 반사회적 행동의 대체에 대해 제한된 인식을 보인다. 이 관점에서 인지기술 프로그램은 내담자가 생각하고 있는 것보다 생각하지 않은 것에 더 중점을 둔다.

도널드 마이켄바움은 인지기술에 대한 중대한 작업으로 널리 인정받고 있다. 마이켄바움은 자기지시훈련(self-instructional training)과 이후에 스트레스 면역을 통해 인지행동 대처기술을 개발했다(Meichenbaum & Jaremko, 1982). 자기지시훈련은 어려운 상황을 통해 내담자에게 그들 스스로 대화하거나 '자기대화(self-talk)'를 하는 방법을 가르친다. 그 과정은 상담사와 함께 어떤 일이나 상황에 대해 내담자 방식으로 말하면서 시작하며, '천천히' '집중하면서'라는 훈계뿐만 아니라 행동 과제 그리고 자기칭찬과 같은 다른 도움이 되는 촉진인자(reminders) 등을 포함한다. 다음으로, 내담자는 상담사와 함께 같은 과정을 작업하며, 다시 이러한 과제를 큰 소리를 내어 말로 표현한다. 세 번째 단계에서는 내담자가 스스로 그 과제를 수행하지만, 다시 그 과정을 구두로 논의한다. 마지막 단계에서는 내담자가 단독으로 작업을 수행하지만, 내면적 자기지시를 하면서 스스로 지시하는 말을 하도록 격려한다. 이러한 접근은 학령기, 미취학 아동, 조현병 환자 그리고 노인 등에게 완전히 성공적으로 사용되었다.

스트레스 면역훈련(Stress inoculation training)은 내담자가 대처기술과 관련된 자기대화를 하면서 스스로 격려하고 강화하도록 지시하는 것(예: "나는 이것을 어떻게 다룰지 알아." "나는 조절하고 있어.")을 제외하고는 자기지시훈련과 유사하다. 어려운 상황에서 자기 자신에게 제공하는 격려는 성공과 관련된 인간 특성의 하나인 자기효능감(self-efficacy, 혹은 자신감)을 증진시키는 데 도움이 된다. 스트레스 면역은 초기에 고통과 불안, 두려움에 대처하도록 내담자를 돕기 위해 적용되었다. 우리는 또한 강간과 아동 학대를 포함한 외상 피해자들과의 성공적인 접근들을 관찰했다(Meichenbaum & Deffenbacher, 1988).

자기지시와 스트레스 면역은 인지뿐만 아니라 행동에도 주의를 기울인다. 실제로 많은 인지모델은 또한 인지행동 접근(cognitive-behavioral approaches)으로 언급되는데, 그 이유는 ① 행동뿐만 아니라 인지도 학습되며, ② 행동은 인지에 의해 촉진되고, 지지받고, 중재되고, 강화된다는 것을 인정하기 때문이다(Bandura, 1973). 더욱이 우리는 인지행동 심리학의 실습에서 모델링과 역할극[제8장에 제시된 사회학습(social learning) 접근의 도구]이 상당히 많이 사용되고 있음을 볼 수 있다. 오늘날 인지행동 접근은 행동치료의 주요 구성요소는 아니지만 하위분야의 하나로 널리 인정받고 있다.

범죄자에 대한 인지기술 프로그램

앞서 언급한 바와 같이 많은 범죄자의 경우 범죄 행동은 충동적인 사고를 따른다. 간단히 말해서, 많은 범죄자가 건설적인 문제 해결에 참여했을 때 충동적인 결정을 내린다. 문제에 대해 충분히 생각하고 행동하기 위해 사용되는 과정들을 개선하는 것이 범죄자에 대한 많은 인지행동 프로그램의 목표이다.

뚜렷한 인지기술을 목표로 하는 인지행동 프로그램의 탁월한 사례는 '문제 해결' (Taymans, 2006; Taymans & Parese, 1998)로 명명된 테이먼스(Taymans)의 커리큘럼에서

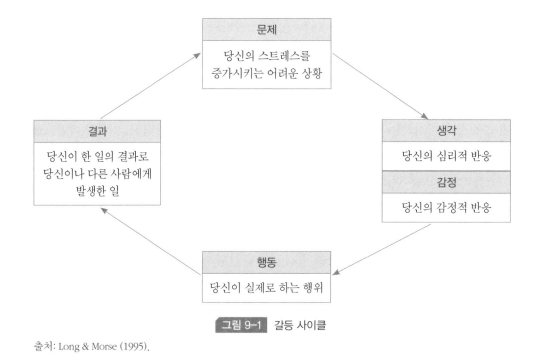

그림 9-1 갈등 사이클

출처: Long & Morse (1995).

볼 수 있다. 이 프로그램은 대부분의 범죄자 기반 인지 프로그램보다 더 짧다. 대부분의 프로그램은 30~40회기가 요구되는 반면, 문제 해결에서는 4회기나 5회기로 종료된다. 이 프로그램에서는 참가자들에게 2개의 중요한 도구를 준다. 첫째는 '갈등 사이클'에 대해 이해하는 것 혹은 사람의 생각이 어떻게 좋거나 나쁜 결과를 초래할 수 있는가에 관한 것이다. 이것은 [그림 9-1]에서 보여 주고 있다.

생각이 행동에 미치는 영향을 보여 주는 몇 가지 연습을 반복한 후, 범죄자들은 두 번째 도구인 문제 해결 단계를 소개받는다.

1. **멈추고 생각하기**: 조용히 하고, 공간을 확보하고, 마음을 차분하게 한다. 깊게 심호흡을 한다.
2. **문제 정의 및 문제 해결을 위한 목표 설정하기**: 무엇이 정말로 잘못되었는가? 내가 원하는 것은 무엇인가?
3. **문제에 대한 정보수집 및 통찰하기**: 반드시 사실과 의견을 구별해야 한다.
4. **대체 행동의 과정 확인하기**: 내가 선택할 수 있는 것들은 무엇이며 각 선택에서 일어날 수 있는 결과는 무엇인가?

5. **행동의 과정 선택하기**: 최상의 선택은 무엇인가? 나의 계획은 무엇인가?

6. **결과 평가하기**: 목표가 달성되었는가? 나는 무엇을 배웠는가?

강사들은 기술 습득과 적용 둘 다를 가르치도록 훈련받는다. 이러한 문제 해결 도구들을 다양한 상황에 **일반화**시키기 위해, 강사들은 '문제들'을 다양화하고, 범죄자들이 일상생활에서 그 기술을 사용하도록 요구하는 과제를 준다. 물론 그 프로그램에서도 이러한 상당히 구체적인 문제 해결 단계를 가르치기 위해 모델링, 역할극, 피드백, 일반화 훈련과 같은 행동 전략을 사용해야 한다.

버지니아 교정교육부에서 실시한 문제 해결의 교차실험 평가에서는 그 프로그램이 지역사회 및 기관 참가자들 모두의 징계 위반을 감소시켰다(Spiropoulis et al., 2006). 이러한 감소는 5개 연구 중 4개 연구에서 나타났으며, 일부 환경에서는 문제 해결 집단의 교도소 징계 보고가 비교집단보다 20%나 더 낮았다. 문제 해결은 나중에 국립 교정연구소의 '변화를 위한 사고'라는 더 확장된 인지행동 프로그램의 구성요소가 되었다(Bush et al., 1998). 더 확장된 프로그램 또한 긍정적인 평가 결과를 달성했다(Aos, Miller, & Drake, 2006; Golden, 2002; Golden, Gatcheland, & Cahill, 2006; Lowenkamp et al., 2009).

성인과 청소년 범죄자들을 위한 인지기술 프로그램은 캐나다의 로버트 로스(Robert Ross)와 엘리자베스 파비아노(Elizabeth Fabiano)의 인지기술과 생활기술(living skills) 프로그램(Ross & Fabiano, 1985; Ross, Fabiano, & Ross, 1989 참조) 및 시러큐스 대학교의 아널드 골드스타인(Arnold Goldstein)과 동료들에 의해 개발된 공격성 대체훈련 프로그램(Goldstein et al., 1998; Glick & Gibbs, 2011)과 가장 일반적으로 연관되어 있다. 많은 연구에서는 여러 가지 다양한 이유(예: 빈곤, 학대, 빈약한 양육, 부적절한 학교교육 그리고 다른 문제들)로 많은 범죄자가 효과적인 사회 적응에 필요한 인지기술을 습득하지 못한다는 것을 보여 준다. 그러한 기술들은 다음을 포함한다.

1. 자기조절
2. 다른 사람의 관점을 수용하는 능력(공감)
3. 문제 해결
4. 단기 및 장기 계획 수립
5. 고위험 상황 피하기

6. 행동의 결과 예측하기

7. 의사결정

8. 대처하기

9. 경직된 사고전략보다는 유연한 사고전략

이러한 문제들에 대응하여, 종합적인 인지행동 프로그램의 하나인 추론과 사회복귀 (Reasoning and Rehabilitation; Ross et al., 1989; Antonowicz & Ross, 2005)에서는 다음을 설명하는 모듈을 제안한다.

1. 사회기술

2. 대인관계 문제 해결

3. 인지방식

4. 사회적 관점 수용

5. 비판적 추론

6. 가치

7. 초인지(meta-cognition)

8. 자기조절

인지기술 프로그램의 치료과정은 게임, 저널 활동, 추론 연습, 교훈적 교수법, 시청 각 자료 및 집단 토론을 포함하여 여러 가지 다양한 전략을 포함한다. 범죄자들은 다양 한 상황이나 사례 연구를 통해 말할 기회가 제공되고 충동적인 행동을 조절하기 위한 새로운 기술을 배운다. 예를 들어, 국립교정연구소에서 개발한 인지기술 프로그램의 한 모듈에서는 범죄자가 이전에 생각하던 방식을 멈추고 새로운 사고기술을 실습하도 록 돕기 위해 '자기대화' 기술을 가르친다(Bush & Bilodeau, 1993; Bush et al., 1998). 집단 리더는 고위험 상황과 관련하여 다음의 관점을 범죄자에게 가르친다.

1. '나의 부분'은 참가자들에게 그들이 책임질 수 있는 상황의 부분에 대해 생각해 보 라고 요청한다.

2. '그들의 입장'은 언젠가 이 상황에서 다른 사람이라면 어떻게 할지 상상하거나, 혹 은 다른 사람이 생각하는 것을 상상하는 데 헌신한다.

3. '존중'은 범죄자들이 그 상황에서 다른 사람에 대해 가질 수 있는 어떤 비인간적인 생각들을 '인간적인' 생각으로 바꾸도록 가르친다.

4. '결과'는 범죄자에게 부정적인 영향을 준 이와 같은 다른 상황들을 범죄자가 확인하도록 요청한다.

5. '새로운 사람'은 범죄자가 되고자 하는 새로운 사람을 떠올리도록 요청한다.

6. '적절한 감정'은 범죄자들이 일상적으로 차단하거나 억압한 더 좋은 태도와 감정을 확인하도록 훈련한다.

인지기술 프로그램은 집단 리더와 참가자 간의 협력에 관한 집단의 규칙에 상당한 주의를 기울이면서 시작한다. 참가자들은 '말하기 전에 생각'하기, 집단에서 지배하지 않기, 시간을 지키기, 규칙적으로 출석하기를 격려받는다. 초기에는, 예를 들어 '우리의 마음속에서 하는 일이 우리의 삶에서 하는 일을 지배한다.'라는 인지의 중요성을 항상 가르친다. 회기 내내 그들은 '생각 보고서'(Bush & Bilodeau, 1993; Bush et al., 1998; Ross et al., 1989)나 혹은 회기 사이에 발생한 사건을 기술하는 '상황 일지(hassle logs)'(Goldstein et al., 1998)를 유지하도록 배운다. 이 부분의 수업에는 인지 재구조화 활동이 포함된다. 그렇게 함으로써 범죄자들은 그들이 그 사건에 대해 가지고 있었던 생각의 유형에 특히 주의를 기울일 것으로 예상한다. 집단 회기에서 이것들을 토의할 때는 폭력이나 범죄 행동을 초래했던 사고 패턴의 유형에 특별히 주의를 기울인다. 이후 회기에서는 무언가로 부당하게 비난받거나 누군가와 의견이 맞지 않는 것과 같은, 분노를 불러일으킨 사건을 중심으로 짧은 영상이나 역할극으로 시작할 수 있다. 집단 구성원들은 다음과 같이 개발하고 있거나 새로 형성된 기술을 사용하는 이러한 시나리오를 통해 작업한다.

1. 다른 사람의 관점을 보려고 시도하기
2. 분노 감정 조절하기
3. 비폭력적인 방식으로 자신의 의견 주장하기
4. 그 상황에 대한 신념 패턴과 그것의 사실 여부 검토하기

이후 회기에서 그들은 자극하는 상황에 대해 부정적인 결과를 방지하기 위한 기술을 배울 수 있다. 여기에는 다음의 기술이 포함된다.

1. 역기능적 사고 멈추기
2. 새로운 목표 설정하기
3. 계획 수립 및 수행하기
4. 새로운 계획에 대한 자기방식의 자기대화하기
5. 새로운 사고 실습하기
6. 부적절한 행동 및 사고과정의 결과 상기하기

어떤 경우에는 인지기술 프로그램이 생활기술을 포함하도록 확장된다. 이러한 프로그램에서는 범죄자들이 다음과 같은 이후의 모듈을 위한 기초를 형성하기 위해 인지기술 프로그램에 참여한다.

1. 폭력 없는 생활
2. 양육기술
3. 지역사회 재통합
4. 재정관리

특히 지역사회 재통합 모델과 같은 생활기술은 엄격히 말해 인지기술은 아니다. 그러나 직업 구하기 및 유지하기와 이력서 작성하기, 예산 세우기, 자금 관리하기와 같은 기술들은, 건강한 인지기술의 기초 위에 형성될 때 훨씬 더 견고해진다. 예를 들어, 범죄자가 충동성 문제와 다른 인지적 이슈에 대한 문제를 다루게 되면 자금관리(예: 예산 세우기, 저축하기, 대출/융자) 및 심지어 직업훈련(MacKenzie, 2006)도 좀 더 명료해진다. 제8장에서 언급한 바와 같이, 몇몇 이러한 기술은 역할극과 모델링을 사용하는 사회학습 접근을 통해서 배울 수 있으며, 그 후에 인지모델과 결합하여 사용할 수 있다(Hollin, 1990). 사실 우리는 사회학습, 도덕교육 그리고 인지기술 모델을 결합한 두 가지 프로그램을 계속할 것이다.

도덕교육 접근

어떤 사람들은 도덕교육이 인지기술 영역에 속하지 않는다고 주장할 것이다. 그러나 그것을 여기에서 다루면서 우리는 인간이 전 생애에 걸쳐 경험하는 추론구조의 발달상 변화에 초점을 둔다. 피아제(Piaget, 1948), 콜버그(Kohlberg, 1976), 워런(Warren, 1983) 등에 따르면, 인간은 상대적으로 구체적(concrete)인 아동기 인지 추론구조에서 더 유연한 성인기 사고로 발전한다. 만약 우리의 학습환경이 그러한 발달상 진행을 만들 수 있는 경험을 제공한다면, 우리는 절대적이고 구체적인 형식의 추론에 계속 참여하는 사람보다 '더 숙련된' 사람이 될 것이다. 미성숙한 형태의 추론은 답변이 '예' 혹은 '아니요' 둘 중 하나이고, 문제를 다양한 관점보다는 한 가지 관점으로 보게 되고, 다른 사람의 관점을 이해하는 능력이 심각하게 제한되고, 도덕적 결정이 외적 보상과 처벌에 대한 관심사에 전적으로 의존하는 상황을 만든다.

로렌스 콜버그(Lowrence Kohlberg)의 도덕적 판단 단계(stages of moral judgment; Kohlberg et al., 1979)는 정의와 공정성, '올바른' 행동과정에 대하여 생각하는 방법에 따라 개인을 분류하는 인지 발달상의 분류체계를 형성한다. 다른 인지 접근과 마찬가지로, 도덕적 판단의 여섯 단계는 추론을 지지할 수 있는 실제 선택보다는 추론의 형태 또는 과정에 속한다. 분류과정과 그에 따른 치료모델은 인지적 복잡성의 발달상 연속선상에 있는 단계 중 하나에 개인을 배정하는 것을 포함한다.

도덕적 판단이론은 로빙거(Loevinger, 1966), 피아제(1948), 설리번, 그랜트와 그랜트(Sullivan, Grant, & Grant, 1957) 등이 제시한 몇 가지 다른 자아 및 인지 발달이론에 대한 공통된 가정을 공유한다. 이 이론들은 인지 발달에 대해 다음과 같이 주장한다.

1. 생각하는 방법(생각하는 내용이 아닌)을 설명하는 질적 사고과정의 변화를 포함한다.
2. 모든 사람에게 같은 단계의 발달 순서를 통해 발생한다.
3. 복잡성이 증가하는 방향으로 발생한다(즉, 발달과 함께 생각이 더 복잡해진다).
4. 상황에 따라 일관성이 있는 것으로 보이는 각 발달 단계의 기본 논리를 나타낸다.
5. 개인이 진단된 도덕적 추론의 단계보다 한 단계 위와 그 아래의 모든 단계를 이해할 수 있는 계층적 통합 단계를 통해 발생한다.

발달은 연속선상의 어느 지점에서든 멈출 수 있어서, 인구의 횡단면은 이론적으로 모든 단계에 있는 사람들의 분포를 보여 줄 것이다.

도덕적 발달의 연속선상에는 추론의 세 가지 수준이 있다. 전인습적 수준, 인습적 수준, 후인습적 수준이고, 각 수준은 두 단계로 구성된다. 각 단계의 특성에 대한 간략한 개요는 다음과 같다.

I. 전인습적 추론(Preconventional Reasoning)

1단계: 도덕적 의사결정은 처벌을 피하고, 권력이나 명성을 따르고, 문제를 회피하기 위해 권위에 맹목적으로 순종한다. 다른 개인의 이익은 인정되지 않는다.

2단계: 이 단계에서 '올바른' 행동과정은 처벌의 회피나 자기 이익의 확대와 같은 도구적 고려사항에 근거한다. 그러나 이러한 목적을 달성하기 위해 다른 사람과의 교환과 거래에 참여한다. 따라서 다른 사람은 그러한 거래의 당사자로서 도구적 의미에서 중요하다.

II. 인습적 추론(Conventional Reasoning)

3단계: 도덕적 추론은 다른 사람들에 대한 충성과 중요한 다른 사람의 기대에 부응하고자 하는 욕구로 인해 내적인 동기가 강화된다. 이 단계에서의 추론은 '황금률(Golden Rule)' 철학의 적용을 반영한다.

4단계: 결정은 가족, 지역사회 그리고 사회체제로서의 국가와 같은 사회제도를 유지하려는 욕구를 반영한다. 이러한 체제의 역할과 규칙은 매우 중요하다.

III. 후인습적 추론(Postconventional Reasoning)

5단계: 도덕적 추론은 사회적 계약의 공리적 개념이나 최대 다수의 최대 이익을 바탕으로 특정 권리, 가치 및 법적 원칙에 대해 비교 검토할 필요성을 고수한다.

6단계: 삶의 권리와 다른 사람의 존엄성에 대한 존중과 같은 윤리적 원칙은 도덕적 결정을 내리는 데 사용된다. 이러한 원칙은 법이나 상황을 제외하고 일관되고 보편적인 방식으로 존재하도록 유지된다.

비행청소년이나 성인 인구에서 1단계나 혹은 6단계에서 추론을 하는 사람은 거의 보기 드물다. 이는 극단적인 경우이다. 단계별 추론은 아마도 각 단계의 예시를 통해 더 명확해질 것이다. 팀의 예를 보면, 이 소년은 학교 운동장에서 자물쇠가 채워져 있지 않은 자전거를 발견하고 훔칠지 말지를 고민하고 있다. 팀의 도덕적 판단 단계는 자전거를 훔칠 것인지, 혹은 훔치지 않을 것인지에 대한 그의 선택으로 결정되는 것이 아님을 기억하는 것이 중요하다. 그 대신, 그의 도덕적 판단 단계를 결정하는 것은 그의 사고과정 혹은 그의 선택에 대한 이유이다. 실제로 절도를 찬성하거나 반대하는 단계별 이유가 있다. 예를 들어 보면 다음과 같다.

팀이 2단계로 진단된다면, 우리는 그가 자전거를 훔쳤다는 말을 들을 수 있다. 왜냐하면 그가 자전거를 원했는데 주위에 아무도 없어서 잡히지 않을 것을 알았기 때문이다. 그가 자전거를 훔치지 않기로 했다면 붙잡혀서 처벌을 받을까 봐 두려웠다고 볼 수 있다.

팀이 3단계로 분류된다면, 이 도덕적 딜레마를 해결하는 데 다른 사람과의 관계가 중요한 고려사항이 될 것이다. 예를 들어, 자전거를 가진 다른 친구들과 함께하기 위해 그는 자전거를 훔치기로 할 수 있다. 그는 자전거를 잃어버려서 슬퍼할 그 주인을 걱정해서 자전거를 훔치지 않을 수도 있다. 그는 자신의 추론과 관련하여 '황금률' 사고가 들릴 수도 있다. 즉, 팀은 자신의 재산을 도둑맞고 싶지 않다는 것을 알기 때문에 다른 사람의 자전거를 훔치지 않기로 선택한다.

4단계에서 개인은 사회체제 유지의 중요성에 우선순위를 둔다. 법은 물론 이 점에서 도움이 된다. 4단계에서는 자전거 훔치는 것을 정당화할 결정을 찾기는 어렵다. 그러나 자전거를 훔치지 않기로 한 4단계의 결정은 법을 준수하는 데 우선순위를 둘 것이다. 처벌이나 다른 사람들의 실망을 피하기 위해서가 아니라 법이 사회질서를 유지하는 데 중요하기 때문이다. 팀은 만약 모든 사람이 훔치고 싶은 것을 무엇이든지 훔친다면 어떻게 될지 고려할 것이다.

마지막으로, 자전거를 훔치는 것에 반대하는 5단계의 결정은 법이나 상황을 제외하고 존재해야 하는 보편적 권리에 초점을 둘 것이다. 재산은 그러한 권리 중 하나이다. 따라서 팀은 법이나 다른 사람의 의견에 상관없이, 또는 그 문제로 자신이 잡히면 어떻게 될지에 상관없이 자전거 주인이 그것을 소유할 권리가 있다고 판단할 수 있다.

콜버그의 인지 추론에 대한 발달 순서를 관찰할 때, 우리는 또한 이전 단계의 몇몇 인지적 어려움이 존재하지 않게 되는 중요한 발달적 관문(developmental gates)을 관찰할 수 있다. 예를 들어, 2단계의 사람은 외적 통제소재(locus of control)를 보인다. 즉, 올바른 행동과정이 외부 환경에서 발생하는 일에 따라 결정되며, 개인은 그런 환경 속에서 상황을 살피며 자신이 보상을 받을 것인지 혹은 처벌을 받을 것인지를 결정한다. 그러나 3단계의 개인은 내재화된 개념인 다른 사람과의 관계에 대해 생각한다. 유사하게, 3단계는 자신과 같은 다른 사람에 대해 공감할 수 있다. 그리고 5단계에 이르러서는 자신과 다른 사람에게도 공감이 이루어진다. 공감과 내적 통제소재가 다른 인지행동모델에서 다루는 인지기술의 하나임을 상기해 보라.

콜버그의 도덕적 판단 단계에서 출발한 교정치료 프로그램의 가장 중요한 목표는 2단계의 전인습적 추론에서 최소한 3단계의 인습적 추론으로 성장하기 위해 노력하는 것이다. 이것은 내재화된 가치체계나 양심의 개념과 같은 친사회적·공감적 지향이 3단계에서 시작되기 때문이다. 예를 들어, 시험에서 부정행위를 할 것인지 아닌지를 결정하는 아동이 교사가 교실에 있는지 아닌지에 대한(2단계) 외현화된 고려를 근거로 판단하는 경우와 부정행위를 하는 것은 잘못된 것이라는 내재화된 신념에 근거하여 부정행위를 하지 않는다는 결정을 내린 경우를 상상해 보자. 사실 도덕적 판단과 비행청소년에 관한 연구에서 도덕적 판단 단계는 비-비행 청소년들보다 비행청소년들이 유의하게 더 낮은 것으로 보고했다(Jennings et al., 1983). 일반적으로 비-비행 청소년들보다 비행청소년들이 2단계로 진단되는 비율이 유의하게 더 높다. 따라서 3단계로의 발달을 촉진하는 목표는 충분한 근거가 있는 것으로 보인다.

그렇게 하도록 설계된 개입인 도덕교육 프로그램(moral education programs)은 도덕적 판단에서 성장은 개인의 성장을 장려하는 친사회적 환경요인과 상호작용할 때 발생할 가능성이 크다고 가정한다. 특히 콜버그는 공정하고 참여하는 환경에 노출하는 것이 도덕적 발달을 촉진한다고 주장했다. 그래서 도덕교육 집단들은 참가자들을 도덕적 딜레마(moral dilemmas)에 노출시킨 다음에, 각기 다른 도덕적 판단 단계에서의 다양한 이슈를 통하여 각각에 대한 개인의 생각을 집단에서 논의한다. 시간이 지나면서 도덕적 갈등과 그에 대한 논의 그리고 해결을 통해 개인은 집단에서 동료들이 보여 주는 더 높은 수준의 추론으로 발전할 수 있기를 기대한다. 매일의 의사결정은 또한 '도덕적 토론'을 만들어 내는 데 사용될 수 있다. 예를 들어, 체셔 소년원(Cheshire Reformatory)과 여성들을 위한 나이앤틱 주립 농장(Niantic State Farm)에서 콜버그와 동료들은 도덕적 판단 단계와 기관환경 평가를 토대로 한 개입전략을 개발했다. 그들의 전략은 수용자에게 그들의 생활 단위 관리에 대한 의사결정 책임을 일부 제공하는 것으로 구성되어 있다(Hickey & Scharf, 1980). 그러나 대부분의 콜버그 작업은 '공정한 지역사회(Just Community)'라고 불리는 프로그램에서 초등학생들을 대상으로 했다.

다음 절에서 볼 수 있겠지만, 현재 도덕교육의 적용은 도덕적 토론 집단과 콜버그의 발달이론을 다른 인지행동이나 사회학습 구성요소와 결합한 다중양식(multimodal) 접근을 사용한다. 또한 MRT(Moral Reconation Therapy)라는 프로그램에도 관심이 증가하고 있다(Little & Robinson, 1986). MRT는 16등급의 도덕적 및 인지적 단계를 통해 도덕

적 추론을 개발하고 증진하기 위해 설계된 몇몇 집단과 워크북 활동을 사용한다. MRT
는 더 짧은 구성요소로 나눌 수 있지만, 다른 인지행동 커리큘럼보다 다소 덜 구조화
되었다. MRT의 인기가 높아지고 있지만 평가 결과는 엇갈리고 있다(Aos et al., 2006;
Armstrong, 2003; Finn, 1998).

공격성 대체훈련(ART)

도덕교육을 다른 접근과 함께 결합하여 사용하는 것은 도덕교육 집단이 인지기술과
인지 재구조화 프로그램에 가치 기반의 중요한 구성요소를 추가해 준다는 점에 대한
인정이다. 결국 가치는 내재화되고 우리와 함께 일관된 기준이 된다. 반면에, 학습된
행동과 인지는 범죄 행위와 관련된 보상과 경쟁하는 데 취약하다. 범죄는 매우 보상적
이기 때문에 새로운 친사회적 기술이 내재화된 도덕적 논쟁으로 지지된다면 그것을 사
용할 가능성이 더 높다(Goldstein & Glick, 1995a). 골드스타인과 시러큐스 대학교의 동
료들은 공격성 대체훈련(Aggression Replacement Training, ART)이라는 인지행동 프로그
램에 이 개념을 적용했다(Goldstein et al., 1998; Glick & Gibbs, 2011).

ART는 다음 세 가지 구성요소로 이루어졌다.

1. **기술 스트리밍**은 사회학습 접근을 통해 다양한 사회기술을 가르친다(제8장 참조).
2. **분노조절훈련(ACT)**은 청소년과 성인 범죄자에게 분노조절을 위한 기술을 가르치
   는 인지행동 접근이다.
3. **도덕교육** 집단은 콜버그에 의해 개발된 토의집단과 딜레마를 활용하는 집단이다.

이 프로그램에서 도덕교육의 사용은 콜버그의 원래 모델과 유사하다. 범죄자들은
도덕적 딜레마를 논의하며 해결하려고 시도한다. 딜레마의 일부는 콜버그 모델이 표
준이 된다[예: 죽어 가는 아내를 살리기 위해 약을 훔치는 남자의 '생명 보트 딜레마(life boat
dilemma)']. 다른 딜레마들은 집단이나 교정환경에서 일어날 수 있는 문제들을 이용한
다. 우리는 이미 이전 절에서 도덕교육을 논의했고 제8장에서는 기술 스트리밍(Skill
Steaming)을 논의했기 때문에, 이제는 분노조절훈련(Anger Control Training, ACT) 모델
에 관해 설명한다.

ACT는 분노조절(Novaco, 1979)과 스트레스 면역(Meichenbaum, 1977)에 대한 초기 연

구를 차용하여 비행과 공격성, 품행장애 청소년들에게 분노의 근원을 확인하고 다룰 수 있도록 가르친다. ACT는 분노관리에 대해 5단계 접근을 사용한다.

1. 첫 번째 단계는 청소년들에게 그들의 분노에서 가장 많이 '촉발인자(trigger)'가 되는 외부 사건과 내적 자기진술을 확인하도록 돕는 것이 포함된다.
2. 무엇이 분노를 유발했는지 확인되면, 두 번째 단계는 청소년들이 자신의 분노에 대해 경고했던 생리적 단서(physiological clues)를 인식하도록 돕는다(예: 긴장된 턱, 붉게 상기된 얼굴, 꽉 움켜쥔 손, 위의 느낌 등). 처음 두 단계의 의미는 청소년들이 자신의 분노를 제때에 인식하여 그것을 조절하도록 가르치는 것이다. 촉발인자와 단서가 개인마다 특유해서, 상담사는 접근방식에서 어느 정도 개별화할 준비가 되어 있어야 한다.
3. 다음으로, 청소년들은 확인된 분노를 다루기 위한 몇몇 기술을 교육받는다. 이것은 '자기진술(self-statement)'로 구성되어 있는데, '침착하자' '진정하자' '차분하자' 그리고 다른 진정시키는 문구들로 분노가 각성되는 것을 낮추기 위해 설계되었다.
4. 환원기제(reducers)는 또한 개인이 분노 수준을 낮추도록 도와주는 수단으로서 가르친다. 여기에는 평화로운 장면의 시각화, 심호흡, 분노 행동화 결과에 대해 생각하기, 숫자 거꾸로 세기와 같은 전략이 포함된다.
5. 마지막 단계에서는 청소년들이 분노를 얼마나 잘 조절했는지 평가하도록 가르치고, 효과적으로 수행했다면 스스로 자신을 칭찬하도록 가르친다.

물론 일상생활에서 우리에게 분노를 일으키는 많은 상황은 쉽게 벗어날 수 없다. 그 대신, 우리의 시도는 정직하고 적절하게 문제를 해결하고 반응하도록 그들에게 요구하는 것이다. 이러한 예시들은 감정 표현하기, 불평에 대응하기, 분쟁 해결을 위해 협상하기 그리고 기타 기술로 공격성 대체훈련의 기술 스트리밍 구성요소를 배운다. ART에 관한 평가연구에서는 이러한 접근이 효과적인 것으로 나타났다(Aos et al., 2006; Gunderson & Svartdal, 2006; Goldstein & Glick, 1995b; Goldstein et al., 1998).

하나의 유사한 프로그램 모델이 오하이오에서 청소년 범죄자들을 대상으로 시행되었다. EQUIP 프로그램은 ART와 상당히 유사한 모델로 활용되었지만, 인지기술, 분노관리, 도덕교육을 긍정적 동료 문화(Positive Peer Culture, PPC; Vorrath & Brentro, 1985; 제5장 참조)로 알려진 집단 접근과 결합하였다. 긍정적 동료 문화(PPC) 모임은 청소년들이 서로 돕고 책임감 있게 행동하도록 동기를 강화하려는 목표를 가진 상호 돕는 집단을 제공하기 위해 노력한다. EQUIP로 알려진 모임은 PPC 모임을 통해 널리 알려졌다. 이 회기들에서는 사회기술과 분노관리, 도덕적 발달 연습에 중점을 두었다. EQUIP 프로그램에 관한 결과 또한 긍정적이었다(Gibbs, Potter, & Goldstein, 1995).

여성 범죄자를 위한 인지행동 프로그램

앞에서 논의한 대부분의 프로그램은 남성 범죄자를 위해 개발되고 남성 범죄자 인구에 대해 평가되었다는 것을 강조하는 것이 중요하다. 마크 립시(Mark Lipsey, 2009)는 지금까지 실시된 가장 크고 가장 최근의 메타분석조차도, 그의 검토에서 이용한 대부분의 연구는 남성들이 참가한 프로그램이라는 것을 경고했다. 따라서 초기 메타분석 이후 거의 20년간, 오직 4%의 연구만이 모두 여성 표본으로 이루어졌다(Lipsey, 2009). 이에 대해 많은 학자는 전통적인, 범죄자 기반의, 인지 재구조화 집단들이 여성 범죄자들에 대해 재평가해야 한다고 주장한다(Bloom, Owen, & Covington, 2003; Chesney-Lind, 1998). 이러한 우려들은 특히 범죄적 사고 프로그램과 관련이 있다. 예를 들어, 연구자들은 여성 범죄자들이 남성들보다 앞서 언급한 전형적인 범죄적 사고를 지닐 가능성은 더 적다고 언급했다(Barriga et al., 2000; Erez, 1988). 또한 캐럴 길리건(Carol Gilligan, 1982)은 앞서 언급한 콜버그의 도덕적 판단 단계에 대한 비평으로 잘 알려져 있다. 길리건의 연구에서는 여성의 도덕적 판단이 그들의 관계에 대한 걱정과 관계 맥락에서 내린 결정을 중심으로 전개될 가능성이 남성보다 더 높다고 제기했다. 추가로, 범죄적 사고가 남성들 사이에서처럼 여성들에게 강력한 위험요인으로 나타나지 않는다는 것이다. 예를 들어, 여성의 위험성 평가에 관한 우리의 연구에서 범죄적 사고가 재범에 미치는 영향은 연구 전반에 걸쳐 일관성이 없다. 그러나 우리는 자기효능감과 권한/책임감, 분노와 같은 다른 인지는 여성의 재범과 더 일관되게 관련되어 있음에 주목한다(Van Voohris, Wright, et al., 2010).

인지행동 프로그램에 관한 대부분의 우려는 여성 범죄자에 대한 접근의 광범위한 포기와 관련이 없다. 어쨌든 정적 강화, 모델링, 일반화, 치료적 관계와 같은 남성과 여성 내담자 모두의 치료에 의미가 있는 사회학습 및 인지행동 접근 둘 다에 대한 임상적 차원이 있다(Worell & Remer, 2003). 그러나 최근에 미국과 캐나다에서 진행되고 있는 젠더 반응적 프로그램(gender-responsive programming) 계획에서는 여성을 위한 교정 프로그램이 여성의 범죄 경로를 더 정확하게 설명하는 위험요인을 목표로 삼아야 한다고 언급하고 있다. 따라서 여성들이 그들의 피해자를 비난하는지 아닌지에 우선순위를 두는 대신, 인지행동치료의 좀 더 생산적인 초점은 자기효능감/권한과 건강한 관계, 가족 문제, 양육 스트레스, 외상과 학대, 환경 안전을 목표로 할 수 있다(Blanchette & Brown, 2006; Bloom et al., 2003; Van Voorhis et al., 2010).

프로그램 교육과정은 바로 이것을 하기 위해 재설계되고 있다. 예를 들어, 메릴린 반 디튼(Marilyn Van Dieten, 1998)이 개발한 인지 교육과정인 '나아가기(Moving On)'는 인지행동 기법을 사회학습 및 생태적·관계적 접근과 통합시켰다. 이 프로그램의 주요 목표는 여성들이 개인과 지역사회의 자원을 인식하고 동원할 수 있도록 지원함으로써 범죄 없는 대안과 선택을 제공하는 것이다. 이 프로그램은 행동에 영향을 미치는 것 (예: 문화, 사회, 가족, 관계)에 대한 폭넓은 이해로부터 자기 변화와 관련된 보다 개인적인 주제로 옮겨 가는 일련의 주제를 제시한다. 이 프로그램의 특정 모듈은 ① 여성 범죄자들이 부정적인 자기대화를 확인하고 그것을 긍정적인 인지로 대체해 나가도록 돕고, ② 여성들에게 가치 있는 의사결정과 문제 해결, 사회성, 자기관리, 스트레스 이완 기술을 가르치고, ③ 여성들의 지역사회 복귀를 돕는다. 이 프로그램에 대한 최근의 두 평가에서는 그것이 여성들의 재범을 감소시킨 것으로 나타났다(Duwe & Clark, 2015; Gehring, Van Voorhis, & Bell, 2010).

추가적인 인지행동 프로그램은 외상과 학대, 외상 후 스트레스 장애(PTSD), 물질남용과의 작업이다(Najavits, Weiss, & Liese, 1996). '안전기반치료(Seeking Safety)'는 남성과 여성 모두에게 사용되고 있지만, 특히 여성 범죄자들과 관련되어 있다. 여성은 남성보다 더 높은 비율로 이러한 공존장애로 고통받기 때문이다. 이 프로그램은 남성과 여성 참전용사(Cook et al., 2006), 저소득 도시 여성(Hein et al., 2004), 구금 여성(Zlotnick et al., 2003) 그리고 다른 영역에서 다양하게 잘 연구되었다.

간단히 말해서, 인지행동 프로그램은 범죄적 사고에 초점을 둔 '모두에게 적용되는'을 넘어서 추가적인 치료 목표로 이동했다. 프로그램은 특정 인구 및 특정 욕구에 맞추어지고 있으며 평가연구도 긍정적인 결과를 보이기 시작하고 있다.

인지행동 프로그램과 그 효과-프로그램 완전성의 역할

우리는 이 장 전체에 걸쳐 범죄자를 위한 인지행동 프로그램의 효과성에 대한 많은 증거를 제시했다. 이러한 낙관론은 성범죄자(Hall, 1995)와 여성 범죄자(Gehring et al., 2010; Spiropoulis et al., 2006), 물질남용자(Pearson & Lipton, 1999)와 같은 특정 유형의 범죄자뿐 아니라 범죄자 전체에 적용된다. 이에 대응하여 인지행동 프로그램과 그 커리큘럼의 실행이 광범위하게 이루어지고 있다. 인지행동 프로그램에 대한 2개의 메타분석에서 가장 효과적인 치료 프로그램은 소규모 시범 프로젝트였으며, 어떤 경우에는 그 커리큘럼을 개발한 바로 그 개인들의 연구였다는 점에 주목한다. 그러나 그 프로그램이 전체 기관으로 확대되고 외부 연구원에 의해 평가되었을 때 치료 효과가 상당히 저하되었다(Lipsey et al., 2001; Tong & Farrington, 2006; Wilson, Gallagher & Mackenzie, 2000 참조). 유사한 결과가 프로그램의 질이 범죄 결과에 미치는 영향에 대한 메타분석에서도 나타났다(Lipsey, 2009; Lowencamp, Latessa, & Smith, 2006; Nesovic, 2003 참조).

그러한 결과에 대한 가능한 설명은 확장된 프로그램의 치료 완전성(integrity)에 결함이 있다는 것이다. 이러한 프로그램의 시험 단계 동안 촉진자들은 아마 충분히 훈련받고 감독받았을 것이다. 가장 중요한 점은 소규모 시범 현장에서는 프로그램 질에 대해 면밀하게 주시했을 것이다. 당연히 이 프로그램이 기관 전체에서 좀 더 큰 집단 참가자들에게 시행되었을 때 질에 대한 초기 초점 중 일부는 상실되었을 것이다.

어떻게 이러한 현상이 일어나는 것일까? 기관에서 주어진 인지행동 프로그램을 시행하려면, 대규모의 직원훈련에 투자하고, 매뉴얼을 구입하고, 프로그램을 제공하기 시작한다. 하지만 이것이 훈련받은 촉진자가 그 훈련을 이해하고, 기본 프로그램 설계를 유지하며, 참가자들과 좋은 관계를 유지하거나, 인지행동 및 사회학습 접근의 핵심 기술(예: 모델링, 실습, 피드백, 강화)을 사용하는 능숙한 자질을 보장할 수 있는가? 직원이 이러한 기술을 보유하지 못했다면 재훈련을 받을 수 있는가?

예를 들어, 최근 추론과 사회복귀(Reasoning and Rehabilitation, R & R)에 대한 평가에서는 프로그램 참가자와 비교집단의 구성원 사이에 유의미한 차이를 발견하지 못했다. [그림 9-2]에서 볼 수 있듯이, 추론과 사회복귀 프로그램 참가자들의 12개월 재범률은 36%였고 비교집단은 38%였다(Van Voorhis et al., 2002). 그러나 이 그림을 좀 더 검토해 보면, 추론과 사회복귀 프로그램이 다른 프로그램보다 더 작용하고 있음을 알 수 있다.

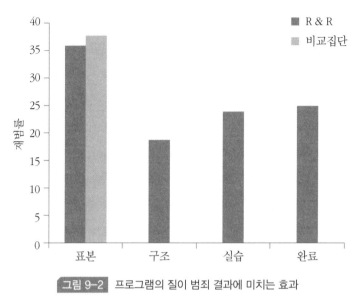

그림 9-2   프로그램의 질이 범죄 결과에 미치는 효과

출처: Van Voorhis et al. (2002).

모든 참가자의 재범률이 36%였던 것과 대조적으로 리더가 우수하게 교육관리(구조)를
유지한 집단은 19%의 재범률을 보였다. 그리고 적절한 인지행동 기법(실습과 피드백)의
사용은 프로그램의 효과성을 높였다. 참가자들이 모든 회기에서 실습할 기회를 가진
집단들은 전체 재범률 36%에 비해 24%의 재범률을 보였다. 덜 성공적인 프로그램에서
어떤 일이 일어났는지는 분명하지 않지만, 참여도가 낮다는 것은 아마도 이 집단 리더
가 범죄자들이 새로운 사고와 행동을 시도하는 것을 돕기보다는 대부분 대화로 진행했
다는 것을 시사한다. 당연히, 프로그램을 완료한 사람들은 재범률(25%)이 훨씬 더 낮
다. 요컨대, 정책입안자와 실무자들은 인지행동 접근에 관해 낙관적이지만, 프로그램
들이 그들의 설계에 따라 전달되도록 확실히 하기 위해 많은 것이 필요하다.

결론

인지 및 인지행동 치료는 정신건강과 교정실무자들 사이에서 많은 존중을 받고 있
다. 그것은 현재 이용 가능한 가장 성공적인 치료모델 중 하나이다. 교정기관은 임상
학위가 없는 일부 사람을 포함하여 그 모델을 효과적으로 사용할 수 있도록 교정치료
직원을 훈련시킬 수 있다는 것을 발견했다. 부분적으로, 이것은 인지치료가 정신분석

과 같은 접근과 비교하면 이해하기 쉬운 치료체계라는 사실에 기인할 수 있다. 실제로 현재 출간된 많은 인기 있는 '자기개발' 도서는 인지치료 기법에 기반을 두고 있다. 동시에 교정치료 실무자들에게 제공하는 많은 훈련 기회는 인지치료와 인지상담을 강조한다. 프로그램 자료(예: 치료 매뉴얼과 강의 계획, 평가, 훈련 모듈)는 이 책에서 논의된 다른 접근보다 더 쉽게 이용할 수 있다. 상담기법과 집단은 단기적일 수 있지만, 치료는 어떤 경우에 최대 2년까지 걸릴 수도 있다.

　이러한 언급이 인지적 접근을 지나치게 단순화하려는 의도는 아니다. 인지치료는 내담자의 인간성과 존엄성의 중요성을 유지하면서 그들의 비합리적 사고와 무책임한 행동에 도전하고 직면하는 능동적이고 지시적인 상담사를 요구한다.

　마지막으로, 기관들이 인지치료의 단순성에 너무 많이 의존하는 과정에서 자원을 절약하기 위해 적절한 교육과 치료 매뉴얼 개발을 생략한다면 치료의 완전성에 심각한 문제를 초래할 수 있다. 그러한 경우, 효과적인 것으로 알려진 프로그램도 실제로 설계에 따라 실행되지 않았을 때 '비효적과인' 것으로 관찰되었다(Van Voorhis, Cullen, & Applegate, 1995; Van Voorhis et al., 2002). 마찬가지로, 이 장에서 확인된 상담체계들은 범죄자들의 부적절한 사고 패턴과 부적응적 행동 양식을 변화시킬 엄청난 잠재력을 가지고 있다. 그들은 범죄유발이 매우 높은 것으로 알려진 일련의 요인을 목표로 했기 때문에(Andrews & Bonta, 2010), 연구에서 그것들이 효과적인 것으로 나타났다는 것은 그리 놀라운 일이 아니다.

참여 연습

참여 연습 1: 합리적 정서치료

　다음은 이 책의 기고자 중 1명인 폴라 스미스(Paula Smith) 교수가 개발한 교실 연습의 하나이다. 이것은 합리적 정서치료의 몇 가지 구성요소를 시연하는 데 도움을 주기 위한 것이다.

　합리적 정서치료에서는 비합리적 사고나 신념이 어떻게 우리의 존재를 손상시키는 부정적 감정 상태로 이끌 수 있는지 인식하도록 내담자에게 가르친다는 것을 상기해 보자. 이 참여 연습은 당신의 생각이 당신의 감정에 어떻게 영향을 미치는지 더 잘 알 수 있도록 하기 위한 것이다.

앞으로 며칠 동안, 당신이 강한 감정(긍정적이거나 부정적인)을 경험하게 될 때마다, 그 순간 당신이 무엇을 생각했는지 되돌아보라. 활성화 경험, 당신의 **생각**과 **신념** 그리고 그 **감정 상태**의 결과를 기록하라.

예시

활성화 사건	생각	감정 상태
당신은 과제에서 낮은 점수를 받는다.	'나는 이 과목을 절대 통과할 수 없을 것이다.' '아마 나는 학교를 바로 그만두어야 할 것이다. 나는 절대 성공하지 못할 것이다.' '나는 절대로 아무것도 도달하지 못할 것이다.' '나는 가치 없다.'	우울/연민

1. 이 연습이 당신의 생각과 신념에 대해 더 잘 알 수 있도록 해 주었는가?
2. 두 번째 열에 기록된 생각들을 검토해 보라. 비합리적 사고(예: 흑백논리 사고, 정신적 여과, 확대 등)의 유형을 확인할 수 있는가?
3. 당신의 생각과 감정 상태의 연관성을 알 수 있는가?
4. 만약 자기대화가 부정적 감정 상태를 초래한다면, 이러한 비합리적 생각들을 논박하거나 대체할 수 있는 대안적 사고를 생각할 수 있는가?

참여 연습 2: 범죄적 사고

이제 이 연습을 범죄자에게 적용해 보자. 범죄자들이 종종 보여 주는 반사회적 사고와 신념 일부를 기술한 다음의 목록을 읽어 보라. 다음으로, 이 장 앞부분의 '범죄적 성격 집단'에 있는 세임나우(1984, 2001)의 사고오류 목록을 살펴보고, 각각의 범죄자 진술에서 어떤 유형의 사고오류가 명백한지 확인하라. 일부 진술은 세임나우의 범주에서 하나 이상에 적합할 수 있다는 점에 주목하라.

- "내가 그의 것을 훔치는 것은 괜찮다. 그는 부유하고 그의 보험으로 그것을 충분히 할 수 있을 것이다."
- "나는 그녀를 그렇게 세게 때리지 않았다. 단지 그녀가 쉽게 멍이 든 것이다."
- "경찰은 그들이 체포하는 범인들만큼이나 부정직하다."

- "가게에서 그렇게 많은 돈을 청구하지 않았다면 그 가게 물건을 훔치지 않았을 것이다."
- "아무도 나를 무시하게 놔두지 않을 것이다. 그가 나에게 함부로 하지 못하도록 교훈을 주어야 한다."
- "나는 술에 취해 있었다. 그것을 한 기억이 전혀 없다."
- "나는 조절할 수 없었다. 단지 내 반응이 자동으로 0에서 100으로 갔다."
- "그가 먼저 나를 밀었다. 그가 자초한 일이다."
- "당신이 나에게 무엇을 해도 상관없다. 나는 죽음이 두렵지 않다."

참여 연습 3: 인지기술

이 참여 연습에서는 범죄자에 대한 두 가지 일반적인 고위험 상황을 적용하면서 문제 해결 단계의 일부를 실습하게 될 것이다. 다음에 기술된 각각의 상황에서 당신이 보호관찰관이라고 상상해 보라. 그런 다음, 범죄자가 문제 해결의 각 단계를 진행하기 위해 무엇을 해야 하는지에 대한 설명을 제공한다.

• 상황 #1

존은 보호관찰을 받고 있으며 술과 다른 약물을 금지하는 법원 명령을 받은 상태이다. 그는 몇몇 친구와 파티에 참석했는데, 친구들은 존에게 그들과 함께 마리화나를 사용하도록 압력을 가하기 시작한다.

• 상황 #2

메리는 보호관찰관과의 예정된 사무실 방문시간에 맞추어 나타났다. 그녀는 직업이 마음에 들지 않는다고 판단하여 그만두었다고 보고했다. 그녀는 새 직장을 언제 구하기 시작할지 확실하지 않지만 그것에 대해 걱정하지는 않는다. 직장을 구하고 유지하는 것은 보호관찰의 조건이다.

1. **멈추고 생각하기**: 조용히 하고, 공간을 확보하고, 마음을 진정시키라.
2. **문제 정의 및 문제 해결을 위한 목표 설정하기**: 무엇이 정말로 잘못되었는가? 나는 무엇을 원하는가?
3. **문제에 대한 정보수집 및 통찰하기**: 사실과 의견을 반드시 구별하라.

4. **대체 행동의 과정 확인하기**: 내가 선택할 수 있는 것들은 무엇이며, 각 선택에서 일어날 수 있는 결과는 무엇인가?

5. **행동의 과정 선택하기**: 최상의 선택은 무엇인가? 나의 계획은 무엇인가?

6. **결과 평가하기**: 내가 목표를 달성했는가? 나는 무엇을 배웠는가?

토론 질문

1. 인지치료를 지지해 주는 이론은 무엇인가?

2. 이러한 치료가 오늘날 왜 그렇게 인기가 있다고 생각하는가?

3. 당신이 화가 났거나, 우울하거나, 혹은 다른 강한 감정을 가졌을 때를 생각해 보라. 당신은 어떤 생각이 머리를 스쳐 갔는지 기억할 수 있는가? 그것들을 적어 보라. 당신은 그것들을 논박할 수 있는가? 즉, 그것들 내에 있는 비합리적 요소를 지적하고 합리적 치료로 바꿀 수 있는가?

4. 도덕교육 개입의 이론과 기법을 기술하라.

5. 인지 재구조화 프로그램과 인지기술 프로그램의 차이를 설명하라.

6. 범죄 발생에서 범죄적 사고오류는 어떤 역할을 하는가?

7. 여성 범죄자에게 인지행동 프로그램은 얼마나 효과적인가?

8. 교정 프로그램은 어떻게 완전성을 상실하는가?

제**10**장

가족치료

패트리샤 반 부어히스(Patricia Van Voorhis) & 마이클 브래즈웰(Michael Braswell)

주요 용어

행동주의 및 사회학습 모델	다체계적 치료(MST)
경계선	기만
의사소통치료	대상관계
분리된 경계선	투과성
이중구속	정신역동적 가족치료
이인군	재정의
밀착된 체계	경직된 경계선
가족구조	희생양
가족체계	전략적 가족치료
가족치료	구조적 가족치료
항상성	하위체계
개별화	치료적 역설
상위의사소통	훈습과정

　　가족환경과 가족생활의 질은 범죄 행동의 발달에서 자주 인용된다. 가족은 다양한 방식으로 범죄 행동을 초래하는 역할을 하는데, 적절한 부모-자녀 애착 형성의 실패(Baumrind, 1985; Bowlby, 1988), 자녀의 가정 내 폭력 노출(Banyard et al., 2008; Thornberry et al., 1994), 과도한 갈등(Kats & Gottman, 1993), 부적절한 아동의 사회화, 부

적절한 양육기술(Larzelere & Patterson, 1990; Loeber & Dishion, 1983; Patterson & Dishion, 1985) 그리고 역기능적 상호작용 방식이 포함된다. 체계적 관점에서 보면, 비행 혹은 범죄자 가족 구성원은 문제가 많은 가족체계의 하나의 증상일 수 있다(예: Haley, 1976; Vogel & Bell, 1960). 그런 경우, 비행 문제가 가족의 관심을 불안정한 부부생활에서 탈피하게 해 주는 것과 같이 문제 행동이 가족의 기능적 목적에 기여한다(Henggeler, 1982; Minuchin, 1985). 범죄 행동에 대한 가족의 관련성은 아동과 배우자 학대에서 나타나는 것처럼 아마도 구성원들이 서로에게 폭력적인 행동을 저지를 때 가장 두드러지게 드러날 것이다.

가족 문제에 관한 관심은 또한 범죄 행동의 병인을 넘어 가족 구성원의 유죄선고나 판결 이후에 발생하는 일에 관한 관심으로까지 확장되어야 한다. 종종 필요에 따라 형사사법기관의 일상 업무는 가족의 안정성을 위협하는 많은 일을 한다. 형사법원과 가정법원은 각각 수백 가구를 갈라놓는다. 청소년 사법기관들은 아이들을 너무 이른 시기에 생물학적 가족으로부터 분리시킬 뿐만 아니라, 보호시설에 익숙해진 청소년들을 그 기관보다 나은 대안을 제공하지 못하는 가족에게 너무 이르게 돌려보내는 것에 대해 비판을 받아 왔다. 기관들이 방문을 제한하고, 면회를 금지하고, 가족과 지리적으로 가까운 곳에 배치하지 않고, 치료과정에서 가족 문제를 방치할 때 문제는 더 악화된다.

구금된 부모들을 대상으로 한 설문조사에서는 그들 중 60%가 집과 100마일 이상 떨어진 곳에 구금되었다고 보고했다. 게다가 57%의 아버지와 54%의 어머니가 그들의 자녀들이 한 번도 방문하지 않은 것으로 보고했다(Mumola, 2000). 특히 어머니의 경우, 구금 기간이 끝난 후 양육권을 유지하는 것이 최근에 더 어려워졌다. 1997년의 「입양 및 안전가족법(Adoption and Safe Family Act)」은 아동이 지난 22개월 중 적어도 15개월 동안 위탁 양육을 받은 후 부모 양육권을 종료한다. 이 법은 정신질환이나 물질남용 등으로 치료 중인 부모뿐만 아니라 구금된 부모에게도 영향을 미친다(Bloom, Owen, & Covington, 2003).

역설적으로, 구금이나 분리 기간이 종결되었을 때 범죄자가 정상적인 생활로 돌아갈 가능성은 그 가족이 이 시련이 끝날 때까지 얼마나 잘 생활하고 있는지(Hairston, 2002)와 가족들이 그 수용자에게 얼마나 많은 지지를 제공해 줄 수 있는지(Nelson, Deess, & Allen, 1999)에 달려 있다. 많은 결혼생활이 구금된 지 2년 후에 파경에 이르고(Brodsky, 1975), 시간이 지남에 따라 가족들과의 접촉이 줄어드는(Lynch & Sabol, 2001) 관찰 결과를 고려해 볼 때, 장기 수용자들의 대다수가 지지해 주는 가족환경으로 돌아가지 못할 것이라고 예상할 수 있다. 분리를 초래하지 않는 경우라도, 경찰 조사와 법정 절차에 대한 스트레스가 보통 대부분의 가족에게 상당한 충격이 된다. 앞에서 인용한 모든 예에서 볼 수 있듯이, 소년 범죄자나 성인 범죄자들과 관련된 가족들에게 많은 것이 기대된다는 것은 분명하다. 이 장 끝부분에 언급된 수용자 사회복귀 정책 및 일부 가족관계 강화 프로그램과 함께 효과적인 가족치료 프로그램들이 필요한 가족에게 도움이 될 수 있기를 바란다.

범죄자의 법 준수에 대한 전망은 그의 체포나 처벌에 대해 그 가족이 잘 적응하는 가의 문제보다 훨씬 더 복잡하다. 또한 성공 여부는 범죄자가 참여하는 치료의 형태, 치료 이전의 가족생활의 질이나 치료과정 중 가족 개입의 성격에 따라 달라질 수 있다. 많은 경우에 가족의 문제는 등한시하면서 범죄 성향이나 비행을 보이는 가족 구성원을 치료하고자 하는 방침은 시간과 돈 낭비이다. 교정상담사와 사례관리자는 치료과정에서 개선된 내담자들이 애정이 부족하고 자녀에 대한 적절한 지도와 지원, 개방적 의사소통이 부족한 가정으로 돌아가면 더 악화된다는 실망스러운 호소를 종종 표출한다(Janeksela, 1979; Klein, Alexander, & Parsons, 1977). 가족치료에 대한 초기 기록에는 조현병(Bateson et al.,1956), 마약중독(Hirsch & Imhof, 1975; Stanton, 1994), 거식증(Minuchin, Rosman, & Baker, 1978) 그리고 알코올 중독자(Meeks & Kelly, 1970; Steinglass, 2004)를 포함하여 다른 문제가 있는 내담자 사이에서도 유사한 결과를 언급했다.

문제가 있는 가족 구성원의 치료는 그 가족에게도 불리한 영향을 미칠 수 있다. 문제가 있는 구성원은 종종 가족 구성원들 간의 친밀하지만 건강하지 못한 상호작용 방식을 유지하는 데 중요한 역할을 한다(Hoffman, 1981). 따라서 문제가 있는 구성원이 나아진다 해도, 다른 구성원들이 변화과정에 참여하지 않으면 결국 가족체계(family system)가 위협받을 수 있다. 가족들은 익숙한 전통을 넘어 개인적으로 그리고 대인관계에서 더 성장하기 위해 위험을 감수하기보다는 불화가 있더라도 함께 사는 덜 고통스러운 현상유지로 돌아가고 싶을지 모른다. 가족치료 문헌에서는 문제가 된 구성원의 개선된 행동 이후에 새로운 가족 '희생양(scapegoats)'을 찾아내거나 치료를 철회하는 것과 같은 건강하지 못한 보상 행동으로 가족들에게 충격을 주었던 수많은 사례를 제시한다(Napier & Whitaker, 1980; Sameroff, 1989). 가족체계에는 구성원 특성의 총합 이상의 실제가 있다. 가족체계에 문제가 있다면, 문제의 증상 하나만 치료하는 것으로는 소용이 없다.

다음의 사례 연구는 가족체계의 영향력을 보여 준다.

14세 소년 조와 그의 부모는, 특히 학교에서 증가하고 있는 조의 행동화 문제로 의뢰되었다. 최근까지 이 십 대 소년은 분명히 합리적으로 행동하는 건설적인 학생이었다. 그러나 지난 몇 주 동안 그의 부모와 학교 관계자들은 모두 놀랐다. 교사들에게 무례한 언행을 하고, 성적도 급락하고, 급기야는 몇몇 친구와 도난 차량으로 폭주를 하게 되어 조와 그의 가족은 소년 법원에서 주의를 받게 되었다.

조의 가족은 어머니, 아버지, 누나 그리고 남동생으로 구성되어 있다. 그의 아버지는 백화점의 부지배인이었다. 어린 시절의 극심한 경제적 궁핍은 그를 '일 중독자'로 만들었고 언제든지 다시 올 수 있는 '어려운 시기'에 항상 대비하게 했다. 그는 아들에 대한 진심 어린 관심과 더 나은 경제적 안정에 대한 강박적 욕구 사이에 휘말려 있었다. 조의 어머니는 지적장애가 심한 조의 남동생을 돌보느라 집에서 대부분의 시간을 보냈다. 조의 누나는 고등학교 상급생으로 현재의 가족 문제에 영향을 덜 받는 것 같다. 그녀와 조는 서로 거의 관계가 없는 것같이 보였다.

조는 그의 남동생이 사랑스럽기도 하지만 밉기도 하다고 표현했다. 지적장애가 심한 사람이 어쩌면 동생이 아닌 바로 자기였어야 한다고 죄책감을 느꼈다. 그는 남동생에게 너무 많은 관심이 쏠리는 것에 관해 불만이었지만, 그래도 그것이 필요하다는 것을 알고 있었다. 그는 중간에 있어서 동생 돌보는 것을 도와야 한다는 부담감을 더 느꼈지만, 또한 중간이어서 부모님에게 자신을 위한 시간과 관심을 기대할 수도 없었다. 조는 특히 아버지에게서 소외감을 느꼈다.

상담에 조와 그의 부모가 참여하면서 그들 간의 의사소통은 개선되었다. 조와 그의 아버지는 점점 가까워졌고 '특별한' 시간을 함께 계획하기 시작했다. 이 일이 처음 일어났을 때, 조의 어머니는 불안을 느끼기 시작했다. 그녀의 특별한 시간에 대한 욕구에 초점을 맞춘 것을 통해 조와 조의 아버지로부터 더 고립되어 있는 그녀의 느낌이 해소되는 것으로 보였다. 이어진 후속상담 회기에서 가족이 효과적으로 기능하고 있는 것으로 보였다. 조의 성적과 행동은 개선되었다. 3개월 후, 조의 어머니는 다급하게 전화를 해서 그가 학교 선생님을 때리게 되어 정학을 당했다고 하였다. 지난 몇 주 동안에 조의 행동이 급속히 나빠졌는데, 때마침 그의 아버지도 경제적으로 더 안정된 지위를 확보하기 위해 다른 주로 이사해야 할 상황이었다. 가족들은 크리스마스에 새로운 집에서 그와 함께 합류하기로 했다.

조의 전망은 어두웠다. 그의 아버지는 새로운 직업으로 경제적 지위를 향상하려고 시도하고 있어서 가족과 함께 있지 못했다. 아버지와의 관계에 대한 조의 욕구 때문에 아버지의 부재는 그의 인생에 공허감을 남겼다. 동시에 이미 혹사당하고 있는 어머니에게는 무리한 부담을 더 안겨 주었다. 아버지가 없는 상황에서 가족체계는 자체적으로 조정하고 적응해야 했기 때문에 아버지의 부재는 조의 지속적인 개선에 도움을 주지 못했다.

　　가족치료(family therapy) 분야에서는 개별적인 치료 양식이 관계, 가족 그리고 가족 구성원에 대한 존중에 영향을 미치는 것을 너무 편협하고 부주의한 것으로 여긴다. 가족치료 접근은 사회심리학과 공동체심리학, 환경심리학, 사회생태학의 주요 원리와 맥락을 같이하며, 개인은 자신의 환경에서 집단과 사회, 문화적 영향력과의 상호작용에서 분리되어 이해될 수 없다고 주장한다(Bronfenbrenner, 1979). 이러한 관점에서 행동의 문제는 가족과 학교, 이웃, 직장, 또래집단을 포함하는 여러 원인과 관계가 있는 것으로 간주된다(Zigler, Taussig, & Black, 1992).

　　또한 전통적인 치료는 특히 가족체계 차원에서 집단 변화의 효력을 인식하지 못한 점에서 결점이 있다. 가족은 종종 장기적인 변화의 핵심으로, 대부분의 경우에 가족이 인생 전체에 걸쳐 영향을 미치기 때문이다(Larzelere & Patterson, 1990; Loeber & Dishion, 1983; Sampson & Laub, 1993). 범죄 행동의 병인과 치료에서 가족의 역할에 대한 인식이 증대되면서 교정 과정에 가족을 참여시키는 치료를 개발하는 것이 반영되고 있으며, 형사사법 제도에서는 이러한 접근의 사용이 아마도 이루어지지 않은 것 같다. 증가하고 있는 긍정적인 평가 결과의 관점에서 이것은 불행스러운 일이다. 실제로 가족치료의 효과는 치료 평가 문헌에 대한 여러 논평에서 강조되고 있다(Andrews et al., 1993; Hazelrigg, Cooper, & Borduin, 1987; Kazdin, 1987; Loeber & Hay, 1994; Patterson, Dishion, & Chamberlain, 1993; Shadish et al., 1993).

가족치료의 역사 및 개관

　　하나의 분야로서 가족치료의 역사는 40년도 되지 않았다(Nichols & Schwartz, 2006). 실제로 비교적 최근까지 개인치료에서 가족의 개입이 내담자-치료자 관계에 악영향

을 미칠 가능성으로 인해 프로이트, 로저스 등과 같은 주요 인물에 의해 장려되지 않았
다. 짐작컨대, 다른 가족 구성원과의 신경증적 갈등이나 혹은 아마도 의식적이든 무의
식적이든 그들의 인정을 얻고자 하는 욕구는 내담자가 자기도 모르게 자신의 진정한
감정과 충동을 부정하고 왜곡을 일으킬 것이다.

가족치료의 초기 접근은 집단상담 기법을 통해 가족을 치료함으로써 질병, 특히 조
현병을 치료하려는 문제 중심의 노력이었다(Nichols & Schwartz, 2006). 처음에 연구자
들은 각 문제에 특징을 부여하기 위해 가족 상호작용의 원형적 패턴을 파악하고자 애
썼다. 하지만 '조현병을 유발하는 가족'이나 '알코올 중독자 부부'를 묘사하고자 하는
노력은 지나치게 단순화시킨 것으로 드러났다. 가족 문제가 반드시 표출된 문제에만
국한되지 않는다는 것이 곧 명확해졌다. 그러한 문제 중심 가족들의 공통적인 요소는
좀 더 일반적이었다. 즉, ① 표출된 문제가 있고, ② 가족이 역기능적 방식으로 표출된
문제를 영구화한다는 것이다(Russell et al., 1983). 그러나 정확한 역기능의 본질은 가족
마다 다양했다.

이후 수년 동안 몇몇 주목할 만한 치료모델이 개발되었다. 다양한 접근방식에도 불
구하고 각 모델은 우리가 사랑하고, 놀고, 일하는 체계 내의 중요성과 관련해서 몇 가
지 기본적인 가정을 지니고 있었다.

일부 저자는 지나치게 편협하다는 이유로 가족치료 자체를 비난해 왔다. 이런 비평
가들은 가족체계가 치료적 개입의 유일한 목표 대상이 되어서는 안 된다고 주장하는
데, 가족은 다양한 개별적 장점과 문제를 가지고 있는 개인들로 이루어져 있고, 이들
중 일부가 다른 이들보다 가족기능에 더 영향을 미칠 수 있기 때문이다. 또한 그들은
가족이 학교, 직장 그리고 이웃과 같은 가족 이외의 체계와 상호관계에 있다는 것을 관
찰했다. 이러한 외부 체계 중 어느 하나가 가족생활의 질에 큰 영향을 주거나 가족치료
의 진행을 방해할 수도 있다(Henggeler & Borduin, 1990). 그 같은 우려로 인해 절충적
접근인 다체계적 치료가 시작되었다(Henggeler & Borduin, 1990). 이것은 다음에 논의된
몇몇 가족치료 모델과 ① 문제가 있는 가족 구성원을 위한 개별적 접근(필요한 경우) 및
② 다른 지역사회 서비스(예: 보육 및 학교 지원)를 결합한 접근이다.

가족치료는 오늘날 정신건강의 중요한 분야로 여겨지고 있다. 민간 및 공공의 여러
정신건강 프로그램을 통해 다양한 문제를 다루는 서비스를 이용할 수 있다. 그러나 '가
족치료'라는 용어가 부부가 함께 사는 가족에게만 이러한 서비스를 제공할 수 있다는
암시를 준다면 그 말은 오해의 소지가 다분할 것이다. 가족치료는 개인이 그들의 관계

를 지각하고 관리하는 방법에서부터 발생시킨 문제를 다루도록 고안된 치료 양식으로 보는 것이 더 정확하다. 그러한 서비스는 한부모 가족과 동성애 및 동거 커플, 독신, 재결합 가족을 포함한 다양한 생활의 단위에 의해 유지될 수 있다.

가족치료에서 좋은 접근은 또한 민족의 다양성을 반영하는 접근으로 수정되는 것이다. 이것은 형사사법 제도가 많은 다양성을 상대할 뿐 아니라 가족의 맥락이 민족마다 상당히 다르기 때문이다. 민족성은 역할 기대와 가족 가치, 도덕성 개념, 종교성, 욕구, 생활사건에 대한 인식에 영향을 준다. 가족치료에 대한 대부분의 저술은 범죄자가 아닌 일반인 중에서 백인 중산층 가족의 욕구를 다루고 있지만, 확실히 민족을 고려하는 접근방식으로 전환되고 있다(Ho, 2003; Kumpfer, 1999; Parra-Cardona et al., 2008).

가족치료 분야는 주로 치료의 초점이나 치료에서 다뤄지는 가족 문제의 유형에 따라 차이가 난다. 게린(Guerin, 1976)은 복잡한 방법들의 배열을 조직화하면서 전략들을 2개의 기본적인 분야로 구분했다. 정신역동적 기법과 체계기반 기법이 그것이다. 정신역동적 접근에는 애커먼(Ackerman, 1966), 주크(Zuk, 1975), 휘테커(Whitaker, 1976) 등의 개별, 집단 그리고 경험치료가 포함된다. 체계기반 접근은 미누친(Minuchin, 1974)과 보웬(Bowen, 1978)이 개발한 구조적 전략뿐만 아니라 헤일리(Haley, 1976)와 사티어(Satir, 1972)의 의사소통(혹은 전략적) 방법을 망라한다. 게린의 초기 분류체계에는 사회학습모델이 없었는데, 알렉산더와 파슨스(Alexander & Parsons, 1982), 섹스톤과 알렉산더(Sexton & Alexander, 2000), 패터슨(Patterson, 1974, 1982), 고든과 아버스노트(Gordon & Arbuthnot, 1987), 고든과 동료들(Gordon et al., 1988) 그리고 컴퍼, 드마시와 차일드(Kumpfer, DeMarsh, & Child, 1989) 같은 행동주의자들의 작업과 헹겔러와 보두인(Henggeler & Borduin, 1990)의 다체계적 치료가 있다. 이에 대해서는 이 장에서 논의할 것이다.

앞에서 확인한 가족치료 모델 각각의 고유성에도 불구하고, 정도의 차이는 있지만 대다수가 가족을 하나의 체계로 보아야 한다는 확신을 공유한다. 하나의 체계로서의 가족에 관한 초기 연구에서 나온 많은 개념이 오늘날에도 계속 가족치료의 기본으로 여겨지고 있다. 가족은 그 체계를 구성하는 개별 특성의 합보다 더 큰 통합성을 가진 것으로 간주된다. 결과적으로, 문제가 있는 구성원과 가족 접근 치료를 할 때 그 개인뿐만 아니라 그 가족체계도 도움이 필요한 것으로 가정된다.

앞에서 요약한 체계치료는 개별적이고, 비체계적 치료에서 사용된 것과는 다른 인과적 패러다임을 따른다. 비체계적 모델은 치료에서 직선적인 접근을 사용한다. 다시 말해, 문제 행동이 단순한 원인과 영향 관계를 따른다고 가정한다. 그 가정은 우리가 문제의 원인에 개입한다면, 그로 인해 문제를 완화할 수 있다는 것이다. 대조적으로, 체계치료는 문제 행동을 순환적이고, 상호적이며, 서로 밀접하게 연관된 것으로 바라본다. 증상은 다원적인 관계체계의 일부이다(Nichols & Schwartz, 2006). 아동의 행동 문제는 다른 가족 구성원에게 부정적인 영향을 미치며, 다른 가족 구성원들도 또한 그 아동에게 영향을 미친다.

체계치료를 이해하는 데 있어 체계의 질을 이해하는 것이 중요하다. 패트리샤 미누친(Patricia Minuchin, 1985)은 이것을 다음과 같이 요약했다.

1. **어떤 체계이든 조직화된 전체이며, 체계 내의 요소들은 반드시 상호의존적이다.** 그들의 의존성 때문에 체계의 개별 구성원 평가만으로 그 체계는 완전히 이해될 수 없다. 체계는 부분들의 총합 이상이며, 체계 구성원의 행동은 맥락 내에서 존재한다.

2. **한 체계에서의 패턴은 직선적이기보다는 순환적이다.** 다시 말해, 구성원의 행동은 순환적 · 호혜적 그리고 나선형으로 상호작용하는 더 큰 사슬 속에 존재한다. 이 그림은 가족 문제에 대해 개별 가족 구성원을 비난하는 것에 반대한다.

3. **체계는 패턴의 안정성을 유지하는 항상성 특성이 있다.** 시간이 지남에 따라 체계 구성원의 행동은 일관되고 예측될 수 있다. 체계는 이러한 안정된 상태를 선호하는 것으로 보이며, 변화가 필요한 경우 스트레스를 경험할 수 있다. 체계는 또한 다양한 방법으로 변화에 저항하려고 할 수 있다.

4. **발전과 변화는 개방적 체계에 내재한다.** 체계는 시간이 지나면서 변해야 한다. 예를 들어, 어린 아동을 키우는 가족체계는 이 아동을 고등학교에 보내는 체계와는 달라야 한다. 개방적 체계는 폐쇄적이고 고립된 체계보다 성장하고 변화할 가능성이 좀 더 많다. 개방된 체계는 체계 외부의 환경과 정보를 교환한다. 그렇게 하면서 보다 잘 적응할 수 있게 된다. 폐쇄적 체계는 학대나 근친상간 같은 심리사회적 어려움을 더 많이 경험하는 것으로 보인다(Alexander, 1973). 학대적이거나 다른 역기능적 행동에 의문을 제기할 기회가 없기 때문에(가족이 외부환경과 충분히 상호작용하지 않음), 이러한 행동들은 또한 가족 구성원에게 정상적이거나 정당한 것으로 여겨질 수 있다.

5. **복합적 체계는 하위체계들로 구성되어 있다.** 이러한 하위체계는 체계 내에서 별

개의 역할을 수행한다. 예를 들어, 부모 하위체계의 역할은 형제 하위체계의 역할과 다르다.

6. **더 큰 체계 내의 하위체계들은 경계선에 의해 분리되며, 이러한 경계선을 넘는 상호작용은 암묵적 규칙과 패턴에 의해 통제된다.** 이러한 규칙 중 일부는 사회적으로 규정된다. 대부분의 사회에서는 부모가 자녀를 지도하도록 요구한다. 가령 '우리는 가족 문제에 대해 누구에게도 말하지 않는다.'와 같은 규칙들은 체계 내에서 개발될 수 있다. 경계선에 대해서는 구조적 가족치료 부분에서 더 논의하겠지만, 일단 그것은 한 체계와 다른 체계들을 구분하는 선을 의미한다. 마찬가지로, 그것은 그 체계의 여러 하위체계를 구분하는 선이 된다[예: 부모와 자녀, 다양한 이인군(dyads)]. 우리는 이러한 경계선을 개방형, 폐쇄형 그리고 반투과형으로 구분한다. 곧 살펴보겠지만, 주어진 경계선, 규칙이나 패턴의 적절성은 하위체계의 본질에 달려 있다.

한 체계는 어떻게 1명 혹은 그 이상의 구성원에게 어려움을 초래할 수 있는가? 여러 가지가 있겠지만, 가족체계는 항상성(homeostasis) 혹은 균형 잡힌 안정된 평형 상태를 유지하기 위해 (반드시 의식적으로는 아니지만) 지속적인 패턴으로 체계의 안정성을 도와줄 수 있는 구성원을 '선택'한다(Sameroff, 1989). 예를 들어, 가족의 치료 경험의 하나로 딸의 행동화를 대처하기 위해 필사적으로 노력한 데이비드 브라이스와 캐롤린 브라이스의 사례가 있다(Napier & Whitaker, 1980). 딸 클로디아와 부모의 극심한 불행은 어머니와의 지속적인 싸움, 늦은 귀가와 오랫동안의 외출, 성적인 행동화 그리고 죽음에 대한 무서울 정도의 집착에서 나타났다. 치료 초기에 치료자들은 클로디아의 행동이 브라이스 가족을 하나가 되게 하는 기능을 할 수 있도록 부모들을 도와주었다. 클로디아의 문제가 시작되기 몇 년 전부터 브라이스 부부의 결혼생활은 냉랭해졌고 둘은 서로 상대방의 요구를 충족시키지 못했다. 클로디아의 극적인 행동은 딸을 걱정하면서 부모의 정서적 연합을 제공했지만, 한편으로는 그들의 결혼생활 문제를 피할 수 있게 해 주었다. 이 경우 클로디아의 행동은 역기능적 체계에 어느 정도의 항상성을 유지하게 했다. 이 문제가 드러난 이후 클로디아의 행동이 개선되자, 이상하게도 브라이스의 아들인 돈의 행동화가 시작되었다. 역기능적인 체계는 종종 또 다른 희생양을 선택함으로써, 혹은 항상성을 유지하기 위해 가족이나 개별 구성원을 치료에서 제외함으로써 구성원 중 한 사람의 치유를 무의식적으로 방어한다. 예상대로 돈의 행동은 상당히 빨리 개선되었지만, 부부관계의 어려움을 해결하는 데 치료과정의 나머지 부분을 소비했다.

가족체계에 대한 지식은 머레이 보웬(Murray Bowen, 1978)에 의해 상당 부분 진전되었다. 보웬은 문제가 있는 가족은 역기능적 체계 경계선과 의사소통 과정을 형성한다고 주장했다. 구성원들은 구분되지 않은 덩어리로 '융해(fused)'되어 있을 수 있다. 이러한 '고착된 연합성(stuck-togetherness)' 관점에서 각 개인은 자신의 고유성을 잃는다. 그렇게 융해되거나 밀착되어 있는 개인은 합리적인 것과는 반대로 감정적으로 반응한다. 이러한 경우에 개인 간의 불분명한 경계선으로 인해 개인은 자기 자신을 이해하기가 어려워진다. 자신이 어디에서 멈추어야 하고 다른 가족 구성원들은 어디에서 시작해야 하는지 알 수 없게 된다. 다시 말해, 가족으로서 '우리는 누구인가'에 대한 인식은 강하지만, 개인으로서 '나는 누구인가'에 대한 인식은 거의 없거나 아예 없을 수 있다. 그 같은 체계는 외부 정보요소를 차단하고 왜곡된 현실 감각을 유지하면서 폐쇄적이 될 수 있다. 구성원들 또한 감정의 쌍방 교류가 중단되는 '삼각관계(triangulation)' 과정을 통해 의사소통할 수도 있다. 대신에 3인 체제가 형성된다. 예를 들어, 아내는 결혼생활의 불만을 남편이 아닌 딸에게 말할지도 모른다. 이런 과정은 감정을 환기하는 데는 성공할 수 있겠지만, 갈등을 해결하지 못하고 딸에게도 해롭다.

가족을 체계로 보는 관점은 심리치료에 새로운 패러다임을 제시한다. 이것은 직선형에서 순환형으로 전개되는 극적인 변화로서, 개인은 더 이상 과거의 개별 사건들에 의해 형성된 개별적 인격으로 간주되지 않는다. 체계 패러다임에 따르면, 개인의 행동은 대부분 가족에 의해 지배되는 사회적 맥락의 결과이다. 그 원인은 지속적이고 순환적이며, 가족이 개발하는 연동관계, 역할, 규칙, 의사소통 패턴, 경계선, 습관에 따른 격동의 산물이다.

다음 영역에서 다섯 가지 주요 가족치료 모델을 간략하게 설명한다.

1. 정신역동적
2. 의사소통
3. 구조적
4. 사회학습 접근
5. 다체계적 가족치료

이론적 접근에 대한 이러한 논의는 다양한 모델을 명료하게 하는 데 도움이 될 수 있지만, 전형적인 치료과정에 대한 왜곡된 시각을 제공할 수도 있다. 대부분의 적용은 절충적이다. 치료자들은 종종 일상적인 실무에서 몇몇 모델의 기술과 관점을 도입하기도 한다. 더욱이 모델들 자체는 상호 배타적이지 않다.

정신역동적 가족치료

가족치료의 초기 형태는 정신역동적 관점에서 실시되었다. 이 모델은 프로이트와 아들러의 연구에 기원을 두고 있지만, 애커먼(1966), 프라모(Framo, 1970), 보스조르메니-나기와 울리히(Boszormenyi-Nagy & Ulrich, 1981), 스티어린(Stierlin, 1977), 설리번(Sullivan, 1953), 딕(Dick, 1963)의 추후 연구가 가족치료와 관련된 이론 및 치료 개발에 기여했다. 정신역동 치료자들은 체계이론을 전적으로 부인하지는 않지만, 주로 무의식적인 힘에 대한 전통적인 견해를 고수한다.

정신역동적 가족치료(psychodynamic family therapy)의 가장 중요한 초점은 대상관계(object relations)에 있다. 이 경우에 '대상'은 그 사람과 다른 사람과의 관계, 특히 친밀한 관계를 가리킨다. 웨스턴(Westen, 1991)은 '대상관계'를 "친밀한 관계에서 대인관계 기능을 중재하는 일련의 인지적·정서적 과정"이라고 정의했다. 대상관계이론은 가족생활의 구성요소, 특히 아동의 어머니와 관련된 관계가 내면화된다고 주장한다. 일생에 걸쳐 내재화된 부모-자녀의 상호작용은 자신에 대한 인식뿐만 아니라 이후의 대인관계 기능에도 영향을 미치면서 유지된다. 이것이 표현되는 형태는 시간이 지남에 따라 변한다. 어머니와의 유아적 의존과 일체에서 독립으로, 타인과의 상호 의존성으로 그리고 이상적인 상호 교류의 수준까지 옮겨 간다(Liebert & Spiegler, 1994). 건강한 발달을 위해서는 어린 시절의 의존에서 벗어나 성인기의 상호 의존, 즉 개별화(individuate)로 나아가야 한다. 또한 성인의 친밀한 관계는 종종 부모로부터의 분리 혹은 개별화에서의 아동의 적절성뿐만 아니라 과거의 관계에서 영향을 미치고 있는 문제의 반복을 반영한다. 대상관계의 문제는 다양한 역기능적 패턴으로 나타날 수 있는데, 이는 다음의 문제들을 포함된다.

1. 부모로부터의 개별화 혹은 분리 실패(예: 극도의 의존성)

2. 갈등관리

3. 신뢰관계 형성

4. 만족을 지연하는 능력

5. 친밀함 혹은 분리에 대한 내성

6. 자신감

7. 자아존중감

사람들은 또한 자신과 타인에 대한 부정확한 인식을 새로운 관계 안으로 연결할 수 있다. '원가족'으로부터의 역기능적 각본을 반복하는 것(Barnhill & Longo, 1978), 투사적 동일시 혹은 부모의 특성을 다른 사람에게 전이하는 것(Boszormenyi-Nagy & Ulrich, 1981)은 성인의 인간관계를 해칠 수 있다.

정신역동적 개별 접근에서와 마찬가지로, 정신역동적 가족치료자들은 과거의 무의식적인 요소를 밝히고, 명료하게 하고, 해석하기 위해 노력한다. 일단 이 요소가 의식 안으로 들어오면, 치료자들은 내담자가 '훈습(work through)'이나 새로운 깨달음을 생산적이고 좀 더 기능적인 행동으로 전환하도록 도울 수 있다. 무의식적 요소의 인식은 개별치료보다 가족치료에서 더 효율적으로 이루어질 수 있다. 개별치료에서 무의식적 성격 영역의 단서는 내담자의 자유연상과 방어기제, 꿈치료, 전이의 관찰로부터 찾을 수 있다(제3장 참조). 전이는 과거의 관계 및 교류의 양상이 치료받는 동안 치료자에게 옮겨 갈 때 일어난다. 그렇게 전이는 내담자에게 관찰되고 해석될 수 있다. 그러나 가족치료에서 전이는 치료자에게뿐만 아니라 가족 구성원 사이에서도 일어날 수 있다. 가족 구성원들은 또한 다른 구성원에게 투사적 동일시를 보일 수 있다. 이러한 투사 중 일부는 비행 행동을 부추길 수 있다. 예를 들어, 아버지가 아들의 공격적인 행동을 통해 자신의 공격적인 본능과 환상을 만족시킬 수 있다. 그러한 투사와 다른 방어기제들은 개별치료보다 가족치료에서 더 자주 발생할 가능성이 있다(Nichols & Schwartz, 2006).

정신역동적 치료자들은 가족 문제의 근원을 찾아내기 위해 각 가족 구성원의 역사에 관심을 기울여야 할 수도 있다. 또한 훈습과정(working through process)이 좀 더 복잡하기는 하지만 개별치료보다 가족치료 환경에서 발생할 기회가 더 많기 때문에 다소 더 빠를 수 있다.

정신역동적 가족치료는 풍부한 이론적 자료와 수많은 사례 연구를 자랑하지만, 평가에서 정신역동적 접근이 다른 모델들처럼 효과적인 것으로 나타나지는 않았다

(Andrews et al., 1993; Shadish et al., 1993). 우리는 또한 정신역동적 접근에 대한 대상관계의 관점이 어머니에게 과도한 비난을 가하는 것 때문에 대다수, 특히 페미니스트들에 의해 비판받는 것으로 알고 있다. 우리는 '어머니를 탓하는지'의 여부를 떠나, 비행 및 범죄 행위의 원인에 광범위한 범주의 요인들이 작용하는 것으로 인식하는 현대의 가족치료 접근에 좀 더 초점을 두고 있다(Pardeck, 1989).

의사소통 가족치료

가족의 의사소통에 관한 관심은 치료라기보다는 연구로서 그레고리 베이트슨(Gregory Bateson; Bateson et al., 1956)과 도널드 잭슨(Donald Jackson, 1967), 제이 헤일리(Jay Haley, 1976), 버지니아 사티어(Virginia Satir, 1967)의 작업으로 시작되었다. 그 용어가 의미하듯, 의사소통치료자들은 구성원들이 서로 의사소통하는 방식을 연구하고 개선함으로써 가족을 돕는다. 여기에는 가족 의사소통에서 실제로 전달되는 말에 관한 연구뿐만 아니라 상위의사소통까지 포함된다. 상위의사소통(metacommunication)은 대화에서 언어적 내용만큼이나 많은 정보를 전달할 수 있는 제2의 의사소통을 의미한다. 말은 이렇게 했어도, 목소리 톤이나 몸짓 언어와 같은 다른 요소들은 또 다른 것을 말한다. 가족치료자들은 상위의사소통이 가족체계에 문제를 일으킬 수 있는 방식으로 가족 상호작용을 복잡하게 할 수 있다는 것을 알게 되었다.

이러한 상호작용의 초기 사례는 조현병 치료에 대한 베이트슨의 고전적 치료에서 볼 수 있는데, 가족 구성원들이 한 가지 생각을 언어적으로 전달하지만(예: "당신을 사랑해요.") 비언어적으로는 반대로 전달하는(예: 감정이 없는 목소리와 신체적 접촉의 결여 등) 다양한 사례를 언급했다. 이런 현상은 이중구속(double bind)으로 알려져 있다. 예를 들어, 베이트슨과 동료들(1956)은 조현병에서 회복되고 있는 아들과 함께 방문한 한 어머니의 이야기를 관련지었다. 그 어머니는 어린 아들이 그녀를 감싸 안자 몸이 뻣뻣해졌지만, 아들이 팔을 치우자 "나를 더 이상 사랑하지 않니?"라고 물었다. 아들이 얼굴을 붉히자 어머니는 "왜 그렇게 쉽게 당황하고 너의 감정을 두려워하니?"라고 비꼬았다. 그 방문은 잠시 후에 아들이 화내고 공격적이게 하는 결과를 초래했다. 이와 유사한 혼란은 기만(mystification)이라 불리는 과정에 의해 야기될 수 있는데, 기만은 가족 구성원들이 다른 구성원들의 경험을 부인하거나 재해석함으로써 왜곡시키는 것이다. 예를 들어, 부모가 아이에게 "너 화가 나 있구나." 대신 "피곤한 게 틀림없어."라고 말할지도 모른다. 그러한 환경에서는 아이들이 감정을 소통하거나 인식하도록 훈련받지 못한다.

의사소통치료(communications therapy)와 의사소통모델에서 진화한 전략적 치료는 일반적으로 체계 관점에서 작업한다. 치료자들은 그들이 가족의 역할 패턴, 안정성, 의사소통 수준 그리고 체계 관점에서의 운영과정을 이해할 때까지는 가족의 상호작용을 이해할 수 없다고 믿는다. 그러한 과정들이 일반적으로 가족 내에서 항상성을 유지하는 것으로 생각한다(Jackson, 1967). 결과적으로, 치료자들은 상호작용의 특정 내용보다는 정보 교환의 과정 및 방식에 매우 민감하다.

의사소통치료의 목표는 치료자들이 의사소통과 상호작용의 열악한 패턴을 수정하기 위해 의도적인 조치를 하도록 요구하는데, 특히 그것은 1명 이상의 가족 구성원의 파괴적인 행동 또는 심리적 증상을 지속시키는 패턴에 관한 것이다. 치료자들은 그러한 행동을 가족의 다른 문제의 징후를 나타내는 일종의 은밀한 메시지로 본다(Jackson, 1961). 치료자는 우선 그 메시지를 확인한 다음, 증상이 나타나도록 조장하는 것으로 보이는 패턴을 새로운 상호작용 패턴으로 대체시킴으로써 그들의 피드백 회로에 개입한다. 치료자들은 문제가 되는 의사소통을 확인하여 의사소통의 규칙을 변경하는 것으로 개입하거나, 혹은 조정하는 방식의 문제가 되는 의사소통을 중단하게 하여 체계 자체의 게임을 통제하는 것으로 개입한다.

가족 구성원들에게 역기능적 의사소통 방식에 대해 의식하게 하는 가장 직접적인 접근은 버지니아 사티어(1967)의 치료기법에서 볼 수 있다. 그녀의 전략은 일반적으로 복잡하게 얽혀 있는 내담자의 수많은 메시지를 확인하고 명료화하는 것과 관계가 있다. 혼란의 원인을 확인한 후, 그녀는 좀 더 명료한 메시지를 모델링하고, 개인적 진술의 의사소통('너'나 '우리'보다는 '나'), 사실이나 원칙과 의견의 차별화, 다른 구성원들에 대해서가 아닌 그들에게 직접 하는 의사소통을 격려하면서 패턴을 교정한다. 사티어가 가장 빈번하게 확인한 의사소통 소재는 감정과 정서에 관한 것이다. 그녀는 감정과 접촉하면서 그것을 명료한 방법으로 의사소통하는 것(그리고 다른 사람들도 똑같이 할 수 있도록)이 가족 구성원들의 자아존중감뿐만 아니라 건강한 가족생활의 핵심이라고 주장했다.

생각과 감정에 대한 우리의 논의가 자신에 대한 인식에 어떻게 영향을 미치는지 이해하기 위해 아버지가 아들에게 분노를 의사소통하는 다음의 두 가지 방식을 제시한다.

- **'나 진술문'이 아닌 경우**: "너도 알다시피, 너무 게을러서 공부도 못하고 밖에 나가서 일도 할 수 없는 아이에게 너도 정말로 화가 날 수 있잖아."

- **'나 진술문'인 경우**: "내 아들에게 하고자 하는 동기가 없는 것이 화가 나. 그 애는 너무 게을러서 공부도 못하고 나가서 일도 못 해. 이 현실이 나를 실망스럽게 해, 그 애가 그것보다는 더 낫다고 생각하고 싶어서."

'나 진술문'을 사용한 표현이 어떻게 들리는가? 좌절감과 분노를 더 많이 가지고 있는 것처럼 들린다. '너 진술문'은 분노를 옆으로 밀어낸다. 아마도 그것은 아버지가 분노를 느낄 자격이 없다는 어떤 신념을 반영한다. 그러나 '나 진술문'의 사용에서 아버지는 자신이 분노가 있음을 인정하고, 자신에게 분노의 감정을 허용할 가능성이 더 크다. 아마도 그는 아들이 학교와 일에 대한 책임감을 가지는 것에 어려움을 겪고 있다는 사실 또한 직면해야 할 것이다. 하지만 좌절감을 부인하는 것은 도움이 되지 않을 것이다.

헤일리(1976)는 나중에 사티어와 다른 사람들의 직접성을 비효율적이고 단순하다고 비판했다. 그는 가족과 각 개인은 종종 변화에 저항하며 정보만으로 변화할 수 없다고 주장한다. 그들은 역기능적 패턴에 '고착화'된다. 고착되어 있다는 말은 무슨 뜻인가? 자, 대학생 나이의 자녀가 컴퓨터 앞에 앉아 있거나 TV를 보거나 친구들과 파티를 하는 것 외에는 거의 아무것도 하지 않는 상황을 상상해 보라. 그 상황에 대해 가족 다툼도 수차례 있었을 것이고 상담도 여러 번 받았겠지만, 여전히 그 아이는 중등과정 이후의 훈련이나 교육을 받을 생각은 전혀 하지 않고 여전히 계속 앉아 있기만 한다. 그는 계속 부모님으로부터 지원을 받는다.

그러한 상황에서 헤일리의 접근방식은 가족체계 작업에서 규칙, 게임, 세력기반을 변화시키는 것이 포함된다. 그는 치료적 역설(therapeutic paradox) 기법을 사용하는 것으로 유명하다. 이것은 증상을 실행하면서(예: 음성을 듣는) 자신에게 심각한 증상이 있다고 인정하는 것이나, 혹은 음성을 듣지 않으면서 자신이 정상이라고 인정하는 것으로 내담자가 붙잡혀 있는 증상을 규정하는(또는 요구하는) 기법이다. 예를 들어, 내담자가 반복해서 변명하도록 허용하는 대신에 상담자가 그저 변명에 단순하게 동의하면(예: 내담자가 "저는 대학을 졸업할 만큼 영리하지 않아요."라고 했을 때 상담자가 "어쩌면 그렇지 않을 수도 있어요."라고 하는 경우), 내담자는 자신이 무능하다고 동의하거나, 아니면 자신이 성인의 책임을 실제로 감당할 수 있는 약간의 변화(수업을 듣거나 필수 교재를 읽는 것과 같은)를 인정하는 것이다. 이러한 상황에서 많은 내담자는 실제로 자신이 무능하다고 믿는 것을 거부할 수 있기 때문에, '나는 이 일이나 이 과정을 감당할 수 없다.'는 말이 그들을 계속 고착되어 있게 하고 더 열심히 일하는 것을 회피하는 변명이었다는 것을 인식할 수 있도록 한다. 이 전략은 치료자에게 약간의 힘을 주는데, 헤일리는 내담자가 파괴적이고, 비난하고 또는 합리화하는 행동보다는 문제 해결에 사용하도록 격려하는 데 필요하다고 밝혔다.

헤일리는 또한 가족 구성원들의 동기를 재명명하거나 재정의(reframing)하여 특정 가족 구성원을 좀 더 수용할 만한 용어로 묘사하려고 시도했다(예: 아동의 진전에 대한 부모의 확인은 잔소리라기보다는 사랑과 관심의 반영이다). 최근에 헤일리의 작업은 전략적 가족치료(Strategic Family Therapy)라고 불리며, 현재는 의사소통치료의 한 분야로 여겨지고 있다.

구조적 가족치료

살바도르 미누친(Salvador Minuchin)의 구조적 가족치료(Structural Family Therapy; Minuchin, 1974)는 뉴욕의 윌트윅 학교에 있는 비행청소년들의 가족에서 시작되었다. 이후에 필라델피아 아동지도 클리닉(Philadelphia Child Guidance Clinic)의 핵심 프로그램으로서, 그 모델은 더 다양한 가족을 다루기 위해 확장되었다(Minuchin et al., 1978). 이 작업은 이후 히스패닉계 가족(Kurtines & Szapocznik, 1996)과 빈곤한 가족(Minuchin, Colapinto, & Minuchin, 2006)을 위해 많은 시간을 헌신했다.

체계이론에서 많은 영향을 받은 구조적 가족치료의 목표는 가족의 하위체계(subsystems) 및 그들의 경계선 패턴을 변화시키는 것이다. 가족구조(family structure)는 가족 환경에서 일어나는 안정되고 지속적인 상호작용에 관한 용어이다. 미누친에 따르면, 가족들은 시간이 흐르면서 습관적으로 활용하는 상호작용의 규칙과 패턴을 개발한다. 아내에게 '무엇이든지 이야기하라고' 격려해 놓고 이후에 사소한 것을 수정하면서 그녀를 계속해서 방해하는 남편은 주변의 세부사항들이 적합한 본보기가 된다. 그러한 상호작용은 이전에도 발생했으며, 지루한 경청자는 현명하게 그 상황을 벗어나지 않으면 하루 저녁에도 여러 번 반복되는 상황에 시달릴 수 있다. 어떤 구조들은 보편적이지만(예: 부모는 자녀를 보호한다), 다른 것들은 특정 가족의 독특한 특징이다(예: 엄마가 통제한다).

구조적 가족치료는 또한 가족체계 내의 경계선(boundaries)을 목표로 한다. 가족 하위체계의 본질과 그들의 경계선은 이 책 어디에서도 논의되지 않았던 것으로 치료의 목표이다. 그래도 그것은 다루어야 할 매우 중요한 문제이다. 가족 내의 많은 하위체계는 개인과 부모, 자녀, 배우자, 특정 이인군(dyads), 동맹(alliances) 혹은 모의(conspiracies)가 포함된다. [그림 10-1]은 이 중 몇 가지를 보여 준다. 가족 경계선은 구성원들의 역할과 그들의 관여 정도를 결정한다. 하위체계 경계선의 투과성(permeability)은 구조적 치료자의 관심 중 하나이다.

그러한 경계선들의 모습은 체계의 성격에 따라 다르다. 예를 들어, 친밀한 관계는 상당한 공간을 공유하지만, 개인의 모든 면을 공유하지는 않는다. [그림 10-1]에서 볼 수 있듯이, '건강한 커플'은 공유 공간과 별도의 공간을 가지고 있다. 건강한 가족에서 아동들은 어른 커플이 공유하는 친밀한 공간을 똑같이 공유하지는 않는다.

하위체계 간의 경직된 경계선(rigid boundaries)은 하위체계들이 서로 매우 독립적이

구조	커플	가족
건강한		
분리된		
밀착된		
역기능적 이인군 및 동행		

그림 10-1 가족의 하위체계

라는 것을 나타낸다([그림 10-1] 참조). 그러한 하위체계들은 또한 분리된 것으로 간주된다. 분리된 경계선(disengaged boundaries)은 아마도 낯선 사람끼리 버스에 같이 앉아 있는 경우를 설명할 때 매우 적절하다. 실제로 어떤 사람이 당신과의 첫 만남에서 자신의 삶에서 가장 개인적인 부분을 공유할 때 당신은 어떤 느낌이 드는가? 보통은 다소 불편하다. 적어도 처음에는 분리요소가 더 편하다. 하지만 친밀한 관계의 맥락에서 종종 분리는 적어도 파트너 중 1명에게 상처를 줄 수 있는데, 그 이유는 다른 상대방에게 관심의 부족을 나타내는 것 같기 때문이다. 물론 그것은 양쪽 모두 관심이 없다는 것을 나타내기도 한다. 평소에 아내의 슬픔에 전혀 관심을 보이지 않는 남편이 분리의 전형적인 예가 된다. 그리고 분리된 가족이나 하위체계에서는 구성원들이 자신의 행동이 다른 구성원들에게 미치는 영향에 대해 의식하지 않는 것처럼 보일 수 있다. [그림 10-1]의 세 번째 열에 나타난 바와 같이, 아동을 그 혼합 구성에 추가하면, 그 체계는 아마도 방임하는 요소의 증거가 될 것이다. 모든 구성원이 매우 독립적이지만, 그것이 부모와 어린 자녀 간의 적절한 관계는 아니다.

반면에, 밀착된 체계(enmeshed system)는 지나칠 정도의 지지와 상호 의존, 온정, 애정(또는 유사애정), 과도한 통제를 보인다. 하위체계 간의 경계선은 희미하여 명확하지 않다. 종종 이것은 하위체계 구성원들의 독립성을 막으며 하위체계 외부의 어려움을 극복하는 능력에 악영향을 끼친다. 밀착된 체계는 또한 자녀의 개별화를 방해할 수 있다. 구성원들은 비슷하게 말하고, 느끼고, 행동한다. 시간이 흘러도 개인은 자신의 감정과 책임에 대해 분리된 감각을 가지지 못할 수 있다. 예를 들어, '나는 화가 난다.' 대신 '우리는 화가 난다.'고 말하는 것이 그런 경우일 것이다. 결과적으로 개인은 자신의 감정과 욕구, 바람, 스트레스에 어떻게 대처해야 할지에 미숙할 수 있다. 경계선 구성이 어떤 유형이든지(분리된 혹은 밀착된) 가족 문제를 잘 해결하지 못하는데, 변화를 지속하고 대안을 모색하거나, 혹은 개별 구성원들의 성장을 지지할 정도로 유연하지 않기 때문이다.

마지막으로, 누가 누구와 동맹을 맺는지와 그러한 동맹의 적절성에 관한 이슈이다. [그림 10-1]의 마지막 도식은 적절한 연령의 성인 파트너들이 분리되어 있는 반면, 아동이 한 어른과 친밀한 공간을 공유하는 것을 보여 준다. 이 그림은 신체적으로 혹은 정서적으로 지나치게 밀착되어 있는 상황을 묘사한다. 이와 대조적으로, 좀 더 건강한 체계를 보여 주는 맨 위의 가족 도식은 성인 부부가 친밀한 공간을 공유하지만 아동에게 애정과 보호, 양육의 관계로 어느 정도의 공간을 내어주는 것을 보여 준다.

구조적 치료는 다음의 방법으로 역기능적 가족구조를 재정리하고자 노력한다.

1. 부모와 자녀 간의 명료한 세대 구분을 확립한다(예: 부모와 자녀는 친구가 아니다).
2. 역기능적 하위체계들을 재배치한다(예: 다른 한 부모에게 대항하는 부모-자녀 이인군).
3. 밀착도 분리도 아닌 반투과성의 유연한 경계선을 개발한다.

치료자는 다음의 단계들로 진행한다.

1. 가족체계에 '합류'하여 가족과 함께 새로운 치료체계를 형성한다. 치료자도 이 체계의 한 구성원이지만, 부모의 권위를 존중하고, 다른 사람에 대한 개별적 반응과 치료 상황에 부응하며, 수용과 이해심을 발휘한다.
2. 가족 상호작용의 규칙을 만들도록 격려하고 자발적인 상호작용 에피소드를 관찰한다.
3. 구조와 하위체계, 경계선의 배열을 진단한다(예: 누가 누구에게 무엇을 어떤 방식으로 말하는가?).
4. 참여자로서 구조를 재편성한다(예: 가족 구성원의 역량을 조성하고 하위체계가 적절한 역할을 수행할 수 있도록 지원한다).
5. 하위체계와 경계선을 재편성한다(예: 부모와 자녀 간의 경계선을 강화하고 배우자 간의 경계선은 완화하며, 어려움에 대한 개방적 논의를 격려한다).

필라델피아에서 방임된 아동들의 부모를 대상으로 작업한 구조적 가족치료의 예시 하나를 관찰할 수 있다. 여기에서 폴란스키와 동료들(Polansky et al., 1981)은 가족 역할—그중 하나는 아이들을 방임하지 않는 것—간의 균형을 개선하도록 노력했다. 치료자들은 감독과 양육이라는 명확한 부모 역할을 확립하기 위해 작업했다. 그들은 자기 자신과 자녀들에 대한 부모들의 역기능적 인식을 재정의하고 부모들이 자녀들에 대한 지도력과 책임감을 되찾도록 장려함으로써 하위체계의 경계선을 변화시켰다. 이것과 다른 구조적 가족치료 접근의 목표는 가족체계를 보다 기능적으로 만들어 각 개인의 건강한 개별화뿐만 아니라 가족 내에서 좀 더 건강한 소속감을 형성하도록 하는 것이다(Minuchin, S., 1974; Minuchin, P., 1985; Minuchin & Fishman, 1981).

구조적 가족치료는 또한 알렉산더와 파슨스(1982)의 기능적 가족치료 접근 내의 사회학습 접근방식으로, 헹겔러와 보두인(1990)의 다체계적 가족치료로 통합되었다. 둘다 다음에 논의된다.

행동주의 및 사회학습 모델

관계자들은 비행 가족과 비-비행 가족 간에 많은 행동의 차이를 인정한다. 예를 들어, 알렉산더와 동료들에 따르면, 비-비행 가족과 비교하여 비행 가족은 말수가 적고, 긍정적 간섭이 거의 없고, 방어적이고, 지지가 약하고, 적극성이 적다(Alexander & Parsons, 1982). 게다가 비행 가족은 일관성 없이 시행되는 규칙이 너무 많이 설정된 것으로 보인다. 그러한 가족에서의 갈등관리는 종종 만족스럽지 않으며, 해결책을 찾지 못하거나 요청과 규칙을 구별하지 못한다는 특징이 있다. 패터슨과 동료들은 일탈적(강압적) 행동을 강화하고, 일관성 없이 처벌하며, 아이들의 행동 모니터를 방임하는 부모의 경향과 같은 추가적 행동에 대해 언급했다(Patterson, 1982; Patterson & Fleischman, 1979).

비행 가족에게 가족치료를 적용한 보고들은 사회학습 및 행동 프로그램을 비행 행동의 예방 및 치료에 전망 있는 전략으로 널리 인정하고 있다(예: Andrews et al., 1990; Andrews et al., 1993; Gendreau & Ross, 1987; Kumpfer, 1999; Olson, Russell, & Sprenkle, 1980 참조). 이 프로그램들은 사회학습과 조작적 조건형성 이론을 근거로 한다(제4장과 제8장 참조). 그것의 개입은 대부분 가족환경에서 발생하는 관찰 가능한 행동상의 문제를 목표로 하며, 가족 내 아이들의 비행이나 반사회적 행동과 관련된 것으로 보인다. 여기에는 ① 의사소통 문제, ② 열악한 양육기술(예: 감독 및 보상과 처벌의 적절한 사용), ③ 갈등관리 문제, ④ 일상적인 가정관리 기술이 포함된다.

오리건 사회학습센터에서 패터슨과 동료들의 치료 목표는 품행 문제가 있는 아동의 부모에 대한 양육기술을 증진하는 것이었다. 이 관점에서 가장 중요한 것은 조작적 조건형성이나 위기관리 방법을 부모들이 적절하게 사용할 수 있는 능력을 강화하는 것이다. 그러한 아동의 부모들은 다음과 같은 것이 종종 관찰된다. ① 아동의 행동을 충분히 관찰/추적하지 않고, ② 아동과 함께 보내는 시간이 거의 없고, ③ 위험 상황 및 훈계에 따른 지지가 없고, ④ 일관성 없는 방법으로 처벌하고, 예를 들어 부모들이 기분이 안 좋을 때만 처벌하고, ⑤ 자신의 분노를 잘 조절하지 못하고, ⑥ 부모가 서로 일치성이 없고, ⑦ 잔소리하고, ⑧ 지나치게 허용적이고, ⑨ 좋은 행동에 수반되는 보상이 없다.

　오리건 사회학습센터의 프로그램들은 부모들이 강압적 행동을 정의하고, 기록하고, 관찰하도록 가르친다. 부모들은 강압적 행동에 대한 부적 강화(예: 칭얼거리는 아동에게 제공하는 것)를 중단하고, 친사회적 행동에 수반되는 보상을 제공하고, 강압적 행동에 대한 반응은 적절하고 효과적인 처벌을 제공하도록 격려받는다. 치료자들은 효과는 향상시키면서 처벌 반응의 전체 수를 줄이기 위해 노력한다. 처벌은 필요하다고 여기시만, 가족 구성원들은 분노로 처벌하는 경향을 줄이고, 시간제한, 특권 철회, 용돈 삭감 그리고 작업 할당의 증가와 같은 기법을 더 많이 활용하도록 교육받는다. 부모들은 또한 규범적인 자녀 행동을 확인하는 것과 협상과 타협의 효과적인 전략을 활용하는 것에 대한 좀 더 일반적인 자녀 관리의 원칙을 지도받는다(Patterson, Chamberlain, & Reid, 1982). 이러한 개입 결과는 고위험 청소년들 사이에서도 효과적이었다(Bank et al., 1991; Dishion & Andrews, 1995). 오리건 사회학습센터 모델은 또한 위탁 양육 부모들을 위해서도 개발되었다(Chamberlain & Reid, 1991).

　또 다른 행동 접근으로, 캐럴 컴퍼(Karol Kumpfer)와 동료들은 **가족강화 프로그램**(Strengthening Families Program, SFP; Kumpfer, 1999)을 개발했는데, 이것은 부모, 자녀 그리고 가족 전체의 기술을 강화하기 위한 접근이다. SFP는 처음에 물질남용 부모들의 6~12세 자녀들에 대한 약물 남용을 예방하기 위해 고안되었으며, 14주 동안 진행되었다. 지금은 물질남용 문제 여부와 관계없이 갈등 가족을 위해 적합한 것으로 간주된다. 이후 그 모델은 농촌과 도시 아프리카계 미국인 가족(Kumpfer, 1999) 및 히스패닉과 아시아계 가족에게 적합하도록 조정되었다. 이 프로그램을 수정해서 단기 프로그램, 학교기반 프로그램 그리고 저소득층 부모를 위한 프로그램도 개발되었다.

　그 프로그램은 가족관계와 관련된 기술, 양육기술 그리고 사회성과 생활기술을 구축한다. 별도의 양식에서 부모에게 가르치는 기술은 자녀 강화 및 관심, 의사소통, 물질 사용 교육, 문제 해결 그리고 제한 설정에 대한 전략을 포함한다. 아동은 의사소통 기술, 감정 이해하기, 사회성 기술, 문제 해결, 또래 압력에 저항하기, 부모에게 순종하기, 발달에 적절한 물질남용 교육을 받는다. 가족 회기에서는 문제들을 다루고, 레크리에이션을 계획하며, 긍정적 행동을 강화한다. SFP는 다문화 부모뿐만 아니라 물질남용 부모에게도 효과적인 것으로 나타났다.

　세 번째 예로, **기능적 가족치료**(Functional Family Therapy, FFT)는 더 광범위하게 체계

로서의 가족 운영을 목표로 한다(Alexander & Parsons, 1973, 1982; Alexander et al., 1988). FFT는 반사회적 아동을 위한 최초의 가족치료 접근 중 하나이며, 지금도 비행 및 고위험 아동의 가족에게 널리 사용되고 있다(Sexton & Alexander, 2000). 우리는 이것을 가족치료의 행동주의 범주에 포함하는데, 대부분의 메타분석에서 그렇게 하고 있기 때문이고, 그 프로그램이 가족 기술을 작업하고 특정 가족 행동을 목표로 하기 때문이다. 그렇기는 하지만 이 프로그램에는 분명히 절충적인 특성이 있다. 예를 들어, 체계로서의 가족에 대한 관심사는 분명하다. 일반적으로, 이러한 단기 행동주의 가족 개입 프로그램의 목표는 가족 구성원 간의 상호존중 관계를 촉진하는 것으로, 효과적인 의사소통 기술을 개발하고 부정적인 면을 감소하는 것으로 그리고 가족 구성원들에게 가족 갈등과 비행 행동을 초래하는 상황에 효과적으로 대처하는 방법을 가르치는 것으로 그 체계의 기능을 증진하는 것이다. 가족치료 모델은 특히 비행 관련 문제(예: 통금, 친구 선택 등) 및 해결 지향의 의사소통 방식 개발(예: 명료화, 추가 정보 혹은 피드백을 방해하는 것에 대한)에 적용함으로써 감정에 대한 명료한 의사소통, 요청과 규칙의 차별화, 협상 전략의 사용과 같은 행동을 촉진하고 강화한다.

기능적 가족치료는 주로 사회학습이론을 근거로 하지만, 구조적 가족치료와 다체계적 접근에서 도입한 것이다. 구조적 가족치료에서처럼 치료시간 또한 문제 행동이 가족체계 내에서 어떤 기능을 하는지 이해하는 것에 전념한다. 치료하는 많은 행동은 더 큰 가족체계의 맥락에 적합한 것들이어서, 일단 그것의 기능이 이해되면 치료는 적절한 대안을 추구한다. 게다가 어린 아동과 청소년이 있는 가족들에게는 특히 조작적 모델이 사용된다. 가족 상호작용 방식과 재범에 대한 단기 및 장기 효과는 긍정적이었다(예: Alexander & Parsons, 1982; Klein et al., 1977; Barton et al., 1985; 그 이후에 Gordon et al., 1988; Sexton & Turner, 2010 참조). 그러나 고든과 동료들이 연구한 집단에 대한 치료 효과는 더 긴 후속 기간에 걸쳐 감소했다(Gordon, Graves, & Arbuthnot, 1995).

이 접근은 또한 빈곤층과 다문화 가족에 대응하고, 비행과 공격성, 물질남용을 포함한 다양한 행동 문제를 다루기 위해 수정되었다.

다체계적 치료

　다체계적 치료(Multisystemic Treatment, MST; Henggeler & Borduin, 1990)는 광범위한 가족 문제를 다룸으로써 품행장애 아동과 청소년을 평가하고 치료하는 것의 중요성을 강조한다. 이런 접근방식에서 가족체계의 치료는 가족 외 체계의 영향뿐만 아니라 특정 개인의 문제를 포함하여 아동의 행동 문제에 원인이 되는 모든 요소를 고려해야 한다. 다체계적 접근의 지시자들은 전통적 형태의 가족치료가 너무 단순하다고 믿는다. 즉, 앞에서 설명한 접근들이 ① 개별 가족 구성원이나 가족 외 체계(예: 학교와 또래, 이웃, 직장) 문제의 중요성을 고려하지 않고, ② 개별적 발달상의 문제(예: 아동의 인지적 성숙)를 고려하지 않으며, ③ 적절한 때에 개별치료모델을 도입하는 것이 너무 망설여진다. 가족체계 패러다임과 달리 MST는 가족체계가 항상 체계 내 개인의 역기능적 행동의 유일한 원인이 아니라고 주장한다. 더욱이 개별적인 문제(예: 비행 또래집단과 부적절한 사회성 기술, 물질남용, 열악한 정신건강)에 대해 가족 구성원 일부를 치료하는 동시에, 구조적 가족치료(Minuchin, 1974) 및 부모 행동 훈련(Patterson, 1982)을 포함한 여러 가지 가족치료를 사용할 필요가 있을 수 있다. 이런 식으로 MST는 가족체계 개념을 여전히 가치 있게 여기지만, 가족체계에 영향을 미치는 더 다양한 체계의 한 부분으로 가족을 바라본다. 더욱이 행동, 건강 혹은 다른 어려움이 극심한 가족 구성원은 가족체계에 심각한 영향을 줄 수 있으므로 그 체계의 개별 구성원에게 대부분의 치료적 관심을 전념하는 것이 타당하다.

　요약하면, MST는 다양한 치료 양식을 제공한다. 다음 아홉 가지 원칙이 MST 접근의 지침이다(Henggeler, Schoenwald, et al., 1998).

1. 더 광범위한 체계적 맥락(예: 학교, 가족, 대가족) 내에서 가족의 확인된 문제를 이해한다.
2. 가족의 긍정적이고 체계적인 강점을 이해하고 그것을 변화를 위한 지렛대로 활용한다.
3. 가족 구성원 간의 책임감 있는 행동은 격려하고 무책임한 행동은 막는다.
4. 구체적이고 명확하게 정의된 문제를 목표로 현재 지향적이고 행동 지향적인 개입을 유지한다.

5. 확인된 문제에 기여하는 일련의 행동을 목표로 한다. 가족체계 내에서 그리고 가족과 상호작용하는 다양한 체계에서(예: 학교, 대가족, 이웃) 발생하는 행동 순서를 고려한다.

6. 어린 구성원의 발달 수준과 욕구에 적절한 개입을 유지한다.

7. 매일 또는 매주 개입에 기반을 두고 가족 구성원의 노력을 요구한다.

8. 지속적으로 다양한 관점에서 개입의 효과를 평가한다. 서비스 제공자가 성공적인 결과에 장애가 되는 요인까지 확실하게 책임을 보장한다.

9. 치료 기간을 넘어서 치료적 변화의 장기적 유지를 위해 치료의 일반화를 촉진한다. 돌보는 사람이 여러 체계적 맥락에서 가족 구성원의 욕구를 충족시킬 수 있도록 지원한다.

다체계적 접근은 다음과 같은 전략의 순서에 따라 이루어진다.

1. **초기 평가**: 아동의 부모들이나 1명의 부모를 대상으로 실시된다. 이 면담에서는 아동의 환경뿐만 아니라 아동의 강점과 약점의 맥락에서 아동의 행동에 관해 기술한다. 여기에는 ① 학교, ② 아동의 능력, ③ 부모의 결혼생활, ④ 또래 및 사회적 네트워크, ⑤ 형제들, ⑥ 양육기술, ⑦ 이러한 개체 간에 상호관계의 질 등에서의 강점과 약점에 관한 기술이 포함된다.

2. **치료 계획**: 아동과 다른 체계에 존재하는 강점을 토대로 개입체계를 설정한다.

3. **치료 목표**: 다른 가족치료는 1명의 가족 구성원이 주의력결핍장애나 물질남용일 경우 평가와 같은 추가적 치료를 권장할 수 있지만, MST는 다른 제공자에게 내담자를 의뢰하는 것이 아니라 이러한 치료 계획의 측면에서 가족치료자를 참여시킬 가능성이 있다.

MST는 유연성을 추구하며, 다양한 조합의 위험요인이 다양한 가족에게 작용한다는 것을 인정한다. 개입은 개별화되어 있다. 어떤 경우에는 방과 후에 아동이 감독받고 있는지 알 수 있는 계획을 개발하는 것과 같이 치료는 문제 해결 이상의 것으로 보일 수 있다. 또 다른 경우에 치료에는 전체 가족과의 치료적 모임, 부모들의 결혼생활 치료 혹은 양육기술 수업이 포함될 수 있다([그림 10-2] 참조). 마지막으로, 치료 계획에는 육아, 교통, 레크리에이션 센터, 학교 개입 혹은 직업 개발과 같은, 본질에서 치료적이지는 않은 외부의 많은 지역사회 서비스가 포함될 수도 있다.

많은 경우에 개입은 집중적으로 4~6개월 동안 지속되며, 서비스는 하루 24시간 연중무휴로 제공된다. 가족은 전문 석사나 박사 수준의 치료자와 사례담당자에게 도움을 받는다. 둘 다 심리학자나 정신과 의사의 감독을 받는다. 개입은 가족치료의 표준 양식에 얽매이지 않으며, 가족의 욕구에 따라 전략적 가족치료와 구조적 치료, 인지행동치료가 모두 사용된다.

확실히 MST는 높은 평가를 받고 있다. 허가받은 MST 프로그램들이 미국 전역뿐만 아니라 국제적으로 존재한다. MST의 평가에서는 또한 이 접근이 심각하고 만성적인 청소년 범죄자(Borduin et al., 1995; Henggeler et al., 2002; Henggeler, Melton, & Smith, 1992; Mann et al., 1990)와 심지어 도심 지역과 하층 계급, 고위험 범죄 지역의 치료(Henggeler et al., 1986)에도 효과적인 것으로 나타났다. 비행과 반사회적 행동에 MST를 사용하는 것은 충분히 검증되

그림 10-2 데이비드슨 카운티 교정개발센터(Davidson County Correctional Development Center)에서 자동차 절도로 복역하고 있는 한 수용자가 테네시주 내슈빌 교도소의 양육 수업 시간에 처음으로 컴퓨터로 전산화된 아기를 안고 있다. 그 수업에서는 울고, 트림하고, 소변을 보는 실제 아기와 같은 인형으로 수용자들에게 책임감과 인내심을 가르친다.

출처: AP Photo/*The Tennessean*, Shelley Mays.

었다. 심각하고 폭력적인 비행청소년에 대한 20년의 후속 연구에서는 개별치료를 받은 이들에 비해 MST에 참여한 이들이 성인기까지 잘 연장되는 긍정적인 결과를 보였다. MST의 청소년들은 중범죄 재범, 경범죄 재범 그리고 가족과 관련된 민사 소송의 비율이 유의미하게 낮았다(Sawyer & Borduin, 2011).

MST는 초기에 행동 문제가 있는 아동의 가족에게 사용되었다. 이후의 적용을 통해 MST는 물질남용(Henggeler et al., 1996; Randall et al., 2001), 청소년 성범죄(Borduin et al., 1990) 그리고 학대적인 양육(Brunk, Henggeler, & Whelan, 1987)을 포함하여 다른 임상적 문제(Henggeler & Lee, 2003; Sundell et al., 2008)에도 유용한 치료법으로 밝혀졌다.

이 절에서 논의된 다른 가족치료 모델들과는 달리, MST는 치료뿐만 아니라 사례 조정에도 분명하게 초점을 둔다. '다른 체계들과의 개입'은 실제로 MST가 학교생활, 재정적인 복지, 정신건강, 물질남용 등의 위기를 해결하는 데 도움이 된다고 말하는 학문적 방법이다. 가족치료만으로 이러한 가족들이 직면한 다른 어려움을 해결할 수 있다거나 혹은 더 많은 경쟁적인 위협이 존재한다면 가족들이 가족치료에 참여할 수 있다고 하는 주장은 없다.

이런 점에서 MST는 문제 아동을 청소년 사법 및 위탁 양육 제도로부터 보호하려는, 잘 알려진 가족보호 접근(Nelson, 1991)과 일치한다. 홈빌더스(Homebuilders)가 아마 가장 잘 알려진 이 유형의 모델일 것이다(Haapala & Kinney, 1988). 이 서비스 시간은 제한되어 있으며(4~6주), 사례관리자는 음식과 교통, 육아와 같은 구체적인 서비스를 조정한다. 다양한 양식의 상담(예: 인지행동, 의사소통)도 또한 가능하다. 대부분의 상담과 사례관리자 서비스는 가정에서 제공되거나, 가족이 편한 시간에 사무실 주변 혹은 지역에서 진행된다(Kinney et al., 1991).

특히 역경에 빠진 가족에게는 '포괄적인(wraparound)' 서비스 모델이 의미가 있다. 이러한 모델에서 가족상담이나 물질남용치료에 참여하고 있는 가족들은 다른 필수적인 욕구를 충족하기 위해 그들만의 방법을 찾아야 하는 것에 압도될 가능성이 적다. 어떤 경우에 포괄서비스에 대한 욕구가 만성적일 수 있는데, 정신질환의 몇몇 형태와 지적장애 그리고 발전된 형태의 알코올 및 기타 약물 중독의 경우 일생 동안 필요할 수 있다.

이것은 주의해야 할 사항이다. 다중서비스 프로그램에 대한 글은 종종 서비스와 치료가 직선형—시작(내담자나 내담자들이 위기에 처한 경우), 중간(상담이나 서비스를 받는 경우) 그리고 종결(모두 좋아지는 경우)—인 것처럼 이해된다. 그러나 그런 상황에 있는 많은 가족은 규정된 '단기' 개입이 끝날 때까지 더 좋아지지도 않고 중단도 할 수 없는 상황일 수 있다. 그들은 일정 시기 동안 안정화될 수 있지만, 나중에 다시 서비스가 필요할 수 있다. 그러한 경우에 협력기관에서는 지속적인 서비스를 계획해야 한다.

가족치료 및 형사사법의 적용

범죄자의 사회복귀와 재통합에 가족 구성원을 포함하는 것은 다음의 경우에 특히 적절한 것으로 보인다.

1. 범죄 행동의 병인에 가족이 밀접하게 관련되어 있는 것이 관찰되는 경우(자주 발생)
2. 가정폭력이 많은 경우
3. 가족 구성원 중 1명이 알코올이나 다른 약물을 남용하고 있는 경우
4. 보호시설에 있는 가족 구성원을 가족생활로 복귀할 수 있도록 촉진하고 싶은 경우

　이러한 특정 문제들을 다루는 가족치료의 관점은 형사사법 관련 가족치료에 대한 향상된 이해를 제공한다. 그러나 가정폭력과 물질남용, 범죄 행위에 대한 접근으로 가족치료를 논의할 때의 한 가지 위험은 각 문제에 대해 전형적인 가족 스타일과 치료 접근이 있다고 가정하는 것이다. 사실 자료들에서는 '알코올 중독 가족' '폭력 가족' 혹은 '비행 가족'이라는 관점에서 생각하는 것을 반대한다. 이러한 가족에게 역기능적 상호작용을 예상하는 것이 타당하겠지만 각 가족에 대한 신중한 관찰과 진단을 장려하는 것이 중요하다(Aldarondo & Strauss, 1994; Russell et al., 1983). 앞서 열거된 문제들에 대한 경로가 많으므로, 주어진 증상을 가진 모든 가족이 똑같은 치료 이슈를 가진 것처럼 치료를 문제에 맞추는 것은 그리 도움이 되지 않는다.

가정폭력

아동 학대

　현재 절충적이고 포괄적으로 진화하는 단계에서 가족치료는 아동 학대를 초래하는 가족 문제의 범위를 다는 아니더라도 적어도 부분적으로는 다루고 있는 것으로 보인다. 아동 학대에 관한 관심이 증가하면서 가족치료자들과 연구자들은 ① 학대를 조장하는 역동, ② 학대 상황에 대한 아동 피해자의 상호작용하는 기여, ③ 결혼생활 불화, ④ 공격적인 형제의 상호작용, ⑤ 알코올 및 다른 약물과 관련된 요인, ⑥ 근친상간을 포함한 아동 성학대, ⑦ 부모의 낮은 자아상, ⑧ 스트레스에 대한 부모의 심리적 취약성과 같은 초점화된 문제에 목표를 두었다. 상황에 따른 스트레스 요인 또한 문제에 기여한다(Baird, Wagner, & Neuenfeldt, 1992; Saunders & Azar, 1989 참조). 상황에 따른 스트레스 요인에는 ① 과도한 자녀 수, ② 직장 및 경제적 문제, ③ 가난한 가정 및 재정관리 기술, ④ 어린 나이의 어머니, ⑤ 죽음이나 분리로 인한 정서적 상실, ⑥ 부모의 만성적

질환, ⑦ 급격한 생활 변화, ⑧ 사회적 고립이 포함된다.

아동 학대에 작용하는 다양한 상호작용 요인을 고려해 볼 때, 전문가들이 다양한 수준(예: 개인과 가족, 지역사회)에서 치료가 이루어지도록 제안하는 것은 놀라운 일이 아니다(Becker et al., 1995). 앞에서 언급한 바와 같이, 특히 다체계적 접근은 검증되었으며 가족 보호(Schoenwald & Henggeler, 1997) 및 학대 부모 치료(Brunk, Henggeler, & Whelan, 1987; Swenson et al., 2010)에 효과적인 것으로 나타났다. 그렇기는 하지만 거의 모든 다른 가족치료 접근도 학대 및 방임 가족의 치료에 적절한 것으로 나타났다. 예를 들어, 오리건 사회학습센터에서 하는 작업 중 일부는 아동의 폭발적 행동과 부모가 그것을 통제할 수 없어서 촉발된 학대를 다룬다. 여기에서 부모들은 좀 더 효과적인 양육훈련을 받는다(Patterson, 1982). 구조적 치료와 의사소통치료는 또한 효과적으로 아동학대를 다루는 방법에 대한 역사가 있다(Minuchin, 1974; Pardeck, 1989).

이러한 결과가 반드시 근친상간 관계에서 성적으로 학대받은 아동에게만 해당하는 것은 아니다. 이 시점에서 자료들은 학대자를 포함한 가족체계에서 그 아동을 치료해야 하는지에 대해 의견이 엇갈린다. 이러한 상황에서 가족치료를 사용하는 경우 언제든지 학대자 혹은 심지어 부모체계가 보유한 권력과 관련하여 근친상간 피해자의 보호와 권한을 보장해야 한다(Barrett, Trepper, & Fish, 1990). 사실 피해자와 가해자, 비학대 부모에게 별도로 가족치료를 제공하거나(Collins & Collins, 1990), 혹은 가해자만 따로 개별 또는 집단으로 치료하는 것은 드문 일이 아니다.

사가툰(Sagatun, 2007)은 근친상간 범죄자가 포함된 자조(self-help) 프로그램에서 그들의 근친상간에 대한 책임의식, 가족관계의 변화 그리고 그 이후의 재범률에 대한 효과를 검토했다. 결과는 범죄에 대한 책임감이 더 커지고 재범도 줄어든 것으로 나타났다. 예상했던 대로, 그 프로그램은 가족을 온전하게 유지하는 데는 거의 성공하지 못했다.

마지막으로, 사회학습과 인지행동 모델에서 나온 기술훈련 접근은 학대 부모의 양육기술을 증진할 수 있는 강력한 토대를 만들어 준다. '프로젝트 12웨이즈(Project 12-Ways)'라는 프로그램에서는 아동 방임으로 기소된 부모들에게 기본적인 가족 관련 기술(예: 쇼핑, 식단 계획, 청소)을 가르친다(Lutzker, 1990). 행동기술 접근은 또한 이와 관련하여 부모-자녀 상호작용(McLaren, 1988)과 문제 해결(Howing et al., 1989), 일반적인 유형의 상호작용 기술(Kinney et al., 1991)을 향상시키기 위해 사용할 수 있다.

배우자 학대

가정폭력 학대자는 '파트너 관계에서 강압적 통제 패턴을 행사하는 사람'으로 정의되며, 자기중심성과 특권의식, 소유 성향의 특성이 있고, 종종 폭력적인 배경에서 나온다(Bancroft & Silverman, 2002; Dixon & Browne, 2003). 홀츠워스-먼로와 스튜어트(Holtzworth-Munroe & Stuart, 1994)는 학대자를 학대자 가족에게만, 일반적으로 폭력적/반사회적, 불쾌감/경계선의 세 가지 유형으로 분류했다(〈표 10-1〉 참조; Holtzworth-Munroe & Meehan, 2002). 학대자가 속한 집단을 설정하면, 그 범죄자를 위한 치료 프로그램을 더 잘 만들 수 있다(Dixon & Browne, 2003).

학대하는 파트너 치료에서는 다음 유형의 문제를 다루어야 한다(Saunders & Azar, 1989; Stith & Rosen, 1990). ① 느낌과 감정을 표현할 수 없음, ② 정서적 의존, ③ 알코올 및 다른 약물 중독, ④ 남성 성역할 고정관념에 대한 강한 고수, ⑤ 자기주장의 부족, ⑥ 사회적 고립, ⑦ 대처기술 부족, ⑧ 폭력적 상호작용으로 확대되는 습관적 의사소통과 행동 패턴이다. 종종 좀 더 장기적인 치료를 시작하기 전에 위기관리 기법을 연습한다. 첫 번째 목표는 언제나 폭력을 멈추는 것이어야 한다. 치료자들은 또한 내담자가

〈표 10-1〉 홀츠워스-먼로와 스튜어트의 학대자 유형 분류

가해자 유형	특징
학대자 가족에게만	• 가족에게 제한된 폭력 • 상해 위험성이 가장 낮음 • 폭력의 빈도와 심각성이 낮음 • 아동기 외상이 거의 없음
일반적으로 폭력적/반사회적	• 정신병질적 특성 • 중간 수준에서 심각한 수준의 폭력 사용 • 광범위한 범죄력 • 물질남용의 문제가 있을 수 있음 • 심각한 아동기 학대를 경험했을 가능성이 있음
불쾌감/경계선	• 앞의 두 유형 사이에서 중간 정도의 범죄자 • 중간 수준에서 심각한 수준의 폭력 사용 • 부모에게 심하게 거부당한 경험 • 아동기 중간 수준의 부모의 폭력

출처: Holtzworth-Munroe, A., & Sruart, G. L. (1994). Typologies of male batterers: Three subtypes and the differences among them. *Psychological Bulletin, 116*, 476-497.

자조집단 같은 지역사회 지지서비스와 프로그램(예: 익명의 학대자들, 익명의 부모들), 양육기술 워크숍, 핫라인(hotline), 부부관계 향상 프로그램 그리고 부모들에게 이완을 제공하는 서비스를 이용하도록 권장한다(Gaudin et al., 1991).

폭력을 사용한 학대자의 결정에 대해 피해자를 비난하지 않고, 대부분의 가족치료사는 앞서 열거된 많은 목표 문제에 대한 상호 역동이 있음을 인정한다. 따라서 폭력 가해자에게 제한을 설정해야 하더라도, 결혼생활을 유지하기 원하는 커플이라면 가정폭력 문제도 함께 다루면서(Rosen et al., 2007) 해결을 위해 체계적 관점을 취하도록 격려한다(Chamow, 1990; Simpson et al., 2007). 실제로 가족치료에 대한 많은 학술지에서는 대다수가 체계적 혹은 생태적 접근을 권한다(예: Flemons, 1989; Nichols & Schwartz, 2006 참조). 이 관점은 피해자를 보호하고, 폭력 행동에 강하게 대항하며, 피해자 비난을 막으려는 페미니스트의 관심과 반드시 불일치한 것은 아니다(Stith & Rosen, 1990). 개입은 앞에서 열거한 문제 영역 대부분을 목표로 한다. 가족 스트레스의 많은 원인(예: 재정, 양육 문제)을 다루는 것 외에도, 공동 접근(구조적 및 전략적 가족치료) 부부치료는 커플이 함께 지내기를 원한다고 가정할 때 주된 접근인 것 같다. 안타깝게도, 배우자 학대에 대한 대응으로서 가족치료의 효과는 광범위하게 연구되지 않았다.

우리는 독자들에게 학대자만 치료하는 대안적 접근 또한 효과적일 수 있다는 것을 상기시킨다. 예를 들어, 학대자들은 분노관리(Bedrosian, 1982; Edleson & Grusznski, 1988; Hamberger & Hastings, 1988), 다른 인지행동 접근(Saunders, 1996) 그리고 피해자와 학대자 둘 다의 지지집단(Petrik et al., 1994)을 포함한 기술훈련이 도움이 될 수 있다. 그러나 가정폭력을 치료하는 수단으로서 가족치료와의 관련성을 인식할 때, 가족 구성원의 안전뿐만 아니라 미래의 안녕감이 관계의 질을 향상하기 위한 노력보다 우선되어야 한다는 사실을 무시할 수 없다. 종종 가정 내 학대 구성원의 퇴출, 가정 외 장소로 거주지 제공, 법적 지원, 배우자 없는 생활을 위한 직업 계획, 피해자를 위한 치료 그리고 자조집단과 지지집단이 좀 더 적절한 대안으로 제공된다(Saunders & Azar, 1989).

물질남용

많은 관계자는 중독 행위의 병인과 유지에 가족이 연관되어 있음을 제기한다(Kaufman & Kaufman, 1992; Stanton, Todd, & Associates, 1982). 스타인글래스 등(Steinglass et al.,

1987)은 알코올이 종종 알코올 중독 가족에서 많은 상호작용의 중심에 있다는 것을 관찰했다. 예를 들어, 논의와 논쟁, 따뜻한 표현, 불평이 축적되었던 가족은 음주 상황에서 술의 영향으로 종종 가족의 상호작용을 손상시킬 수 있다. 연구들에서는 알코올 중독에서도 지장을 받지 않고 가족 의식(예: 저녁시간, 명절, 휴가)을 유지할 수 있는 알코올 중독 부모와 함께하는 가족은 자녀가 알코올 중독이 될 가능성이 유의하게 낮은 것으로 나타났다(Steinglass et al., 1987). 반대로, 알코올 중독으로 인해 그러한 의식이 지장을 받은 가족들은 알코올 중독 행동이 다음 세대로 전달될 가능성이 훨씬 더 높았다.

중독은 또한 가족체계 내의 역기능적 항상성을 유지하게 하는 행동 중 하나로 간주된다(Steinglass et al., 1987). 책임 전가, 치료에 대한 저항, 빈약한 의사소통, 물질남용 행동의 가족 모델링, 늦은 개별화 및 분리의 문제, 열악한 양육 실행은 그러한 가족들 사이에서 드물지 않다. 더욱이 가족 역동이 중독을 지지하는 것으로 조금이라도 기여하고 있다면, 상담자와 사례관리자는 주의를 기울일 필요가 있다. 사례관리자와 사회복지사, 보호관찰관, 기관치료 담당자는 항상성을 유지하려는 가족의 노력에 무심코 휘말리게 되어 그 문제를 지속시킬 수도 있다. 그들은 또한 치료자, 내담자, 보호관찰관 등이 포함된 가족 삼각형의 구성원이 되는 데 필요한 거리를 유지하지 못해 치료 노력을 방해할 수 있다(Mowatt, Van Deusen, & Wilson, 1985).

알코올 및 다른 약물 남용에 대한 가족치료 접근의 설명에서는 일부 격려가 되는 결과를 보고하고 있지만(Connell et al., 2007; Hogue et al., 2006), 이 인구를 대상으로 하는 가족치료의 효과에 대해서는 방법론적으로 타당한 연구들이 많지 않다. 가족치료가 앞서 논의된 다섯 가지 전략을 모두 아우르는 것 같지만, 구조적 및 공동 접근(구조적 및 전략적 치료의 결합)의 적용이 가장 일반적인 것 같다(Kaufman & Kaufman, 1992).

1970년대 초까지 알코올 중독의 가족치료는 주로 부부치료로 이루어졌다. 그 후 몇몇 연구에서는 알코올 중독자의 가족이 참여할 때 중독의 치료 가능성이 크게 향상되었다고 언급했다(Janzen, 1977). 학술 자료에서는 사티어와 애커먼의 갈등관리 및 의사소통 전략(Meeks & Kelly, 1970), 사회학습 및 행동주의 접근(Cheek et al., 1971) 그리고 체계치료(Berenson, 1986)에 대한 사용을 기술하고 있다.

청소년 남용자가 있는 가족의 가족치료는 성인 물질남용자를 위한 유사한 서비스보다 좀 더 발전된 것으로 보인다(Liddle & Dakof, 1995). 그러나 스탠턴, 토드와 동료들(Stanton, Todd et al., 1982; Stanton, 1994)은 성인 물질남용에 대한 가족치료의 효과에 대해 가장 포괄적인 연구 중 하나를 수행한 것으로 인정받고 있다. 구조적 치료와 전략적 치료를 결합한 가족치료 모델의 효과 검증에서, 저자들은 이 모델이 비가족치료나 가족교육(영화)에 비해 약물 사용을 줄이는 데 훨씬 더 효과적인 것으로 나타났다. 청소년을 대상으로 한 스자포츠닉(Szapocznik)의 연구 또한 구조적 가족치료가 약물 사용 및 관련된 행동 문제를 줄이는 데 매우 효과적인 것으로 나타났다(Szapocznik et al., 1983). 이 프로그램은 또한 가족기능을 향상시켰다. 앞에서 언급한 바와 같이, 스자포츠닉 연구는 그 대상이 대부분 히스패닉 가족이었다. 그런데 비히스패닉 참여자도 유사한 연구 결과가 나타났다(Joanning et al., 1992).

가족치료의 성공은 구조적 모델 및 의사소통모델에 국한되지 않는다. 프리드먼(Friedman, 1989)은 청소년 약물 남용자 가족을 대상으로 한 기능적 가족치료에 대해 우수한 결과(약물 사용 감소)를 보고했다(Alexander & Parsons, 1982). 행동 가족치료도 몇몇 연구(예: Azrin et al., 1994)에서 효과가 있는 것으로 나타났다. 이에 더해 우리는 물질남용자를 대상으로 MST가 성공적이었다는 것을 이미 언급했다(예: Henggeler et al., 1991; Henggeler et al., 1996: Henggeler et al., 2002; Henggeler et al., 2006).

범죄자가 치료에서 중도 탈락하는 문제는 범죄자를 기반으로 하는 많은 치료 프로그램의 어려움이며, 물질남용도 예외는 아니다. 그러나 많은 연구에서는 다양한 이유로 개별치료보다 가족치료 접근의 내담자 유지율이 더 높은 것으로 나타났다(Joanning et al., 1992; Liddle & Dakof, 1995). 가족치료 약물법원(Family Treatment Drug Courts, FTDCs)은 물질남용 문제로 아동 복지에 연루된 가족을 치료하는 데 있어서 부각되고 있는 접근을 제시하고 있다. 결과에서는 FTDC 부모들은 더 빠르게 치료를 시작하고, 더 오래 치료를 유지하며, 더 많은 물질남용치료 회기를 이수한다. 아마도 FTDC 부모의 자녀가 그렇지 않은 부모의 자녀에 비해 부모와 재결합할 가능성이 좀 더 높을 수 있다(Green et al., 2007). 물질남용의 가족치료에 대한 추가 정보는 제11장에 제시되어 있다.

가족 구성원이 구금된 경우

구금된 동안 가족과 연결된 수용자들은 가족과 분리된 수용자보다 가석방 적응을 더 잘하고 오랫동안 유지한다는 연구 자료들이 있지만, 교도소 수용자에게 가족치료나 가족서비스를 제공하는 프로그램은 상당히 최근에 개발되었다. 구금 상태가 수용자와 가족들에게 수많은 문제를 일으킨다는 것은 의심의 여지가 없다. 분리 자체의 문제와 함께, 가족들은 법적 절차의 상태, 접견 정책, 기관까지의 교통, 가석방 심사 결과 그리고 다른 필수사항에 대한 적절한 정보를 얻지 못할 수도 있다(Christian, 2005). 경제적인 문제도 아주 많다. 정서적 스트레스와 죄책감, 성적 좌절, 분노, 우울은 이미 불안정했을 수 있는 관계를 위협한다. 수용자 부재 시의 결혼관계에 대해 재정립하고, 자기의심(self-doubt)과 부인(denial)으로 인해 지장을 받지 않고 결혼생활을 계속할 것인지를 결정하는 것이 필요하다. 아내의 배신에 대한 생각으로 인해 수용자는 행동화하거나 우울로 인한 철회가 나타날 수 있다. 그들의 거부에 관한 두려움이 미숙하게 배우자나 가족에게 먼저 거부가 일어나게 할 수 있다. 관계를 그대로 유지하기 위한 부인(denial)과 강렬한 욕구는 그들의 결혼생활과 가족에 대한 비현실적인 견해를 초래하고, 실재하는 어려움을 회피하게 할 수 있다(Kaslow, 1987). 이러한 관점은 수용자가 교도소에서 출소할 때 가족들에게 추가적인 부담을 일으킨다.

그리고 구금된 범죄자의 자녀들은 어떠한가? 앞서 언급한 바와 같이, 구금 기간이 15개월 이상일 경우 자녀가 그 부모의 친척과 함께 지내지 않았다면 석방 시 부모의 양육권을 되찾을 가능성은 심각한 영향을 받는다. 그러나 지역사회 서비스 제공기관에 따르면, 구금시설에서의 석방이 부모 역할로의 원활한 전환을 보장하지는 않는다. 예를 들어, 석방된 수용자가 안전한 주택, 직장, 육아 돌봄, 치료 프로그램 참여와 같은 수많은 가석방 요건을 준수할 때, 지친 친척은 부모의 양육권으로 자녀를 빠르게 돌려줄 수 있다.

교정기관에 대한 조사(LIS, Inc., 2002)에서 약 27개 주만이 수용자를 구금시설에 배치할 때 가족의 접근성을 고려한 정책을 시행했고, 16개 주만 교통 및 숙박시설을 제공함으로써 가족 방문 노력을 지원하고 있는 것으로 보고했다. 교정기관들은 자녀와 배우자의 방문에서 수용자와 함께 밤을 보낼 공간을 거의 제공하지 않았다. 심지어 더 많은 기관이 신생아 출생 후 일정 시기 동안 어머니와 함께 있을 수 있는 육아시설을 제공하지 않는다.

그러나 양육기술을 강화하기 위해 고안된 교육들은 수적으로 증가하고 있다. 동일한 설문조사에 따르면, 조사 대상기관의 95%가 여자 수용자에게, 85%는 남자 수용자에게 그러한 교육을 제공했다. 이들 중 대부분은 자녀가 없는 상태에서 실시되었다. 그러나 아동의 참여는 기관의 61%가 여성에게 그리고 기관의 26%가 남성에게 이용할 수 있도록 했다. 혁신적인 치료 노력 중 하나는 구금된 아버지를 위한 개별 및 집단 치료가 이루어지고 있는데, 교도소에 있는 동안 자녀와의 의사소통 방법 및 가족체계에서 그들의 부재에 대한 영향을 다룬다. 혜택으로는 청소년 범죄자 및 구금된 아버지 둘 다가 참여하는 증진된 양육기술이 포함된다(Magaletta & Herbst, 2001).

가족에 대한 지역사회 서비스는 미국 법무부에서 개발한 연방정부의 귀향(Coming Home) 계획에서 큰 동력을 받았다. 이 계획은 주택 및 도시 개발 그리고 및 건강 및 인적 서비스와 같은 몇몇 주요 연방기관 사이의 협력관계 형성이다. 현재 모든 주(state)에 대한 연방정부 보조금은 많은 경우 교정과 물질남용, 주택, 고용, 정신건강을 포함하는 주 단위 기관과의 파트너십을 촉진하는 주 모델에 자금을 지원한다. 국립교정연구소는 교도소에서 지역사회로의 전환 계획(Transition from Prison to Community Initiative)을 통해 이러한 노력에 기여하고 있으며(Parent & Barnett, 2003), 수감된 이후에 범죄자가 지역사회로 재통합하기 위한 모델(대부분 사례관리모델)을 제공한다. 가족 문제에 관한 관심은 새로운 계획에서 제공되는 유일한 서비스는 아니지만, MST, 가족보호 그리고 다른 다중서비스 모델과 같은 프로그램과의 관련성을 보는 것은 어렵지 않다.

결론

결론적으로, 방대한 가족치료 문헌에서는 가족치료가 범죄자의 재범을 감소하고 가족기능을 개선하는 데 어느 정도 성공한 개입 중 하나라고 제안한다.

하지만 현재의 자금 지원 환경에서 가족치료는 형사 범죄자의 욕구를 다루는 데 있어서 지속적으로 중간 수준만을 유지하고 있다. 가족치료는 이러한 욕구들과 관련이 있고, 효과에 대한 평가도 일반적으로 긍정적이지만, 가족치료를 즉시 이용할 수 있을 것 같지 않으며, 법정 및 교정 직원이 보통 치료 계획의 실행 가능한 구성요소로 고려되지 않는다. 현 정부와 민간보상 정책에서는 어떠한 권장도 제공하지 않는다. 지역사회 기반의 선택보다 주 기관 배정 비용에 더 많이 보상해 주는 주정부 정책과 정신건강 치료보다 의학적 치료를 선호하거나 가족치료보다 개별치료를 선호하는 보험 정책은 둘다 가족 단위 개입의 사용을 방해하는 역할을 한다.

이 장에서 가족치료를 가족 및 형사 법원에 접근하는 모든 개인에게 효과가 있는 만병통치약으로 강조하려는 의도는 없다. 물론 모든 범죄자가 가족치료에 응할 것 같지는 않다. 일부 비행청소년의 가족은 치료 참여에 대한 생각에 적대적이거나 방어적이다. 많은 경우에 자녀에 대한 부모의 관심은 아예 없거나 아니면 가족 단위에서 어떤 작업을 시작하기에는 많은 제약이 있다. 이에 더해 일부 범죄자가 형사사법체계의 주목을 받을 즈음에는 그들의 가족이 소진되어 있을 수 있다. 마지막으로, 상당수의 가족이 가족 구성원의 범죄보다 더 심한 스트레스 요인에 직면한다. 당연히 빈곤과 실업의 소진을 일으키는 요구들에서 살아남으려고 노력하는 가족들은 가족치료에 대한 동기가 분명히 거의 없을 것이다. 그러나 이것은 여전히 가족 단위의 개입이 필요한 성인 및 청소년 사례의 상당 부분을 남겨 둔다. 가족치료는 개별치료보다 더 복합적이고 비용이 드는 노력이기는 하지만, 종종 더 합리적인 선택이 된다. 대안은 병리적인 가족에서 훨씬 더 큰 문제의 증상을 보이는 가족 구성원 1명을 치료하는 것이다.

토론질문

1. '가족체계'는 왜 그렇게 강력한 단위인가? 그런 체계는 청소년의 비행에 어떻게 기여하는가? 그러한 체계에서 비행 가족 구성원의 재활을 어떻게 도울 수 있는가?
2. 가족치료에서 의사소통모델과 구조적 모델을 비교하라. 각각의 장점과 단점은 무엇인가? 당신은 어느 것을 더 선호하는가?
3. 이 장에서 논의된 몇몇 다른 모델보다 다체계적 가족치료가 가진 장점은 무엇인가?
4. 아동 학대에 대한 가족치료 개입의 사용을 논의하라. 이 문제 영역에 어떤 종류의 개입이 가장 잘 작용할 것으로 보이는가?
5. 가족치료 프로그램이 구금된 범죄자와 그 가족들에게 어떻게 도움이 될 수 있는가? 그런 프로그램의 일부 특별한 측면과 한계점은 무엇인가?

제 **5** 부

특정 집단에
효과적인 교정 개입

이 책에서 지금까지 우리는 다양한 이론과 교정 개입전략을 제시해 왔다. 다음 네 장에서는 특정 범죄자 인구, 즉 물질의존 범죄자, 성범죄자, 심각한 반사회적 및 정신병질 범죄자, 여성 범죄자의 치료에 상당한 주의를 기울인다. 최근 몇 년 동안 이러한 집단에 대한 많은 혁신적인 방법이 개발되었기 때문에 이 장에서는 이러한 책의 최신판들을 통해 많은 부분이 개정되었다.

제11장은 물질의존 치료에 대한 접근을 개관한다. 제12장은 성범죄의 경로와 치료 및 지역사회 관리를 위한 접근의 개요를 제공한다. 제13장은 심각한 반사회적 및 정신병질 범죄자에게 개입하는 것의 복잡성을 기술하는 동시에, 또한 가장 유망한 치료방법과 실무자를 위해 현실적인 조언과 관련된 논의를 제공한다. 마지막으로, 제14장은 여성 범죄자에 대해 최근에 생성되고 있는 접근의 개요를 제공한다. 이 장들은 이러한 범죄자 유형의 위험/욕구 요인을 다루어야 한다는 증대하는 압력에 직면하고 있는 정책결정자와 실무자에게 반응하기 위한 것이다. 그러나 우리는 이 전략들을 검토하면서 사회학습 및 인지행동 모델이 지속적으로 이러한 프로그램의 핵심을 형성하고 있다는 사실에 크게 주목하게 되었다. 마찬가지로, 사회학습 및 인지행동 모델을 이러한 대상의 고유한 특성에 맞추는 데 많은 관심을 기울였다. 또한 네 집단 모두 타당한 평가전략이 필요하며, 새로워진 많은 평가는 실무자들이 그들의 위험요인을 더 잘 이해할 수 있게 해 준다. 마지막으로, 학대와 외상이 이러한 문제들의 병인 역할을 한다는 증대하는 인식이 점점 더 많은 관심을 받고 있다. 이제 우리는 마음챙김과 명상 및 신경학적 문제를 수용하기 위한 다양한 접근을 포함하여 범죄자들이 평온할 수 있도록 도와주기 위해 고안된 프로그램의 구성요소를 보게 된다. 성범죄자와 물질남용자, 여성 범죄자 치료에서, 특히 교정치료 분야에서의 대부분의 혁신을 보게 된다.

제**11**장

물질남용 범죄자 치료

패트리샤 반 부어히스(Patricia Van Voorhis), 미린다 슈와이처(Myrinda Schweitzer), &
게일 허스트(Gail Hurst)

주요 용어

절제 위반 효과(AVE)	메타돈 유지법
사후관리	다체계적 가족치료
혐오요법	조작적 조건형성
행동주의 가족치료	동료평가
고전적 조건형성	정신역동 가족치료
인지행동 접근	재발방지
의사소통치료	자기의 관계모델
공동체 강화접근(CRA)	자기효능감
수반성 계약	자조집단
내재적 민감화	사회학습 접근
문화에 능숙한	후원자
질병모델	변화단계
마약 법원	물질남용
교육모델	물질의존
허용	지지집단
가족체계모델	금주모델
폐해감소 접근	중독이론
고위험 상황	외상이론
환자로 지목된 사람(IP)	여성의 심리사회적 발달이론
개입	치료공동체

평가에 따르면, 불법 마약 및 알코올 중독은 형사사법체계의 대부분의 범죄자에게 영향을 미친다(Mumola & Karberg, 2006). 실제로 1990년대에는 '마약과의 전쟁'과 의무선고 정책(mandatory sentencing policies)으로 인하여 물질남용자들이 주 교도소 수용인원 증가의 20%(Office of National Drug Control Policy, 2003), 연방 교도소 수용인원 증가의 72%를 차지했다(Bureau of Justice Statistics, 2001). 이와 동시에 물질남용은 물질 중독자를 미래 범죄의 위험성에 놓이게 하는 것으로 알려져 있다(Bureau of Justice Statistics, 1992; Gendreau, Little, & Goggin, 1996). 이러한 관점에서 물질남용 범죄자는 모든 교정기관에 많은 부담을 준다.

다행스럽게도, 물질남용치료에 관한 기술의 발전(Wexler, 1994)은 실행 가능한 치료를 제공하고자 하는 교정의 노력에 많은 지원을 제공한다. 여기에는 평가, 치료모델, 재발방지 전략, 마약 법원 그리고 범죄자 반응성을 수용하는 방법의 발전이 포함된다. 게다가 연구에서는 이렇듯 매우 중요한 사회적 문제의 치료에서 '무엇이 효과적인지(what works)'에 대한 명확한 그림을 보여 주었다(Anglin & Hser, 1990; Miller et al., 2003; Pearson & Lipton, 1999).

이 중 어느 것도 물질남용자의 치료가 간단한 노력임을 시사하지는 않는다. 물질남용에는 많은 '경로'가 있고 다양한 유형의 물질남용자들이 있다(Wanberg & Milkman, 1998). 예를 들어, 우리는 이제 효과적인 치료를 위해 물질남용 범죄자의 변화에 대한 준비를 제공해야 한다는 것을 인식하고 있다. 즉, 중독의 존재를 부인하는 범죄자를 위해 고안된 개입은 변화를 적극적으로 추구하는 범죄자들 혹은 단주 상태를 유지하고자 희망하는 범죄자들에게 전달되는 것들과 달라야 한다(Miller & Rollnick, 2002; Prochaska & DiClemente, 1986). 마찬가지로, 치료의 기본 철학이 무엇이어야 하는가, 특히 물질남용을 질병으로 혹은 학습된 행동으로 간주해야 하는가에 대한 논쟁은 계속되고 있다(Miller & Hester, 2003). 또한 물질남용 개입과 관리·감독 전략은 범죄자의 위험성 및 범죄자가 물질의존인지 혹은 물질남용인지에 따라 달라져야 한다(Marlowe, 2009). 마지막으로, 대부분의 치료모델은 중독성 물질에 대한 절제 요건을 준수하는 반면, 다른 모델들은 조절되는 음주, 메타돈 유지법, 주삿바늘 교환(needle-exchange) 프로그램과 같은 폐해감소 접근(harm-reduction approaches)을 지지한다(MacCoun, 1998; Marlatt, Blume, & Parks, 2001; Marlatt & Witkiewitz, 2002).

이 장에서는 물질남용 범죄자를 치료하기 위한 주요 접근 및 철학에 대한 개요를 제공한다. 다른 정신건강 문제의 치료와 마찬가지로, 대부분의 개입은 이전 장들에서 논의된 이론에 근거한 치료체계에 있다(예: 정신역동과 급진적 행동주의, 가족, 사회학습, 인지행동 접근). 이 장에서 우리는 또한 평가, 반응성, 지지집단, 치료의 연속성 그리고 폐해감소 모델에 대해 논의한다. 거의 예외 없이 물질중독 치료는 알코올 중독 치료와 구별되지 않는다. 그 이유는 치료 목표가 중독성 물질보다는 중독 그 자체에 있기 때문이다.

물질남용 모델

물질남용에 대한 광범위한 개입(interventions)은 물질남용자가 누구이고 그가 어떻게 알코올이나 다른 약물에 중독되었는지에 대한 정의에서 상당히 다르다. 물론 치료 의미는 각 모델의 핵심 철학을 따른다. 예를 들어, 밀러와 헤스터(Miller & Hester, 2003)는 알코올 중독 치료의 역사와 패턴에 대해 논의하면서 〈글상자 11-1〉에 나와 있는 열한 가지 모델을 제시했다. 이 글상자에 논의된 모델의 대부분은 다른 유형의 약물 남용에도 적용된다.

글상자 11-1 // 알코올 개입 모델

• 도덕모델

알코올 중독의 가장 오래된 개념화는 아마도 그것을 개인적 선택의 결과로 발생된 죄로 간주하는 것이다. 오늘날까지도, 일부 교회에서는 이러한 견해를 계속 유지하고 있다. 심지어 익명의 알코올 중독자들(Alcoholics Anonymous, AA)에서도 알코올 중독을 '영혼의 결함'으로 정의한다. 이러한 관점은 알코올 중독과 다른 중독은 형사상의 제재를 포함하여 영적 방향과 사회적 통제의 다양한 수단을 통해 다루어져야 함을 시사한다.

• 금주모델(temperance model)

1800년대 후반에서 1933년 금주법 폐지까지 알코올 중독은 해로운 약인 알코올에 의한 것으로 간주되었다. 그 당시 금주운동은 많은 종교계의 지지를 받았지만, 그렇다고 그들이 음주자를 비난한 것은 아니었다. 대신에 알코올과 그것의 파괴적 특성을 비난했다. 이런 관점에서 '치료'는 알코올 중독자에 대한 치료가 아니라, 현재의 불법 약물 접근에 대한 정책과 다르지 않은 알코올의 사용과 보급을 금지하는 법안을 요구했다.

• 질병모델

알코올 중독을 질병으로 개념화한 것은 금주법 폐지와 익명의 알코올 중독자들의 형성으로 시작되었다. 질병모델(disease model)은 알코올 중독자의 생물학적 구성이 적당히 술을 마실 수 없다는 점에서 그들을 비알코올 중독자와 생리적으로 구별되는 것으로 간주한다. 이 상태에서 음주는 음주자가 절제를 통해서만 억제될 수 있는 돌이킬 수 없는 음주에 대한 충동이 습득되는 지점까지 진행된다. 질병으로부터의 '회복'은 질병의 상태와 그 영향에 대한 인식, 절제 그리고 알코올 중독에서 회복된 다른 중독자의 지지가 필요하다. 미국에서 이 질병모델은 의학적인 치료를 받아야 하는 질병으로서 의료 분야로부터 강력한 지지를 받고 있다. 그러나 질병모델은 미국 이외의 지역에서는 폭넓은 지지를 받지 못하고 있다.

• 교육모델(education model)

이 접근은 알코올 중독을 알코올의 해악과 영향에 대한 무지로 인해 발생하는 것으로 간주한다. 실제로 미국에서 교육은 오랫동안 중독에 대한 일반적인 예방 접근 중 하나였다. 이 모델의 적용 가능성은 일차적인 예방 노력 및 일반 대중에게 적용되는 전략과 가장 관련이 있는 것으로 보인다.

• 특성모델

정신역동 개입과 가장 관련이 있는 이 모델은 알코올 중독이 근본적인 성격 문제에서 비롯된다고 주장한다. 정상적인 심리적 발달의 고착, 초기 외상, 특정 방어기제의 과도한 사용 그리고 다른 요인 등과 같은 발달상의 어려움을 지적한다. 일부 임상가와 학자의 경우, 이 모델은 '알코올성 성격' 혹은 '중독성 성격'에 대한 탐색을 시작하게 했다. 이 관점에서의 치료는 근본적인 갈등과 불안의 근원에 대한 해결이나 해석을 수반한다.

• 조건형성 모델

알코올 및 다른 중독은 다른 행동이 학습되는 것과 똑같은 행동 기제를 통해 학습된다. 그 이유는, 학습에 대한 고전적 및 조작적 조건형성 모델에서 비롯된다. 음주 및 다른 유형의 약물 사용은 동료의 승인, 긴장 감소, 사회적 자신감 향상 그리고 축제 기분(조작적 조건형성)을 통해 강화된다. 동시에 중독자는 중독 행동의 다양한 자극, 예를 들어 특정 친구, 환경 그리고 용품(paraphernalia, 고전적 조건형성)을 좋아하게 된다. 치료에는 재조건화와 수반성 관리, 자극 조절이 포함된다.

• 사회학습/인지행동 모델

제8장과 제9장에서 언급한 바와 같이, 행동은 모방한 행동의 모델이 되는 동료나 다른 사람의 존재에 따라 대리로 학습될 수 있다. 물질남용과 관련된 행동과 인지 둘 다 이런 방법으로 학습될 수 있다. 이 접근으로 운영하는 치료모델은 새로운 기술, 특히 대처 기술을 가르치며, 그들의 환경 및 그들과 관련 있는 개인과의 관계를 변화시키려 추구한다. 또한 이러한 개입은 중독 행동과 관련된 것으로 간주되는 사고 패턴을 변화시키려고 노력한다. 사회학습/인지행동 모델은 물질남용 범죄자를 치료하는 데 선호하는 접근이 되고 있다.

• 생물학적 모델

이 접근은 질병모델과 혼동되지 않도록 하기 위해 알코올 중독의 특정한 유전적 또는 생리적 원인을 확인하고 목표화하려고 시도한다. 1970년대 이래로 생물학적 연구는 ① 알코올 중독의 유전적 위험요인을 확인하고, ② 비정상적 형태의 알코올 물질대사를 확인하고, ③ 알코올 중독에 대한 뇌의 민감도를 연구하고, ④ 음주가 알코올 중독으로 확대되는 방식을 연구했다. 이 접근의 치료에는 유전 상담, 절제 상담 그리고 음주 조절하기가 포함될 수 있다.

• 일반적인 가족체계모델

이 모델은 물질남용을 역기능적인 가족체계 내에서 발생하는 것으로 본다. 즉, 중독은 단지 역기능적 가족의 증상 중 하나이다. 치료는 한 체계의 구성원으로서 모든 가족의 욕구를 다룬다. 치료 목표에는 행동 활성화, 가족 구성원 간의 빈약한 경계, 의사소통 문제 그리고 신뢰 문제가 포함될 수 있다.

• 사회문화모델

이 모델은 일부 사회환경과 문화가 다른 것보다 더 알코올 및 다른 약물 남용을 지원하는 것으로 인식한다. 사회문화모델에서는 물질남용의 지나친 장려를 막기 위해 음주시설과 알코올/약물 유통 양식을 규제하려고 시도한다. 따라서 불법 약물, 주류 과세, 술집과 식당의 면허 요건, 광고 제한, 음주시설의 영업시간 규제 그리고 연령 제한이 알코올 및 다른 약물 사용을 조절하기 위한 사회문화적 노력의 예시이다.

• 공중보건모델

이 접근은 앞에 열거된 모델들의 중요한 측면을 통합하려고 추구한다. 공중보건모델은 중독에 대한 다면적 접근을 권장하면서 ① 기관(알코올/불법 약물), ② 주체(물질남용자), ③ 미시적 및 거시적 환경(가족, 동료, 사회)에 초점을 둔다. 공중보건모델은 알코올의 위험한 본질, 알코올에 대한 개인의 민감성 그리고 그것의 유통을 규제하는 사회 정책에 관한 동시 관심을 옹호한다.

출처: Miller, W., & Hester, R. (2003). Treatment for alcohol problems: Toward an informed eclecticism. In R. Hester & W. Miller (Eds.), *Handbook of Acoholism Treatment Approaches* (3rd ed.). Boston: Allyn & Bacon.

실제로 물질남용 범죄자를 위한 개입은 단일 정책이나 서비스 제공 모델을 준수하기보다 절충적으로 이루어질 가능성이 좀 더 높다. 그렇기는 하지만 모델 중 일부는 ① 중독에 책임이 있는 사람이 누구인지(중독자 혹은 중독자가 갖지 않을 수 없는 질병), ② 중독자가 도덕적인 개인인지 여부, ③ 절제가 요구되는지 여부, ④ 중독 치료에서 목표로 두어야 하는 것은 무엇인지(지식, 생리적 요인, 영성, 사회적 지지, 사회기술 혹은 인지)와 같은 문제에서 극적으로 다르다.

중요한 것은 어떤 모델을 실행할 것인가에 대한 선택은 기관들이 질병모델 혹은 인지행동 접근을 지원해야 하는지를 논의할 때와 같이 종종 정책 수준에서 나타난다. 비용은 또 다른 요인이다. 지난 수년 동안 연방정부는 1970년대의 안전한 지역사회를 위한 치료책임(Treatment Accountability for Safer Communities, TASC) 프로그램 및 1990년대의 거주형 물질남용치료(Residential Substance Abuse Treatment, RSAT) 프로그램을 포함하여, 주요 기금계획을 수립했다. 미국의 알코올 및 다른 약물 사용과 관련된 대규모 문제를 해결하기 위해 새로운 연방 및 주 기관이 창설되었다. 그럼에도 불구하고 국가 형사사법체계치료 실행조사(Taxman, Perdoni, & Harrison, 2007)에서는 두 가지 우려되는 경향이 감지되었다. 첫째, 범죄자의 압도적인 대다수는 그 서비스가 지역사회에서 혹은 교정시설에서 집행되는지에 관계없이 낮은 강도의 물질남용 교육 프로그램을 받는다. 그러한 프로그램들은 폭넓게 연구되지 않았으며, 명백히 재범과 중독 행동을 줄이는 데 가장 효과적인 프로그램은 아니다. 둘째, 놀랍게도 다양한 이유로 치료가 필요한 물질남용 범죄자의 적은 비율만이 실제로 프로그램을 받는다.

치료 양식

　본문에서의 주요 접근방식에 따라, 우리는 이전 장에서 논의된 각 치료체계의 물질 남용치료에 대한 개요를 제공하면서 치료모델 자체에 초점을 맞춘다.

정신역동 접근

　정신역동 접근이 대부분의 교정 내담자에게 적합하지 않지만, 정신분석적/정신역동 적 전통은 물질남용에 관해서 많은 것을 말해 준다. 심지어 좀 더 인기 있는 사회학습 및 인지행동 접근이 출현하고 널리 확장되어 시행되고 있음에도, 일부에서는 정신역 동치료가 일부 물질남용 내담자에 대한 이해를 증진시키고 우리의 노력에 대한 효과를 향상시킬 수 있다고 지속적으로 주장한다(Francis, Franklin, & Borg, 2004). 정신역동 접 근은 그 자체로 하나의 치료로써 일부 내담자에게 작용할 수 있지만(또는 다른 교육적, 인지행동적, 지지집단 접근과 결합해서), 범죄자 내담자에게 사용할 때는 개인치료에만 국 한될 가능성이 있다.

　최근 정신역동치료의 경향에 따라 치료는 제한된 자아통제와 같은 발달 결함 및 구 조적 결함에 초점을 두는 경향이 있다. 정서장애(특히 우울증)와 특정 자아방어(방어기 제)는 특히 관련이 있는 것으로 보이며, 특별히 초기 발달장애와 관련되었다. 이러한 관점에서 물질남용은 공허감과 분노, 우울증(Wurmser, 1984), 무력감(Dodes, 1990) 또는 지속적인 수치심(Lewis, 1987)에 대한 감정을 '약물 투여로 해결하려는' 시도일 수 있다. 게다가 친밀감이나 의존에 대한 두려움(Khantzian, Halliday, & McAuliffe, 1990) 같은 대 상관계 문제를 초래하는 초기 관계의 어려움도 또한 고려하는 것이 중요하다.

　정신역동치료는 제3장에서 논의된 것과 똑같은 전략을 대부분 활용한다. 치료 초기 에는 물질남용에 대한 내담자의 부인(denial)에 대해 작업하면서, 그 상황에 대한 책임 을 받아들일 수 있도록 그 부인을 '훈습'하는 것에 초점을 둔다. 부인은 이러한 관점에 서 방어기제의 하나로 본다. 그 자체로 변화의 매개체로 여겨지는 치료적 관계에 많은 중점을 둔다. 그 후의 치료적 관계는 치료자를 향한 전이와 역전이, 방어를 해석하는 기회를 제공한다. 이후에는 '약물의 영향 아래에 있는' 자신의 행동을 합리화했던 비난 의 투사를 해석하는 것 혹은 알코올 또는 다른 약물의 효과를 이용하는 것 등의 추가적인 방어를 다룰 수 있게 된다.

치료자들은 내담자의 역사, 특히 대상관계에 영향을 미칠 수 있는 부모 및 형제자매와의 초기 관계를 평가하면서, 그 과거와 관련된 현재 갈등 혹은 관계 문제를 검토할 가능성이 높다. 내담자가 알코올이나 다른 약물에 의존하는 원인을 밝혀내고, 그 의존을 다른 사람, 즉 치료자와 가족 구성원, 영적 지지, 지지집단 구성원, 후원자 등에 대한 의존으로 바꾸는 것은 비록 일시적이지만 중요한 진전이다.

자아와 초자아 발달에 대한 영향도 조사하는데, 이는 종종 자아통제 및 자아존중감을 강화하거나 감정을 관리하고 수치심을 다루는 내담자의 능력을 강화하는 것이 필요하기 때문이다. 기본적인 정신역동모델에 따라 자유연상, 실수, 꿈에 대한 해석은 재발로 이어질 수 있는 무의식적 갈등뿐만 아니라 물질남용과 관련된 무의식을 밝혀내는 과정에 도움이 된다(Dodes & Khantzian, 1991).

만약 조금이라도 사용된다면, 정신역동치료는 통찰 지향 접근을 잘 견디는 언어기반치료의 내담자에게 가장 적절하다. 프랜시스, 프랭클린과 보그(Francis, Franklin, & Borg, 2004)는 가장 성공적인 내담자는 지적이고, 호기심 있고, 통찰력 있고, 심리학적 마인드가 있고, 자신에 대한 더 좋은 이해를 얻기 위해 동기화되어 있을 가능성이 있다고 언급했다. 고소득, 결혼생활의 안정성 그리고 정신병질과 기질적 뇌 손상, 정신병의 진단이 없는 것도 성공의 전조가 된다. 마지막으로, 물질남용이 방어적 행동 및 불안과 관련된 사람들 또한 상당히 적절해 보인다.

정신역동을 사용하지 않은 집단치료가 물질남용 범죄자에게 더 많이 이용될 가능성이 있지만, 일부 내담자는 집단을 두려워하거나 집단환경에서 개인적 이슈의 공개를 더 꺼릴 수 있다. 이러한 경우에 개인치료가 권장된다(Zimberg, 2004). 그러나 정신역동이든 혹은 어떤 다른 치료이든 간에, 개인치료는 알코올 중독의 회복에 절실히 필요한 사회적 지지나 동일시를 제공할 수 없다. 대부분의 경우, 접근의 결합—익명의 알코올 중독자들(AA) 혹은 익명의 마약중독자들(Narcotics Anonymous, NA)에서 제공하는 개인 및 집단 치료 혹은 개인치료—이 선호된다. 마지막으로, 정신역동 접근은 알코올이나 다른 약물에 대한 생리적 갈망을 언급하지 않는다(Zimberg, 2004). 따라서 다른 모델과 마찬가지로 절충적 접근이 타당하다(Miller & Hester, 2003).

급진적 행동주의 접근

고전적 또는 조작적 조건형성을 토대로 하는 전략에는 혐오요법과 수반성 계약, 토큰경제, 내재적 민감화, 자극 통제, 지역사회 강화가 포함된다. 이러한 접근의 몇몇은 그 자체로 물질남용 개입을 단독으로 유지하고, 다른 접근들은 치료공동체나 재발방지 프로그램과 같은 다른 프로그램의 구성요소들이다.

이러한 전략의 사용은 다양한 이유에서 타당하다. 알코올 및 다른 약물 사용이 물질남용자 치료에 대한 두 가지 학습모델의 적용 가능성을 보기 위해 고전적 및 조작적 조건형성에 실제로 어떻게 일치하는지 생각하기만 하면 된다. 중독은 중독성 물질과 그것의 효과에 의해 고취되고 유지되는 것으로 볼 수 있다. 예를 들어, 음주는 종종 마시는 요일, 마시는 시간, 음주와 관련된 활동, 익숙한 술집, 술친구, 특정 안주 그리고 감정 상태와 같은 선행사건(자극)에 의해 고취된다. 마찬가지로, 음주는 스트레스 감정의 감소, '들뜬 기분(buzz)', 사회적 안락감의 증가, 동료의 인정과 같은 효과들에 의해서도 강화된다. 급진적 행동치료는 물질남용을 조장하는 자극을 조절하는 것으로 그리고 조절되는 음주, 절제 및 다른 친사회적 대체 행동을 강화하는 것으로, 이러한 과정을 반전시키려 한다.

물질남용치료를 위한 고전적 조건형성(classical conditioning) 치료는 주로 혐오요법과 자극 조절로 구성된다. 혐오요법(aversion therapies)은 중독성 약물에 대한 내담자의 욕구와 직결되어 있는데, 이러한 욕구를 반전시키려고 시도한다. 이러한 초기 접근들은 알코올이나 다른 약물 사용을 혐오 자극과 짝지었다. 혐오 자극에는 약물로 유도된 메스꺼움과 약물로 유도된 호흡 곤란(무호흡), 악취, 전기 충격(Wilson, 1987)이 포함된다. 치료 목표는 중독성 물질을 혐오 자극과 연합시켜서 내담자에게 알코올이나 다른 약물에 대해 회피 반응을 일으키게 하는 것이다. 그러나 이러한 접근과 관련된 고통과 스트레스를 고려할 때 좀 더 최근의 혐오요법 적용은 고전적 조건형성, 즉 내재적 민감화를 사용한다.

제4장에서 설명한 바와 같이, 내재적 민감화(covert sensitization)는 혐오스러운 경험보다는 혐오스러운 이미지를 사용한다. 내담자는 그 이미지를 직접 경험하기보다 혐오적 사건이나 느낌을 상상한다. 그러나 때때로 역겨운 냄새는 이미지를 동반하는 데 사용될 수 있다. 알코올 중독자를 대상으로 한 림멜, 밀러와 도어(Rimmele, Miller, & Dougher, 2003)의 내재적 민감화 접근은 ① 예비 평가, ② 각 내담자에 따른 특정의 다

양한 장면 구성, ③ 자극 장면 실행, ④ 민감화 혹은 혐오 장면 실행, ⑤ 도피 혹은 회피 장면 실행의 단계를 포함한다. 예비 평가에서는 내담자의 음주 기호, 패턴, 동기와 관련된 정보를 얻는다. 다양한 음주 장면은 일반적으로 내담자의 음주 습관에 동반되는 상황과 세부사항을 포함한다. 혐오스러운 장면은 내담자가 메스꺼움이나 강한 감정적 반응(예: 당혹감과 역겨움, 죄책감, 공포)을 경험하는 상황으로 구성한다. 림멜, 밀러와 도어(2003)가 제시한 장면의 적절한 예는 다음과 같다.

> [술집에서 나온 후] 당신은 막 당신의 차에 들어갔고, 가게로 가는 길에 진입로에서 후진할 준비를 하고 있다. 한 손은 뜨거운 핸들을 잡고, 당신은 시동 장치에 키를 넣기 위해 손을 앞으로 뻗는다. 키가 안으로 미끄러져 들어가는 것을 느낄 때, 당신은 침을 삼키다가 입안의 맥주 맛을 알아차린다. 마치 방금 크게 한 모금 삼킨 것처럼 냄새도 맡을 수 있다. 당신이 키를 돌리자, 엔진에 시동이 걸린다. 변속 레버를 후진에 놓으면서 차량 뒤쪽에 아무것도 없는지 어깨너머로 확인한다. 차가 마치 작은 돌출부를 넘는 것처럼 불길하게 덜컹거린다. 당신은 문을 열고 차 뒤쪽을 보는데, 입안에서 맥주 맛이 강하게 느껴진다. 당신은 뒷바퀴 뒤에 작은 발이 튀어나와 있는 것을 보고 소름이 돋는다. 당신은 차에서 뛰어나와 차 뒤쪽에 눌려 있는 일그러진 작은 몸체를 발견한다. 당신은 손과 무릎을 짚고 엎드려 차 밑을 들여다보았는데, 작은 아이의 몸 아래로 피가 흘러나오는 것이 뚜렷이 보인다. 아이가 움직이지 않아 살아 있는지 알 수 없다. 내쉬는 숨에 맥주 냄새가 강하고, 그 냄새는 바닥 위의 따뜻한 피 냄새와 섞인다. 당신은 부서진 아이의 몸을 응시하면서, 소름이 끼치고 제대로 생각을 할 수 없다. 아이의 팔이 부자연스럽게 구부러져 있는 것을 알아차리고, 흰색의 굳은 뼈가 옷을 뚫고 튀어나온 것을 본다. 아이의 팔다리가 연속적으로 씰룩거리자 맥주의 신 맛이 입안에 퍼지면서 두려움과 공포가 타오른다.

혐오스러운 장면은 내담자로부터 강한 반응을 불러일으키기 위해 구성된다. 이러한 일이 발생하면, 내담자는 치료자에게 알리거나 자신이 불편하다는 것을 말한다. 그러면 치료자는 혐오감을 완화하는 장면(그 아이에 대해 도움을 받는)이나 회피 장면(처음부터 술집에 가지 않는)을 보여 준다. 그러나 여러 자극 및 혐오 장면에 노출된 후 달성해야 할 목표는 이 회피 장면이 조건화 반응이 되게 하는 것이다. 궁극적으로, 내담자는 혐오스러운 장면이 끝나기 전이나 혐오스러운 장면이 시작되기 전에 회피하고 싶은 욕구를 표현하게 될 것이다. 성공적인 치료에서 조건화 반응은 치료 이외의 유사한 상황에서 내담자에게 발생할 것이다.

고전적 조건형성의 적용은 재발방지 프로그램에서도 볼 수 있다. 재발방지의 목표 중 하나는 내담자에게 그러한 자극이 없는 경우보다 재발 위험성이 더 높은 상황(또는 자극)에 대해 의식하게 하는 것이다. 처음에 우리가 내담자에게 그러한 자극을 피하도록 권장할 수 있지만, 가족 휴가나 다른 상황의 경우에 이것이 항상 가능한 것은 아니다. 재발방지 접근의 용어에서 그러한 시기를 고위험 상황(high-risk situations)이라고 한다. 치료는 내담자가 자신의 '고위험' 상황을 파악하고 그것을 다루기 위한 대처기술과 대처계획을 개발하도록 돕는 것을 포함한다(Marlatt & Barrett, 2004; Parks, Marlatt, & Anderson, 2001).

안타깝게도, 과도한 알코올 및 다른 약물의 사용은 그러한 사용의 효과에 의해 강화된다. 예를 들어, 음주는 즉각적인 보상/강화('들뜬 기분', 긴장 감소, 동료의 인정)로 이어질 수 있다. 사용으로 부정적인 결과가 뒤따를 수 있지만, 이것들은 일반적으로 지연된다(예: 신체적 불편, 질병, 사회적 비난, 재정적 손실, 자존감 감소). 조작적 조건형성(operant conditioning) 모델은 물질남용이 강화되는 방식을 바꾸려고 시도한다. 이러한 접근들은 주로 다른 접근들의 구성요소로 간주된다. 예를 들어, 치료공동체는 의무와 책임을 증가시키는 수단으로 토큰경제 또는 행동 보상과 처벌의 다른 시스템(제4, 5, 8장 참조)을 사용할 수 있다. 이러한 경우에, 거주자들은 치료의 수준을 통해 진전을 이루고 친사회적 대체 행동을 사용한 것에 대한 보상으로 특권을 얻는다. 그들은 긍정적 성취에 대해 식당 쿠폰과 같은 것들로 보상을 받지만, 부정적인 행동에 대해서도 책임을 진다(Inciardi & Lockwood, 1994).

조작적 조건형성의 추가적인 예로는 지역사회 강화 및 수반성 계약이 포함된다. 많은 치료에서는 직업, 가족, 친구, 레크리에이션 그리고 다른 지역사회 강화인자들이 내담자의 단주 상태 유지에 따라 접근하게 하는 행동계약(수반성 계약, contingency contracts)을 통합한다(Smith & Meyers, 2003). 수반성 계약은 청소년을 대상으로 혹은 개입 이후에 흔히 사용된다(Smith & Meyers, 2003, p. 71 참조).

공동체 강화접근(community reinforcement approach, CRA; Hunt & Azrin, 1973; Miller, Meyers, & Hiller-Sturmhofel, 1999)은 알코올 중독자에게 음주를 중단할 수 있는 인센티브(강화)를 제공하고자 한다. 이것은 음주에 대한 정적 강화는 저지하고, 절제를 위한 정적 강화는 발전시키는 것이 포함된다. CRA 초기 단계에서 치료자는 음주를 중단하려는 내담자의 동기를 강화하기 위해 노력한다. '애로사항 검토'는 직장과 결혼, 건강 문제를 포함하여 내담자의 음주와 관련된 모든 문제 목록을 작성한다. 내담자의 '고위험 상황' 및 음주와 관련된 강화를 확인하는 것 또한 치료 초기에 실시된다. 음주하지 않는 내담자의 정적 강화요인을 증가시키기 위해 계획되는 여러 가지 추가 접근이 선택된다. 예를 들어, 술로 인한 고립은 줄이고, 취미와 여가 활동, 음주하지 않는 친구들과의 사회적 상호작용은 증가시키는 것이 포함될 수 있다. 내담자가 취직이나 대처기술 및 사회적 기술에 대해 도움을 받을 때처럼 정적 추구에 대한 장벽을 제거하는 데도 도움을 받을 수 있다. 때때로 CRA를 통해 가족 구성원들이 강화요인(예: 단주 상태와 술의 영향을 받지 않을 때 내담자와 함께 시간을 보내는 것)을 사용하도록 가르치는 것과 함께 관계 상담이 제공된다. CRA는 또한 다른 종류의 약물 범죄자에게도 사용되어 왔다.

끝으로, 음주가 내담자의 삶에서 즐거움(강화)의 주요 원천을 제거한다는 것을 인식하고, 재발방지 프로그램은 새로운 즐거움의 원천을 도입할 것을 권유한다. 다시 말해, 내담자는 '해야 하는 것(shoulds)'과 '원하는 것(wants)' 사이의 건강한 균형을 가져야 한다(Marlatt & Gordon, 1985). 이것은 치료자가 내담자에게 새로운 관심사와 즐거움의 원천을 개발하는 생활방식으로 바꾸도록 장려하는 것이다. 그렇지 않으면 음주의 박탈감에 초점을 맞추고, '해야 하는 것'에 의해 부담을 주는 삶을 만들게 되어 재발 가능성을 증가시킬 수 있다.

급진적 행동주의 접근은 효과의 측면에서 어디에 위치하는가? 초기의 고전적 조건형성과 혐오 모델은 잘 제공되지 못했다. 게다가 중독자들을 알코올이나 다른 약물을 사용하지 않도록 처벌할 수 있다는 생각은 비효과적인 것으로 나타났다. 연구에서는 인센티브 기반의 모델을 좀 더 지지한다(Miller et al., 1998). 행동 및 인지행동 프로그램에 대한 메타분석에서 연구자들은 프로그램들이 재범과 약물 남용을 줄이는 데 효과적이라는 것을 발견했지만, 인지행동/사회학습 프로그램이 급진적 행동모델에 주로 의존하는 프로그램보다 더 효과적이었다(Pearson et al., 2002). 우리는 이제 이러한 접근방식을 소개한다.

사회학습 및 인지행동 접근

최근의 물질남용치료는 사회학습 접근(social learning approaches)과 인지행동 접근

(cognitive-behavioral approaches)을 활용하여 많은 진보를 이루었다. 제8장과 제9장에서 논의한 바와 같이, 이러한 치료모델들은 중첩된다. 인지치료는 새로운 인지기술을 모델로 하기 위해 역할모델과 강화를 사용하고, 사회학습 접근은 종종 인지 패턴을 목표로 한다.

그러나 앞서 언급한 바와 같이 사회학습 패러다임 내에서 변화를 위한 근본적인 매개체는 다른 사람들이 모방할 수 있고 변화를 시도하는 사람들에게 피드백을 제공할 수 있는 역할모델이다. 역할모델은 물질남용치료에서 오랜 역사를 가지고 있다. 예를 들어, AA나 NA 회원들은 '후원자(sponsors)'와 함께 작업하도록 권장받는다. 이들은 상당 기간 동안 '회복' 중에 있는 AA나 NA 회원들이다. 후원자들은 또한 그들 자신의 실례를 통해 다른 회원에게 음주하지 않는 것에 보상이 있다는 것을 보여 줄 기회를 제공한다. 후원자들은 다음에서 논의된 사회학습 접근에서의 역할모델처럼 공식적으로는 아니지만 관계 구축과 책임감, 지지의 모델 기술을 제공한다. 알 수 있듯이, 물질남용자의 사고과정, 특히 그들의 생각이 어떻게 그들의 회복을 지지하거나 지지하지 않는지에 많은 관심을 기울여야 한다.

치료공동체

치료공동체(therapeutic communities, TCs; 제5장과 제8장 참조)는 물질남용 문제로 진단받은 범죄자에게 일반적인 치료방법이 되고 있다(DeLeon, 2000; Inciardi & Lockwood, 1994). 치료공동체는 내담자가 거주환경에서 3개월에서 1년을 보내는 입원 형태의 치료이다. 대부분의 치료공동체 철학은 고용과 빈곤, 직업 스트레스, 부부 불화와 같은 환경 영향과 경험에서 물질남용이 학습된다는 것이다(Milhorn, 1990). 실제로 치료공동체 거주자들은 다른 치료환경의 범죄자 내담자들보다 기술 부족과 직업적 인내력, 심리적 장애의 수준이 더 확연한 개인의 모집단으로 훈련이 필요한 것으로 여겨진다(Shore, 2004). 물질남용은 전체 인격의 장애로 간주된다. 즉, 문제는 약물이 아닌 그 사람이다(Pan et al., 1993).

치료공동체 직원들은 치료공동체에서 재사회화된 이전의 물질 중독자들일 수 있다(Pan et al., 1993; Schuckit, 2006). 직원들이 동료 역할모델로서 행동하고 상호 간의 자조(self-help)를 장려할 것으로 기대되는 반면, 전통적인 치료공동체 모델은 또한 거주자들에게 '모델'로서 환경의 모든 측면(예: 지도력, 직원의 권한 사용, 규칙)을 사용하려고 한다(Jones, 1968). 치료공동체의 목표는 물질남용의 소인으로 작용하는 행동과 사고, 감정의 부정적 패턴을 바꾸는 것이 포함된다(Pan et al., 1993). 공동체를 유지하는 데 있어서 내담자들의 도움이 크게 강조된다(Milhorn, 1990). 치료공동체는 또한 긍정적인 형태의 동료 영향력의 사용을 추구한다. 종종 치료공동체는 범죄자들이 향상된 개인적 및 사회적 책임감을 보이면 더 높은 수준으로 발전하는 단계화된 모델 접근을 사용한다. 치료공동체 내에서 발견되는 다른 유형의 치료에는 개인 학습 회기, 보충 및 정규 교육과정 그리고 직업훈련이 포함된다(Anglin & Hser, 1990).

시간이 지나면서 '치료공동체'라는 용어는 많은 다른 의미를 지니게 되었다. 실제로 약물치료 프로그램에 대한 하나의 종합 평가에서는 대규모 연구 표본에 제시된 치료공동체들은 물질남용을 치료하는 데 있어서 단일 접근을 제공하지 않는 것으로 보고했다(Pearson & Lipton, 1999). 이것은 때때로 치료공동체에서 제시하는 개입이 무엇인지에 대한 혼란을 야기한다(Taxman & Bouffard, 2002). 우리는 일부 치료공동체에서 인지행동개입과 사회학습, 긍정적 동료 문화에 초점을 둔 설계를 본다. 예를 들어, 연방 교정국에서 운영하는 치료공동체는 인지행동개입이다. 더욱이 일반 범죄자 집단에 사용되는 동일한 인지행동 커리큘럼을 치료공동체에서 사용하는 것은 드문 일이 아니다.

동료 역할모델링과 상호 간의 자조는 많은 치료공동체의 구성요소이지만, 일부 치료공동체에서는 제8장에 제시된 기준에서 크게 벗어난 역할모델링 실행을 통해 악명을 얻었다. 이와 관련하여 가장 비판받는 것은 동료평가(peer encounters)로 알려진 매우 직면하는 방법으로, 여기에서의 대부분의 '치료'는 중독자의 행동에 도전하는 직원과 동료로 구성되어 있다. 이러한 집단에서는 또한 회원들이 그 집단의 이념을 고수할 것을 요구하였다. 예를 들어, 1960년대에 헤로인 중독자를 위해 설립된 프로그램인 시나넌(Synanon)은 생활지도집단 상호작용(제5장 참조)에서 사용된 전략들을 따라 밀접하게 패턴화된 직면 전략을 사용했다. 시나넌의 설립자들은 동료집단이 중독성 행동에 공통으로 나타나는 조종, 부인, 거짓말을 극복하기 위한 중요한 수단이라고 주장했다. 동료평가는 '수정이 필요한 이미지와 태도, 행동에 대한 거주자의 인식을 높이는' 방법의 하나로 간주되었다(Pan et al., 1993). 다른 사람들은 시나넌과 같은 동료평가는 특히 물질남용자들에게 위험하다고 보았다. 비평가들은 물질남용 범죄자들이 직면으로 악화되는 심각한 자아존중감 문제가 증거라고 주장했다(Khantzian, 1993). 대신에 남용자들에게는 일관성과 공감, 단호하지만 처벌적이지 않은 직면이 필요하다는 의견을 갖는다. 대부분의 치료공동체는 부적절한 수준의 직면에서 벗어나 상호 도움을 강조하는 접근으로 전환했다.

지나치게 직면적인 프로그램을 제외하고, 치료공동체는 메타분석(Drake, Aos, & Miller, 2009; Pearson & Lipton, 1999)에서뿐만 아니라 별도의 평가(Knight, Simpson, & Hiller, 1999; Martin et al., 1999; Pelissier et al., 1998; Prendergast et al., 2004; Warren et al., 2004; Welsh, 2007; Wexler et al., 1999)에서도 긍정적인 결과를 보였다. 가장 효과적인 프로그램은 출소 후에 지역사회 기반 사후 돌봄을 제공하는 프로그램들이다(Griffith et al., 1999).

대처기술 및 사회기술 훈련

대처기술과 사회기술을 가르치는 인지행동 프로그램은 비중독 범죄자에 대한 접근을 포함하여 다양한 상황에서 사용되고 있기에, 물질남용 범죄자에게도 적용할 수 있는 것이 분명하다. 이 프로그램은 물질남용 범죄자에게 영향을 미치는 것으로 알려진 많은 사회 및 대처 기술의 결함을 목표로 한다. 여기에는 문제 해결(Beck et al., 1993), 자기효능감(Marlatt, 1985; Wanberg & Milkman, 1998) 그리고 사회적 역량과 감정 조절에 관련된 다양한 기술(Monti et al., 2005)이 포함된다. 재발방지 프로그램은 고위험 상황을 인식하고 다루는 것과 관련된 기술에 초점을 둔다(Annis & Davis, 2003; Marlatt & Barrett, 2004; Parks et al., 2001).

물질남용치료 프로그램에서 기술훈련의 기본 단계는 8장에서 언급한 것들과 유사하다. 예를 들어, 몬티와 동료들(Monti et al., 2005)은 술을 거절하는 기술을 가르치기 위해 다음과 같은 단계를 제시했다.

1. 집단 리더는 술을 마시라는 압력을 받는 것이 '고위험' 상황이라는 것을 설명함으로써, 기술 습득의 **근거**를 제시한다. 알코올은 손쉽게 이용할 수 있어서 술이 제공될 상황에 직면하기 쉽다는 것을 내담자에게 상기시킨다. 술을 거절하는 것은 쉽지 않아서 특정한 기술이 필요하다.
2. 집단 리더는 기술을 사용하는 것에 관한 **지침**을 다음을 같이 제시한다. 분명하게 '아니요'라고 말하기, 대안 제시하기, 계속 권하는 사람에게 중단 요청하기, 변명이나 우유부단한 행동 피하기, 술을 제공하는 사람과 눈 마주치기 등이다.
3. 집단 리더는 예시 상황에 대한 비효과적인 대응 이후에 효과적인 대응을 **모델링**한다.
4. 집단 구성원들은 유사한 상황에 대한 반응들을 **역할극**으로 한다.

5. 집단 구성원들은 기술이나 기술의 구성요소를 효과적으로 시연한 것에 대해 **강화**를 받는다.

6. 집단 구성원들은 그 기술이 어떻게 향상될 수 있을지에 대해 건설적인 **피드백**을 받는다.

7. 집단 구성원들은 **자기 자신의 기술 사용**에 대해 의견을 제시하도록 격려를 받는다.

8. 집단 구성원들은 **점점 더 어려운 상황에서 그 기술을 연습한다**.

이러한 유형의 프로그램에서 가르치는 추가적인 기술은 긍정적 피드백, 비평하기, 비평 받아들이기, 경청, 대화 기술, 술 취하지 않은 것에 관한 지지를 발전시키기, 갈등해결 기술, 비언어적 의사소통, 감정 표현하기, 자기주장, 요청 거절하기, 갈망 대처하기, 부정적 생각 관리하기, 이완하기 그리고 스트레스 관리를 포함한다.

재발방지 훈련

물질남용자를 위한 기술훈련 프로그램 중 일부는 오직 재발방지만을 다룬다. 물질남용 개입에 있어서 이러한 매우 중요한 혁신은 치료의 주요한 단계로 인식되어 왔으며, 이것은 내담자들이 절제에 대한 변화를 시작하기 전에는 일어나지 않는다. 재발방지(relapse prevention)의 목표는 그러한 변화를 유지하는 것이다(Annis & Davis, 2003). 대부분의 재발방지 프로그램의 기저에는 앨버트 반두라(Albert Bandura)의 자기효능감(self-efficacy) 이론(1978)이 전제되어 있는데, 이는 자기효능감이 내담자의 대처 노력을 크게 촉진시킨다고 주장한다. 물질남용의 경우, 자기효능감은 고위험 상황에 대처하고 단주 상태를 유지하는 데 매우 중요한 것으로 가정한다. 즉, 고위험 상황에 대처하는 자신의 기술에 자신감이 있는 범죄자는 그렇지 않은 범죄자에 비해 재발 가능성이 적다(Annis & Davis, 2003; Parks et al., 2001).

자기효능감의 중요성은 [그림 11-1]에 제시되어 있다. 고위험 상황은 효과적인 대처 반응을 끌어내거나 음주 또는 다른 약물을 사용하는 실수(lapse)를 초래한다. 그러나 두 상황은 자기효능감에 서로 다른 영향을 미친다. 성공적 대처—실수를 회피하는 것—는 자기효능감 및 미래 상황에서 긍정적인 결과에 대한 기대치를 증가시킨다. 비효과적 대처는 자기효능감을 감소시키고, 알코올이나 다른 약물의 효과에 대한 긍정적 기대치를 증가시키며, 궁극적으로는 완전한 재발 가능성을 증가시킨다. 재발방지의 추가적인 목표는 내담자에게 고위험 상황을 인식하고 대처하도록 가르치고 재발로 악화

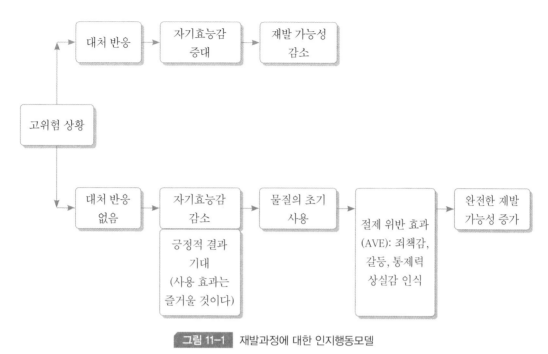

그림 11-1 재발과정에 대한 인지행동모델

출처: Marlatt, G., & Barrett, K. (2004). Relapse prevention. In M. Galanter & H. Kleber (Eds.), *Textbook of Substance Abuse Treatment* (3rd ed.). Washington, DC: American Psychiatric Press.

되는 것을 방지하는 것이 포함된다.

　이러한 접근에서는 회복으로 가는 길이 종종 단속적으로(in fits and starts) 발생하며, 한 번의 실수는 재발만큼 중요하지 않다고 인식한다. 하지만 실수는 죄책감과 실패감, 통제력 상실감을 초래하는데, 말렛과 고든(Marlatt & Gordon, 1985)은 이것을 절제 위반 효과(Abstinence Violation Effect, AVE)라고 한다. 절제 위반 효과를 다루지 않으면 사기 저하와 자기효능감 감소, 절제를 유지하려는 동기의 상실로 이어진다. 따라서 재발방지는 범죄자들이 저하된 자기효능감으로 인한 실수 및 완전한 재발을 방지하도록 돕기 위해 상당한 주의를 기울인다.

　재발방지치료는 내담자가 음주 상황 목록(Inventory of Drinking Situations, IDS)을 작성하는 것으로 시작한다(Marlatt & Gordon, 1985). IDS는 여덟 가지 잠재적 고위험 상황에서 위험 가능성에 대해 각 내담자를 평가한다. 잠재적 고위험 상황에는 ① 불쾌한 감정(불안, 우울, 좌절, 분노, 지루함), ② 신체적 불편함, ③ 유쾌한 감정, ④ 개인의 통제력 시험하기, ⑤ 술을 마시려는 유혹, ⑥ 다른 사람과의 갈등(논쟁), ⑦ 술에 대한 사회적 압력, ⑧ 다른 사람들과 즐거운 시간이 있다. 다른 방법으로, 말렛은 문제 상황과 그에 대처하기 위해 사용한 전략을 기록하도록 권고한다. 두 방법 모두 내담자가 특히 대처하기 어려운 유형의 상황에 대해 충분한 인식을 제공하도록 고안되었다. 일반적으로 그 상황은 가장 낮은 위험성에서 높은 위험성으로 위계적으로 정리할 수 있지만, 일부 내담자는 모든 상황이 고위험인 평평한 프로파일을 가질 수 있다.

재발로 이어질 가능성이 높은 상황의 유형을 인식한 후, 내담자들은 각 유형의 상황에 대처하기 위한 계획을 개발하고 연습하기 위해 작업한다. 그렇게 함으로써 그들은 지지 네트워크(예: 친구와 가족, 치료자, 지지집단)와 그들이 대처할 수 있었던 시기에 대한 이해 혹은 그들의 인지적 강점(예: 자기훈련에 관한 믿음)과 같은 그들의 기존 강점에 대한 목록을 개발한다. 토론과 역할극, 과제 수행은 내담자가 이러한 대처기술을 활용하고 새로운 기술을 개발하도록 장려하기 위해 사용된다. 각 문제 상황에 대해 내담자와 치료자는 그들이 그 사건을 어떻게 다룰지에 대한 잠정적인 행동 계획을 작업한다. 내담자들은 미리 계획을 세우고, 대처 반응을 연습하고, 마음속으로 준비를 하고, 점점 더 어려운 상황에서 연습한다. 시간이 지남에 따라 내담자는 이러한 상황에 대한 숙달감 성취 및 자신감이나 자기효능감 구축이라는 목표를 가지고, 좀 더 어렵고 다양한 상황에 노출된다. 목표는 시간이 지남에 따라 자기효능감을 높이는 것이다. 이 과정에는 일반적으로 재발방지 치료를 받는 다양한 시기에 내담자의 자기효능감 평가가 포함된다(Annis & Graham, 1988).

고위험 상황에 대한 대처기술과 대체 접근의 유형은 자기주장, 스트레스 관리, 이완 훈련, 분노관리, 의사소통 기술, 부부치료, 사회성 및 데이트 기술이다. 내담자는 그들의 성공에 초점을 두도록 격려받는다. 자기효능감이 증가함에 따라, 재발이 발생하더라도 만성적인 물질남용 패턴으로 완전히 돌아갈 가능성이 줄어들 수 있다. 말렛과 바렛(Marlatt & Barrett, 2004)은 또한 한 번의 실수가 재발로 이어지는 것을 막기 위해 내담자에게 실수 및 절제 위반 효과에 대한 인지 반응을 수정하도록 가르친다. 특히 내담자들은, 예를 들어 회복은 시간이 걸리는 학습과정이라는 것을 인식하면서, 실수에 관한 자기패배적 태도나 반응을 재구조화하거나 재구성하도록 배운다. 특정한 상황을 다루는 방법 외에도 생활양식의 균형 전략을 장려한다. 예를 들어, 명상과 마음챙김, 운동은 내담자의 전반적인 대처능력을 강화하고 충동의 강도를 감소시키는 것으로 간주된다.

재발방지는 일반적인 자기통제 접근으로서 독자적인 프로그램이 될 수 있지만, 전형적으로 치료 후 전략으로 사용된다. 대부분의 경우, 경험적 연구에서 이 모델은 재범을 감소시켰다(Parks et al., 2001).

가족치료 접근

　가족 구성원의 물질남용으로 인해 가족들이 얼마나 심각한 영향을 받는지에 대해 의문을 제기하는 사람은 거의 없을 것이다. 가족 구성원들은 알코올이나 다른 약물을 남용하는 사람과 함께 사는 스트레스에 대처하는 것 외에도, 알코올 중독자 혹은 중독자의 회복 노력을 지원하는 데 중요한 역할을 하는 것으로 간주된다. 많은 경우에 가족 구성원들이 처음에는 중독자가 대처하는 데 도움이 되었지만, 이후에는 역기능적인 것으로 입증되는 행동들을 발전시켰다. 예를 들어, 어떤 구성원들은 가족 구성원이 출근할 수 없는 이유에 대해 변명하거나, 물질남용자의 가족 책임을 떠맡거나, 술을 구매하거나, 다른 가족 구성원이 물질남용에 대해 상의하는 것을 거부함으로써 가족 구성원이 술을 마시거나 다른 약물을 사용하는 것을 의도치 않게 허용(enabled)했을 수 있다. 마지막으로, 중독에 대한 생리적인 소인을 물려받았고, 중독된 가족체계에서 살아왔기 때문에, 일부 가족 구성원은 중독에 대한 자신의 민감성을 검토해야 한다.

　알코올 중독 및 다른 약물 중독에 대한 가족치료는 제10장에 제시된 가족치료 모델들을 포괄한다. 여기에는 정신역동과 행동주의, 의사소통, 가족체계 접근이 포함된다. 정신역동치료를 제외하고 제10장에서 논의한 모든 접근은 물질남용자와 관련된 적어도 하나의 평가를 언급했다.

　하지만 물질남용에 대한 가족치료의 핵심은 엄밀히 따지면 '환자로 지목된 사람(identified patient, IP)'으로 언급된 물질남용 내담자가 그 가족 내에서 치료가 필요한 유일한 사람이 아니라는 가정이다. 체계는 체계 내의 구성원들만큼이나 문제가 있는 것으로 간주되는 하나의 독립체이기 때문에, 체계와 별도로 한 구성원을 치료하는 것은 효과가 없을 수 있다.

　다음에서 논의되는 각각의 가족치료 모델은 알코올 중독이나 다른 약물 중독을 다른 방식으로 본다. 정신역동 가족치료(psychodynamic family therapies)는 IP와 다른 가족 구성원들을 역사(histories) 및 '원가족' 이슈의 측면에서 평가한다. 이런 식으로 치료는 과거의 관계나 문제들이 현재에 어떻게 재현될 수 있는지를 가족 구성원들이 이해하도록 돕는다(Framo, 1981). 게다가 치료자들은 구성원들의 변화에 대한 저항을 확인하고 해석하려고 시도할 수 있다. 흥미롭게도, IP 이외의 구성원들은 IP의 혹은 가족체계의 변화를 막는 행동과 습관, 의사소통 방식(예: 부인, 갈등을 다루는 데 무능함, 분노 반응을 토론하기 주저함)을 종종 보인다(Anderson & Stewart, 1983). 전이와 투사적 동일시, 역전이 또한 새로운 행동을 확립하는 데 도움이 되는 작업으로 해석되고 통합되어야 한다.

일부에서는 정신역동 가족치료 모델이 중독 치료에 부적합하다고 여기는데, 그것은 '지금-여기'의 접근이 아니기 때문이다(Kaufman, 1985). 더욱이 물질남용은 정신역동 접근에 초점을 두는 것보다 제한 설정 및 현재의 위기에 대처하는 데 좀 더 적극적인 강조가 필요하다.

행동주의 가족치료(behavioral family therapies)는 주로 사회학습의 이론적 구조에 의존한다. 이러한 관점에서 가족은 과도한 음주나 다른 약물 사용을 강화할 수 있는 행동(합법화하거나 관심을 주는)을 경계해야 한다. 마찬가지로, 가족 구성원들은 약물 사용의 결과로부터 IP를 보호할 수 있다. 과도한 사용으로 인한 비용 발생을 부담하지 않으면, 중독자는 계속해서 남용한다. 가족은 물질남용의 자극-반응 패턴을 형성할 수 있는 일련의 행동에 대해 배우게 되는데, 예를 들어 빈약한 의사소통과 과도한 음주를 촉발하는 갈등 해결전략이다.

행동주의 가족 접근은 구성원들이 알코올 중독자에 대한 '돌보기(taking care)'를 중단하거나, '알코올 중독 가족치료'를 유지하거나, 대안적인 행동 절차(예: 더 나은 의사소통 패턴)를 연습하는 등의 구체적인 행동 목표를 설정하도록 장려한다. 따라서 IP와 가족 구성원들은 ① 음주나 다른 약물 사용을 자극하는 행동을 경계하게 되고, ② 수반성을 재조정하고(예: 단주 상태 강화하기), ③ 알코올 및 다른 약물 남용을 무시하기보다 단주 상태를 모니터하고, ④ 상호작용을 위한 새로운 기술을 배운다(예: 자기주장을 하기, 문제 해결하기, 비난 자제하기; McCrady, 1990). 행동주의 가족치료 접근은 특히 청소년 물질남용자에게 널리 사용되고 있다(Kaufman, 1985).

가족체계모델(family systems models)은 가족 내에서 물질남용을 다루기 위해 개발된 가족의 일상과 규제하는 행동, 의례(rituals), 문제 해결 전략을 확인하기 위해 노력한다(Steinglass et al., 1987). 안타깝게도, 가족 문제가 주로 가족 구성원의 알코올 중독이나 다른 약물 중독에 대처하는 쪽으로 향할 때, 자녀 양육과 지원, 가족의 재정적 웰빙(well-being)과 같은 다른 중요한 가족기능이 어려움을 겪을 수 있다. 그러한 과정은 또한 물질남용의 세대 간 대물림을 촉진한다. 가족체계치료의 목표 중 하나는 '알코올 중독 가족체계'를 '알코올 중독자 구성원이 있는 가족'으로 변화시키는 것이다. 스타인글래스(Steinglass, 2004)에 따르면, '알코올 중독 가족체계'는 알코올 중독 구성원이나 구성원을 다루는 핵심 이슈를 중심으로 조직을 구성한다. 이와는 대조적으로, '알코올 중독자 구성원이 있는 가족'은 알코올 중독자를 수용하기 위해 대부분의 활동과 행동을 조직하지 않는다.

가족체계치료의 또 다른 목표는 중독을 유지하는 '가족구조'를 바꾸는 것이다. 이 모델에서 가족치료는 문제 해결 전략과 역기능적 가족 역할(예: 어른의 책임을 떠맡은 아이)을 목표로 한다. 동시에 적절한 가족 위계(부모가 자녀를 감독한다)와 가족관계에서의 적절한 경계(예: 지나치게 밀착된 체계를 어느 정도 분리하여 확장하고 동맹을 변화시키는 것)를 회복하려고 한다(Kaufman, 1985).

의사소통치료(communications therapy) 또한 가족체계치료의 과업에 적용될 수 있다. 여기서 역기능적인 가족 의사소통 패턴을 바꾸는 것은 더 건강한 가족구조를 만드는 데 도움이 된다. 그러한 변화에는 ① 삼각관계의 관행을 중단하기(누군가에 대해서가 아닌 누군가와 이야기하기), ② 사람들이 마음을 읽어 주기를 기대하기보다 직접 개인들과 의사소통하기, ③ 문제를 재명명(renaming)하거나 '혼란스럽게' 하기보다 정확하게 기술하기, ④ 가정하기보다는 다른 사람의 의도를 명료화하기가 포함될 수 있다.

마지막으로, 다체계적 가족치료(Multisystemic Family Therapy)는 앞에서 논의한 가족체계 이슈를 다루지만, 또한 물질남용이나 다른 문제들로 가족 구성원의 기본 욕구를 충족시키는 가족의 능력이 감소되었거나 건강한 방식으로 가족 외 체계와 작용하려는 가족에게 집중적인 '포괄'서비스를 제공한다(Henggeler et al., 1996; Randall et al., 2001).

이 다섯 가지 가족치료 모델에 추가하여, 물질남용에 대처하는 가족들은 다음과 같은 혜택을 누릴 수 있다.

1. **가족 구성원을 위한 지지집단**: 이 장의 뒷부분에서 논의하겠지만, 자조집단은 알코올 중독자와 중독자의 가족 구성원을 위해 존재한다. 이들은 가족 내에서 가족 구성원의 역할에 따라 다르다. 배우자 및 어린 자녀, 십 대, 성인 자녀를 위한 집단이 있다. 이 집단들은 익명의 알코올 중독자들의 발달과 유사하며, 가족 구성원의 발달상 필요에 따라 다르지만, 12단계와 후원자를 포함하여 AA와 같은 원칙을 많이 사용한다.

2. **개입 및 직면**: 알코올 중독자와 다른 종류의 물질남용자는 종종 그들의 행동이 파괴적이고 주변 사람들에게 비싼 대가를 치르게 하고도 오래도록 치료에 저항한다. 개입은 비협조적인 중독자에게 변화의 동기를 강화하는 한 가지 방법을 제공

한다. 가족 개입은 전형적으로 가족 구성원과 고용주, 친구들이 중독자의 행동에 대해 직면할 기회를 제공하는 물질남용 상담사에 의해 촉진된다. 이 개인들은 그 행동이 그들을 어떻게 해쳤는지 그리고 중독자와 그들의 관계를 어떻게 해쳤는지를 설명한다. 어떤 이들은 중독자와의 관계에서 지속적인 헌신을 하며 중독자에게 치료에 참여하고 절제를 유지해야 한다는 최후통첩을 한다. 그러한 회기는 중독자/알코올 중독자에게 사전에 알려 주지 않으며, 종종 물질남용자가 개입 직후 또는 단시간 내에 거주형 치료를 위해 떠나는 것으로 결론짓는다. 물질남용치료자는 개입을 진행하기 전에 참가자들과 3~4회의 예비 회기를 갖는다(O'Farrell, 2003).

마약 법원

마약 법원(drug courts)은 1980년대 후반의 '마약과의 전쟁'에 의해 발생한 쇄도하는 사건들을 다루기 위해 등장했다. 지난 20년 동안 급격히 증가해 온 법원은 관할구역에 따라 많은 차이가 있다. 어떤 곳은 치료 완료 및/또는 미래의 재범 억제 여부에 따라 범죄자를 전환 조치한다. 비슷한 조건일 경우에 형을 유예하는 곳도 있다.

청소년과 성인의 마약 법원이 모두 존재한다. 다른 형사 법원과 달리 판사가 사례 모니터링 및 감독에서 더 큰 역할을 한다. 다시 말해, 범죄자들은 일상적인 상태 점검과 재발, 다른 문제 행동으로 법원에 다시 출석한다. 경우에 따라 판사는 치료 계획의 수정 및 치료의 지속을 공표할 수 있다. 좀 더 심각한 경우, 유예된 형이 집행되거나 전환 조치된 범죄자가 유죄 판결을 받을 수도 있다. 모든 경우에 사법 권한은 마약 법원의 조건 준수를 장려하는 도구로 사용된다(U.S. General Accounting Office, 1997). 마약 법원은 구금보다는 물질남용에 대해 더 합리적이고 비용이 적게 드는 대응을 제공하려고 한다.

마약 법원 자체는 치료적 기관이라기보다는 행정기관이라고 인식하는 것이 중요하다. 마약 법원은 정신건강 법원과 같은 더 큰 문제 해결 법원의 일부이지만 특정 유형의 치료 양식(예: 행동주의, 인지행동주의)과 관련되어 있지는 않다. 구체적인 양식은 법원마다 상당히 다르다. 일부는 여러 가지 치료 선택권을 제공하고 다른 곳은 치료를 제공하지 않는다(Bouffard & Taxman, 2004; Goldkamp, White, & Robinson, 2001).

일반적으로, 마약 법원은 마약과 관련된 범행을 감소시키는 데 어느 정도 효과가 있었다(Listwan et al., 2003). 예를 들어, 22개의 연구 결과를 요약한 메타분석에서는 평균 7.5%의 재범 감소를 보고했다(Lowenkamp, Holsinger, & Latessa, 2002). 38개의 연구에 대한 또 다른 메타분석에서는 전체적인 재범 감소가 26%인 것으로 나타났다(Wilson, Mitchell, & MacKenzie, 2003). 이 모든 연구에서 특정 프로그램 양식의 효과성을 검증하기에는 프로그램이 너무

그림 11-2　가수이자 작곡가인 제임스 테일러(James Taylor)가 플로리다 성인 마약 법원의 졸업생 100명을 기념하는 졸업식에서 마약 법원 졸업생인 밸레리 카터(Valerie Carter)를 포옹하고 있다.

출처: AP Photo/John Pendygraft, Pool.

적었다. 그러나 윌슨과 동료들(Wilson et al., 2003)은 가장 효과적인 법원에 대해 다음과 같이 언급했다. ① 범죄자들에게 기소 중지, 선고 유예 혹은 보호관찰 조건의 완료로 보상을 주는 것과 같은 프로그램 완료에 대한 명확한 인센티브를 제공했고, ② 단일 서비스 제공기관에 의존했다. 다른 보고에서는 단일 서비스 제공기관을 이용하는 법원은 종종 인지행동개입을 고수하는 것으로 나타났다(Peyton & Gossweiler, 2001). 연구자들은 또한 마약 법원 프로그램의 충분한 '시간(dosage)' 혹은 기간이 중요하다고 주장한다(Peters, Haas, & Hunt, 2001). 마약 법원을 마친 후 재발의 원인 몇 가지 예는 가족 문제, 사회적 지지의 부족, 고용의 어려움인 것으로 나타났다(McCarthy & Waters, 2003). [그림 11-2]를 참조하라.

지지집단의 중요성

자조집단(self-help groups)과 지지집단(support groups)은 광범위한 개인적 · 의료적 그리고 사회적 문제를 치료하는 데 중요한 보조물이 되었다. 물질남용자를 위한 자조 집단의 원형은 1935년 오하이오주에서 결성된 익명의 알코올 중독자들(AA)이다. AA의 접근은 '질병모델'에 적합하다. 알코올 중독은 신체적 · 정신적 그리고 영적인 질병으로 간주된다. AA는 또한 알코올 중독은 공통된 일련의 증상과 유전적 근거, 질병의

진행이 있다고 가정한다. AA에 따르면 그 질병의 완전한 치료는 불가능하며, 단지 평생의 절제를 통해서만 그것이 진전되지 않도록 할 수 있을 뿐이다.

AA는 12단계 모델로 운영되며, 알코올 중독자들에게 알코올이 자신의 삶을 관리하기 어렵게 만들고 있다는 사실에 대한 초기의 인정에서부터 ① 회복과정에 도움을 주는 영적 지지에 대한 의존, ② '인격의 결함'과 그것이 다른 사람에게 얼마나 해를 끼치는지에 대한 인정, ③ 그들이 해를 끼친 사람들에 대한 보상, ④ 지속적인 영적 참여, ⑤ 다른 알코올 중독자를 돕는 것에 대한 헌신까지 성장하도록 장려한다.

AA는 그 자체가 심리치료 모델에 관여하는 것으로 여기지 않는다. 실제로 AA의 열두 가지 전통 중 하나는 'AA는 영원히 비전문가로 남아야 한다.'는 것이다. 그럼에도 불구하고 12단계에서 볼 수 있는 잘 확립된 임상 접근의 많은 치료 목표는 ① 부인 다루기, ② 역할모델에 의존하기, ③ 대처전략 및 다른 사람과 건강한 관계 개발하기를 포함한다(McCrady & Irving, 2003). 일부에서는 AA가 행동치료 및 인지행동치료와 유사점을 공유한다고 주장한다. 예를 들어, AA와 행동기술 접근 둘 다 음주가 발생하는 환경(예: '고위험 상황')의 회피와 고위험 상황에 대한 대처기술, 사회적 지지, 의사소통 훈련을 통한 관계 개선, 새로운 사회적 네트워크 개발을 강조한다. AA와 인지행동 프로그램은 둘 다 '이분법적 사고'('역겨운 사고'라고 불리는)나 자기중심적 상황 정의와 같은 자기패배적 사고 및 사고과정을 바꾸려고 노력한다.

그러나 AA와는 대조적으로 인지행동모델은 물질남용을 공통된 일련의 증상과 원인을 가진 질병이라기보다 더 복합적인 것으로 본다. 인지행동모델에서는 많은 유형의 물질남용자가 있는 것으로 본다. 더욱이 AA나 익명의 마약중독자들(NA)에 의해 주어진 메시지 중 일부(예: 물질남용은 통제할 수 없는 질병 혹은 더 높은 힘으로 통제할 수 있는 질병이라는 것과 같은)는 범죄자의 책임에 대해 좀 더 직접적인 접근을 제공하는 대부분의 인지행동 접근의 메시지와 반대되는 것이다.

AA가 시작된 이후, 물질남용에 대한 다른 유형의 지지 및 자조를 제공하는 다른 집단들—예를 들어, NA, 익명의 코카인 중독자들(Cocaine Anonymous, CA), 특정 유형의 개인들[예: 게이와 레즈비언, 전문직 종사자 그리고 여성 단주모임(Women for Sobriety)과 같은 젠더 특정적 집단]—이 결성되었다. 가족 구성원을 위한 집단은 중요한 서비스를 제공하며, 특히 앞에서 논의한 가족 접근을 제공할 수 없는 사람들에게 더 그렇다. 그러한 집단은 일반적으로 가족의 역할과 가족 구성원의 나이에 특정되는데, 예를 들어 알아넌(Alanon, 배우자를 위한), 알라틴(Alateen, 십 대 자녀를 위한), 알라토트(Alatot, 어린 아동을 위한) 그리고 알코올 중독자의 성인 자녀(Adult Children of Alcoholics)가 있다.

중독자뿐만 아니라 중독자 가족을 위한 자조집단은 치료 및 가족치료에 중요한 보완 역할로 간주된다. 물질남용 범죄자의 치료로 보든 혹은 그의 가족을 위한 치료로 보든, 지지집단들은 자아존중감에 대한 이슈, 외로움과 사회적 낙인 대처하기, 감정 다루기, 역할모델 및 희망 제공하기, 가족 문제에 대한 작업 지지하기, 새로운 생활방식의 적응을 다루는 데 도움 주기에 초점을 두고 있다(Francis et al., 2004).

이것이 AA 또는 NA가 교정기관 내에서 제공되는 유일한 '치료'가 될 수 있다는 것을 의미하는가? 안타깝게도, 교정에서 이러한 상황은 어떤 경우에는 지속적으로 또는 기관이 돈을 절약하기 위해 더 집중적인 치료 유형의 예산을 삭감할 경우 재정적인 제약이 있는 기간 동안 발생한다. 여러 가지 이유로, AA/NA가 기관에서 제공해야 하는 물질남용치료의 유일한 형태로 옹호될 수는 없다. 첫째, 적절한 수준의 평가연구를 수행하지 않았거나 수행할 수 없다. 실제로 그것의 조직 원리는 그 효과성에 대한 검증을 권장하지 않는다. 둘째, 집단과 집단 활동에 대한 관리 · 감독이 없다. 그러한 단체에 관한 지침이 있고, 국가 기관에서는 그들에게 이 지침이 준수되도록 장려하기를 희망하지만 눈에 띄지 않는 집단, 특히 범죄자 집단은 더 반사회적인 방향으로 '흘러갈 수(drift)' 있다. 그래도 효과적인 지지집단은 더 집중적인 물질남용치료에 중요한 보완책이 될 수 있다.

약물학적 접근

약물학적 접근은 아편 중독의 치료에 잘 알려진 접근을 제공한다. 그중에서 가장 주요한 것은, 아편의 도취 효과를 차단하는 마취성 길항제인 날트렉손(naltrexone)과 아편의 대체 물질로 작용하는 메타돈(methadone)이다(Anglin & Hser, 1990; Peters, 1993).

메타돈 유지법(methadone maintenance)은 헤로인, 모르핀, 퍼코댄(Percodan)과 같은 아편제의 대체물로, 관리 · 감독하에 환자에게 메타돈의 일일 복용량을 투여하는 것을 포함하는 외래치료의 한 형태이다(Caulum, 1994). 메타돈의 복용량은 면밀히 관찰된다. 이상적으로는 환자가 약물을 복용하지 않을 때까지 복용량을 점진적으로 줄인다(Marion & Coleman, 1991). 메타돈 유지법의 지속 기간은 일반적으로 다른 치료법보다 더 길다. 내담자들은 3년 이상 메타돈 치료를 지속할 수도 있다(Nurco, Kinlock, &

Hanlon, 1993). 많은 프로그램이 직업훈련 및 약물 상담과 같은 부가 서비스를 제공한다. 그러한 프로그램들은 범죄 행동을 줄이고, 주사기를 통한 질환(예: 에이즈와 간염)을 줄이며, 직업 및 사회적 안정을 증진하는 것을 목표로 한다(Landry, Smith, & Morrison, 1994). 유사한 프로그램들이 재범을 유의하게 감소시켰다(Kinlock et al., 2008).

모든 약물치료 선택 중에서 메타돈 유지법이 가장 논란이 많은 것으로 보인다. 많은 사람은 메타돈 내담자들이 단순히 자신의 의존성을 합법적인 마약으로 바꾼 것이라고 주장한다. 다른 비평가들은 일부 메타돈 내담자가 "헤로인과 다른 약물을 간헐적으로 계속 사용하고, 집에 가져온 메타돈 판매를 포함한 범죄를 계속 저지를 수 있다."라고 경고한다(Institute of Medicine, 1990). 대안적인 관점에서 볼 때, 메타돈 유지법은 다른 만성 건강장애의 치료와 유사한 장기적 치료의 하나로 볼 수 있다. 다시 말해, 당뇨병 환자가 인슐린을 필요로 하는 것처럼 중독자는 치료를 위해 메타돈을 필요로 한다(Milhorn, 1990). 그럼에도 불구하고 메타돈 유지법은 금단 증상과 약물에 대한 갈망을 줄이는 데 효과적인 전략으로 밝혀지고 있다.

외래 환자의 메타돈 치료는 일회성 평가 및 일시적 보호기관(drop-in center)에 의뢰하기에서부터 외래 환자 치료공동체에 이르기까지 다양하다. 외래 환자 치료공동체의 내담자들은 보통 2~3시간 동안 일주일에 3일을 보고한다(Milhorn, 1990). 외래 환자의 메타돈 프로그램 서비스는 치료공동체의 서비스와 유사하다. 집단과 개별 상담이 가능하다. 외래 환자는 계속 지역사회에 거주하고 있어서 약물에 대한 접근성이 더 높기 때문에 보통 소변검사를 더 자주 받는다(Milhorn, 1990).

메타돈 유지법의 목표는 다른 형태의 물질남용치료의 목표와는 다소 다르다. 대부분의 물질남용 개입은 해당 물질의 소비량을 제로로 줄이려고 하지만, 메타돈 유지법의 최우선 목표는 약물 사용을 상당한 정도로 줄이는 것이다(Institute of Medicine, 1990). 약물 사용을 완전하게 줄이려는 목표는 대부분의 메타돈 유지 프로그램에서 우선순위 목록의 하위에 있다. 2차 목표에는 생산성 향상과 사회적 행동, 심리적 웰빙을 포함한다(Anglin & Hser, 1990).

이런 의미에서 메타돈 유지 프로그램은 절제보다는 줄이는 데 초점을 두고 있는 것으로 보인다. 폐해감소 방법의 하나로서 메타돈 유지법은 이 장 전체에 걸쳐 다루는 다른 개입들보다 주삿바늘 교환 프로그램과 통제된 음주, '안전한 사용' 교육 프로그램과 더 공통점이 있다. 폐해감소 전략은 미국 이외의 지역에서 잘 받아들여지고 있지만, 미국에서는 '잘못된 메시지를 보내는 것'으로 간주된다(MacCoun, 1998). 그것은 또한 인과응보적이고 억제적인 접근에 대한 대중의 선호에도 역행하는 것이다.

반응성 고려사항

제7장과 제14장에서 언급한 바와 같이, 좋은 치료 프로그램은 보통 반응성 원리를 다룬다(Andrews & Bonta, 2010). 하나의 프로그램에서 범죄자 인구에 적합한 프로그램 접근을 선택할 때 내담자의 일반적인 반응성에 주의를 기울인다는 것을 상기하라. 특정 반응성은 내담자의 프로그램 참여능력에 영향을 줄 수 있는 내담자 특성을 다룬다. 그런 다음 프로그램 담당자는 내담자에게 적절한 프로그램이나 프로그램 구성요소를 '매칭'할 때 이러한 요인을 고려해야 한다. 이를 통해 사례관리자와 상담자는 이송과 같은 알려진 치료의 장벽을 제거하고 불안과 변화에 대한 준비, 공존장애 등과 같은 반응성 이슈를 수용하는 프로그램을 제공할 것이다.

우리는 내담자의 어떤 차이점에 초점을 두어야 하는가? 이 질문에 대답할 때, 우리는 우리가 치료하고 있는 범죄유발욕구의 본질을 고려해야 한다. 예를 들어, 물질남용치료에 중요한 특정 반응성 특성은 내담자의 읽고 쓸 줄 아는 문제를 다룰 때 고려해야 할 특성과 다를 수 있다. 게다가 수많은 내담자의 특성을 차별화하기 위한 프로그램 자원이 충분하지 않기 때문에 모든 내담자의 특성을 수용할 수 없다. 따라서 우리는 우선순위를 설정해야 한다.

우리는 물질남용 프로그램에 중요한 다섯 가지 유형의 내담자 반응 특성을 선택했다. 그것은 ① 변화에 대한 동기, ② 동반이환(comorbidity), ③ 민족성, ④ 젠더, ⑤ 중독의 강도(남용 대 의존)이다.

변화에 대한 동기 및 동기강화면담

프로그램은 내담자마다 물질남용 행동을 변화시킬 준비가 다르다는 것을 인식하고 내담자의 변화단계를 사전에 고려해야 한다(Miller & Rollnick, 2002; Prochaska & Diclemente, 1986; Wanberg & Milkman, 1998). 예를 들어, 프로차스카와 디클레멘트(Prochaska & DiClemente, 1986)는 5개의 변화단계(Stages of Change)를 설정하고 각 단계에는 다른 치료 목표를 제안한다. 각 단계에 대한 치료 권고사항과 함께 각 단계의 정의는 〈표 11-1〉에 나와 있다.

　내담자를 5단계 중 하나로 분류하기 위한 평가 도구를 갖는 것이 선호되지만, 그렇게 하기 위한 초기 시도는 성공하지 못했거나 아직 완성되지 않았다. 여기에는 변화 준비 단계 및 치료 열망 척도(Stage of Change Readiness and Treating Eagerness Scale, SOCRATES; Miller & Tonigan, 1996), 성인 자기평가 질문지(Adult Self-Assessment Questionnaire, AdSAQ; Wanberg & Milkman, 1993), 세린과 케네디(Serin & Kennedy, 1997)의 캐나다에서의 추가 작업이 포함된다. 이러한 이유로, 내담자의 변화단계는 반드시 그 범죄자와 주의 깊게 논의한 후 임상적 판단을 통해 결정해야 한다.

　일단 직원이 내담자의 변화단계를 파악하면, **동기강화면담**(Motivational Interviewing)

〈표 11-1〉 변화단계

단계	정의	치료 목표
전 숙고	사람들은 변화하려고 하지 않는데, 그 이유는 ① 그들에게 문제가 없다고 생각하고, ② 방어적이고, ③ 그들의 변화능력에 낙담하기 때문이다.	• 의식 향상, 예를 들어 물질남용과 관련된 생활사건에 대한 개입, 관찰, 해석 • 방어에 대한 인식
숙고	사람들은 가능한 미래(앞으로 6개월 이내)를 내다보며 변화하려고 한다. 그들은 변화할 수 있는 능력에 대해 더 자신감이 있는 것 같다. 그런데도 그들은 변화의 가치에 관해 양면적인데, 예를 들어 이득이 손실보다 명백하게 크지 않다.	• 중독의 대가에 대한 교육 및 평가 • 자기 자신 및 중독의 가치에 대한 자기평가
준비	사람들은 다음 달 이내에 변화하려고 하며, 그들의 중독을 조절할 수 있다고 더 자신한다. 그들은 변화를 위한 계획이 있고 변화를 향한 작은 발걸음을 기꺼이 내딛는다.	• 전 숙고와 같으며, 중독성 물질의 사용을 줄이기 위해 일부 역조건화 및 자극 조절이 추가됨
실행	사람들은 알코올이나 다른 약물을 절제하는 것과 같은 변화를 보여 주는 행동에 참여한다.	• 자기개방, 자기효능감, 역조건화 및 자극 조절 사용의 증가, 수반성 관리, 지원체제 구축에 중점을 둠
유지	사람들은 재발방지를 위해 실행 단계에서 성취한 이익을 통합하기 위해 작업한다. 그들은 고위험 상황을 다룰 수 있는 자기효능감을 얻는다.	• 재발방지: 고위험 상황 확인, 지속적인 자기효능감 구축, 고위험 상황과 재발에 대처하기 위한 전략

출처: Prochaska, J. & DiClemente, C. (1986). Toward a comprehensive model of change. In W. Miller & N. Heather (Eds.), *Treating Addictive Behaviors: Process of Change*. New York: Plenum.

이라는 전략이 〈표 11-1〉에 설명된 치료 목표에 도달하는 데 도움이 될 수 있다. 동기강화면담은 변화에 대한 본질적인 동기를 높이기 위한 범죄자 중심의 지시적인 방법이다. 특히 동기강화면담은 직원들에게 변화단계를 통해 개인이 움직이는 것을 도울 수 있는 일련의 기술을 제공한다. 그것은 교정 분야에서 널리 채택되어 왔다(Miller & Rollnick, 2002).

동기강화면담의 두 가지 중요한 기술은 OARS와 FRAMES이다(Miller, 1999). 이들 기술에 대해서는 〈표 11-2〉와 〈표 11-3〉에 설명되어 있다.

〈표 11-2〉 OARS

개방형 질문하기 (**O**pen-ended questions)	간단한 예/아니요 또는 한 단어 이상의 대답이 필요한 질문
인정하기 (**A**ffirmations)	감사와 이해에 대한 칭찬 혹은 진술
반영적 경청하기 (**R**eflective listening)	그들이 한 말을 개인에게 다시 반영하는 것을 포함하는 이해의 진술
요약하기 (**S**ummarizing)	현재의 정보와 연결되거나 초점을 새로운 주제로 전환하는 데 사용할 수 있는 이전에 논의된 정보의 검토

출처: Miller, W., & Rollnick, S. (2002). *Motivational Interviewing: Preparing People for Change* (2nd ed.). New York: Guilford.

〈표 11-3〉 FRAMES

기술	정의	예시
피드백 (**F**eedback)	물질사용과 관련 문제에 대한 평가 후 개인의 위험성이나 손상에 대해 개인에게 제공되는 것이다.	"지난주에 완성한 평가 결과, 당신의 물질사용은 당신 연령대의 다른 성인들보다 더 많이 일어난다는 것을 보여 주고 있습니다."
책임감 (**R**esponsibility)	변화에 대한 책임은 전적으로 개인에게 있다. 내담자가 물질사용을 계속할 것인지 혹은 변화할 것인지를 선택한다.	"오늘 와 주셔서 감사합니다. 오늘 회기에서 코카인 사용에 대해 더 이야기해 볼 수 있을까요?"
조언 (**A**dvice)	개인이 직원에게 조언할 수 있는 권한을 부여한 경우에만 비판적이지 않은 방식으로 개인에게 주어야 한다. 조언은 개인에게 알려 주는 것이 아니라 제안이어야 한다.	"과거 상황에서 제가 보았던 것을 당신에게 말해도 될까요? 대부분의 변화는 하룻밤 사이에 일어나지 않고 변화과정에서 함께 작업하는 것이 도움이 된다는 것을 알게 되었습니다."

메뉴 (**M**enu)	변화와 치료 대체에 대한 선택 메뉴는 직원과 내담자가 함께 확인한다.	"여기 몇 가지 선택이 있습니다. 첫 번째 결정은 치료에 계속 참여하거나 모든 것을 중단하는 것입니다."
공감 (**E**mpathetic)	반영적 경청을 사용하는 공감적 상담은 온화함과 이해를 내담자에게 보여 준다.	"당신이 치료에 참석해야 하는 것에 화가 난 것으로 보입니다. 그것에 관해 이야기해 보도록 하지요."
자기효능감 (**S**elf-efficacy)	변화를 장려하기 위해 개인 내에서 만들어진다.	"어떻게 지난 2년 동안 맑은 단주 상태를 유지할 수 있었나요?"

출처: Miller, W. (1999). Enhancing motivation for change in substance abuse treatment. *Treatment Improvement Protocol (TIP) Series 35* (DHHS Publication No. (SMA) 99-3354, pp. 1-213), Rockville, MD: U.S. Department of Health and Human Services.

많은 개인은 전 숙고 단계에서 치료 프로그램에 온다. 다시 말해, 그들은 자신에게 문제가 있다거나 치료가 필요하다는 것을 믿지 않는다. 동기강화면담기법을 사용하여, 우리는 변화의 단계에 있는 이러한 개인들을 만날 수 있고, 치료에 참여하는 것의 이득을 인식하도록 돕기 위해 OARS를 사용할 수 있다.

물질남용치료 프로그램으로 방금 의뢰된 메리를 생각해 보자. 그녀는 첫 약속에 도착했는데, 화가 난 것이 분명하다. 그녀는 코카인을 사용하는 것에 문제가 없으며 보호관찰관이 그녀를 좋아하지 않아서 그 프로그램에 보냈을 뿐이라며 불평하였고, 이에 직원들은 그녀가 전 숙고 단계에 있다는 것을 빠르게 파악했다. 다음의 대화를 고려해 보자.

메리: 난 문제가 없고 여기에 있고 싶지 않아요! 이런 건 필요 없다고요.

직원: 그래서 당신이 말하는 것은 당신이 괜찮다고 믿는 것이군요.

메리: 맞아요, 난 당신이 필요 없다고요!

직원: 하지만 당신은 법원에서 이곳에 오도록 명령받았어요.

메리: 누가 법원에 신경 쓰나요, 난 여기 있고 싶지 않아요.

직원: 당신이 오지 않는다면 어떻게 될까요?

메리: 나는 선택의 여지가 없죠, 난 와야 해요.

직원: 많은 사람이 그들의 치료 프로그램에 나오지 않아요. 그들은 어떻게 될까요?

메리: 교도소로 보내지겠죠.

직원: 좋아요. 당신도 나오지 않으면 교도소에 갈 수 있어요.

메리: 난 교도소에 갈 수 없어요.

직원: 다른 쪽을 생각해 보죠. 당신이 나오면 어떻게 될까요?

메리: 난 어쨌든 교도소에 가게 될 거예요. 난 엉망이 될 거란 걸 알아요.

직원: 그러니까 안 나와도 교도소에 가고, 나와도 교도소에 갈 거라는 건가요?

메리: 그래요, 그게 내 운명이라고요!

직원: 어느 쪽이 교도소에 갈 가능성이 더 큰가요?

메리: 나오지 않는 쪽이죠.

직원: 이것은 꽤 어려운 상황이네요. 나오지 않으면 확실히 교도소에 갈 수 있고, 나 와도 교도소에 갈 수 있으니까요. 당신은 어떻게 할 생각인가요?

메리: 일단 나와서 어떻게 되는지 봐야겠어요.

직원: 한번 시도해 보고 싶은 것처럼 들리네요.

이 상황에서 상담사는 메리가 치료에 참석하지 않을 시 발생하는 잠재적 결과를 확인하도록 돕기 위해 개방형 질문을 사용했다. 그녀는 또한 메리를 이해하고 메리의 걱정을 들어주고 있다는 것을 보여 주기 위해 반영적 경청을 사용했다. 면담이 끝나 갈 무렵, 요약하는 동안 상담사는 메리가 처한 어려운 상황을 인정할 때 공감을 사용했다. 궁극적으로 OARS 사용은 메리에게 치료의 또 다른 기회를 제공하는 것으로 결정하는 데 도움을 주었다.

OARS는 변화과정을 촉진하는 데 사용할 수 있는 특정 기술이지만, FRAMES는 개인의 변화단계에 따라 전체적인 개인의 움직임에 직원이 사용하는 일련의 기술이다. 첫째, 피드백은 건설적이고 비직면적인 방법으로 제공하는 것이 중요하다. 상담사는 내담자와 논쟁하기보다 저항과 함께 구르기를 배운다. 논쟁은 내담자의 저항만 키울 뿐이며, 내담자의 변화에 대한 책임감을 압도해 버린다. 둘째로, 내담자는 변화에 관한 결정에 능동적인 역할을 한다. 따라서 직원은 내담자가 무엇을 해야 하는지 말해 주기보다 변화과정 전반에 걸쳐 내담자가 선택하도록 제시해야 한다. 이것은 또한 변화와 치료 둘 다의 대안과 관련하여 선택할 수 있는 선택 메뉴를 내담자에게 제시하는 것의 중요성을 반영한다. 마찬가지로, 조언은 개인이 속한 단계를 반영하는 간단하고 명료한 방법으로 제공되어야 한다. 때때로 상담사는 내담자의 일부 행동이 그의 목표를 방해하고 있다고 제안함으로써 불일치감을 발달시킬 수 있다. 불일치감은 내담자의 행동과 목표 사이의 불일치와 관련된 양가감정이라는 것을 강조하는 것이 중요하다. '불일치감 발달시키기'는 상담사가 아닌 내담자의 양가감정을 가리킨다.

비판단적 진술은 직원이 내담자가 어디에 있는지 알고 있다는 것을 그들에게 보여 줄 뿐만 아니라 내담자가 변화의 단계를 계속 진행하도록 장려한다. 상담사는 내담자의 상황에 대해 진술한 이해와 공감을 보여 주어야 한다. 마지막으로, 변화할 수 있는 능력에 대한 개인의 자신감을 향상하기 위해 노력하고 새로운 기술을 개발하려는 노력은 긍정적인 변화를 강화하는 형태를 취해야 한다. 상담사는 변화 행동뿐만 아니라 변화 대화도 강화해야 한다. 그들은 가능할 때마다 자기효능감을 높여 주어야 한다.

공존장애에 대한 반응

내담자에 대한 두 번째 고려사항은 물질남용과 공존하는 문제 및 개인의 조건을 목표로 한다. 앞서 언급한 바와 같이, 특히 인지적 개입의 지지자들에 의하면 물질남용의 경로와 그로 인한 문제들은 많다. 일부 물질남용 범죄자는 사회적 상황을 더 즐기기 위해 술을 마신다. 다른 사람들은 우울증과 스트레스를 치유하려고 한다. 어떤 사람들은 고용 문제 또는 결혼 문제를 경험하고 있다. 다른 사람들은 그렇지 않다. 일부는 물질남용의 결과로 조직과 장기에 손상을 입혔으며, 다른 일부는 그렇지 않다(Wanberg & Milkman, 1998). 이러한 각각의 문제들은 중요한 치료 목표를 확인하고 다른 목표는 배제한다. 이러한 차이를 수용하기 위해 교정기관에서는 ① 성인 물질사용 조사(Adult Substance Use Survey; Wanberg, 1993), ② 증상 체크리스트 90(Symptom Checklist 90; Derogatis, 1977), ③ 생활환경 질문지(Life Situation Questionnaire; Wanberg, 1995), ④ 범죄자 프로파일 지수(Offender Profile Index; Inciardi, McBride, & Weinman, 1993), ⑤ 중독 심각도 지수(Addiction Severity Index; McLellan et al., 1992)와 같은 범죄자 특정 평가전략을 사용하는 것이 필요하다.

이 시점에서 치료의 선택은 실제로 물질남용과 공존하며 나타나는 것이 무엇인가에 달려 있다. 물질남용치료를 시작하기 전에 많은 종류의 정신건강 및 신체건강 문제가 안정화될 필요가 있을 것이다. 치료 제공자들은 또한 공존하는 정신건강(Covington, 2002)이나 외상 이슈(Najavitz, Weiss, & Liese, 1996)에 대한 우려를 통합하는 커리큘럼을 고려하기를 원할 수 있다. 그러나 그러한 커리큘럼은 거의 없다.

다문화 이슈

물질남용 개입 서비스는 인종과 성별, 사회적 계급에 존재하는 요인들을 수용함으로써 다양한 인구의 특정한 욕구와 강점을 고려하는 것이 좋을 것이다. 이러한 광범위한 다양한 범주 내에서 물질남용은 다른 의미, 맥락, 관련 규범, 전통 그리고 선행인자를 가질 수 있다(Wanberg & Milkman, 1998 참조). 그러나 그러한 차이를 수용하기 위한 도구는 교정 프로그램에서 상당히 새로운 것이다. 사실 특수한 인구에 대한 대부분의 특정 평가 요구는 현재에 와서야 수행되고 있다.

그러나 이러한 집단들에 의해 제기되는 질문들은 매우 많다. 예를 들어, 인종적·성적 혹은 계층적 차별을 경험한 집단의 자기효능감을 구축하는 데 어떤 사항들이 고려되어야 하는가? 그러한 이미지가 소수 집단 내담자에게 내재화되고 사회에 의해 강화된다는 사실은 자기효능감을 구축하려는 프로그램에 추가적인 도전을 제기한다. 예를 들어, 상담사와 교정직원은 그러한 개인들을 '성취도가 낮은 사람들'로 묘사할 수 있는 사회적 고정관념에 민감해야 한다(Wallace, 1991). 다른 한편으로, 우리는 문화적 동질감 덕분에 강력한 수준의 가족과 지역사회 지지 및 정신적 강점을 누릴 수 있는 집단의 문화적 역량을 어떻게 활용할 수 있을까?

더욱이 몇몇 민족집단은 치료에 참여하는 것을 반대하는 가치를 가지고 있을 수 있다. 서구 사회의 정신건강 서비스는 직업윤리와 개인주의, 행동지향, 자기개방, 과학적 방법, 경쟁을 중시하는 것처럼 보이지만, 특정 민족집단에서는 이러한 것들이 높게 평가되지 않을 수 있다. 또한 언어와 의사소통 방식, 신체 언어 사용, 구술능력의 차이는 오해를 일으킬 수 있다(Sue & Sue, 2002).

특정 집단의 치료 욕구에 관한 연구가 미흡한 것은 유감스러운 일이지만, 다음과 같은 몇 가지 고려사항을 제시한다(Wanberg & Milkman, 1998).

- 아프리카계 미국인 남성들은 약물 사용의 결과와 증상에 있어서 다른 민족집단과 다른 것으로 보이지 않지만, 1980년대 동안 그들의 구금률이 가장 많이 증가했다.
- 라틴계 여성이 라틴계 남성보다 그들의 문화 내에서 물질남용에 대해 수치심을 느낄 가능성이 더 크다.
- 연구에서 미국 원주민 집단과 다른 민족집단 간의 알코올 대사의 차이는 확인되지 않았다.

- 여성들이 남성들보다 더 늦은 나이에 술을 많이 마시는 경향이 있다.
- 여성들이 남성들보다 ① 혼자 술을 마시고, ② 알코올과 다른 약물을 함께 사용하고, ③ 치료의 목적으로 알코올과 다른 약물을 사용할 가능성이 더 크다.
- 아동기에 학대받은 여아가 남아보다 아동 학대로 인한 우울증으로, 물질남용으로, 범죄로 발전될 가능성이 더 높다(Covington, 2002; McClellan, Farabee, & Crouch, 1997; Salisbury & Van Voorhis, 2009).

물질남용에 대한 '모두에게 적용되는(one size fits all)' 접근에서 벗어나기 위해 더 많은 연구가 필요하고, 문화 특정적 및 젠더 특정적 치료 프로그램을 고안하기 위해서도 많은 연구가 필요하지만, 다음과 같은 다양한 제안을 제시할 수 있다.

- 다양성을 인정하고, 차이에 적응하며, 특정 문화의 다른 사람에 대한 이해를 추구하는, '문화에 능숙한(culturally competent)' 직원 양성을 목표로 한 다양성 인식훈련
- 비판단적 상호작용 모델 준수
- 자신의 자민족중심주의 및 편견의 영역에 대한 지속적인 민감성과 다양성 이슈에 대한 자신의 관심을 자기평가할 필요성에 대한 인식
- 문화적으로 민감한 치료모델에 대한 개방성. 문화와 관련된 커리큘럼 및 프로그램 자료에 관한 관심
- 문화적으로 공정한 평가의 사용, 특히 특정 인구를 대상으로 사용하도록 규범화되지 않는 평가의 방지
- 고용의 다양성에 관한 관심
- 복장과 사무실 환경에 대한 민감성, 예를 들어 경제적으로 빈곤한 내담자를 대할 때 값비싼 취향의 표출을 피하기
- 육아, 교통, 장애, 노숙자 등의 욕구에 관한 관심
- 차별과 편견이 내담자에게 미치는 영향에 대한 민감성

젠더 반응성

많은 주 및 연방정부 정책은 여성 범죄자, 특히 물질남용 여성의 치료에 초점을 두고 있다. 1980년대의 '마약과의 전쟁'은 빈곤층 여성들에게 특히 가혹했다(Austin et al.,

2000). 여성 수용자 인구가 남성보다 더 빠른 속도로 증가했고, 이 중 대부분은 여성 물질남용자 수가 증가하는 데 기인한다(Beck, 2000). 수용된 여성 범죄자는 또한 남성보다 정신질환의 공존 가능성이 더 높다(Peters et al., 1997; Messina et al., 2006; Pelissier, 2004; Sacks, 2004; Staton-Tindall et al., 2007). 그들은 또한 남성보다 범죄적 사고가 더 적은 것으로 나타났다(Staton-Tindall et al., 2007). 교도소에서 여성은 남성보다 HIV 검사에서 양성 반응을 보일 가능성과 남성과의 관계와 밀접하게 연관된 물질남용 패턴을 보일 가능성이 더 높다(Langan & Pelissier, 2001; Peters et al., 1997).

젠더 반응적 위험요인(제7장과 제14장 참조)에 익숙한 독자들은 지금 우리가 광범위한 반응성의 주제로 여성 이슈를 논의하고 있음에도 불구하고 많은 학자가 이러한 이슈들이 반응성보다는 젠더 반응적 위험성을 더 많이 언급한다고 주장할 것이다. 사실이 분야는 현재 이러한 요구가 진정 반응성 이슈인지(Andrews & Bonta, 2010), 혹은 여성에게 특정한 위험요인인지(Van Voorhis, 2012)를 가려내기 위해 노력하고 있다.

여성 범죄자의 경우, 물질남용은 종종 우울증 및 학대와 공존하여 나타난다(Covington, 2002; McClellan et al., 1997; Salisbury & Van Voorhis, 2009; Staton-Tindall et al., 2007). 그것만으로도 그들이 받는 물질남용 프로그램의 유형에 대해 확연히 다른 면을 가져야한다(Bloom, Owen, & Covington, 2003). 예를 들어, 커빙턴(Covington, 2002)은 세 가지 이론적 관점에서 작용하는 접근을 다음과 같이 제안했다.

1. 중독이론(Theory of Addiction): 여성의 경우, 중독은 전체적으로(유전적 소인과 허약한 건강, 수치심, 고립, 학대와 같은 요인의 기능으로) 보아야 한다. 중독은 장애(인지장애를 포함하여)의 결과라기보다 질병이다.

2. 여성의 심리사회적 발달이론(Theory of Women's Psychosocial Development): 여성은 관계 및 상호관계를 통해 발달한다. 관계는 물질남용에 영향을 주기 때문에 그들의 치료와 회복에서 고려되어야 한다.

3. 외상이론(Theory of Trauma): 학대의 과거력은 여성들을 물질남용에 취약하게 만든다.

여성의 물질남용 원인에 대한 이러한 관점에서 커빙턴(2002)은 여성 치료의 지침이 되는 원칙을 다음과 같이 개발했다.

1. 여성으로만 구성된 집단을 개발하고 활용한다.
2. 관련된 여러 가지 문제를 인식하고, 돌봄에서 포괄적이고 통합적이며 협력적인 체계를 수립한다.
3. 안전과 존중, 존엄성을 발전시키는 환경을 조성한다.
4. 다양한 치료 접근을 개발하고 활용한다.
5. 여성의 역량과 강점에 초점을 맞춘다.
6. 치료 계획을 개인화하고, 치료를 여성의 강점과 이슈에 맞춘다.

이 모델을 기반으로 한 프로그램에는 여성의 회복 돕기(Helping Women Recover; Covington, 2008a)와 외상을 넘어서(Beyond Trauma; Covington, 2003)가 포함되는데, 이들 프로그램은 긍정적인 평가 결과를 달성했다(Messina et al., 2010). 추가적인 프로그램들은, 예를 들어 안전기반치료(Seeking Safety; Najavits et al., 1996)와 같이(제14장 참조) 외상 후 스트레스 장애(PTSD)와 물질남용의 공존장애를 다루는 것의 중요성을 인식하기 시작했다.

여성에게 특별히 초점을 맞춘 또 다른 접근으로 '영원한 자유(Forever Free)'라는 변형된 치료공동체가 있는데, 이곳에서는 자아존중감과 분노관리, 자기주장 훈련, 건강한 관계, 학대, 외상 후 스트레스 장애, 상호의존성, 양육, 건강한 성관계에 관한 모듈로 증강된 질병모델 접근을 활용한다(Hall et al., 2004). 안전기반치료와 영원한 자유 둘 다 긍정적인 평가를 받고 있다.

여성 프로그램과 치료의 새로운 방향에 대한 열쇠는 자기의 관계모델(relational model of self)이다. 이 이론은 웰즐리 대학교 스톤 발달연구센터(Stone Center for Developmental Studies)에서 수행된 연구를 통해 개발되었다(Miller, 1976; Gilligan, 1982). 관계모델은 남성과 여성이 다른 자기정체성을 형성한다고 인식한다. 여성은 다른 사람들과의 애착과 연결을 통해 그렇게 하고, 남성은 분리와 개별화가 좀 더 편안하다. 물질남용 여성 범죄자의 빈곤과 실업, 한부모 양육, 자녀 양육권에 대한 추가적인 부담을 나누면서, 제10장에서 논의된 '포괄서비스(wrap around services)'(Bloom et al., 2003)나 여성과 자녀를 모두 수용하는 지역사회센터(van Wormer, 2002)의 중요성을 이해하는 것은 어렵지 않다.

물질의존 대 물질남용

　교정기관과 마약 법원은 물질의존(substance dependence)과 물질남용(substance abuse) 간의 중요한 차이를 고려하기 시작했다. 물질의존 혹은 물질중독은 알코올이나 다른 약물을 사용하려는 강박적 충동을 수반하며 종종 뇌에 신경학적 손상을 동반한다. 물질의존 증상에는 강렬한 갈망, 혈액 내 물질의 수치가 감소할 때의 금단 현상 그리고 물질의 사용에 따른 통제되지 않는 폭음이 포함된다. 심각한 정신장애는 종종 물질의존과 공존하여 나타난다. 이와는 대조적으로, 물질남용자로 간주되는 개인은 이와 같은 증상이 없으며, 사용 여부를 결정하는 것은 그들의 통제하에 있다. 즉, 선택한 물질에 대해 가지는 임상적 욕구가 물질에 의존하는 개인보다 훨씬 더 낮다. 물질남용자의 치료 욕구는 물질에 의존하는 개인과는 매우 다르다. 말로위(Marlowe, 2009)는 각 집단에 대한 여러 가지 지침을 제시했다.

　집중적인 물질남용치료가 가장 필요한 사람은 물질에 의존적인 개인이다. 이들은 중독 치료가 필요하며, 이 장에서 논의된 기술기반 접근으로부터 혜택을 받을 수 있다. 아편제에 중독된 사람들은 메타돈 유지 프로그램에 참여해야 한다. 실무자들은 절제와 고용과 같은 목표가 물질남용자보다 달성하기 어렵다는 것을 인식해야 한다. 이러한 것은 장기 목표로 고려되어야 한다. 프로그램 참여 및 달성 가능한 다른 조건을 준수하는 것이 프로그램 강화와 처벌의 초점이 되어야 한다. 물론 감독 수준은 내담자의 전반적인 위험성 점수에 따라 달라야 한다. 많은 사람이 거주형 시설을 요구할 수 있다.

　물질남용자는 물질에 의존적인 개인에게 필요한 집중적인 임상서비스를 요구하지 않는다. 그들은 약물에 대한 신체적 욕구가 없으며, 사용한다 하더라도 정신질환이 동반되지 않는다. 만약 그들이 추가적인 범죄의 위험성이 높다면, 일반적인 범죄유발욕구(예: 범죄적 사고, 고용, 반사회적 유대)를 목표로 하는 인지행동 프로그램이 더 나은 서비스를 제공해 준다. 그들에게는 신체적 갈망이 없기 때문에 절제는 달성 가능한 교정 요건이다. 저위험 물질남용자는 물질남용의 위험성과 진행을 가르치는 물질남용 교육 프로그램의 형태로 예방서비스나 조기 개입을 받을 수 있다. 물질남용을 하는 개인을 비용이 많이 드는 임상적 접근에 노출시키는 것은 불필요하다.

치료의 연속성

만일 잠재력을 최대한 활용한다면, 물질남용에 대처할 수 있는 자원들이 많이 있다. 우리는 그것이 이 장을 통해서 분명해지기를 바란다. 지난 25~30년 동안 프로그램과 평가, 서비스에 대한 많은 개선이 이루어져 왔기 때문에 형사사법기관이 물질남용치료 서비스를 제공하는 모든 책임을 떠맡는 것은 상상하기 힘든 일이다. 물질남용에 대한 무수한 경로와 치료과정의 다른 단계들을 고려해 볼 때, 그 어떤 기관도 물질남용에 대해 단 하나로 '모두에게 적용되는' 접근을 제공해서는 안 된다는 것은 분명하다. 더욱이 최근 몇 년 동안 형사사법 분야에서는 물질남용이 만성적인 문제라는 것을 인식하는 데 더 좋은 성과를 거두었다. 물질남용치료는 시작과 중간, 끝이 없다. 절제는 종종 중단과 시작에서 일어나며, 대부분의 '회복되고 있는' 물질남용자들은 그들이 평생 동안 재발할 가능성이 있다는 것을 인식한다.

'**치료의 연속성**(continuity of care)'이라는 개념은 이 상황에 아주 잘 들어맞는다. 치료의 연속성은 알코올과 다른 약물에 중독된 범죄자에 대한 근거기반 실행에 근거하여 더 나아가서 지속적인 치료를 끊임없이 제공하기 위한 노력을 말한다(VanderWaal, Taxman, & Gurka-Ndanyi, 2008). 끊임없는 치료의 연속성은 형사사법 제도 전반에 걸쳐 범죄자가 이동하는 각 단계에서 제공되는 서비스로 구성된 시스템 접근방식으로 설명된다. 치료의 연속성은 선별과 평가, 치료 계획, 장기적인 사례관리, 지속적인 준수 관리, 사법적 참여, 근거기반치료 프로그램, 사후관리와 같은 각 단계에서의 서비스 조정에 중점을 둔다. 서비스를 제공하는 조직보다는 특정 서비스에 초점을 두면서, 서비스를 제공하는 개별 기관 간에 협력을 이루는 것이 필수적이다(Eisenberg & Fabelo, 1996). 개별 기관은 범죄자의 알코올 및/또는 다른 물질남용에 대한 주의를 기울여 범죄 행동을 감소시키기 위한 공통의 목표를 가지고 있다.

형사사법기관과 지역사회 치료기관 간의 파트너십은 필수적이다. 교도소에서 지역사회로의 이행서비스도 이러한 개념에 의해 종종 안내된다. 치료공동체와 다른 개입에 대한 논의에서 설명한 바와 같이, 치료의 연속성 제공은 또한 교도소 서비스의 사후관리를 계속 제공하기 위해 지역사회 치료로 범죄자를 의뢰하는 교도소 이행서비스가 포함되어야 한다. [그림 11-3]은 이 모델을 보여 주고 있다.

이 그림을 보면, 형사사법기관과 치료기관 모두 서비스를 제공하기 위해 긴밀히 협

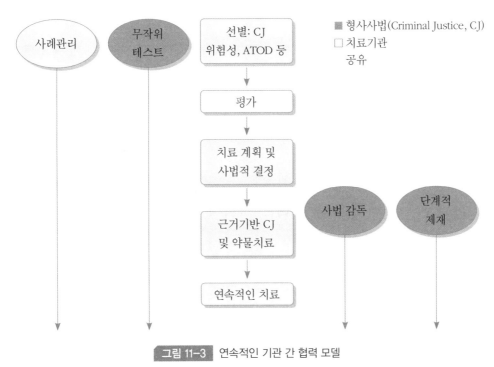

그림 11-3 연속적인 기관 간 협력 모델

출처: VanderWaal, C. J., Taxman, F. S., & Gurka-Ndanyi, M. A. (2008). Reforming drug treatment services to offenders: Cross-system collaboration, integrated policies, and a seamless continuum of care model. *Journal of Social Work Practice in the Addiction, 8* (1), 127-153.

력해야 한다는 것은 분명하다. 이러한 서비스를 좀 더 자세히 살펴보면, 일반적으로 초기 선별과 그 후의 좀 더 철저한 평가를 통해 물질남용 문제를 가지고 있는 것으로 확인된다. 종합적인 평가는 물질남용의 심각성과 유형, 관련된 문제 및 치료 과정에 도움이될 수 있는 확인된 기술을 식별하는 데 사용된다. 일단 평가가 완료되면 위험성, 욕구, 반응성 원칙을 따르고 평가과정에서 확인된 내담자의 욕구와 문제, 강점, 자원을 고려한 치료 계획을 개발한다.

　밴더월, 텍스먼과 거카-데니(VanderWaal, Taxman, & Gurka-Ndanyi, 2008)는 관련된 모든 당사자가 치료 목표를 달성하기 위해 작업하고 있음을 보장하기 위해 내담자에게 사례관리자를 배정할 것을 제시했다. 특히 사례관리자는 형사사법 및 치료 팀과 협력하여 치료 및 형사사법 요건의 준수 여부를 모니터하고, 관리하고, 강화한다. 사법 감독, 단계적 제재 및 무작위 약물검사는 모두 지속적인 치료 준수를 보장하는 데 도움이될 수 있다. 내담자는 어떠한 저항도 이겨 낼 수 있도록 그들을 도와주고, 동기를 강화하고, 친사회적 대처기술을 개발하고, 어떠한 진전에도 강화를 받을 수 있는 치료 프로그램에 참여해야 한다.

이러한 치료 연속성의 마지막 단계는 사후관리이다. 사후관리(aftercare)는 종종 가장 간과되는 단계이지만, 재발을 방지하고 치료 단계에서의 변화를 유지하기 위해 내담자에게 지속적인 치료를 제공하는 것으로 간주된다(VanderWaal et al., 2008). 이 장 전체에 걸쳐, 우리는 사후관리가 물질남용치료의 효과를 크게 증진시킨다는 점에 주목했다.

물질남용 개입의 효과

물질남용치료는 오랜 역사가 있지만, 이전에 논의된 공식화된 이론에 기반을 둔 접근법의 사용은 1960년대에 시작되었다(Wanberg & Milkman, 1998). 물질남용 범죄자를 위한 프로그램의 초기 평가는 지나치게 높은 재발률을 보였지만, 연구는 이제 많은 특정 프로그램 모델과 프로그램 조건을 지지한다. 행동주의와 사회학습, 인지행동 접근을 지지하는 문헌 개관(Anglin & Hser, 1990; Institute of Medicine, 1990; Monti et al., 2005; Prendergast et al., 1995; Wexler & Lipton, 1993)은 이후 메타분석에 의해 지지되었다(Miller et al., 2003; Pearson & Lipton, 1999). 특히 밀러와 동료들(2003)은 가장 성공적인 프로그램이 사회기술훈련과 공동체 강화, 행동계약, 재발방지, 동기강화 증진과 같은 행동 및 인지행동 접근이라고 보고했다. 부부치료는 행동 및 의사소통 치료모델이 사용될 경우 치료가 더 '효과적'일 수 있다. 가장 성공적이지 못한 접근은 교육적인 접근, 불특정한 일반 상담모델과 심리치료 및 직면적인 접근으로 이루어진 구성이다.

이러한 긍정적인 결과에도 불구하고 전문가들은 모든 사람에게 효과적인 '마법의 탄환'이나 단일 치료법은 없다고 경고한다(Palmer, 1992). 점점 더 많은 문헌에서는 일반적으로 몇몇 치료가 치료를 전혀 받지 않는 것보다 낫다고 제시하고 있다(Harris & Miller, 1990; Prendergast et al., 1995). 예를 들어, 세 가지 잘 알려진 치료모델—인지행동치료, 동기강화, 촉진된 12단계 프로그램—에 대한 비교 평가에서, MATCH 프로젝트의 저자들은 세 가지 모두 내담자들이 효과를 달성한 것으로 보고했다(Project MATCH Research Group, 1997). 브랜즈마, 몰츠비와 웰시(Brandsma, Maultsby, & Welsh, 1980)가 법원에서 의뢰한 대상자들에게 AA와 통찰치료, 합리적 행동치료를 비교했던 초기 연구에서도 유사한 발견들이 언급되었다. 모든 치료집단은 비교집단의 구성원보다 음주 및 법적 문제에서 더 긍정적인 결과를 얻었다. 범죄자 인구에서 한때 비효과적인 것으로 여겨졌던 치료공동체가 최근에 더 긍정적인 결과를 보였다. 그러나 새로운 치료공동체 모델은 이전의 것과 매우 다르며, 인지행동 접근을 제공하는 경향이 있다.

결론

교정기관이 물질남용 범죄자 치료에 대한 책임감을 높이고 있는 것으로 보인다. 동시에 이 범죄자들이 교정치료 예산의 매우 큰 비율을 소비하는 것으로 보일 수 있다. 이에 대응하여 마약 법원, 약물검사, 주간보고센터와 같은 새로운 조직구조가 개발되었다. 개선된 치료법과 치료는 고무적인 결과를 보여 준다.

그러나 이러한 진보에도 불구하고 물질남용 전력이 있는 수용자가 실제로 치료를 받는 경우는 거의 없다(Beck, 2000; Taxman et al., 2007). 물질남용 범죄자를 평가하고 치료하는 기술의 엄청난 발전을 무시하는 것은 이치에 맞지 않는다. 그러나 이러한 일이 여러 가지 방식으로 일어난다. 첫째, 그러한 서비스에 대한 수요가 높아서 많은 기관에 지나치게 압도적이다. 그러한 환경에서는 일부 범죄자의 치료 욕구가 전혀 충족되지 못할 수 있다. 둘째, 일부 기관은 마약 법원, 주간 치료, 약물검사에 대해 그 자체가 치료는 아님에도 불구하고 치료라고 잘못 해석해 왔다. 효과적인 치료 프로그램이 없다면, 물질남용 행동을 변화시키지 못하고 그저 억누르기만 한다. 셋째, 모든 물질남용 내담자를 어떤 형태로든 치료해 주기 위한 노력으로, 기관들은 종종 계약 프로그램에서 실제로 무슨 일이 일어나고 있는지 알지 못한 채 외부 제공자들(예: 정신건강 기관, 병원 또는 개인치료자)과 계약을 맺는다. 이러한 서비스 제공자에게 다음과 같은 중요한 질문을 해야 한다. ① 물질남용 범죄자에게 효과적이라고 알려진 확립된 치료모델을 사용하고 있는가? ② 그들의 평가가 범죄자 인구에서 표준화되고 타당화되었는가? ③ 그들은 효과적인 개입의 원칙들로 운영하는가?(제14장 참조). 마지막으로, 교정직원은 이러한 서비스에 대해 '헬리콥터(helicopter)' 관점을 취하여 서비스의 필요성을 부인하는 사람, 관련된 뇌 손상 및 다른 공존으로 나타나는 문제(예: 정신건강, PTSD), 재발방지 서비스가 필요한 사람, 사회적 지지가 필요한 사람 등과 같은 다양한 유형의 물질남용자 욕구를 충족시키는지에 대해 질문해야 한다.

토론
질문

1. 물질남용치료의 다양한 모델을 비교하고 대조하라.

2. 물질남용 문제에 대한 약물학적 및 인지행동치료 접근에 대해 논의하라. 각각의 장점 및 단점은 무엇인가?

3. 메타돈 유지법의 목표가 다른 물질남용치료 프로그램과 다른 점은 무엇인가?

4. 물질남용치료에 가장 효과적인 전략은 무엇인가?

5. 물질남용자의 가족 구성원을 치료할 때 고려해야 할 치료 목표는 무엇인가?

6. 범죄자의 재발 가능성을 줄이는 과정에서 재발방지 기능은 무엇인가?

7. 상담사가 물질남용 범죄자의 반응성 원칙을 고려할 때 참작해야 할 요인들은 무엇인가?

8. 물질남용 프로그램은 인종집단과 여성을 위해 수정되어야 하는가? 어떻게 수정되어야 하는가?

9. 물질남용과 물질의존의 차이를 설명하라. 이 두 가지 상태에 대한 치료는 어떻게 달라야 하는가?

제 **12** 장

성범죄자 치료

패트리샤 반 부어히스(Patricia Van Voorhis)

주요 용어

획득 목표	동적 위험/욕구 요인
보험계리적 평가	공감훈련
접근–자동 경로	소거
접근–명백 경로	고착형 소아성애자
각성 재조건형성	그로스 소아성애자 유형 분류
애착장애	그로스 강간범 유형 분류
혐오요법	억제 목표
혐오 심상	자위행위 조건형성
회피–능동 경로	메타분석
회피–수동 경로	마음챙김과 명상
행동주의 전략	신경학적 결함
거세 불안	조작적 조건형성
화학적 거세	음경 혈량 측정법(PPG)
민간위탁	생리학적 전략
고전적 조건 자극	폴리그래프
내담자 비밀보장	퇴행형 소아성애자
임상면담	재발방지
인지행동 및 사회학습 과정	역할극
인지왜곡	자기조절 및 자기관리
봉쇄	자기조절모델
내재적 민감화	사회기술훈련
변증법적 행동치료(DBT)	정적 위험성 평가
안구운동 민감소실 및 재처리 요법	외과적 거세
(EMDR)	치료적 동맹

2014년에 미국에서는 284,345건의 강간과 성폭력이 발생했다. 2005년부터 2014년까지 10년 동안 이 수치는 2005년 최저치인 207,760건에서 2006년 최고치인 463,598건까지 다양했다(Bureau of Justice Statistics, 2015). 더욱이 아동기 부정적인 경험 연구(Adverse Childhood Experiences Study, ACE)에서는 18세까지 여아 4명 중 1명과 남아 6명 중 1명이 성폭력을 당하는 것으로 추정했다(Anda et al., 2003). 현재 5년으로 추정되는 대학생활 동안 여대생 5명 중 1명이 강간을 당한다(Fisher, Cullen, & Turner, 2000). 대부분의 경우 성범죄는 피해자와 아는 사람에 의해 발생한다. 게다가 많은 범죄가 보고되지도 않아서 이 수치에서 제외되어 있다(English, 2004 참조).

성범죄자는 일반 범죄자 인구의 특징 중 일부를 공유하지만 또한 독특한 개별집단으로 나타나고 있다. 많은 사람은 그들이 치료될 수 없다고 생각하고 있으며(Quinsey et al., 1993), 성범죄자들은 우리 사회에서 시행되는 가장 엄격한 봉쇄 및 감금 정책의 대상이 되는 경우가 많다. 하지만 성범죄자들이 행하는 범행의 복합적 원인에 대한 지식은 계속 증가하고 있고, 그러한 지식은 새로운 치료전략을 개발하게 하고, 결국 그들의 치료 성공 여부에 대해 더 많은 낙관론을 증가시켰다.

복합적인 원인과 이론

이러한 매우 심각한 문제의 치료에 대한 접근에서는 성범죄의 원인이 다양하고 복잡하다는 것을 반드시 인식해야 한다. 가장 초기의 설명은 **정신분석이론**에서 나왔다. 실제로 프로이트(Freud)는 성에 대한 표현을 많이 다루었다. 이러한 역사적 이론들은 거세 불안(castration anxiety, 어머니에 대한 남아의 애착을 벌하기 위해 아버지가 그의 성기를 거세할 것이라는 두려움을 일으키는 오디푸스적 갈등)에서부터 유혹적인 어머니, 자아와 초자아 발달의 실패, 공격성과 리비도의 충동을 수반하는 과도한 원초아(id)의 욕구, 미해결된 외상, 신경증적 갈등에 이르기까지 전형적인 정신분석적 요인들을 포괄하고 있다. 알다시피, 오늘날의 패러다임은 더욱 복잡하며, 대부분은 학습의 영향과 신경학적 손상, 인지적 왜곡의 형성, 애착장애, 친밀감 문제, 불안, 분노로 설명한다. 이러한 많은 원인은 서로 연관되어 있다.

행동주의 이론

성범죄에 대한 **행동주의 이론**은 학습이 성행동의 발달에 중요한 역할을 한다는 것을 인정한다. 부적절한 성행동에 대한 고전적 조건 자극(classically conditioned stimulus)은 정신적 외상 혹은 충격적인 사건과 섹슈얼리티(sexuality)의 반복적 연합 후에 형성될 수 있다. 그러한 과정을 통해 형성된 강렬한 감정적 반응은 이후에 성적 만족을 추구하려는 시도에 영향을 줄 수 있다. 반복적으로 성추행을 당한 아동은 클라이맥스로 유도될 수 있으며, 그러한 성적 경험이 강화되어 몸짓(motion)에서 조작적 조건형성(operant conditioning) 패러다임이 일어날 수 있다. 성적 환상은 자위행위를 통해 강화될 수 있으며 그 후 더 해로운 행동으로 발전할 수 있다(Maletzky, 1991; McGuire, Carlisle, & Young, 1965). 성적으로 부적절한 태도와 행동은 또한 동료나 친척, 조직 구성원에 의해 모델링될 수 있다.

애착장애

많은 성범죄자가 일종의 애착장애(attachment disorder)를 보인다(Marshall, 1993; Stirpe et al., 2006). 존 볼비(John Bowlby, 1969, 1988)의 선구적인 애착이론 연구는 부모에 대한 아동기 애착이 정상적인 아동기 발달에 필수적이라는 것을 가르쳐 준다. 안정 애착은 자기조절 및 자기관리(self-regulation and self-management)의 기술로 이어질 가능성이 좀 더 높다. 불안정 애착은 행동적·정서적·인지적 조절장애를 촉진한다(Anechiarico, 2015 참조). 불안감, 정서적 의존, 분노는 아동기의 애착과 분리 문제에서 비롯될 수 있다. 아동 학대와 관련된 외상성 애착과 분리는 또한 성격장애와 신경학적 장애를 초래할 수도 있다. 때때로 결과는 조절되지 않는 행동, 정서적 문제, 성범죄 행동을 지지하는 인지적 왜곡으로 나타나기도 한다.

치료 전문가는 성범죄자들이 나이에 적절한 친밀한 관계를 형성하지 못하게 하는 감정적인 문제에 관심을 가져야 한다. 친밀한 관계는 낮은 애착과 사회적 불안에서 비롯되는 낮은 자존감으로 인해 손상될 수 있다. 그러한 정서 문제가 있는 성범죄자들은 자신의 욕구를 충족시키기 위해 무분별하게 다른 사람을 이용하는 **착취적 관계방식**을 개발할 수 있다(Hanson, Gizzarelli, & Scott, 1994; Marshall, 1996). 특히 많은 아동 성추행범은 성적 파트너와 결혼 파트너를 얻을 수 있지만, 성적 만족이 제한되며 갈등관리 기술이 부족하면 관계가 대립적이고 두려울 수 있다. 많은 성범죄자는 사회적 및 친밀감 기술에 제한이 있다(Segal & Marshall, 1985; Ward, McCormack, & Hudson, 1997). 제한된 자신감과 공감은 또한 연애기술의 부족으로 이어질 수 있다(Marshall, 1989; Ward, Hudson, & Marshall, 1995). 성범죄는 친밀감과 애착장애, 정서적 외로움에 대응하기 위한 방어적인 시도로 볼 수 있다(Ward et al., 1995). 그러한 행동에는 모욕이나 비판에 대한 반응으로 분노와 적대감이 수반될 수 있다(Marshall, 1996).

인지왜곡

제9장에서 논의한 바와 같이, 인지왜곡(cognitive distortions)과 인지기술의 부족은 역기능적 행동의 중요한 전조가 된다. 반사회적인 태도 및 타인과 자신의 개인적인 책임에 대한 왜곡된 관점은 학습된다. 그 후에 그것들은 행동을 자극한다. 이러한 태도는 또한 죄책감, 불안, 수치심 및 다른 억제제를 최소화하는 사고들 때문에 부적절한 행동을 계속하도록 허용한다. 성범죄자들의 행동에 강력한 영향을 미치는 특징적인 태도, 왜곡, 신념에 대한 증거가 나오고 있다. 예를 들어, 많은 성범죄자는 자신의 행동이 다른 사람에게 미치는 영향을 최소화하고, 정당화하거나, 왜곡한다(Murphy, 1990). 아동 성추행범들은 자신들이 실제로 피해자를 위해 어떤 좋은 일을 했다고 느낄지도 모른다. 그들은 아동을 성적인 관점에서 바라보거나 아동이 성인보다 정서적으로 더 안전하다고 느낄 수도 있다. 여성들은 강간에 대한 책임이 있고 당할 만하다고 여겨질 수 있고, 다양한 형태의 피해자 비난의 대상으로 여겨질 수 있다(Hudson & Ward, 1997). 강간범들은 또한 여성의 사회적 신호(social cues)를 읽는 데 어려움을 겪을 수 있다. 그들은 양심의 가책도 거의 느끼지 못한다.

신경학적 결함

특별히 학대 및 유기와 관련된 신경학적 결함(neurological deficits)은 치료 제공자들의 관심을 점점 더 많이 받고 있다(Longo, 2015 참조). 아동 학대는 뇌 발달과 기능에 악영향을 미칠 수 있다. 예를 들어, 신체적·성적 학대의 피해자들은 다른 사람들보다 측두엽 손상이 있을 가능성이 더 크다. 스트레스 호르몬인 코르티솔(cortisol)에 많이 노출되면 뇌의 해마와 변연계의 뉴런이 변화할 수 있다(Teicher, 2002). 건강한 뇌 발달에 대한 그러한 공격은 스트레스 관리, 새로운 기술 학습, 역경에 대한 적응 그리고 많은 자기관리 기술과 같은 기능에 영구적인 영향을 미치는 것으로 알려져 있다(Shonkoff et al., 2011; Teicher, 2002).

정신건강 문제 및 발달장애

성범죄자들이 많은 인지적 및 정서적인 문제들을 보이고 다수가 외상 후 스트레스 장애(PTSD)와 성격장애로 진단을 받지만, 대부분은 심각한 형태의 정신질환이나 발달장애를 겪지는 않는다(Schwartz, 2011). 여러 연구에 의하면 연구 대상자의 약 50%가 기분장애 진단을 받았고, 약 1/3이 자신의 피해와 관련된 외상 후 스트레스 장애를 겪고 있었다. 그러나 심각한 정신질환(serious mental illness, SMI)과 발달장애는 성범죄자 인구의 하위집단에서만 나타난다.

성범죄자의 유형

앞에서 볼 수 있듯이, 성범죄자들은 매우 이질적인 범죄자 집단으로 구성되어 있어서 그들을 모두 동일한 것처럼 다루어서는 안 된다. 이렇게 다양한 특성 목록을 임상적 가치가 있는 지식으로 분류하는 것은 치료자와 상담사에게 도전으로 다가올 수 있다. 앞에 나열된 모든 속성이 한 개인에게 관찰되는 경우는 드물다. 성범죄자는 성범죄자 집단 전체보다 개인들을 하위집단의 다른 사람들과 더 비슷한 유형이나 하위집단의 관점에서 생각하는 것이 아마도 더 유용할 것이다. 1970년대부터 많은 학자가 성범죄자를 의미 있는 하위집단으로 구분하는 유형 분류로 성범죄자들을 분류하기 시작했다. 일부에서는 이러한 유형들이 치료를 목적으로 할 경우, 치료 접근을 좀 더 순조롭게 해 주는 집단 유사성으로 인해 방대한 정보를 조직화하는 데 도움이 된다고 생각했다.

아동 성추행범과 강간범 사이에는 중요한 차이점이 있다. 아동 성추행범과 강간범의 정서적 · 성격적 차이를 명확하게 보여 주는 분명한 유형 분류가 있다. 아동 성추행범은 강간범에 비해 무능감과 제한된 사회적 기술, 고립감, 외로움, 성인과의 관계에서의 수동성을 보일 가능성이 크다(Marshall, 1993). 반면에, 강간범은 분노와 적개심 행동의 하나로서 범죄를 저지른다(Polaschek, Ward, & Hudson, 1997). 예견된 바와 같이 범죄를 합리화하기 위해 사용하는 인지적 귀인도 다르다. 아동 성추행범이 그들의 행동으로 인한 아동 피해자의 충격을 부인하는 인지왜곡을 보일 가능성이 크다면, 강간범들은 여성을 비난하고 그에 대한 왜곡된 인상을 보일 가능성이 크다.

그로스(Groth, 1979)의 그로스 소아성애자 유형 분류(Groth's Typology of Pedophiles)에서는 소아성애자를 고착형과 퇴행형으로 구분했다. 고착형 소아성애자(fixated pedophiles)는 그들의 전 생애 동안 나이에 적절한 성적 파트너보다 아동에게 매력을 느낀다. 일반적으로, 고착형 소아성애자는 심리성적으로 성숙하지 못하고 사회적으로도 유능해 보이지 않으며, 아동에 대한 그들의 끌림은 강박적이다. 고착형 범죄자들은 일반적으로 연관이 없는 남성 피해자가 관련되며, 그들의 행동은 사전에 계획되어 있다.

반면에, 퇴행형 소아성애자(regressed pedophiles)는 나이에 적절한 파트너와 성관계를 갖지만, 그들의 자존감과 자신감을 위협하는 많은 스트레스 요인을 경험한다. 그러한 스트레스 요인에는 실업, 결혼 문제, 외로움, 고립감 또는 질병이 포함된다. 그들의 아동과의 성적 관련은 성인기에 시작되며, 여성 피해자와의 근친상간에 관련될 가능성이 높다. 그들의 재범률은 고착형 소아성애자에게 관찰된 것만큼 높지 않으며 자신의 행동에 대해 양심의 가책을 더 많이 느낀다.

고착형과 퇴행형 간의 구분은 하나의 연속성을 나타내기 위해 그로스가 고안한 것이지만, 고착형 소아성애자가 더 위험하고, 어린 남아들을 학대할 가능성이 더 높으며, 가장 많은 피해자와 가장 높은 재범률을 가진 것으로 간주된다(Abel & Rouleau, 1990; Marques et al., 1994).

이후 아동 성추행범의 유형 분류에 가학적/폭력적 피해자화(victimizations), 피해자 선택에서의 차별의 결여, 동기의 차이(성적·사회적 또는 자기애적), 사회적 능력의 정도, 유혹적 행동의 정도를 포함한 추가적인 특성이 확인되었다(Knight & Prentky, 1990; Lanning, 1986).

또 다른 성범죄자 집단을 특성화하기 위해 시도한 그로스(1979)의 그로스 강간범 유형 분류(Groth's Typology of Rapists)에서는 성적 욕구보다 분노가 강간의 주된 동기라고 강조했다. 강간범은 분노에 대한 동기에 따라 ① 분노와 좌절의 표출, ② 권력, 지배력, 권위의 표현, ③ 굴욕에 대한 극심한 공포 반응인 분노의 표현, ④ 색정적(erotic) 분노로 분류되었다. 이후 몇 년 동안, 유형학은 강간 행동 자체보다는 강간범의 특성을 더 많이 반영하여 반사회성 성격장애와 사회적 유능성, 충동성, 가학성, 성적 만족감과 같은 속성에 관한 자리를 마련했다(Knight & Prentky, 1990). 그리고 아는 사람과 낯선 사람의 강간을 구별하는 것도 도움이 되는 것으로 밝혀졌다. 강간범은 대부분 피해자와 아는 사이이며, 아는 사람에 의한 강간도 물론 강압적이기는 하지만 일반적으로 낯선 사람에 의한 강간보다는 덜 폭력적이다(Polaschek, Ward, & Hudson, 1997).

설명하는 것이지만, 이러한 유형 분류는 신중하게 보아야 한다. 첫째, '퇴행형'과 같은 유형 자체는 성범죄자 행동에 대한 완전한 원인을 제공하지 못하고 고정관념(Schwartz, 2011)을 일으킬 수 있다. 독자들은, 예를 들어 이러한 유형들이 치료환경에서 다루어져야 할 범죄자의 속성보다 범행에 대해 좀 더 기술하고 있다는 것을 인식하게 될 것이다. 예를 들어, 유형 분류에는 아동기 학대와 외상, 신경학적 결함, 애착장애, 인지왜곡, 정서 그리고 자기조절 문제에 대한 언급은 거의 없는데, 이러한 역동들 대부분은 유형학이 개발된 이후에 수행된 연구에 의해 제시되었기 때문이다. 둘째, 범죄자들은 유형들을 넘거나 한 유형 이상의 행동을 보일 수 있다(Abel et al., 1988). 마지막으로, 유형 분류는 타당화하기 어려운 것으로 입증되었다(Schwartz, 2011).

성범죄자 치료 양식

범죄자 치료에 대한 다른 접근과 마찬가지로, 모든 성범죄자에게 적용되는 한 가지 치료 양식은 존재하지 않는다. 안타깝게도, 이것은 성범죄자 치료와 관련하여 상당히 최근에 관찰된 것이다. 1960년대와 1970년대에 성범죄자 치료에서는 지나치게 단순할 정도로 정신외과(psychosurgery)나 정신분석, 최면, 행동주의 접근과 같은 단일한 심리치료 기법을 사용했다(Lester, 1982). 일반적으로 일탈적인 성범죄를 감소시키기 위해 필요한 것은 일탈적인 성적 각성을 감소시키는 것이라고 가정했다. 이러한 작업은 일반적으로 생리학적 전략(physiological strategies)과 행동주의 전략을 통해 수행되었다. 1980년대와 1990년대에 이르러, 성범죄자 치료 프로그램에 대한 많은 요구는 앞에서 논의된 요구에 따라 확장되기 시작했다. 프로그램은 복합적이고 포괄적으로 진행되었다. 현재 대부분은 인식 가능한 인지행동 구성요소를 포함하고 있으며, 가장 최근에는 외상 및 신경학적 문제에 대한 치료를 통합시켰다.

생리학적 접근

일탈적인 성적 각성을 감소시키려는 목표는 치료가 성적 욕구를 통제하기 위해 뇌의 영역을 변화시키는 외과적 거세(surgical castration)나 입체 뇌수술(stereotactic brain surgery) 이상의 것을 포함했을 때 최악이었다(Schorsch et al., 1990). 물리적 거세 절차는 1800년대 후반에 시작되었다. 좀 더 최근에 유럽인권조약 제3조, 국제사면위원회(Amnesty International), 미국시민자유연합(American Civil Liberties Union)에 의해 반대되었다.

그러나 화학적 거세(chemical castration)는 남성의 성욕을 감소시키는 데포-프로베라(Depo-Provera) 같은 항안드로겐제나 루프로렐린(Leuprorelin) 같은 성선자극 호르몬(gonado trophin)을 방출하는 호르몬을 사용하는데, 종종 감형을 대가로 미국의 여러 주와 다른 나라들에서 선택적으로 받아들여지고 있다. 실제로 2012년 영국에서는 100명 이상의 소아성애자가 루프로렐린을 복용하기로 결정했다. 그렇게 하면서 한 사람은 다음과 같이 주장했다. "약물이 없었다면 나는 가망이 없을 것이다. 약을 먹으면 정신이 맑아지는 데 도움이 되었다. 나는 모든 여자를 성적 대상으로 보고 싶지 않다. 나는 그녀가 어떤 사람인지 알고 싶다. 전에는 절대 그렇게 할 수가 없었다. 언제나 나, 나, 나였다"(Aetkenhead, 2013). 일부 주에서는 화학적 거세가 여전히 자발적으로 사용되고 있지만, 많은 법정 소송에서는 범죄자가 이 절차를 선택할 수 있는 범위를 제한하고 있다. 수형자는 보호받아야 할 계층으로 간주되며 그들의 동의가 자유롭게 이루어질 수 있는지에 대한 의문을 제기하는 데 충분한 압력 아래에 있다. 여전히 치료의 하나로 이용할 수 있지만, 각성을 감소시키기 위해 화학적 거세나 생리학적 접근이 성범죄자를 치료하는 데 그 자체로 충분하다고 주장하는 전문가는 거의 없을 것이다. 이러한 절차가 사용될 경우, 일반적으로 새로운 심리요법 치료로 보완한다.

행동주의 접근

많은 행동주의 전략(behavioral strategies)이 일탈적인 성적 각성을 다루기 위해 사용되고 있다. 이러한 접근들은 제4장에 더 자세히 기술되어 있다. 행동주의 방법은 혐오요법, 내재적 민감화, 혐오적 심상 혹은 조작적 조건형성을 사용한다. 다양한 접근을 통해 본질적으로 그 자체가 학습된 행동으로 간주되는 현재의 일탈적 성적 행동을 잊어버리는 것을 포함한다. 그러나 생리학적 접근과 마찬가지로, 행동주의 양식은 더 현대적인 치료에 자리를 내주었다. 사용될 경우 다른 치료들, 주로 인지행동 양식과 결합하여 사용되는 부가적 접근이 되는 경향이 있다. 행동주의 양식의 지지자들조차도 그것은 전체적인 치료과정의 일부가 되어야 한다고 주장한다(Maletzky, 1991).

　제4장에서 언급한 바와 같이, **성범죄자 혐오요법(aversive sex offender therapies)**은 범죄자가 일탈적인 성적 자극과 수용될 수 없는 성적 행동을 혐오적이고 불쾌한 자극과 연합시키도록 돕기 위해 노력한다. 혐오 자극에는 전기 충격과 구토 유도 약물, 일시적 마비를 일으키는 약물, 악취가 포함될 수 있다(Maletzky, 1991; Quinsey & Marshall, 1983). 치료과정은 불쾌한 자극과 짝을 지어 수용하기 어려운 잠재적 피해자의 언어, 비디오 그리고 그림을 이용한 이미지를 범죄자에게 보여 주는 것이 포함된다. 시간이 지나고 여러 번 반복되면서, 그 아동이나 그 행동은 혐오적인 냄새, 맛 또는 다른 불쾌한 자극과 연합이 된다. 그러한 연합을 통해 잠재적인 가해자가 아동에게 매력을 잃게 될 것으로 기대한다. 사용할 경우, 혐오적 절차는 주로 포르노와 소아성애, 노출증과 같은 강박적인 행동에 사용된다. 그것은 좀 더 친사회적 행동이 내재화될 때까지 범죄자를 안정시키기 위해 다른 치료 양식 이전에 사용될 수 있다. 일부에서는 다른 약물과 결합하여 사용하는 것으로 보고하고 있다(Ball & Seghorn, 2011).

　다른 형태의 혐오요법(aversion therapy)과 마찬가지로, 직접적인 혐오 자극의 사용은 해롭고 고통스럽고 비인도적이라고 생각할 수 있다. 내재적 민감화(covert sensitization)나 혐오 심상(aversive imagery)은 성범죄자에게 혐오적인 자극을 직접적으로 경험하도록 요구할 필요가 없게 해 주었다. 1960년대에 코텔라(Cautela)에 의해 개발된(Maletzky, 1991) 심상은 무조건 자극과 조건 자극의 한 쌍을 경험하기보다는 시각화를 사용한다. 범죄자들이 어떤 이미지화된 성행동의 그림을 보거나 생생한 이야기를 듣고 테러나 불안, 메스꺼움을 수반하는 부정적인 결과가 뒤따르게 한다. 그들은 아내나 고용주에게 발각되거나 경찰에 신고되는 것과 같은 불리한 결과를 상상할 수도 있다. 시나리오는 또한 범죄자들이 성행동을 회피하거나 외면하는 것을 상상하게 하는 도피 장면을 포함할 수 있는데, 그렇게 함으로써 모든 불리한 결과를 방지할 수 있다.

　혐오적 조건화, 내재적 민감화, 혐오적 심상은 범죄자에 대한 철저한 이해가 필요한 강력한 치료법이다. 시나리오와 시연은 범죄자의 일탈적 각성의 형태와 저지르는 행동의 유형, 그 행동을 일으킨 자극과 일치해야 한다. 집중치료 기간에는 빈도가 적은 후속 치료가 이루어지는데, 그때조차도 소거(extinction)의 가능성이 분명히 발생한다. 만약 혐오 자극이 줄어들어 범죄자가 이전 행동으로 되돌아갈 경우, 무조건 자극(예: 메스꺼운 냄새)의 영향은 그것이 사라질 때까지 점점 더 약해질 것이다. 더욱이 범죄자가 이전 행동에 관여하는 것은 그리 어려운 일이 아닐 것이다.

자위행위 조건형성(masturbatory conditioning) 또는 각성 재조건형성(arousal reconditioning)을 살펴보자. 성범죄자 치료에 대한 대부분의 접근은 일탈적인 성적 각성을 제거하는 것만으로 충분하지 않다는 것을 인정한다. 대부분의 경우, 성적 욕구처럼 강한 인간의 충동은 간단히 사라지지 않을 것이다. 일탈적 성은 적절한 파트너와 친사회적인 성행동으로 대체되어야 한다. 행동 기법은 또한 비일탈적인 환상과 나이에 적절한 합의된 파트너와의 성적 반응을 장려하기 위해 사용되어 왔다(Epps, 1996; Maletzky, 1991). 조작적 조건형성 모델에 근거하여, 이러한 접근법은 자위행위에 의해 제공되는 정적 강화를 활용한다. 이것은 적절한 성적 내용의 제시에 따라 자위행위를 하도록 유도한다. 범죄자가 그러한 환상에 각성되지 않을 경우, 치료에서는 좀 더 바람직한 일탈적 환상을 보여 주고 그것에 대해 자위행위를 하도록 허용하는 것이 포함된다. 이 과정이 진행되는 동안, 일탈적인 환상이나 그림은 범죄자가 오르가슴에 도달할 수 있는 적절한 환상으로 점진적으로 옮겨진다. 그러면 오르가슴의 절정이 적절한 환상과 함께 일어난다. 시간이 지남에 따라 오르가슴은 적절한 환상이 있는 곳에서 일어난다.

여러 자료에서 성범죄자에 대한 행동치료의 효과성에 대해 논의되고 있다. 이러한 접근을 강력히 지지하는 사람도 있지만, 그 근거는 인지행동 접근만큼 강력하지 않다(Hall, 1995).

인지행동 접근

1980년대부터 인지행동 및 사회학습 접근(cognitive-behavioral and social learning approaches)은 성범죄자의 치료에 필수적인 도구가 되어 왔다. 앞서 언급한 바와 같이, 많은 성범죄자는 그들의 행동을 부추기고 유지하는 신념, 가치, 태도를 견지하고 있다. 그들의 해악을 최소화하고 변명하는 데 필요한 많은 역기능적인 태도를 지니고 있다. 성범죄자는 또한 일반 범죄와 관련하여 범죄자(비성범죄자) 인구가 가지고 있는 인지왜곡의 일부도 고수할 수 있음을 인식할 필요가 있다. 혹은 그들은 사회에서 들었던 부적절한 성적 태도를 증폭시킬 수도 있으며 그러한 인식이 그들의 행동에 영향을 미치는 것을 막을 수는 없다(McCrady et al., 2008). 성범죄자 집단의 인지행동치료에서 전념하는 것 중 하나는 이러한 생각의 오류를 발견하고, 그것이 개인의 행동에 어떠한 영향을 미치는지 설명하며, 그것을 수정하는 것이다. 인지행동 접근은 부인(denial)과 최소화

(minimization)에 직면하고, 여성과 아동에 대한 범죄자의 태도 및 왜곡에 도전하는 것을 추구한다(Marshall, 1996).

인지행동 성범죄자 프로그램은 또한 인지 재구조화 모델을 넘어서, 범죄자들이 다른 사람에 대한 공감과 같은 새로운 사고과정과 성인과 교제하며 친사회적으로 관계를 맺는 데 필요한 사회적 기술을 구축하도록 돕는다. 머피(Murphy, 1990)는 성범죄자 치료에 필수적인 세 가지 인지훈련 유형을 확인했다.

1. 공감훈련(Empathy Training): 범죄자에게 그들의 행동에 대한 해악을 알게 하는 것은 성범죄자 집단에서 중요하다. 여기에는 피해자 집단의 대변자들과 치료 논의를 하는 것이 포함될 수 있다. 범죄자는 또한 생존자가 서면으로 기술한 것을 읽고 토론하거나, 치료 회기에서 뉴스 기사나 다른 미디어를 보도록 요청받을 수 있다.

2. 역할극(Role-Playing): 이 접근은 범죄자에게 촌극에서 자기 자신 이외의 다른 역할을 하도록 요청할 것이다. 치료자나 다른 집단 구성원이 범죄자 역할을 하는 동안, 그는 경찰관, 가족 구성원 또는 피해자 역할을 할 것이다. 그 범죄자의 행동으로 상처를 받은 다른 사람의 역할을 가정한다면 다른 사람의 감정을 이해하고 그들에 대한 공감을 발전시키려는 범죄자의 노력에 크게 도움이 될 것이다. 역할극은 그 촌극에서 표현되고 있는 인지왜곡을 확인하는 데 도움이 될 수 있다.

3. 사회기술훈련(Social Skills Training): 많은 성범죄자는 사회기술이 낮다. 그들은 동료, 특히 여성과 대화하는 데 어려움을 겪는다. 게다가 사회적 기회를 접하고, 차이를 해결하고, 주장하고, 욕구를 친사회적 방법으로 충족하는 것이 어려울 수 있다. 이러한 기술 없이는 그들이 건강한 성인관계를 발전시키는 것은 매우 어렵다. 사회기술훈련의 과정은 사회학습을 다룬 제8장에 개괄되어 있다. 범죄자들은 일반적으로 치료자나 다른 집단 구성원 또는 비디오를 통해 시연된 행동을 연습한다. 그들의 시연과 연습은 실제 환경에서 다른 성인들과 대화를 시작하고 유지하는 연습을 하면서 치료환경 밖에서도 계속되어야 한다.

집단 구성원들은 집단 또는 개인 치료에서 그들의 경험을 토론할 기회가 있어야 한다. 이러한 접근은 다른 사람과 관계를 형성하고 친밀감을 구축하는 데 초점을 두어야 하며(Shursen, Brock, & Jennings, 2008) 동시에 다른 사람의 권리를 상기해야 한다(Ward, 2007).

유의해야 할 점은 가능한 다른 모든 양식을 배제하고 인지행동 접근만을 활용하는 프로그램은 거의 없다는 것이다(Schwartz, 2011). 이것에 가장 근접한 것은 1981년 캘리포니아에서 시작된 성범죄자 치료와 평가 프로젝트(Sex Offender Treatment and Evaluation Project, SOTEP)였다. SOTEP는 캘리포니아 정신보건국의 계획으로 캘리포니아 입법부에서 결의되었다. 내담자들은 주 교정국의 감독을 받고 있으며, 아동 성추행이나 강간으로 유죄 선고를 받았다. 매주 치료과정에서 개인치료에 1시간, 간호직원과 2시간, 재발방지에 4시간 30분 동안 참여했다. 추가 훈련에는 스트레스 관리, 이완기법, 성교육, 분노관리, 사회기술훈련이 포함되었다. 치료 후에는 성범죄자 사후관리 프로그램이 1년 추가되었다.

SOTEP는 대규모 실험 평가의 대상이었다. 초기 결과는 치료집단에 호의적인 결과가 나타났다. 그러나 보다 장기적인 추적 후의 최종 보고서에서 재발방지 구성요소는 효과적이지 않으며 전반적인 치료 효과는 유의미하지 않은 것으로 나타났다(Marques et al., 2005). 이와는 대조적으로, 유사한 프로그램들이 치료집단에서 재범률을 감소시킨 것으로 나타났다(Hanson et al., 2002; Lösel & Schmucker, 2005).

재발방지(relapse prevention) 프로그램은 처음에 사후관리의 형태로 물질남용치료에 사용하기 위해 개발되었다(Marlatt & Gordon, 1985). 이 프로그램들은 범죄자가 치료에서 배운 기술을 계속 사용할 수 있도록 돕기 위해 고안되었다. 성범죄자에게 사용되는 이 모델은 물질남용자에게 사용된 것과 이론상으로 비슷하다(제11장 참조). 치료 프로그램이 끝날 무렵(때로는 과정에서) 범죄자들은 재범을 '촉발할' 수 있는 심리적·상황적 요인들의 목록을 개발하는 데 도움을 받는다. 그 목록은 각 범죄자에게 고유해야 한다. 그것은 범죄자가 항상 가지고 있어야 하며 감독 당국에 제시해야 한다. 재발방지 구성요소의 매우 중요한 부분은 범죄자가 고위험 상황을 피하는 방법과 피할 수 없는 고위험 상황에 대처하는 방법을 가르치는 것을 포함한다(Pithers et al., 1983). 재발방지 프로그램은 20년 이상 성범죄자에 대한 인지행동 프로그램의 중요한 부분이었다(Laws, Hudson, & Ward, 2000).

성범죄자에 대한 재발방지의 실효성에 대해 많은 우려가 제기되었다. 첫째, 그것의 인기에도 불구하고 재발방지 프로그램은 성범죄자의 재범을 줄이는 데 별로 효과적이지 않을 수 있다는 일부의 우려가 있다(Laws, 2003). 둘째, 재발방지는 일부 성범죄자의 변화 동기를 과대평가할 수 있으며, 해로운 성행동에 참여하는 것에 강하게 동기화된 성범죄자 유형과 범행 이전에 상당한 계획을 세우는 유형의 성범죄자에게는 적합하지 않을 수 있다.

성범죄자 치료에서 자기조절모델(self-regulation model)은 재발방지에 대한 대안으로 워드와 허드슨(Ward & Hudson, 2000)이 제시했으며, 성범죄를 보다 복합적인 관점으로 본다. 워드와 허드슨에 따르면, 성범죄자들은 초기의 재발방지모델이 가정했던 것보다 훨씬 더 다양하다. 가장 중요한 것은 모든 성범죄자가 실제로 성적으로 착취적인 행동을 계속하고 싶어 할 때 멈추도록 동기화되는 것으로 가정했기 때문이다. 그들의 행동에서 핵심 요인은 **자기조절 기술**(self-regulation skills)과 목표를 포함한다. 자기조절은 개인이 목표 지향적인 행동을 할 수 있게 한다. 목표에는 원하는 상황이나 느낌을 획득하거나(획득 목표, acquisitional goals), 원하지 않는 것을 회피하는 것(억제 목표, inhibitory goals)이 포함될 수 있다. 어떤 목표를 원하는지와 상관없이, 목표 지향적 행동은 그 행동으로 이끄는 인지적 각본과 자신의 행동을 선택하고, 모니터링하고, 수정하고, 평가하는 데 참여하는 범죄자가 포함된다. 목표, 인지적 각본, 감정, 반응 그리고 원하는 목표를 달성하기 위해 개인의 행동과 생각이 얼마나 잘 작동하고 있는지에 대한 평가와 같은 이러한 모든 행동은 범죄에 대한 인지행동모델에 잘 들어맞는다.

워드와 허드슨(2000)에 따르면, 역기능적 자기조절 증상에는 세 가지 유형이 있다.

1. 개인은 자신의 감정이나 행동에 대한 통제력을 잃고 억제된 태도를 행동화하기 시작한다.
2. 개인은 자신의 행동을 통제하려고 시도하지만 효과적이지 못한 방법을 사용한다.
3. 개인은 효과적인 자기통제 전략을 지니고 있지만 이러한 기술을 반사회적 목표로 향하게 한다.

이러한 역기능적인 자기조절 방식이 범죄자의 목표(획득 또는 억제) 및 목표 지향적인 전략과 결합될 때 성범죄에 대한 네 가지 전략으로 드러난다. 이러한 전략은 인지왜곡, 범행 계획의 정도, 그들의 행동에 대한 평가(호의적이거나 비판적인), 불법적인 성적 접촉으로 이어지는 상황 유형의 측면에서 범죄자들 간의 차이를 보여 준다. 네 가지 경로는 다음과 같다.

- 회피-수동 경로(Avoidant-Passive Pathway): 이 경로의 범죄자들은 성범죄를 저지르는 것을 원하지 않는다. 실제로 그들의 목표는 그것을 회피하는 것이다. 그러나

그들은 효과적인 대처전략을 실행할 수 없으며, 부정적인 사고과정에 참여하여 행동을 탈억제하고 통제력을 상실하고 충동적으로 행동할 가능성이 크다. 그들은 자신의 행동을 통제할 수 있는 능력에 대한 자신감이 부족하다. 그들의 범행은 은밀하게 계획되며, 그들이 고위험 상황에 지나치게 근접하고 있는 때를 예측하지 못한다. 그들의 욕구는 자신을 불안하게 만들며, 스스로 그것으로부터 주의를 돌리려고 시도할 수 있다. 그들은 범행을 저지른 후에 죄책감과 불안을 경험한다. 성적 욕구, 흥분, 불안이 관리되지 않기 때문에 그들의 재범 가능성은 높다. 회피-수동 경로에 있는 범죄자들은 부적절한 성적 행동을 회피하려고 추구하기 때문에 전통적인 재발방지모델에 더 적합하다.

- 회피-능동 경로(Avoidant-Active Pathway): 이 유형의 범죄자도 또한 성범죄를 저지르는 것에 대해 회피하기를 원하기 때문에 전통적인 재발방지모델에 적합할 수 있다. 이들은 통제력 상실을 위협하는 반응(예: 각성이나 환상)을 통제하기 위해 적극적으로 시도한다. 이 경우에 범죄자는 자신의 통제 전략이 효과가 있을 것으로 기대하지만 그렇지 않으며, 어떤 경우에는 그것이 범행 가능성을 높인다. 종종 부정적인 감정들이 범행을 부추길 수 있다. 예를 들어, 범죄자가 모욕이나 거절에 대해 화가 났을 수 있다. 분노는 알코올에 의해 증폭되었을 수 있다. 그는 자신의 충동을 실제 피해자에게서 멀어지게 하려고 포르노물을 사용할 수 있지만, 그 충동을 부추기고 있을 뿐이다.

- 접근-자동 경로(Approach-Automatic Pathway): 이 유형은 성범죄를 저지르고자 하는 획득 목표를 가지고 있으며, 그것을 회피하려는 욕구가 없다. 그러나 그러한 행동은 충동적이며, 그 행동을 지지하는 학습된 인지 도식에 기반을 두고 있다. 여기에는 여성에 대한 부정적인 태도나 특권의식이 포함될 수 있다. 범행은 개인이 완전히 이해하지 못하는 상황적 자극에 의해 활성화된다. 범죄는 또한 대강은 계획되었을 수도 있다. 개인은 그 사건을 고대하고 그에 따르는 즐거움을 얻는다.

- 접근-명백 경로(Approach-Explicit Pathway): 이 유형에게도 성폭행은 획득 목표이다. 이 개인은 자기조절을 할 수 있다. 그러나 그의 자기조절 기술은 반사회적인 획득 목표를 지향한다. 성적 공격성은 이러한 개인의 신념과 가치체계에 깊이 뿌리박혀 있다. 범행은 의도적으로, 때로는 주도면밀하게 계획된다. 범죄자는 시간이 지남에 따라 피해자를 길들이고 선물을 제공하면서 그 개인을 가까이 유인하기도 한다. 이러한 개인은 또한 사건에 대해 긍정적으로 반응한다.

이러한 유형들은 성범죄에 대해 다양한 경로를 묘사하고 있지만, 모두가 전통적인 재발방지 접근에 적용할 수 있는 것은 아니다. 예를 들어, 두 가지 접근 유형에 내재한 동기는 재범을 회피하려는 동기가 없는 내담자를 구분한다. 이러한 개인에게는 신념과 가치관, 공감훈련을 목표로 하는 많은 치료가 타당해 보인다. 또한 이 유형 중 하나인 접근-명백 경로는 재발방지에서 가르치도록 고안된 자기관리 기술을 이미 보유하고 있다. 치료는 또한 치료에서 다루어지는 인지왜곡의 성격이 범죄자가 회피 경로 혹은 접근 경로로 분류되는지에 따라 달라져야 한다는 것을 인식해야 한다. 접근모델의 증거가 되는 태도들은 성적으로 착취적인 행동을 지지한다. 그들은 범죄자가 수치심을 느끼지 않는 깊이 뿌리박힌 생활방식을 묘사한다. 치료는 일탈적인 성적 각성과 같은 범죄 경로의 다른 역동과 함께 이러한 태도를 변화시키는 것을 수반한다.

대처능력을 증진하는 것이 회피 유형에 대한 적절한 접근방식이 될 수 있다. 회피 유형은 자존감 향상, 친밀감 기술, 자기효능감(자신의 행동을 통제할 수 있다는 자신감)을 발달시킬 필요가 있을 것이다. 회피-수동 접근을 보이는 범죄자는 그들의 부인이 효과가 없다는 사실에 주의를 기울여야 할 것이다. 그들은 재범을 방지하기 위해 새로운 전략을 개발할 필요가 있다. 이러한 범죄자들은 이미 멈추고자 하는 욕구를 지니고 있어서 그들의 행동을 변화시키기 위한 동기부여가 필요하지 않을 수도 있다.

뇌 손상 및 외상 치료의 통합

다양한 유형의 성범죄자를 인식하고 치료하는 데 있어서 자기조절 접근은 이 장의 앞부분에서 언급한 진술을 다시 생각하게 한다. 성범죄자들은 정말로 다양하고 이질적인 개인들의 집단이다. 실제로 행동, 인지, 사회기술의 치료에 대해 논의했지만, 애착장애, 뇌 손상 그리고 학대와 애착장애로 인한 신경계 질환과 같은 요인에 대해서는 거의 언급하지 않았다. 그러한 질환들 자체가 성범죄자들에게 나타나는 자기조절 문제를 유발할 수 있다.

최근 몇 년 동안 이러한 훨씬 더 복합적인 인과관계가 우리의 주의를 끌면서, 우리는 사고와 기술만을 목표로 하는 인지행동적 관점을 견고하게 유지해야 하는가? 아니면 다른 치료 양식을 시작하는 것이 중요한가?

어떤 의미에서 인지행동 접근이 신경계 질환이 있는 많은 내담자에게 적절하다. 실제로 점점 더 어려운 인지 및 행동 과정에 대한 구체적인 반복, 행동 시연 그리고 일반화는 신경계 문제가 있는 내담자에게 매우 적절할 수 있다. 이러한 접근은 어린 아동이 배우는 효율성과 비교하면 길고 힘든 학습과정을 분명히 포함하지만 새로운 신경 경로의 발달에 핵심적이다(Arden & Linford, 2009).

학대와 외상으로 인한 신경계 문제의 일부 유형에 대한 또 다른 접근법은 안구운동 민감소실 및 재처리 요법(Eye Movement Desensitization and Reprocessing, EMDR)에서 볼 수 있다(Shapiro, 1995). EMDR은 외상 후 뇌 기능을 향상시키는 유용한 도구로 알려져 있다. 치료 그 자체는 아니지만, EMDR은 종종 내담자가 지속적인 치료와 미래의 정서적 애착에 좀 더 정서적으로 유용할 수 있도록 도와준다.

또한 변증법적 행동치료(Dialectical Behavioral Therapy, DBT; Dimeff & Linehan, 2001)와 같이 좀 더 세밀하게 애착과 조절장애를 목표로 하는 양식을 고려하는 것도 합리적일 수 있다. DBT의 초점은 정서적·행동적·인지적 조절과 관련한 기술에 있다. DBT는 스트레스 관리와 고통 감내, 정서 조절에 초점을 둔다. 내담자는 대인관계에 효과적인 기술을 배운다. 이 프로그램은 또한 마음이 평온해지고 집중되도록 훈련하고, 상황을 악화시키지 않으면서 스트레스를 견딜 수 있도록 마음챙김과 명상(mindfulness and meditation)을 사용한다. 이 접근은 범죄유발욕구에 초점을 둔 일반 범죄자 프로그램과 차이를 보여 주지만, 워드와 허드슨의 회피 유형에는 그러한 전략의 적절성을 알 수 있다. 여성 범죄자(제14장 참조), 특히 우울증과 외상 문제를 다루고 있는 최근의 프로그램에서 비슷한 방향을 볼 수 있다(Covington, 2003). 성범죄자 프로그램에 대한 개관에서 슈워츠(Schwartz, 2011)는 자칭 인지행동 프로그램이라고 설명하는 대부분의 프로그램은 실제로 양식들이 혼합된 것임을 상기시켰다.

성범죄자 치료의 주요 구성요소

치료적 동맹

내담자와 치료자 간의 치료적 동맹(therapeutic alliance)의 중요성은 이 책을 통해 많은 점에서 논의되었다. 그 관계의 질이 치료적 변화를 일어나게 할 수 있는지가 핵심이다. 그러나 많은 성범죄자의 경우 치료적 동맹의 중요성이 유의하게 더 추가된다(Marshall et al., 2003; Yates, 2004). 앞에서 논의한 바와 같이, 많은 성범죄자가 애착장애로 진단받고, 동료나 성인과의 관계에서 어려움을 경험하며, 대인관계 기술이 부족하다. 애착과 친밀감의 결여는 결국 자기조절에 영향을 미치고 자기애적인 방어를 만들어 낼 수 있으며, 자신의 욕구가 상호 호혜적인 관계에서 충족되는 것이 아니라 다른 사람에 대한 착취를 통해 이루어진다(Anechiarico, 2015).

치료적 동맹은 성범죄자가 건강한 관계를 처음 접해 보는 것을 의미할 수 있어서, 그것은 변화를 위한 매우 중요한 수단이 된다. 치료적 관계는 내담자가 다른 사람에게 이해받고 자기확인(self-affirmed)을 경험할 수 있는 기회이다. 방어는 부드러워질 수 있고 상호 이해와 새로운 인지적 방향이 생성될 수 있다. 건강한 관계가 형성되면, 욕구는 호혜적 방식으로 충족되며 좀 더 안정적인 자존감이 형성될 수 있다. 집단환경에서 관계 및 정서 처리에 대해서도 마찬가지라고 할 수 있다. 좋은 치료집단은 다른 사람들과 안전하게 연결되고, 이해받는다는 느낌 그리고 공감적 반응을 표현하고 받을 기회를 제공한다. 이러한 것들은 애착 형성과정을 제공하며 이후 친밀한 관계를 위해 좀 더 안전한 기반을 제공할 수 있는 새로운 관계 양식을 개발시켜 준다. 또한 미래의 관계를 시작하는 데 필요한 자신감을 구축하는 데 도움이 된다.

성범죄자 치료에서 치료적 관계의 중요성에도 불구하고 여러 전문적 요구사항으로 인해 일반적인 치료관계보다 관계를 발전시키는 데 더 어려움이 있다. 다른 상담 상황과 달리, 성범죄자 상담사와 치료자는 내담자 비밀보장(client confidentiality)에 방해가 되어 많은 것을 제공할 수 없다. 성범죄자는 상담환경에서 일반적으로 비밀보장이 유지되는 모든 내용이 아니라면 대부분의 비밀보장에 대한 권리를 포기하도록 요구받는다. 점점 더 많은 관할 법원, 교정기관, 사회서비스, 법 집행, 아동복지, 정신건강, 보건기관이 공공 안전을 증진하기 위해 정보를 협력적인 방식으로 사용한다. 또 다른 도전은 성범죄자 치료가 종종 자발적이지 않다는 것이다. 성범죄자는 종종 법적 명령이나 더 엄격한 형량을 피하기 위한 압력에 의해 치료를 받게 된다. 일단 치료를 받으면, 치료 목표가 내담자와 치료자 간의 협력을 통해서가 아니라 법원이나 형사사법기관의 대리인에 의해 주어질 수 있다.

그러나 윤리는 단절된 상태에서는 존재하지 않는다. 전문가들은 내담자에게 프로그램과 절차, 개입의 유형과 함께 그것의 위험성 및 혜택에 대한 정보를 제공해야 한다고 주장한다. 치료 결정은 개별화된 치료 계획 수립으로 이어지는 공식적 면담과 평가를 통해 이루어져야 한다. 내담자에게 모든 치료 목표에 대한 정보가 제공되어야 하고, 질문에 대한 답변을 받을 기회가 주어져야 한다. 마지막으로, 많은 주에서는 성범죄자 개입의 전문성을 공식적으로 인정하고 성범죄자 상담사와 치료자에게 전문화된 훈련과 자격을 받을 것을 요구한다(CSOM, 2008).

평가

성범죄자는 치료를 시작하기 전에 그들의 배경과 욕구에 대한 철저한 평가가 필요하다. 그들은 복합적인 욕구와 특성이 반영된 프로그램을 요청한다. 동시에 이러한 욕구에 연결될 수 있는 많은 프로그램 양식이 있어도 욕구와 양식이 잘못 연결되면 해로울 가능성이 있다. 예를 들어, 자기조절모델로 작업하는 치료자는 (앞에서 설명한) 치료를 시작하기 전에 범죄자를 네 가지 경로 중 하나로 분류하기 위해 요구되는 평가를 반드시 수행해야 한다(Yates & Kingston, 2011). 다른 예로, 메인주의 RULE 프로그램은 여덟 가지 영역에서 치료를 제공한다. 이는 신체적(예: 정신질환, 신경계), 행동적(예: 일탈적인 성적 각성), 정서적(예: 분노, 두려움, 슬픔), 인지적(왜곡 및 잘못된 대처기술), 가족 역동, 대인관계(사회기술), 사회적 메시지, 영성의 영역이다. 어떤 범죄자에게 어떤 치료를 받게 할 것인지 결정하기 전에 철저한 평가가 필요하다(Schwartz, 2015).

성범죄자를 평가할 때 수집한 정보는 다음 네 가지 영역으로 분류될 수 있다(Lester, 2014).

1. **사회생활력**: 고용 경력, 취미와 관심, 가족관계와 구성, 애착 및 구조, 중요한 인생 사건, 민족성
2. **심리적 및 사회적 문제**: 외상과 학대 과거력, 정신의학적 장애, 물질남용, 정서적 어려움, 비성범죄 및 반사회적 행동 과거력
3. **성적 발달**: 성 과거력 및 경험, 성에 대한 태도, 성 지식 및 선호, 성기능장애, 사춘기 시작 나이 및 사춘기 적응, 성관계 및 친밀한 관계, 성 피해자화의 과거력
4. **성범죄의 패턴**: 성범죄 과거력, 피해자와 범죄에 대한 태도, 자위 및 성적 환상, 무력 사용 및 신체적 공격, 치료에 참여하려는 의지, 치료 목표를 명시할 수 있는 능력(Epps, 1996; Maletzky, 1991). 예를 들어, 연구에서는 자위행위 및 환상(나이에 적절한 vs. 일탈적인)의 유형은 적대감의 존재, 재범 가능성, 범죄 유형, 치료 전망과 같은 요인과 관련이 있다고 주장했다(DiGiorgia-Miller, 2007; Looman, Serran, & Marshall, 2011).

임상 면담(clinical interview)은 범죄자에 대한 정보를 얻기 위해 가장 널리 사용되는 기법이며, 치료의 첫 번째 단계가 되어야 한다. 면담자는 대부분의 성범죄자가 매우 방어적이고 종종 그들의 범죄에 관한 보고를 왜곡한다는 것을 알고 있어야 한다(Epps, 1996). 예를 들어, 그들은 자신의 행동에 대해 피해자를 포함해서 다른 사람에게 책임을 전가할 수 있다. 그들은 사건의 일부분에 대해서만 책임을 지는 것으로 자신의 행동을 최소화할 수 있다(Maletzky, 1991; O'Connell, Leberg, & Donaldson, 1990). 면담자는 또한 부인과 합리화, 유혹의 주장을 예상해야 한다. 치료는 이러한 유형의 방어를 다루어야 하며, 범죄자가 그들의 문제 및 다른 문제들을 개방적이고 정직하게 다루도록 격려해야 한다. 면담자는 공식 기록에 나와 있는 것보다 더 많은 범죄에 대해 알게 될 수도 있다. 슈워츠(2015)는 면담 중이나 치료과정에서 치료 제공자가 이전에 밝혀지지 않은 피해자를 알게 되는 것은 드문 일이 아니라고 말했다.

평가는 범죄자와의 임상 면담에만 의존해서는 안 된다. 평가자는 또한 부인, 여자친구, 가족 구성원 등 중요한 타인으로부터 추가 정보를 얻어야 한다(Maletzky, 1991; O'Connell et al., 1990). 추가 기록은 유용성이 입증되어야 한다. 여기에는 경찰과 피해자의 보고뿐만 아니라 이전의 심리학적 기록과 의료 기록도 포함될 수 있다. 이러한 기록을 검토할 때, 평가자는 파괴적인 행동 패턴, 반사회적 행동, 부적절한 성 관련 사건, 그러한 행동과정에서 폭력이나 무력의 사용, 행동의 지속 기간과 빈도를 탐색해야 한다(Maletzky, 1991).

또한 철저한 정신의학적 검사가 실시되어야 한다. 정신질환이 있는 범죄자들은 특정한 성적 행동과 관련된 심리적 및 행동적 문제에 대한 치료 외에 정신건강장애에 대한 치료도 받아야 한다. 이 장의 뒷부분에 언급된 바와 같이, 임상 면담은 또한 성범죄자를 위해 특별히 고안된 위험성 및 욕구 평가가 수반되어야 한다.

성범죄자 평가 및 치료 프로그램에서 좀 더 일반적인 특징이었던 음경혈량 측정법(penile plethysmography, PPG)은 다소 인기를 잃고 최근에는 많은 법적·윤리적 도전을 받고 있다. 음경혈량 측정법(phallometry로도 알려진)은 사진이나 영화, 오디오의 형태로 성적 내용에 노출된 남성 성범죄자의 각성 패턴을 측정하는 데 사용되었다(Laws & Osborn, 1983; Maletzky, 1991). PPG는 음경에 맞는 밴드와 전자 레코더로 구성되어 음경 발기의 변화를 감지하고 이러한 변화를 기록한다(Epps, 1996). PPG는 이와 관련된 몇 가지 문제점이 있다. 첫째, 일탈적인 성 자극에 대한 음경 반응에 있어서 성범죄자가 비범죄자와 다르다는 점이 단연코 분명하지 않다. 예를 들어, 벡스터, 바바리와 마샬(Baxter, Barbaree, & Marshall, 1986)은 강간범과 비범죄자 사이에 차이가 없음을 발견했다. 실제로 성범죄자와 비성범죄자 간의 차이를 고려할 때, PPG 반응보다는 사회기술과 친밀감, 외로움, 자존감, 인지왜곡의 차이에 대한 더 나은 증거가 있다(Marshall, 1996). 성범죄자는 비범죄자 인구와 이러한 점에서 다를 가능성이 더 높다(Sperber, 2004). 둘째로, 그것의 사용과 관련된 윤리적 문제이다. 일탈적인 성적 자극을 보여 주는 것이 실제로는 그것을 치료하기보다 일탈적 성적 기법을 조장할 수 있다는 우려가 있다. 게다가 PPG에 참여하는 동안 범죄자에게 보여 주는 자극이나 이미지는 여성을 비하하고 아동을 성적 대상으로 묘사한다. 청소년 남성 범죄자들은 특히 이와 관련하여 우려할 가치가 있다(Marshall, 1996). 셋째, PPG의 적절성에 의문을 제기했던 판결에서 미국의 제2순회항소법원은 최근 성범죄자에게 PPG 검사를 받도록 요구하는 하급 법원의 판결을 무효화했다. 3명의 판사로 구성된 항소법원은 PPG가 인도적 처우와 시민의 자유라는 선을 넘었다고 기록했다[United States v. McLaurin, 731F.3d 258 (2d Cir. 2013)].

한편, 폴리그래프(polygraph) 기법은 성범죄자에게 좀 더 빈번하게 사용된다. 선고 후 폴리그래프 검사는 성인과 청소년 성범죄자를 관리하기 위한 목적으로 상당히 일반적으로 사용된다. 폴리그래프는 형사사법기관이 범죄자가 현재 진행 중인 성범죄에 연루되어 있는지 확인할 수 있는 감시기능을 제공한다. 폴리그래프는 연방 시스템과 모든 주에서 유죄 선고 이후에 감독을 위한 목적으로 다양하게 사용된다. 범죄자는 1년에 1회에서 6회까지 검사를 받을 수도 있다. 증거 목적으로 폴리그래프를 사전 유죄 선고 도구로 사용하는 것은 거의 일반적이지 않다.

1920년대 샌프란시스코의 한 신문에서 '거짓말 탐지기'라고 아마도 부주의하게 일컬어진 바 있는 폴리그래프는 자율신경계(autonomic nervous systems, ANS)에 의해 야기되는 생리적 반응을 기록한다. 자율신경계는 자신의 행동을 잘못 표현한 결과로 불안해지거나 거짓말을 하는 것에 대해 약간의 우려라도 있을 때 자동적인 생리 반응을 일으킨다. 폴리그래프는 검사자가 제기하는 일련의 질문과정에서 이러한 피부의 전기반사, 심혈관, 호흡 활동을 기록하는 방법을 제공한다. 질문은 훈련되고 자격을 갖춘 검사자에 의해 능숙하게 구성되고 점수가 매겨진다. 질문은 각 성범죄자의 상황에 맞게 개별화되었으며 이후 질문을 위해 기저선을 설정하는 사전검사로 시작한다.

폴리그래프는 자주 사용되는데도 법적으로 여러 가지 이의가 제기되어 왔다(Blackstone, 2015 참조). 그린강(Green River) 살인범으로 알려진 게리 리지웨이(Gary Ridgeway)와 구소련을 위해 스파이 활동을 했던 이중간첩 알드리흐 아이메스(Aldrich

Aimes) 등의 일부 유명한 범죄자는 실제로 이 폴리그래프를 통과했다. 그것의 정확성에 대해서는 많은 과학적 논쟁의 주제이다(NAS, 2003 참조).

시간이 지나면서 범죄자에게 적절한 치료를 연결하는 과정을 돕기 위해 여러 분류(classification)체계가 고안되기도 했다. 몇 가지는 유형 분류체계로 앞에서 제시한 바 있다. 이러한 것들도 이제는 인기가 줄어들고 있는 것 같다. 모든 성범죄자가 모두 같지 않다는 사실은 분명하지만, 여러 자료에서는 많은 성범죄자가 하나 이상의 유형으로 분류되거나 시간이 지나면서 유형이 변할 수 있음을 제시하고 있다(Robertiello & Terry, 2007; Schwartz, 2011). 예를 들어, 하일, 알메이어와 시몬스(Heil, Ahlmeyer, & Simons, 2003)는 아동을 성추행한 범죄자의 78%가 성인에게도 성적인 피해를 주었음을 인정한 것으로 나타났다. 로버틸로(Robertiello)와 테리(Terry)는 또한 강간범과 아동 성추행범, 여성 성범죄자, 청소년 성범죄자, 사이버 범죄자를 위해 제안된 분류체계에 대한 검토에서 그 체계가 지난 몇 년 동안 크게 바뀌지 않았다고 언급했다. 대신에 수많은 특성에 대한 등급이 있는 보험계리적 평가가 단일 유형보다 치료 목적에 훨씬 더 유용성을 제공할 수 있는데, 그 평가가 복합적인 성범죄자 특성에 더 적합하기 때문이다.

보험계리적 평가(actuarial assessments)에 대해 살펴보자. 최근의 성범죄자 치료가 대부분의 범죄자 치료 접근보다 더 전문화된 것처럼 보이지만, 여러 당국에서는 계속해서 캐나다의 위험성-욕구-반응성(risk-needs-responsivity, RNR) 접근을 따를 것을 권고하고 있다(Anechiarico, 2015; Schwartz, 2015). 즉, ① 집중적인 서비스는 재범의 위험성이 가장 높은 사람들을 위해 마련되어야 하며(위험성 원칙), ② 다루어져야 할 욕구는 치료에서 재범을 감소시키는 것으로 밝혀진 것들이며(욕구 원칙), ③ 개입은 범죄자가 프로그램에 성공적으로 참여할 수 있도록 그들의 학습 스타일과 능력에 맞게 연결되어야 한다(반응성 원칙).

위험성 원칙을 준수하려면 타당한 위험성 평가 도구의 사용이 요구된다. 위험성 평가는 교정 실무자들에게 중요한 도구가 되었다(제7장 참조). 그러나 일부 성범죄자는 추가로 성범죄를 저지를 위험성이 높은데도 LSI-R이나 핵심 요인 점수(Salient Factor Score)와 같은 일반 범죄자 위험성 평가에서 점수가 낮다는 사실이 초기에 인식되었다(Hanson & Bussiere, 1998). 많은 성범죄자가 일반적인 범죄자처럼 보이지만, 그렇지 않은 경우가 더 많다. 프로그램 참가자 중에 성직자, 의사, 부유한 사업가, 대학교수, 은행가가 포함되는 경우는 드문 일이 아니다(Schwartz, 2015). 이에 대한 대응으로 몇 가지 위험성 평가 도구가 성범죄자를 위해 특별히 개발되었다.

성범죄자들의 위험요인 중 일부는 비성범죄자의 것과 유사하다. 그러나 연구자들은 성범죄자들에게 독특한 ① 이전 성범죄, ② 낯선 피해자와의 연루, ③ 남성 피해자의 존재와 같은 위험요인의 중요성에 주목했다(Hanson & Bussiere, 1998). 이러한 항목에 대한 긍정적 반응은 성범죄자들에게 더 많은 범죄를 저지르게 하는 고위험 상황에 놓이게 한다. 지금까지 몇 가지 성범죄자 정적 위험성 평가가 개발되었는데, 이는 ① 스태틱 99(Static 99; Hanson & Thornton, 1999), ② 스태틱-99R(Static-99R; Helmus et al., 2012), ③ 신속한 성범죄 재범 위험성 평가(Rapid Risk Assessment for Sexual Offense Recidivism, RRASOR; Hanson, 1997), ④ 성범죄자 위험성 평가 가이드(Sex Offender Risk Appraisal Guide, SORAG; Quinsey et al., 1998)를 포함한다.

이러한 정적 위험성 평가(static risk assessments)는 감독 수준과 범죄자가 집중치료를 받는 것이 필요한지를 결정하는 데 도움을 주는 유용성이 있지만, 특정한 성범죄자 치료를 위해 권유해 주는 것은 아무것도 없다. 다시 말해, 치료 프로그램에서 다루어질 수 있는 동적 위험/욕구(dynamic risk/needs) 요인을 파악하지 못한다. 이러한 인식으로 성범죄자 욕구 평가등급(Sex Offender Need Assessment Rating, SONAR; Hanson & Harris, 2000)과 그것의 최신판인 스테이블 2007(Stable 2007; Hanson et al., 2007)이 개발되었다. 이와 같은 동적 위험성/욕구 평가들은 성범죄자의 재범에 대한 정적 예측인자를 계속 포함하지만, 성범죄자에게 미래의 범죄에 취약하게 할 수 있는 욕구에 관한 고려사항

〈표 12-1〉 일반 범죄자의 동적 위험성/욕구 평가와 성범죄자의 동적 위험성/욕구 평가 비교

일반 범죄자의 동적 위험요인(LSI-R)	성범죄자의 동적 위험/욕구 요인(Stable 2007)
• 교육/고용 • 재정 • 가족/결혼생활 • 거주지 • 여가/취미 • 동료관계 • 알코올/약물 • 정서/성격 • 반사회적 태도	• 중요한 사회적 관계 • 안정적 관계를 위한 능력 • 아동과의 정서적 동일시 • 여성에 대한 적대감 • 일반적인 사회적 거부 • 다른 사람에 관한 관심 결여 • 충동성 • 낮은 문제 해결 기술 • 부정적인 정서성 • 성적 욕구/성적 몰입 • 대처로서의 성(sex) • 일탈적인 성적 선호 • 감독에 대한 순응

을 추가한다. 〈표 12-1〉은 일반 범죄자 인구와 관련 있는 동적 위험/욕구 요인(LSI-R 에 명시된 바와 같이)을 스테이블 2007에 포함된 것들과 비교하였다. 실제로, 스테이블 2007에 나열된 속성 중 LSI-R에도 나타난 것은 거의 없다. 따라서 욕구 원칙이 여전히 성범죄자에게 적용되더라도, 집단 특유의 동적 위험요인이 다루어져야 한다.

봉쇄 접근

성범죄자를 위한 프로그램이든 혹은 일반 범죄자 인구를 위한 프로그램이든 간에, 성공적인 치료 프로그램은 범죄자에 대한 적절한 수준의 구조와 감독을 제공하는 교정 환경에서 이루어져야 한다(제15장과 제16장 참조). 다시 말해, 고위험 범죄자에게는 집 중적인 심리적 및 심리교육적 서비스를 받을 것을 권고할 뿐만 아니라, 그들의 위험 수 준에 적절한 관리 · 감독과 봉쇄(containment) 내에서 이루어져야 한다.

당연히 이러한 추론은 성범죄자에게도 확장된다. 일부에서는 치료가 충분하지 않 다고 주장한다. 예를 들어, 일부 치료 제공자는 "비순응(noncompliance)에 대해 형사사 법제도의 결과에서 영향력이 없다면 성범죄자와 작업할 수 없다."라고 말한다(English, 2004). 이에 대한 대응으로, 많은 주에서는 성범죄자의 적절한 위험성 관리를 위해 봉 쇄 및 민간위탁법(civil commitment laws)을 채택했다. 이 법안은 성범죄자 등록 및 접 근 제한, 의무적인 DNA 검사를 포함한 의무적 신원확인 기술, 전문화된 보호관찰 및 가석방 사례담당, 선고 후 의무적 폴리그래프 검사, 전자 감시, 장기간의 구금 그리고 다자간 지역사회 제휴를 포함하는 형사사법적 제재, 서비스, 정책의 모든 것을 통해 성범죄자를 무력화시키려는 것이다. 이러한 접근방식의 가장 명확한 예는 **봉쇄 접근 (Containment Approach)**이라고 불리는 감독모델에 존재하는데, 이는 콜로라도 형사사 법부의 연구원들에 의해 고안되었다(English, Jones, & Patrick, 2003). 봉쇄 접근은 성범 죄자 관리에 대한 다섯 가지의 접근으로 그 내용은 다음과 같다.

1. 피해자 보호, 배상, 공공 안전에 우선순위를 두는 기본 철학
2. 다자간 조정 및 협력에 의존
3. 각 성범죄자의 욕구에 개별화된 위험성 관리를 강조하는 범죄자 감독 모델
4. 일관된 다자간 정책 및 협약
5. 프로그램 모니터링 및 평가에 적용되는 품질관리 방법

그림 12-1 방문객을 파밍턴 교정센터(Farmington Correctional Center)와 미주리주 성범죄자 치료센터(Missouri Sexual Offender Treatment Center)로 안내하는 표지판. 미주리주에서 논란이 되고 있는 성범죄자 사회복귀 및 치료 프로그램은 흉포한 성범죄자를 위한 비자발적 민간위탁 프로그램(civil involuntary commitment program)이다.

출처: AP Photo/James A. Finley.

봉쇄모델의 관점에서 기관 간 협력에는 성범죄자 치료 프로그램, 법 집행, 보호관찰 및 가석방 기관, 학교, 병원과 응급실 직원, 변호사, 사회적 서비스, 강간위기센터 및 다른 피해자 옹호자, 폴리그래프 검사자, 연구자, 교정기관의 부서 등이 포함된다([그림 12-1] 참조). 사례관리는 각 범죄자에게 맞추어진다. 그러나 지역사회 감독을 받는 특권은 일반적으로 위험성과 치료 문제에 대한 정보를 다양한 지역사회 이해관계자들 간에 공유할 수 있도록 범죄자가 비밀보장의 권리를 포기하는 것이 수반된다. 일반적으로 세 가지 기능이 협력적이고 협업적인 방식으로 중요한 정보를 공유한다. 그것은 ① 형사 사법 감독, ② 치료 제공자, ③ 폴리그래프 검사자의 기능이다. 공유된 정보에는 선호하는 피해자, 범죄 패턴과 범죄력, 일탈적 성적 각성의 빈도와 같은 문제들이 포함된다. 이 팀은 요구사항 및 제한사항과 가정 방문에 관한 정책, 모니터링 요구사항, 불이행의 결과를 고안한다. 치료 제공자는 성범죄자의 범죄과정과 고위험 상황에 대한 정보를 제공할 것으로 예견된다. 앞서 언급한 바와 같이, 이것은 많은 치료 상황에서 비밀로 간주될 수 있는 정보이다. 봉쇄모델은 성범죄자의 행동과 행동을 최소화하고 부인하는 보고를 계속 확인하는 것뿐만 아니라 성범죄자의 위험 상태 변화에 신속하게 대응할 것으로 기대된다. 선고 후 폴리그래프 모니터링은 대부분의 주에서 사용되고 있으며, 최소 21개 주에서 주 법원의 사법적 재량으로 허용한다.

지역사회 봉쇄모델보다 훨씬 더 우려되는 것은 현재 20개 주 이상에서 시행되고 있는 성범죄자 민간위탁(civil commitment) 법이다. 이 법은 1990년 워싱턴주에서 일련의 성범죄로 여러 명의 아동이 살해된 후 시작되었다. 대부분의 이러한 프로그램에서 성범죄자들은 다음의 세 가지 조건이 있는 경우, 민간위탁이나 선택적 무력화의 대상이 될 수 있다. ① 범죄자가 성범죄에 해당하는 범죄를 저지른 경우, ② 미래에 성범죄를 저지를 가능성이 있는 정신 이상이나 성격장애로 고통받고 있으며, ③ 재범의 위험성이 높은 경우이다. 민간위탁 법령이 있는 많은 주에서 범죄자가 민간위탁 명령을 받은 이후에 석방된 경우는 거의 없었다. 예를 들어, 미네소타주의 프로그램에서는 2012년 기준으로 700명의 내담자 중 2명만이 조건부로 석방되었다(Brant, Wilson, & Prescott, 2015). 미네소타주 범죄자들의 재범 가능성을 추정하기 위한 연구에서 듀위(Duwe, 2014)는 18%만이 실제로 새로운 범행을 저지를 것으로 추정했다. 이 예측의 부정확성은 크게 세 가지 이행 기준 중 다음 두 가지의 재량적 유형에 기인한다. ① 미래에 성범죄를 저지를 가능성이 있는 정신 이상이 있는 사람을 식별하는 것, ② 그러한 장기적 전념을 보장할 정도로 확실성이 높은 재범 위험성이 높은 사람을 결정하는 것이다. 민간위탁법은 많은 관할구역에서 법적으로 검토되고 있다.

성범죄자 치료 프로그램의 효과

성범죄자에 대한 일반적인 견해는 그들이 치료될 수 없다는 것이다. 초기 과학적 연구들은 그러한 관점을 지지했다(Furby, Weinrott, & Blackshaw, 1989; Quinsey et al., 1993). 그러나 새로운 인지행동 접근이 등장하면서 이러한 견해는 변화하고 있다. 일부 프로그램은 효과가 있다는 것을 보여 주는 첫 번째 연구 중 하나는 홀(Hall, 1995)이 수행한 메타분석이다. 최근 몇 년 동안, 메타분석(meta-analyses)은 프로그램이 범죄자의 재범을 줄이는 데 효과적인지를 결정하기 위한 '황금 기준(gold standard)'으로 여겨지고 있다. 메타분석은 재범의 감소나 그것의 결여가 여러 연구에 걸쳐 요약되기 때문이다. 그런 다음 효과 크기라고 하는 요약 통계는 '의견의 일치(consensus of opinion)'를 나타내는 데 사용된다. 강력한 **효과 크기**(effect size)는 어떤 유형의 프로그램이 효과적이었는지 뿐만 아니라, 그것이 일관되게 효과적이었는지 아니면 하나 이상의 설정에서 효과적이었는지를 보여 준다. 홀의 연구에서 비교집단 대상자의 재범은 29%인 데 비해, 치료를 종료한 범죄자는 19%가 재범을 한 것으로 나타났다. 인지행동 프로그램과 호르몬 치료를 사용하는 프로그램이 행동주의 프로그램보다 더 효과가 있는 것으로 나타났다. 그러나 홀의 검토가 발표된 12개의 연구만 포함했다는 점에 유의해야 한다. 다른 발표된 연구들은 비교집단이 없거나 그 집단에 참가자가 너무 적기 때문에 제외되었다.

이후에 더 많은 실험적 연구가 수행되었고, 좀 더 종합적인 연구 결과들이 나왔다.

이런 결과들은 치료받은 성범죄자의 재범률이 치료받지 않은 성범죄자보다 더 낮은 것으로 의견이 수렴되었다(Aos et al., 2006; Gallagher, Wilson, Hirschfield, Coggeshall, & MacKenzie, 1999; Hanson et al., 2002; Hanson et al., 2009; Lösel & Schmucker, 2005).

한슨(Hanson)과 동료들이 수행한 연구는 특히 유용하다. 2002년에 수행된 첫 번째 연구는 43개의 연구에 대한 메타분석이었다. 연구자들은 총 5,078명의 치료받은 범죄자를 치료받지 않은 범죄자 4,376명과 비교했는데, 치료받은 범죄자의 재범률은 12%인 데 비해 치료받지 않는 범죄자의 재범률은 17%로 나타났다. 결과는 좋았지만, 성범죄자에 대한 치료 효과가 일반 범죄자를 대상으로 한 프로그램의 효과만큼 강력하지는 않았다. 이후 한슨과 동료들이 수행한 연구에는 22개의 연구만 포함되었다. 이러한 연구들은 효과적인 개입원칙(위험성, 욕구, 반응성; Andrews & Bonta, 2010)이 성공적인 프로그램과 성공하지 못한 프로그램을 차별화할 수 있는지에 대해 검토할 기회를 제공했다. 일반적으로, 욕구 및 반응성 원칙을 따르는 프로그램이 그렇지 않은 프로그램보다 결과가 더 좋았다. 위험성 원칙을 준수하는 것은 중요하게 나타나지 않았다. 한슨은 1980년 이후 인지행동 및 재발방지 프로그램의 출현과 함께 더 성공적인 프로그램들이 진행된 것으로 보았다.

몇 가지 유의해야 할 사항이 있다. 첫째, 많은 평가에서 프로그램을 종료하지 못한 범죄자를 표본에서 제외했다. 둘째, 주 전체의 대규모 개입이 성공적인 것으로 나타난 연구는 없는 것으로 보인다. 대규모 프로그램은 주 전체의 개입으로 규모가 커짐에 따라 프로그램의 질에 대한 통제가 상실될 수 있다. 앞에서 논의된 캘리포니아의 SOTEP 프로그램이 확실히 이런 경우였다(Marques et al., 2005). 마지막으로, 효과 크기는 봉쇄 및 민간위탁 프로그램보다 치료 프로그램과 더 관련되어 있다는 것을 알아야 한다. 예를 들어, 뉴욕주의 제한적인 법에 관한 최근의 연구 결과에서는 그 법이 처음 또는 이전에 유죄 선고를 받은 성범죄자들의 성범죄 발생 정도에 주목할 만한 영향을 미치지 않는 것으로 밝혀졌다(Sandler, Freeman, & Socia, 2008). 이것은 만약 그 프로그램이 처벌과 감시에만 배타적으로 의존했다면 전혀 놀라운 일이 아니다. 강력한 사회복귀 구성요소를 포함하지 않는다면, 처벌과 감시 프로그램은 재범에 제한적인 영향을 미치는 것으로 널리 알려져 있다(Aos et al., 2006; Cullen & Gendreau, 2000).

결론

성범죄자 치료를 위한 선택은 지난 30년 동안 상당히 개선되었으며, 성범죄자 치료는 계속해서 빠르게 변화하고 있는 영역이다. 마찬가지로, 성범죄자는 계속해서 치료에 도전이 제기되는 대상으로 여겨지고 있다. 그들 스스로도 도전해야 할 많은 것이 있지만, 성범죄자 관리 프로그램은 치료 실무자가 해결해야 하는 추가적인 장애물을 가져온다. 여기에는 비밀보장의 포기와 의무적인 치료 요건이 포함된다. 성범죄자들이 치료될 수 없다는 주장은 더 이상 전적으로 정확하지 않지만, 치료 프로그램은 비용도 많이 들고 고도로 전문화되었다. 이에 더해 치료 실무자는 높은 자격 요건이 요구되고, 다른 지역사회 전문가 및 이해관계자와 팀원으로 일할 수 있도록 준비되어야 한다.

토론 질문

1. 1980년대 이후 성범죄자 치료가 개선된 몇 가지 방식을 확인하고 논의하라.

2. 오늘날 행동주의 및 생리학적 치료는 어떻게 사용될 수 있는가?

3. 애착장애는 성범죄자에게 어떤 영향을 미치는가?

4. 성범죄자를 인지행동 프로그램에 참여하도록 요구하는 것만으로 충분한가?

5. 일부에서는 처벌과 '강경한' 전략만으로 성범죄자가 치료될 수 있다고 믿는다. 이에 동의하는가?

6. 자기조절모델은 재발방지에서 어떤 문제를 해결하려고 시도하는가?

7. 성범죄자에 대한 분류체계와 유형 분류의 사용에 대해 어떤 종류의 비판이 제기되었는가?

8. 치료적 동맹이 일부 성범죄자에게 특히 중요한 이유는 무엇인가?

9. PPG와 폴리그래프(polygraph)에 대해 어떤 유형의 비판이 제기되었는가?

10. 성범죄자 치료는 일반 범죄자 치료 프로그램과 비교하면 얼마나 효과적인가?

11. 치료 실무자가 비성범죄자에게 실시하는 위험성 평가를 성범죄자에게 동일하게 실시하지 않기로 선택한 이유는 무엇인가?

장

심각한 반사회적 범죄자와
정신병질 범죄자 치료

에밀리 J. 샐리스버리(Emily J. Salisbury)

주요 용어

편도체	4요인 모형
반사회성 성격장애(APD)	신경심리학적 결함
인지행동주의	개정된 정신병질 체크리스트 제2판
정신병질 성격 종합평가(CAPP)	(PCL-R, 2nd ed.)
요인 1, 단면 1: 대인관계	6차원 모형
요인 1, 단면 2: 정서성	정신병질
요인 2, 단면 3: 생활양식	치료적 동맹
요인 2, 단면 4: 반사회성	

　　많은 일반 대중은 모든 범죄자를 '심각하게 반사회적인'으로 특징지을 수 있지만, 사실 범죄자의 대부분은 그렇게 지명되지 않는다. 교정 및 정신건강 관계자는 기관과 지역사회 내에서 다른 사람들에게 위해와 폭력을 사용할 가능성이 더 높은 범죄자들을 식별하고, 감독하고, 치료할 수 있어야 한다. 따라서 이 장에서 '심각하게 반사회적인'이라는 용어는 『정신질환의 진단 및 통계 편람 제5판(DSM-5)』(American Psychiatric Association, 2013)에 따라 반사회성 성격장애(Antisocial Personality Disorder, APD)로 진단되었거나 개정된 정신병질 체크리스트 제2판(Psychopathy Checklist-Revised: Second

Edition, PCL-R, 2nd ed.; Hare, 2003)과 같이 신뢰할 수 있고 타당한 평가 도구에 따라 정신병질로 진단된 범죄자를 언급한다. PCL-R 제2판은 정신병질을 진단하는 유일한 도구는 아니지만, 임상 및 연구 분야에서 가장 널리 사용되고 있다.

이 장의 주요 목표는 심각하게 반사회적인 범죄자를 치료하기 위한 가장 효과적인 방법의 개요를 제공하는 것이다. 많은 임상가와 교정직원은 심각하게 반사회적인 범죄자, 특히 정신병질 범죄자에게 개입하는 것은 희망이 없고 해롭다는 잘못된 결론을 내린다(Rice, Harris, & Cormier, 1992). 그러나 심각하게 폭력적이고 정신병질적인 개인들을 치료하는 것에 관한 최근의 연구 문헌은 지난 10년간 교정 및 법정 심리학에서 출판의 관심이 가장 빠르게 증가하고 있는 분야 중 하나가 되어 왔다. 의심할 여지없이, 신체적으로 해를 입히고 다른 사람을 정서적으로 조종하는 경향이 더 크기 때문에 이들에게는 주의 깊은 평가와 진단, 감독, 치료가 절대적으로 필요하다. 그렇지만 이들에 대해 우리가 가장 효과적인 개입방법을 결정해야 하는 것은 다른 사람들에게 해를 끼치는 경향이 더 크기 때문이다. 실제로 "정신병질자들을 위한 근거기반 프로그램의 개발을 계속 무시하는 것은 가장 치명적인 형태의 암 환자들을 무시하는 것과 같다"(Ogloff & Wood, 2010, p. 170).

반사회성 성격장애와 정신병질의 구별

DSM-5(American Psychiatric Association, 2013)에서는 반사회성 성격장애(APD)와 정신병질(psychopathy)에 대해 같은 진단을 반영하여 상호 교환할 수 있는 용어로 제시하고 있지만, 법정심리학 연구 문헌에서는 두 개의 진단과 이론적 구성 간에 구별을 두고 있다. 예를 들어, 오글로프(Ogloff, 2006)는 각 장애에 대한 진단 기준은 각각을 고유한 구성으로 볼 수 있을 만큼 충분하게 다르지만, 확실히 몇 가지 개념적 중첩이 있다고 말한다. 반사회성 성격장애의 진단 기준은 〈글상자 13-1〉에 제시되어 있다. 반사회성 성격장애가 DSM-5에서는 성격장애로 간주되지만, 오글로프(2006)는 반사회성 성격장애에 대한 진단 기준이 주로 반사회적이고 범죄적인 행동에 중점을 두는 반면, 정신병질 진단 기준은 일반적으로 성격적 결함에 더 초점을 둔다고 주장한다.

반사회성 성격장애 및/또는 정신병질(psychopathy)[1]로 진단을 받은 사람들은 평생 다른 사람의 권리를 무시하고 침해하는 행동 패턴을 보인다. 진단받은 개인들은 종종 다

글상자 13-1 반사회성 성격장애(APD) 진단 기준

A. 15세 이후에 시작되고 다른 사람의 권리를 무시하고 침해하는 광범위한 행동 양상이
   있고 다음 중 세 가지(또는 그 이상)를 충족한다.

   1. 체포의 이유가 되는 행동을 반복하는 것과 같은 법적 행동에 관련된 사회적 규범
      에 맞추지 못함

   2. 반복적으로 거짓말을 함, 가짜 이름 사용, 자신의 이익이나 쾌락을 위해 타인을 속
      이는 사기성이 있음

   3. 충동적이거나, 미리 계획을 세우지 못함

   4. 신체적 싸움이나 폭력 등이 반복됨으로써 나타나는 불안정성 및 공격성이 있음

   5. 자신이나 타인의 안전을 무시하는 무모성이 있음

   6. 일정한 직업을 갖지 못하거나 혹은 당연히 해야 할 재정적 의무를 책임감 있게 다
      하지 못하는 것 등의 지속적인 무책임성이 있음

   7. 다른 사람을 해하거나 학대하거나 다른 사람 것을 훔치는 것에 대해 아무렇지도
      않게 느끼거나 이를 합리화하는 등 양심의 가책이 결여됨

B. 최소 18세 이상이어야 한다.

C. 15세 이전에 품행장애가 시작된 증거가 있다.

D. 반사회적 행동은 조현병이나 양극성장애의 경과 중에만 발생되지는 않는다.

출처: American Psychiatric Association (2013), p. 659.

른 사람에 대한 조종과 지배, 착취를 통해 권력, 돈, 섹스를 추구하지만, 종종 정상적으로 기능하는 사람처럼 보인다. 그들은 자신의 개인적 이익을 위해 감정을 조종하고 신체적으로 공격하는 데 자주 관여하는 냉담하고 계산적인 사람들로, 거의 반성하지 않는다. 실제로 정신병질에 대해 출판된 대표적인 두 권의 책은 『정상인의 가면(The Mask of Sanity)』(Cleckley, 1941)과 『양심이 없는(Without Conscience)』(Hare, 1993)이다. 따라서 정신병질 범죄자의 감독과 치료에는 특별한 고려와 극도의 주의가 필요하다.

유병률과 문화적 차이

장애를 진단하는 데 사용하는 다양한 평가의 특성 및 반사회성 성격장애와 정신병질이 본질적으로 동일한 구조를 반영하는지 또는 정신병질이 반사회성 성격장애보다

더 극도로 폭력적인 것으로 간주되어야 하는지를 둘러싼 논쟁으로 반사회성 성격장애의 유병률을 측정하는 것은 도전이 되고 있다(Warren & South, 2006). 법정심리학자들은 일반적으로 후자의 결론을 지지한다. 예를 들어, 오글로프와 우드(Ogloff & Wood, 2010)는 세심한 임상 실습에서 반사회성 성격장애로 진단된 개인은 이후에 정신병질에 대해 평가해야 하는 것으로 나타났다고 주장했다. 따라서 정신병질은 반사회성 성격장애보다 더 극단의 성격장애로 간주된다.

DSM-5에서는 반사회성 성격장애의 유병률이 전체 인구의 0.2~3.3%로 나타났다. 이는 알코올 및 관련 질환에 대한 전국역학조사(National Epidemiologic Survey on Alcohol and Related Conditions)의 추정치와 대체로 일치하는데, 미국 내 약 760만 명의 사람들이 반사회성 성격장애가 있는 것으로 추정되었다(Grant et al., 2004). 그러나 고위험군 인구(예: 알코올사용장애가 있는 남성, 물질남용 클리닉 환자, 수형자, 법의학 환자)를 조사한 연구에서는 반사회성 성격장애의 유병률 추정치가 70% 이상으로 훨씬 더 높게 나왔다(American Psychiatric Association, 2013).

일반 인구에서 정신병질의 유병률 추정치는 반사회성 성격장애와 유사하다. PCL-R 선별 버전을 사용하여, 코이드와 동료들(Coid et al., 2009)은 영국 일반 인구에서 정신병질 유병률을 0.6~2.3%로 추정했다(남성은 3.7%, 여성은 0.9%). 이러한 추정치는 미국 일반 인구의 유병률에 관한 다른 연구와 대체로 일치한다(Blair, Mitchell, & Blair, 2005; Hare, 2003). 반사회성 성격장애와 정신병질의 유병률은 교도소 인구를 조사할 때 급격히 증가하는데, 정신병질보다 반사회성 성격장애가 있는 수용자가 훨씬 더 많은 것으로 나타난다. 헤어(Hare, 1998)는 교도소 수용자의 70~80%가 반사회성 성격장애의 기준을 충족시킨 반면, 20%만이 PCL-R에서 정신병질자(psychopath) 분류 기준에 대한 절단점(cut-off)을 충족시켰다.

남성이 여성보다 반사회성 성격장애와 정신병질 행동 특성이 훨씬 더 자주 나타난다는 것은 연구 문헌에 잘 확립되어 있다(Coid et al., 2009; Grant et al., 2004; Washburn et al., 2007). 실제로 남성은 반사회성 성격장애로 진단받을 가능성이 두 배나 높지만, 남녀 모두 나이가 들수록 진단될 가능성이 감소한다(Flynn et al., 1996). 중구금교도소(maximum security prison)에 수용된 137명의 여성을 연구한 결과, 23명(17%)은 반사회성 성격장애 진단 기준만을 충족시켰고, 21명(15%)은 정신병질 기준(PCL-R에서 절단점인 25점 혹은 그 이상으로 측정된)을 충족시켰다. 그리고 44명(32%)은 반사회성 성격장애와 정신병질 둘 다의 진단 기준을 충족시켰으며, 49명(36%)은 어느 한쪽의 진단 기준도 충족하지 않았다(Warren & South, 2006). 이러한 결과는 수용된 여성들에 대해서도 반사회성 성격장애와 정신병질을 구별해서 처우해야 한다는 주장을 뒷받침한다.

정신병질에 관한 연구의 대부분은 백인 범죄자 인구를 대상으로 수행되었다. 따라서 심각한 반사회적 행동의 유병률이 인종과 민족에 따라 차이가 있을 수 있다는 확실한 결론을 도출하는 것은 어렵다. 그러나 더 중요한 것은 아마도 정신병질이 인종집단들 사이에서 유사하게 나타나는지에 대한 문제일 것이다. 이 가설을 조사하기 위해 잘 고안된 연구들이 나타나기 시작했으며, 정신병질이 인종에 따라 어떻게 작용하는지에 있어서 거의 차이가 없는 것으로 제시되었다.

예를 들어, 피츠버그 청소년 연구(Pittsburgh Youth Study, PYS)의 정교하고 장기간에 걸친 표본을 사용한 바촌과 동료들(Vachon et al., 2011)은 정신병질에 대한 청소년과 성인 간의 상관관계(예: 인구학, 성격 특성, 물질남용, 반사회성 성격장애 증상)에서 백인 남성과 흑인 남성 간에 차이가 없었으며, 범죄로 유죄 판결을 받은 남성이나 받지 않은 남성 간에도 그러했다. 이러한 결과는 정신병질에 대한 평가와 치료가 범죄 경력과 상관없이 백인과 흑인에게 유사할 수 있다는 서두 내용에 대한 지지를 제공한다. 그럼에도 불구하고 이 분야에서 확고한 결론에 도달하기 위해서는 더 많은 조사연구가 필요하다.

평가를 위한 정신병질의 개념화

정신병질에 대한 이론적 틀을 구성하는 정확한 양상에 대해서는 학자들 간에 논쟁이 계속되고 있지만, 전문가들의 대부분은 그것이 단일 차원 이상으로 구성되어 있다는 것에 동의한다. 오히려 정신병질은 로버트 D. 헤어(Robert D. Hare)와 동료들(Wong & Hare, 2005)의 연구와 일치하는 4요인 모형(four-factor model)이나 데이비드 J. 쿡과 동료들(David J. Cooke et al., 2012)[2]이 개발한 6차원 모형(six-dimensional model)으로 간주되는 경우가 많다.

정신병질의 4요인(혹은 측면) 모형을 따르는 임상가는 정신병질을 확인하기 위해 가장 널리 사용되는 평가 도구인 PCL-R 제2판(Hare, 2003)을 채택할 가능성이 크다([그림 13-1] 참조). 이 도구는 북아메리카를 넘어서 라틴 아메리카(Folino & Hare, 2005; León-Mayer et al., 2015), 서유럽(Moltó, Poy, & Torrubia, 2000), 스칸디나비아(Douglas et al., 2005; Sturup et al., 2013)를 포함한 전 세계 여러 나라에서 타당화되었다. 게다가 정신병

그림 13-1   PCL-R 제2판의 척도 구성

출처: Hare (2003).

질 체크리스트 버전은 폭력과 일반적인 성범죄, 성폭력을 예측하는 많은 일반적인 위험성 평가 도구에 포함되어 있다. 이러한 도구에는 폭력 위험성 평가 가이드(Violence Risk Appraisal Guide, VRAG; Quinsey et al., 2006)와 성범죄자 위험성 평가 가이드(Sex Offender Risk Appraisal Guide, SORAG; Quinsey, Rice, & Harris, 1995), 가정폭력 위험성 평가 가이드(Domestic Violence Risk Appraisal Guide, DVRAG; Hilton et al., 2008), 임상적 위험성 과거력 20(Historical-Clinical-Risk 20, HCR-20; Webster et al., 1997), 성폭력 위험성 20(Sexual Violence Risk, SVR-20; Boer et al., 1997)이 포함된다.

PCL-R 제2판에는 20개 항목(〈글상자 13-2〉 참조)이 포함되는데, 범죄자의 과거 행동에 대한 부가적인 파일 검토와 범죄자를 잘 아는 사람의 의견 검토, 실제 범죄자와의 반구조화된 면담을 통해 점수가 측정된다. 〈글상자 13-2〉의 각 항목에 대한 점수는 0에서 2 사이의 범위에 있다. 따라서 총 점수는 최대 40점이다. 북아메리카에서는 범죄자가 30점 이상의 점수를 받으면 정신병질로 여겨진다. 유럽의 임상가들은 종종 25점 이상을 절단점으로 채택한다(Malatesti & McMillan, 2010).

PCL-R이 초기에는 대인관계/정서성(요인 1) 요인과 사회적 일탈(요인 2) 요인만 포

글상자 13-2 // **PCL-R 제2판 항목**

1. 입심 좋음/피상적 매력
2. 과도한 자존감
3. 자극 욕구/쉽게 지루해함
4. 병적인 거짓말
5. 남을 잘 속임/조종함
6. 후회 혹은 죄책감 결여
7. 얕은 감정
8. 냉담/공감능력의 결여
9. 기생적인 생활방식
10. 행동 통제력 부족
11. 문란한 성생활
12. 어릴 때의 문제 행동
13. 현실적이고 장기적인 목표 부재
14. 충동성
15. 무책임성
16. 자신의 행동에 대한 책임감 못 느낌
17. 여러 번의 단기 혼인관계
18. 청소년 비행
19. 조건부 석방 혹은 유예의 취소
20. 다양한 범죄력

출처: Hare (2003).

함된 2요인 모형(Hare, 1991)으로 만들어졌는데, 지속적인 연구에서 4요인(혹은 4측면) 모형이 통계적 적합도가 더 우수한 것으로 나타났다(Hill, Neumann, & Rogers, 2004; Neumann, Hare, & Neumann, 2007). 그래서 원래의 2요인이 [그림 13-1]에 제시된 요인들로 더 세분화되었다. 세분화된 요인들은 ① 요인 1, 단면 1: 대인관계, ② 요인 1, 단면 2: 정서성, ③ 요인 2, 단면 3: 생활양식, ④ 요인 2, 단면 4: 반사회성이다.[3]

한편, 쿡과 동료들(2012)이 제안한 정신병질에 대한 개념 지도는 성격과 성격 기능의 기본 영역을 반영하는 6개의 영역을 포함하는 모형이다. [그림 13-2]에 쿡과 동료들

자기본위적인, 이기적인, 자기도취적인	자기중심적인
잘난 체하는, 자만하는, 거만한	자기과시적인
비범한, 뛰어난, 특별한	특별의식
따지는, 집요하게 요구하는, 그럴 만한 자격이 있다고 생각하는	특권의식
천하무적, 불멸의, 아무도 이길 수 없는	불사신 의식
최소화하는, 부인하는, 남 탓하는	자기정당화
잘 변하는, 불완전한, 혼란스러운 자기감	불안정한 자기개념

자기 영역

신경 쓰지 않는, 걱정하지 않는, 두려움이 없는	불안감 결여
비관적인, 우울한, 열정이 없는	즐거움 결여
감정을 드러내지 않는, 무관심한, 무표정한	감정 깊이의 결여
신경질적인, 기분 변화가 심한, 화를 잘 내는	감정 안정성 결여
반성하지 않는, 사과하지 않는, 뻔뻔한	죄책감 결여

정서 영역 — **정신병질**

우호적이지 않은, 무례한, 경멸하는	적대적인
거만한, 강압적인, 통제하려는	지배하려는
부정직한, 현혹시키는, 이중적인	기만적인
간사한, 착취하는, 계산적인	조종하는
피상적인, 겉만 번듯한, 그럴듯하게 얼버무리는	가식적인
말만 늘어놓는, 장황한, 허세를 부리는	수다스러운

지배성 영역

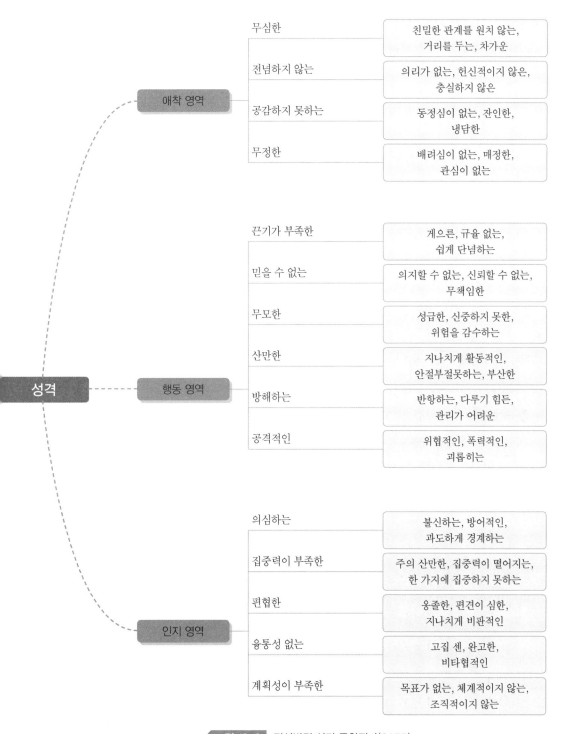

그림 13-2   정신병질 성격 종합평가(CAPP)

출처: Cooke, D. J., Hart, S. D., Logan, C., & Michie, C. (2012). Explicating the construct of psychopathy: Development and validation of a conceptual model, the Comprehensive Assessment of Psychopathic Personality (CAPP). *International Journal of Forensic Mental Health*, 11 (4), 242-252. DOI: 10.1080/14999013.2012.746759

(2012)의 정신병질 성격 종합평가(Comprehensive Assessment of Psychopathic Personality, CAPP)를 제시했는데, 정신병질의 서른세 가지 증상을 포함한 6개 기능 영역(즉, 애착, 행동, 인지, 지배성, 정서, 자기) 내에서 3개의 형용사(혹은 형용사구)로 정의되었다.

위험성/욕구/반응성의 통합

정신병질이나 반사회성 성격장애가 있는 범죄자는 범죄자 사회복귀 분야에서 '위험성이 가장 높은 고위험군'으로, 가장 강력한 개입이 필요한 개인들로 간주된다. 그러나 그들은 반응성 관점에서 가장 치료하기 어려운 것으로 여겨진다. 사실 일부 학자는 정신병질이 위험요인인 동시에 반응성 요인이라고 주장한다(Ogloff & Wood, 2010). 유감스럽게도, 학자들이 이러한 필요성에 주의를 기울이고 있음에도 불구하고 정신병질자를 안전하게 관리하고 치료하기 위한 위험성-욕구-반응성 원칙의 적용에 관해서는 제한된 연구만이 수행되었다(Ogloff & Wood, 2010; Wong & Burt, 2007).

정신병질 범죄자들에 대해 밝혀진 것은 그들이 다른 심각한 고위험 폭력 범죄자들과 유사한 범죄유발욕구를 가지고 있지만 그 깊이와 수준이 더 높다는 것이다(Skeem, Monahan, & Mulvey, 2002; Wong & Hare, 2005). 이 집단을 대상으로 한 개입은 대부분 정신병질의 반사회성 성격 특성(예: 피상적 매력, 과도한 자존감, 병적인 거짓말, 남을 잘 속임/조종함 등)보다 폭력에 대한 위험요인을 목표로 할 때 성공적이었다. 다시 말해, 정신병질의 대인관계/정서성 차원(요인 1)보다 사회적 일탈 차원(요인 2)에 초점을 둔 개입이 치료 효과가 더 큰 것으로 나타났다(Wong et al., 2012; Wong & Olver, 2015). 사실상 정신병질 성격 특성이 없어질 수 있다는 경험적 증거는 없다. 그 대신 정신병질의 치료는 미래의 폭력과 범죄의 위험성을 줄이는 데 초점을 두며(Skeem et al., 2002; Ogloff & Wood, 2010), 이는 정신병질에 대한 진단은 없지만 심각하게 반사회적인 것으로 여겨지는 개인들에게도 마찬가지이다. 결과적으로, 어떤 범죄유발욕구가 치료 계획에 통합되어야 할지를 정확히 파악하기 위해서는 제7장에서 논의된 동적 위험성/욕구 평가 도구를 시행하는 것이 필요하다. 그럼에도 불구하고 반사회성 성격 특성과 그것이 어떻게 행동으로 나타나는지를 정신병질자 서비스 제공에서 무시할 수 없으며, 그것들은 대체로 일반적이고 구체적인 반응성 원칙의 렌즈를 통해 파악된다. 예를 들어, 집단 환경에서 인지행동치료를 제공하는 것이 불가능한 것은 아니지만, 개입 혹은 촉진자에 대한 학습환경과 다른 수용자들의 태도를 조종할 가능성이 더 크기 때문에, 심지어 1명의 정신병질 범죄자가 그 자리에 있는 상황에서도 도전적인 것으로 판명될 수 있다.

　게다가 정신병질 특질이 있는 범죄자는 인지적으로 또는 정서적으로 정보를 처리하고 다른 사람들과 정서적으로 의미 있는 관계를 맺을 수 있는 능력을 방해하는 신경심리학적 결함(neuropychological deficits; Beaver et al., 2012; Kiehl, 2006; Raine & Yang, 2006)을 가지고 있어서, 자기반성과 동기강화의 치료과정에 도전을 제시한다(Polaschek, 2006; Seto & Quinsey, 2006). 예를 들어, 연구에서는 뇌의 전두엽과 전전두엽 피질의 구조적·기능적 장애가 정신병질의 주요 원인인 것으로 제기했다(Gorenstein, 1982; Raine et al., 2000). 이러한 뇌 영역은 정서적인 처리와 목표 지향적 행동에서의 인지능력 및 운동능력의 유연한 통제를 담당한다(Rogers, 2006). 더 나아가 블레어와 동료들(Blair et al., 2005)은 뇌의 편도체(amygdala) 부분의 기능장애가 정신병질의 신경학적 원인과 핵심적으로 관련되었다고 제기했다. 편도체의 이상은 정신병질자들이 특정 형태의 학습 및 감정을 행동으로 표현하지 못하는 것에 대해 보고된 어려움을 설명할 수 있다.

　이러한 신경학적 결함은 치료적 동맹(therapeutic alliance)을 형성하는 데 도전이 되는 성격 특성과 행동으로 나타난다(Wong & Hare, 2005). 정신병질 범죄자들과 신뢰와 라포를 형성하는 것은 근본적으로 다른 방식으로 접근되어야 하며, 덜 심각한 반사회적 범죄자들과는 상당히 구별되어야 한다. 상담사들은 이 집단이 보이는 조종의 초기 신호를 항상 인식하고 있어야 한다.

심각한 반사회적 및 정신병질 범죄자 치료를 위한 제언

　폭력 및 범죄와 관련된 정신병질자의 범죄유발욕구 치료에 대해 지지할 만한 예비단계의 근거가 있지만(Ogloff & Wood, 2010; Olver, Lewis, & Wong, 2013; Wong & Olver, 2015), 교정상담사와 실무자는 이들과 함께 작업하면서 극도의 주의를 기울여 접근해야 한다. 정신병질 범죄자들과의 작업에서 신체적 및 정서적 위해에 대한 가능성이 매우 크기 때문에 그들의 행동관리에서 정확한 조치를 취하지 않으면 안 된다. 해리스와 라이스(Harris & Rice, 2006)는 실무자들이 정신병질자와 안전한 라포를 형성하는 데 있어 중요한 제언을 제공했는데, 이는 행동이 심각하게 반사회적인 것으로 알려진 범죄자에게도 일반적으로 적용된다. 이러한 제언은 〈글상자 13-3〉에 나와 있다.

글상자 13-3 /// **정신병질자와 안전한 라포를 형성하기 위한 제언**

1. 정신병질자의 본성을 이해하기 위해 헤어(1998)의 연구를 참조하라.

2. 평판이 중요하다. 표범은 그들의 얼룩무늬를 좀처럼 바꾸지 않는다.

3. 정신병질 범죄자의 말을 절대 액면 그대로 받아들이지 말라. 공식 기록 및 핵심 정보
   원과 대조하여 그들의 주장이 사실인지 항상 확인하라.

4. 그들이 당신의 주변에서 어떻게 행동하는지만 주목하지 말라. 그가 모든 사람을 어
   떻게 대하는지 주의 깊게 관찰하라.

5. 아첨을 조심하라.

6. 정신병질 범죄자가 사소한 것이라도 규칙을 어길 것을 요청하거나 혹은 불법적인 비
   밀을 지켜 줄 것을 요청하면 반드시 의심하라.

7. 그들과의 관계에 대해 동료와 이야기하라. 신뢰할 만한 동료가 뭔가 옳지 않은 것 같
   다고 말한다면 조심하라. 즉시 슈퍼비전을 받으라.

출처: Harris & Rice (2006)에서 발췌.

물론 정신병질 범죄자들에게 어떤 치료적 개입을 하더라도, 그 이전에 정신병질을 확인하기 위해 표준화되고 타당화된 평가(예: PCL-R 제2판)를 사용하여 종합적인 평가를 수행해야 한다. 또한 공존하는 정신장애, 물질사용장애, 변태성욕장애(예: 성적피학장애, 소아성애장애) 혹은 꾀병(예: 아픈 체하는)과 같은 다른 정신건강 상태를 평가하기 위해 추가적인 임상 평가가 필요할 수 있다.

범죄자에 대한 개입은 근본적으로 인지행동주의(cognitive-behavioral)여야 하며 반사회적인 성격요소(요인 1)보다는 폭력적인 행동(요인 2)을 목표로 해야 한다(Ogloff & Wood, 2010; Wong & Olver, 2015). 정신병질적이고 심각하게 반사회적인 범죄자의 범죄유발욕구는 치료의 주요 초점이 되기 때문에, 직원은 치료 참여와 충실도에 방해가 되는 반사회적 특성을 주의 깊게 관찰해야 한다. 정신병질 성범죄자는 인지행동 접근과 재발방지 전략이 그들의 공감과 정서적 욕구를 목표로 하는 전략보다 좀 더 효과를 보여 줄 가능성이 있다(Ogloff & Wood, 2010).

이에 더해 웡과 헤어(Wong & Hare, 2005)는 정신병질의 치료가 집단환경에서 수행될수 있지만 세심하게 절차를 통지해야 한다고 주장한다. 그들은 정신병질이 아닌 고위험 폭력 범죄자가 일부 참여하면 집단 역동을 완화하는 데 도움이 될 것이라고 제안했

다. 윙과 헤어(2005)는 또한 변화의 단계로 먼저 나아가고 있는 개인들이 초기 단계에 있는 이들을 위한 학습모델의 역할을 할 수 있도록 참여에서 롤링(rolling) 혹은 개방집단을 권장했다.

마지막으로, 직원은 이러한 집단과 효과적으로 작업하기 위해 잘 훈련되어야 하고 슈퍼비전도 받아야 한다. 정신병질적이고 심각하게 반사회적인 범죄자들을 치료하는 것은 매우 복잡하며 임상가나 심리학자에게 종종 찾아보기 힘든 기술 수준과 전문 지식이 요구된다. 게다가 성공하기 위해서는 충분한 자금과 자원이 필요하다. 세토와 퀸시(Seto & Quinsey, 2006)는 사려 깊은 감독이 이루어지고 직원이 속임과 조종을 당할 가능성을 줄이기 위해 직원 비율을 높이도록 제안했다.

결론

심각하게 반사회적인 범죄자, 특히 정신병질자 치료와 관련한 분야에서 '치료적 허무주의'(Wong & Olver, 2015)가 있음에도 불구하고, 미래의 폭력성과 범죄를 줄이는 데 초점을 둘 때 치료 개입이 효과적임을 지지하는 예비 근거가 있다. 게다가 반사회적 범죄자에 대한 효과적 개입의 원칙(예: 위험성, 욕구, 반응성 원칙)에 대해 거의 50년 동안 이루어진 연구를 무시하는 것도 현명하지 않을 것이다. 이런 원칙들이 정신병질 범죄자를 대상으로 어떻게 적용될 수 있는지는 상대적으로 여전히 유아기 상태에 있는 것은 분명하다.

그럼에도 불구하고, 비록 정신병질 범죄자들을 어떻게 '치료할 수 있는지'에 대해 이 문헌에서 여전히 논의하고 있지만 이 분야에서 미래의 폭력과 범죄를 줄이는 것에 초점을 둔 효과적 개입을 결정하기 위한 노력을 단념하지 않아야 한다. 정신병질의 병인론적 원인에 대한 이해의 증진은 미래에 바람직한 치료 개입을 결정하는 데 도움이 될 것이다. 정신병질의 신경학적 · 신경심리학적 · 생물사회적 · 유전적 원인에 관한 연구가 더 많이 수행됨에 따라, 그것으로 고통받는 사람들에 대한 더 큰 수용이 나타날 것이다. 하지만 이러한 집단과 함께 작업하는 교정상담사와 직원들에 대한 요점은 안전하고 효과적인 개입을 이루어 내기 위해 세심한 임상훈련과 슈퍼비전이 요구된다는 것이다.

토론 질문

1. PCL-R 제2판에서 사용하는 정신병질 진단 기준은 반사회성 성격장애 진단 기준과 어떻게 다른가?

2. 일반 대중보다 범죄자들이 반사회성 성격장애와 정신병질로 고통받는 유병률이 훨씬 더 높은 이유를 설명하라.

3. 4요인 모형과 6차원 모형에 따른 정신병질의 차원은 무엇인가?

4. 심각성이 낮은 다른 범죄자들보다 정신병질적이고 심각하게 반사회적인 범죄자에게 개입하는 것이 더 도전적인 이유를 구체적으로 설명하라.

5. 위험성, 욕구, 반응성 원칙이 정신병질 범죄자에게도 적용되어야 하는가?

6. 정신병질자의 요인 1 특성보다 요인 2 특성에 대해 개입하는 것이 더 효과적일 수 있는 이유는 무엇인가?

7. 심각한 반사회적 범죄자와 성공적으로 작업하기 위해서는 교정직원이 어떤 특별한 기술을 갖추어야 하는가?

미주

1 이 장에서는 정신병질의 법적 개념보다는 임상적 개념을 의미한다.

2 정신병질 성격 목록(Psychopathy Personality Inventory, PPI)이라는 표제로 자기보고 평가의 예비타당도를 제공한 릴리엔펠드와 앤드류스(Lilienfeld & Andrews, 1996)의 연구도 또한 참고하라. 개정된 PPI(Lilienfeld & Widows, 2005)는 다양한 법의학 및 범죄자 표본에 사용하도록 잘 타당화되었다(예: Hughes, Stout, & Dolan, 2013 참조).

3 PCL-R 제2판에서 두 항목이 단면으로 통합되지는 않았지만, PCL-R 총 점수에는 포함되었다. 항목 11 '문란한 성생활'과 항목 17 '여러 번의 단기 혼인관계'이다. 이 항목들은 성적 관점에서 개인의 정서적 사회화와 가깝다.

제 **14** 장

여성 범죄자 치료

에밀리 J. 샐리스버리(Emily J. Salisbury)

쾌감 상실증	관계이론
아동 학대 경로	사회적 및 인적 자원 경로
비난받은 고립	외상이론
젠더 반응적	외상에 입각한
전체론적 중독이론	보편적 예방조치
관계 경로	

　여성 범죄자의 고유한 생활환경에 맞춘 개입을 제공할 필요성에 대한 인식이 형사사법기관 전반에 걸쳐 증가하고 있다. 이러한 인식의 상당 부분은 지난 30년간 미국 형사사법체계에 수용된 여성 범죄자의 수가 엄청나게 증가한 직접적인 결과이다. 실제로 1977년과 2004년 사이에 여성 구금률이 757%나 급증했는데, 이는 같은 기간 동안 388%로 증가한 남성 구금률의 거의 두 배에 달하는 수치이다(Frost, Greene, & Pranis, 2006). 또한 1995년과 2010년 사이에 보호관찰을 받은 여성의 비율이 30% 증가한 반면, 상대적으로 남성의 경우는 증가율이 8.4%에 불과했다(Bonczar, 1997; Glaze & Bonczar, 2011). 현재 여성들은 전체 보호관찰 대상의 1/4을 차지하고 있다(Glaze & Bonczar, 2011).

이러한 현격한 증가에도 불구하고, 여성들은 과거보다 더 많은 범죄를 저지르거나 더 폭력적이 되지는 않았다. 사실 1980년대와 1990년대의 다양한 공공 정책은 여성, 특히 가난한 유색인종 여성들이 교정·감독을 받을 가능성을 높였다. 예를 들어, 지속적인 '마약과의 전쟁'과 클린턴 행정부에서의 복지 '개혁' 정책의 중대한 개편, 가정폭력에 대한 의무적인 체포전략, 마약 및 재산 범죄에 대한 의무적인 최저 양형 기준 채택, 학교의 무관용 정책은 모두 형사 및 청소년 사법을 소녀와 여성들 쪽으로 넓히는 역할을 했다(Chesney-Lind & Irwin, 2008).

여성 범죄자들은 남성 범죄자들과 비교했을 때 상대적으로 '저위험성(low-risk)'이지만 '높은 욕구(high-need)'를 가진 인구로 나타난다. 이것은 여성 범죄자들이 폭력을 행사하지 않는다거나 혹은 남성 범죄자들이 다양한 치료 욕구가 없다는 것을 시사하는 것은 아니다. 여성들은 위험하고 폭력적인 행동을 저지를 가능성이 남성과 비교했을 때 훨씬 더 적으며, 범죄유발욕구(예: 반사회적 태도, 반사회적 유대, 물질남용)는 성별에 따라 다르게 나타나고 다르게 발전한다. 게다가 여성과 남성은 확립된 성역할과 규범에 따라 행동하도록 사회화되었기 때문에, 범죄와 지속적인 재범에 대한 성별 경로가 존재한다(Daly, 1992; Salisbury & Van Voorhis, 2009). 결과적으로, 여성에 대한 감독과 치료 개입은 이러한 차이를 반영해야 한다.

여성의 고유한 범죄유발 경로 및 욕구

여성 범죄자를 성공적으로 감독하고 치료하기 위해서 직원들은 여성들이 형사사법체계에 들어오기 전에 직면했던 수많은 도전과 그들이 구금시설과 치료환경에서 생존하기 위해 어떻게 행동하는지에 대해 완전히 이해해야 한다. 여성 범죄자의 생활사에 대한 질적 면담에서 극도의 빈곤한 삶, 다양한 형태의 아동 학대 및 성인기의 지속적인 피해자화(victimization), 낮은 교육 성취, 정신질환(예: 우울, 불안, 외상 후 스트레스장애, 경계선 성격 특성), 알코올 혹은 다른 약물을 사용한 자가치료(self-medicating) 행동, 건강하지 않은 친밀한 관계, 양육 스트레스, 낮은 수준의 자아존중감과 자기효능감을 지속적으로 보였다(Arnold, 1990; Browne, Miller, & Maguin, 1999; Chesney-Lind & Rodriguez, 1983; Daly, 1992; Gilfus, 1992; Owen, 1998; Richie, 1996). 게다가 여성들에게 들었던 자기보고 이야기에 관한 연구는 통계적으로도 지지되었다. 많은 이러한 욕구는 여성 범죄자의 재범 가능성을 유의하게 증가시키는 방법으로 교차한다(McClellan, Farabee, & Crouch, 1997; Reisig, Holtfreter, & Morash, 2006; Salisbury & Van Voorhis, 2009).

예를 들어, 샐리스버리와 반 부어히스(Salisbury & Van Voorhis, 2009)는 미주리주의 여성 보호관찰 대상자를 표본으로 2년 동안 그들의 보호관찰 취소와 연속되는 구금에 대해 세 가지의 일반적인 경로로 구술을 분석했다.

1. 아동 학대 경로(child abuse pathway): 여성들이 자기보고한 아동기 동안의 학대가 그들의 연속되는 보호관찰의 취소와 구금을 촉진시킨 것으로 나타났다. 아동 학대가 미래의 구금과 직접적으로 관련되지는 않았지만 그들의 정신질환과 물질남용의 과거력과 관련이 있었으며, 이로 인해 현재의 우울증/불안 및 물질남용에 이르게 되었고, 결과적으로 이것이 그들의 보호관찰 실패를 촉진했다.

2. 관계 경로(relational pathway): 일부 여성의 경우 보호관찰 취소 경로가 역기능적인 친밀한 관계를 둘러싼 문제에서 시작된 것으로 나타났다. 개인 역량의 상실을 특징으로 하는 건강하지 못한 관계는 자기효능감의 감소와 관련이 있으며, 친밀한 파트너 학대의 피해자가 되는 여성은 결과적으로 우울/불안 및 물질남용을 초래했다.

3. 사회적 및 인적 자원 경로(social and human capital pathway): 일부 여성의 구금 경로가 가족의 사회적 지지 결여, 역기능적인 친밀한 관계 그리고 낮은 교육 성취로부터 시작되었음을 강조했다. 이러한 세 가지 문제는 여성의 자기효능감 감소와 고용 및 재정적 독립 유지의 어려움을 초래하는 것으로 상호 교차되면서 감독 실패와 구금으로 이어졌다.

중요하게도, 샐리스버리와 반 부어히스(2009) 연구의 보호관찰 대상자들은 상대적으로 저위험 여성이었다. 2년 후 재범에 대해 추적한 여성 보호관찰 대상자 표본 304명 중에서 52명(17.1%)만이 구금되었다. 더욱이 대부분의 구금은 새로운 범죄나 유죄선고가 아닌 보호관찰 위반(73.1%)이었다. 따라서 여성 보호관찰 대상자들은 공공 안전에 심각한 위험을 초래해서가 아니라, 세 가지 경로에서 나타난 바와 같이 그들의 욕구가 적절히 다루어지지 않았기 때문에 구금되었을 가능성이 크다.

소녀와 여성이 위험성이 낮고 분명한 욕구가 있다는 것을 보여 주는 점점 더 많은 증거에 대응하여, 젠더 반응적(gender-responsive) 감독 및 치료 프로그램의 패러다임에 중요한 전환이 있었다. 젠더 반응적이라는 용어가 남성이 아닌 여성의 이슈에 초점을 두기 때문에 처음에 오해의 소지가 있을 수 있지만, 이 용어는 교정 및 형사사법체계에 '젠더를 반영한(gendered)' 렌즈가 사용되도록 의도적으로 선택된 것이다. 이 용어는 또한 대부분의 형사사법 정책이 남성을 염두에 두고 시작했더라도 한쪽 성이 다른 한쪽 성보다 더 중요한 것은 아니라는 사실을 시사한다. 더욱이 젠더 반응적 패러다임을 개발한 학자들의 대부분은 여성에 관한 연구가 궁극적으로 남성 범죄자에 대한 형사사법 정책도 개선시킬 것으로 기대하고 있다.

젠더 반응적 관점의 이론적 토대

여성 범죄자에 대한 젠더 반응적 관점과 젠더를 반영한 경로를 충분히 이해하기 원하는 개인들은 먼저 이 패러다임이 정립된 이론적 토대를 파악해야만 한다. 첫째, 여성의 심리적 발달에서 관계이론(relational theory)에 대한 논의가 제시되는 것은 이 이론이 여성 범죄를 설명하는 핵심 이론이 되었기 때문이다. 이러한 관계의 틀 안에서 추가적으로 두 가지 이론적 개념이 제시되는데, 전체론적 중독이론(holistic addiction theory)과 외상이론(theory of trauma)이다. 이 이론들은 여성 범죄자의 외상과 물질남용, 정신건강에 대한 광범위한 경험을 이해하는 기초를 제공한다.

관계이론

진 베이커 밀러(Jean Baker Miller)가 1976년에 저술한 고전『새로운 여성 심리학을 향하여(Toward a New Psychology of Women)』를 시작으로, 여성의 심리적 발달은 남성의 심리적 발달에 대한 전통적인 설명과는 다른 고유의 관점으로 이해되었다. 밀러(1976)는 웰즐리 대학교 스톤 센터(Stone Center)에서 캐럴 길리건(Carol Gilligan, 1982) 및 다른 동료들과 함께 여성 심리학의 새로운 이론을 개발했는데, 이는 건강한 심리적 발달이 단지 다른 사람과의 분리와 자율성에 의해서만 규정된다는 생각에 이의를 제기했다. 이 학자들은 여성들이 건강한 심리적 성장을 성취하는 대안적인 경로를 가지고 있다고 주장했다. 밀러(1976)에 따르면, 여성의 정체성은 주로 다른 사람과의 관계를 통해서 형성된다. 여성의 성장은 그녀가 맺고 있는 관계의 유형을 통해 나타나며, 자기가

치감도 다른 사람들과의 상호관계로 규정된다. 따라서 단절보다는 친밀한 관계가 여성 발달의 핵심이다.

전통적인 도덕적 추론 이론가들은 관계를 발전시키고 다른 사람을 돌보는 여성들의 욕구는 약함과 결함의 징후로, 근본적으로 여성의 심리적 성장을 방해한다고 오랫동안 비판했다(Kaplan, 1984). 여성들은 도덕적 딜레마가 나타나면 다른 사람으로부터 자신을 분리하는 데 어려움이 있기 때문에, 높은 순위의 인지적 성숙은 달성하기 어려운 것으로 특징지었다(Kohlberg, 1984). 이러한 기존의 결론에 대해 캐럴 길리건(1982)은 여성들이 도덕적으로 결함이 있는 것이 아니라 이론적인 설명에 결점이 있다고 제시했다. "기존의 인간 성장모델에 들어맞지 않는 여성의 실패는 묘사에서의 문제, 인간 조건에 대한 개념의 제약, 삶에 대한 특정 진실의 누락을 의미할 수 있다"(Gilligan, 1982, pp. 1-2).

밀러(1986)에 따르면, 건강한 관계는 소속된 모든 개인에게 상호적이고, 공감적이며, 권한을 부여하는 것이다. 진실한 연결의 두 가지 주요 특징에는 상호관계와 공감이 포함된다. 상호관계는 자신의 감정과 생각을 나타내는 관계에서 상호 영향과 상호 반응을 일으키는 각 개인의 능력을 의미한다. 공감은 자신의 인지적·정서적 경험에 대한 시각을 잃지 않으면서 다른 사람의 생각과 감정을 함께 느낄 수 있는 복합적 능력을 의미한다(Covington, 2008b).

밀러(1986)는 상호적이고, 공감적이며, 권한을 부여하는 관계는 모든 참여자에게 다섯 가지 심리적 효과를 일으킨다고 제시했다. ① 열정과 활력 증진, ② 행동에 대한 권한 부여(즉, 개인적인 행동), ③ 자신과 다른 사람에 대한 지식, ④ 자아존중감, ⑤ 더 많은 연결에 대한 욕구의 심리적 효과이다. 따라서 건강한 관계는 자아존중감과 자기효능감, 다른 사람과의 지속적인 연결을 만들어 낸다.

여아들이 남아들보다 다른 사람에 대해 더 공감할 수 있도록 사회화되어 있지만(Gilligan, Lyons, & Hanmer, 1990), 여성 범죄자들, 특히 구금된 여성들은 비공감적 관계로 인해 반복적으로 고통받는다. 이러한 관계는 자신과 다른 사람 모두에 대한 공감의 결함을 일으키거나 혹은 다른 사람에 대한 과장된 공감과 자신에 대한 공감의 부재를 일으킨다(Covington, 2008b). 자아존중감 및 자기효능감과 관련하여 불만족스러운 관계의 결과로 발생하는 자기공감의 결여는 정신질환과 물질남용을 촉진하는 하나의 경로가 될 수 있다. 예를 들어, 밀러(1988)는 자신의 삶에서 중요한 다른 사람에게 인정받지 못하고 연결하려는 그녀의 시도에 적절한 반응을 받지 못해 일차적인 관계에서 고립되었음을 느끼는 여성의 비난받은 고립(condemned isolation)을 묘사했다. 이 여성은 그 관계에서 자신이 문제의 유일한 원인이라고 확신하여 결과적으로 관계의 상황을 개선할 가능성이 없다는 느낌을 믿게 된다. 이것은 수치심과 자기비난, 죄책감의 강렬한 감정으로 이어져 약물 남용을 초래할 수 있는데 약물이 기본적으로 극도의 무망감과 무력감을 대처하는 수단의 하나이기 때문이다(Miller, 1988). 스톤 센터의 캐플런(Kaplan, 1984)은 또한 다른 사람들과 단절되어 있거나 건강한 관계를 형성하는 데 어려움이 있는 여성들은 낮은 자존감과 같은 우울증의 주요 특성을 경험한다고 보고했다. 이러한 특징들은 종종 물질남용 행동으로 이어지는데, 이것은 여성들의 관계에서의 공허감을 채워 주는 역할을 제공한다.

게다가 실제로 여성이 선택한 약물은 관계에서 고립된 여성에게 사랑이나 애정의 심리적 대상으로 변형될 수 있다. 중독은 관계의 한 유형으로 이해될 수 있는데, 여성은 그 약물에 대해 강렬한 강박 상태에 빠진다(Covington, 2008b). 커빙턴과 서레이(Covington & Surrey, 1997)에 따르면, "그것은 중독의 대상이 한 여성의 삶에 초점이 되는 일종의 애정관계이다"(p. 338). 물질에 의존하는 것은 비공감적이고 역기능적인 관계를 경험하는 여성들에게 매우 흔한 선택이기 때문에, 이러한 현실을 수용하는 중독이론이 현존하는 젠더 반응적 문헌들에 의해 지지되고 있다.

전체론적 중독이론

점점 더 증가하고 있는 지식에서 물질남용의 병인이 성별에 따라 상당히 다르다는 것이 계속 제시되고 있다. 여성의 약물 사용과 절제, 재범은 남성의 물질 관련 행동과 비교했을 때 친밀한 관계와 더 밀접하게 연관된 것으로 시사된다(Hser, Anglin, & Booth, 1987; Hser, Anglin, & McGlothlin, 1987; Rosenbaum, 1981a). 조사연구에서 여성들은 흔히 가족이나 친구, 연인을 포함하여 그들의 삶에서 지배적인 남성에 의해 약물을 접하게 된다(Eldred & Washington, 1976; Henderson & Boyd, 1995; Henderson, Boyd, & Mieczkowski, 1994; Rosenbaum, 1981b; van Wormer, 2001).

약물 남용의 패턴과 학대의 시작, 심리사회적 특성, 생리적 영향은 모두 성별에 따라 고유한 것으로 나타났다(Blume, 1990; Nelson-Zlupko, Kauffman, & Dore, 1995). 남성과 비교했을 때, 여성은 물질남용의 시작이 남성들에게 더 자주 보이는 것과 같이, 점진적이기보다는 갑작스럽고 강렬하다고 기술된다[Center for Substance Abuse Treatment(CSAT), 1999; Herrington, Jacobson, & Benger, 1987]. 더욱이 남성들은 쾌락 추구의 목적으로 약물 사용을 시작하는 경향이 있는 반면, 여성들은 일반적으로 신체적 또는 성적 학대로 인한 신체적·정신적 고통을 무감각하게 하는 방법으로 종종 약물 사용을 시작한다(CSAT, 1999; Reed, 1985). 여성들은 또한 좀 더 규칙적인 패턴의 다양한 물질에 중독되는 경향이 있으며(Celentano & McQueen, 1984), 고립된 개인 환경에서 약물을 사용할 가능성이 크다(Marsh & Miller, 1985; Reed, 1985). 회복하는 동안에도 성별 차이가 보고되었다. 라이언(Ryan, 1981)은 회복 중에 있는 남성들은 흔히 약물 사용의 결과로 인한 문제가 중점이 되는 반면, 회복 중에 있는 여성들은 약물 사용을 유도한 스트레스 요인과 투쟁하는 경우가 더 많다고 언급했다.

약물 남용 여성 범죄자는 약물 사용 남성 범죄자보다 성학대 과거력, 정신장애 공존, 낮은 자아존중감, 더 급성인 약물 남용 과거력을 가지고 있을 가능성이 훨씬 높다 (Henderson, 1998; Langan & Pelissier, 2001; Messina, Burdon, & Prendergast, 2003; Owen & Bloom, 1995; Peters et al., 1997). 더욱이 물질 남용과 중독의 심각성은 남성보다 여성의 범죄 행동에 더 강력한 예측요인이 되는 것으로 나타났다(Dowden & Brown, 2002; McClellan et al., 1997).

물질남용의 병인이 성별에 따라 다르기 때문에, 많은 연구자는 중독에 대한 치료 문제도 마찬가지로 여성과 남성의 경우가 상당히 다르다고 제안한다(Bloom, Owen, & Covington, 2003; Covington & Surrey, 1997; Hagan, Finnegan, & Nelson-Zlupko, 1994; Henderson, 1998; Messina et al., 2003; Peters et al., 1997; Reed, 1987; Wellisch, Prendergast, & Anglin, 1996). 본질적으로 **전체론적 중독이론**은 ① 중독된 여성들이 몇 가지 중요한 면에서 중독된 남성과 다르며, ② 여성들의 물질남용 행동은 다면적인 치료모델이 시행되어야 하는 복합적인 문제라는 것을 인정한다. 이러한 전체론적 모델은 여성의 중독과 정신질환 공존을 동시에 치료하는 데 초점을 두면서, 피해자화 및 외상의 주요 인과관계를 인식하는 관계적 치료 관점을 통합한다. [그림 14-1]을 참조하라.

그림 14-1 회복 중에 있는 여성(Women in Recovery) 프로그램의 졸업생들이 오클라호마시 정부 의사당에서 환영을 받고 있다. 이 프로그램은 알코올 및 기타 약물 중독이 있는 비폭력 여성 범죄자들에게 구금의 대안으로 실시한다.

출처: AP Photo/*The Oklahoman*, Paul B. Southerland.

외상이론

질병통제예방센터(Centers for Disease Control and Prevention)에서 발간한 보고서 (Black et al., 2011)에서는 미국 여성의 5명 중 1명(18.3%) 정도가 평생 동안 강간이나 강간 미수를 당한 경험이 있는 것으로 보고했다. 이 놀랍도록 높은 수치는 일반 인구의 비범죄 여성에게 적용된다. 형사사법에 연루된 여성에 대한 추정치는 일관되게 훨씬 더 높다. 다양한 형태의 외상을 평가할 때, 대부분의 조사연구는 구금된 여성의 77~90% 가 광범위한 정서적 · 신체적 · 성적 학대의 과거력이 있는 것으로 보고한다(Messina & Grella, 2006). 결과적으로, **외상이론**이 여성 범죄자를 이해하고 치료하는 데 있어서 중요한 관점이 되었다. 이러한 관점은 일반적으로 정신의학 및 심리학 문헌에 기원을 두고 있으며, 치료 제공자에게 외상에 대처하기 위한 적절하고 효과적인 치료방식을 안내하는 데 유용하다. 외상이론은 또한 알코올 및 기타 약물 사용이 외상 생존자들에게 일반적인 대처전략이기 때문에 물질남용치료와도 관련이 있다.

외상은 많은 다양한 사건이 원인이 될 수 있지만, 반드시 폭력이 수반되는 것은 아니다. 외상은 폭력을 목격하거나 젠더, 인종, 빈곤 혹은 다른 많은 사회적 지위로 인한 낙인으로 발생할 수 있다(Covington, 2008b). 외상은 압도적인 사건뿐만 아니라 그 사건에 대한 개인의 반응에 의해서도 정의된다. 외상적 사건에 대한 반응은 개인마다 상당히 다를 수 있으며, 심지어 많은 교정 전문가는 불안과 공포에 기반한 반응들이 일반적인 증상일 것으로 가정하지만, 항상 그러한 반응이 나타나는 것은 아니다. 실제로 DSM-5(American Psychiatric Association, 2013)에서 외상사건 이후 가장 주요한 심리적 고통의 임상적 특징은 ① 즐거움이나 그것을 경험할 수 있는 능력의 결여[즉, 쾌감 상실증(anhedonia)], ② 삶이 불안하거나 일반적으로 불만족스러운 상태(즉, 불행감(dysphoria), ③ 분노와 공격적 증상의 외현화, ④ 자기 자신과 분리된 것 같은 느낌의 해리 증상을 포함한다. 여성의 경우에 외상은 여성의 관계적 경험을 변화시키고 심리적 발달을 유의하게 저해할 수 있다(Covington, 2008b; Herman, 1992).

외상의 누적된 영향 또한 문헌에서 강조하고 있다. 루트(Root, 1994)는 외상의 영향은 흔히 평생에 걸쳐 나타나는데 특히 유색인종 여성들에게 그렇다고 제기했다. 예를 들어, 아프리카계 미국인 여성은 평생 동안 인종 및 계급 차별과 같은 다양한 형태의 지속성 있는 외상의 대상이 될 수 있다. 지속적인 외상은 그들의 병인이 명백하지 않다면 병리적인 것으로 쉽게 오인될 수 있는 생존 행동을 촉발할 수 있다(Root, 1994).

정신의학적 관점에서 보면, 외상 생존자들은 자신으로부터 그리고 다른 사람들로부터 심각하게 단절되어 있다(Herman, 1992). 허먼(Herman, 1992)에 따르면, 외상의 희생자들은 종종 다른 사람들과의 관계에서뿐만 아니라 그들 자신의 신체도 안전하지 않다고 느낀다. 게다가 피해자들의 인지와 정서는 혼란스럽고 통제할 수 없는 것으로 자각된다. 이것은 전투 참전 용사, 홀로코스트 희생자, 매 맞는 여성, 강간 생존자를 포함한 많은 다른 유형의 외상사건 생존자들에게도 적용된다. 따라서 치료모델은 다양한 유형의 외상 경험에서 유사하다.

실행에서 젠더 반응적 관점으로의 전환

　성별에 따른 형평성 보장에 관한 법적 문제는 같은 정책과 프로그램을 갖는 것이 아니라, 정책과 프로그램이 남성과 마찬가지로 여성에게도 동일하게 잘 작용하도록 보장하는 데 초점을 두어야 한다. 대부분의 교정 시스템 정책은 원래 남성을 위해 고안되었고 두 집단이 유사하게 행동한다는 잘못된 가정에서 여성에게 적용되었기 때문에, 많은 교정 정책 영역(즉, 감독 전략, 구금 분류, 위험성/욕구 평가, 치료 개입, 재진입 서비스)에서 여성에게 상당히 불리한 점이 있다. 이에 대응하여 1990년대 중반 이래로 국립교정연구소는 여성 범죄자를 효과적으로 관리하고 개입하는 방법에 관한 지식 틀을 개발하기 위해 지속적으로 젠더 반응적 계획에 전념해 왔다. 여성 범죄자들에 관한 연구와 실행에서 얻은 기존의 지식을 정리하면서, 교정 정책 및 실행에 대한 정보를 제공하기 위해 젠더 반응적 원칙 안내서가 개발되었다(〈글상자 14-1〉 참조; Bloom, Owen, & Covington, 2003). 이 원칙들은 또한 2010년에 UN에서 채택한 여성 수용자의 처우 및 여성 범죄자를 위한 비구금 조치에 대한 국제연합 규칙(Bangkok Rules)으로 통합되었다.

　젠더 반응적 프로그램과 개입은 단순히 여성 사례관리를 하는 것 이상이다. 오히려 그것은 소녀들과 여성들의 삶의 현실을 인식하고 받아들이는 것이다. 확립된 규범과 성역할은 일반적으로 여성과 남성이 다른 방식으로 행동하도록 사회화하기 때문에(예: 범죄로 들어오거나 범죄에서 벗어나는 여성의 경로는 남성의 경로와 근본적으로 다르며, 여성은 남성과 다른 방식으로 구금시설에서 시간을 보낸다), 그들은 완전히 같은 방식으로 평가되고 감독받고 치료되어서는 안 된다. 차이는 여성 범죄자들이 다른 유형의 구금환경과 고유한 감독 수준, 복합적인 여성의 삶의 측면에 초점을 둔 다양한 서비스와 프로그

글상자 14-1 // **여성에 대한 젠더 반응적 원칙**

• **젠더는 차이를 만든다.**

젠더를 인식하는 것은 남성과 여성 범죄자 사이의 광범위한 사회적 및 환경적 불평등 스펙트럼을 수용하는 것을 의미한다.

• **환경은 안전과 존중, 존엄성에 기반을 두어야 한다.**

여성들은 삶 전반에 걸쳐 극심한 신체적 · 정서적 학대로 고통받았다. 교정시설은 외상에 입각해야 하며 행동 변화를 촉진하기 위해 안전하고 신뢰할 수 있는 환경을 조성해야 한다.

• **관계는 여성의 삶의 중심이다.**

정책과 실행은 관계에 초점을 두고 건강한 연결을 촉진해야 한다.

• **서비스는 포괄적이고, 통합적이며, 문화적으로 적절해야 한다.**

전체적이고 문화적으로 민감한 서비스는 다른 사람들을 분리하여 각각의 욕구를 다루기보다는 여성 범죄자들 사이에서 일반적으로 관찰되는 욕구의 교차점을 다루어야 한다.

• **여성의 사회경제적 지위 향상을 위한 기회를 제공한다.**

재정적인 독립이 일차적 목표가 되어야 한다.

• **지역사회 자원과 협력한다.**

종합적이고 포괄적인 서비스를 위해 지역사회 자원을 동원한다.

출처: Bloom, Owen, & Covington (2003).

램이 필요하다는 것을 시사한다.

예를 들면, 여성은 행동 변화 및 회복의 과정에서 재외상화를 방지하는 것이 필수적이다. 이것은 일상 업무가 강력하게 요구하고 소리 높여 말하며, 강한 신체 수색, 격리, 규제를 수반하는 형사사법 환경에서는 특히 달성하기 어렵다. 이러한 자극과 다른 자극들은 외상 생존자에게 외상 반응을 촉발하고 추가 피해를 초래할 수 있다. 결과적으로 연구 및 정책 계획에서 특히 여성을 대상으로 외상에 입각한(trauma-informed) 서비스를 실행했을 때의 잠재적 이득을 조사하기 시작했다[예: Harris & Fallot, 2001; SAMHSA가 자금을 지원한 WCDVS(여성의 공존장애와 폭력성 조사) 참조].

외상에 입각한 정책과 감독, 치료

여성 범죄자 삶에서의 극심한 외상으로 인해 학자와 실무자들은 여성에게 시행하는 외상에 입각한 모든 치료와 감독 전략을 옹호하게 되었다(Covington & Bloom, 2007). 외상에 입각한 정책과 서비스는 대인관계와 관련된 폭력과 피해자화가 여성의 발달과 삶에 미치는 충격을 이해하면서 영향을 받았다(Elliott et al., 2005). 외상에 입각한 조직은 접수 담당자, 라인 스태프(line staff), 행정관리자를 포함한 모든 직원이 범죄자의 삶에 만연한 학대와 피해자화뿐만 아니라 인간의 행동에 미치는 다양한 해로운 영향을 이해하도록 훈련받아야 한다. 기관 차원의 교육 및 훈련을 통해 직원과 범죄자 간의 모든 상호작용이 회복과정에 도움이 되고 재외상화를 피할 수 있는 보호 장치가 되어야 한다(Harris & Fallot, 2001). 여성의 삶에서 학대와 희생자화가 만연하고 외상을 겪거나 겪지 않는 사람이 누구인지 구분할 수 없기 때문에, 서비스 기관에서는 보편적 예방조치(universal precautions) 정책을 시행해야 한다고 제시되었다. 다시 말해, 최고의 실천은 모든 여성을 외상 생존자인 것처럼 대하는 것이다(Elliott et al., 2005). 외상에 입각한 서비스 시행의 중요성은 서비스 제공에서 대단히 중요한 것으로 간주되어, 일부에서는 외상에 입각하지 않은 프로그램은 '외상을 부인'하거나 혹은 여성의 삶에서 외상의 존재와 중요성을 부인하는 것이라고 주장했다(Elliott et al., 2005).

젠더 반응적 위험성/욕구 평가

애초에 남성 범죄자를 위해 고안된 전통적이고, 젠더 중립적인 위험성/욕구 평가 가운데 일부는 여성 범죄자 인구에 대해 타당화되었지만[예: 서비스/사례관리 수준 검사(Level of Service/Case Management Inventory; Andrews, Bonta, & Wormith, 2004), COMPAS(Brennan, Dieterich, & Ehret, 2009)], 젠더별 경로 연구를 둘러싼 증가하는 증거 자료를 고려해 볼 때, 이러한 평가는 여성 범죄자에 대한 범죄유발욕구의 범위를 정확하게 묘사하기에 충분하지 못했다. 기관들에서 여성 인구를 평가하는 데 있어 추가적인 욕구를 뒷받침하는 증거는 신시내티 대학교와 국립교정연구소에서 개발한 연구에서 나온 것으로, 이는 여성 범죄자를 위해 의도적으로 고안된 젠더 반응적 위험성/욕구 평가 도구의 구성타당도가 되었다(Van Voorhis, Salisbury, Wright, & Bauman, 2008; Van Voorhis, Wright, Salisbury, & Bauman, 2010; Wright, Salisbury, & Van Voorhis, 2007). 아동

및 성인 학대/피해자화, 우울/불안, 역기능적 관계, 양육 스트레스, 자아존중감/자기효
능감을 둘러싼 이슈들이 여성의 재범을 촉진하는 데 있어 중요성을 알아내기 위해 조
사되었다. 여성 위험성 욕구 평가(Women's Risk Need Assessment, WRNA) 도구는 미국
전역의 많은 주에서 보호관찰 대상자, 수용자, 출소 전 수용자, 가석방자 등의 다양한
여성 교정인구를 대상으로 성공적으로 타당화되었다. WRNA는 동적이고 젠더 중립적
인 위험성/욕구 평가를 채택하지 않은 기관에서는 독립적인 평가 도구로 사용되며, 젠
더 반응적 감독과 치료를 제공하지만 다른 타당화된 도구에 투자한 기관에서는 추가
도구로 사용된다. 게다가 WRNA 도구의 연구 결과들은 COMPAS Women(Northpointe
Institute for Public Management, Inc., n.d.)이라 불리는 COMPAS에 자동화된 젠더 반응
적 보충자료가 정보화되어있다.

　여성 서비스 계획 도구(Service Planning Instrument for Women, SPIn-W)는 또 다른
젠더 반응적 위험성/욕구 평가 도구이자 사례계획 도구이다. 오비스 파트너스(Orbis
Partners, Inc., n.d.)에서 개발한 이 도구는 같은 회사에서 개발한 여성 범죄자 사례관리
모델(Women Offender Case Management Model, WOCMM; Orbis Partners, Inc., 2006; 〈표
14-1〉 참조)을 보완하기 위해 고안되었다. 열한 가지 영역으로 구성된 SPIn-W는 전반
적인 여성 범죄자 사례관리모델을 적용하기 위한 첫 번째 단계로 여성 범죄자의 범죄
유발욕구와 강점을 측정한다.

〈표 14-1〉 여성 범죄자 인구에 대한 젠더 반응적 개입

프로그램	개발자	이론적 토대	치료 목표(대상)
외상을 넘어서 (Beyond Trauma)	Stephanie Covington	관계 외상	외상의 대처 인지기술 건강한 관계 양육
여성 범죄자 치료 및 고용 프로그램 (FOTEP)	Mental Health Systems, Inc.	관계 외상	사례관리 및 재진입 교육 고용/재정독립 물질남용 정신건강 양육

영원한 자유 (Forever Free)	Mental Health Systems, Inc.	인지행동	물질남용 건강한 관계 외상 후 스트레스 장애(PTSD) 분노관리 양육 자아존중감
여성의 회복 돕기 (Helping Women Recover)	Stephanie Covington	관계 외상 전체론적 중독	물질남용 외상 대처 건강한 관계
라 보데가 데 라 파밀리아; 베라 가족사법 프로그램 (La Bodega de la Familia; Vera Family Justice Program)*	Vera Institute of Justice (Carol Shapiro)	가족체계 관계 긍정심리학 (강점기반)	사례관리 및 재진입 가족 및 사회적 지지
나아가기 (Moving On)	Orbis Partners, Inc. (Marilyn Van Dieten)	관계 인지행동	변화에 대한 동기강화 건강한 관계 반사회적 태도 인지기술 스트레스 관리
안전기반치료 (Seeking Safety)	Lisa Najavitz	관계 외상 전체론적 중독 인지행동	물질남용 외상 대처 외상 후 스트레스 장애(PTSD)
여성 범죄자 사례관리모델 (WOCMM)	Orbis Partners, Inc. (Marilyn Van Dieten)	관계 외상 인지행동 긍정심리학 (강점기반)	사례관리 및 재진입 가족 및 사회적 지지 건강과 웰빙

* 이 프로그램이 기본적으로 젠더 반응적 관점으로 개발되지는 않았지만 많은 젠더 반응적 요소가 포함되어 있다. 그것은 또한 남성 범죄자 인구에게도 효과적이다.

젠더 반응적 치료 커리큘럼

① 젠더 반응적이고, ② 본질적으로 인지행동적이며, ③ 효과적인 치료 개입원칙을 토대로 한 커리큘럼이 여성 교정인구에 가장 바람직하다. 〈표 14-1〉은 현재의 형사사

법체계에서 여성에게 가장 유효성 있는 커리큘럼을 제시하고 있다. 제시된 일부 젠더 반응적 개입은 초기에 비범죄자 인구를 염두에 두고 만들어졌지만(예: 외상을 넘어서, 여성의 회복 돕기), 이후 여성 교정인구에 성공적으로 통합되었다.

여성 범죄자 사례관리모델(WOCMM; Van Dieten, 2008)과 관련해서 생각해 보면, 이 개입은 〈글상자 14-1〉에 서술된 여섯 가지 젠더 반응적 안내를 적용하도록 고안되었다. 국립교정연구소에서 오비스 파트너스가 개발한 여성 범죄자 사례관리모델의 목표는 구금되었거나 지역사회의 감독을 받는 여성들의 재범을 줄이는 것이며, 여성들과 그 가족들의 건강과 웰빙을 중진하는 것이다. 코네티컷주의 여성 보호관찰대상자를 대상으로 한 여성 범죄자 사례관리모델의 평가 결과에서는 그 모델의 서비스를 받지 않은 여성의 1년 후 재범률(재체포 42.5%)에 비해 서비스를 받은 여성의 재범률(재체포 31.6%)이 유의하게 낮은 것으로 나타났다(Millson, Robinson, & Van Dieten, 2010).

평가에서 계속 지지받는 또 다른 프로그램은 리사 나자비츠(Lisa Najavitz, 2002a, 2002b)의 안전기반치료(Seeking Safety) 커리큘럼으로, 물질남용과 외상 후 스트레스 장애(PTSD)의 이중 진단으로 고통받고 있는 여성을 위한 인지행동주의 심리치료 프로그램이다. 이 커리큘럼은 두 장애의 주요 임상적 욕구가 안전이라는 점을 강조한다. 이 프로그램에서 안전은 광범위하게 정의되며 물질을 자제하고, 자기유해 행동을 줄이며, 위험한 관계를 끝내는 것을 포함한다. 많은 연구 조사에서 여성 교정인구의 정신병리와 재범을 감소시키는 데 이 프로그램이 효과적인 것으로 밝혀졌다(Lynch et al., 2012; Zlotnick, Johnson, & Najavitz, 2009; Zlotnick et al., 2003).

젠더 반응적 프로그램 평가

여성 인구에 대해 더 많은 프로그램이 젠더 반응적 방향으로 나아감에 따라 젠더 반응적 환경에서 감독과 서비스를 가장 효과적으로 제공하는 방법을 기관에 안내하는 것이 중요해지고 있다. 최근에 젠더 반응적 관점에서 프로그램의 치료적 완전성 혹은 치료적 충실도를 평가하기 위해 두 가지 도구가 개발되었다. 첫째, 젠더에 입각한 실행 평가(Gender-informed Practices Assessment, GIPA)는 국립교정연구소와 효과적 공공 정책센터 간의 협력 협정을 통해 개발되었다. 〈글상자 14-2〉에 제시된 바와 같이, GIPA는 12영역으로 구성되었으며 근거기반(예: 효과적 교정 개입에 대한 젠더 중립적 원칙) 및 젠더 반응적 실행 둘 다의 개발에 대해 교정관리자에게 안내하기 위해 만들어졌다.

글상자 14-2 **젠더에 입각한 실행 평가(GIPA)의 영역**

• 영역 1: 리더십과 철학

경영자 리더십과 시설관리가 여성 범죄자에 대한 근거기반 및 젠더에 입각한 실행 둘 다에 중요한 방법으로 헌신하는 정도를 설명한다

• 영역 2: 외부 지원

여성에 대해 젠더에 입각하고 근거에 기반을 둔 실행과 관련된 기관의 임무를 위해 시스템 이해관계자와 자금 지원자, 지역사회 파트너로부터 외부 지원을 검토한다.

• 영역 3: 시설

시설의 위치와 물리적 설계, 여성에 대한 젠더 적합성과 관련된 조건의 다양한 측면을 검토한다.

• 영역 4: 관리 및 운영

여성 범죄자에 대한 책임이 있는 관리자에게 빈번한 도전은 시설의 보안 요구사항에 대한 모든 운영 측면에서 젠더에 입각한 실행으로 통합하는 것이다.

• 영역 5: 직원 채용 및 훈련

잘 운영되는 시설은 시설의 임무에 헌신하는 인력에 기반을 두고 있으며, 젠더에 입각한 실행의 일상적 요건을 수행하도록 직원을 고용하고 훈련시킨다. 예산이 부족한 시기에, 기관과 시설의 리더십은 젠더 반응적 훈련 및 직원 발전에 헌신하는 가치와 유지에 도전을 받는다.

• 영역 6: 시설 문화

시설환경을 검토하며 수용자와 직원이 신체적으로, 정서적으로 안전하고 존중받는다고 느끼는 정도를 평가한다. 또한 성적·신체적·정서적 학대를 보고하는 공식적 및 비공식적인 방법의 '보고 문화'를 탐색한다.

• 영역 7: 범죄자 관리

범죄자 관리 영역은 젠더 적합성, 규칙과 기대의 명확성, 긍정적 행동에 동기를 강화하는 방법, 시설의 징계 실행을 검토한다.

• 영역 8: 평가 및 분류

구금 수준을 결정하고, 동적인 위험성과 욕구를 평가하며, 취약한 수용자와 약탈적인 수용자를 구별하기(PREA 표준안) 위해 젠더에 입각한 절차를 검토한다.

• 영역 9: 사례계획 및 전환계획

적절한 사례계획 및 전환계획은 수용자의 개인적이고 고유한 욕구를 다루는 과정, 특히 인도적 교도소 적응을 악화시키는 것들과 미래의 범죄와 관련된 요인들(예: 위험요인, 범죄유발욕구)을 포함한다. 이 과정에서 사례관리의 역할은 이러한 서비스에 대해 평가된 그들의 욕구에 따라 프로그램과 서비스를 여성에게 연결해 주는 것이다.

• 영역 10: 연구기반 프로그램 영역

여섯 가지 차원에 따라 시설의 핵심 프로그램 각각을 검토한다. 젠더 반응적 의도, 근거기반의 토대, 매뉴얼 및 치료 안내서의 유효성, 프로그램 적격성에 대한 명확한 기준의 사용, 결과 모니터 및 품질 보장을 위한 노력 차원이다.

• 영역 11: 서비스

젠더에 입각한 실행의 중요한 특성과 관련된 여섯 가지 핵심 서비스 영역을 검토한다. 여섯 가지 영역은 의료와 정신건강, 교통, 식품, 법률서비스, 피해자 서비스이다.

• 영역 12: 품질 보장 및 평가

기관 및 시설에서 모든 기능 단위를 검토하고 개선하기 위해 품질 보장방법을 사용하는 정도를 탐색한다.

둘째, 청소녀를 대상으로 한 프로그램의 젠더 반응적 준수를 평가하기 위해 특별히 고안된 하나의 도구가 오리건 청소녀의 평등한 접근을 위한 옹호자 연합(Oregon Coalition of Advocates for Equal Access for Girls, 2011)에 의해 제작되었다. 청소녀의 프로그램과 서비스에 대한 젠더 반응적 기준 및 평가 도구(Gender-Responsive Standard and Assessment Tool for Girls' Program and Services, G–SAT)는 ① 시설, ② 직원 채용, ③ 청소녀를 위한 프로그램과 서비스, ④ 행정/리더십의 네 가지 영역을 평가한다. 이 도구는 청소년 사법 프로그램뿐만 아니라 아동 복지, 정신건강, 거주형 알코올 및 기타 약물 프로그램을 평가하는 데도 유용하다.

결론

　여성 범죄자를 감독하고 치료하는 가장 효과적인 방법에 관한 지식기반이 남성 범죄자를 대상으로 확립된 작업만큼 진전된 것은 아니지만, 그래도 전통적인 젠더 중립적 전략이 여성 범죄자의 삶의 현실을 다루기에 부족하다는 것을 알 정도로는 지혜가 축적되어 있다. 실제로 여성을 염두에 두고 시작하면 여성의 대부분이 훨씬 덜 위험하지만, 여전히 유의미한 서비스가 필요하다는 것을 알기 때문에 교정 시스템은 상당히 다르게 보일 것이다. 만약 우리가 '젠더는 차이를 만든다.'는 전제를 받아들인다면, 우리의 교정 정책과 개입은 이 철학을 유사하게 반영할 것이다.

　동시에 우리는 효과적 개입의 원리와 위험성−욕구−반응성 모델을 개발한 캐나다의 교정심리학자들이 지난 30년 동안 보여 준 풍부한 근거를 무시할 수 없다(Andrews & Bonta, 2010; Gendreau, 1996b). 이 연구 의제에서 나온 대부분의 근거가 남성 범죄자에게 초점을 둔 것은 사실이지만, 많은 부분에서 여성 범죄자와도 관련되어 있다. 여성 범죄자의 감독과 치료를 개선한다는 것은 효과적 개입에 대한 전통적이고 젠더 중립적인 원칙의 지식뿐만 아니라 젠더 반응적인 원칙 모두를 수용한다는 의미이다.

토론 질문

1. 여성 범죄자는 남성 범죄자와 다른 어떤 개입이 필요한가?

2. 여성과 남성 범죄자들 모두 중독으로 고통받는데, 왜 여성들은 다르게 처우받아야 하는가?

3. 교정 시스템이 남성 대신 여성을 염두에 두고 시작했다면 어떻게 다르게 보일 것으로 생각하는가?

제**6**부

교정 정책과 실무에 관한
종합정리

이 책의 전 과정에서 교정상담과 사회복귀에 관한 많은 자료를 제시했다. 제1부에서는 교정상담과 사회복귀 분야의 직업에 대한 방향을 제공했다. 형사사법에 관련된 개인들을 상담하는 과정에서 제기되는 많은 도전과 상담의 중심 목표 및 철학을 제시했다. 또한 타이밍과 동기강화면담, 내담자 저항 관리와 같은 몇 가지 중요한 기술도 소개했다. 매우 중요한 윤리적 실무 기준도 또한 논의했다.

제2부에서는 현대의 상담 및 치료의 역사적 토대를 살펴보았다. 정신역동과 급진적 행동주의 개입은 1900년대 중반까지 두 가지 주요 치료 유형이었다. 교정치료의 초기 역사에 기여한 집단 접근도 이 부분에서 언급되었다.

모든 범죄자가 다 같지는 않다. 제3부에서는 범죄자 간의 중요한 차이점에 대해 논의했다. 제6장은 정신건강 문제와 정신질환 범죄자들의 욕구에 반응해야 하는 교정직원의 책임에 대해 다루었다. 제7장에서는 많은 분류 도구가 제시되었다. 이 장에서 강조된 분류체계는 모든 교정 내담자들을 위험성, 욕구, 반응성에 따라 분류하는 방법에 대해 논의했다.

제4부에서는 현대 교정상담의 이론적 토대가 되는 사회학습과 인지행동, 가족치료 접근을 소개했다. 이러한 모델의 중요성은 그 효과에 의해 강조되었다. 교정 평가 및 평가연구를 분석하고 요약하는 메타분석은 이러한 접근이 범죄자 행동을 변화시키고 재범을 감소시킬 가능성이 가장 크다는 것을 보여 주었다.

제5부에서는 이러한 평가와 이론을 특수 인구의 치료에 적용했다. 각 장에서는 물질남용자, 성범죄자, 심각한 반사회적 범죄자, 여성 범죄자에 대한 접근에 대해 논의했다. 이 장들에서는 최근의 사회학습, 인지행동, 가족체계치료가 이러한 특정 집단을 위해 어떻게 수정되었는지를 보여 주었다.

이러한 지식이 교정인력과 기관의 일상 업무에 어떤 영향을 미치는가? 그것이 바로 이 책의 마지막 부분인 제6부의 요점이다. 우리는 이 질문을 두 가지 관점에서 다룬다. 우선, 제15장에서는 이 책 전반에 제시된 정보로 기관이 수행해야 할 일이 무엇인지를 논의한다. 교정에 무엇이 효과적인지에 대한 우리의 지식은 매일의 실천에서 경험하지 않으면 우리에게 별로 도움이 되지 않는 일련의 축적된 지식으로부터 나온 것이다. 직감에 따라야 할 필요는 없다.

여기에서 스미스(Smith), 겐드로(Gendreau)와 고긴(Goggin)은 이 책 전반에 실려 있는 많은 주장을 '무엇이 효과적인가(what works)?'의 관점으로 살펴본다. 다시 말해, 범죄자들을 변화시키기 원한다면 프로그램에서는 무엇을 해야 하는가? 효과적인 프로그램과 효과적이지 않은 프로그램을 구별하는 방법은 효과적 개입원칙과 관련이 있다. 프로그램이 위험성, 욕구, 반응성 원칙을 얼마나 면밀하게 준수하는지 그리고 행동주의 및 인지행동주의 접근을 활용하는 정도는 내담자가 좋은 결과를 달성할지 혹은 달성하지 못할지와 많은 관련이 있다.

제16장은 초점을 프로그램 및 기관에서 개별적으로 교정 내담자와 작업하는 개인상담사들의 역할로 바꾸었다. 상담사는 이 책 전반에 제시된 평가와 이론들을 어떻게 각 내담자를 위한 견고한 사례관리 계획으로 적용하는가? 상담사는 교정·감독과 치료 목표를 결정하는 데 있어서 어떻게 각 내담자와 협력하는가? 상담사는 자신의 지식을 사용하여 어떻게 내담자에게 새로운 기술과 태도, 방향을 부여할 수 있도록 행동과정을 변경하고 설계하는데 동기를 강화할 수 있는가? 이 장에서는 책을 시작했던 곳으로 돌아가 교정상담사가 교정 내담자에게 얼마나 중요한지를 논의한다.

제 **15** 장

교정치료의 업적과 현실

폴라 스미스(Paula Smith), 폴 겐드로(Paul Gendreau), & 클레어 고긴(Claire Goggin)

보험계리적 위험성 평가 대 주관적/ 직관적 임상평가	효과적 개입원칙
	'스마트한 처벌' 전략
'적절한' 개입	재발방지
교정 프로그램 평가 목록-2000 (CPAI-2000)	반응성 원칙
	위험성 원칙
정량	정적 대 동적 위험요인
메타분석	치료 완전성

　이 장의 목적은 범죄자의 재범을 감소시키는 데 있어 다양한 유형의 치료전략의 성공에 대한 우리의 지식을 존중하면서 치료 결과 평가 문헌을 요약하는 것이다. 이에 더해 교정 분야에서 일상적으로 발견되는 범죄자 치료 프로그램의 질에 대한 새로운 데이터를 일부 제공한다.

업적

범죄자 사회복귀 영역의 인상적인 업적 중 하나는 비교적 짧은 기간에 아주 많은 양의 유용한 지식이 생성되었다는 것이다(Gendreau, 1996a 참조). 1960년대의 교정 전문가들은 '무엇이 효과적인지(what worked)'를 거의 알지 못했다. 그 당시에는 치료 결과 평가연구가 거의 없었으며 어떤 유형의 개입에 대해서도 그 효과에 대한 지표는 거의 없었기 때문이다(Martinson, 1974). 예를 들면, 마틴슨(Martinson, 1974)은 자신의 문헌을 검토하면서 범죄자 치료 프로그램에 대한 231개의 연구 결과를 분석했다. 그는 "지금까지 보고된 사회복귀를 위한 노력이 거의 예외 없이 재범에 주목할 만한 영향을 미치지 못했다."라고 결론을 내렸다(p. 48). 그의 '효과 없음(nothing works)'이라는 믿음이 대중적이고 전문적인 사고에 엄청난 영향을 미쳤지만, 마틴슨(1974)의 보고서는 여러 결점이 있음을 주목해야 한다. 286개의 효과 크기 중 138개만 결과로 재범을 보고했다. 이 중에서 73개만 알 수 있는 치료 범주에 기반을 두었다. 실제로 보호관찰과 구금, 가석방은 테스트가 진행되고 있는 치료 중 하나였는데, 이러한 개입이 어떻게 '치료'로 정의될 수 있는지에 대한 의문을 불러일으킨다. 게다가 각 치료 유형의 결과에 대한 수는 제한적이었고, 그들 간에도 상당한 양식의 차이가 있었다(즉, 상담, 심리치료, 기술 개발, 집단방법, 환경치료; Cullen & Gendreau, 2000). 이것은 본질적으로 우리가 지금 '치료'라고 간주하는 각 범주에 관한 연구의 수가 적다는 것이며, 마틴슨의 연구는 실제로 치료에서 있을 수 있는 문제점에 대해 그렇게 결정적으로 고려하지 않았다는 것을 의미한다. 더욱이 그 연구에는 현재 우리가 가장 효과적이라고 알고 있는 종류의 치료 개입—인지행동주의 프로그램 구성—이 포함되지 않았다. 다행히도, 우리는 이제 지식의 구축을 파괴하려고만 하는 '효과 없음'이라는 개념 대신에 지식을 구축하는 데 도움이 되는 '무엇이 효과적인가'라는 확신으로 작업하고 있다(Cullen & Gendreau, 2001).

현재, 양적 연구 통합기법(메타분석으로 알려진)에 의해서만 적절히 요약될 수 있는 거대한 평가 문헌이 존재한다. 이용 가능한 이러한 양적 검토는 적어도 30개가 있으며, 여기에는 대략 1,000개의 연구가 포함되고 있다(McGuire, 2002). 이러한 양적 검토에 대한 평가는 일련의 지침이나 혹은 범죄자에 대한 효과적 개입원칙(principles of effective intervention)을 만들어 낼 목적으로 수행되어 왔다(예: Andrews, 1995; Andrews & Bonta, 2010; Gendreau, 1996b; Gendreau & Andrews, 1990). 메타분석(meta-analyses) 결과에 대한 간략한 요약과 효과적 개입원칙이 다음에 설명되어 있다.

메타분석 결과

우리는 범죄자 사회복귀를 얼마나 성공적으로 하고 있는가? 우선 모든 평가연구를 요약해 보면, 그 종류에 상관없이 연구된 프로그램의 약 64%가 재범이 감소되었고 감소된 평균은 10% 정도로 보고되었다(Lipsey, 1992 참조). 이 결과는 그 자체로 주목할 만하다. 형사사법체계의 냉소주의자들이 그렇게 편협하지만 않다면, 그들은 이 정도의 결과가 다양한 다른 서비스 제공 영역에서는 종종 수용 가능한 것으로 간주된다는 사실에 놀랄 것이다(Lipsey & Wilson, 1993; Rosenthal & DiMatteo, 2001). 그러나 단순히 모든 연구를 요약하는 것만으로는 충분하지 않다. 다음 단계는 재범을 감소시키는 연구와 그렇지 않은 연구를 확실하게 구별할 수 있는 특징이 있다면 그것이 무엇인지 결정하는 것이다. 만약 우리가 이것을 할 수 있다면, 즉 이 경험 세계에서 어떤 질서를 찾아낸다면, 앞으로 범죄자들을 위한 더 나은 치료서비스를 개발하는 데 있어 엄청난 진전을 이룰 수 있을 것이다. 다행히도, 우리는 그렇게 할 수 있다. 특정 프로그램의 특징을 공유하는 연구 혹은 '적절한' 개입('appropriate' interventions)이라고 불리는 것(Andrews et al., 1990)은 약 25~30%까지 재범을 감소시키는 반면(Andrews & Bonta, 2010; Andrews, Dowden, & Gendreau, 1999), '부적절한' 것으로 지명된 연구는 재범을 약간 증가시킨다. 적절한 치료 프로그램은 또한 재범과 상관관계가 있는 다른 척도의 반사회적 행동(예: 교도소 위법 행위)도 상당히 감소시킨다(French & Gendreau, 2006). 마지막으로, 지역사회 내에서 실시하는 치료 프로그램은 일반적으로 교도소에 기반을 둔 프로그램보다 2~3배 더 많이 재범을 감소시킨다(Andrews et al., 1990).

효과적 개입원칙

적절한 치료란 어떤 것인가? 이 책의 의도된 독자를 고려할 때, 이 문제에 대한 자세한 설명을 원한다면 독자가 앤드류스와 본타(Andrews & Bonta, 2010), 컬렌과 겐드로(Cullen & Gendreau, 2000), 겐드로(1996b) 그리고 앤드류스(1995)를 참고할 것을 권장한다. 독자들이 또한 본보기가 되는 개별 연구들을 검토하기를 권장한다(예: Alexander, Pugh, & Parsons, 1998; Bourgon & Armstrong, 2005; Gibbs, Potter, & Goldstein, 1995;

Goldstein, 1999; Gordon, Graves, & Arbuthnot, 1995; Henggeler, Mihalic et al., 1998). 이 목록과 다른 목록도 대부분 앤드류스 등(1990, pp. 403-404)의 연구와 앤드류스 등(1999)과 겐드로(1996b, pp. 114-120)의 연구에서 찾을 수 있다. 적절한 치료의 기초가 되는 효과적 개입원칙은 다음과 같다.

1. 치료는 행동주의 전략(예: 급진적 행동주의, 사회학습, 인지행동주의)을 기반으로 한다(Andrews et al., 1990; French & Gendreau, 2006; Gendreau, 1996b; Gendreau, Little, & Goggin, 1996). 따라서 프로그램 촉진자는 반범죄적 모델링, 효과적 강화 및 불승인, 문제 해결 기법, 기술 구축을 위한 구조화된 학습 절차, 권한의 효과적 사용, 인지적 자기 변화, 관계 실행, 동기강화면담과 같은 치료적 활동에 참여해야 한다(Andrews & Carvell, 1997 참조). 범죄자 치료 문헌의 메타분석에서 다른 치료방식보다 인지행동주의 개입을 일관되게 선호해 왔다는 점에 주목하는 것이 중요하다(Lipsey & Cullen, 2007; Smith, Gendreau, & Swartz, 2009 참조). 스미스, 겐드로와 스워츠(Smith, Gendreau, & Swartz, 2009)의 메타분석 결과에 대한 검토에서 평균 효과크기 추정치의 약 73%(또는 16/22)가 $r=0.15$보다 더 큰 것으로 나타났다. 이항 효과크기 표시(Binomial Effect Size Display, BESD) 통계를 사용할 경우, $r=0.15$는 치료의 성공률이 통제 조건보다 재범이 15% 감소했음을 나타낸다(Rosenthal & Rubin, 1979; 또한 Gendreau & Smith, 2007; Smith, Gendreau, & Swartz, 2009도 참조). 이에 반해서 '다른' 치료 양식(즉, 행동주의가 아닌)은 $r=0.15$보다 낮은 약 88%(또는 7/8)로 재범 감소가 훨씬 더 적었다.

2. 프로그램에는 그 프로그램의 근거가 되는 이론과 데이터를 설명하는 매뉴얼뿐만 아니라 자료를 제시할 때 따라야 할 단계를 상세하게 기술한 커리큘럼이 있다(종합적인 프로그램 매뉴얼의 예시는 Gibbs, Potter, & Goldstein, 1995 참조).

3. 치료는 바람직하게는 범죄자의 실제 환경에서 실시하는 것이 좋다(혹은 '실제상황(in vivo)' 개입으로 대신함).

4. 치료는 다중양식(multimodal)으로 제공한다. 다시 말해, 프로그램은 다양한 개입을 제공하고 다양한 범죄자의 욕구, 특히 범죄유발욕구를 다룰 수 있도록 준비되어야 한다.

5. 집중치료는 3~4개월의 기간 동안 약 100시간의 직접적인 서비스를 제공해야 한다(Andrews & Bonta, 2010; Bourgon & Armstrong, 2005 참조).

6. 치료는 친사회적인 행동에 대한 정적 강화를 강조하며 가능한 한 개별화한다. 범죄자들은 프로그램 시간 중 적어도 40% 이상을 친사회적인 기술을 습득하는 데 사용해야 한다. 더욱이 강화와 처벌의 비율이 최소한 4 대 1이 되어야 한다 (Gendreau, French, & Gionet, 2004 참조).

7. 목표가 되는 행동은 미래의 범죄 행동을 예측해 주는, 본질적으로 동적인 행동(예: 반사회적 태도 및 유대; Bonta, 2002 참조; Gendreau, French, & Gionet, 2004; Gendreau et al., 2006; Simourd, 2004)이다. 이러한 문제를 확인하기 위해 프로그램에서 타당한 보험계리적 평가를 사용하는 것이 중요하다(Gendreau, Goggin, & Smith, 2002). 더욱이 중위험에서 고위험 범죄자들이 치료로 인한 가장 큰 혜택을 받는데, 이점은 아무리 강조해도 지나치지 않다. 이것이 위험성 원칙(risk principle)이다(제7장 참조).

8. 치료는 친사회적 가치의 학습을 촉진하기 위해 범죄자의 주요 특성과 학습 스타일을 치료사의 특성 및 프로그램 특징과 적절하게 연결하도록 설계되어야 한다. 이것이 반응성 원칙(responsivity principle)이다(제7장 참조).

9. 일단 공식적인 치료 단계가 종결되면, 필요에 따라 사후관리를 통해 연속성을 유지하도록 한다. 특히 성범죄나 물질남용과 같은 만성적인 문제에는 재발방지(relapse prevention) 프로그램 모델이 유용하다(Dowden, Antonowicz, & Andrews, 2003).

10. 효과적인 서비스 전달을 위해서는 몇 가지 시스템 요인이 갖추어져야 한다(Andrews & Bonta, 2010; Gendreau, Goggin, & Smith, 2001 참조). 여기에는 프로그램 실행의 질과 프로그램 책임자와 직원의 훈련 및 자격증, 조직이 기관 간 의사소통 및 옹호 중재(advocacy brokerage)에 관여하는 정도, 프로그램 설계와 일상 업무에 프로그램 책임자의 개입, 조직이 라인 스태프(line staff)에게 지식을 보급하기 위해 의미 있는 시도에 참여하는 정도, 프로그램 의사결정에서 직원의 참여, 효과적인 사례관리를 위해 내담자의 행동 변화를 모니터하는 돌봄, 직원의 치료적 실습의 질이 중심에 있다. 로웬캠프, 래티사와 스미스(Lowenkamp, Latessa, & Smith, 2006)는 지역사회 기반의 거주형 프로그램에 대해 38개의 평가를 수행했다. 그 결과, '프로그램 실행' 영역이 치료 효과($r=0.54$)와 강하게 연관된 것으로 나타났다.

마지막으로, 이상의 원칙들은 청소년과 성인 표본 모두에게 적용되며, 좀 더 제한된 근거에 의하면 여성과 소수 집단에도 적용된다. 그러나 반응성 원칙의 구성요소는 다양한 범죄자 표본에 따라 상당히 다를 수 있다(검토는 Smith, Gendreau, & Swartz, 2009 참조).

효과 없는 프로그램

적절한 치료 프로그램과 비교하여 부적절한 전략에 기저하는 프로그램의 특징은 다음과 같다.

1. 부적절한 프로그램은 정신역동과 비지시적, 의료모델 치료를 기반으로 한다. 또한 훈련 캠프, 약물검사, 전자 모니터링, 배상, 충격 구금과 같이 두려움을 유발하는 위협 혹은 '스마트한 처벌' 전략('punishing smarter' strategies)을 기반으로 하는 프로그램은 완전히 실패했다(Andrews et al., 1990; Gendreau, 1996b; Gendreau, Goggin, & Fulton, 2000; Gendreau et al., 1993; Smith, Goggin, & Gendreau, 2002).

2. 범죄자의 문화에 대한 존중, 교정체계로부터 전환 조치(diversion) 또는 혜택을 받지 못한 사람들에게 합법적인 기회에 대한 접근을 제공하는 것의 중요성을 단일 목표로 삼는 사회학적 관점은 재범이 약간 증가하는 것과 관련이 있다(Andrews & Bonta, 2010; Gendreau, French, & Gionet, 2004 참조).

3. 저위험 범죄자를 집중적으로 치료하거나 범죄 행동에 대한 예측요인이 약한 행동(예: 남성 범죄자들의 자아존중감)을 목표로 하는 프로그램은 거의 효과가 나타나지 않았다(Andrews, Bonta, & Hoge, 1990; Gendreau, Little, & Goggin, 1996).

교정치료의 현실

기본이 되는 특정 유형의 치료 프로그램(연구 문헌에 발표된)이 범죄자의 재범을 감소시키는 데 의미 있는 효과가 있을 수 있다는 사실을 문서화하는 것이 있지만, 또 다른 현실이 존재한다. 이러한 본이 되는 연구는 그 분야의 정부 및 민간기관에서 일반적으로 볼 수 있는 프로그램을 대표하지 못할 가능성이 높다(Gendreau & Goggin, 1991; Lab & Whitehead, 1990). 이러한 중대한 문제를 다루기 위한 시도로, 치료 완전성(therapeutic integrity) 혹은 프로그램 질을 측정하기 위해 교정 프로그램 평가목록(Correctional Program Assessment Inventory-2000, CPAI-2000)이 개발되었다(Gendreau & Andrews, 2001). 이 도구는 앞서 검토한 '효과 없음' 문헌에서 도출된 131개 항목으로 구성되어 있다. CPAI-2000은 조직 문화와 프로그램 실행/유지, 관리/직원 특성, 내담자의 위험성-욕구 실천, 프로그램 특성, 여러 측면의 주요 교정업무, 기관 간 의사소통, 평가 차원의 여덟 가지 차원에 대해 프로그램을 평가한다. CPAI-2000은 각 차원에 대해 프로그램의 강점과 약점을 기록하고 프로그램 질에 대해 전반적으로 백분율 점수를 제공한다.

CPAI(그리고 그것의 후속 개정판)은 550개 이상의 범죄자 치료 프로그램에 적용되어 왔다(Gendreau, Goggin, & Smith, 2001; Lowenkamp, 2004; Lowenkamp, Latessa, & Smith, 2006). 하나의 메타분석을 포함하는 2개의 연구(Nesovic, 2003)와 오하이오주의 수많은 치료 프로그램의 분석을 기반으로 한 다른 연구(Lowenkamp, 2004)에서 CPAI가 재범에 대한 예측력이 높은 것으로 밝혀졌다(r<0.25~0.50).

CPAI 연구 결과

1990년에 CPAI는 170개의 성인 범죄자 물질남용 프로그램을 평가했다(Gendreau & Goggin, 1991). 프로그램 응답자는 세부적인 설문지에 응답하는 것뿐만 아니라 기능의 모든 측면에 대해 빠짐없이 작성한 서류를 입안자에게 제출하도록 지시받았다. 응답한 프로그램 중 101건에서 CPAI 평균 점수가 25%로 나타났다. 지역사회 기반(교도소 프로그램보다)과 '계약을 맺은' 프로그램(기관에서 운영하는 프로그램보다)은 CPAI에 대한 점수가 더 높았으나, 이 두 경우에서도 CPAI 평균 점수는 40% 미만이었다. 2개의 프로그램은 매우 만족스러운 점수를 받았고, 8개는 만족스러운 것으로 평가되었으며, 12개는 겨우 합격 점수를 받았다(40~49%).

프로그램의 10%만 만족스러운 점수를 받았다는 사실은 설문조사가 범죄자 사회복귀의 리더로 여겨지는 교정 조직 내에서 실시되었다는 점을 고려할 때 다소 낮아 보인다. 이후에 다른 설문조사(Hoge, Leschied, & Andrews, 1993)가 교정서비스 제공에 매우 진보적 역사를 지닌 캐나다의 한 주에서 청소년 범죄자를 위해 서비스를 제공하는 기관들에 대해 실시되었다. CPAI 점수를 산정하기 위한 적절한 자료는 135개 프로그램에 제공되었다. 모든 프로그램에 대한 CPAI 점수의 전체 평균은 35%이었다. 더욱이 CPAI 하위 구성요소의 평균 백분율 점수는 모두 50% 미만이었으며, 평가 구성요소는 가장 낮은 점수(20%)를 기록했다. 평가자의 자료 검토에 근거한 점수 산정과 실제 현장 방문에 근거한 점수 산정은 모두 CPAI 점수에서 차이가 없었다. 연구자들은 또한 특수한 초점(예: 물질남용, 성범죄자)이 있는 프로그램의 CPAI 점수가 약간 더 높다(39% 대 32%)는 것을 발견했다. 보호관찰 환경의 프로그램은 시설 기반의 프로그램보다 CPAI 점수가 더 낮았다. 겐드로와 고긴(1991)의 연구에서와 같이 거의 소수의 프로그램만(10%) 만족스럽거나 혹은 더 나은 점수를 받았다. 그래도 격려가 되는 것은 새로운 서비스 전달을 위한 주(州) 혁신에—청소년과 가족을 목표로 한 집중적인 지역사회 기반의 개입주의자 기관—대한 평가가 만족스럽거나 매우 만족스러웠다가 일반적(9점 만점에 7점)이었다는 점이다. 최근에는 CPAI가 전문화된 프로그램[예: 출석 센터(attendance centers), 일일보고 프로그램, 마약 법원, 교도소 성범죄자 프로그램] 표본을 대상으로 다양한 동료들[예: 에드워드 래티사(Edward Latessa)와 신시내티 대학교 교정연구소(University of Cincinnati Corrections Institute)]에 의해 몇 가지 개별 프로그램이 시행되고 있다.

이전 설문조사에서 도출된 비관적인 결론이 동일하게 유지되고 있다. 이러한 유감스러운 상황에 대해 어떻게 해야 하는가? 한 가지 생각할 수 있는 것은 치료사업에 대해 근본적으로 실패를 인정하는 것이다(Lab & Whitehead, 1990). 다른 한편으로는 이 문제를 다루는 생산적인 전략은 문제를 바로잡기 위한 목적으로 '현장에서' 프로그램에 대해 가장 빈번하게 발생하는 프로

그림 15-1 2011년 11월, 버지니아주 버크빌에서 버지니아 행동재활센터(Virginia Center for Behavioral Rehabilitation)의 거주자 2명이 지붕 위에 서서 정신과 시설에 있는 그들의 치료에 대해 주 공무원과 대화할 수 없다면 스스로 목을 매달겠다고 위협하고 있다.

출처: AP Photo/Steve Helber.

그램의 결함을 확인하는 힘든 작업을 시작하는 것이다(Gendreau & Goggin, 1991). [그림 15-1]을 참조하라.

이제 우리 동료들이 평가에서 목록화한 프로그램의 주요 결함에 대해 간략하게 요약한 것을 살펴보자.

다음에 나열된 결점은 당시에 최소한 50%에서 발생했다. 유감스럽게도, 어떤 경우에는 발생 정도가 70% 이상이었다. 독자는 이 책의 일부 장(제4, 7, 8, 9장 참조)과 이 장에서 앞서 검토한 문헌이 다음에 기술된 몇 가지 우려사항에 대해 직접적으로 언급하고 있다는 사실을 바로 인지할 수 있을 것이다. 주요 결함은 다음과 같으며, 필요한 경우 해설을 하였다.

1. 실행

1) 프로그램 책임자와 직원이 문헌에 대해 충분히 숙지하지 않는다. 더욱이 프로그램을 실행하기 전에 제안된 치료와 그것의 효과에 대한 자료를 철저하게 검토하지 않는다. 결국 그들은 '직관을 따르거나', 다른 사람들의 실수를 반복하거나 혹은 최신 만병통치약을 쫓아다니는 자신을 발견하게 될 것이다(Van Voorhis, Cullen, & Applegate, 1995 참조).

2) 프로그램 설계자의 전문적 신뢰성(즉, 훈련, 성공적인 프로그램 경험)이 종종 의심스럽다.

3) 물론 프로그램 실행 영역에 있어서 교정 관련 문헌은 매우 드물다(예: Gendreau, 1996b; Gendreau & Andrews, 1979; Harris & Smith, 1996). 그러나 다른 사회과학/서비스 및 관리 분야에서 효과적으로 프로그램을 확립하는 방법을 보여 주는 기술 이전(transfer)에 관한 광범위한 문헌이 있지만(Backer, Davis, & Soucy, 1995), 교정에서 프로그램 설계자들은 언제나 이것을 간과한다.

2. 내담자 사전 평가

1) 놀랍게도, 보험계리적 위험성 평가(actuarial risk assessment)에 대해 기록된 모든 것을 고려할 때(Bonta, 1996, 2002), 전통적인 주관적/직관적 임상평가(clinical subjective/intuitive assessment)가 계속되고 있다. 실제로 평가에 대한 이러한 접근의 부적절함과 관련된 고전 문헌에 대한 인식이 사실상 없다(예: Little & Schneidman, 1959; Meehl, 1954).

2) 범죄자를 평가하기 위해 보험계리적 체계(혹은 검사)를 사용하는 프로그램 중에서 정적 위험요인(static risk factors; 예: 과거 범죄력, 범죄 유형)에 대해 관심을 보이는 것은 드문 일이 아니지만, 동적 위험요인(dynamic risk factors; 예: 태도와 가치, 행동)에 대한 평가는 간과된다. 후자는 행동 변화를 목표로 제시하기 때문에 평가되지 않는 한 치료 효과를 추적 관찰하는 것이 불가능하다(Gendreau, Little, & Goggin, 1996).

3) 어떤 동적 요인이 평가되어야 하는지에 대한 혼란이 여전히 존재한다. 프로그램은 여전히 남성 범죄자 인구에 대한 가장 약한 재범 예측인자인 자아존중감, 불안, 우울에 대한 평가를 주요하게 중요시하는 반면, 범죄 태도와 같은 강력한 예측인자에 대해서는 무시해도 될 정도의 관심만 기울인다(Gendreau, Little, & Goggin, 1996).

3. 프로그램 특성

1) 프로그램은 어떠한 적절한 치료(즉, 효과적인 것으로 알려진 치료들)도 사용하지 않았거나, 효과적인 치료 프로그램에서도 부적절한 전략을 사용하여 프로그램의 전반적인 효과를 약화시킨다. 특정 예시의 하나로(Gendreau & Goggin, 1991), 헤스터와 밀러(Hester & Miller, 2003)의 알코올 중독 치료 문헌에 대한 종합적인 분석에서 발견된 것과 유사하게, 가장 빈번하게 사용되는 개입이 경험적으로는 실패한 것으로 밝혀졌다.

2) 치료의 정량(dosage) 수준(즉, 강도)이 종종 불충분하다(예: 주당 몇 시간). 범죄자들은 치료에 충분한 시간을 갖지 못한다.

3) 반응성 원칙이 거의 완전히 무시된다. 개인차에 관한 관심의 결여가 두드러지게 나타난다. 이는 범죄학 이론 개발에서의 오랜 편견(Andrews & Wormith, 1989 참조)과 개인 범죄자의 욕구에 대해서는 거의 관심이 없는 거시적이고 투입—산출(input-output) 지향적인 교정에서의 서서히 전개되는 관리 관행을 반영한다(Gendreau, Little, & Goggin, 1996). 일반적으로 이러한 경우에 범죄자들은 모두 같다고 간주된다(제7장 참조).

4) 의미 있는 강화물(reinforcers) 체계를 포함한 프로그램은 거의 없다(제4장 참조).

5) 재발방지 전략이 제대로 활용되지 않는다(제11장 참조).

6) 프로그램의 치료 완전성에 대한 타당한 지표는 치료에 기저하는 이론과 일일

치료 과업 일정(즉, 수업 계획, 과제 연습, 교육 보조 자료), 과정을 평가하는 평가 도구들에 대해 충분히 상세하게 설명한 치료 매뉴얼이다. 매뉴얼은 '외부' 치료사가 비교적 쉽게 프로그램에 참여하여 수업을 진행할 수 있도록 충분한 질을 갖추어야 한다. 그런데 우리의 경험상 그러한 매뉴얼은 매우 드물다. 게다가 어떤 수량화 가능한 방식으로 지침 자체의 질을 모니터하는 프로그램은 거의 없다. 우리는 이와 관련하여 개발된 두 가지 척도만 알고 있다(즉, Gendreau & Andrews, 2001; Mitchell & Egan, 1995).

7) 많은 프로그램에서는 내담자가 지속적인 서비스를 받도록 의뢰할 수 있는 관련성이 있고 유용한 지역사회 서비스를 찾는 데 어려움을 겪고 있다.

4. 직원 특성

앞서 언급한 내용은 고용주에 의한 품질관리 결여 및 학습환경에서 관련 교육 프로그램의 부족으로 인한 폐단의 하나로 이해되어야 한다. 대부분의 경우, 치료 직원들은 헌신적이고, 기회가 주어지는 경우 기술을 향상하려고 열망하는 것으로 나타났다.

1) 당면한 업무와 관련된 임상 경험 및 훈련과는 다른 특성의 치료 프로그램을 위해 고용된 직원을 찾는 것은 드문 일이 아니다. 프로그램 직원은 일반적으로 대학 학위 이하의 학력이었다. 대학원 교육은 드물었다. 게다가 효과적인 상담 기술(제1, 2장 참조)과 관련된 것으로 밝혀진 특성(예: 명료성, 정직, 공감, 공정성; Gendreau & Andrews, 2001 참조)에 대하여 보험계리적 평가를 사용한 고용 규정을 전혀 발견하지 못했다.

2) 직원들에게 여러 차례 질문하면서 다음과 관련된 지식에 큰 격차가 있음을 접하게 되었다.

(1) 범죄 행동에 대한 범죄학 이론과 성격에 대한 심리학 이론 및 이것들의 치료와의 관련성

(2) 고전적·조작적 조건형성의 기본 개념. 이것 없이는 어떤 종류의 효과적인 상담도 수행하는 것이 불가능하다.

이것들은 확실히 강력한 논평이지만 이 마지막 요점과 관련하여 볼 때, 어떤 프

로그램에서 강화와 처벌에 대한 다양한 내용을 파악하는 데도 어려움을 겪고 있다면 행동을 강화하고 처벌하는 원리의 중요성에 대한 의식을 어떻게 보여 줄 수 있겠는가? 우리는 프로그램 진행자가 참조한 행동수정에 관한 고전적인 텍스트를 거의 보지 못했다(Masters et al., 1987; Matson & DiLorenzo, 1984; Spiegler & Guevremont, 2002). 따라서 우리의 견해로는 겉모양은 인지치료 형태로 진행되는 많은 것이 실제로 친사회적 행동은 강화되고 반사회적 행동은 강화되지 않거나 처벌을 받는다는 것에 대한 보장이 없는 비지시적 '대화'로 구성되어 있다. 이는 제8장 및 앤드류스와 본타(2010)의 문헌에서 확인할 수 있는 상담사가 어떻게 유능한 역할모델로 기능해야 하는지에 대하여 읽어 보기를 권한다.

5. 평가

1) 모든 의도와 목적에서 체계적이고 철저한 평가 실행이 존재하지 않는다. 과정 평가 혹은 내담자가 어떻게 치료를 진행하고 있는지도 기껏해야 어쩌다 발생하고 있다. 사후결과 평가는 훨씬 더 그렇다.
2) 소비자 만족도 조사도 드물다.

결론

이 장에서 서술한 결점을 보완하기 위해 추구할 방안은 단 하나뿐인데, 그것은 더 나은 교육과 훈련이다. 이 주제는 다른 곳에서 자세히 논의되었다(Gendreau, 1996a). 안타깝게도, 범죄자를 평가하고 치료할 수 있는 훈련의 기회는 거의 없다. 미국에서는 기껏해야 범죄자 치료 분야에서의 심층적인 커리큘럼으로는 소수의 학술적인 심리학/형사사법 프로그램이 있다. 그렇기는 하지만 필요한 변화를 가져오는 작업이 엄청나게 힘든 일이 될 필요는 없다(예: Ax & Morgan, 2002; Gendreau, 1996a, p. 156; Henggeler, Schoenwald, & Pickrel, 1995). 몇 가지 주요 학술 프로그램과 지식 보급에 영향을 미치는 방법에 대한 커다란 인식(Gendreau, 1995, 1996b)은 우리의 관점에서 볼 때 내담자에게 더 나은 혜택을 제공하고 대중을 보호할 수 있는 새로운 세대의 범죄자 치료 프로그램들로 이어질 것이다.

1. 현실적으로 범죄자 치료 프로그램이 얼마나 효과적일 것으로 기대할 수 있는가? 이것은 다른 복지서비스보다 더 효과적인가, 아니면 덜 효과적인가?

2. 개입을 목적으로 한 프로그램은 범죄자의 어떤 문제와 행동을 목표로 해야 하는가? 어떤 문제를 목표로 해서는 안 되는가?

3. '질 높은' 교정치료 프로그램의 특징은 무엇인가?

4. 프로그램 책임자와 직원이 프로그램을 설계하기 전에 치료 효과에 대한 문헌을 숙지해야 하는 이유는 무엇인가?

5. 교정치료 직원이 자신의 직무를 효과적으로 수행하기 위해 어떤 유형의 지식을 보유해야 하는가?

제**16**장

사례계획 및 사례관리

패트리샤 반 부어히스(Patricia Van Voorhis)

주요 용어

활동	효과적 개입원칙
평가기반	반응성 원칙
경계	위험성 효과
사례계획	위험성 원칙
협력	선별
일치성	연계된 서비스 제공
돌봄의 연속성	우선순위 설정
공감	강점기반 접근
목표	과제
단계적 제재	치료적 관계
욕구 원칙	온화함과 개방성

　　교정 내담자들과 일상적인 상호작용을 하는 데 있어 이 책에서 주는 교훈은 어떤 의미가 있는가? 제시된 내용 대부분은 교정 기간의 목표, 기대, 방향을 설정하는 사례계획(case plan)으로 통합된다. 예를 들어, 사례관리 계획이 내담자가 물질남용 교육에 참여할 것을 시사하는 경우와 같이 이러한 지침 대부분은 내담자에게 방향을 제시한다. 사례관리 계획은 또한 사례관리자[1]의 책임을 포함한다(예: 물질남용 교육에 의뢰하기, 지

사례계획				
사례계획 시작 일자:		내담자 이름: ID #:		
사례관리자:		위험성 수준:		
위험요인:				
목표:				
반응성 요인(장벽):				
강점:				
과제:	활동:	시작 일자:	목표 일자:	성공 일자:
사례관리자 서명: _____			내담자 서명: _____	

그림 16-1 사례계획

역사회 대학 프로그램에 내담자를 참여하게 하거나 보다 상세한 정신건강 평가를 확보하기).
적절하게 수행될 경우, 사례계획은 내담자와 치료 담당자에게 명확한 구조와 초점을
제공한다. 내담자는 자신에게 기대하는 것을 알게 되고 사례관리자로부터 적절한 격려
를 받으며 목표를 수용하게 될 것이다. 좋은 사례계획은 또한 사례관리자와 내담자가
참여하는 협력적인 의사결정을 보여 준다. 이러한 결정의 결과는 잘 문서화된다.

　사례계획 수립은 동적 위험성/욕구 평가를 시행한 이후의 단계이다. 계획 수립에 있
어서 상담사나 사례관리자는 높은 점수가 나온 욕구 범주의 평가 결과를 검토한 후에,
그러한 욕구에 대처하기 위한 실천 방안을 개발한다. 계획을 세우는 데에는 구조가 있
으며, 이것은 도움을 주는 전문가들 사이에 표준화되어 있다. 예를 들어, [그림 16-1]에

서 내담자를 확인할 수 있는 일반적인 영역(예: 이름, 범죄자 ID)을 볼 수 있다. 다루려는 각 목표에 대해 한 장의 시트를 작성한다. 위험성 수준(고, 중, 저)을 기록한다. 사례관리자나 상담사는 내담자와 함께 목표를 설정하고 이러한 목표에 도달하기 위한 활동과 과제를 결정한다 ([그림 16-2] 참조). 사례관리자는 이

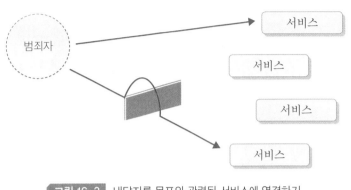

그림 16-2 내담자를 목표와 관련된 서비스에 연결하기

러한 과제를 계획할 때, 원하는 과제에 장애물이 있는지도 반드시 확인해야 한다. 예를 들어, 교통이나 육아 문제로 참여하는 것이 어려울 수 있다면 물질남용 개입에 의뢰하는 것은 성공적이지 못할 것이다. 이러한 문제는 과제를 달성하기 위해 반드시 해결되어야 할 반응성 문제 또는 장벽이다. 사례계획은 목표가 달성되거나 장애물이 생기면 정기적으로 업데이트된다.

앞서 제시한 과정은 사례관리 과정의 기본적인 개요이지만 많은 지침이 추가되어야 한다. 이 책의 여러 장에서 사례계획을 어떻게 수행해야 하는지에 대해 많은 내용을 다루었다. 이 문제는 몇 가지 추가적인 고려사항과 함께 다음에 검토된다.

사례계획 지침

우리가 교정 내담자를 위한 안내 및 치료 과정을 계획할 때 따라야 할 몇 가지의 근거기반 전문 지침이 있다. 무엇보다 먼저 많은 효과적 개입원칙(Gendreau & Goggin, 1996; Andrews & Bonta, 2010)이 사례계획의 개발에서 고려되어야 한다. 게다가 연구에서는 사례관리자가 감독 조건을 설정하는 과정에서 이러한 원칙에 따라 계획이 수립된 범죄자들이 단순히 직감을 따랐던 이들보다 더 나은 결과를 보였다. 사례계획은 또한 평가를 토대로 해야 한다. 즉, 사례관리자는 내담자를 특정 개입으로 의뢰해야 할지를 결정할 때 개인적 소견에 따라 판단하기보다는 평가를 사용해야 한다.

가장 최신의 사례계획도 정기적으로 업데이트된다. 과제가 달성되면 그것은 개정된 사례계획에 명시되며 아마도 더 어려운 단계가 새로운 과업으로 제시될 것이다. 목표

달성을 위해 많은 과제가 필요할 수도 있다. 이러한 방법으로 내담자의 목표 달성 또는 직면하는 어려움에 따라 사례계획을 업데이트하는 과정을 통해, 내담자는 시간의 경과에 따라 추적된다. 대부분의 경우, 사례계획은 다른 기관의 다른 사례관리자에게 이관된다. 예를 들어, 수용자가 석방되면 그 사람이 석방 후 감독을 받는 곳이 어디든지 사례관리 계획은 내담자를 따라다녀야 한다.

　교정 내담자의 경우, 사례계획은 치료과정 이상을 포함한다. 상담과 치료 또한 적절한 감독과 구조의 맥락에서 이루어져야 한다. 교정 내담자들은 그들의 위험성 수준에 상응하는 감독 요건을 충족해야 한다. 그들은 감독 조건이 준수되는지를 결정하기 위해 추적 관찰되어야 하며, 그러한 조건을 위반할 경우 제재가 가해진다.

　마지막으로, 좋은 치료적 관계(therapeutic relationship)는 최고의 사례계획을 위한 토대가 된다. 사례계획은 단순히 [그림 16-1]에 나와 있는 양식을 작성하는 것 이상이다. 동기강화면담, 내담자와 효과적인 협력, 자기효능감 구축, 효과적인 재강화는 모두 내담자가 변화과정을 계획하고 실행하도록 돕는 역할을 한다.

평가의 사용

　사례계획은 평가기반(assessment-based)이어야 한다. 문제가 존재하는지에 대해 사례관리자의 판단을 근거로 해서는 안 된다. 우리가 범죄자들을 상대로 일해 온 오랜 경험을 바탕으로 범죄자의 위험성 수준을 판단할 수 있다고 생각할 때도 있지만, 사실은 그렇지 않다. 연구에서는 위험성의 높고 낮음, 우울증, 물질의존 등의 임상적 판단은 평가가 수반되지 않는 한 신뢰할 수 없다고 보고하고 있다. 이것은 1950년대부터 알려져 왔으며, 그 당시 연구자들은 정신질환을 진단하는 정신과 의사들 간에 서로 불일치하는 경향이 있다는 것을 발견했다(Grove & Meehl, 1996). 위험성이나 욕구를 주관적으로 판단하려고 했던 교정 실무자들 사이에서도 유사한 결과가 관찰되었다(Bonta, Law, & Hanson, 1998). 또한 위험성과 욕구를 평가하는 프로그램이 전문가의 개인적 판단에 의존하는 프로그램보다 더 효과적이라는 사실에 주목하는 것이 중요하다.

　따라서 일상적인 실무 측면에서 동적 위험성/욕구 평가를 통해 그것이 욕구로 결정되지 않는 한 사례계획([그림 16-1] 참조)에 위험성 수준이나 욕구로 목록화해서는 안 된다. 동적 위험성/욕구 평가에는 LSI-R(Andrews & Bonta, 1995)과 LS/CMI(Andrews, Bonta, & Wormith, 2004), WRNA(Van Voorhis et al., 2010), COMPAS(Brennan, Dieterich,

& Oliver, 2006), ORAS(Center for Criminal Justice Research, 2009) 등이 있다. 그러나 그렇게 하면서도 이러한 평가의 욕구 영역이 특정 욕구만을 선별(screen)한다는 것을 인식할 필요가 있다. 범죄자가 물질남용, 교육 혹은 정신건강에서 높은 점수를 받았다 하더라도 추가적인 평가가 더 필요하다. 전반적인 정신건강, 교육 혹은 물질남용 문제의 구체적인 특성을 수집하기 위해 고안된 검사들의 배터리 실시에 필요한 시간과 비교했을 때, 동적 위험성/욕구 평가를 위한 시간은 짧다. 동적 위험성/욕구 평가는 특정 영역에 문제가 있음을 보여 주기는 하지만, 그 문제의 본질은 보여 주지 못한다. 물론 주거, 반사회적 동료, 고용과 같은 영역들은 더 이상의 평가가 필요하지 않다. 그러한 욕구의 경우에는 동적 위험성/욕구 평가에서 우리에게 필요한 정보 대부분을 제공해 준다.

효과적 개입원칙

효과적 개입원칙(Principles of Effective Intervention)은 사례계획을 개발하기 위한 일련의 지침을 매우 풍부하게 제공한다. 이와 관련하여 가장 중요한 것은 위험성, 욕구, 반응성 원칙이다. 위험성 원칙(risk principle)은 집중적 개입이 고위험 혹은 중-고위험 범죄자에게 제공되어야 한다고 했었던 것을 상기해 보라(제7장 참조). [그림 16-3]은 이를 뒷받침해 주는 증거를 제공한다. 보호관찰 대상자들에게 실시된 일일보고센터(day reporting center; DRC) 프로그램 평가(Van Voorhis & Groot, 2010)에서 프로그램 이후에 가장 실질적인 재범의 감소는 고위험으로 분류된 범죄자들에게 나타났음을 알 수 있다. 그러나 저위험 집단에 어떤 일이 일어났는지 주목하는 것도 매우 중요하다. 24개월 후에 DRC 프로그램을 받은 저위험 집단은 프로그램을 받지 않은 저위험 범죄자들보다 프로그램 이후 재범이 더 높게 나타났다. 여기에 작용한 것이 바로 위험성 효과(risk effect)이다. 집중적 교정 개입은 고위험 범죄자를 위한 것이다. 이러한 프로그램은 고위험 범죄자의 재범은 감소시키지만 저위험 범죄자의 재범은 증가시키는 경향이 있다. 위험성 효과의 안정성은 마크 립시(Mark Lipsey, 2009)가 수행한 대규모 메타분석에서도 나타났다. 립시의 연구에서 프로그램 효과에 가장 큰 영향을 미친 프로그램 특성은 위험성 원칙이었다. 고위험 범죄자들을 위해 집중적인 서비스와 개입이 제공되는 프로그램은 사례계획에서 위험성을 고려하지 않은 프로그램보다 훨씬 더 좋은 결과를 보였다.

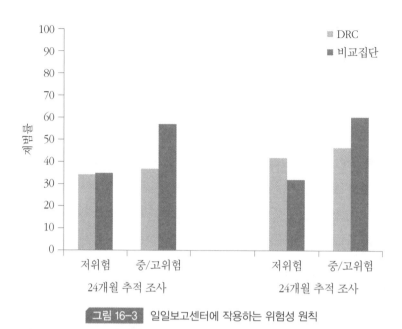

그림 16-3 일일보고센터에 작용하는 위험성 원칙

이것은 사례계획에 분명한 영향을 미친다. 우리는 중-고위험 범죄자들을 이 장에서 논의한 보다 집중적인 사례관리 과정으로 분류해야 한다. 많은 기관에서는 모든 신입자에게 일련의 선별 질문을 진행하면서 이를 수행하고 있다. LSI-R, LS/CMI, WRNA, COMPAS 혹은 ORAS와 같은 전반적인 위험성/욕구 평가와는 달리, 스크리너(screener)는 15개 이상의 질문을 포함하는 경우가 거의 없다. 이러한 질문들은 모든 범죄자의 초기면담에서 수행된다. 스크리너에서 저위험으로 나타난 범죄자는 전체적인 평가를 받지는 않는다. 스크리너 점수가 중위험 및 고위험인 범죄자만 전체적인 동적 위험성/욕구 평가를 받는다. 그러면 그 평가를 통해 고위험 점수의 원인이 되는 욕구를 찾을 수 있다. 따라서 이 장에서 논의된 사례계획 과정은 주로 중-고위험 범죄자와 관련이 있다. 거의 예외 없이, 저위험 범죄자를 위해 정교한 사례계획을 준비할 필요는 없다.

최신 교정 프로그램은 왜 저위험 범죄자들에게 작용하지 않는가? 저위험 범죄자들은 중/고위험 범죄자들이 가지고 있는 범죄유발욕구가 없기 때문에 그들에게 작용하지 않는다. 만약 그들에게 그러한 욕구가 있었다면 낮은 위험성으로 점수가 나오지 않았을 것이다. 그들은 직장과 가족 지지, 친사회적 동료와 같은 친사회적 속성을 많이 가지고 있다. 그렇지 않았다면 그들은 낮은 위험성으로 점수가 부여되지 않았을 것이다. 그들에게 있지도 않은 태도를 변화시키기 위해 인지 재구조화 프로그램에 저위험 범죄자를 참여시키는 것은 그들에게 반사회적 사고방식을 소개하는 역할만 하는 것이다. 더욱이 저위험 범죄자가 다른 범죄자들과 함께 프로그램에 참여할 경우, 반사회적인 사람들과 새로운 동료관계를 형성할 가능성이 있다.

　그렇다면 저위험 범죄자들에게는 어떻게 해야 하는가? 범죄 선고의 제약을 고려할 때, 저위험 범죄자들은 가능한 한 자신의 삶에서 친사회적 영향을 밀접하게 유지할 수 있도록 해야 한다.

1. 고용을 방해하는 방침과 조건을 부여하지 않는다.
2. 가족 안정성을 방해하는 방침 또는 조건을 부여하지 않는다.
3. 이들은 범죄유발욕구가 거의 없는 개인일 가능성이 있지만, 한두 가지 위험/욕구 요인에서 점수가 높을 수 있다. 필요하다면 비범죄자 지역사회 영역에서 직업 개발, 직업교육, 교육 또는 물질남용 서비스를 계획한다.
4. 교도소에서 돌아온 사람들은 가능한 한 빨리 친사회적인 가정과 이웃으로 돌아가야 한다. 중간처우의 집은 저위험 수용자가 아닌 사회로 복귀하는 고위험 수용자에게 필요하다.
5. 감독 요건은 최소화해야 하는데, 예를 들면 전화나 키오스크(kiosk) 보고이다. 저위험 범죄자들을 보호관찰 대기실이나 집단의 범죄자 치료환경에 있게 해서는 안 된다.

　위험성 원칙은 중/고위험 범죄자들과 작업해야 한다는 것을 말해 준다. 일단 그 집단이 좀 더 집중적인 사례관리가 필요한 것으로 확인되면, 다음에는 사례계획의 초점이 될 수 있는 욕구를 선택한다. 제7장에서 우리가 미래의 범죄와 관련된 욕구에 우선순위를 두어야 한다고 한 것을 상기하라. 이것은 또한 위험요인 혹은 범죄유발욕구라고 한다. 일반적으로 케이크 장식, 매력 혹은 황야 탐험기술과 같이 미래의 범죄와 관련이 없는 욕구에 대해서는 계획을 세우지 않을 것이다. 우리가 관심을 가지는 욕구는 평가에 나타난 것들이다. 이러한 것은 제7장에서 논의되었지만, 〈글상자 16-1〉에 반복되어 있다. 우리는 욕구 원칙(needs principle)을 따를 것이다. 목표는 높은 점수의 위험성/욕구 척도를 토대로 개발될 것이다.

글상자 16-1 // 여성 위험성/욕구 평가(WRNA)

위험요인
- 범죄력
- 반사회적 사고
- 반사회적 유대
- 고용/재정
- 교육
- 주거안전
- 분노
- 정신건강 과거력
- 현재의 우울증(증상)
- 현재의 정신증(증상)
- 물질남용 과거력
- 현재의 물질남용
- 가족 갈등
- 역기능적 관계
- 성인이었을 때 피해자화
- 아동 학대
- 성적 학대
- 양육 스트레스

강점
- 자기효능감
- 양육 참여
- 교육 자산

출처: Van Voorhis, P., Wright, E., Salisbury, E., & Bauman, A. (2010). Women's risk factors and their contributions to existing risk/needs assessment: The current status of gender responsive assessment. *Criminal Justice and Behavior, 37* (3), 261-288.

만약 우리가 중/고위험 범죄자들에게 적절하게 초점을 두었다면, 각자에게 다양한 욕구가 있다는 것을 알았을 것이다. 범죄자들에게 이러한 모든 욕구를 한 번에 해결하도록 요구하는 것은 지나치며 비현실적일 수 있다. 이것은 또한 그들의 감독에 실패하

도록 만든다. 우리가 앞으로 당면하여 작업하게 될 내담자 문제의 우선순위를 정해야 할 필요성은 상담사의 전문 지식을 상당히 필요로 할 것이다. 다음의 고려사항이 도움이 될 수 있다.

1. 이러한 욕구 중에 가정폭력, 급성 정신건강 문제 또는 물질의존과 같이 내담자의 안전이나 생존을 위협하는 것이 있는가? 이러한 것에 우선순위를 두어야 한다는 것은 말할 필요도 없다.

2. 내담자가 중요하다고 믿고 있는 것은 무엇인가? 이 결정에 내담자를 참여시키는 것은 많은 장점이 있다. 가장 중요하게는 내담자가 자신의 삶에 영향을 미치는 결정에 관해 책임을 갖도록 격려하는 것은 변화과정에서 동기를 강화하고 자기효능감을 구축하게 한다. 그것은 또한 의사결정, 문제 해결 그리고 변화에 대한 책임의 중요성을 모델링한다.

3. 법원에서 결정한 어떤 요구사항이 있는가?

4. 내담자가 다른 영역에서보다 몇몇 영역에서 좀 더 높은 점수를 보였는가?

5. 몇몇 영역은 다른 영역보다, 예를 들면 반사회적 동료, 반사회적 태도, 분노, 고용/재정(특히 여성과 관련하여)은 더 강력한 재범 예측인자이다.

6. 적절한 개입의 순서는 무엇인가? 정신건강 문제는 물질의존 치료가 시작되기 전이나 진행되는 동안에 안정되어야 한다. 직업훈련이 고용 요건보다 우선해야 할 수도 있다.

7. 사례관리 계획이 개발될 당시에 이용할 수 있는 서비스는 어떤 것인가? 만약 어떤 기관에 검정고시 프로그램이 있는데 내담자가 지역사회로 석방될 때까지 직업훈련을 받을 수 없다면, 검정고시 프로그램이 우선시되어야 한다. 만약 프로그램 자원이 없다면, 그것들을 구축하는 것은 프로그램 담당자의 임무일 것이다. 많은 헌신적인 프로그램 책임자들이 지역 전문대학, 정신건강 기관, 고용서비스와 같은 외부의 서비스와 실행 가능한 파트너십을 구축해 왔다. 또한 우리는 이전 장 전반에 걸쳐 많은 근거기반의 교육과정에 대해 언급했다.

개입에서 목표를 설정하고 과제와 활동을 통해 그 목표를 달성하려 할 때 강력한 위험요인을 확인하는 것만으로는 충분하지 않다. 내담자들이 그러한 활동에 참여할 수 없다면, 그들은 사례계획을 실행하는 데 참여할 수 없을 것이다. 반응성 원칙

(responsivity principle)은 사례관리자나 상담사가 참여에 대한 잠재적 장벽을 고려하도록 안내한다는 점을 상기하라. 여기에는 학습 방법, 지능, 동기 그리고 교통과 재정적 여유, 양육 욕구와 같은 일상생활의 요구가 포함될 수 있다. 민족성은 중요한 문화적 쟁점을 치료집단에 가져오며 이들 중 일부는 장점으로 간주될 수 있다. 예를 들어, 일부 민족집단은 구성원이 필요할 때 활용할 수 있는 강한 공동체 의식이 있다. 여성들은 그들의 관계를 고려하는 집단에서 더 잘 하는 경향이 있다(Bloom et al., 2003; Van Dieten, 2008). 사례계획은 치료에 대한 내담자의 반응성에 방해가 될 수 있는 문제를 기록하고 대처해야 한다.

발전하는 사례계획

중-고위험 범죄자를 위한 사례계획은 정기적으로 업데이트해야 하기 때문에 앞의 [그림 16-2]가 지나치게 단순하다고 말할 수 있을 것이다. 이상적으로 내담자는 감독을 받거나 시설 거주 기간 동안 변화하기 시작할 것이다. 그들은 초기 활동의 일부를 성취하고 다음 단계로 넘어가야 한다. 그들은 일자리를 구할 때처럼 교육을 완료하거나 욕구를 성공적으로 다룰 수 있다. 마찬가지로, 매우 어려운 문제(예: 물질의존이나 정신건강 문제)가 안정되면 다른 목표도 좀 더 성공적으로 성취할 수 있다. 그 문제가 안정되더라도, 그들은 재범을 방지하기 위해 계속 감독을 받는 것이 필요할 수 있다. 그들은 가석방처럼 우리의 감독에서 다른 기관으로 출소될 수 있다. 그러한 경우, 내담자가 다른 목표로 나아갈 수 있도록 계획을 업데이트해야 한다. 감독이 종료될 때까지 기회가 제공되지 않을 수도 있다.

안타깝게도, 모든 내담자가 이렇게 성공적인 것은 아니다. 어떤 사람들은 위법으로 교도소에 보내질 것이다. 어떤 사람들은 교도소에서 짧은 기간 동안 제재를 받다가 우리의 담당사례로 다시 돌아올 것이다. 다른 사람들은 우리가 의뢰한 서비스에 참여하지 않거나 그들이 안전하게 일하도록 우리가 도와주었던 일자리에서 해고될 수도 있다. 다른 사람들은 여전히 다른 사회서비스 기관들과 지속적인 관계를 맺어야 할 필요가 있을 수 있다. 물질의존이나 정신질환이 있는 일부 내담자는 만성적인 욕구가 있을 수 있다. 이런 내담자들은 남은 생애 동안 서비스를 받아야 할 수도 있다. 우리가 그들이 그 길을 시작할 수 있도록 도와주어야 할 수도 있다.

따라서 많은 경우에 내담자가 교정기관에 수용된 시점부터 석방될 때까지 같은 사례관리자에 의해 관리될 것이다. 그러나 내담자에게 많은 상황이 있을 때, 특히 아주 심각하거나 매우 문제가 많을 경우, 다른 관리자에게 이관될 수 있다. 여기에서 돌봄의 연속성(continuity of care)이라는 개념이 매우 중요하다. 용어가 암시하듯이 돌봄의 연속성에는 내담자의 구속 기간이 만료된 후에도 시간의 경과에 따른 서비스의 연속성이 포함된다.

우리는 언제부터 돌봄의 연속성을 고려해야 하는가? 먼저, 정신건강이나 지적장애, 물질의존, 범죄적 성 충동과 같은 만성적인 문제가 있는 내담자가 있을 때마다 다른 지역사회 서비스를 돌봄계획에 포함해야 할 필요가 있다. 예를 들어, 정신건강 서비스를 위해 지역사회 정신건강 기관과 협력해야 할 수도 있다. 우리는 내담자와 계속 작업할 수도 있다. 교정기관의 감독 기간이 끝나더라도, 내담자는 지역사회 정신건강의 지속적인 지원이 계속 필요할 수 있다. 그 내담자가 또 다른 범죄로 기소되어 나중에 우리에게 다시 돌아올 수도 있다.

수용자 사회복귀 프로그램에서 돌봄의 연속성은 매우 중요한 문제이다. 교도소의 수용자 사회복귀 프로그램에 자금을 지원하기 위한 정책은 교정시설에서 지역사회로 석방된 많은 수용자를 관리하기 위해 거의 10년 전에 시작되었다. 국립교정연구소는 교도소에서 지역사회로의 전환 정책과 함께 그러한 모델을 운영했다(Parent & Barnett, 2003). 사회복귀 프로그램은 수용자가 교도소에 입소하자마자 사회복귀 계획을 시작해야 하며, 욕구를 확인하고 사례계획으로 이어질 수 있는 동적 위험성/욕구 평가도 시작해야 한다고 주장한다. 수용자와 치료 직원은 위험성/욕구를 줄이기 위한 목표를 달성하기 위해 노력해야 하지만, 모든 목표를 달성할 만큼 시간이 충분하지는 않을 것이다. 석방 직전에 최종 사례계획이 준비되어 가석방 기관에 '전달'된다. 그러면 새로운 사례관리자는 교도소 치료 직원이 중단한 곳에서 시작하여 교도소에서 끝낼 수 없는 목표를 마무리하고 지역사회 환경에서 더 잘 충족되는 새로운 과업을 시작할 수 있다.

돌봄의 연속성은 또한 필요한 프로그램을 어느 한 시점에서 이용할 수 없는 좀 더 일반적인 상황과 관련될 수 있지만, 이송으로 다른 시기에 혹은 다른 시설에서 이용하게 될 수도 있다.

정부가 돌봄의 연속성을 유지하는 일을 잘 수행할 때, 우리는 정부가 연계된 서비스 제공(seamless service delivery)을 한다고 표현한다. 즉, 내담자가 기관 혹은 상황을 떠나 다른 곳으로 이동할 때 서비스 중단이 발생하지 않는다. 연계된 접근을 촉진할 수 있는 가장 좋은 방법은 범죄자가 어떤 시스템―전문 법원이나 보호관찰, 가석방, 교도소―

에 속해 있든 같은 동적 위험성/욕구 평가와 사례계획 양식을 사용하는 것이다. 여러 주에서 이렇게 하고 있으며 모든 기관에서 이 제도의 장점을 인정하고 있다.

돌봄의 연속성을 다루기 위한 또 하나의 필수 도구는 외부 지역사회 제공자들과의 네트워크이다. 앞의 〈글상자 16-1〉에 나열된 모든 위험/욕구 요인을 고려해 볼 때, 교정기관에서 그것들을 모두 다 관리한다고 상상하기는 어렵다. 예를 들어, 보호관찰소가 어떻게 지역 전문대학의 역할을 담당할 수 있겠는가? 그럴 수 없다. 따라서 외부 서비스 제공자와 건설적인 협력관계를 구축해야 한다. 실제로 대부분의 교정기관은 외부 직업개발 서비스(미국 노동부), 고용주, 지역사회 정신보건, 건강 클리닉, 지역 전문대학, 과도기의 수용기관, 아동복지기관, 공립학교, 도서관, 주민센터, 대중교통, 보육기관, 레크리에이션 센터 그리고 복지/공공 원조기관의 지원이 필요할 것이다. 종종 이러한 파트너십은 지역 차원의 활동적인 프로그램 책임자와 직원들의 몫이다. 이러한 네트워크는 또한 여성 범죄자(제14장 참조) 및 다체계적 치료나 가족기능 치료를 받는 가족(제10장 참조)을 위한 접근에서 논의된 포괄적 서비스가 필요한 내담자에게 필수적이다.

범죄자 감독 및 제재

지금까지 우리는 주로 치료와 도움의 관점에서 사례계획과 사례관리에 대해 논의해 왔다. 그러나 범죄자 내담자와 다른 사회복지기관에서 서비스를 받는 내담자 사이에는 분명한 차이가 있다. 범죄자는 법을 어겼거나 타인에게 물리적으로나 금전적인 피해를 주었을 가능성이 크고, 대다수는 그것을 다시 할 것이다. 따라서 교정 사례관리자나 상담사는 사회에서 그들의 위험성에 상응하는 수준으로 내담자를 감독하여 지역사회를 보호해야 할 의무가 있다. 동적 위험성/욕구 평가는 위험성 점수를 제공한다. 그것은 기본적으로 내담자에게 나타나는 모든 개별 위험/욕구 요인의 합계이다. 그리고 교정기관은 각 위험성 수준에 대한 감독 및/또는 수용 지침을 가지고 있을 것이다. 지역 교정기관에서는 위험성이 증가함에 따라 감독의 구조와 감시의 수준도 증가한다. 수용환경에서는 위험성이 증가함에 따라 이동의 자유와 권한, 건축환경도 더욱 엄격해진다.

이러한 구조는 안전과 보안뿐만 아니라 치료 성공과도 관련이 있다. 구조는 범죄자가 치료 목표로부터 주의가 분산되지 않도록 하는 데 도움이 되는 적절한 수준의 제약을 제공한다. 잘 계획된 치료 프로그램도 적절한 구조가 없을 때 효과가 상당히 떨어진다.

이와 관련하여 감독 조건을 위반하는 범죄자에게 어떻게 대응해야 하는지에 대한 문제가 있다. 이것은 지역사회 교정에서 상담사들에게 중요한 문제가 된다. 심각한 범죄가 아닌 기술적 위반을 이유로 지역사회에 기반을 둔 범죄자를 교도소에 다시 구금하는 관행이 문제가 된다. 실제로 수용자 중 상당수는 보호관찰이나 가석방이 취소된 범죄자로 구성되어 있다(Wodahl, Ogle, & Heck, 2011 참조). 단계적 제재(graduated sanctions)를 사용하는 것이 이 문제에 대한 대응으로 받아들여지고 있다. 단계적 제재는 다음과 같다.

감독하에 있는 동안 비순응적 보호관찰 대상자(또는 다른 유형의 범죄자)에 대한 체계적이고 점진적인 대응이다. 이는 교도소 일일 구속, 추가 약물검사, 추가 보고 또는 통행금지와 같은 일련의 조치를 통해 비순응적 행위에 신속하게 대응할 수 있는 능력을 보호관찰관에게 부여하기 위해 고안되었다. 제재 절차는 미래의 비순응적 행위를 막고 법원 명령의 완전성을 보장하기 위해 범죄자의 자유를 제한하는 적절한 단계를 사용하는 것이다.

(Taxman, Soule, & Gelb, 1999)

단계적 제재는 청소년 교정에 널리 사용되며, 전문 법원(특히 마약 법원), 거주시설 환경, 보호관찰 그리고 가석방으로 확대되었다. 단계적 제재는 최대한 조작적 조건형성의 원리를 따라야 한다(제4장 참조). 따라서 교정직원은 위반의 정도에 따라 심각성이 증가하는 제재의 메뉴를 가지고 있어야 한다. 조작적 조건형성 패러다임에서 발생하는 처벌과 마찬가지로, 제재는 위반에 대한 확실성, 일관성, 비례성을 가지고 범행이 발생한 시점에서 최대한 가까운 시간 내에 이루어져야 한다(Taxman et al., 1999). 단계적 제재는 마약 법원의 효과에 기여했으며(Finigan, 1998; Harrell & Cavanagh, 1998), 근거기반 치료 프로그램과 함께 설계될 때 특히 효과적이다.

메리 모래시(Merry Morash)의 저서『보호관찰 및 가석방 여성(Women on Probation and Parole)』(2010)에서, '젠더 반응적 카운티' 대 '전통적 카운티'의 감독관에 따른 감독 스타일 간의 차이를 기술하면서 이것을 매우 예리하게 설명한다. 젠더 반응적 카운티에서는 감독관이 위법, 재발('불법 약물' 소변검사) 그리고 물질남용 개입의 참여에 실패한 여성들을 제재한다. 예를 들어, 재발한 것으로 드러난 여성은 체포되어 일정 기간 교도소에서 복역하면서 마약 및 마약을 사용할 기회에서 벗어나게 할 수 있었다. 그녀가 석방되면 물질남용치료를 다시 받을 것으로 기대할 수 있다. 치료 요건은 위반의 특성을 반영하도록 수정될 수 있다. 예를 들면, 그 여성의 경우, 위반한 비거주시설 프로그램보다는 거주시설 물질남용 서비스로 돌아갈 수 있다. 때때로 치료에서부터 제재에 이르는 주기가 여러 번 반복되지만, 많은 경우에 결국은 더 안정되고 치료에 대한 의지가 개선되면서 성공으로 이어졌다. 이처럼 제재와 그로 인해 제공되는 제약은 고위험 물질의존 여성을 위한 사례계획의 중요한 부분이었다. 고도로 숙련된 보호관찰관은 또한 개입의 순서를 신중하게 계획한다. 예를 들어, 직업훈련이나 고용 이전에 정신건강 및 물질남용의 안정화와 관련된 목표가 추구된다.

이러한 접근이 제14장에서 논의된 젠더 반응적 개입처럼 들리지 않을 수도 있다. 그러나 실제로 젠더 반응적 카운티에서는 건강한 관계, 외상, 양육 그리고 다른 젠더 반응적 욕구를 위한 개입을 제공했다. 그러나 물질의존은 회복하기 매우 어려운 만성적인 문제이다. 회복은 문제 발생 초기에 범죄자를 포기하지 않는 제재 절차에 의해서 간헐적으로 일어난다(Marlowe, 2009). 면담했던 많은 여성은 그들의 인생이 내리막으로 치달을 때 교도소에서 보내는 시간을 통해 재발을 중단시키는 것이 필요했던 것으로 나타났다. 또한 그들은 기대가 매우 분명해졌다고 언급했다. 그들은 감독관들이 존재했고, 그들의 욕구에 주의를 기울여 주고, 그들의 성공을 보살펴 주었다고 느꼈다. 많은 사람이 일상생활의 매우 어려운 문제들을 해결하는 것에 도움을 주는 감독관들에게 의지했다. 효과적인 의사결정 및 문제 해결을 모델링하는 과정에서 감독관은 범죄자들이 이러한 문제를 스스로 해결하는 데 더욱 능숙해질 수 있도록 도왔다. 감독관들은 또한 매우 격려해 주었다. 성취를 강화하는 것이 필수적인 것으로 보인다.

전통적 카운티에서 재범은 종종 교도소로 복귀하는 것이 수반된다. 모니터링이 매우 체계적이거나 일관되지 않았기 때문에 내담자는 그들의 상태가 감지되기 전에 꽤 오랫동안 위험한 상태에 있었을 수 있다. 범죄자들은 감독관과의 관계가 별로 없는 상태에서 거의 혼자 지냈다고 보고했다. 그들에게 기대는 분명하지 않았고, 결국 체포되었을 때 교도소로 복귀시키거나 때로는 물질남용치료를 중단하는 제재를 받았다. 다시 말해, 그들은 교도소 인구가 점점 증가하는 여러 가지 원인 중 하나가 되었다. 보호관찰과 가석방이 취소된 사람들이 교도소 신입 면담자의 많은 비율을 차지했다(Travis & Lawrence, 2002).

젠더 반응적 카운티와 전통적 카운티의 교훈은 사례계획이 위험성의 맥락에서 욕구를 주의 깊게 다루어야 한다는 것을 알려 준다. 범죄자 내담자는 위반에 대해 제재를 받게 된다는 것을 반드시 알아야 한다. 감독 수준은 위험성 정도에 따라 높아져야 하며 사례계획에 기록되어야 한다. 내담자는 제재에 대한 통지를 받고 기대에 대해 명확히 이해해야 한다.

마지막으로, 제재에는 처벌만 있는 것도 아니며, 심지어 처벌이 주된 것도 아니다. 내담자가 미미하게라도 개선되면 격려와 강화를 항상 해 주어야 한다. 프로그램을 시작하거나 보호관찰 시간에 나오는 시점에도 그들은 성장과 변화를 위해 애쓰고 있는 사람으로 정의될 수 있다. 제15장에서 교정 프로그램 평가목록(Correctional Program Assessment Inventory, CPAI)과 같은 프로그램/기관 품질 평가에 대해 언급했다 (Gendreau & Andrews, 2001). 교정 프로그램 평가목록 및 이와 유사한 평가는 직원들이 실제로 내담자를 강화하는지에 대하여 프로그램 점수를 산정한다. 지침에서는 강화인자가 처벌인자보다 4 대 1의 비율로 많아야 한다고 주장한다.

사례관리 관계 및 과정

사례계획의 좀 더 기술적인 측면에 대해 일부 논의한 결과, 이러한 작업 대부분은 내담자와 치료적 관계를 수반하는 만남에서 이루어지기 때문에 사례관리 과정을 강조하는 것이 중요하다. 이러한 상호작용은 어떻게 진행되어야 하는가? 상담사와 사례관리자는 이러한 계획된 변화과정의 구성원으로서 내담자와 어떤 관계를 맺어야 하는가? 여기에서 고위험 내담자는 특별한 도전으로 다가오지만, 그들은 최대한의 서비스를 받아야 하는 사람들이다. 그렇긴 하지만 그들은 평가를 통해 많은 위험/욕구 요인을 가지고 있는 것으로 나타날 것이다. 이 중에서 물질남용과 같은 몇 가지는 만성적이고 다루는 것이 특히 도전적일 수 있다. 고위험 내담자들은 또한 지역사회의 안전을 위협하기 때문에 좀 더 집중적인 감독이 필요하다.

초기에 이러한 관계와 과정은 **협력적**일 필요가 있다. 내담자를 참여시키면 많은 이점이 있다. 우선, 사례관리자는 삶과 일상적인 문제를 중심으로 효과적인 계획과 의사결정을 모델링해야 한다. 범죄자 내담자는 의사결정 및 목표 설정 기술이 매우 부족한 경우가 많다(제8장 참조). 상담사는 내담자가 목표를 설정하도록 돕는 것이 단순히 서류 작업이 아니라 내담자의 남은 생애 동안 그것이 어떻게 행해져야 하는지에 대해 배울 수 있는 교훈이라는 것을 인식해야 한다.

협력(collaboration)은 또한 목표에 대한 내담자의 헌신을 강화한다. 사례계획의 우선순위를 결정하는 역할을 하는 내담자는 발언권이 없는 하향식의 권위적인 모델에서보다 더 많이 노력한다. 협력은 또한 내담자에게 제약을 설명하고 지원 영역을 확인하는 기회를 제공한다. 예를 들면, 우리는 그들에게 교통수단이 필요한지 또는 가족 중 누군가가 아이를 돌봐 줄 수 있는지를 알게 될 것이다. 내담자가 사례계획의 수립에 참여하기 때문에 기대가 더욱 분명해질 것이고, 위반사항에 대해 더 쉽게 내담자에게 책임을 지게 할 수 있을 것이다.

고위험 내담자는 우리가 한 번에 해결하기 힘든 여러 가지 욕구를 가지고 있다. 내담자가 실행 불가능한 것을 수행할 수 없을 때 위반이 발생하는 것처럼 너무 많은 목표를 세우는 것은 실패를 처방하는 것과 같다. 더욱이 평가 후 만남에서 많은 문제와 결함 목록을 듣는 것은 매우 실망스러운 일이다. 한 사람이 여러 결함이 있다는 것을 계속 듣는 것은 자신의 변화능력에 대한 자기효능감이나 자신감을 높이는 방법은 아니다. 따라서 그 과정의 대부분은 우선순위 설정(setting priorities)과 관련된다. 우리는 미래에 가장 큰 위험성을 초래할 수 있는 범죄에 주의를 기울여야 한다. 법정의 요구도 설명하고 다뤄야 할 필요가 있을 수 있다. 실질적으로 고려해야 할 사항들도 많은데, 예를 들면 어떤 프로그램이 이용 가능한지와 성공에 장애가 되는 것은 무엇인지(반응성 문제)와 같은 것들이다. 우리는 한 번에 몇 가지 위험성 요인만 작업할 수 있다.

또한 기존의 강점(예: 교육, 고용, 양육 참여, 가족 지지)과 새로운 강점(자기효능감, 의사결정 기술)을 구축하는 작업 모두를 포함하는 강점기반 접근(strengths-based approach)을 통해 이점을 얻을 수 있다. 젠더 반응적 접근의 저술가들 사이에서 많이 지지받는(Blanchette & Brown, 2006; Bloom et al., 2003; Morash, 2010; Van Dieten, 2008) 긍정심리학(Seligman, 2002; Sorbello et al., 2002; van Wormer, 2001)에 관한 새로운 연구에 부응하여, 내담자가 변화할 수 있게 하는 내담자의 회복탄력성과 역량강화를 구축할 수 있도록 해야 한다. 부족한 부분에 대해서만 계속 논의하는 것은 너무 낙담하여 변화하려는 욕구보다는 두려움과 의존, 회피, 불안을 일으킬 가능성이 좀 더 높다.

치료적 관계 자체의 특성은 어떠한가? 알프레드 벤자민(Alfred Benjamin)은 수십 년 동안 출판되고 있는 그의 고전적인 저서『면담을 도와주는 기술(The Helping Interview)』(1969년에 초판 출간)에서 신뢰, 진솔한 공감, 일치성, 존중, 정직, 온화함과 개방성 그리고 경계의 중요성에 대해 논의했다. 이것들은 이 책의 제1장에서 논의된 특성들이다. 이러한 개념 중 일부는 자명(self-evident)한 것도 있지만 그렇지 않은 것도 있다. 예를 들어, 일치성(congruence)이 있는 개인들은 자신의 실제 모습을 있는 그대로 세상에 보여 준다. 그들은 잘난 척하거나 자신이 아닌 다른 사람인 것처럼 가장하거나 다른 사람의 감정을 모방하지 않는다. 대체로 일치성을 지닌 사람들은 자신이 아닌 어떤 누군가가 되려고 애쓰는 사람들보다 더 신뢰할 만하다.

공감(empathy)은 비록 우리가 그 사람의 인생 좌절을 경험하지 않았을 때조차도 다른 사람의 관점을 취할 수 있는 능력으로 제1장에서 논의되었다. 이것은 동정심이 아니며, 같은 생각이나 감정을 경험하고 있음을 나타내면서 내담자와 동일시하는 것도 아니다. 대신에, 공감은 상담사의 감정을 주입하지 않으면서, 내담자의 경험을 명료화하고 확장하는 숙련된 반영적 경청을 포함한다. 공감은 어느 정도의 수용을 전달하지만, 내담자와 동일시하거나 항상 동의하는 것은 역효과를 낳을 수 있다.

도널드 앤드류스(Donald Andrews, 1980)의 연구에서 거리감 있고 권위적인 보호관찰관과 온화하고 말을 붙이기 쉬운 보호관찰관의 효과를 비교하면서 온화함과 개방성(warmth and openness)의 가치에 관해 설명했던 것을 상기하라. 온화하고 말을 붙이기 쉬운 직원은 거리감 있고 말을 붙이기 어려운 직원보다 내담자의 행동에 영향을 줄 가능성이 좀 더 높았다. 실제로 거리감 있는 직원은 미래의 내담자 행동에 영향을 거의 미치지 못했다(제8장의 역할모델에 대한 논의 참조). 이것이 항상 '잘해 주는 것'을 의미하지는 않는다. 상담사와 사례관리자는 내담자와 경계(boundaries)를 잘 유지해야 한다(제2장 참조). 예를 들어, 앤드류스가 말한 온화하고 개방적인 사례관리자는 단호하지만 공정하다. 그들은 자신의 개인적인 생활을 지나치게 노출하지 않는다. 제2장에서 경계를 '욕구, 감정, 정서적 건강, 개인적 관심 그리고 다른 인간적인 문제에 따라 개인들을 구분하는 보이지 않는 선'으로 정의했다. 상담사는 전문가의 경계를 유지해야 한다. 내담자와의 관계는 당면한 직무 책임, 즉 변화과정에 대한 감독 및 자원 제공에만 적합하다. 상담사가 자신의 삶이나 직업을 관리할 수 없을 정도로 내담자에게 많은 관심을 주는 친밀감 또는 과도한 보살핌은 모두 선을 넘는 단계이다.

관련 사항으로, 여성 범죄자 사례관리 모델(Women Offender Case Management Model; Van Dieten, 2008)은 여성 범죄자들의 관계 욕구를 강조한다. 여성이 다른 사람들과의 관계에 높은 우선권을 두는 경향이 있다는 개념을 염두에 두면서, 사례관리자는 여성들이 자녀와 의미 있는 타인, 친구, 원가족과의 관계에 우선순위가 있음을 인식해야 한다. 이 문제는 상담사에게도 적용된다. 상담사가 좋은 경계를 가진 건강하고, 돌보는 전문적 관계를 통해 모델이 되는 것이 무엇보다 중요하다.

동기강화면담(Miller & Rollnick, 2002)은 사례관리 절차에 통합되어야 하는 또 다른 접근이다. 동기강화면담은 이 책의 여러 부분에서 논의되었다. 동기강화면담은 많은 교정기관에서 상담사와 사례관리자에게 내담자의 변화하고자 하는 내적 동기를 부여할 수 있는 가장 좋은 방법을 가르치고자 할 때 채택되고 있다. 이것은 개방형 질문으로 요청하고, 공감을 표현하고, 변화에 대한 내담자의 양가감정을 파악하고, 내담자의 행동과 삶에서 불일치를 확인하는 것이다. 상담사는 내담자와의 논쟁이 저항만 일으킨다는 것을 알아야 한다. 저항과 함께 구르고, 내담자를 한 인간으로서 긍정하고, 내담자의 감정을 반영하거나 재진술하고, 양가감정을 강조하고, '변화 대화'를 통해 내담자의 자기효능감을 강화하는 것이 훨씬 더 좋은 방법이다. 이러한 시도는 내담자의 변화에 대한 준비 상태와 동기를 확인하는 것이다. 우리가 논쟁하고, 전문가 역할을 하고, 라벨을 붙이거나 비판하고, 수치심이나 비난이 있을 때는 변화가 일어나지 않는다.

　의료 및 정신건강 분야에서 관리하는 돌봄이 시작되면서 심리학자가 내담자 치료에 대한 보험 보상을 확보하기 위해 치료 계획을 자주 준비해야 하는 보험 의무가 생겼다. 서류 작성을 돕기 위해 존 윌리 앤 선스(John Wiley and Sons)는 일련의 치료 플래너(treatment planners)를 출판했다. 여기에서 교정상담사와 사례관리자가 사용하기에 유용한 세 가지는 『보호관찰 및 가석방 치료 플래너(The Probation and Parole Treatment Planner)』(Bogue, Nandi, & Jongsma, 2003), 『중독치료 플래너(The Addiction Treatment Planner)』(Perkinson & Jongsma, 2006), 『청소년 사법 및 주거형 돌봄치료 플래너(The Juvenile Justice and Residential Care Treatment Planner)』(McInnis et al., 2002)이다. 이 플래너들은 이 책 전반에 걸쳐 논의된 많은 위험/욕구 요인에 해당하는 목표들을 목록화했다. 각 목표에 적합한 개입들이 추천되었다. 치료 플래너는 너무 각본화된 것으로 간주될 수 있다. 치료 플래너가 사례계획을 위한 유일한 도구로 사용된다면, 내담자와의 치료적 관계에 도움이 되기보다는 오히려 손상될 가능성이 크다. 그러나 보조 도구로 사용한다면, 일부 내담자 상황에 유용할 수 있는 많은 '데스크(at the desk)' 개입이 포함되어 있다. 예를 들어, 가정폭력으로 유죄선고를 받고 동적 위험성/욕구 평가에서 매우 높은 분노 점수를 받은 보호관찰 대상자의 경우, 치료 플래너에서는 '분노에 대한 인식과 이해의 향상: 어떻게 그것이 촉발되었는지와 그것의 결과'라는 장기 목표를 권고한다. 내담자가 '분노관리 교육에 참여하는 것'이 이 목표를 위한 과제이다. 보호관찰관이 보호관찰 회의에서 사용할 수 있는 활동은 '내담자가 수업에서 배우고 교훈적인 회기에서 학습한 처리원칙, 역할극이나 모델링을 통해 이 원리들을 내담자의 일상생활에 적용하기'였다(Bogue et al., 2003, p. 19). 플래너에는 분노를 다루는 더 많은 목표와 과제, 활동들이 있다. 치료 플래너는 또한 치료 프로그램에서 수행되는 작업을 개별적으로 강화하려는 사례관리자의 노력을 도울 수 있다.

다음 절에서는 이 시점에서 논의된 많은 제안을 사례 연구에 적용한다. 이것은 여성 위험성/욕구 평가(WRNA)를 위한 직원훈련에 사용되는 사례 연구 중 하나로(Van Voorhis et al., 2010), 예시와 도구는 그 접근에서 나온 것이다.

사례 연구

다음은 멜라니 존스의 사례 연구이다. 멜라니는 형기의 일부를 복역한 후 교도소 사회복귀 팀에 이제 막 접수되었다. WRNA 점수에서는 그녀가 고위험군인 것으로 나타났다. 따라서 그녀는 집중적인 감독과 많은 사례계획을 받게 될 것이다.

이름: 멜라니 존스　　**나이**: 25세　　**인종**: 백인
기소내용: 메스암페타민(Methamphetamines) 소지
형량: 징역 24개월, 지역사회 감독 24개월

멜라니는 메스암페타민 소지로 체포되었을 때 이미 마리화나 소지로 유죄선고를 받고 경범죄 보호관찰 상태였다. 그녀는 과거에 다른 마약 소지로 두 차례 유죄선고를 받았으며 각각 보호관찰과 약물치료를 선고받았다. 그녀는 약물치료를 성공적으로 마치지 못했다. 그녀는 19세 때 처음으로 체포되었다.

멜라니는 보호관찰 요건으로 검정고시를 취득했으며, 체포되기 전에 패스트푸드점에서 아르바이트를 하고 있었다. 그녀는 그곳에서 3개월 동안 고용되어 있었지만, 매일 똑같은 일을 하는 것이 지루했다고 보고했다. 이 일을 하기 전에 멜라니는 계산원으로 다양한 아르바이트를 하고 있었다. 그녀는 3~4개월 이상 같은 일을 거의 하지 않았고, 풀타임(full time)으로 고용되는 것을 전혀 원하지 않았다. 멜라니는 일에 싫증이 나서 자신이 결국 그만두거나 해고된다고 말했다. 그녀는 지난해 두 번이나 해고되었다. 두 고용주 모두 그녀가 술이나 마약에 취한 상태로 출근한 것을 발견했다. 멜라니는 지루하지 않다면 일하기 전에 술을 먹거나 마약을 할 필요가 없었을 것이라고 말했다.

멜라니는 일주일에 40시간을 일하면 남자 친구인 저스틴과 보내는 시간이 줄어들기

때문에 풀타임으로 일하는 것을 원하지 않는다. 그녀와 저스틴은 고등학교 2학년 때부터 사귀기 시작했다. 그들은 두 살짜리 아들과 함께 살고 있다. 저스틴은 지역 정비공장에서 아르바이트로 자동차를 수리한다. 한편, 그는 메스암페타민을 만들어 판매한다. 멜라니는 저스틴이 마약을 만드는 것을 돕기도 하지만, 주로 운반하는 것을 돕는다. 멜라니의 부모는 저스틴을 좋아하지 않는다. 그들은 멜라니가 훌륭한 아이였다고 말했다. 그녀가 저스틴과 얽히기 전에는 우등생이었고 대학에 갈 예정이었다. 그녀의 부모는 저스틴을 반대했지만, 멜라니의 아들 제이크 때문에 그를 '받아들였다'. 멜라니가 수감된 상태이기 때문에 그녀의 부모가 제이크를 돌보고 있다. 그녀가 수감되기 전에도 그녀의 부모는 제이크와 많은 시간을 함께 보냈다.

멜라니의 부모는 그녀가 치료를 받고 마약 복용을 그만두지 않는다면 제이크의 양육권을 가져가겠다고 말했다. 멜라니는 제이크를 잃고 싶지 않지만, 자신이 알코올이나 마약에 중독된 사실을 믿지 않는다. 그녀는 전에도 두 번이나 치료를 받았지만 치료를 별로 좋아하지 않았다. 각각의 경우 몇 주 후에 치료를 그만두었다. 그녀는 마약을 그렇게 많이 사용하지 않기 때문에 자신이 치료를 받을 정도는 아니며, 마약 복용이 불법이 아니라면 문제 될 것이 없다고 생각한다. 또한 그녀는 술을 마시지 않거나 마약을 하지 않으면 누구와 어울려야 할지 모른다. 그녀의 동료들은 모두 근처에 살고 있고 마약을 복용한다. 그녀의 동료 중 2명은 저스틴이 메스암페타민을 만드는 것을 도와주기도 하고, 그들의 다른 동료들은 마약을 복용하는 소규모 딜러이다. 멜라니는 '몸에 해롭기' 때문에 메스암페타민을 복용하지는 않는다. 그러나 그녀와 동료들은 마리화나를 피우고, 코카인을 사용하며, 알약을 복용한다. 하지만 멜라니는 "이것은 크랙(crack)이나 헤로인을 사용하는 것과는 달라요."라고 언급하면서, 이것들을 그저 대수롭지 않은 약물로 생각한다.

멜라니는 자신이 마약을 하지 않거나 동료들과 어울리지 않는다면 저스틴이 자신을 만나 주지 않을 것에 대해 매우 두려워한다. 그녀는 지금 자신이 저스틴과 아주 행복하게 잘 지내고 있다고 보고한다. 때때로 저스틴이 스트레스를 받거나 술을 마시면 멜라니에게 화를 낸다.

멜라니는 자신이 말대꾸를 하고 저스틴이 자신과 제이크에게 제공해 주는 모든 것에 대해 고마워하지 않기 때문에 그가 자신을 때릴 만하다고 보고한다. 멜라니는 다시 임신하면 저스틴과의 관계가 더 좋아질 것이라고 확신하기 때문에 임신을 원하고 있다.

멜라니가 수감된 이후에 그녀의 부모가 계속 제이크를 돌보았다. 멜라니의 부모는 멜라니가 구속되고 나서 저스틴이 제이크를 그들에게 데려다준 이후에 저스틴을 보지 못했다. 그들은 멜라니가 진지하게 치료를 받도록 격려하면서 교도소에서 나오면 함께 살자고 제안했다. 그들은 주말마다 제이크를 데리고 그녀를 만나러 갔다. 저스틴은 멜라니가 교도소에 있는 동안 세 차례 전화 통화를 했고 한 번 만났다. 그는 면회에서 그녀가 어리석어서 잡힌 거라고 비난하며 자신을 경찰에 넘기면 죽이겠다고 협박했다. 지금은 6개월 넘게 저스틴과 연락이 끊겼다.

　　멜라니는 수감된 지 이제 18개월이 되었다. 그녀는 사회복귀 계획의 초기 부분인 여성 위험성/욕구 평가를 방금 마쳤다. 이제 출소를 준비할 시간이 6개월 남았고 그 후에는 지역사회의 감독하에서 24개월을 지내게 될 것이다. 그녀는 수감된 이후에 어떤 프로그램에도 참여하지 않았다.

　　위험성/욕구 점수 외에도 WRNA는 사례관리자가 가장 심각한 욕구를 파악할 수 있도록 도와주는 사례관리 점수표를 만든다. 만약 점수가 절단점과 역치점을 넘으면, 개입이 필요한 위험/욕구 요인으로 체크된다. 이러한 절단점은 WRNA 타당화 연구 과정에서 이루어졌으며, 이것은 점수가 전환점(tipping point)에 도달하고 2년 동안 범행과 관련된 결과에 대응하기 시작하는 위험성-욕구 척도의 한 지점으로 확인되었다. 멜라니의 경우 사례관리 점수표를 통해 반사회적 태도와 고용/재정, 주거안전, 반사회적 동료, 분노/적대감, 정신질환 과거력, 우울증, 성인 피해자화, 물질남용, 역기능적 관계, 양육 스트레스의 영역에서 이러한 절단점을 넘은 것으로 나타났다. 멜라니는 또한 부모의 개입, 가족의 지지, 자기효능감의 강점이 높은 점수로 나타났다.

감독 전략

　　사례 연구에서 언급한 바와 같이, 멜라니는 선고받은 24개월 중 18개월을 복역한 후 이제 막 사회복귀 계획으로 진입했다. 교도소 사례관리자는 멜라니가 남은 형기 중 마지막 6개월 동안 하게 될 프로그램과 서비스에 대한 사례계획을 수립하기 위해 노력한다. 사례관리자는 때로는 멜라니의 지역사회 가석방 감독관과 협력한다. 멜라니의 고위험성을 고려하여 교도소 내 높은 보안시설 중 한 곳에 배치되었지만, 그녀는 우울증을 안정시키는 서비스만 받았을 뿐이다. 그것도 칭찬할 만한 성과지만, 사례관리자들은 그녀와 작업해야 할 열 가지 추가적인 욕구가 있다고 언급할 것이다. 교도소 내 프로그램을 이용할 수 있는 시간이 상당히 있지만, 열 가지 욕구를 다루기에는 충분하지 않다. 멜라니가 지난 18개월 동안 다른 어떤 프로그램에도 참여하지 못한 것은 안타까운 일이다.

그럼에도 불구하고 멜라니는 매우 심각한 욕구를 지닌 고위험군 여성 범죄자로 석방될 것이다. 멜라니는 높은 물질남용 점수를 고려하여 남은 형기를 복역하는 동안 집중적인 거주형 물질남용 프로그램에 참여할 것이다. 멜라니는 이것이 필요하다고 생각하지 않기 때문에, 그녀의 사례관리자는 그 프로그램에 참여하는 것이 법정 명령이고, 그렇게 하는 것이 최선이라는 사실을 그녀에게 상기시키기 위해 많은 작업을 해야 한다. 사례관리자는 멜라니와 논의하면서 동기강화면담의 기술을 활용할 것이다.

멜라니는 석방되자마자 중간처우의 집으로 이송되어 집중적인 물질남용 개입을 받을 것이다. 그녀는 중간처우의 집에서 6개월을 완료할 때까지 독립된 생활로 석방될 가능성은 거의 없다. 교도소 프로그램, 중간처우의 집 그리고 가석방 사무소는 멜라니가 조건 규칙을 위반하는 경우 부과될 수 있는 고도로 체계화된 단계적 제재계획이 있다.

위험/욕구 요인에 대한 사례계획

여기에서의 대부분의 사례계획 과정은 욕구 원칙과 관련된다. 앞 절에서 논의된 사례관리 지침에 따라 사례관리자는 사례계획 과정에 멜라니를 참여시켰다. 사례관리자들은 멜라니를 문제와 결함이 많은 사람으로 묘사하지 않으려고 주의를 기울였지만, 멜라니는 작업해야 할 부분이 많다는 것을 인식하고 있고 다른 문제들에 대해서도 알고 싶어 한다. 사례관리자는 멜라니가 교도소 내에서 계속 이용이 가능한 기회들과 중간처우의 집 및 이후 가석방에서 이용이 가능한 기회들도 전반적으로 설명해 준다. 사례관리자는 멜라니가 '한 번에 하나씩' 해야 할 필요성을 이해시키기 위해 열심히 노력하고 있다. 사례관리자는 또한 멜라니의 강점인 그녀의 아들과의 관계 및 원가족의 지지에 대해 상기시킨다. 사례관리자는 몇 가지 추가적인 문제들에 대해 작업하면서 그녀의 관심사와 흥미에 대해 세심하게 주의를 기울여 칭찬한다. 멜라니는 상당히 높은 자기효능감(강점)을 가지고 있어서 사례관리자는 멜라니가 자신감을 유지하기를 바란다.

이 지점에서 사례계획([그림 16-1] 참조)이 들어온다. 멜라니가 다루게 될 각각의 욕구와 목표에 대해 하나의 사례계획이 있다는 점을 유의하라. 계획의 상단에는 사례관리자가 위험요인, 목표, 반응성 요인, 관련 강점을 표시해야 할 공간이 있다. 나머지 용어 중 일부를 정의하자면, 목표(goal)는 장기적인 관점을 말하고, 다루어야 할 욕구에 대한 바람직한 행동 변화를 기술한다. 과제(tasks)는 좀 더 광범위한 목표를 달성하기 위한 단기적이고 즉각적인 조치를 의미한다. 이러한 것은 객관적이고 행동주의적 조건으로 명시되어야 하며 반드시 측정 가능해야 한다. 또한 그것에는 시간제한이 있어야 한다. 과제가 내담자의 행동과 관련되어 있기 때문에 실현 가능하고 현실적이어야 한다는 것은 말할 필요도 없다. 활동(activities)은 과제와 관련된 행동이다. 각 과제에 대해 적어도 한 가지 이상의 활동이 있어야 하고, 여러 가지 활동이 있을 수도 있다. 활동에는 감독과 프로그램 의뢰, 대면 면담이 포함될 수 있다. 각 활동과 과제에는 시작 일자, 계획된 완료 예정 일자(목표 일자)와 성공 일자 그리고 실제 완료 일자가 있어야 한다는 점에 유의하라.

멜라니의 사례로 돌아와서, 그녀가 물질남용 입원 프로그램에 참여해야 한다는 것은 이미 알려져 있고, 멜라니는 이것이 법원의 명령이라는 것을 이해하고 있다. 이와 같이 [그림 16-4]는 불법적인 물질사용을 근절하는 보다 광범위한 목표에 대한 초기 사례계획을 보여 준다. 사례관리자는 멜라니가 상당한 자기효능감을 가지고 있지만, 자신의 물질사용에 대해 부인하고 있다는 것을 이미 알고 있다. 따라서 동기강화가 반응성 문제로, 자기효능감이 강점으로 기록된 것을 볼 수 있다. 두 가지 과제와 세 가지 활동이 기록되어 있다. 과제 중 하나는 교도소의 물질남용치료 프로그램에 참여하는 것이다. 이것은 멜라니의 책임이다. 그러나 사례관리자는 멜라니를 교육에 의뢰하고, 그녀의 자격을 보장하고, 그녀를 위한 공간을 확보할 책임이 있다. 사례관리자는 치료를 지원하기 위해 앞으로 몇 달 동안 동기강화면담을 활용할 것이다. 이에 더해 소변검사를 준비하고 감독하는 것도 사례관리자의 책임이다. 시작 일자와 목표 일자도 또한 기록한다.

멜라니가 중간처우의 집으로 석방될 때까지 전반적인 목표가 달성되지 못할 것이므로 사례계획은 그 시점에서 지역사회 사례관리자에게 이관될 것이다. 이 사람은 멜라니의 미래 가석방 감독관이거나 중간처우의 집 사례관리자이거나 혹은 둘 다 일 수 있다. 하지만 우리는 중간처우의 집에 있는 동안 재발방지 프로그램이나 지지집단에 참석하는 등의 추가적인 과제를 예측해 볼 수 있다. 일단 멜라니가 가석방된 이후에도 지속적인 돌봄이 필요할 수 있다. 말하자면 이 모든 것은 사례관리자들이 사례를 추적하고 돌봄의 연속성을 유지하는 일을 효과적으로 수행할 때 사례계획이 시간의 경과에

사례계획

사례계획 시작 일자: 2014년 9월 10일	내담자 이름: ID #: 멜라니 존스			
사례관리자: 게일 몬토야	위험성 수준: 고			
위험요인: 물질남용				
목표: 마약 및 알코올 사용 금지				
반응성 요인(장벽): 동기강화				
강점: 삶의 많은 영역에서의 자기효능감				
과제:	활동:	시작 일자:	목표 일자:	성공 일자:
1. 거주형 약물치료 참여하기	1. 의뢰 및 입소 준비	2014/9/15	2014/9/17	
	2. 부인에 대한 동기강화 면담 및 치료 활동에 대 한 지속적 지지	2014/9/10	2014/11/1	
2. 무작위 약물검사 받기	1. 무작위 약물검사 감독	2014/9/10	2015/3/1	

사례관리자 서명: _____   내담자 서명: _____

그림 16-4 사례계획

따라 발전한다는 것을 의미한다.

다른 욕구에 대한 멜라니의 관심은 어떠한가? 그녀는 아들을 더 잘 양육할 수 있으면 좋겠다고 말한다. 사례관리자는 중간처우의 집에 아주 좋은 양육기술 수업이 있다는 것을 알고 있고, 멜라니는 그것에 어느 정도의 관심을 표현한다. 멜라니가 중간처우의 집으로 석방될 때까지 그 목표를 연기할 계획이다. 그러나 그 사이에 사례관리자는 멜라니의 마약 사용이 아들의 행복에 미칠 영향에 대한 논의를 계획에 포함할 것이다. 이것이 논쟁거리가 되지는 않겠지만, 사례관리자와 멜라니가 만나는 동안 진행될 동기강화면담 과정으로 통합될 것이다. 다행히도, 주말마다 제이크가 멜라니를 찾아온다. 그녀는 이러한 지속적인 접촉을 통해 그와의 관계를 유지할 수 있다.

그러나 그것은 건강한 관계에 대한 문제를 다룰 수 있는 매우 좋은 시간이 될 수도 있다. 멜라니는 집으로 돌아가서 더 안전하게 생활하기를 희망하고 저스틴이 자신에게 더 좋은 배우자가 되었으면 좋겠다고 말한다. 사회복귀 팀에는 건강한 관계에 대해 작업하는 하나의 집단이 있으며 멜라니는 그 집단에 참석할 시간과 욕구가 있다. 따라서 사례관리자는 건강한 관계와 관련된 목표를 위해 또 다른 사례계획을 준비한다. 이것은 멜라니에 의해 시작된 목표 중 하나이다.

사례관리자는 또한 일하지 않는 것에 대한 멜라니의 변명, 물질남용의 심각성에 대한 부인, 약물을 남용하는 동료들에게 돌아가고 싶은 욕구에서 상당한 범죄적 사고를 볼 수 있다. 사례관리자는 범죄적 사고를 다루는 물질남용 프로그램의 구성요소가 있음을 알고 있다. 그녀는 또한 직원들이 범죄적 사고를 교정하는 일에 능숙하다는 것을 알고 있다. 그녀는 범죄적 사고에 대한 또 다른 사례계획을 개발할 뿐만 아니라, 그녀의 데스크에 있는 범죄적 사고 개입의 일부를 반복할 것임을 알고 있다. 중요한 것은 멜라니가 취하는 모든 조치에 대해 많은 칭찬과 강화가 필요하다는 점을 사례관리자가 아는 것이다.

이 시점에서 흔히 하는 실수 중 하나는 이용 가능한 욕구기반 프로그램이면 어디든 멜라니를 의뢰하는 일이다. 물론 멜라니가 평가된 욕구에 기초하여 프로그램에 연결되기 때문에 그녀가 자신의 문제에 대해 '획일적인' 접근을 받지 않을 거라는 것을 우리는 알고 있다. 하지만 사회복귀 사례관리자는 물질남용자들이 동질적인 범죄자 집단이 아니라는 사실을 아주 통찰력 있게 인식하고 있다. 서비스는 위험성 수준, 욕구의 강도 그리고 변화과정에서 범죄자들을 어느 위치에 두어야 할지를 목표로 해야 한다. 예를 들어, 멜라니가 재발방지 프로그램을 받기까지는 어느 정도 시간이 걸릴 것이라는 점에 유의한다.

내담자를 프로그램에 연결하기 위한 노력을 지원하는 또 다른 도구는 결정 매트릭스이다(〈표 16-1〉 참조). 이것은 기관 및 외부 파트너로부터 이용할 수 있는 프로그램을 분류하기 때문에 실행 단계에서 준비되어야 한다. 매트릭스는 이러한 선택을 욕구, 욕구의 강도, 내담자의 위험성 수준에 따라 배열한다. 또한 매트릭스를 준비하기 위해서 기관 직원들이 자신이 하는 프로그램과 서비스에 대해 철저하게 이해해야 한다. 매트릭스와 이러한 프로그램에 대한 지식은 내담자가 서비스와 적절하게 연결되었는지 확인하는 데 크게 기여한다.

〈표 16-1〉 결정 매트릭스 예시

	물질사용			고용			교육			양육 스트레스			동료			기타
	저	중	고	저	중	고	저	중	고	저	중	고	저	중	고	
서비스 ↘																
ALMA	*			*			*	*			*	*				
Next Step				*	*		*	*	*						*	
Project Hope		*	*	*							*	*			*	
Sun Valley		*							*							
Turning Key											*	*		*	*	
슈퍼비전																
Curfew		*	*			*	*	*						*	*	
UA	*													*	*	
EMU		*	*		*	*		*	*					*	*	
Collateral contact	*	*	*		*	*				*	*	*	*	*	*	

결론

유감스럽게도, 여러 교정기관을 살펴보면 훌륭한 사례관리 기술이 우리가 원하는 만큼 명확하지 않다는 것을 알 수 있다. 우리는 평가 단계를 넘어서 사례계획으로 나아가지 못하는 내담자를 너무나 자주 본다. 또한 사례관리자가 하나의 계획을 수립한 후에 한 번도 업데이트하지 않고 시간이 경과되어도 발전시키지 않는 것은 드문 일이 아니다. 다시 말해서, 사례가 시간의 경과에 따라 추적되지 않는다. 저위험 내담자가 집중적인 사례계획에서 제외되지 않을 때 문제가 발생하기도 한다. 또한 사례계획을 검토하면 저위험 내담자들이 고위험 범죄자가 많이 참여하는 프로그램에 의뢰되고 있음을 알 수 있는데, 그러면 저위험 내담자에게 고위험 범죄자들의 범죄유발적인 습관과 태도가 모델이 될 수 있다. 마지막으로, 내담자에 대한 권위주의적인 접근에 젖어 있는 사례관리자는 고위험/고욕구 내담자들의 소리를 들을 수 없을 것이다.

마무리하면서, 이 책 전체에 걸쳐 논의된 내용 대부분은 내담자 사례계획에 적용된다는 의미에서 함께 제공된다. 여성 범죄자와 물질 남용 및 의존, 성범죄, 반사회적 성격을 다루기 위한 최신의 실천뿐만 아니라 행동주의 치료, 사회학습, 인지행동 접근에 정통한 사례관리자를 만나는 교정 내담자는 정말 운이 좋은 것이다. 중/고위험 내담자를 효과적으로 추적하고 계획하는 사례관리자는 삶의 변화를 위해 그들에게 개입하고 많은 삶을 변화시킬 수 있는 효과적인 치료적 관계를 형성한다(Lipsey, 2009).

토론질문

1. 평가기반 사례계획은 무엇을 의미하는가? 사례계획은 왜 평가기반이어야 하는가?

2. 목표와 과제, 활동 간의 차이를 설명하라.

3. 강점기반 상담을 제공한다는 것은 무엇을 의미하는가? 그것은 왜 중요한가?

4. 위험성 효과는 무엇인가? 위험성 효과가 나타난다면, 프로그램 평가에서 그 프로그램은 시간의 경과에 따라 전체적으로 범죄자 재범이 감소되는 것을 보여 주는가?

5. 사례관리 계획을 개발할 때 효과적 개입원칙 중 어느 것이 가장 주목받는가? 왜 그런가?

6. 전 관할구역에서 같은 위험성/욕구 평가를 사용하는 것—교도소와 지역사회 기반 시설, 보호관찰, 가석방에서 같은 평가의 사용—은 어떤 가치가 있는가?

7. 위험/욕구 요인의 예시들에서 돌봄의 연속성을 보장하기 위해 신중한 계획이 가장 필요할 것으로 보이는 것은 어떤 것인가?

8. 사례계획의 개발에서 내담자가 사례관리자와 협력할 수 있도록 격려하는 것은 왜 중요한가?

9. 공감을 정의하고 그 중요성에 대해 토의하라.

10. 일치성을 정의하고 그 중요성에 대해 토의하라.

11. 경계를 정의하고 그 중요성에 대해 토의하라.

미주

1 상담사와 사례관리자라는 용어는 이 장 전체에서 서로 교환하여 쓸 수 있다.

참고문헌

AACPSC. See American Association of Correctional Psychologists Standards Committee.

Abel, G., Becker, J., Cunningham-Rathner, J., Mittelman, M., & Rouleau, J. (1988). Multiple paraphilic diagnoses among sex offenders. *Bulletin of the American Academy of Psychiatry and the Law, 16*, 153-168.

Abel, G., & Rouleau, J. (1990). The nature and extent of sexual assault. In W. Marshall, D. Laws, & H. Barbaree (Eds.), *Handbook of Sexual Assault: Issues, Theories and Treatment of the Offender* (pp. 9-12). New York: Plenum Press.

Abrahams, J., & McCorkle, L. (1946). Group psychotherapy of military offenders. *American Journal of Sociology, 51*, 455-464.

Abrahams, J., & McCorkle, L. (1947). Group psychotherapy at an army rehabilitation center. *Diseases of the Nervous System, 8*, 50-62.

Ackerman, N. (1966). Family psychotherapy—Theory and practice. *American Journal of Psychotherapy, 20*, 405-414.

Adler, G. (1982). Recent psychoanalytic contributions to the understanding and treatment of criminal behavior. *International Journal of Offender Therapy and Comparative Criminology, 26*, 281-287.

Aetkenhead, D. (2013). Chemical castration: The soft option? *The Guardian*, January 18.

Agee, V. (1979). *Treatment of the Violent, Incorrigible Adolescent*. Lexington, MA: Lexington Books.

Agee, V. (1987). *The Treatment Program at Paint Creek Youth Center*. Bainbridge, OH: Unpublished manuscript, Paint Creek Youth Center.

Agee, V. (1995). Managing clinical programs for juvenile delinquents. In B. Glick & A. Goldstein (Eds.), *Managing Delinquency Programs that Work*. Laurel, MD: American Correctional Association.

Aichorn, A. (1935). *Wayward Youth*. New York: Viking.

Akers, R. (1973). *Deviant Behavior: A Social Learning Approach*. Belmont, CA: Wadsworth.

Akers, R. (2001). Social learning theory. In R. Paternoster & R. Bachman (Eds.), *Explaining Criminals and Crime*. Los Angeles: Roxbury.

Aldarondo, E., & Strauss, M. (1994). Screening for physical violence in couples therapy: Methodological, practical, and ethical considerations. *Family Process, 33*, 425-439.

Alexander, J. (1973). Defensive and supportive communications in normal and deviant families. *Journal of

Consulting and Clinical Psychology, 40, 223-231.

Alexander, J., & Parsons, B. (1973). Short-term behavioral intervention with delinquent families: Impact on family process and recidivism. *Journal of Abnormal Psychology, 81*, 219-225.

Alexander, J., & Parsons, B. (1982). *Functional Family Therapy*. Belmont, CA: Brooks/Cole.

Alexander, J., Pugh, C., & Parsons, B. (1998). *Functional Family Therapy: Book Three in the Blueprints and Violence Prevention Series*. Boulder: University of Colorado, Center for the Study and Prevention of Violence.

Alexander, J., Waldron, J., Newberry, A., & Liddle, N. (1988). Family approaches to treating delinquents. Mental illness, delinquency, addictions, and neglect. In E. Nunnally & C. Chilman (Eds.), *Families in Trouble Series*. Newbury Park, CA: Sage.

Alish, Y., Birger, M., Manor, N., Kertzman, S., Zerzion, M., Kotler, M., & Strous, R. D. (2007). Schizophrenia sex offenders. *International Journal of Law and Psychiatry, 30*, 459-466.

American Association of Correctional Psychologists Standards Committee. (2000). Standards for psychology services in jails, prisons, and correctional facilities and agencies. *Criminal Justice and Behavior, 27*, 433-493.

American Bar Association. (1989). *ABA Criminal Justice and Mental Health Standards*. Washington, DC: American Bar Association.

American Bar Association. (2011). *ABA Standards for Criminal Justice: Treatment of Prisoners* (3rd ed.). Washington, DC: American Bar Association.

American Counseling Association (ACA). (2005). *ACA Code of Ethics and Standards of Practice*. Alexandria, VA: American Counseling Association.

American Psychiatric Association. (1994). *The Diagnostic and Statistical Manual of Mental Disorders* (4th ed.). Washington, DC: American Psychiatric Association.

American Psychiatric Association. (2000). *Diagnostic and Statistical Manual of Mental Disorders* Text Revision (4th ed.). [DSM-IV-TR] Washington, DC: American Psychiatric Association.

American Psychiatric Association. (2013). *Diagnostic and Statistical Manual of Mental Disorders* (5th ed.). [DSM-5] Washington, DC: American Psychiatric Publishing, American Psychiatric Association.

Anda, D., Dube, S., Giles, W., & Felitti, V. (2003). The relationship of exposure to childhood sexual abuse to other forms of abuse, neglect and household dysfunction during childhood. *Child Abuse and Neglect, 26*, 625-639.

Anderson, C., & Stewart, S. (1983). *Mastering Resistance: A Practical Guide to Family Therapy*. New York: Guilford.

Andrews, D. (1980). Some experimental investigations of the principles of differential association through deliberate manipulations of the structures of service systems. *American Sociological Review, 45*, 448-462.

Andrews, D. (1982). *The Level of Supervision Inventory (LSI): The First Follow-Up*. Toronto: Ontario Ministry of Correctional Services.

Andrews, D. (1995). The psychology of criminal conduct and effective treatment. In J. McGuire (Ed.), *What*

Works: Reducing Re-offending. New York: John Wiley.

Andrews, D., & Bonta, J. (1995). *The Level of Supervision Inventory-Revised (LSI-R).* North Tonawanda, NY: Multi-Health Systems.

Andrews, D., & Bonta, J. (2010). *The Psychology of Criminal Conduct* (5th ed.). New York: Routledge (Anderson).

Andrews, D., Bonta, J., & Hoge, R. (1990). Classification for effective rehabilitation: Rediscovering psychology. *Criminal Justice and Behavior, 17,* 19-52.

Andrews, D., Bonta, J., & Wormith, S. (2004). *The Level of Service/Case Management. Inventory (LS/CMI): User's Manual.* Toronto: Multi-Health Systems.

Andrews, D., & Carvell, C. (1997). *Core Correctional Treatment-Core Correctional Supervision and Counseling: Theory, Research, Assessment and Practice.* Ottawa: Carleton University.

Andrews, D., Dowden, C., & Gendreau, P. (1999). *Clinically Relevant and Psychologically Informed Approaches to Reduced Re-Offending: A Meta-Analytic Study of Human Service, Risk, Need, Responsivity, and Other Concerns in Justice Contexts.* Unpublished manuscript. Ottawa: Carleton University.

Andrews, D., Gordon, D., Hill, J., Kurkowski, K., & Hoge, R. (1993). *Program Integrity, Methodology, and Treatment Characteristics: A Meta-Analysis of Effects of Family Intervention with Young Offenders.* Unpublished manuscript. Ottawa: Carleton University.

Andrews, D., & Kiessling, J. (1980). Program structure and effective correctional practice: A summary of CaVic research. In R. Ross & P. Gendreau (Eds.), *Effective Correctional Treatment* (pp. 439-463). Toronto: Butterworths.

Andrews, D., & Wormith, S. (1989). Personality and crime: Knowledge destruction and construction in criminology. *Justice Quarterly, 6,* 289-309.

Andrews, D., Zinger, I., Hoge, R., Bonta, J., Gendreau, P., & Cullen, F. (1990). Does correctional treatment work? A psychologically informed meta-analysis. *Criminology, 28,* 369-404.

Anechiarico, B. (2015). The primary aim of sex offender treatment: Translating criminogenic needs into a treatment strategy. In B. Schwartz (Ed.), *The Sex Offender: Insights on Treatment and Policy Developments,* Vol. VIII (pp. 2-1-2-20). Kingston, NJ: Civic Research Institute.

Anglin, D., & Hser, Y. (1990). Treatment of drug abuse. In M. Tonry & J. Wilson (Eds.), *Drugs and Crime.* Chicago: University of Chicago Press.

Annis, H., & Davis, C. (2003). Relapse prevention. In R. Hester & W. Miller (Eds.), *Handbook of Alcoholism Treatment Approaches: Effective Alternatives* (3rd ed.). Boston: Allyn & Bacon.

Annis, H., & Graham, J. (1988). *Situation Confidence Questionnaire (SCQ): User's Guide.* Toronto: Addiction Research Foundation of Ontario.

Antonowicz, D., & Ross, R. (1994). Essential components of successful rehabilitation programs for offenders. *International Journal of Offender Therapy and Comparative Criminology, 38,* 97-104.

Antonowicz, D., & Ross, R. (2005). Social problem-solving deficits in offenders. In M. McMurran & J. McGuire

(Eds.), *Social Problem Solving and Offending: Evidence, Evaluation and Evolution.* New York: John Wiley.

Aos, S., Miller, M., & Drake, E. (2006). *Evidence-based Adult Corrections Programs: What Works and What Does Not.* Olympia: Washington State Institute for Public Policy.

Arboleda-Florez, J., & Holley, H. (1989). Predicting suicide behaviours in incarcerated settings. *Canadian Journal of Psychiatry, 34,* 668-674.

Arden, J., & Linford, L. (2009). *Brain-based Therapy with Adults.* Hoboken, NJ: John Wiley.

Arlow, J., & Brenner, C. (1988). The future of psychoanalysis. *Psychoanalytic Quarterly, 57,* 1-14.

Armstrong, T. (2003). The effects of moral reconation therapy on the recidivism of youthful offenders: A randomized experiment. *Criminal Justice and Behavior, 30* (6), 668-687.

Arnold, R. (1990). Processes of victimization and criminalization of Black women. *Social Justice, 17,* 153-166.

Aromäki, A. S., Lindman, R. E., & Eriksson, C. J. P. (2002). Testosterone, sexuality and antisocial personality in rapists and child molesters: A pilot study. *Psychiatry Research, 100,* 239-247.

Auburn, T., & Lee, S. (2003). Doing cognitive distortions. *British Journal of Social Psychology, 42,* 281-298.

Austin, J. (1986). Evaluating how well your classification system is operating: Apractical approach. *Crime & Delinquency, 32,* 302-333.

Austin, J., Bruce, M., Carroll, L., McCall, P., & Richards, S. (2000). *The Use of Incarceration in the United States: A Policy Paper Presented by the National Policy Committee to the American Society of Criminology.* Columbus, OH: American Society of Criminology.

Austin, J., & McGinnis, K. (2004). *Classification of High-Risk and Special Management Prisoners: A National Assessment of Current Practices.* Washington, DC: National Institute of Corrections.

Ax, R., & Morgan, R. (2002). Internship training opportunities in correctional psychology: A comparison of settings. *Criminal Justice and Behavior, 29,* 332-347.

Ayllon, T., & Azrin, N. (1968). *The Token Economy: A Motivational System for Therapy and Rehabilitation.* New York: Appleton-Century-Crofts.

Azrin, N., Donohue, B., Betsalel, V., Kogan, E., & Acierno, R. (1994). Youth drug abuse treatment: A controlled outcome study. *Journal of Child and Adolescent Substance Abuse, 3,* 1-16.

Backer, T., Davis, S., & Soucy, G. (Eds.). (1995). *Reviewing the Behavioral Science Knowledge Base on Technology Transfer.* (NIDA Research Monograph 155). Rockville, MD: U.S. Department of Health and Human Services, Public Health Service, National Institute of Health.

Baird, C., Heinz, R., & Bemus, B. (1979). *The Wisconsin Case Classification/Staff Deployment Project.* (Project Report No. 14). Madison, WI: Department of Health and Social Services, Division of Corrections.

Baird, C., Prestine, R., & Klockziem, B. (1989). *Revalidation of the Wisconsin Probation/Parole Classification System.* Madison, WI: National Council on Crime and Delinquency.

Baird, C., Wagner, D., & Neuenfeldt, D. (1992). *Using Risk Assessment to Structure Decisions about Services. Protecting Children: The Michigan Model.* NCCD Focus, March. San Francisco: National Council on Crime and Delinquency.

Balduzzi, E. (2003). A transition program for post-release sex offenders. *Dissertation Abstracts International, 64B,* 407.

Ball, C., & Seghorn, T. (2011). Diagnosis and treatment of exhibitionism and other sexual compulsive disorders. In B. Schwartz (Ed.), *Handbook of Sex Offender Treatment* (pp. 35-1-35-17). Kingston, NJ: Civic Research Institute.

Bancroft, L., & Silverman, J. (2002). *The Batterer as Parent: Addressing the Impact of Domestic Violence on Family Dynamics.* Thousand Oaks, CA: Sage.

Bandura, A. (1965). Influence of models' reinforcement contingencies on the acquisition of imitative responses. *Journal of Personality and Social Psychology, 1,* 589-595.

Bandura, A. (1973). *Aggression: A Social Learning Analysis.* Englewood Cliffs, NJ: Prentice Hall.

Bandura, A. (1977). Self-efficacy: Toward a unifying theory of behavioral change. *Psychological Review, 94,* 191-215.

Bandura, A. (1978). Reflections on self-efficacy. *Advances in Behavioral Research and Therapy, 1,* 237-269.

Bandura, A., Ross, D., & Ross, S. (1963). Vicarious reinforcement and imitative learning. *Journal of Abnormal and Social Psychology, 67,* 601-607.

Bandura, A., & Walters, R. (1963). *Social Learning and Personality Development.* New York: Holt, Rinehart & Winston.

Bank, L., Marlowe, J., Reid, J., Patterson, G., & Weinrott, M. (1991). A comparative evaluation of parent training interventions for families of chronic delinquents. *Journal of Abnormal Child Psychology, 19,* 15-33.

Banyard, V. L., Williams, L. M., Saunders, B. E., & Fitzgerald, M. M. (2008). The complexity of trauma types in the lives of women in families referred for family violence: Multiple mediators of mental health. *American Journal of Orthopsychiatry, 78,* 394-404.

Barbaree, H. (1990). Stimulus control of sexual arousal: Its role in sexual assault. In W. Marshall, D. Laws & H. Barbaree (Eds.), *Handbook of Sexual Assault.* New York: Plenum.

Barker, J., & Miller, M. (1968). Aversion therapy for compulsive gambling. *Journal of Nervous and Mental Disease, 146,* 285-302.

Barnhill, L., & Longo, D. (1978). Fixation and regression in the family life cycle. *Family Process, 17,* 469-478.

Barrett, M., Trepper, T., & Fish, L. (1990). Feminist-informed family therapy for the treatment of intrafamily child sexual abuse. *Journal of Family Psychology, 4,* 151-166.

Barriga, A., Landau, J., Stinson, B., Liau, A., & Gibbs, J. (2000). Cognitive distortions and problem behaviors in adolescents. *Criminal Justice and Behavior, 27* (1), 36-56.

Bartol, C. R. (2002). *Criminal Behavior: A Psychosocial Approach.* Upper Saddle River, NJ: Prentice Hall.

Barton, C., Alexander, J., Waldron, H., Turner, D., & Warburton, J. (1985). Generalizing treatment effects of functional family therapy: Three replications. *American Journal of Family Therapy, 13,* 16-26.

Bates, A., & Metcalf, C. (2007). A psychometric comparison of Internet and non internet sex offenders from a community treatment sample. *Journal of Sexual Aggression, 13,* 11-20.

Bateson, G., Jackson, D., Haley, J., & Weakland, J. (1956). Toward a theory of schizophrenia. *Behavioral Science, 1,* 251-264.

Baumrind, D. (1985). Familial antecedents of adolescent drug use: A developmental perspective. In C. Jones & R. Battjes (Eds.), *Etiology of Drug Abuse: Implications for Prevention.* (NIDA Research Monograph 56). Washington, DC: U.S. Government Printing Office.

Baxter, D., Barbaree, H., & Marshall, W. (1986). Sexual responses to consenting and forced sex in a large sample of rapists and nonrapists. *Behaviour Research and Therapy, 24,* 513-520.

Beaver, K. M., Vaughn, M. G., Barnes, J. C., DeLisi, M., & Boutwell, B. B. (2012). The neuropsychological underpinnings to psychopathic personality traits in a nationally representative and longitudinal sample. *Psychiatric Quarterly, 83,* 145-159.

Beck, A. (2000). *Prisoners in 1999.* Washington, DC: U.S. Department of Justice, Bureau of Justice Statistics.

Beck, A. T., & Emory, G. (1985). *Anxiety Disorders and Phobias: A Cognitive Perspective.* New York: Basic Books.

Beck, A., Emory, G., & Greenberg, R. (2005). *Anxiety Disorders and Phobias: A Cognitive Perspective.* New York: Basic Books.

Beck, A., Rush, A., Shaw, B., & Emory, G. (1979). *Cognitive Therapy of Depression.* New York: Guilford.

Beck, A., Wright, F., Newman, C., & Liese, B. (1993). *Cognitive Therapy of Substance Abuse.* New York: Guilford.

Becker, J., Alpert, J., BigFoot, D., Bonner, B., Geddie, L., Henggeler, S., et al. (1995). Empirical research on child abuse treatment: Report by the Child Abuse and Neglect Treatment Working Group, APA. *Journal of Clinical Child Psychology, 24,* 23-46.

Becker-Blease, K., & Freyd, J. J. (2007). Dissociation and memory for perpetration among convicted sex offenders. *Journal of Trauma and Dissociation, 8* (2), 69-80.

Bedrosian, C. (1982). Using cognitive systems interventions in the treatment of marital violence. In L. Barnhill (Ed.), *Clinical Approaches to Family Violence.* Rockville, MD: Aspen.

Benjamin, A. (1969). *The Helping Interview* (2nd ed.). Boston: Houghton-Mifflin.

Ben-Shakhar, G. (2008). The case against the use of polygraph examinations to monitor post-conviction sex offenders. *Legal and Criminological Psychology, 13,* 191-207.

Berenson, D. (1986). The family treatment of alcoholism. *Family Therapy Today, 1,* 1-2, 6-7.

Berg, R. J., & Quinney, R. (Eds.). (2005). *Storytelling Sociology: Narrative as Social nquiry.* Boulder, CO: Lynne Rienner.

Berne, E. (1961). *Transactional Analysis in Psychotherapy.* New York: Grove.

Bierer, L. M., Yehuda, R., Schmeider, J., Mitropoulou, V., New, A. S., Silverman, J. M., & Siever, L. J. (2003). Abuse and neglect in childhood: Relationship to personality disorder diagnoses. *CNS Spectrums, 8,* 737-740.

Bixby, F. L., & McCorkle, L. (1951). Guided group interaction in correctional work. *American Sociological Review, 16,* 455-459.

Black, M. C., Basile, K. C., Breiding, M. J., Smith, S. G., Walters, M. L., Merrick, M. T., et al. (2011). *The National Intimate Partner and Sexual Violence Survey (NISVS), 2010 Summary Report.* Atlanta, GA: National Center for Injury Prevention and Control, Centers for Disease Control and Prevention.

Blackburn, R., & Fawcett, D. (1999). The Antisocial Personality Questionnaire: An inventory for assessing personality deviation in offender populations. *European Journal of Psychological Assessment, 15* (1), 14–24.

Blackstone, K. (2015). Polygraph with adjudicated sex offenders. In B. Schwartz (Ed.), *The Sex Offender: Insights on Treatment and Policy Developments,* Vol. VIII (pp. 6-1-6-38). Kingston, NJ: Civic Research Institute.

Blair, J., Mitchell, D., & Blair, K. (2005). *The Psychopath, Emotion, and the Brain.* Malden, MA: Blackwell Publishing.

Blair, R. J. R., Mitchell, D. G. V., Leonard, A., Budhani, S., Peschardt, K. S., & Newman, C. (2004). Passive avoidance learning in individuals with psychopathy: Modulation by reward but not by punishment. *Personality and Individual Differences, 37,* 1179–1192.

Blanchette, K., & Brown, S. L. (2006). *The Assessment and Treatment of Women Offenders: An Integrative Perspective.* Chichester, UK: Wiley.

Bloom, B., Owen, B., & Covington, S. (2003). *Gender Responsive Strategies: Research, Practice, and Guiding Principles for Women Offenders.* Washington, DC: U.S. Department of Justice, National Institute of Corrections.

Blume, S. B. (1990). Chemical dependency in women: Important issues. *American Journal of Drug and Alcohol Abuse, 16,* 297–307.

Blumensohn, R., Ratzoni, G., Weizman, A., Israeli, M., Greuner, N., Apter, A., et al. (1995). Reduction in serotonin 5HT receptor binding on platelets of delinquent adolescents. *Psychopharmacology, 118,* 354–356.

Boer, D. P., Hart, S. D., Kropp, P. R., & Webster, C. D. (1997). *Manual for the Sexual Violence Risk–20: Professional Guidelines for Assessing Risk of Sexual Violence.* Vancouver: British Columbia Institute on Family Violence.

Bogue, B., Nandi, A., & Jongsma, A. (2003). *The Probation and Parole Treatment Planner.* Hoboken, NJ: John Wiley.

Bohmer, C. (1983). Legal and ethical issues in mandatory treatment: The patient's right versus society's rights. In J. Greer & I. Stuart (Eds.), *The Sexual Aggressor: Current Perspectives on Treatment.* New York: Van Nostrand Reinhold.

Bohn, M. (1979). Classification of offenders in an institution for young adults. *FCI Research Reports,* 1–31.

Bonczar, T. P. (1997). *Bureau of Justice Statistics special report: Characteristics of adults on probation, 1995.* Washington, DC: Bureau of Justice Statistics.

Bonta, J. (1996). Risk–needs assessment and treatment. In A. T. Harland (Ed.), *Choosing Correctional Options that Work: Defining the Demand and Evaluating the Supply.* Thousand Oaks, CA: Sage.

Bonta, J. (2002). Offender risk assessment: Guidelines for selection and use. *Criminal Justice and Behavior, 29,*

355-379.

Bonta, J., Law, M., & Hanson, R. (1998). The prediction of criminal and violent recidivism among mentally disordered offenders: A meta-analysis. *Psychological Bulletin,* 123-142.

Bonta, J. S., Wallace-Capretta, S., & Rooney, J. (2000). A quasi-experimental evaluation of an intensive rehabilitation supervision program. *Criminal Justice and Behavior, 27,* 312-329.

Bor, W., Najman, J. M., & O'Callaghan, M. (2001). *Aggression and the Development of Delinquent Behavior in Children.* Canberra: Australian Institute of Criminology.

Borduin, C., Henggeler, S., Blaske, D., & Stein, R. (1990). Multisystemic treatment of adolescent sexual offenders. *International Journal of Offender Therapy and Comparative Criminology, 34,* 105-113.

Borduin, C., Mann, B., Cone, L., Henggeler, S., Fucci, B., Blaske, D., & Williams, R. (1995). Multisystemic treatment of serious juvenile offenders: Long-term prevention of criminality and violence. *Journal of Consulting and Clinical Psychology, 63,* 569-578.

Boszormenyi-Nagy, I., & Ulrich, D. (1981). Contextual family therapy. In A. Gurman & D. Kniskern (Eds.), *Handbook of Family Therapy.* New York: Brunner/Mazel.

Bouffard, J., & Taxman, F. (2004). Looking inside the "black box" of drug court treatment services using direct observations. *Journal of Drug Issues, 34* (1), 195-218.

Bourgon, G., & Armstrong, B. (2005). Transferring the principles of effective intervention to a "real world" setting. *Criminal Justice and Behavior, 32,* 3 25.

Bowen, M. (1978). *Family Therapy in Clinical Practice.* New York: Aronson.

Bowker, A. (1994). Handle with care: Dealing with offenders who are mentally retarded. *FBI Law Enforcement Bulletin,* July, 12-16.

Bowlby, J. (1969). *Attachment and Loss.* New York: Basic Books.

Bowlby, J. (1988). *A Secure Base: Clinical Implications of Attachment Theory.* London: Routledge & Kegan Paul.

Brandsma, J., Maultsby, M., & Welsh, R. (1980). *Outpatient Treatment of Alcoholism: A Review and Comparative Study.* Baltimore: University Park Press.

Brant, J., Wilson, R., & Prescott, D. (2015). Doubt about SVP programs: A critical review of sexual offender civil commitment in the United States. *The Sex Offender: Insights on Treatment and Policy Developments,* Vol. VIII (pp. 5-1-5-29). Kingston, NJ: Civic Research Institute.

Braswell, M., Miller, L., & Cabana, D. (2006). *Human Relations and Corrections* (5th ed.). Prospect Heights, IL: Waveland.

Braswell, M., & Seay, T. (1984). *Approaches to Counseling and Psychotherapy* (2nd ed.). Prospect Heights, IL: Waveland.

Braswell, M., & Whitehead, J. (2002). In the beginning was the student: Teaching peacemaking and justice issues. *Crime & Delinquency, 48* (2), 333-349.

Brennan, T., Breitenbach, M., & Dieterich, W. (2008). Explanatory taxonomy of adolescent delinquents: Identifying several social psychological profiles. *Journal of Quantitative Criminology, 24,* 179-203.

Brennan, T., Breitenbach, M., Dieterich, W., Salisbury, E., & Van Voorhis, P. (2012). Women's pathways to serious and habitual crime: A Person-Centered analysis incorporating gender responsive factors. *Criminal Justice and Behavior, 39,* 1481-1508.

Brennan, T., Dieterich, W., & Ehret, B. (2009). Evaluating the predictive validity of the COMPAS risk and needs assessment system. *Criminal Justice and Behavior, 36,* 21-40.

Brennan, T., Dieterich, W., & Oliver, W. (2006). *COMPAS: Technical Manual and Psychometric Report Version 5.0.* Traverse City, MI: Northpointe Institute.

Brinded, P. M. J., Mulder, R. T., Stevens, I., Fairley, N., & Malcolm, F. (1999). The Christchurch Prisons Psychiatric Epidemiology Study: Personality disorders assessment in a prison population. *Criminal Behaviour and Mental Health, 9* (2), 144-155.

Brodsky, S. (1975). *Families and Friends of Men in Prison: The Uncertain Relationship.* Lexington, MA: D. C. Heath.

Bronfenbrenner, U. (1979). *The Ecology of Human Development: Experiments by Nature and Design.* Cambridge, MA: Harvard University Press.

Brown, S. (1990). Dynamic factors and recidivism: What have we learned from the Case Needs Review Project? *Forum, 10,* 46-51.

Browne, A., Miller, B., & Maguin, E. (1999). Prevalence and severity of lifetime physical and sexual victimization among incarcerated women. *International Journal of Law and Psychiatry, 22,* 301-322.

Brunk, M., Henggeler, S., & Whelan, J. (1987). Comparison of multisystemic therapy and parent training in the brief treatment of child abuse and neglect. *Journal of Consulting and Clinical Psychology, 55,* 311-318.

Buchanan, R., Whitlow, K., & Austin, J. (1986). National evaluation of objective prison classification systems: The current state of the art. *Crime & Delinquency, 32,* 272-290.

Buffone, G. (1980). Exercise as therapy. *Journal of Counseling and Psychotherapy, 3,* 101-117.

Burdon, W., Farabee, D., Prendergast, M., Messina, N., & Cartier, J. (2002). Prison based therapeutic community substance abuse programs: Implementation and operational issues. *Federal Probation, 66* (3), 3-8.

Bureau of Justice Statistics. (1992). *Compendium of Federal Justice Statistics, 1989.* Washington, DC: U.S. Department of Justice.

Bureau of Justice Statistics. (2001). *Federal Drug Offenders, 1999, with Trends, 1984-1999 (NCRJ-154043).* Washington, DC: Bureau of Justice Statistics.

Bureau of Justice Statistics. (2003). *2000 Arrestee Drug Abuse Monitoring: Annual Report (NCRJ-193013).* Washington, DC: U.S. Government Printing Office.

Bureau of Justice Statistics. (2006). *Drug Use and Dependence, State and Federal Prisoners, 2004 (NCJ-213530).* Washington, DC: U.S. Government Printing Office.

Bureau of Justice Statistics. (2015). Number of rape/sexual assaults, robberies, aggravated assaults, and simple assaults, 2005-2014. Generated using the NCVS Victimization Analysis Tool and www.bjs.gov. 25 Sept., 2015.

Burgess, A. (1987). *A Clockwork Orange*. New York: Norton.

Burgess, A. W., Commons, M. L., Safarik, M. E., Looper, R. R., & Ross, S. N. (2007). Sex offenders of the elderly. *Aggression and Violent Behavior, 12*, 582-597.

Burns, D. (1980). Feeling Good. New York: Morrow.

Buschman, J., & van Beek, D. (2003). A clinical model for the treatment of personality disordered sexual offenders. *Sexual Abuse, 15*, 183-199.

Bush, J., & Bilodeau, B. (1993). *OPTIONS: A Cognitive Change Program*. Washington, DC: National Institute of Corrections.

Bush, J., Taymans, J., & Glick, B. (1998). *Thinking for a Change*. Washington, DC: National Institute of Corrections.

Butcher, J., Dahlstrom, W., Graham, W., Tellegen, A., & Kaemmer, B. (1989). *Manual for the Restandardized Minnesota Multiphasic Personality Inventory: MMPI-2. An Interpretative and Administrative Guide*. Minneapolis: University of Minnesota Press.

Caplan, P., & Hall-McCorquodale, I. (1985). Mother-blaming in major clinical journals. *American Journal of Orthopsychiatry, 55*, 345-353.

Caputo, G. A. (2004). Treating sticky fingers: An evaluation of treatment and education for offenders. *Journal of Offender Rehabilitation, 38*, 49-68.

Carr, K., Hinkle, B., & Ingram, B. (1991). Establishing mental health and substance abuse services in jails. *Journal of Prison and Jail Health, 10*, 77-89.

Carson, E. A. (2014). *Prisonersin 2013*. Washington, DC: Bureau of Justice Statistics.

Casey, B. J., Giedd, J. N., & Thomas, K. M. (2000). Structural and functional brain development and its relation to cognitive development. *Biological Psychology, 54*, 241-257.

Cashdan, S. (1988). *Object Relations Therapy: Using the Relationship*. New York: Norton.

Castellano, T., & Soderstrom, T. (1992). Therapeutic wilderness programs and juvenile recidivism: A program evaluation. *Journal of Offender Rehabilitation, 17*, 19-46.

Cattell, R., & Cattell, A. (1973). *Culture Fair Intelligence Tests*. San Diego, CA: EdiTS.

Caulum, S. (1994). *Drug and Alcohol Treatment Options*. Washington, DC: Paper presented to the National Association of Sentencing Advocates.

Cautela, J. (1967). Covert sensitization. *Psychological Record, 20*, 459-468.

Celentano, D. D., & McQueen, D. V. (1984). Multiple substance use among women with alcohol-related problems. In S. C. Wilsnack & L. J. Beckman (Eds.), *Alcohol Problems in Women* (pp. 97-116). New York: Guilford.

Center for Addiction and Mental Health. (1999). *1999 Resources*. Toronto: Center for Addiction and Mental Health.

Center for Criminal Justice Research. (2009). *Ohio Risk Assessment System (ORAS)*. Cincinnati: Center for Criminal Justice Research.

Center for Sex Offender Management (CSOM). (2008). *The Comprehensive Approach to Sex Offender Management.* Silver Spring, MD: Center for Effective Public Policy.

Center for Substance Abuse Treatment (CSAT). (1999). *Substance Abuse Treatment for Women Offenders: Guide to Promising Practices.* Rockville, MD: US Department of Health and Human Services.

Chamberlain, P., Fisher, P., & Moore, K. (2003). Multidimensional treatment foster care: Applications of the OSLC intervention model to high-risk youth and their families. In J. Reid, G. Patterson & J. Snyder (Eds.), *Antisocial Behavior in Children and Adolescents: A Developmental Analysis and Model for Intervention.* Washington, DC: American Psychological Association.

Chamberlain, P., & Reid, J. B. (1991). Using a specialized foster care community treatment model for children and adolescents leaving the state mental hospital. *Journal of Community Psychology, 19,* 266-276.

Chamberlain, P., & Reid, J. B. (1994). Differences in risk factors and adjustment for male and female delinquents in treatment foster care. *Journal of Child and Family Studies, 3,* 23-39.

Chamow, L. (1990). The clinician's role in treating spouse abuse. *Family Therapy, 17,* 123-128.

Cheek, F., Franks, C., Laucious, J., & Burtle, V. (1971). Behavior-modification training for wives of alcoholics. *Quarterly Studies of Alcoholism, 32,* 456 461.

Chesney-Lind, M. (1998). Women In prison: From partial justice to vengeful equity. *Corrections Today, 60* (7), 66-73.

Chesney-Lind, M. (2000). What to do about girls? Thinking about programs for young women. In M. McMahon (Ed.), *Assessment to Assistance: Programs for Women in Community Corrections.* Lanham, MD: American Correctional Association.

Chesney-Lind, M., & Irwin, K. (2008). *Beyond Bad Girls: Gender, Violence, and Hype.* New York: Routledge.

Chesney-Lind, M., & Rodriguez, N. (1983). Women under lock and key. *Prison Journal, 63,* 47-65.

Christian, J. (2005). Riding the bus: Barriers to prison visitation and family management strategies. *Journal of Contemporary Criminal Justice, 21,* 31-48.

Clear, T. (1988). Statistical prediction in corrections. *Research in Corrections, 1,* 1-39.

Cleckley, H. (1941). *The Mask of Sanity.* St. Louis, MO: C. V. Mosby.

Clements, C., McKee, J., & Jones, S. (1984). *Offender Needs Assessments: Models and Approaches.* Washington, DC: National Institute of Corrections.

Cohen, B., & Sordo, I. (1984). Using reality therapy with adult offenders. *Journal of Offender Counseling, Services and Rehabilitation, 8,* 25-39.

Cohen, M., Garofalo, R., Boucher, R., & Seghorn, T. (1971). The psychology of rapists. *Seminarsin Psychiatry, 3,* 307-327.

Coid, J. W., Yang, M., Ullrich, S., Roberts, A., & Hare, R. D. (2009). Prevalence and correlates of psychopathic traits in the household population of Great Britain. *International Journal of Law and Psychiatry, 32,* 65-73.

Coleman, E., Dwyer, S. M., Abel, G., Berner, W., Breiling, J., Hindman, J., et al. (1996). Standards of care for the treatment of adult sex offenders. In E. Coleman, S. M. Dwyer & N. J. Pallone (Eds.), *Sex Offender*

Treatment. Binghamton, NY: Haworth.

Collins, H., & Collins, D. (1990). Family therapy in the treatment of child sexual abuse. In M. Rothery & G. Cameron (Eds.), *Child Maltreatment: Expanding Our Concept of Helping.* Hillsdale, NJ: Lawrence Erlbaum.

Compton, W. M., Conway, K. P., Stinson, F. S., Colliver, J. D., & Grant, B. F. (2005). Prevalence, correlates, and comorbidity of DSM-IV antisocial personality syndromes and alcohol and specific drug use disorders in the United States: Results from the National Epidemiologic Survey on Alcohol and Related Conditions. *Journal of Clinical Psychiatry, 66 (6),* 677-685.

Conley, R., Luckasson, R., & Bouthilet, G. (1992). *The Criminal Justice System and Mental Retardation: Defendants and Victims.* Baltimore: P. H. Brookes.

Connell, A. M., Dishion, T. J., Yasui, M., & Kavanagh, K. (2007). An adaptive approach to family intervention: Linking engagement in family-centered intervention to reductions in adolescent problem behavior. *Journal of Consulting and Clinical Psychology, 75,* 568-579.

Cook, J., Walser, R., Kane, V., Ruzek, J., & Woody, G. (2006). Dissemination and feasibility of a cognitive behavioral treatment for substance use disorders and post-traumatic stress disorder in the veterans administration. *Journal of Psychoactive Drugs, 38,* 89-92.

Cooke, D. J., Hart, S. D., Logan, C., & Michie, C. (2012). Explicating the construct of psychopathy: Development and validation of a conceptual model, the Comprehensive Assessment of Psychopathic Personality (CAPP). *International Journal of Forensic Mental Health, 11 (4),* 242-252.

Corley, M. (1996). Correctional education programs for adults with learning disabilities. *Linkages, 3* (2), 1-25, National Adult Literacy & Learning Disabilities Center. Retrieved January 24, 2003, from the National Institute for Literacy.

Covington, S. (2002). Helping women recover: Creating gender-responsive treatment. In S. Straussner & S. Brown (Eds.), *The Handbook of Addiction Treatment for Women.* San Francisco: Jossey-Bass.

Covington, S. (2003). *Beyond Trauma: A Healing Journey for Women.* Center City, MN: Change Companies.

Covington, S. (2008a). *Helping Women Recover: A Program for Treating Substance Abuse. Facilitator's Guide-Revised Edition for Use in the Criminal Justice System.* San Francisco: Jossey-Bass.

Covington, S. (2008b). The relational theory of women's psychological development: Implications for the criminal justice system. In R. T. Zaplin (Ed.), *Female Offenders: Critical Perspectives and Effective Interventions* (2nd ed., pp. 13-164). Sudbury, MA: Jones and Bartlett.

Covington, S., & Bloom, B. E. (2007). Gender-responsive treatment and services in correctional settings. In E. Leeder (Ed.), *Inside and Out: Women, Prison, and Therapy* (pp. 9-34). New York: Haworth Press.

Covington, S., & Surrey, J. (1997). The relational model of women's psychological development: Implications for substance abuse. In S. Wilsnack & R. Wilsnack (Eds.), *Gender and Alcohol: Individual and Social Perspectives* (pp. 335-351). New Brunswick, NJ: Rutgers University Press.

Crowell, S. E., Beauchaine, T. P., McCauley, E., Smith, C. J., Vasilev, C. A., & Stevens, A. L. (2008). Parent-child interactions, peripheral serotonin, and self-inflicted injury in adolescents. *Journal of Consulting and Clinical*

Psychology, 76, 15-21.

Cullen, F., & Gendreau, P. (2000). Assessing correctional rehabilitation: Policy, practice, and prospects. In J. Horney (Ed.), *Criminal Justice 2000: Changes in Decision Making and Discretion in the Criminal Justice System.* Washington, DC: U.S. Department of Justice, National Institute of Justice.

Cullen, F., & Gendreau, P. (2001). From nothing works to what works: Changing professional ideology in the 21st century. *The Prison Journal, 81,* 313-338.

Cullen, F., & Wright, J. (1996). The future of corrections. In B. Maguire & P. Rodosh (Eds.), *The Past, Present, and Future of American Criminal Justice.* New York: General Hall.

Cullen, F., Wright, J., & Applegate, B. (1996). Control in the community: The limits of reform? In A. Harland (Ed.), *Choosing Correctional Interventions that Work: Defining the Demand and Evaluating the Supply.* Newbury Park, CA: Sage.

Daly, K. (1992). Women's pathways to felony court: Feminist theories of lawbreaking and problems of representation. *Southern California Review of Law and Women's Studies, 2,* 11-52.

Dass, R., & Gorman, P. (1985). *How Can I Help? Stories and Reflections on Service.* New York: Alfred A. Knopf.

Deitch, D., & Zweben, J. (1984). Coercion in the therapeutic community. *Journal of Psychoactive Drugs, 16* (1), 35-41.

DeLeon, G. (2000). *The Therapeutic Community: Theory, Model, and Method.* New York: Springer.

Denkowski, G., & Denkowski, K. (1985). The mentally retarded offender in the state prison system: Identification, prevalence, adjustment, and rehabilitation. *Criminal Justice and Behavior, 12,* 55-76.

Dennison, G. (1969). *The Lives of Children.* New York: Random House.

Derogatis, L. (1977). *SCL-90 Administration: Scoring and Procedures Manual.* Baltimore: Johns Hopkins University Press.

Derogatis, L. (1994). *Brief Symptom Inventory: Administration, Scoring, and Procedures Manual.* Minneapolis: National Computer Systems.

Dicks, H. (1963). Object relations theory and marital studies. *British Journal of Medical Psychology, 36,* 125-129.

DiGiorgio-Miller, J. (1994). Clinical techniques in the treatment of juvenile sex offenders. *Journal of Offender Rehabilitation, 21* (1/2), 117-126.

DiGiorgio-Miller, J. (2007). Emotional variables and deviant sexual fantasies in adolescent sex offenders. *Journal of Psychiatry and Law, 35* (Summer), 109-124.

Dignam, J. T. (2003). Correctional mental health ethics revisited. In T. J. Fagan & R. K. Ax (Eds.), *Correctional Mental Health Handbook.* Thousand Oaks, CA: Sage.

Dillard, J. (1987). *Multicultural Counseling.* Chicago: Nelson-Hall.

DiIulio, J. (1991). *No Escape: The Future of American Corrections.* New York: Basic Books.

Dimeff, L., & Linehan, M. (2001). Dialectical behavior therapy in a nutshell. *California Psychologist, 34,* 10-13.

Dishion, T., & Andrews, D. (1995). Preventing escalation in problem behavior with high-risk young adolescents: Immediate and one-year outcomes. *Journal of Consulting and Clinical Psychology, 63,* 538-548.

Dixon, L., & Browne, K. (2003). The heterogeneity of spouse abuse: A review. *Aggression and Violent Behavior, 8*, 107-130.

Dodes, L. (1990). Addiction, helplessness and narcissistic rage. *Psychoanalytic Quarterly, 59*, 398-419.

Dodes, L., & Khantzian, E. (1991). Individual psychodynamic psychotherapy. In R. Francis & S. Miller (Eds.), *Textbook of Addiction Disorders*. New York: Guilford.

Dolan, M., Deakin, W. J. F., Roberts, N., & Anderson, I. (2002). Serotonergic and cognitive impairment in impulsive aggressive personality disordered offenders: Are there implications for treatment? *Psychological Medicine, 32*, 105-117.

Douglas, K. S., Herbozo, S., Poythress, N. G., Belfrage, H., & Edens, J. F. (2006). Psychopathy and suicide: A multisample investigation. *Psychological Services, 3*, 97-116.

Douglas, K. S., Strand, S., Belfrage, H., Fransson, G., & Levander, S. (2005). Reliability and validity evaluation of the Psychopathy Checklist: Screening Version (PCL:SV) in Swedish correctional and forensic psychiatric samples. *Assessment, 12*, 145-161.

Dowden, C., & Andrews, D. (2000). Effective correctional treatment and violent reoffending: A meta-analysis. *Canadian Journal of Criminology, 42*, 449-467.

Dowden, C., Antonowicz, D., & Andrews, D. (2003). The effectiveness of relapse prevention with offenders: A meta-analysis. *International Journal of Offender Therapy and Comparative Criminology, 47*, 516-528.

Dowden, C., & Brown, S. L. (2002). The role of substance abuse factors in predicting recidivism: A meta-analysis. *International Journal of Crime, Psychology, and Law, 8*, 243-264.

Drake, E., Aos, S., & Miller, M. (2009). Evidence-based public policy options to reduce crime and criminal justice costs: Implications in Washington State *Victims and Offenders, 4*, 170-196.

Drapeau, M., Korner, A. C., & Brunet, L. (2004). When the goals of therapists and patients clash: A study of pedophiles in treatment. *Journal of Offender Rehabilitation, 38*, 69-80.

Dunlap, G., Kern-Dunlap, L., Clarke, S., & Robbins, F. (1991). Functional assessment, curricular revision, and severe behavior problems. *Journal of Applied Behavior Analysis, 24* (2), 387-397.

Duwe, G. (2014). To what extent does civil commitment reduce sexual recidivism? Estimating the selective incapacitation effects in Minnesota. *Journal of Criminal Justice, 42*, 193-202.

Duwe, G., & Clark, V. (2015). Importance of program integrity: Outcome evaluation of a gender responsive, cognitive behavioral program for female offenders. *Criminology and Public Policy, 14*, 301-328.

Edens, J. (2006). Unresolved controversies concerning psychopathy: Implications for clinical and forensic decision making. *Professional Psychology, 37*, 59-65.

Edens, J. F., & Campbell, J. S. (2007). A meta-analytic investigation of the psychopathy checklist measures. *Psychological Services, 4*, 13-27.

Edleson, J., & Grusznski, R. (1988). Treating the men who batter: Four years of outcome data from the Domestic Abuse Project. *Journal of Social Service Research, 12*, 3-22.

Eisenberg, M., & Fabelo, T. (1996). Evaluation of the Texas Correctional Substance Abuse Treatment Initiative:

The impact of policy research. *Crime & Delinquency, 42* (2), 296–308.

Eissler, K. (1949). Some problems of delinquency. In K. Eissler (Ed.), *Searchlights on Delinquency*. New York: Inter University Press.

Eldred, C., & Washington, M. (1976). Female heroin addicts in a city treatment program: The forgotten minority. *Psychiatry, 38*, 75–85.

Elliott, D. E., Bjelajac, P., Fallot, R. D., Markoff, L. S., & Reed, B. G. (2005). Trauma-informed or trauma denied: Principles and implementation of trauma-informed services for women. *Journal of Community Psychology, 33*, 461–477.

Elliott, D., Huizinga, D., & Ageton, S. (1985). Reconciling race and class differences in self-reported and official estimates of delinquency. *American Sociological Review, 45*, 95–110.

Elliott, W. (2002). Managing offender resistance to counseling. *Federal Probation, 66*, 172–178.

Elliott, W., & Verdeyen, V. (2002). *Game Over! Strategies for Managing Inmate Deception*. Lanham, MD: American Correctional Association.

Elliott, W., & Walters, G. (1991). Coping with offenders' resistance to psychoeducational presentations on the criminal lifestyle. *Journal of Correctional Education, 42*, 172–177.

Elliott, W., & Walters, G. (1997). Conducting psychoeducational interventions with drug abusing offenders: The Lifestyle Model. *Journal of Drug Education, 27*, 307–319.

Ellis, A. (1962). *Reason and Emotion in Psychotherapy*. Secaucus, NJ: Lyle Stuart.

Ellis, A. (1973). *Humanistic Psychotherapy*. New York: Julian.

Ellis, A. (1979). The sex offender. In H. Toch (Ed.), *Legal and Criminal Psychology*. New York: Holt, Rinehart & Winston.

Emerick, R., & Dutton, W. (1993). The effect of polygraphy on the self-report of adolescent sex offenders. *Annals of Sex Research, 6*, 83–103.

Empey, L., & Lubeck, S. (1971). *The Silverlake Experiment: Testing Delinquency Theory and Community Intervention*. Chicago: Aldine.

Endicott, J., & Spitzer, R. (1978). A diagnostic interview: The schedule for affective disorders and schizophrenia. *Archives of General Psychiatry, 35*, 837–844.

English, K. (2004). The containment approach to managing sex offenders. *Seton Hall Law Review, 34*, 1255–1272.

English, K., Jones, L., & Patrick, I. (2003). Community containment of sex offender risk: A promising approach. In B. J. Winick & J. W. LaFond (Eds.), *Protecting Society from Dangerous Offenders: Law, Justice, and Therapy*. Washington, DC: American Psychological Association.

Ennis, L., & Horne, S. (2003). Predicting psychological distress in sex offender therapists. *Sexual Abuse, 15*, 149–157.

Epps, K. (1996). Sex offenders. In C. Hollin (Ed.), *Working with Offenders*. New York: John Wiley.

Erez, E. (1988). Myth of the new female offender: Some evidence from attitudes toward law and justice. *Journal* of Criminal Justice, 16 (6), 499–509.

Ernst, R., & Keating, W. (1964). Psychiatric treatment of the California felon. American Journal of Psychiatry, 120, 974–979.

Erskine, R., Clarkson, P., Goulding, R., Groder, M., et al. (1988). Ego state theory: Definitions, descriptions, and points of view. Transactional Analysis Journal, 18 (1), 6–14.

Evren, C., Kural, S., & Erkiran, M. (2006). Antisocial personality disorder in Turkish substance dependent patients and its relationship with anxiety, depression and a history of childhood abuse. Israel Journal of Psychiatry and Related Sciences, 43, 40–46.

Exner, J. (2002). The Rorschach: A Comprehensive System (Vol. 1) (4th ed.). New York: John Wiley.

Eysenck, H. (1952). The effects of psychotherapy: An evaluation. Journal of Consulting Psychology, 16, 319–324.

Eysenck, H. (1970). Crime and Personality. London: Paladin.

Eysenck, H., & Eysenck, M. (1983). Mindwatching: Why People Behave the Way They Do. New York: Anchor.

Farabee, D. (2005). Rethinking Rehabilitation: Why Can't We Reform Our Criminals? Washington, DC: AEI Press.

Feeley, M., & Simon, J. (1992). The new penology: Notes on the emerging strategy of corrections and its implications. Criminology, 30, 449–474.

Feinstein, S. (2003). School-wide positive behavior supports. Journal of Correctional Education, 54 (4), 163–173.

Finigan, M. (1998). An Outcome Evaluation of the Multnomah County S.T.O.P. Drug Diversion Program. Portland, OR: NPC Research.

Finn, P. (1998). The Delaware Department of Corrections Life Skills Program. Washington, DC: U.S. Department of Justice, Office of Justice Programs.

First, M. B., Williams, J. B. W., Benjamin, L. S., & Spitzer, R. L. (2015). User's Guide for the SCID-5-PD (Structured Clinical Interview for DSM-5 Personality Disorder). Arlington, VA: American Psychiatric Association.

First, M. B., Williams, J. B. W., Karg, R. S., & Spitzer, R. L. (2015a). Structured Clinical Interview for DSM-5 Disorders, Research Version (SCID-5-RV). Arlington, VA: American Psychiatric Association.

First, M. B., Williams, J. B. W., Karg, R. S., & Spitzer, R. L. (2015b). Structured Clinical Interview for DSM-5 Disorders, Clinician Version (SCID-5-CV). Arlington, VA: American Psychiatric Association.

Fisher, B., Cullen, F., & Turner, M. (2000). The Sexual Victimization of College Women. Washington, DC: Office of Justice Programs, National Institute of Justice.

Flemons, D. (1989). An ecosystemic view of family violence. Family Therapy, 16, 1–10.

Flynn, P. M., Craddock, S. G., Luckey, J. W., Hubbard, R. L., & Dunteman, G. H. (1996). Comorbidity of antisocial personality and mood disorders among psychoactive substance-dependent treatment clients. Journal of Personality Disorders, 10, 56–67.

Foa, E., Olasov-Rothbaum, B., & Steketee, G. (1993). Treatment of rape victims. Journal of Interpersonal Violence, 8, 256–276.

Folino J. O., & Hare R. D. (2005). Listado revisado para verificación de la psicopatía: su estandarización y validación en la Argentina. *Acta Psiquiátrica y Psicológica de América Latina, 51*, 94-104.

Forehand, R., & Kotchick, B. (1996). Cultural diversity: A wake-up call for parent training. *Behavior Therapy, 27* (2), 187-206.

Framo, J. (1970). Symptoms from a family transactional viewpoint. In N. Ackerman (Ed.), *Family Therapy in Transition*. Boston: Little, Brown.

Framo, J. (1981). Integration of marital therapy with sessions with family of origin. In A. Gurman & D. Kniskern (Eds.), *Handbook of Family Therapy*. New York: Brunner Mazel.

Francis, R., Franklin, J., & Borg, L. (2004). Psychodynamics. In M. Galanter & H. Kleber (Eds.), *Textbook of Substance Abuse Treatment* (3rd ed.). Washington, DC: American Psychiatric Press.

French, S., & Gendreau, P. (2006). Reducing prison misconducts. *Criminal Justice and Behavior, 33*, 185-218.

Friedman, A. (1989). Family therapy vs. parent groups: Effect on adolescent drug abusers. *American Journal of Family Therapy, 17*, 335-347.

Frost, N. A., Greene, J., & Pranis, K. (2006). *Hard Hit: The Growth in the Imprisonment of Women, 1977-2004*. New York: Institute on Women & Criminal Justice, Women's Prison Association.

Furby, L., Weinrott, M., & Blackshaw, L. (1989). Sex offender recidivism: A review. *Psychological Bulletin, 105*, 3-30.

Gaes, G. G., Flanagan, T. J., Motiuk, L., & Stewart, L. (1999). Adult correctional treatment. In M. Tonry (Ed.), *Crime and Justice: A Review of Research* (vol. 26). Chicago: University of Chicago Press.

Gallagher, C., Wilson, D., Hirschfield, P., Coggeshall, M., & MacKenzie, D. (1999). A quantitative review of the effects of sex offender treatment on sexual reoffending. *Corrections Management Quarterly, 3*, 19-29.

Garrett, C. (1985). Effects of residential treatment on adjudicated delinquents: A meta-analysis. *Journal of Research in Crime & Delinquency, 22*, 287-308.

Gaudin, J., & Kurtz, D. (1985). Parenting skills training for child abusers. *Journal of Group Psychotherapy, Psychodrama and Sociometry, 31*, 35-54.

Gaudin, J., Wodarski, J., Arkinson, M., & Avery, L. (1991). Remedying child neglect: Effectiveness of social network interventions. *Journal of Applied Social Sciences, 15*, 97-123.

Gehring, K., & Van Voorhis, P. (2014). Needs and pretrial failure: Additional risk factors for female and male pretrial defendants. *Criminal Justice and Behavior, 41*, 943-970.

Gehring, K., Van Voorhis, P., & Bell, V. (2010). "What works" for female probationers? An evaluation of the moving on program. *Women, Girls and Criminal Justice, 11* (1), 6-10.

Gendreau, P. (1995). Technology transfer in the criminal justice field. In T. Backer, S. Davis, & G. Soucy (Eds.), *Reviewing the Behavioral Science Knowledge Base on Technology Transfer*. (NIDA Research Monograph 155). Rockville, MD: U.S. Department of Health and Human Services, Public Health Service, National Institutes of Health.

Gendreau, P. (1996a). Offender rehabilitation: What we know and what needs to be done. *Criminal Justice and Behavior, 23*, 144-161.

Gendreau, P. (1996b). The principles of effective intervention with offenders. In A. Harland (Ed.), *Choosing Correctional Options that Work: Defining the Demand and Evaluating the Supply*. Thousand Oaks, CA: Sage.

Gendreau, P., & Andrews, D. (1979). Psychological consultation in correctional agencies: Case studies and general issues. In J. Platt & R. Wicks (Eds.), *The Psychological Consultant*. New York: Grune & Stratton.

Gendreau, P., & Andrews, D. (1990). Tertiary prevention: What the meta-analysis of the offender treatment literature tells us about what works. *Canadian Journal of Criminology, 32*, 173-184.

Gendreau, P., & Andrews, D. (2001). Correctional Program Assessment Inventory (CPAI-2000). Saint John: University of New Brunswick.

Gendreau, P., French, S., & Gionet, A. (2004). What works (what doesn't work): The principles of effective correctional treatment. *Journal of Community Corrections, 13*, 4-6, 27-30.

Gendreau, P., & Goggin, C. (1991). *Evaluation of Correctional Service of Canada Substance Abuse Programs*. (Research Report No. 16). Ottawa: Research and Statistics Branch, Correctional Service of Canada.

Gendreau, P., & Goggin, C. (1996). Principles of effective correctional programming with offenders. *Forum on Corrections Research, 8* (3), 38-40.

Gendreau, P., Goggin, C., French, S., & Smith, P. (2006). Practicing psychology in correctional settings. In A. Hess & I. Weiner (Eds.), *The Handbook of Forensic Psychology* (3rd ed.). Hoboken, NJ: Wiley.

Gendreau, P., Goggin, C., & Fulton, B. (2000). Intensive supervision in probation and parole. In C. R. Hollin (Ed.), *Handbook of Offender Assessment and Treatment*. Chichester, UK: John Wiley.

Gendreau, P., Goggin, C., & Smith, P. (2001). Implementation guidelines for correctional programs in the real world. In G. A. Bernfeld, D. Farrington & A. Leschied (Eds.), *Offender Rehabilitation in Practice*. Chichester, UK: John Wiley.

Gendreau, P., Goggin, C., & Smith, P. (2002). Is the PCL-R really the "unparalleled" measure of offender risk? *Criminal Justice and Behavior, 29*, 397-126.

Gendreau, P., Little, T., & Goggin, C. (1996). A meta-analysis of the predictors of adult offender recidivism: What works? *Criminology, 34*, 575-607.

Gendreau, P., Paparazzi, M., Little, T., & Goddard, M. (1993). Does "punishing smarter" work? An assessment of the new generation of alternative sanctions in probation. *Forum on Corrections Research, 5*, 31-34.

Gendreau, P., & Ross, R. (1979). Effective correctional treatment: Bibliotherapy for cynics. *Crime & Delinquency, 25*, 463-489.

Gendreau, P., & Ross, R. (1987). Revivification of rehabilitation: Evidence from the 1980s. *Justice Quarterly, 4*, 349-409.

Gendreau, P., & Smith, P. (2007). Influencing the "people who count": Some perspectives on the reporting of meta-analytic results for prediction and treatment outcomes with offenders. *Criminal Justice and Behavior, 34*, 1536-1559.

Gibbs, J., Potter, G., & Goldstein, A. (1995). *The EQUIP Program: Teaching Youth to Think and Act Responsibly through a Peer-Helping Approach.* Champaign, IL: Research Press.

Gilfus, M. E. (1992). From victims to survivors to offenders. Women's routes of entry and immersion into street crime. *Women & Criminal Justice, 4,* 63-90.

Gilles, L. (1999). The phallometric assessment of offenders: An update. *Criminal Behavior and Mental Health, 9,* 254-274.

Gilligan, C. (1982). *In a Different Voice: Psychological Theory and Women's Development.* Cambridge, MA: Harvard University Press.

Gilligan, C., Lyons, N., & Hanmer, T. (1990). *Making Connections: The Relational Worlds of Adolescent Girls at Emma Willard School.* Cambridge, MA: Harvard University Press.

Gilmore, M. (1994). *Shot in the Heart.* New York: Doubleday.

Glasser, W. (1965). *Reality Therapy: A New Approach to Psychiatry.* New York: Harper and Row.

Glasser, W. (2000). *Reality Therapy in Action.* New York: Harper Collins.

Glaze, L. E., & Bonczar, T. P. (2011). *Probation and Parole in the United States, 2010.* Washington, DC: Bureau of Justice Statistics.

Glick, B., & Gibbs, J. (2011). *ART: A Comprehensive Intervention for Aggressive Youth* (3rd ed.). Champaign, IL: Research Press.

Goffman, E. (1999). The characteristics of total institution. In R. Matthews (Ed.), *Imprisonment.* Brookfield, VT: Ashgate.

Golden, L. (2002). *Evaluation of the Efficacy of a Cognitive Behavioral Program for Offenders on Probation: Thinking for a Change.* Dallas: University of Texas Southwestern Medical Center at Dallas.

Golden, L., Gatcheland, R., & Cahill, M. (2006). Evaluating the effectiveness of the National Institute of Corrections' "Thinking for a Change" program among probationers. *Journal of Offender Rehabilitation, 43,* 55-73.

Goldkamp, J., White, M., & Robinson, J. (2001). Do drug courts work? Getting inside the drug court black box. *Journal of Drug Issues, 31* (1), 27-72.

Goldstein, A. (1999). *The Prepare Curriculum: Teaching Prosocial Competencies* (Revised ed.). Champaign, IL: Research Press.

Goldstein, A., & Glick, B. (1995a). *The Prosocial Gang: Implementing Aggression Replacement Training.* Thousand Oaks, CA: Sage.

Goldstein, A., & Glick, B. (1995b). Artful research management: Problems, process and products. In A. Goldstein & B. Glick (Eds.), *Managing Delinquency Programs that Work.* Laurel, MD: American Correctional Association.

Goldstein, A., Glick, B., & Gibbs, J. (1998). *Aggression Replacement Training: A Comprehensive Intervention for Aggressive Youth* (Revised ed.). Champaign, IL: Research Press.

Goldstein, A., Glick, B., Irwin, M., Pask-McCartney, C., & Rubama, I. (1989). *Reducing Delinquency: Intervention in the Community.* New York: Pergamon.

Gordon, D., & Arbuthnot, J. (1987). Individual, group, and family interventions. In H. Quay (Ed.), *Handbook of Juvenile Delinquency.* New York: Wiley.

Gordon, D., Arbuthnot, J., Gustafson, K., & McGreen, P. (1988). Home-based behavioral systems family therapy with disadvantaged juvenile delinquents. *American Journal of Family Therapy, 16,* 243-255.

Gordon, D., Graves, K., & Arbuthnot, J. (1995). The effects of functional family therapy for delinquents on adult criminal behavior. *Criminal Justice and Behavior, 22,* 60-73.

Gorenstein, E. E. (1982). Frontal lobe functions in psychopaths. *Journal of Abnormal Psychology, 91,* 368-379.

Gottfredson, M., & Hirschi, T. (1990). *A General Theory of Crime.* Stanford, CA: Stanford University Press.

Gottschalk, R., Davidson, W., Gensheimer, L., & Mayer, J. (1987). Community-based interventions. In H. Quay (Ed.), *Handbook of Juvenile Delinquency.* New York: John Wiley.

Gottschalk, R., Davidson, W., Mayer, J., & Gensheimer, J. (1987). Behavioral approaches with juvenile offenders: A meta-analysis of long-term treatment efficacy. In E. Morris & C. Braukmann (Eds.), *Behavioral Approaches to Crime and Delinquency: A Handbook of Application, Research, and Concepts.* New York: Plenum.

Graham, J. (2000). *MMPI-2: Assessing Personality and Psychopathology* (3rd ed.). New York: Oxford University Press.

Grant, B. F., Hasin, D. S., Stinson, F. S., Dawson, D. A., Chou, S. P., & Ruan, W. J. (2004). Prevalence, correlates, and disability of personality disorders in he United States: Results from the National Epidemiologic Survey on Alcohol and Related Conditions. *Journal of Clinical Psychiatry, 65,* 948-958.

Green, B. L., Furrer, C., Worcel, S., Burrus, S., & Finigan, M. W. (2007). How effective are family treatment drug courts? Outcomes from a four-site national study. *Child Maltreatment, 12,* 43-59.

Greenfeld, L. A., & Snell, T. L. (1999). *Women Offenders.* Washington, DC: Bureau of Justice Statistics.

Greenfield, D. P. (2006). Organic approaches to the treatment of paraphilics and sex offenders. *Journal of Psychiatry and Law, 34,* 437-454.

Greenwood, P., & Turner, S. (1993). Evaluation of the paint creek youth center: A residential program for serious delinquents. *Criminology, 31,* 263-279.

Gregory, R. (1987). *Adult Intellectual Assessment.* Boston: Allyn & Bacon.

Griffith, J., Hiller, M., Knight, K., & Simpson, D. (1999). A cost-effectiveness analysis of in-prison therapeutic community treatment and risk classification. *The Prison Journal, 79* (3), 352-368.

Groth, N. (1979). *Men Who Rape: The Psychology of the Offender.* New York: Basic Books.

Groth, N. (1983). Treatment of the sexual offender in a correctional institution. In J. Greer & I. Stuart (Eds.), *The Sexual Aggressor: Current Perspectives on Treatment.* New York: Van Nostrand Reinhold.

Groth-Marnat, G. (2003). *Handbook of Psychological Assessment* (4th ed.). New York: John Wiley.

Grove, W., & Meehl, P. (1996). Comparative efficiency of informal (subjective, impressionistic) and formal (mechanical, algorithmic) prediction procedures: The clinical statistical controversy. *Psychology, Public Policy, and Law, 2* (2), 293-323.

Grubin, D. (2008). The case for polygraph testing of sex offenders. *Legal and Criminological Psychology, 13,* 177–189.

Guerin, P. (1976). *Family Therapy: Theory and Practice.* New York: Gardner.

Gunderson, K., & Svartdal, F. (2006). ART in Norway: Outcome evaluation of 11 Norwegian student projects. *Scandinavian Journal of Educational Research, 50,* 63–81.

Haapala, D., & Kinney, J. (1988). Avoiding out-of-home placement of high-risk status offenders through the use of intensive home-based family preservation services. *Criminal Justice and Behavior, 15,* 334–348.

Haas, S. (1999). *High School Aggression: A Social Learning Analysis.* Unpublished doctoral dissertation, Cincinnati, OH: University of Cincinnati.

Hagan, T., Finnegan, L., & Nelson-Zlupko, L. (1994). Impediments to comprehensive treatment models for substance-dependent women: Treatment and research questions. *Journal of Psychoactive Drugs, 26,* 163–171.

Hairston, C. (2002). *Prisoners and Families: Parenting Issues during Incarceration.* Washington, DC: Paper presented at the Urban Institute's From Prison to Home Conference, January 30–31.

Haley, J. (1976). *Problem-Solving Therapy.* San Francisco: Jossey-Bass.

Hall, E., Prendergast, M., Wellish, J., Patten, M., & Cao, Y. (2004). Treating drug abusing prisoners: An outcomes evaluation of the Forever Free program. *The Prison Journal, 84,* 81–105.

Hall, G. (1995). Sexual offender recidivism revisited: A meta-analysis of recent treatment studies. *Journal of Consultant and Clinical Psychology, 63,* 802–809.

Hamberger, L., & Hastings, J. (1988). Skills training for treatment of spouse abusers: An outcome study. *Journal of Family Violence, 3,* 121–130.

Hanson, K., Gizzarelli, R., & Scott, H. (1994). The attitudes of incest offenders: Sexual entitlement and acceptance of sex with children. *Criminal Justice and Behavior, 21,* 187–202.

Hanson, K., Harris, A., Scott, T., & Helmus, L. (2007). *Assessing the risk of sexual offenders on community supervision: The Dynamic Supervision Project.* (User Report No. 2007–05). Ottawa: Public Safety Canada.

Hanson, R. K. (1997). *The Development of a Brief Actuarial Risk Scale for Sexual Offense Recidivism.* (User Report No. 1997-2004). Ottawa: Department of the Solicitor General of Canada.

Hanson, R. K., Bloom, I., & Stephenson, M. (2004). Evaluating community sex offender treatment programs. *Canadian Journal of Behavioural Science, 36,* 87–96.

Hanson, R. K., Bourgon, G., Helmus, L., & Hodgson, S. (2009). *A Meta-analysis of the Effectiveness of Treatment for Sexual Offenders: Risk, Need, and Responsivity.* Ottawa: Public Safety Canada.

Hanson, R. K., & Bussiere, M. T. (1998). Predicting relapse: A meta-analysis of sexual offender recidivism studies. *Journal of Consulting and Clinical Psychology, 66,* 348–362.

Hanson, R. K., Gordon, A., Harris, A. J. R., Marques, J. K., Murphy, W., Quinsey, V. L., & Seto, M. C. (2002). First report of the Collaborative Outcome Data Project on the effectiveness of psychological treatment for sex offenders. *Sexual Abuse, 14,* 169–194.

Hanson, R., & Harris, A. (2000). *The Sex Offender-Need Assessment Rating (SONAR): A Method for Measuring Change in Risk Levels.* (User Report No. 2000-2001). Ottawa: Solicitor General Canada.

Hanson, R., & Thornton, D. (1999). *Static 99: Improving Actuarial Risk Assessments for Sex Offenders.* (User Report No. 1999-2002). Ottawa: Solicitor General Canada.

Hardyman, P., Austin, J., Alexander, J., Dedel Johnson, K., & Tulloch, O. (2002). *Internal Prison Classification Systems: Case Studies in their Development and Implementation.* Washington, DC: National Institute of Corrections.

Hardyman, P., Austin, J., & Peyton, J. (2004). *Prisoner Intake Systems: Assessing Needs and Classifying Prisoners.* Washington, DC: National Institute of Corrections.

Hardyman, P., Austin, J., & Tulloch, O. (2002). *Revalidating External Prison Classification Systems: The Experience of Ten States and Model for Classification Reform.* Washington, DC: National Institute of Corrections.

Hardyman, P., & Van Voorhis, P. (2004). *Developing Gender-Specific Classification Systems for Women Offenders.* Washington, DC: National Institute of Corrections.

Hare R. (1991). *The Hare Psychopathy Checklist-Revised.* Toronto: Multi-Health Systems.

Hare, R. (1993). *Without Conscience: The Disturbing World of the Psychopaths among Us.* New York: Pocket Books.

Hare, R. (1998). Psychopaths and their nature. In T. Millon, E. Simonsen, M. Birket Smith, & R. Davis (Eds.), *Psychopathy: Antisocial, Criminal, and Violent Behavior* (pp. 188-212). New York: Guilford.

Hare, R. (2003). *Hare Psychopathy Checklist-Revised* (2nd ed.). North Tonawanda, NY: Multi-Health Systems.

Harlow, C. (2003). *Education and Correctional Populations: Bureau of Justice Statistics Special Report.* Washington, DC: U.S. Government Printing Office.

Harrell, A., & Cavanagh, S. (1998). *Drug Courts and the Role of Sanctions: Findings from the Evaluation of the D.C. Superior Court Drug Intervention Program.* Washington, DC: Paper presented at the NIJ Research in Progress Seminar Series.

Harris, D. (2006). Child molestation. In D. L. MacKenzie, L. O'Neil, W. Povitsky & S. Acevedo (Eds.), *Different Crimes, Different Criminals: Understanding, Treating and Preventing Criminal Behavior.* Newark, NJ: LexisNexis Matthew Bender (Anderson).

Harris, G. T. (1995). *Overcoming Resistance: Success in Counseling Men.* Lanham, MD: American Correctional Association.

Harris, G. T., & Rice, M. E. (2006). Treatment of psychopathy: A review of empirical findings. In C. Patrick (Ed.), *Handbook of Psychopathy* (pp. 555-572). New York: Guilford.

Harris, G. T., Rice, M. E., & Cormier, C. (1991). Psychopathy and violent recidivism. *Law and Human Behavior, 15,* 625-637.

Harris, K., & Miller, W. (1990). Behavioral self-control training for problem drinkers: Components of efficacy. *Psychology of Addictive Behaviors, 4,* 82-90.

Harris, M., & Fallot, R. D. (2001). Envisioning a trauma-informed service system: A vital paradigm shift. In M. Harris & R. D. Fallot (Eds.), *Using Trauma Theory to Design Service Systems* (pp. 3-22). San Francisco: Jossey-Bass.

Harris, P. (1988). The Interpersonal Maturity Level Classification System: I-Level. *Criminal Justice and Behavior, 15*, 58-77.

Harris, P., & Smith, S. (1996). Developing community corrections: An implementation perspective. In A. Harland (Ed.), *Choosing Correctional Options that Work: Defining the Demand and Evaluating the Supply.* Thousand Oaks, CA: Sage.

Harrison, K. (2007). The high-risk sex offender strategy in England and Wales. *The Howard Journal, 46* (1), 16-31.

Hart, S. D., & Hare, R. D. (1997). Psychopathy: Assessment and association with criminal conduct. In D. M. Stoff, J. Breiling & I. D. Maser (Eds.), *Handbook of Antisocial Behavior.* New York: Wiley.

Hartmann, H. (1951). Ego psychology and the problem of adaptation. In D. Rapaport (Ed.), *Organization and Pathology of Thought: Selected Sources.* New York: Columbia University Press.

Hazelrigg, M., Cooper, H., & Borduin, C. (1987). Evaluating the effectiveness of family therapies: An integrative review and analysis. *Psychological Bulletin, 101*, 428-442.

Heil, P., Ahlmeyer, S., & Simons, D. (2003). Crossover sexual offenses. *Sexual Abuse, 15*, 221-236.

Hein, D., Cohen, L., Litt, L., Miele, G., & Capstick, C. (2004). Promising empirically supported treatments for women with comorbid PTSD and substance use disorders. *American Journal of Psychiatry, 161*, 1426-1432.

Helmus, L., Thornton, D., Hanson, R., & Babchishin, K. (2012). Improving the predictive accuracy of the Static-99 and Static 2002 with older sex offenders: Revised age weights. *Sexual Abuse: A Journal of Research and Treatment, 24*, 64-101.

Henderson, D. J. (1998). Drug abuse and incarcerated women: A research review. *Journal of Substance Abuse Treatment, 15*, 579-587.

Henderson, D. J., & Boyd, C. (1995). Women and illicit drugs: Sexuality and crack cocaine. *Health Care for Women International, 16*, 113-124.

Henderson, D. J., Boyd, C., & Mieczkowski, T. (1994). Gender, relationships and crack cocaine. *Research in Nursing and Health, 17*, 265-272.

Hendriks, J., & Bijleveld, C. (2008). Recidivism among juvenile sex offenders after residential treatment. *Journal of Sexual Aggression, 14*, 19-32.

Henggeler, S. (Ed.). (1982). *Delinquency and Adolescent Psychopathology: A Family Ecological Systems Approach.* Littleton, MA: Wright.

Henggeler, S., & Borduin, C. (1990). *Family Therapy and Beyond: A Multisystemic Approach to Treating the Behavior Problems of Children and Adolescents.* Pacific Grove, CA: Brooks/Cole.

Henggeler, S., Borduin, C., Melton, G., Mann, B., Smith, L., Hall, J., et al. (1991). Effects of multisystemic therapy on drug use and abuse in serious juvenile offenders: A progress report from two outcome studies. *Family*

Dynamics of Addiction Quarterly, 1, 40-51.

Henggeler, S., Clingempeel, G., Brondino, M., & Pickrel, S. G. (2002). Four-year follow-up of multisystemic therapy with substance-abusing and substance dependent juvenile offenders. *Journal of American Academy of Child and Adolescent Psychiatry, 41,* 868-874.

Henggeler, S., Halliday-Boykins, C., Cunningham, P., Randall, J., Shapiro, S., & Chapman, J. (2006). Juvenile drug court: Enhancing outcomes by integrating evidence-based treatments. *Journal of Consulting and Clinical Psychology, 74,* 42-54.

Henggeler, S., & Lee, T. (2003). Multisystemic treatment of serious clinical problems. In A. Kazdin (Ed.), *Evidence-based Psychotherapies for Children and Adolescents.* New York: Guilford.

Henggeler, S., Melton, G., & Smith, L. (1992). Family preservations using multisystemic therapy: An effective alternative to incarcerating serious juvenile offenders. *Journal of Consulting and Clinical Psychology, 60,* 953-961.

Henggeler, S., Mihalic, S., Rone, L., Thomas, C., & Timmons-Mitchell, J. (1998). *Multi-Systemic Therapy: Book Six in the Blueprints in Violence Prevention Series.* Boulder, CO: University of Colorado, Center for the Study and Prevention of Violence.

Henggeler, S., Pickrel, S., Brondino, M., & Crouch, J. (1996). Eliminating (almost) treatment dropout of substance abusing or depencent delinquents through home-based multisystemic therapy. *American Journal of Psychiatry, 153,* 427-428.

Henggeler, S., Rodick, J., Borduin, C., Hanson, C., Watson, S., & Urey, J. (1986). Multisystemic treatment of juvenile offenders: Effects on adolescent behavior and family interaction. *Developmental Psychology, 22,* 132-141.

Henggeler, S., Schoenwald, S., Borduin, C., Rowland, M., & Cunningham, P. (1998). Multisystemic Treatment of Antisocial Behavior in Children and Adolescents. New York: Guilford.

Henggeler, S., Schoenwald, S., & Pickrel, S. (1995). Multisystemic therapy: Bridging the gap between university- and community-based treatment. *Journal of Consulting and Clinical Psychology, 63,* 709-717.

Hepburn, J. (1989). Prison guards as agents of social control. In L. Goodstein & D. MacKenzie (Eds.), *The American Prison: Issuesin Research and Policy.* New York: Plenum.

Herman, J. (1992). *Trauma and Recovery.* New York: Harper Collins.

Herman, M. (2000). Psychotherapy with substance abusers: Integration of psychodynamic and cognitive-behavioral approaches. *American Journal of Psychotherapy, 54* (4), 574-579.

Herrington, R., Jacobson, G., & Benger, D. (1987). *Alcohol and Drug Abuse Handbook.* St. Louis, MO: Warren H. Green.

Hester, R., & Miller, W. (Eds.). (2003). *Handbook of Alcoholism Treatment Approaches: Effective Alternatives* (3rd ed.). Boston: Allyn & Bacon.

Hiatt, K. D., & Newman, J. P. (2007). Behavioral evidence of prolonged interhemispheric transfer time among psychopathic offenders. *Neuropsychology, 21,* 313-318.

Hickey, J., & Scharf, P. (1980). *Toward a Just Correctional System.* San Francisco: Jossey-Bass.

Higgins, S., & Silverman, K. (1999). *Motivating Behavior Change among Illicit-Drug Abusers: Research on Contingency Management Interventions.* Washington, DC: American Psychological Association.

Hill, A., Briken, P., Kraus, C., Strohm, K., & Berner, W. (2003). Differential pharmacological treatment of paraphilias and sex offenders. *International Journal of Offender Therapy and Comparative Criminology, 47,* 407-421.

Hill, C. D., Neumann, S. C., & Rogers R. (2004). Confirmatory factor analysis of the Psychopathy Checklist: Screening Version in offenders with axis I disorders. *Psychological Assessment, 16,* 90-95.

Hilton, N. Z., Harris, G. T., Rice, M. E., Houghton, R. E., & Eke, A. W. (2008). An in depth actuarial assessment for wife assault recidivism. *Law and Human Behavior, 32,* 150-163.

Hirsch, R., & Imhof, J. (1975). A family therapy approach to the treatment of drug abuse and addiction. *Journal of Psychedelic Drugs, 7,* 181-185.

Hislop, J. (2001). *Female Sex Offenders: What Therapists, Law Enforcement, and Child Protection Services Need to Know.* Ravensdale, NJ: Issues Press.

Ho, M. K. (2003). *Family Therapy with Ethnic Minorities* (2nd ed.). Newbury Park, CA: Sage.

Hodges, J., Guiliotti, N., & Porpotage, F. M., II (1994). *Improving Literacy Skills of Juvenile Detainees.* Juvenile Justice Bulletin. Washington, DC: Office of Justice Programs. Office of Juvenile Justice and Delinquency Prevention.

Hoffman, L. (1981). *Foundations of Family Therapy.* New York: Basic Books.

Hoffman, P. (1983). Screening for risk: A revised Salient Factor Score (SFS-81). *Journal of Criminal Justice, 11,* 539-547.

Hoffman, P. (1994). Twenty years of operational use of a risk prediction instrument: The United States Parole Commission's salient factor score. *Journal of Criminal Justice, 22,* 477-494.

Hoge, R., Leschied, A., & Andrews, D. (1993). *An Investigation of Young Offender Services in the Province of Ontario: A Report of the Repeat Offender Project.* Toronto: Ministry of Community and Social Services.

Hogue, A., Dauber, S., Samuolis, J., & Liddle, J. H. A. (2006). Treatment techniques and outcomes in multidimensional family therapy for adolescent behavior. *Journal of Family Psychology, 20,* 535-543.

Hollin, C. (1990). *Cognitive-Behavioral Interactions with Young Offenders.* New York: Pergamon.

Holtfreter, K., Reisig, M. D., & Morash, M. (2004). Poverty, state capital, and recidivism among women offenders. *Criminology and Public Policy, 3,* 185-208.

Holtzworth-Munroe, A., & Meehan, J. C. (2002). *Typologies of Maritally Violent Men: A Summary of Current Knowledge and Suggestions for Future Research.* Paper presented at National Research Council Workshop, Washington, DC: Committee on Law and Justice, National Institute of Justice, Office of Justice Programs, U.S. Department of Justice.

Holtzworth-Munroe, A., & Stuart, G. L. (1994). Typologies of male batterers: Three subtypes and the differences among them. *Psychological Bulletin, 116,* 476-497.

Horvath, A., & Symonds, B. (1991). Relation between working alliance and outcome: A meta-analysis. *Journal of Counseling Psychology, 38* (2), 139-149.

Horwitz, A. V., Widom, C. S., McLaughlin, C. S., & White, H. R. (2001). The impact of childhood abuse and neglect on adult mental health: A prospective study. *Journal of Health and Social Behavior, 42*, 184-201.

Houston, J. (1998). *Making Sense with Offenders' Personal Constructs, Therapy, and Change.* New York: Wiley.

Howing, P., Wodarski, J., Gaudin, J., & Kurtz, P. (1989). Effective interventions to ameliorate the incidence of child maltreatment. *Journal of Consulting and Clinical Psychology, 51*, 424-431.

Hser, Y., Anglin, M., & Booth, M. (1987). Sex differences in addict careers: 3. Addiction. *American Journal of Drug and Alcohol Abuse, 13*, 231-251.

Hser, Y., Anglin, M., & McGlothlin, W. (1987). Sex differences in addict careers: 1. Initiation of use. *American Journal of Drug and Alcohol Abuse, 13*, 33-57.

Hudson, S., & Ward, T. (1997). Intimacy, loneliness, and attachment style in sexual offenders. *Journal of Interpersonal Violence, 12*, 323-339.

Hughes, M. A., Stout, J. C., & Dolan, M. C. (2013). Concurrent validity of the Psychopathic Personality Inventory-Revised and the Psychopathy Checklist: Screening version in an Australian offender sample. *Criminal Justice and Behavior, 40*, 802-813.

Hunt, G., & Azrin, N. (1973). A community-reinforcement approach to alcoholism. *Behavior Research and Therapy, 11*, 91-104.

Inciardi, J., & Lockwood, D. (1994). When worlds collide: Establishing CREST Outreach Center. In B. Fletcher, J. Inciardi & A. Horton (Eds.), *Drug Abuse Treatment: The Implementation of Innovative Approaches.* Westport, CT: Greenwood.

Inciardi, J., McBride, D., & Weinman, B. (1993). The assessment and referral of criminal justice clients: Examining the focused offender disposition program. In J. Inciardi (Ed.), *Drug Treatment and Criminal Justice.* Newbury Park, CA: Sage.

Institute of Medicine. (1990). Treating drug problems. In D. Gerstein & H. Harwood (Eds.), *Treating Drug Problems.* Washington, DC: National Academy Press.

Izzo, R., & Ross, R. (1990). Meta-analysis of rehabilitation programs for juvenile delinquents: A brief report. *Criminal Justice and Behavior, 17*, 134-142.

Jackson, D. (1961). Family therapy in the family of the schizophrenic. In M. Stern (Ed.), *Contemporary Psychotherapies.* Glencoe, IL: The Free Press.

Jackson, D. (1967). The myth of normality. *Medical Opinion and Review, 3*, 28-33.

Janeksela, G. (1979). Mandatory parental involvement in the treatment of "delinquent" youth. *Juvenile and Family Court Journal, 30*, 47-54.

Janzen, C. (1977). Families in treatment of alcoholism. *Journal of Studies on Alcoholism, 38*, 114-130.

Jenkins-Hall, K. (1994). Outpatient treatment of child molesters. *Journal of Offender Rehabilitation, 21* (1/2), 139-150.

Jennings, W., Kilkenny, R., & Kohlberg, L. (1983). Moral development theory and practice for youthful and adult offenders. In W. Laufer & J. Day (Eds.), *Personality Theory, Moral Development and Criminal Behavior*. Lexington, MA: Lexington Books.

Jenuwine, M. J., Simmons, R., & Swies, E. (2003). Community supervision of sex offenders. *Federal Probation, 67* (3), 20-27.

Jesness, C. (1975). Comparative effectiveness of behavior modification and transactional programs for delinquents. *Journal of Consulting and Clinical Psychology, 43*, 759-799.

Jesness, C. (1988). Jesness Inventory Classification System. *Criminal Justice and Behavior, 15*, 78-91.

Jesness, C. (1996). *The Jesness Inventory Manual*. North Tonawanda, NY: Multi Health Systems.

Jesness, C. (2003). *The Jesness Inventory-Revised: Technical Manual*. North Tonawanda, NY: Multi-Health Systems.

Jesness, C., & Wedge, R. (1983). *Classifying Offenders: The Jesness Inventory Classification System*. Sacramento: Youth Authority.

Joanning, H., Thomas, F., Quinn, W., & Mullen, R. (1992). Treating adolescent drug abuse: A comparison of family systems therapy, group therapy, and family drug education. *Journal of Marital & Family Therapy, 18*, 345-356.

Jones, G. (1972). The renaissance of psycho surgery. *Journal of the Medical Society of New Jersey, 69* (1), 53-57.

Jones, I., & Frei, D. (1977). Provoked anxiety as a treatment of exhibitionism. *British Journal of Psychiatry, 131*, 295-300.

Jones, M. (1968). *Beyond the Therapeutic Community*. New Haven, CT: Yale University Press.

Jones, M. (1973). Therapeutic community principles. In L. Irvine & T. Brelje (Eds.), *Law, Psychiatry and the Mentally Disturbed Offender* (Vol. 2). Springfield, IL: Charles C Thomas.

Jones, P. (1996). Risk prediction in criminal justice. In A. Harland (Ed.), *Choosing Correctional Options that Work: Defining the Demand and Evaluating the Supply*. Thousand Oaks, CA: Sage.

Kanas, N. (2006). Long-term psychodynamic group therapy for patients with personality disorders. *International Journal of Group Psychotherapy, 56*, 245-250.

Kaplan, A. G. (1984). *The "Self in Relation": Implications for Depression in Women*. Publication No. 14. Wellesley, MA: Stone Center.

Kaplan, H., & Sadock, B. (2000). *Modern Synopsis of Comprehensive Textbook of Psychiatry* (7th ed.). Baltimore: Lippincott, Williams & Wilkins.

Kaplan, H., Sadock, B. J., & Gregg, J. A. (1994). *Synopsis of Psychiatry*. Baltimore: Williams & Wilkins.

Kaslow, F. (1987). Couples or family counseling for prisoners and their significant others. *American Journal of Family Therapy, 15*, 352-360.

Katz, L., & Gottman, J. (1993). Patterns of marital conflict predict children's internalizing and externalizing behaviors. *Developmental Psychology, 29*, 940-950.

Kaufman, D. (1985). *Substance Abuse and Family Therapy*. Orlando, FL: Grune & Stratton.

Kaufman, E., & Kaufman, P. (1992). *Family Therapy of Drug and Alcohol Abuse* (2nd ed.). Needham Heights, MA: Allyn & Bacon.

Kauffman, K. (1988). *Prison Officers and their World*. Cambridge, MA: Harvard University Press.

Kazdin, A. (1987). *Conduct Disorders in Childhood and Adolescence*. Homewood, IL: Dorsey.

Kazdin, A. (1989). *Behavior Modification in Applied Settings*. Pacific Grove, CA: Brooks/Cole.

Kazdin, A. (1997). Parent management training: Evidence, outcomes, and issues. *Journal of the American Academy of Child and Adolescent Psychiatry, 36* (10), 1349-1357.

Kazdin, A. (2000). *Parent Management Training*. Washington, DC: American Psychological Association.

Kazdin, A., Mazurick, J., & Siegel, T. (1994). Treatment outcomes among children with externalizing disorder who terminate prematurely versus those who complete psychotherapy. *Journal of the American Academy of Child and Adolescent Psychiatry, 33,* 549-557.

Kellogg, C. E., & Morton, N. W. (1978). *Revised Beta Examination* (2nd ed.). Cleveland, OH: Psychological Corporation.

Kellogg, C. E., & Morton, N. W. (2009). *Beta III: A Non-Verbal Measure of Cognitive Abilitiesin Adults*. San Antonio, TX: Pearson.

Kennedy, D. (1984). Suicide while in police custody. *Journal of Police Science and Administration, 12,* 191-200.

Khantzian, E. (1993). The ego, the self, and the opiate addiction: Theoretical and treatment considerations. In J. Blaine & D. Julius (Eds.), *Psychodynamics of Drug Dependence*. Northvale, NJ: Jason Aronson.

Khantzian, E., Halliday, K., & McAuliffe, W. (1990). *Addiction and the Vulnerable Self*. New York: Guilford.

Kiehl, K. A. (2006). Cognitive neuroscience perspective on psychopathy: Evidence for paralimbic system dysfunction. *Psychiatry Research, 142,* 107-128.

Kingston, D. A., Yates, P. M., Firestone, P., Babchishin, K., & Bradford, J. M. (2008). Long-term predictive validity of the risk matrix 2000. *Sexual Abuse, 20,* 466-484.

Kinlock, T., Gordon, M., Schwartz, R., & O'Grady, K. (2008). A study of methadone maintenance for male prisoners: 3-month post-release outcomes. *Criminal Justice and Behavior, 35,* 34-47.

Kinney, J., Haapala, D., Booth, C., & Leavitt, S. (1991). The homebuilders model. In E. Tracy, D. Haapala, J. Kinney & P. Pecora (Eds.), *Intensive Family Preservation Services: An Instructional Sourcebook*. Cleveland, OH: Mandel School of Applied Social Sciences.

Kirby, E., Milich, R., & Hundley, M. (2003). Attributional biases in aggressive children and their mothers. *Journal of Abnormal Psychology, 112,* 698-708.

Kirsch, I., Jungeblut, A., Jenkins, L., & Kolstad, A. (1993). *Adult Literacy in America: A First Look at the Results of the National Adult Literacy Survey*. Washington, DC: U.S. Government Printing Office.

Klein, N., Alexander, J., & Parsons, B. (1977). Impact of family systems intervention on recidivism and sibling delinquency: A model of primary prevention and program evaluation. *Journal of Consulting and Clinical Psychology, 45,* 469-474.

Knight, D., Simpson, D., & Hiller, M. (1999). Three-year incarceration outcomes for in-prison therapeutic community treatment in Texas. *The Prison Journal, 79* (3), 337–351.

Knight, R., & Prentky, R. (1987). The developmental antecedents and adult adaptations of rapist subtypes. *Criminal Justice and Behavior, 14,* 403–426.

Knight, R., & Prentky, R. (1990). Classifying sexual offenders. In W. L. Marshall, D. R. Laws & H. E. Barbaree (Eds.), *Handbook of Sexual Assault.* New York: Plenum.

Kohlberg, L. (1976). Moral stages and moralization. In T. Lickona (Ed.), *Moral Development and Behavior.* New York: Holt, Rinehart & Winston.

Kohlberg, L. (1984). *The Psychology of Moral Development* (Vol. 2). San Francisco: Harper & Row.

Kohlberg, L., Colby, A., Gibbs, J., Speicher-Dubin, B., & Candee, D. (1979). *Standard Form Scoring Manual.* Cambridge, MA: Harvard University Press.

Kopp, S. (1977). *Back to One: A Practical Guide for Psychotherapists.* Palo Alto, CA: Science and Behavior Books.

Kranzler, H. R., & Rosenthal, R. N. (2003). Dual diagnosis: Alcoholism and comorbid psychiatric disorders. *American Journal of Addictions, 12* (1), S26–S40.

Kropp, P., Hart, S., Webster, C., & Derek Eaves, M. (1997). *Spousal Assault Risk Assessment Guide (SARA).* North Tonowanda, NY: Multi-Health Systems.

Krueger, R. F., Markon, K. E., Patrick, C. J., Benning, S. D., & Kramer, M. D. (2007). Linking antisocial behavior, substance use, and personality: An Integrative quantitative model of the adult externalizing spectrum. *Journal of Abnormal Psychology, 116,* 645–666.

Kumpfer, K. (1999). *Strengthening America's Families: Exemplary Parenting and Family Strategies for Delinquency Prevention.* Washington, DC: U.S. Department of Justice, Office of Justice Programs, Office of Juvenile Justice and Delinquency Prevention.

Kumpfer, K., DeMarsh, J., & Child, W. (1989). *Strengthening Families Program: Children's Skills Training Curriculum Manual, Parent Training Manual, Children's Skill Training Manual, and Family Skills Training Manual.* Unpublished manuscript, Social Research Institute, University of Utah.

Kurtines, W., & Szapocznik, J. (1996). Family interaction patterns: Structural family therapy within contexts of cultural diversity. In E. Hibbs & P. Jensen (Eds.), *Psychosocial Treatments for Child and Adolescent Disorders: Empirically Based Strategies for Clinical Practice.* Washington, DC: American Psychological Association.

Kurtz, E., & Ketcham, K. (2002). *The Spirituality of Imperfection: Storytelling and the Search for Meaning.* New York: Bantam Books.

Kushner, M., & Sandler, J. (1966). Aversion therapy and the concept of punishment. *Behaviour Research and Therapy, 4,* 179–186.

Lab, S., & Whitehead, J. (1990). From "nothing works" to the "appropriate works": The latest step in the search for the secular grail. *Criminology, 28,* 405–417.

Landenberger, N. A., & Lipsey, M. W. (2005). The positive effects of cognitive-behavioral programs for offenders:

A meta-analysis of factors associated with effective treatment. *Journal of Experimental Criminology, 1,* 451-476.

Landry, M., Smith, D., & Morrison, M. (1994). *Understanding Drugs of Abuse: The Process of Addiction Treatment and Recovery.* Washington, DC: American Psychiatric Press.

Langan, N. P., & Pelissier, B. (2001). Gender differences among prisoners in drug treatment. *Journal of Substance Abuse, 13,* 291-301.

Lanning, K. (1986). *Child Molesters: A Behavioral Analysisfor Law Enforcement Officers Investigating Cases of Child Sexual Exploitation.* Washington, DC: National Center for Missing and Exploited Children.

Lanza, M., Anderson, J., Boisvert, C., LeBlanc, A., Fardy, M., & Steel, B. (2002). Assaultive behavior intervention in the Veterans Administration: Psychodynamic group psychotherapy compared to cognitive behavior therapy. *Perspectives in Psychiatric Care, 38* (3), 89-97.

Larzelere, R., & Patterson, G. (1990). Parental management: Mediator of the effects of SES on early delinquency. *Criminology, 28,* 301-323.

Latessa, E., Smith, R., Lempke, R., Makarious, M., & Lowenkamp, C. (2010). The creation and validation of the Ohio Risk Assessment System (ORAS). *Federal Probations, 74,* 16-22.

Law, M. (2004). *A Longitudinal Follow-up of Federally Sentenced Women In the Community: Assessing the Predictive Validity of the Dynamic Characteristics of the Community Intervention Scale.* Unpublished doctoral dissertation, Ottawa: Carleton University.

Laws, D. (2003). The rise and fall of relapse prevention. *Australian Psychologist, 38,* 22-30.

Laws, D., Hudson, S., & Ward, T. (2000). *Remaking Relapse Prevention with Sex Offenders: A Sourcebook.* Thousand Oaks, CA: Sage.

Laws, D., & Osborn, C. (1983). How to build and operate a behavioral laboratory to evaluate and treat sexual deviance. In J. Greer & I. Stuart (Eds.), *The Sexual Aggressor: Current Perspectives on Treatment.* New York: Van Nostrand Reinhold.

Lee, S., Aos, S., Drake, E., Pennucci, A., Miller, M., & Anderson, L. (2012). *Return on Investment: Evidence-based Options to Improve Statewide Outcomes, April 2012*(Document No. 12-04-1201). Olympia: Washington State Institute for Public Policy.

Lennon, B. (2000). From "reality therapy" to "reality therapy" in action. *International Journal of Reality Therapy, 20* (1), 41.

León-Mayer, E., Folino, J. O., Neumann, C., & Hare, R. D. (2015). The construct of psychopathy in a Chilean prison population. *Revista Brasileira de Psiquiatria, 37,* 191-196.

Lester, D. (1977). *The sex offender: A behavioral analysis. Police Law Quarterly, 8* (1), 19-27.

Lester, D. (1982). The treatment of exhibitionists. *Corrective and Social Psychiatry, 28* (3), 94-98.

Lester, D. (2014). Treating sexual offenders. In P. Van Voorhis & Emily Salisbury (Eds.), *Correctional Counseling and Rehabilitation* (8th ed.). Waltham, MA: Elsevier.

Levenson, J. S., & Macgowan, M. J. (2004). Engagement, denial, and treatment progress among sex offenders in group therapy. *Sexual Abuse: Journal of Research and Treatment, 16,* 49-63.

Levenson, R. (1988). Development in the classification process. *Criminal Justice and Behavior, 15,* 24-38.

Lewis, H. (1987). Shame and the narcissistic personality. In D. Nathanson (Ed.), *The Many Faces of Shame.* New York: Guilford.

Liddle, H., & Dakof, G. (1995). Efficacy of family therapy for drug abuse: Promising but not definitive. *Journal of Marital & Family Therapy, 21,* 511-543.

Liebert, R., & Spiegler, M. (1994). *Personality: Strategies and Issues.* Pacific Grove, CA: Brooks/Cole.

Lilienfeld, S. O., & Andrews, B. P. (1996). Development and preliminary validation of a self-report measure of psychopathic personality traits in noncriminal populations. *Journal of Personality Assessment, 66,* 488-524.

Lilienfeld, S. O., & Widows, M. R. (2005). *PPI-R: Psychopathic Personality Inventory Revised: Professional Manual.* Lutz, FL: Psychological Assessment Resources, Inc.

Linhorst, D. M., McCutchen, T. A., & Bennett, L. (2003). Recidivism among offenders with developmental disabilities participating in a case management program. *Research in Developmental Disabilities, 24,* 210-230.

Lipsey, M. (1992). Juvenile delinquency treatment: A meta-analytic inquiry into the variability of effects. In T. Cook, H. Cooper, D. Cordray, H. Hartmann, L. Hedges, R. Light, et al. (Eds.), *Meta-Analysis for Explanation.* New York: Russell Sage Foundation.

Lipsey, M. (2009). The primary factors that characterize effective interventions with juvenile offenders: A meta-analytic overview. *Victims and Offenders, 4,* 124-147.

Lipsey, M., Chapman, G., & Landenberger, N. (2001). Cognitive-behavioral programs for offenders. *Annals (of the American Academy of Political and Social Science), 578*(November), 144-157.

Lipsey, M. W., & Cullen, F. T. (2007). The effectiveness of correctional rehabilitation: A review of systematic reviews. *Annual Review of Law and Social Science, 3,* 297-320.

Lipsey, M., & Wilson, D. (1993). The efficacy of psychological educational and behavioral treatment: Confirmation from meta-analysis. *American Psychologist, 48,* 1181-1209.

Lipsey, M., & Wilson, D. (2001). *Practical Meta-Analysis.* Thousand Oaks, CA: Sage.

Lipton, D. (1996). Prison-based therapeutic communities: Their success with drug abusing offenders. *National Institute of Justice Journal, 230,* 12-20.

LIS, Inc. (2002). *Services for Families of Prison Inmates.* Longmont, CA: National Institute of Corrections.

Listwan, S., Sperber, K., Spruance, L., & Van Voorhis, P. (2004). Anxiety in correctional settings: It's time for another look. *Federal Probation, 68* (1), 43-50.

Listwan, S., Sundt, J., Holsinger, A., & Latessa, E. (2003). The effect of drug court programming on recidivism: The Cincinnati experience. *Crime & Delinquency, 49* (3), 389-411.

Listwan, S., Van Voorhis, P., & Ritchey, P. (2007). Personality, criminal behavior, and risk assessment: Implications for theory and practice. *Criminal Justice and Behavior, 34* (1), 60-75.

Little, G., & Robinson, K. (1986). *Juvenile MRT: How to Escape Your Prison.* Memphis, TN: Eagle Wing Books.

Little, K., & Schneidman, E. (1959). Congruencies among interpretations of psychological test and anamnestic data. *Psychological Monographs: General and Applied, 73*, 1-42.

Loeber, R., & Dishion, T. (1983). Early predictors of male delinquency. *Psychological Bulletin, 94*, 68-99.

Loeber, R., & Hay, D. (1994). Developmental approaches to aggression and conduct problems. In M. Rutter & D. Hay (Eds.), *Development through Life: A Handbook for Clinicians*. Oxford, UK: Blackwell Scientific Publications.

Loevinger, J. (1966). The meaning and measurement of ego development. *American Psychologist, 21*, 195-217.

Loftus, E., & Palmer, J. (1974). Reconstruction of automobile destruction: An example of the interaction between language and memory. *Journal of Verbal Learning and Verbal Behavior, 13*, 585-589.

Long, N., & Morse, W. (1995). *Conflict in the Classroom*. Austin, TX: Pro-Ed.

Longo, R. (2015). Trauma and its impact on the brain: An overview. In B. Schwartz (Ed.), *The Sex Offender: Insights on Treatment and Policy Developments*, Vol. VIII (pp. 1-1-1-22). Kingston, NJ: Civic Research Institute.

Looman, J., Serran, G., & Marshall, W. (2011). Mood conflict and deviant sexual fantasies. In B. Schwartz (Ed.), *Handbook of Sex Offender Treatment* (pp. 7-1-7-16). Kingston, NJ: Civic Research Institute.

Lösel, F. (1995). Increasing consensus in the evaluation of offender rehabilitation? Lessons from recent research synthesis. *Psychology, Crime & Law, 2*, 19-39.

Lösel, F., & Schmucker, M. (2005). The effectiveness of treatment for sexual offenders: A comprehensive meta-analysis. *Journal of Experimental Criminology, 1*, 117-146.

Lovins, L. B., Lowenkamp, C. T., Latessa, E. J., & Smith, P. (2007). Application of the risk principle to female offenders. *Journal of Contemporary Criminal Justice, 23* (4), 383-398.

Lowenkamp, C. (2004). *A Program-Level Analysis of the Relationship between Correctional Program Integrity and Treatment Effectiveness*. Unpublished doctoral dissertation, Cincinnati, OH: University of Cincinnati.

Lowenkamp, C., Holsinger, A., & Latessa, E. (2002). *Are Drug Courts Effective? A Meta-Analytic Review*. Cincinnati, OH: University of Cincinnati.

Lowenkamp, C., Hubbard, D., Makarios, M., & Latessa, E. (2009). A quasi-experimental evaluation of "Thinking for a Change": A "real-world" application. *Criminal Justice and Behavior, 36*, 137-146.

Lowenkamp, C., & Latessa, E. (2002). *Evaluation of Ohio's Community-based Correctional Facilities and Halfway House Programs*. Cincinnati, OH: University of Cincinnati.

Lowenkamp, C., Latessa, E., & Smith, P. (2006). Does correctional program quality really matter? The importance of adhering to the principles of effective intervention. *Criminology and Public Policy, 5*, 201-220.

Lozoff, B. (1999). *Deep and Simple*. Durham, NC: Human Kindness Foundation.

Luntz, B. K., & Widom, C. S. (1994). Antisocial personality disorder in abused and neglected children grown up. *American Journal of Psychiatry, 151*, 670-674.

Lutzker, J. (1990). Behavioral treatment of child neglect. *Behavior Modification, 14*, 301-315.

Lynch, J., & Sabol, W. (2001). *Prisoner Reentry in Perspective*. Washington, DC: Urban Institute.

Lynch, S. M., Heath, N. M., Mathews, K. C., & Cepeda, G. J. (2012). Seeking safety: An intervention for trauma-exposed incarcerated women? *Journal of Trauma and Dissociation, 13,* 88-101.

MacCoun, R. (1998). Toward a psychology of harm reduction. *American Psychologist, 53,* 1199-1208.

MacKenzie, D. (1989). Prison classification: The management and psychological perspectives. In L. Goodstein & D. MacKenzie (Eds.), *The American Prison: Issues in Research and Policy.* New York: Plenum.

MacKenzie, D. (2006). *What Works in Corrections: Reducing the Criminal Activities of Offenders and Victims.* New York: Cambridge University Press.

MacKenzie, K. R. (1997). *Time-Managed Group Psychotherapy: Effective Clinical Applications.* Washington, DC: American Psychiatric Press.

Magaletta, P. R., & Herbst, D. P. (2001). Fathering from prison: Common struggles and successful solutions. *Psychotherapy: Theory, Research, Practice, Training, 38,* 88-96.

Malatesti, L., & McMillan, J. (2010). Defending PCL-R. In L. Malatesti & J. McMillan (Eds.), *Responsibility and Psychopathy: Interfacing Law, Psychiatry, and Philosophy* (pp. 79-91). New York: Oxford University Press.

Maletzky, B. (1980). Assisted covert sensitization. In D. Cox & R. Daitzman (Eds.), *Exhibitionism: Description, Assessment, and Treatment.* New York: Garland.

Maletzky, B. (1991). *Treating the Sexual Offender.* Newbury Park, CA: Sage.

Maletzky, B., & Steinhauser, C. (2002). A 25-year follow-up of cognitive-behavioral therapy with 7,275 sexual offenders. *Behavior Modification, 26,* 123-147.

Mann, B., Borduin, C., Henggeler, S., & Blaske, D. (1990). An investigation of systemic conceptualizations of parent-child coalitions and symptom change. *Journal of Consulting and Clinical Psychology, 58,* 336-344.

Marcus, D. K., John, S. L., & Edens, J. F. (2004). A taxometric analysis of psychopathic personality. *Journal of Abnormal Psychology, 113* (4), 626-635.

Marion, T., & Coleman, K. (1991). Recovery issues and treatment resources. In D. Daly & M. Raskin (Eds.), *Treating the Chemically Dependent and their Families.* Newbury Park, CA: Sage.

Marlatt, G. (1985). Cognitive factors in the relapse process. In G. Marlatt & J. Gordon (Eds.), *Relapse Prevention: Maintenance Strategies in the Treatment of Addictive Behaviors.* New York: Guilford.

Marlatt, G., & Barrett, K. (2004). Relapse prevention. In M. Galanter & H. Kleber (Eds.), *Textbook of Substance Abuse Treatment* (3rd ed.). Washington, DC: American Psychiatric Press.

Marlatt, G., Blume, A., & Parks, G. (2001). Integrating harm reduction therapy and traditional substance abuse treatment. *Journal of Psychoactive Drugs, 33* (10), 13-21.

Marlatt, G., & Gordon, J. (Eds.). (1985). *Relapse Prevention: Maintenance Strategies in the Treatment of Addictive Behaviors.* New York: Guilford.

Marlatt, G., & Witkiewitz, K. (2002). Harm reduction approaches to alcohol use: Health promotion, prevention, and treatment. *Addictive Behaviors, 27* (6), 867-886.

Marlowe, D. (2009). Evidence-based sentencing for drug offenders: An analysis of prognostic risks and criminogenic needs. *Chapman Journal of Criminal Justice, 1* (1), 167-201.

Marques, J., Day, D., Nelson, C., & West, M. (1994). Effects of cognitive-behavioral treatment of sex offender recidivism: Preliminary results of a longitudinal study. *Criminal Justice and Behavior, 21*, 28-54.

Marques, J. K., Wiederanders, M., Day, D. M., Nelson, C., & van Ommeren, A. (2005). Effects of relapse prevention program on sexual recidivism: Final results from California's Sex Offender Treatment and Evaluation Project (SOTEP). *Sexual Abuse: Journal of Research and Treatment, 17*, 79-107.

Marsh, K., & Miller, N. A. (1985). Female clients in substance abuse treatment. *International Journal of the Addictions, 20*, 995-1019.

Marshall, L. (1989). Intimacy, loneliness and sexual offenders. *Behavioral Research and Therapy, 27*, 491-503.

Marshall, L. (1993). The treatment of sex offenders: What does the outcome data tell us? A reply to Quinsey, Harris, Rice, and LaLumiere. *Journal of Interpersonal Violence, 8*, 524-530.

Marshall, W. (1996). Assessment, treatment, and theorizing about sex offenders. *Criminal Justice and Behavior, 23*, 162-199.

Marshall, W. L., Anderson, D., & Fernandez, Y. (1999). *Cognitive Behavioural Treatment of Sexual Offenders.* Chichester, UK: John Wiley.

Marshall, W., & Barbaree, H. (1988). The long-term evaluation of a cognitive-behavioral treatment program for child molesters. *Behavior Research and Therapy, 26*, 499-511.

Marshall, W., Serran, G., Fernandez, Y., Mulloy, R., Mann, R., & Thornton, D. (2003). Therapist characteristics in the treatment of sex offenders: Tentative data on their relationship with indices of behavior change. *Journal of Sexual Aggression, 9*, 25-30.

Martens, W. H. J. (2000). Antisocial and psychopathic personality disorders: Causes, course, and remission—a review article. *International Journal of Offender Therapy and Comparative Criminology, 44* (4), 406-430.

Martens, W. H. J. (2004). 14 Ways to disturb the treatment of psychopaths. *Journal of Forensic Psychology Practice, 4* (3), 51-60.

Martin, S., Butzin, C., Saum, C., & Inciardi, J. (1999). Three-year outcomes of therapeutic community treatment for drug-involved offenders in Delaware. *The Prison Journal, 79* (3), 294-320.

Martinson, R. (1974). What works? Questions and answers about prison reform. *The Public Interest, 35*, 22-54.

Masters, J., Burish, T., Hollon, S., & Rimm, D. (1987). *Behavior Therapy: Techniques and Empirical Findings* (3rd ed.). New York: Harcourt Brace Jovanovich.

Mathis, J., & Collins, M. (1970a). Mandatory group therapy for exhibitionists. *American Journal of Psychiatry, 126*, 1162-1167.

Mathis, J., & Collins, M. (1970b). Progressive phases in the group therapy of exhibitionists. *International Journal of Group Psychotherapy, 20*, 163-169.

Matson, J., & DiLorenzo, T. (1984). *Punishment and its Alternatives: A New Perspective for Behavior Modification.* New York: Springer.

Maultsby, M. (1975). Rational behavior therapy for acting-out adolescents. *Social Casework, 56*, 35-43.

McCarthy, S., & Waters, T. F. (2003). Treating substance abuse offenders in the Southwestern United States: A report evaluating the long-term effectiveness of the Yuma County Adult Drug Court. *Journal of Offender Rehabilitation, 37*, 163-177.

McCawley, A. (1965). Exhibitionism and acting-out. *Comprehensive Psychiatry, 6*, 396-409.

McClellan, D. S., Farabee, D., & Crouch, B. M. (1997). Early victimization, drug use, and criminality: A comparison of male and female prisoners. *Criminal Justice and Behavior, 24*, 455-476.

McCollum, A. (1994). Prison college programs. *The Prison Journal, 74*, 15-51.

McCrady, B. (1990). The marital relationship and alcoholism. In R. Collins, K. Leonard & J. Searles (Eds.), *Alcohol and the Family: Research and Clinical Practice.* New York: Guilford.

McCrady, F., Kaufman, K., Vasey, M. W., Barriga, A. Q., Devlin, R. S., & Gibbs, J. C. (2008). It's all about me: A brief report of incarcerated adolescent sex offender's generic and sex-specific cognitive distortions. *Sexual Abuse, 20*, 261-271.

McCrady, S., & Irving, S. (2003). Self-Help Groups. In R. Hester & W. Miller (Eds.), *Handbook of Alcoholism Treatment Approaches* (3rd ed.). Boston: Allyn & Bacon.

McGuire, J. (2002). *Evidence-based Programming Today.* Boston, MA: Draft Paper for the International Community Corrections Association (ICCA) Annual Conference 2002.

McGuire, R., Carlisle, J., & Young, B. (1965). Sexual deviation as conditioned behavior. *Behavioral Research and Therapy, 2*, 185-190.

McInnis, W., Dennis, W., Myers, M., O'Connell Sullivan, K., & Jongsma, A. (2002). *The Juvenile Justice and Residential Care Treatment Planner.* Hoboken, NJ: John Wiley.

McLaren, L. (1988). Fostering mother-child relationships. *Child Welfare, 67*, 343-365.

McLellan, A., Kushner, H., Metzger, D., & Peters, F. (1992). Fifth Edition of the Addiction Severity Index. *Journal of Substance Abuse Treatment, 9*, 199-213.

McLellan, A., Luborski, L., Cacciola, J., Griffith, J., Evans, F., Barr, H., & O'Brien, C. (1985). New data from the Addiction Severity Index: Reliability and validity In three centers. *Journal of Nervous and Mental Disease, 173*, 412-423.

McMackin, R. A., Tansi, R., & LaFratta, J. (2004). Recidivism among juvenile offenders over periods ranging from one to twenty years following residential treatment. *Journal of Offender Rehabilitation, 38*, 1-15.

Meehl, P. (1954). *Clinical versus Statistical Prediction.* Minneapolis: University of Minnesota Press.

Meeks, D., & Kelly, C. (1970). Family therapy with the families of recovering alcoholics. *Quarterly Journal of Studies on Alcohol, 31*, 399-413.

Megargee, E., & Bohn, M. (1979). *Classifying Criminal Offenders: A New System Based on the MMPI.* Beverly Hills, CA: Sage.

Megargee, E., Carbonell, J., Bohn, M., & Sliger, G. (2001). *Classifying Criminal Offenders with the MMPI-2: The Megargee System.* Minneapolis: University of Minnesota Press.

Meichenbaum, D. (1977). *Cognitive-Behavioral Modification: An Integrative Approach.* New York: Plenum.

Meichenbaum, D. (1986). Cognitive behavior modification. In F. H. Kanfer, & A. P. Goldstein (Eds.), *Helping*

People Change: A Textbook of Methods (pp. 346–380). New York: Pergamon.

Meichenbaum, D., & Deffenbacher, J. (1988). Stress inoculation training. *The Counseling Psychologist, 16,* 69–90.

Meichenbaum, D., & Jaremko, M. (1982). *Stress Prevention and Management: A Cognitive-Behavioral Approach.* New York: Plenum.

Melroy, J. R. (1995). Antisocial personality disorder. In G. O. Gabbard (Ed.), *Treatment of Psychiatric Disorders.* Washington, DC: American Psychiatric Press.

Messina, N., Burdon, W., & Prendergast, M. (2003). Assessing the needs of women in institutional therapeutic communities. *Journal of Offender Rehabilitation, 37,* 89–106.

Messina, N., Burdon, W., Hagopian, G., & Prendergast, M. (2006). Predictors of prison-based treatment outcomes: A comparison of men and women participants. *American Journal of Drug and Alcohol Abuse, 32,* 7–28.

Messina, N., & Grella, C. (2006). Childhood trauma and women's health outcomes in a California prison population. *American Journal of Public Health, 96,* 1842–1848.

Messina, N., Grella, C., Cartier, J., & Torres, S. (2010). A randomized experimental study of gender-responsive substance abuse treatment for women in prison. *Journal of Substance Abuse Treatment, 38,* 97–107.

Messina, N. P., Wish, E. D., Hoffman, J. A., & Nemes, S. (2002). Antisocial personality disorder and TC treatment outcomes. *American Journal of Drug and Alcohol Abuse, 28,* 197–212.

Milhorn, T. H. (1990). *Chemical Dependence.* New York: Springer-Verlag.

Miller, F. G., & Lazowski, L. E. (1999). *The Substance Abuse Subtle Screening Inventory-3 (SASSI-3) Manual.* Springfield, IN: The SASSI Institute.

Miller, G. (1985). *The Substance Abuse Subtle Screening Inventory Manual.* Bloomington, IN: SASSI Institute.

Miller, G., Andrews, N., Wilbourne, P., & Bennett, M. (1998). A wealth of alternatives: Effective treatments for alcohol problems. In W. Miller & N. Heather (Eds.), *Treating Addictive Behaviors: Processes of Change* (2nd ed.) (pp. 203–216). New York: Plenum.

Miller, J. (1976). *Toward a New Psychology of Women.* Boston: Beacon.

Miller, J. (1986). *What Do We Mean by Relationships? Work in Progress No. 22.* Wellesley, MA: Stone Center, Working Paper Series.

Miller, J. (1988). *Connections, Disconnections, and Violations. Work in Progress No. 33.* Wellesley, MA: Stone Center, Working Paper Series.

Miller, J., & Maloney, C. (2013). Practitioner compliance with risk/needs assessment tools: A theoretical and empirical assessment. *Criminal Justice and Behavior, 40,* 60–71.

Miller, M. (1960). Psychodrama in the treatment program of a juvenile court. *Journal of Criminal Law, Criminology and Police Science, 50,* 453–459.

Miller, W. (1999). Enhancing motivation for change in substance abuse treatment. *Treatment Improvement Protocol (TIP) Series 35* (DHHS Publication No. (SMA) 99-3354, pp. 1–213). Rockville, MD: U.S. Department of Health and Human Services.

Miller, W., Brown, J., Simpson, T., Handmaker, N., Bien, T., Luckie, L., et al. (2003). What works? A methodological analysis of the alcohol treatment outcome literature. In R. Hester & W. Miller (Eds.), *Handbook of Alcoholism Treatment Approaches* (3rd ed.). Boston: Allyn & Bacon.

Miller, W., & Hester, R. (2003). Treatment for alcohol problems: Toward an informed eclecticism. In R. Hester & W. Miller (Eds.), *Handbook of Alcoholism Treatment Approaches* (3rd ed.). Boston: Allyn & Bacon.

Miller, W., Meyers, R., & Hiller-Sturmhofel, S. (1999). The community reinforcement approach. *Alcohol Research and Health, 23* (2), 116-120.

Miller, W., & Rollnick, S. (2002). *Motivational Interviewing: Preparing People for Change* (2nd ed.). New York: Guilford.

Miller, W., & Tonigan, J. (1996). Assessing drinker's motivation for change: The Stages of Change Readiness and Treatment Eagerness Scale (SOCRATES). *Psychology of Addictive Behaviors, 10*, 81-89.

Millon, T. (1997). *Millon Clinical Multiaxial Inventory III Manual.* Minneapolis, MN: National Computer Systems.

Millon, T. (1998). *Millon Clinical Multiaxial Inventory III (MCMI-III) Corrections Report.* Minnetonka, MN: National Computer Systems.

Millson, B., Robinson, D., & Van Dieten, M. (2010). *Women Offender Case Management Model: The Connecticut Project.* Ottawa: Orbis Partners.

Minuchin, P. (1985). Families and individual development: Provocations from the field of family therapy. *Child Development, 56*, 289-305.

Minuchin, P., Colapinto, J., & Minuchin, S. (2006). *Working with Families of the Poor* (2nd ed.). New York: Guilford.

Minuchin, S. (1974). *Families and Family Therapy.* Cambridge, MA: Harvard University Press.

Minuchin, S., & Fishman, H. (1981). *Family Therapy Techniques.* Cambridge, MA: Harvard University Press.

Minuchin, S., Rosman, B., & Baker, L. (1978). *Psychosomatic Families: Anorexia Nervosa in Context.* Cambridge, MA: Harvard University Press.

Mitchell, C., & Egan, J. (1995). *Quality of Instruction Inventory.* Boston: Department of Corrections, Program Services Division.

Moltó, J., Poy, R., & Torrubia, R. (2000). Standardization of the Hare Psychopathy Checklist-Revised in a Spanish prison sample. *Journal of Personality Disorders, 14*, 84-96.

Monahan, J. (1980). *Who Is the Client?* Washington, DC: American Psychological Association.

Monti, P., Rohsenow, D., Colby, S., & Abrams, D. (2005). Coping and social skills training. In R. Hester & W. Miller (Eds.), *Handbook of Alcoholism Treatment Approaches* (3rd ed.). Boston: Allyn & Bacon.

Moon, A. E., & Shivy, V. A. (2008). Treatment fidelity in sex offender programming. *Victims & Offenders, 3*, 45-74.

Moran, P. (1999). The epidemiology of Antisocial Personality Disorder. *Social Psychiatry and Psychiatric Epidemiology, 34* (5), 231-242.

Morash, M. (2010). *Women on Probation and Parole*. Boston, MA: Northeastern University Press.

Morash, M., Bynum, T., & Koons, B. (1998). *Women Offenders: Programming Needs and Promising Approaches*. Washington, DC: National Institute of Justice.

Moreno, J. (1934). *Who Shall Survive?* Washington, DC: Nervous and Mental Disease Publishing.

Morgan, R. (2003). Basic mental health services: Services and issues. In T. J. Fagan & R. K. Ax (Eds.), *Correctional Mental Health Handbook*. Thousand Oaks, CA: Sage.

Moriarty, M. (2008). Book Review of "Heart of the Matter: The Role of Attitude in Teaching," by Arthur D. Willis, Marcia M. Greenberg & Jo Ann Larsen (Albany, Publishers Solutions, 2007). *Contemporary Justice Review, 11* (4), 463–465.

Mowatt, D., Van Deusen, J., & Wilson, D. (1985). Family therapy and the drug using offender. *Federal Probation, 49*, 28–34.

Mumola, C. (1999). *Substance Abuse and Treatment: State and Federal Prisoners*. Washington, DC: Bureau of Justice Statistics.

Mumola, C. (2000). *Incarcerated Parents and their Children*. Washington, DC: Bureau of Justice Statistics.

Mumola, C., & Karberg, J. (2006). *Drug Use and Dependence, State and Federal Prisoners, 2004*. Washington, DC: Bureau of Justice Statistics.

Murphy, W. (1990). Assessment and modification of cognitive distortions in sex offenders. In W. Marshall, D. Laws & H. Barbaree (Eds.), *Handbook of Sexual Assault Issues, Theories and Treatment of the Offender*. New York: Plenum.

Murphy, W., Coleman, E., & Haynes, M. (1983). Treatment and evaluation issues with the mentally retarded sex offender. In J. Greer & I. Stuart (Eds.), *The Sexual Aggressor: Current Perspectives on Treatment*. New York: Van Nostrand Reinhold.

Murrie, D. C., Cornell, D. G., & McCoy, W. K. (2005). Psychopathy, conduct disorder, and stigma: Does diagnostic labeling influence juvenile probation officer recommendations? *Law and Human Behavior, 29*, 323–342.

Myers, L., & Jackson, D. (2002). *Reality Therapy and Choice Theory: Managing Behavior for Today, Developing Skills for Tomorrow*. Lanham, MD: American Correctional Association.

Nagayama Hall, G. (1995). Sexual offender recidivism revisited: A meta-analysis of recent treatment strategies. *Journal of Consulting and Clinical Psychology, 63*, 802–809.

Najavitz, L. M. (2002a). *Seeking Safety: A Treatment Manual for PTSD and Substance Abuse*. New York: Guilford.

Najavitz, L. M. (2002b). *Seeking safety: Therapy for trauma and substance abuse. Corrections Today, 64*, 136–141.

Najavits, L., Weiss, R., & Liese, B. (1996). Group cognitive behavioral therapy for women with PTSD and substance use disorder. *Journal of Substance Abuse Treatment, 13*, 13–22.

Napier, A., & Whitaker, C. (1980). *The Family Crucible*. New York: Bantam Books.

National Academy of Sciences (NAS). (2003). *The Polygraph and Lie Detection*. Washington, DC, National

Academies Press.

National Commission on Correctional Health Care. (2015). *Standards for Mental Health Services in Correctional Facilities.* Chicago: National Commission on Correctional Health Care.

National Institute of Correctional Education. (2004). *The United Nations Economic and Social Council Resolution 20.* Retrieved January 27, 2004, from the National Institute of Correctional Education.

National Institute of Corrections. (1979). *Classification Instruments for Criminal Justice Decisions, Volume 3: Institutional Custody.* Washington, DC: National Institute of Corrections.

Nelson, K. (1991). Populations and outcomes in five family preservation programs. In K. Wells & D. Biegel (Eds.), *Family Preservation Services: Research and Evaluation.* Newbury Park, CA: Sage.

Nelson, M., Deess, P., & Allen, C. (1999). *The First Month Out: Post-Incarceration Experiences in New York City.* New York: Vera Institute of Justice.

Nelson-Zlupko, L., Kauffman, E., & Dore, M. M. (1995). Gender differences in drug addiction and treatment: Implications for social work intervention with substance-abusing women. *Social Work, 40,* 45-54.

Nesovic, A. (2003). *Psychometric Evaluation of the Correctional Program Assessment Inventory (CPAI).* Unpublished doctoral dissertation, Ottawa: Carleton University.

Neumann, C. S., Hare, R. D., & Newman, J. P. (2007). The super-ordinate nature of the Psychopathy Checklist-Revised. *Journal of Personality Disorders, 21,* 102-117.

Nichols, M., & Schwartz, R. (2006). *Family Therapy: Concepts and Methods* (7th ed.). Needham Heights, MA: Allyn & Bacon.

Nolley, D., Muccigrosso, L., & Zigman, E. (1996). Treatment success with mentally retarded sex offenders. In E. Coleman, S. Dwyer & N. Pallone (Eds.), *Sex Offender Treatment.* Binghamton, NY: Haworth.

Noonan, M. E., & Ginder, S. (2014). *Mortality in Local Jails and State Prisons, 2000-2012: Statistical Tables.* Washington, DC: Bureau of Justice Statistics, U.S. Department of Justice.

Northpointe Institute for Public Management, Inc. (n.d.). COMPAS Women: Comprehensive offender assessment, classification, and case management. Retrieved May 19, 2012, from: www.northpointeinc.com/pdf/Womens%20COMPAS%20Flyer%20Front.pdf.

Novaco, R. (1979). The cognitive regulation of anger and stress. In P. Kendall & S. Hillon (Eds.), *Cognitive-Behavioral Interventions: Theory, Research and Procedures.* New York: Academic Press.

Nurco, D., Kinlock, T., & Hanlon, T. (1993). *Drug Abuse Treatment in the United States: Nature, Status, and New Directions.* Paper presented at the Medical and Surgical Faculty of Maryland 4th Annual Conference on Addiction, December.

O'Connell, M., Leberg, E., & Donaldson, C. (1990). *Working with Sex Offenders: Guidelines for Therapist Selection.* Newbury Park, CA: Sage.

O'Farrell, T. (2003). Marital and family therapy. In R. Hester & W. Miller (Eds.), *Handbook of Alcoholism Treatment Approaches* (3rd ed.). Boston: Allyn & Bacon.

Ogloff, J. R. P. (2006). The psychopathy/Antisocial Personality Disorder conundrum. *Australian and New*

Zealand Journal of Psychiatry, 40, 519-528.

Ogloff, J. R. P., & Wood, M. (2010). The treatment of psychopathy: Clinical nihilism or steps in the right direction? In L. Malatesti & J. McMillan (Eds.), *Responsibility and Psychopathy: Interfacing Law, Psychiatry, and Philosophy* (pp. 155-181). New York: Oxford University Press.

O'Leary, K., & Wilson, G. (1975). *Behavior Therapy.* Englewood Cliffs, NJ: Prentice Hall.

Olson, D., Russell, C., & Sprenkle, D. (1980). Marital and family therapy: A decade review. *Journal of Marriage and the Family, 42,* 973-993.

Olver, M., Lewis, K., & Wong, S. C. P. (2013). Risk reduction treatment of high-risk psycho-pathic offenders: The relationship of psychopathy and treatment change to violent recidivism. *Personality Disorder: Theory, Research and Treatment, 4,* 160-167.

Orbis Partners, Inc. (n.d.). *Gender-responsive assessment (SPIn-W).* Retrieved May 19, 2012, from: www. orbispartners.com/assessment/gender-responsive-spin-w.

Orbis Partners, Inc. (2006). *Women Offender Case Management Model (Prepared for the National Institute of Corrections).* Ottawa: Orbis Partners.

Oregon Coalition of Advocates for Equal Access for Girls. (2011). *Gender-Responsive Standards and Assessment Tool for Girls' Programs and Services.* Portland, OR: National Crittendon Foundation.

O'Reilly, S., O'Reilly, J., & O'Reilly, T. (Eds.). (2002). *The Road Within: True Stories of Transformation and the Soul.* San Francisco: Travelers' Tales.

Owen, B. (1998). *In the Mix: Struggle and Survival in a Women's Prison.* Albany, NY: SUNY Press.

Owen, B., & Bloom, B. (1995). Profiling women prisoners: Findings from national surveys and a California sample. *The Prison Journal, 75,* 165-185.

Palmer, T. (1974). The Youth Authority's Community Treatment Project. *Federal Probation, 38,* 3-14.

Palmer, T. (1978). *Correctional Intervention and Research.* Lexington, MA: D. C. Heath.

Palmer, T. (1992). *The Re-emergence of Correctional Intervention.* Newbury Park, CA: Sage.

Palmer, T. (1994). Issues in growth-centered intervention with serious juvenile offenders. *Legal Studies Forum, 18,* 263-298.

Palmer, T. (2002). *Individualized Intervention with Young Multiple Offenders: The California Community Treatment Project.* Hampton, CT: Garland.

Palmer, T., Van Voorhis, P., Taxman, F., & MacKenzie, D. (2012). Insights from Ted Palmer: Experimental criminology in a different era. *Journal of Experimental Criminology, 8,* 103-115.

Pan, H., Scarpitti, F., Inciardi, J., & Lockwood, D. (1993). Some considerations on therapeutic communities in corrections. In J. Inciardi (Ed.), *Drug Treatment and Criminal Justice.* Newbury Park, CA: Sage.

Pardeck, J. (1989). Family therapy as a treatment approach to child abuse. *Family Therapy, 16,* 113-120.

Parent, D., & Barnett, L. (2003). *Transition from Prison to Community Initiative.* Washington, DC: National Institute of Corrections.

Paris, J. (2004). Personality disorders over time: Implications for psychotherapy. *American Journal of*

Psychotherapy, 58 (4), 420–429.

Parkinson, A., Dulfano, I., & Nink, C. (2003). *Removing Barriers: Research-based Strategies for Teaching Those Who Learn Differently.* Centerville, UT: Management and Training Corporation Institute.

Parks, G., Marlatt, G., & Anderson, B. (2001). Cognitive-behavioral alcohol treatment. In H. Nick & T. Peters (Eds.), *International Handbook of Alcohol Dependence and Problems.* New York: John Wiley.

Parra-Cardona, J. R., Sharp, E. A., & Wampler, R. S. (2008). Changing for my kid: Fatherhood experiences of Mexican-origin teen fathers involved in the Justice System. *Journal of Marital & Family Therapy, 34,* 369–387.

Patterson, G. (1974). Intervention for boys with conduct problems: Multiple settings, treatments, and criteria. *Journal of Consulting and Clinical Psychology, 42,* 471–481.

Patterson, G. (1982). *A Social Learning Approach: Coercive Family Process.* Eugene, OR: Castalia.

Patterson, G. (2003). Early development of coercive family process. In J. Reid, G. Patterson & J. Snyder (Eds.), *Antisocial Behavior in Children and Adolescents: A Developmental Analysis and Model for Intervention.* Washington, DC: American Psychological Association.

Patterson, G., Chamberlain, P., & Reid, J. (1982). A Comparative evaluation of a parent-training program. *Behavior Therapy, 13,* 638–650.

Patterson, G., & Dishion, T. (1985). Contributions of families and peers to delinquency. *Criminology, 23,* 63–79.

Patterson, G., Dishion, T., & Chamberlain, P. (1993). Outcomes and methodological issues relating to treatment of antisocial children. In T. Giles (Ed.), *Handbook of Effective Psychotherapy.* New York: Plenum.

Patterson, G., & Fleischman, M. (1979). Maintenance of treatment effects: Some considerations concerning family systems and follow-up data. *Behavior Therapy, 10,* 168–185.

Patterson, G., & Gullion, M. (1976). *Living with Children: New Methods for Parents and Teachers.* Champaign, IL: Research Press.

Patterson, G., Reid, J., & Dishion, T. (1992). *Antisocial Boys.* Eugene, OR: Castalia.

Pavlov, I. (1927). *Conditioned Reflexes: An Investigation of the Physiological Activity of the Cerebral Cortex G. Anrep (trans.).* London: Lawrence & Wishart.

Pearson, F., & Lipton, D. (1999). A meta-analytic review of the effectiveness of corrections-based treatments for drug abuse. *The Prison Journal, 79* (4), 384–410.

Pearson, F., Lipton, D., Cleland, C., & Yee, D. (2002). The effects of behavioral/cognitive-behavioral programs on recidivism. *Crime & Delinquency, 48* (3), 476–496.

Pelissier, B. (2004). Gender differences in substance use treatment entry and retention among prisoners with substance use histories. *American Journal of Public Health, 94,* 1418–1424.

Pelissier, B., Gaes, G., Camp, S., Wallace, S., O'Neil, J., & Saylor, W. (1998). *TRIAD Drug Treatment Evaluation Project Six-Month Interim Report.* Washington, DC: Federal Bureau of Prisons, Office of Research and Evaluation.

Perkinson, R., & Jongsma, A. (2006). *The Addiction Treatment Planner.* Hoboken, NJ: John Wiley.

Peters, R. (1993). Substance abuse services in jails and prisons. *Law and Psychology Review, 17*, 85-116.

Peters, R., Haas, A., & Hunt, W. (2001). Treatment "dosage" effects in drug court programs. In J. Hennessy & N. Pallone (Eds.), *Drug Courts in Operation*. New York: Haworth.

Peters, R., Kearns, W., Murrin, M., Dolente, A., & May, R. (1993). Examining the effectiveness of in-jail substance abuse treatment. *Journal of Offender Rehabilitation, 19*, 1-39.

Peters, R., & Matthews, C. (2003). Substance abuse treatment programs in prisons and jails. In T. J. Fagan & R. K. Ax (Eds.), *Correctional Mental Health Handbook*. Thousand Oaks, CA: Sage.

Peters, R., Strozier, A., Murrin, M., & Kearns, W. (1997). Treatment of substance abusing jail inmates: Examination of gender differences. *Journal of Substance Abuse Treatment, 14*, 339-349.

Petersilia, J. (2003). *When Prisoners Come Home: Parole and Prisoner Reentry*. Oxford: Oxford University Press.

Petrik, N., Gildersleeve-High, L., McEllistrem, J., & Subotnik, L. (1994). The reduction of male abusiveness as a result of treatment: Reality or myth? *Journal of Family Violence, 9*, 307-316.

Petrila, J., & Skeem, J. L. (2003). Juvenile psychopathy: The debate. *Behavioral Sciences and the Law, 21*, 689-694.

Peyton, E., & Gossweiler, R. (2001). *Treatment Services in Adult Drug Courts: Report on the 1999 National Drug Court Treatment Survey*. Washington, DC: National Institute of Justice.

Phillips, E., Phillips, E., Fixsen, D., & Wolf, M. (1973). Achievement place: Behavior shaping works for delinquents. *Psychology Today, 6*, 75-79.

Phipps, P., Korinek, K., Aos, S., & Lieb, R. (1999). *Research Findings on Adult Corrections' Programs: A Review* (Doc. 99-01-1203). Olympia: Washington State Institute for Public Policy.

Piaget, J. (1948). *The Moral Judgment of the Child*. Glencoe, IL: The Free Press.

Piquero, A., Farrington, D., Welsh, B., Tremblay, R., & Jennings, W. (2008). *Effects of Early Family Parent Training Programs on Antisocial Behavior and Delinquency: A Systematic Review*. Stockholm: Swedish Council for Crime Prevention.

Pithers, W., Marques, J., Gibat, C., & Marlatt, D. (1983). Relapse prevention with sexual aggressives: A self-control model of treatment and maintenance of change. In J. Greer & I. Stuart (Eds.), *The Sexual Aggressor: Current Perspectives on Treatment* (pp. 214-239). New York: Van Nostrand Reinhold.

Polansky, N., Chalmers, M., Williams, D., & Buttenwieser, E. (1981). *Damaged Parents: An Anatomy of Child Neglect*. Chicago: University of Chicago Pres.

Polascheck, D. (2006). Violent offender programmes: Concept, theory, and practice. In C. R. Hollin & E. J. Palmer (Eds.), *Offending Behavior Programmes: Development, Application, and Controversies* (pp. 113-154). New York: Wiley.

Polaschek, D., Ward, T., & Hudson, S. (1997). Rape and rapists: Theory and treatment. *Clinical Psychology Review, 17*, 117-144.

Pollock, J. M. (1998). *Counseling Women in Prison*. Thousand Oaks, CA: Sage.

Poythress, N. G., Skeem, J. L., & Lilienfeld, S. O. (2006). Associations among early abuse, dissociation, and psychotherapy in an offender sample. *Journal of Abnormal Psychology, 115,* 288–297.

Prendergast, M., Anglin, D., & Wellisch, J. (1995). Treatment of drug-abusing offenders under community supervision. *Federal Probation, 59,* 66–75.

Prendergast, M., Hall, E., Wexler, H., Melnick, G., & Cao, Y. (2004). Amity Prison–Based Therapeutic Community: 5-Year Outcomes. *The Prison Journal, 84,* 36–60.

Prochaska, J., & DiClemente, C. (1986). Toward a comprehensive model of change. In W. Miller & N. Heather (Eds.), *Treating Addictive Behaviors: Processes of Change.* New York: Plenum.

Project MATCH Research Group. (1997). Matching alcoholism treatment to client heterogeneity: Project MATCH post-treatment drinking outcomes. *Journal of Studies on Alcohol, 58,* 7–29.

Purkiss, M., Kifer, M., Hemmens, C., & Burton, V. (2003). Probation officer functions—a statutory analysis. *Federal Probation, 67* (1), 12–24.

Quay, H. (1983). *Technical Manual for the Behavioral Classification System for Adult Offenders.* Washington, DC: U.S. Department of Justice.

Quay, H. (1984). *Managing Adult Inmates: Classification for Housing and Program Assignments.* College Park, MD: American Correctional Association.

Quay, H., & Parsons, R. (1972). *The Differential Behavioral Classification of the Juvenile Offender.* Washington, DC: U.S. Department of Justice.

Quinsey, V. L., Harris, G. T., Rice, M. E., & Cormier, C. (1998). *Violent Offenders: Appraising and Managing Risk.* Washington, DC: American Psychological Association.

Quinsey, V. L., Harris, G., Rice, M. E., & Cormier, C. (2006). *Violent Offenders: Appraising and Managing Risk* (2nd ed.). Washington, DC: American Psychological Association.

Quinsey, V. L., Harris, G. T., Rice, M. E., & LaLumiere, M. (1993). Assessing treatment efficacy on outcome studies of sex offenders. *Journal of Interpersonal Violence, 10,* 85–105.

Quinsey, V. L., & Marshall, W. (1983). Procedures for reducing inappropriate sexual arousal: An evaluation review. In J. Greer & I. Stuart (Eds.), *The Sexual Aggressor: Current Perspectives on Treatment.* New York: Van Nostrand Reinhold.

Quinsey, V. L., Rice, M. E., & Harris, G. T. (1995). Actuarial prediction of sexual recidivism. *Journal of Interpersonal Violence, 21,* 85–105.

Raine, A., Buchsbaum, M., & LaCasse, L. (1997). Brain abnormalities in murderers indicated by positron emission tomography. *Biological Psychiatry, 42* (6), 495–508.

Raine, A., Lencz, T., Bihrle, S., LaCasse, L., & Colletti, P. (2000). Reduced prefrontal gray matter volume and reduced autonomic activity in Antisocial Personality Disorder. *Archives of General Psychiatry, 57,* 119–127.

Raine, A., & Yang, Y. (2006). The neuroanatomical bases of psychopathy: A review of brain imaging findings. In C. J. Patrick (Ed.), *Handbook of Psychopathy* (pp. 278–295). New York: Guilford.

Randall, J., Henggeler, S., Cunningham, P., Rowland, M., & Swenson, C. (2001). Adapting multi-systemic therapy to treat adolescent substance abuse more effectively. *Cognitive and Behavioral Practice, 8,* 359–366.

Raymond, M. (1956). Case of fetishism treated by aversion therapy. *British Medical Journal, 2,* 854–857.

Reddy, L. A., & Goldstein, A. P. (2001). Aggression replacement training: A multimodal intervention for aggressive adolescents. *Residential Treatment for Children & Youth, 18* (3), 47–62.

Redl, F., & Toch, H. (1979). The psychoanalytic perspective. In H. Toch (Ed.), *Psychology of Crime and Criminal Justice.* New York: Holt, Rinehart & Winston.

Redl, F., & Wineman, D. (1951). *Children Who Hate.* New York: The Free Press.

Reed, B. G. (1985). Drug misuse and dependency in women: The meaning and implications of being considered a special population or minority group. *International Journal of the Addictions, 20,* 13–62.

Reed, B. G. (1987). Developing women-sensitive drug dependence treatment services: Why so difficult? *Journal of Psychoactive Drugs, 19,* 151–164.

Reid, J., Patterson, G., & Snyder, J. (Eds.). (2003). *Antisocial Behavior in Children and Adolescents: A Developmental Analysis and Model for Intervention.* Washington, DC: American Psychological Association.

Reilly, J. (2014). Paedophile nursery worker asks to be chemically castrated to curb his sexual urges . . . and says he'll take his human rights case to Strasbourg if he has to. Daily Mail.com. February 20. (www.dailymail.co.uk/news/article-2563908).

Reisig, M. D., Holtfreter, K., & Morash, M. (2006). Assessing recidivism risk across female pathways to crime. *Justice Quarterly, 23,* 384–405.

Reitsma-Street, M., & Leschied, A. (1988). The Conceptual Level Matching Model In corrections. *Criminal Justice and Behavior, 15,* 92–108.

Rice, M. E., Harris, G. T., & Cormier, C. A. (1992). An evaluation of a maximum security therapeutic community for psychopaths and other mentally disordered offenders. *Law and Human Behavior, 16,* 399–412.

Rice, M. E., Harris, G. T., Lang, C., & Chaplin, T. C. (2008). Sexual preferences and recidivism of sex offenders with mental retardation. *Sexual Abuse: A Journal of Research and Treatment, 20,* 409–425.

Richie, B. E. (1996). *Compelled to Crime: The Gender Entrapment of Black Battered Women.* New York: Routledge.

Righthand, S., & Welch, C. (2001). *Juveniles Who Have Sexually Offended: A Review of the Professional Literature.* Washington, DC: Office of Juvenile Justice and Delinquency Prevention.

Rimmele, D., Miller, W., & Dougher, M. (2003). Aversion therapies. In R. Hester & W. Miller (Eds.), *Handbook of Alcoholism Treatment Alternatives: Effective Alternatives* (3rd ed.). Boston: Allyn & Bacon.

Ritchie, G. (1968). The use of hypnosis in a case of exhibitionism. *Psychotherapy, 5,* 40–43.

Robertiello, G., & Terry, K. J. (2007). Can we profile sex offenders? *Aggression and Violent Behavior, 12,* 508–518.

Rockett, J. L., Murrie, D. C., & Boccaccini, M. T. (2007). Diagnostic labeling in juvenile justice settings: Do psychopathy and conduct disorder findings influence clinicians? *Psychological Services, 4,* 107–122.

Rogers, C. (1951). *Client-centered Therapy.* Boston: Houghton-Mifflin.

Rogers, R. (2006). The functional architecture of the frontal lobes: Implications for research with psychopathic

offenders. In C. Patrick (Ed.), *Handbook of Psychopathy* (pp. 313-333). New York: Guilford.

Root, M. P. (1994). Reconstructing the impact of trauma on personality. In L. Brown & M. Ballou (Eds.), *Personality and Psychopathology: Feminist Reappraisals* (pp. 229-265). New York: Guilford.

Roseborough, D. J. (2006). Psychodynamic psychotherapy: An effectiveness study. *Research on Social Work Practice, 16,* 166-175.

Rosen, K. H., Matheson, J. L., Stith, S. M., McCollum, E. E., & Locke, L. D. (2007). Negotiated time-out: A de-escalation tool for couples. *Journal of Marital Therapy, 29,* 291-298.

Rosenbaum, M. (1981a). When drugs come into the picture, love flies out the window: Women addicts' love relationships. *International Journal of the Addictions, 16,* 1197-1206.

Rosenbaum, M. (1981b). Sex roles among deviants: The woman addict. *International Journal of the Addictions, 16,* 859-877.

Rosenthal, R., & DiMatteo, M. (2001). Meta-analysis recent developments in quantitative methods for literature reviews. *Annual Review of Psychology, 52,* 59-82.

Rosenthal, R., & Rubin, D. B. (1979). A note on percent variance explained as a measure of the importance of effects. *Journal of Applied Social Psychology, 9,* 395-396.

Ross, R., & Fabiano, E. (1985). *Time to Think: A Cognitive Model of Delinquency Prevention and Offender Rehabilitation.* Johnson City, TN: Institute of Social Science and Arts.

Ross, R., Fabiano, E., & Ross, R. (1989). *Reasoning and Rehabilitation: A Handbook for Teaching Cognitive Skills.* Ottawa: Flix Desktop Services.

Rowe, D. C. (2002). *Biology and Crime.* Los Angeles: Roxbury.

Rubins, J. (1968). The neurotic personality and certain sexual perversions. *Contemporary Psychoanalysis, 4,* 53-72.

Ruegg, R. G., Haynes, C., & Frances, A. (1997). Assessment and management of antisocial personality disorder. In M. Rosenbluth & I. Yalom (Eds.), *Treating Difficult Personality Disorders.* San Francisco: Jossey-Bass.

Russell, C., Olson, D., Sprenkle, D., & Atilano, R. (1983). From family symptom to family system: Review of family therapy research. *American Journal of Family Therapy, 11,* 3-14.

Russell, S. (1997). Castration of repeat sexual offenders. *Houston Journal of International Law, 19,* 425-459.

Rutan, J., & Stone, W. (1984). *Psychodramatic Group Psychotherapy.* Lexington, MA: Collamore.

Ryan, T. (1995). Correctional education: Past is prologue to the future. *Journal of Correctional Education, 46* (2), 60-65.

Ryan, V. S. (1981). Differences between males and females in drug treatment programs. In A. J. Schecter (Ed.), *Drug Dependence and Alcoholism: Social and Behavioral Issues* (pp. 789-801). New York: Plenum Press.

Sacks, J. (2004). Women with co-occurring substance use and mental disorders (COD) in the criminal justice system: A research review. *Behavioral Sciences and the Law, 22,* 449-466.

Sagatun, I. J. (2007). Attributional effects of therapy with incestuous families. *Journal of Marital & Family Therapy, 8,* 99-104.

Salisbury, E. J., & Van Voorhis, P. (2009). Gendered pathways: A quantitative investigation of women probationers' paths to incarceration. *Criminal Justice and Behavior, 36,* 541-566.

Samenow, S. (1984). *Inside the Criminal Mind.* New York: Times Books.

Samenow, S. (1989). *Before It's Too Late.* New York: Times Books.

Samenow, S. (2001). Understanding the criminal mind: A phenomenological approach. *Journal of Psychiatry & Law, 29* (3), 275-293.

Sameroff, A. (1989). Commentary: General systems and the regulation of development. In M. Gunnar & E. Thelen (Eds.), *Systems and Development: The Minnesota Symposia on Child Psychology.* Hillsdale, NJ: Lawrence Erlbaum.

Sampson, R., & Laub, J. (1993). *Crime in the Making: Pathways and Turning Points through Life.* Cambridge, MA: Harvard University Press.

Sandler, J. C., Freeman, N. J., & Socia, K. M. (2008). Does a watched pot boil? A time-series analysis of New York State's Sex Offender and Registration Law. *Psychology, Public Policy and Law, 14,* 284-302.

Satir, V. (1967). *Conjoint Family Therapy.* Palo Alto, CA: Science and Behavior Books.

Satir, V. (1972). *Peoplemaking.* Palo Alto, CA: Science and Behavior Books.

Saunders, D. (1996). Feminist-cognitive-behavioral and process-psychodynamic treatments for men who batter: Interaction of abuser traits and treatment models. *Violence and Victims, 11,* 393-414.

Saunders, D., & Azar, S. (1989). Treatment programs for family violence. In L. Ohlin & M. Tonry (Eds.), *Family Violence.* Chicago: University of Chicago Press.

Sawyer, A., & Borduin, C. (2011). Effects of multisystemic therapy through midlife: A 21.9-year follow-up of a randomized clinical trial with serious and violent juvenile offenders. *Journal of Consulting and Clinical Psychology, 79* (5), 643-652.

Schoenfeld, C. (1971). A psychoanalytic theory of juvenile delinquency. *Crime & Delinquency, 17,* 469-480.

Schoenwald, S., & Henggeler, S. (1997). Combining effective treatment strategies with family-preservation models of service delivery. In R. Illback & C. Cobb (Eds.), *Integrated Services for Children and Families: Opportunities for Psychological Practice.* Washington, DC: American Psychological Association.

Schorsch, E., Galedary, G., Haag, A., Hauch, M., & Lohse, H. (1990). *Sex Offenders: Dynamics and Psychotherapeutic Strategies.* New York: Springer-Verlag.

Schrink, J. (1976). Strategy for preparing correctional reports. *Federal Probation, 40,* 33-40.

Schuckit, M. (2006). *Drug and Alcohol Abuse: Clinical Guide to Diagnosis and Treatment.* New York: Plenum Medical Book Co.

Schwartz, B. (2011). Characteristics and typologies of sex offenders. In B. Schwartz (Ed.), *Handbook of Sex Offender Treatment* (pp. 2-1-2-33). Kingston, NJ: Civic Research Institute.

Schwartz, B. (2015). The R.U.L.E. Program: An integrative approach to treating adult, male sex offenders. In B. Schwartz (Ed.), *The Sex Offender: Insights on Treatment and Policy Developments,* Vol. VIII (pp. 13-1-13-24). Kingston, NJ: Civic Research Institute.

Schwartz, R. K. (2003). Services for special populations. In R. K. Schwartz (Ed.), *Correctional Psychology: Practice, Programming, and Administration.* Kingston, NJ: Civic Research Institute.

Scott, T., Nelson, C., Liaupsin, C., Jolivette, K., Christle, C., & Riney, M. (2002). Addressing the needs of at-risk and adjudicated youth through positive behavior support: Effective prevention practices. *Education and Treatment of Children, 25* (4), 532-551.

Seabloom, W., Seabloom, M., Seabloom, E., Barron, R., & Hendrickson, S. (2003). A 14- to 24-year longitudinal study of a comprehensive sexual health model treatment program for adolescent sex offenders. *International Journal of Offender Therapy and Comparative Criminology, 47,* 468-481.

Segal, Z., & Marshall, W. (1985). Heterosexual social skills in a population of rapists and child molesters. *Journal of Consulting and Clinical Psychology, 53,* 55-63.

Seligman, M. (2002). *Authentic Happiness: Using the New Positive Psychology to Realize your Potential for Lasting Fulfillment.* New York Times: The Free Press.

Selzer, M. (1971). The Michigan Alcoholism Screening Test: The quest for a new diagnostic instrument. *American Journal of Psychiatry, 127* (12), 1653-1658.

Serin, R., & Kennedy, S. (1997). *Treatment Readiness and Responsivity: Contributing to Effective Correctional Programming.* Ottawa: Correctional Services of Canada.

Serketich, W., & Dumas, J. (1996). The effectiveness of behavioral parent training to modify antisocial behavior in children: A meta-analysis. *Behavioral Therapy, 27,* 171-186.

Seto, M. C., & Quinsey, V. L. (2006). Toward the future: Translating basic research into prevention and treatment strategies. In C. Patrick (Ed.), *Handbook of Psychopathy* (pp. 589-601). New York: Guilford.

Sexton, T., & Alexander, J. (2000). Functional Family Therapy. *Juvenile Justice Bulletin.* Washington, DC: Office of Justice and Delinquency Prevention.

Sexton, T., & Turner, C. (2010). The effectiveness of functional family therapy for youth with behavioral problems in a community practice setting. *Journal of Family Psychology, 24* (3), 339-348.

Shadish, W., Montgomery, L., Wilson, P., Wilson, M., Bright, I., & Okwumabua, T. (1993). Effects of family and marital psychotherapies: A meta-analysis. *Journal of Consulting and Clinical Psychology, 61,* 992-1002.

Shapiro, F. (1995). *Eye Movement Desensitization and Reprocessing. Basic Principles, Protocols, and Procedures.* New York: Guilford.

Sherman, L., Gottfredson, D., MacKenzie, D., Eck, J., Reuter, P., & Bushway, S. (1997). *Preventing Crime: What Works, What Doesn't, What's Promising.* Washington, DC: National Institute of Justice, U.S. Department of Justice.

Shipley, W., Gruber, C., Martin, T., & Klein, A. (2009). *Shipley-2.* Los Angeles: Western Psychological Services.

Shonkoff, J., Garner, A., & the Committee on Psychosocial Aspects of Child and Family Health, Committee on Early Childhood, Adoption, and Dependent Care, and Section on Developmental and Behavioral Pediatrics. (2011). The lifelong effects of early childhood adversity and toxic stress. *Pediatrics,* Online Issn: 1098-4275.

Shore, J. (2004). Community-based treatment. In M. Galanter & H. Kleber (Eds.), *Textbook of Substance Abuse*

Treatment (3rd ed.). Washington, DC: American Psychiatric Press.

Shursen, A., Brock, L. J., & Jennings, G. (2008). Differentiation and intimacy in sex offender relationships. *Sexual Addiction & Compulsivity, 15,* 14-22.

Silverman, K., Wong, C., Umbricht-Schneiter, A., Montoya, I., Schuster, C., & Preston, K. (1998). Broad beneficial effects of cocaine abstinence reinforcement among methadone patients. *Journal of Consulting and Clinical Psychology, 66* (5), 811-824.

Simourd, D. (1997). Criminal sentiments scale-modified and pride in delinquency: Psychometric properties and construct validity of two measures of criminal attitudes. *Criminal Justice and Behavior, 24,* 52-70.

Simourd, D. (2004). Use of dynamic risk/need assessment instruments among long-term incarcerated offenders. *Criminal Justice and Behavior, 31* (3), 306-323.

Simpson, L. E., Atkins, D. C., Cattis, K. S., & Christensen, A. (2008). Low-level relationship aggression and couple therapy outcomes. *Journal of Family Psychology, 22,* 102-111.

Simpson, L. E., Doss, B. D., Wheeler, J., & Christensen, A. (2007). Relationship violence among couples seeking therapy: Common couple violence or battering? *Journal of Marital & Family Therapy, 33,* 270-283.

Skeem, J. L., Eno Louden, J., Polaschek, D., & Camp, J. (2007). Assessing relationship quality in mandated community treatment: Blending care with control. *Psychological Assessment, 19,* 397-410.

Skeem, J. L., Monahan, J., & Mulvey, E. (2002). Psychopathy, treatment involvement, and subsequent violence among civil psychiatric patients. *Law and Human Behavior, 26,* 577-603.

Skinner, B. F. (1953). *Science and Human Behavior.* New York: Macmillan.

Skinner, B. F. (1971). *Beyond Freedom and Dignity.* New York: Knopf.

Smith, C., Algozzine, B., Schmid, R., & Hennly, T. (1990). Prison adjustment of youthful inmates with mental retardation. *Mental Retardation, 28,* 177-181.

Smith, C. A., Ireland, T. O., Thornberry, T. P., & Elwyn, L. (2008). Childhood maltreatment and antisocial behavior: Comparison of self-reported and substantiated maltreatment. *American Journal of Orthopsychiatry, 78,* 173-86.

Smith, J., & Meyers, R. (2003). The community reinforcement approach. In R. Hester & W. Miller (Eds.), *Handbook of Alcoholism Treatment Approaches* (3rd ed.). Boston: Allyn & Bacon.

Smith, P., Gendreau, P., & Swartz, K. (2009). Validating the principles of effective intervention: A systematic review of the contributions of meta-analysis in the field of corrections. *Victims & Offenders, 4,* 148-169.

Smith, P., Goggin, C., & Gendreau, P. (2002). *The Effects of Prison Sentences and Intermediate Sanctions on Recidivism: General Effects and Individual Differences.* Ottawa: Solicitor General of Canada: A Report to the Corrections Research Branch.

Smith, R. R., & Lombardo, V. S. (2001). Cognitive interventions for dealing with domestic violence. In B. K. Welo (Ed.), *Tough Customers: Counseling Unwilling Clients.* Lanham, MD: American Correctional Association.

Sorbello, L., Eccleston, L., Ward, T., & Jones, R. (2002). Treatment needs of female offenders: A review. *Australian Psychologist, 37* (37), 198-205.

Sperber, K. (2004). *Potential Applications of an Existing Offender Typology to Child Molesting Behaviors.* Unpublished doctoral dissertation, Cincinnati: University of Cincinnati.

Spiegler, M., & Guevremont, D. (1993). *Contemporary Behavior Therapy* (2nd ed.). Pacific Grove, CA: Brooks/ Cole.

Spiegler, M., & Guevremont, D. (2002). *Contemporary Behavior Therapy* (4th ed.). Pacific Grove, CA: Brooks/ Cole.

Spiegler, M., & Guevremont, D. (2010). *Contemporary Behavior Therapy* (5th ed.). Belmont, CA: Wadsworth.

Spiropoulis, G., Spruance, L., Van Voorhis, P., & Schmitt, M. (2006). Pathfinders vs. problem solving: Comparative effects of cognitive-behavioral programs for men and women offenders. *Journal of Offender Rehabilitation, 42* (3), 69-94.

Spitzer, R., Williams, J., & Gibbon, M. (1987). *Structured Clinical Interview for DSM-III R: Personality Disorders (SCID-II).* New York: New York Biometrics Research Dept., New York State Psychiatric Institute.

Stanchfield, P. (2001). Clarifying the therapist's role in the treatment of the resistant sex offender. In B. K. Welo (Ed.), *Tough Customers: Counseling Unwilling Clients.* Lanham, MD: American Correctional Association.

Stanley, B., Bundy, E., & Beberman, R. (2001). Skills training as an adjunctive treatment for personality disorders. *Journal of Psychiatric Practice, 7* (5), 324-335.

Stanton, M. (1994). *Family Therapy for Drug Abuse.* Philadelphia, PA: Paper presented at the National Conference on Marital and Family Therapy Outcome and Process Research: State of the Science.

Stanton, M., Todd, T., & Associates. (1982). *The Family Therapy of Drug Abuse and Addiction.* New York: Guilford.

Staton-Tindall, M., Garner, B., Morey, J., Leukefeld, C., Krietemeyer, J., Saum, C., & Oser, C. (2007). Gender differences in treatment engagement among a sample of incarcerated substance abusers. *Criminal Justice and Behavior, 34,* 1143-1156.

Steadman, H. J. (2000). From dangerousness to risk assessment of community violence: Taking stock at the turn of the century. *Journal of the American Academy of Psychiatry and the Law, 28,* 265-271.

Stein, D., & Smith, E. (1990). The "Rest" Program: A new treatment system for the oppositional defiant adolescent. *Adolescence, 25,* 891-904.

Steinem, G. (1994). *Moving beyond Words.* New York: Simon & Schuster.

Steinglass, P. (2004). Family therapy. In M. Galanter & H. Kleber (Eds.), *Textbook of Substance Abuse Treatment* (3rd ed.). Washington, DC: American Psychiatric Press.

Steinglass, P., Bennett, L., Wolin, S., & Reiss, D. (1987). *The Alcoholic Family.* New York: Basic Books.

Steurer, S. J., & Smith, L. G. (2003). *Education Reduces Crime: Three State Recidivism Study, Executive Summary.* Lanham, MD: Correctional Education Association.

Stierlin, H. (1977). *Psychoanalysis and Family Therapy.* New York: Jason Aronson.

Stinson, J. D., & Becker, J. V. (2008). Assessing sexual deviance. *Journal of Psychiatric Practice, 14,* 379-388.

Stirpe, T., Abracen, J. Stermac, L., & Wilson, R. (2006). Sexual offenders' state-of-mind regarding childhood attachments: A controlled investigation. *Sexual Abuse: A Journal of Research and Treatment, 18,* 289–302.

Stith, S., & Rosen, K. (1990). Family therapy for spouse abuse. In S. Stith, M. Williams & K. Rosen (Eds.), *Violence Hits Home: Comprehensive Treatment Approaches to Domestic Violence.* New York: Springer.

Strordeur, R., & Stille, R. (1989). *Ending Men's Violence against their Partners: One Road to Peace.* Thousand Oaks, CA: Sage.

Stuart, R. (1971). Behavioral contracting within families of delinquents. *Journal of Behavior Therapy and Experimental Psychiatry, 2,* 1–11.

Sturup, J., Edens, J. F., Sörman, K., Karlberg, D., Fredriksson, B., & Kristiansson, M. (2013). Field reliability of the Psychopathy Checklist–Revised among life sentenced prisoners in Sweden. *Law and Human Behavior, 38,* 315–324.

Sue, D. W., & Sue, D. (2002). *Counseling the Culturally Diverse: Theory and Practice* (4th ed.). New York: Wiley.

Sullivan, C., Grant, M., & Grant, D. (1957). The development of Interpersonal maturity: An application to delinquency. *Psychiatry, 20,* 373–385.

Sullivan, H. (1953). *The Interpersonal Theory of Psychiatry.* New York: Norton.

Sundell, K., Hansson, K., Lofholm, C. A., Olsson, T., Gustle, L. H., & Kadesjo, C. (2008). The transportability of multisystemic therapy to Sweden: Short-term results from a randomized control trial of conduct-disordered youths. *Journal of Family Psychology, 22,* 550–560.

Swenson, C., Schaeffer, C., Henggeler, S., Faldowski, R., & Mayhhew, A. (2010). Multisystemic therapy for child abuse and neglect: A randomized effectiveness trial. *Journal of Family Psychology, 24* (4), 497–507.

Sykes, G. (1958). *The Society of Captives.* Princeton, NJ: Princeton University Press.

Sykes, G., & Matza, D. (1957). Techniques of neutralization: A theory of delinquency. *American Sociological Review, 22,* 664–670.

Szapocznik, J., Kurtines, J. W., Foote, F., Perez-Vidal, A., & Hervis, O. (1983). Conjoint versus one-person family therapy: Some evidence for the effectiveness of conducting family therapy through one person. *Journal of Consulting and Clinical Psychology, 51,* 889–899.

Szapocznik, J., Rio, A., Murray, E., Cohen, R., Scopetta, M., Rivas-Vazquez, A., et al. (1989). Structural family therapy versus psychodynamic child therapy for problematic Hispanic boys. *Journal of Consulting and Clinical Psychology, 57,* 571–578.

Taxman, F., & Bouffard, J. (2002). Assessing therapeutic integrity in modified therapeutic communities for drug-involved offenders. *The Prison Journal, 82* (2), 189–212.

Taxman, F., & Coudy, M. (2015). Risk tells us who, but not what or how: Empirical assessment of the complexity of criminogenic needs to inform correctional programming. *Criminology and Public Policy, 14,* 71–102.

Taxman, F., Perdoni, M., & Harrison, L. (2007). Drug treatment services for adult offenders: The state of the State. *Journal of Substance Abuse Treatment, 32,* 239–254.

Taxman, F., Soule, D., & Gelb, A. (1999). Graduated sanctions: Stepping into accountable systems and offenders.

The Prison Journal, 79 (2), 182-204.

Taymans, J. (2006). Interpersonal problem-solving skills—A step-by-step process to enhance pro-social information processing. In B. Glick (Ed.), *Cognitive Behavioral Interventions for At Risk Youth* (pp. 9-1-9-17). Kingston, NJ: Civic Research Institute.

Taymans, J., & Parese, S. (1998). *Problem Solving Skills for Offenders: A Social Cognitive Intervention.* Washington, DC: George Washington University.

Teicher, M. (2002). The neurobiology of child abuse. *Scientific American, March,* 68-75.

Thornberry, T., Lizotte, A., Krohn, M., Farnsworth, M., & Jang, S. (1994). Delinquent peers, beliefs, and delinquent behavior: A longitudinal test of interactional theory. *Criminology, 94,* 47-83.

Thorndike, E. (1913). *The Psychology of Learning.* (Educational Psychology, II). New York: Teachers College.

Tong, L., & Farrington, D. (2006). How effective is the "Reasoning and Rehabilitation" program in reducing reoffending? A meta-analysis of evaluations in four countries. *Psychology, Crime, and Law, 12,* 3-24.

Travis, J., & Lawrence, S. (2002). *Beyondthe Prison Gates: The State of Parole in America.* Washington, DC: The Urban Institute.

Trotter, C. (1999). *Working with Involuntary Clients: A Guide to Practice.* Thousand Oaks, CA: Sage.

Truax, C., Wargo, D., & Silber, L. (1966). Effects of group psychotherapy with high accurate empathy and nonpossessive warmth upon female institutionalized delinquents. *Journal of Abnormal Psychology, 71,* 267-274.

United Nations Rules for the Treatment of Women Prisoners and Non-custodial Measures for Women Offenders (the Bangkok Rules), G.A. Res. 65/229, annex, adopted Dec. 21, 2010, U.N. Doc. A/Res/65/229 (March 16, 2011).

University of Cincinnati Corrections Institute (UCCI). (2010). *Effective Practices in Community Supervision (EPICS).* Cincinnati, OH: Criminal Justice Research Center, University of Cincinnati.

U.S. General Accounting Office. (1997). *Drug Courts: Overview of Growth, Characteristics and Results.* Washington, DC: U.S. General Accounting Office.

Vachon, D. D., Lynam, D. R., Loeber, R., & Stouthamer-Loeber, M. (2011). Generalizing the nomological network of psychopathy across populations differing on race and conviction status. *Journal of Abnormal Psychology, 121,* 263-269.

Van Dieten, M. (1998). *Applying the Principles of Effective Correctional Interventions.* Presentation to NIC Workshop on Effective Interventions with High Risk Offenders. July.

Van Dieten, M. (2008). *Women Offender Case Management Model.* Washington, DC: National Institute of Corrections.

van Goozen, S. H. M., Fairchild, G., Snoek, H., & Harold, G. T. (2007). The evidence for a neurobiological model of childhood antisocial behavior. *Psychological Bulletin, 133,* 149-182.

Van Ness, D., & Strong, K. H. (2015). *Restoring Justice: An Introduction to Restorative Justice* (5th ed.). New York: Routledge (Anderson).

Van Voorhis, P. (1987). Correctional effectiveness: The high cost of ignoring success. *Federal Probation, 51,* 56–62.

Van Voorhis, P. (1994). *Psychological Classification of the Adult Male Prison Inmate.* Albany, NY: SUNY Press.

Van Voorhis, P. (2006). Comprehensive evaluation of cognitive behavioral programs in corrections. In B. Glick (Ed.), *Cognitive Behavioral Interventions for At Risk Youth.* Kingston, NJ: Civic Research Institute.

Van Voorhis, P. (2012). On behalf of women offenders: Women's place in the science of evidence–based practice. *Criminology and Public Policy, 11* (2), 11–145.

Van Voorhis, P., & Brown, K. (1996). *Risk Classification in the 1990s.* Washington, DC: National Institute of Corrections.

Van Voorhis, P., Cullen, F., & Applegate, B. (1995). Evaluating interventions with violent offenders: A guide for practitioners and policymakers. *Federal Probation, 59,* 17–28.

Van Voorhis, P., & Groot, B. (2010). *Predictive Validity of Women's COMPAS Scales among Incarcerated Women in California.* Cincinnati, OH: Center for Criminal Justice Research.

Van Voorhis, P., Groot, B., & Ritchie, P. (2010). *The Georgia Day Reporting Centers: An Evaluation of Five Demonstration Sites and Assessment of the Georgia Program Assessment Inventory (GPAI) Project.* Cincinnati, OH: Center for Criminal Justice Research.

Van Voorhis, P., Pealer, J., & Spiropoulis, G. (2001). *Validation of the Offender Custody Classification and Needs Assessment Systems for Incarcerated Women Offenders in the Colorado Department of Corrections.* Cincinnati, OH: University of Cincinnati.

Van Voorhis, P., & Presser, L. (2001). *Classification of Women Offenders: A National Assessment of Current Practices.* Washington, DC: National Institute of Corrections.

Van Voorhis, P., Salisbury, E., Wright, E., & Bauman, A. (2008). *Achieving Accurate Pictures of Risk and Identifying Gender-Responsive Needs: Two New Assessments for Women Offenders.* Washington, DC: National Institute of Corrections.

Van Voorhis, P., & Spiropoulis, G. (2003). *Evaluation of Adult Work-Release Services.* Cincinnati, OH: University of Cincinnati, Center for Criminal Justice Research.

Van Voorhis, P., Spiropoulis, G., Ritchie, P. N., Seabrook, R., & Spruance, L. (2013). Identifying areas of specific responsivity in cognitive behavioral programs. *Criminal Justice and Behavior, 40,* 1250-1279.

Van Voorhis, P., Spruance, L., Ritchie, N., Listwan, S., Seabrook, R., & Pealer, J. (2002). *The Georgia Cognitive Skills Experiment: Outcome Evaluation, Phase II.* Cincinnati, OH: University of Cincinnati, Center for Criminal Justice Research.

Van Voorhis, P., Wright, E., Salisbury, E., & Bauman, A. (2010). Women's risk factors and their contributions to existing risk/needs assessment: The current status of gender responsive assessment. *Criminal Justice and Behavior, 37* (3), 261-288.

van Wormer, K. (1988). All-or-nothing thinking and alcoholism: A cognitive approach. *Federal Probation, 52,* 28-33.

van Wormer, K. (1999). The strengths perspective: A paradigm for correctional counseling. *Federal Probation, 63* (1), 51-59.

van Wormer, K. (2001). *Counseling Female Offenders and Victims: A Strengths Restorative Approach.* New York: Springer.

van Wormer, K. (2002). Addictions and women in the criminal justice system. In S. Straussner & S. Brown (Eds.), *The Handbook of Addiction Treatment for Women.* San Francisco: Jossey-Bass.

VanderWaal, C. J., Taxman, F. S., & Gurka-Ndanyi, M. A. (2008). Reforming drug treatment services to offenders: Cross-system collaboration, integrated policies, and a seamless continuum of care model. *Journal of Social Work Practice in the Addiction, 8* (1), 127-153.

Verona, E., Hicks, B. M., & Patrick, C. J. (2005). Psychopathy and suicidality in female offenders: Mediating influences of personality and abuse. *Journal of Consulting and Clinical Psychology, 73,* 1065-1073.

Vien, A., & Beech, A. R. (2006). Psychopathy: Theory, measurement, and treatment. Trauma, *Violence & Abuse, 7* (3), 155-174.

Viglione, J., Rudes, D., & Taxman, F. (2015). Misalignment in supervision: Implementing risk/needs assessment instruments in probation. *Criminal Justice and Behavior, 42,* 263-285.

Vogel, E., & Bell, N. (1960). The emotionally disturbed child as the family scapegoat. In N. Bell & E. Vogel (Eds.), *The Family.* Glencoe, IL: The Free Press.

Vorrath, H., & Brentro, L. (1985). Positive Peer Culture (2nd ed.). Chicago: Aldine.

Walker, C., Thomas, J., & Allen, T. S. (2003). Treating impulsivity, irritability, and aggression of Antisocial Personality Disorder with Quetiapine. *International Journal of Offender Therapy and Comparative Criminology, 47* (5), 556-567.

Walker, S. (2001). *Sense and Nonsense about Crime and Drugs* (5th ed.). Belmont, CA: Wadsworth.

Wallace, B. (1991). *Crack Cocaine: A Practical Treatment Approach for the Chemically Dependent.* New York: Brunner/Mazel.

Walsh, E. (2003). Legal and ethical issues related to the mental health treatment of incarcerated persons. In R. K. Schwartz (Ed.), *Correctional Psychology: Practice, Programming, and Administration.* New York: John Wiley.

Walters, G. (1990). *The Criminal Lifestyle: Patterns of Serious Criminal Conduct.* Newbury Park, CA: Sage.

Walters, G. D. (1998). *Changing Lives of Crimes and Drugs: Intervening with the Substance Abusing Offender.* New York: John Wiley.

Walters, G. D. (2001). Overcoming offender resistance to abandoning a criminal lifestyle. In B. K. Welo (Ed.), *Tough Customers: Counseling Unwilling Clients.* Lanham, MD: American Correctional Association.

Wanberg, K. (1993). *The Adult Substance Use Survey (ASUS).* Arvada, CO: Center for Addictions Research and Evaluation.

Wanberg, K. (1995). *The Life Situation Questionnaire.* Arvada, CO: Center for Addictions Research and Evaluation.

Wanberg, K., & Milkman, H. (1993). *The Adult Self Assessment Questionnaire (AdSAQ)*. Arvada, CO: Center for Addictions Research and Evaluation.

Wanberg, K., & Milkman, H. (1998). *Criminal Conduct and Substance Abuse Treatment: Strategies for Self-Improvement and Change*. Thousand Oaks, CA: Sage.

Ward, T. (2007). On a clear day you can see forever: Integrating values and skills in sex offender treatment. *Journal of Sexual Aggression, 13*, 187-201.

Ward, T., & Hudson, S. (2000). A self-regulations model of relapse prevention. In D. Laws, S. Hudson, & T. Ward. (Eds.), *Remaking Relapse Prevention with Sex Offenders: A Sourcebook* (pp. 79-101). Thousand Oaks, CA: Sage.

Ward, T., Hudson, S., & Marshall, W. (1995). Attachment style and intimacy deficits in sexual offenders: A theoretical framework. *Sex Abuse: A Journal of Research and Treatment, 7*, 317-335.

Ward, T., McCormack, J., & Hudson, S. (1997). Sex offenders' perception of their intimate relationship. *Sex Abuse: A Journal of Research and Treatment, 9*, 57-74.

Warren, F., Evans, C., Dolan, B., & Norton, K. (2004). Impulsivity and self-damaging behaviour in severe personality disorder: The impact of democratic therapeutic community treatment. *Therapeutic Communities: International Journal for Therapeutic and Supportive Organizations, 25*, 55-71.

Warren, J. I., & South, S. C. (2006). Comparing the constructs of Antisocial Personality Disorder and psychopathy in a sample of incarcerated women. *Behavioral Sciences and the Law, 24*, 1-20.

Warren, M. (1971). Classification of offenders as an aid to efficient management and effective treatment. *Journal of Criminal Law, Criminology and Police Science, 62*, 239-268.

Warren, M. (1983). Application of Interpersonal Maturity Theory to offender populations. In W. Laufer & J. Day (Eds.), *Personality Theory, Moral Development, and Criminal Behavior*. Lexington, MA: Lexington Books.

Warren, M., & the Staff of the Community Treatment Project. (1966). Interpersonal Maturity Level Classification: Diagnosis and Treatment of Low, Middle, and High Maturity Delinquents. Sacramento: California: Youth Authority.

Washburn, J. J., Romero, E. G., Welty, L. J., Abram, K. M., Teplin, L. A., McClelland, G. M., & Paskar, L. D. (2007). Development of Antisocial Personality Disorder in detained youths: The predictive value of mental disorders. *Journal of Consulting and Clinical Psychology, 75*, 221-231.

Watson, J. (1916). The place of the conditioned reflex in psychology. *Psychological Review, 23*, 89-116.

Way, B. B., Miraglia, R., & Sawyer, D. A. (2005). Factors related to suicide In New York State prisons. *International Journal of Law and Psychiatry, 28*, 207-221.

Webster, C. D., Douglas, K. S., Eaves, D., & Hart, S. D. (1997). *HCR-20: Assessing Risk for Violence* (version 2). Burnaby, BC: Mental Health Law and Policy Institute, Simon Fraser University.

Wechsler, D. (2008). *Wechsler Adult Intelligence Scale* (4th ed.). San Antonio, TX: Pearson.

Wellisch, J., Prendergast, M., & Anglin, M. D. (1996). Needs assessment and services for drug-abusing women offenders: Results from a national survey of community-based treatment programs. *Women in Criminal*

Justice, 8, 27-60.

Welo, B. K. (2001). Taking care of yourself in the process: Counselor self-care In brutal environments. In B. K. Welo (Ed.), *Tough Customers: Counseling Unwilling Clients.* Lanham, MD: American Correctional Association.

Welsh, W. (2007). A multisite evaluation of prison-based therapeutic community drug treatment. *Criminal Justice and Behavior, 34*, 1481-1498.

Westen, D. (1991). Social cognition and object relations. *Psychological Bulletin, 109*, 429-455.

Wexler, H. (1994). Progress in substance abuse treatment: A five year report. *Journal of Drug Issues, 24* (1-2), 349-360.

Wexler, H., DeLeon, G., Kressel, D., & Peters, J. (1999). The Amity Prison TC Evaluation: Reincarceration outcomes. *Criminal Justice and Behavior, 26*, 147-167.

Wexler, H., & Lipton, D. (1993). From reform to recovery advances in prison drug treatment. In J. Inciardi (Ed.), *Drug Treatment and Criminal Justice.* Newbury Park, CA: Sage.

Wexler, H., Melnick, G., Lowe, L., & Peters, J. (1999). Three-year reincarceration outcomes for Amity in-prison therapeutic community and aftercare in California. *The Prison Journal, 79*, 321-336.

Whitaker, C. (1976). The family is a four-dimensional relationship. In P. Guerin (Ed.), *Family Therapy: Theory and Practice.* New York: Gardner.

White, T. W. (1999). *How to Identify Suicidal People: A Systematic Approach to Risk Assessment.* Philadelphia: Charles.

Whitehead, J., Jones, M., & Braswell, M. (2008). *Exploring Corrections in America* (2nd ed.). Newark, NJ: LexisNexis Matthew Bender (Anderson).

Whitehead, J., & Lab, S. (1989). *A Response to Does Correctional Treatment Work?* Unpublished paper.

Wickramasekera, I. (1968). The application of learning theory to the treatment of a case of sexual exhibitionism. *Psychotherapy, 5*, 108-112.

Wilkinson, G., & Robertson, G. (2006). *The Wide-Range Achievement 4 (WRAT-4) Professional Manual.* Lutz, FL: Psychological Assessment Resources.

Wilson, D., Allen, L., & MacKenzie, D. (2000). *A Qualitative Review of Structures, Group-Oriented, Cognitive-Behavioral Programs for Offenders.* Unpublished manuscript. College Park: University of Maryland.

Wilson, D., Gallagher, C., & MacKenzie, D. (2000). A meta-analysis of corrections based education, vocation, and work programs for adult offenders. *Journal of Research in Crime and Delinquency, 37* (4), 347-368.

Wilson, D., Mitchell, O., & MacKenzie, D. (2003). *A Systematic Review of Drug Court Effects on Recidivism.* Unpublished manuscript.

Wilson, J. (1987). Strategic opportunities for delinquency prevention. In J. Wilson & G. Loury (Eds.), *From Children to Citizens.* New York: Springer-Verlag.

Winkler, G. (1992). Assessing and responding to suicidal jail inmates. *Community Mental Health Journal, 28*, 317-326.

Wodahl, E., Ogle, R., & Heck, C. (2011). Revocation trends: A threat to the legitimacy of community-based corrections. *The Prison Journal, 91* (2), 207-226.

Wolf, M., Braukmann, C., & Ramp, K. (1987). Serious delinquent behavior as part of a significantly handicapping condition: Cures and supportive environments. *Journal of Applied Behavior Analysis, 20* (4), 347-359.

Wolpe, J. (1958). *Psychotherapy by Reciprocal Inhibition.* Palo Alto, CA: Stanford University Press.

Wong, S. C. P., & Burt, G. (2007). The heterogeneity of incarcerated psychopaths: Differences in risk, need, recidivism, and management approaches. In H. Hervé & J. C. Yuille (Eds.), *The Psychopath: Theory, Research, and Practice* (pp. 461-484). Princeton, NJ: Lawrence Erlbaum.

Wong, S. C. P., Gordon, A., Gu, D., Lewis, K., & Olver, M. E. (2012). The effectiveness of violence reduction treatment for psychopathic offenders: Empirical evidence and a treatment model. *International Journal of Forensic Mental Health, 11,* 336-349.

Wong, S. C. P., & Hare, R. D. (2005). *Guidelines for a Psychopathy Treatment Program.* Toronto: Multi-Health Systems.

Wong, S. C. P., & Olver, M. E. (2015). Risk reduction treatment of psychopathy and applications to mentally disordered offenders. *CNS Spectrums, 20,* 303-310.

Worell, J., & Remer, P. (2003). *Feminist Perspectives in Therapy: Empowering Diverse Women* (2nd ed.). Hoboken, NJ: John Wiley.

Wozniak, J. F., Braswell, M. C., Vogel, R. E., & Blevins, K. R. (2008). *Transformative Justice: Critical and Peacemaking Themes Influenced by Richard Quinney.* Washington, DC: Lexington Books.

Wright, E. M., Salisbury, E. J., & Van Voorhis, P. (2007). Predicting the prison misconducts of women offenders: The importance of gender-responsive needs. *Journal of Contemporary Criminal Justice, 23,* 310-340.

Wright, E. M., Van Voorhis, P., Salisbury, E. J., & Bauman, A. (2012). Gender-responsive lessons learned and policy implications for women in prison: A review. *Criminal Justice and Behavior, 39,* 1612-1632.

Wright, K., Clear, T., & Dickson, P. (1984). Universal application of probation risk assessment instruments: A critique. *Criminology, 33,* 113-134.

Wulach, J. (1983). August Aichorn's legacy: The treatment of narcissism in criminals. *International Journal of Offender Therapy and Comparative Criminology, 27,* 226-234.

Wurmser, L. (1984). The role of superego conflicts in substance abuse and their treatment. *International Journal of Psychoanalytic Psychotherapy, 10,* 227-258.

Yalom, I. (2005). *The Theory and Practice of Group Psychotherapy* (5th ed.). New York: Basic Books.

Yates, P. (2004). Treatment of adult sexual offenders: A therapeutic cognitive-behavioral model of intervention. In R. Geffner, K. Franey, T. Arnold & R. Falconer (Eds.), *Identifying and Treating Sex Offenders: Current Approaches, Research, and Techniques* (pp. 195-232). Binghamton, NY: Haworth.

Yates, P., & Kingston, D. (2011). Pathways to sexual offending. In B. Schwartz (Ed.), *Handbook of Sex Offender Treatment* (pp. 17-1-17-15). Kingston, NJ: Civic Research Institute.

Yochelson, S., & Samenow, S. (1976). *The Criminal Personality, Vol. I: A Profile for Change.* New York: Jason

Aronson.

Yochelson, S., & Samenow, S. (1977). *The Criminal Personality: Vol. II: The Change Process.* New York: Jason Aronson.

Yonas, D., & Garland, T. (1994). Recognizing and utilizing ethnic and cultural diversity in counseling approaches. In P. Kratcoski (Ed.), *Correctional Counseling and Treatment* (3rd ed.). Prospect Heights, IL: Waveland.

Zachary, R. A. (1986). *Shipley Institute of Living Scale-Revised.* Los Angeles: Western Psychological Services.

Zager, I. (1988). MMPI-Based criminal classification system: A review, current status, and future directions. *Criminal Justice and Behavior, 15,* 39-57.

Zapf, P., Golding, S., & Roesch, R. (2006). Criminal responsibility and the insanity defense. In I. Weiner & A. K. Hess (Eds.), *Handbook of Forensic Psychology.* Hoboken, NJ: John Wiley.

Zechnich, R. (1976). Exhibitionism. *Transactional Analysis Journal, 6,* 307-310.

Zigler, E., Taussig, C., & Black, K. (1992). Early childhood intervention: A promising preventative for juvenile delinquency. *American Psychologist, 47,* 997-1006.

Zimberg, S. (2004). Individual psychotherapy. In M. Galanter & H. Kleber (Eds.), *Textbook of Substance Abuse Treatment* (3rd ed.). Washington, DC: American Psychiatric Press.

Zlotnick, C., Johnson, J., & Najavitz, L. M. (2009). Randomized controlled pilot study of cognitive-behavioral therapy in a sample of incarcerated women with substance use disorder and PTSD. *Behavior Therapy, 40,* 325-336.

Zlotnick, C., Najavitz, L. M., Rohsennow, D. J., & Johnson, D. M. (2003). A cognitive-behavioral treatment for incarcerated women with substance abuse disorder and post-traumatic stress disorder: Findings from a pilot study. *Journal of Substance Abuse Treatment, 25,* 99-105.

Zuk, G. (1975). *Process and Practice in Family Therapy.* Haverford, CT: Psychology and Behavioral Science Books.

Zussman, R. (1989). Forensic evaluation of the adolescent sex offender. *Forensic Reports, 2,* 25-45.

찾아보기

4요인 모형 371

6차원 모형 371

ㄱ

가족구조 274

가족체계 261

가족체계모델 316

가족치료 263

각성 수준 212

각성 재조건형성 348

감각능력 212

강박성 성격장애 155

강점기반 접근 430

개별화 269

개입 299

개정된 정신병질 체크리스트 제2판(PCL-R, 2nd ed.) 367

거세 불안 340

게임 126

경계 431

경계선 275

경계선 성격장애 154

경직된 경계선 275

고위험 상황 307

고전적 조건 자극 341

고전적 조건형성 305

고전적(반응적) 조건형성 92

고정관념 58

고착형 소아성애자 344

공감 431

공감적 이해 122

공감훈련 349

공격성 대체훈련(ART) 249

공동체 강화접근(CRA) 307

과잉일반화 231

과제 437

관계 경로 383

관계이론 384

관찰학습 202

교류 126

교류분석 125

교육모델 300

교육전문가 32

교정 분류 166

교정 프로그램 평가목록(CPAI-2000) 407

구조적 가족치료 274

구조화된 학습훈련 217

권력과 통제 48

권력투쟁 48

그로스 강간범 유형 분류 344

그로스 소아성애자 유형 분류 344

금주모델 299

급진적 행동주의 접근 92

긍정 격하 231

긍정적 동료 문화 132

긍정적 동료 문화 49

긍정적 행동지지 105

기관 상담사 30

기능적 가치 212

기능적 행동평가 105

기만 271

기분부전장애 149

기분장애 149

기술 스트리밍 217, 249

ㄴ

나아가기 252

내담자 비밀보장 355

내재적 민감화 94, 305, 347

내현적 모델링 214

노출치료 96

ㄷ

다문화 58

다체계적 가족치료 317

다체계적 치료(MST) 281

단계적 제재 427

당위성 231

대리강화 213

대상관계 70, 269

대인 간의 경계 44

도덕교육 프로그램 248

도덕적 딜레마 248

도덕적 판단 단계 245

돌봄의 연속성 425

동기강화면담 25

동료평가 310

동적 위험/욕구 360

동적 위험요인 180, 410

동적 평가 144

ㄹ

레크리에이션 프로그램 34

ㅁ

마약 법원 318

마음챙김과 명상 354

매칭 170

메거지 MMPI 기반 유형 분류 189

메타돈 유지법 321

메타분석 37, 363, 402

모델링 202, 232

모방 210

모방 일반화 214

모방 특정화 214

목표 437

목표 행동 202

무의식을 보여 주는 창 72

무의식적 욕구를 의식화 71

무조건 반응 92

무조건 자극 93

무조건적 긍정적 존중 122

문화에 능숙한 330

물질남용 333

물질사용장애 155

물질의존 333

미네소타 다면적 인성검사 2(MMPI-2) 160

미니 공포증 93

민간위탁 362

밀런 임상다축검사 Ⅲ(MCMI-Ⅲ) 161

밀착된 체계 276

ㅂ

반동형성 69

반사회성 성격장애(APD) 154, 367

반응 대가 101

반응 특성 183

반응성 원칙 170, 405, 423

반응성 평가 183

방어기제 69

범죄유발욕구 169

범죄적 생활양식 46

범죄적 성격 46

범죄적 성격 집단 237

변증법적 행동치료(DBT) 354

변화 대화 25

변화단계 323

보편적 예방조치 391

보험계리적 위험성 평가 409

보험계리적 평가 359

복합적 목표 행동 210

봉쇄 361

부모자아상태 125

부적 강화물 97

분노조절훈련(ACT) 249

분리된 경계선 276

불안 68

비난받은 고립 385

비합리적 신념 230

ㅅ

사고오류 46, 235

사례계획 415

사회기술훈련 349

사회적 및 인적 자원 경로 383

사회학습 239

사회학습 접근 308

사후관리 336

상담과 사례관리 35

상담기법 44

상담원칙 43

상위의사소통 271

상징 부호화 213

상징 시연 213

상징적 모델 214

상황적 요구 43

생리적 단서 250

생리학적 전략 345

생활기술 241

생활지도집단 상호작용 130

서비스 수준 검사 개정판(LSI-R) 180

선별 419

성격장애 154

성급한 결론 231

성분 반응 213

성인 내부관리체계(AIMS) 188

소거 347

소진 예방 61

수반성 계약 100, 307

'스마트한 처벌' 전략 406

스토리텔링 24

스트레스 면역훈련 239

신경심리학적 결함 377

신경학적 결함 342

신뢰도 194

실제 모델 214

실제상황 치료 107
심리적 결정주의 원리 67
심리치료 36
심리학적 분류체계 184

ㅇ
아동 학대 경로 383
안구운동 민감소실 및 재처리 요법(EMDR) 354
애착장애 341
양극성장애 150
어른자아상태 125
어린이자아상태 125
억제 목표 351
여성 위험성/욕구 평가 182
여성의 심리사회적 발달이론 331
역겨운 사고 231
역전이 84
역할극 213, 232, 349
역할모델 202
역할모델의 보급률 210
연계된 분류체계 191
연계된 서비스 제공 425
연극성 성격장애 154
오하이오 위험성 평가체계(ORAS) 180

온화함과 개방성 431
외과적 거세 346
외상에 입각한 390
외상이론 331, 384
외적 강화 213
요인 1, 단면 1: 대인관계 373
요인 1, 단면 2: 정서성 373
요인 2, 단면 3: 생활양식 373
요인 2, 단면 4: 반사회성 373
욕구 원칙 169, 421
욕구 평가체계 176
욕구검사(ION) 183
우선순위 설정 430
운동 시연 213
원초아 67
웩슬러 성인지능검사-IV(WAIS-IV) 159
위기개입 60
위험성 원칙 167, 405, 419
위험성 평가 174
위험성 효과 419
위험성/욕구 평가 180
위험요인 180
유형 167
유형 분류 166
윤리적 딜레마 43

음경혈량 측정법(PPG) 357

의사소통치료 272, 317

의존성 성격장애 155

이인군 275

이중관계 또는 다중관계 54

이중구속 271

인간중심치료 121

인습적 추론 246

인지 재구조화 229

인지기술 229

인지왜곡 342

인지적 조직화 213

인지행동 및 사회학습 접근 348

인지행동 접근 239, 308

인지행동개입 46

인지행동주의 378

일반화 107, 214

일치성 122, 430

일탈적 초자아 78

임상 면담 357

ㅈ

자극통제 100

자기강화 213

자기관찰 213

자기대화 238

자기애성 성격장애 154

자기의 관계모델 332

자기조절 및 자기관리 341

자기조절모델 351

자기지시훈련 238

자기진술 250

자기효능감 210, 239, 312

자민족중심주의 58

자살예방 54

자아 67

자아강도 77

자아결함 79

자아상태 125

자아실패 76

자아심리학 69

자아이상 67

자아통제 84

자위행위 조건형성 348

자유연상 71

자조집단 319

재구성 49

재발방지 108, 312, 350, 405

재설정 49

재정의 274

재진술 122

재판 수행능력 162

'적절한' 개입 403

전략적 가족치료 274

전문가의 겸손 28

전이 72

전인습적 추론 246

전체론적 중독이론 384

전치 69

절제 위반 효과(AVE) 313

절제강화 103

점차 약화시킴 100

접근-명백 경로 352

접근-자동 경로 352

정량 410

정서적 유의성 210

정신병적 장애 150

정신병질 368

정신병질 성격 종합평가(CAPP) 376

정신역동 가족치료 315

정신역동적 가족치료 269

정신역동적 치료 69

정신이상방어 161

정신장애로 인한 무죄(NGRI) 162

정신적 여과 231

정신질환의 진단 및 통계 편람 제5판(DSM-5) 148

정신질환이지만 유죄 162

정적 강화물 97

정적 위험성 평가 360

정적 위험요인 174, 410

정적 평가 145

정화 119

정확한 피드백 213

제스니스 검사 184

젠더 반응적 182, 383

젠더 반응적 프로그램 251

조건 반응 93

조건 자극 93

조건적 긍정적 존중 122

조성 98

조작적 조건형성 97, 307, 341

조증장애 150

조현병 151

조현성 성격장애 154

조현형 성격장애 154

주관적/직관적 임상평가 409

주요우울장애 149

주제통각검사(TAT) 160

중독이론 331

지각태 212
'지금―여기' 방식 45
지역사회 상담사 29
지적장애 152
지지집단 319
직면 138
진솔성 122
질병모델 300
집단상담 45

ㅊ
차별적 치료 170
참가자 모델링 214
책임전환 49
처벌 97
체계적 둔감화 95
초자아 67
촉구 100
추가 정보 45
치료 대 보안의 이중성 53
치료 목적과 결과 28
치료 순응도 170
치료 완전성 406
치료 효과 127
치료공동체 129, 203, 309

치료에 대한 저항 43
치료적 관계 28, 418
치료적 동맹 73, 354, 377
치료적 역설 273

ㅋ
쾌감 상실증 388

ㅌ
타당도 194
타이밍 21
타임아웃 101
토큰경제 104
퇴행형 소아성애자 344
투과성 275
투사 69
투사검사 160
투사적 동일시 73
특수한 욕구가 있는 범죄자 58
특이한 210

ㅍ
파국화 231
편도체 377
편집성 성격장애 154

평가기반 418

폐해감소 접근 298

폴리그래프 358

프리맥 원리 99

ㅎ

하위체계 274

합리적 신념 230

합리적 정서치료 230

항상성 267

해석 72

행동주의 가족치료 316

행동주의 및 사회학습 모델 278

행동주의 전략 346

허용 315

현실치료 133

혐오 심상 347

혐오요법 93, 305, 347

혐오적 결과 102

협력 429

협력적 관계 44

홍수법 96

화학적 거세 346

확대 231

환경치료 129

환원기제 250

환자로 지목된 사람(IP) 315

활동 437

활성화 경험 230

회피-능동 경로 352

회피성 성격장애 155

회피-수동 경로 351

획득 목표 351

효과적 개입원칙 402, 419

효과적으로 위험성 다루기 26

효율성 신념 195

후원자 309

후인습적 추론 246

훈습과정 270

흑백논리 사고 231

희생양 261

저자 소개

패트리샤 반 부어히스(Patricia Van Voorhis) 박사

신시내티 대학교 응용범죄학과 명예교수이다. 반 부어히스는 교정의 효과성, 프로그램 실행, 평가기법, 여성 범죄자, 위험성 평가 그리고 교정 분류와 관계된 주제에 대하여 광범위하게 출판 활동을 하였으며 연방과 주, 지역 단체에 전문 지식을 제공하였다. 그녀는 연방과 주에서 지원한 수많은 연구 프로젝트를 수행하였으며, 학문적 연구를 통해 형사사법과 범죄자 또는 비행 행동의 치료와 예방에 기여한 범죄학자로 인정받아서 권위 있는 미국범죄학회 8월 볼머상(American Society of Criminology August Vollmer Award)을 포함하여 많은 상을 수상하였다.

에밀리 J. 샐리스버리(Emily J. Salisbury) 박사

라스베이거스 네바다 대학교 응용범죄학과 부교수이다. 샐리스버리는 학문적 연구 학술지인『형사사법과 행동학(Criminal Justice and Behavior)』의 책임 편집자이며 다양한 출판 활동을 하였다. 그녀는 국립교정연구소(National Institute of Corrections)와 신시내티 대학교와의 협력 협정을 통해 여성의 위험성/욕구 평가 검사(Women's Risk/Needs Assessment, WRNA)를 개발하고 타당화하는 프로젝트를 수행하였다.

이언담(Lee Eon Dam)

1990년에 교정공무원으로 첫발을 내딛어 30년이 되었다. 일선 교정시설의 경험을 바탕으로 교정이념의 이해를 위해 경기대학교에서 교정학 석·박사학위를 취득하였다. 법무연수원 교정교수, 법무부 의료과장과 사회복귀과장, 청주여자교도소장, 청주교도소장 등을 역임하였고, 현재는 법무부 서울남부교도소 소장으로, 교정이론가이자 실천가로서 역할을 다하고 있다.

청소년상담사 1급, 교류분석상담 수련감독자, 중독심리전문가이며, 교정학, 형사정책, 교정상담, 심리치료 등을 경기대학교, 사법연수원, 숭실사이버대학교, 동국대학교, 한세대학교 등에서 강의하였다.

교정공무원의 업무역량과 정체성 정립에 관하여 연구하였으며, 저서로는 『교정학』(편저, 박문각, 2003), 『형사정책』(편저, 가람북스, 2016), 『교정상담』(공저, 학지사, 2017), 『교정의 복지학』(공저, 솔과학, 2017) 등이 있다.

신기숙(Shin Ki Sook)

전남대학교 심리학과를 졸업하고 동 대학원에서 임상심리학으로 박사학위를 취득하였다. 광주여성민우회 성폭력상담소장, 광주정신재활센터장, 광주해바라기아동센터소장, 법무부 서울지방교정청 서울남부심리치료센터 교육팀장 등을 역임하였고, 현재는 국가보훈처 심리재활집중센터장으로 일하고 있다.

임상심리전문가, 정신건강임상심리사 1급, 상담심리사 1급, 범죄심리전문가이며, 경기대학교, 덕성여자대학교 등에서 강의하였고, 현재는 숙명여자대학교 사회심리학과 객원교수로 있다.

성폭력 피해자와 성범죄자에 관해 주로 연구하였으며, 저서 및 역서로는 『정신병리학』(공저, 학지사, 2013), 『성학대 피해아동 법정면담』(공역, 학지사, 2013), 『성범죄자 치료』(공역, 학지사, 2016), 『교정의 심사평가론』(공저, 솔과학, 2017) 등이 있다.

최윤석(Choi Yun Seog)

2003년도에 서울남부구치소에 임용된 이후 17년 동안 교정기관에서 근무하고 있으며, 현재는 법무부 상주교도소 사회복귀과 교감으로 수용자 교육과 상담 업무를 담당하고 있다.

서울 대일외국어고등학교를 다닐 때부터 영어 원서를 가까이 하였으며, 법무부 교정본부에 근무하면서 교정시설 건축의 원칙을 제시하고 교정시설이 지역사회에 미치는 긍정적인 영향을 다룬 『성인교정시설 설계지침』(법무부 교정본부, 2016)을 번역하였고, 교정시설의 재정 운용, 인사 관리, 수용 관리 등 다양한 운영 기준을 제시하는 『미국 성인교정시설 운영실무 기준』(법무부 교정본부, 2018)을 공동으로 번역하였다.

교정에 대한 균형 잡힌 시각을 추구하며 교정상담과 사회복귀에 대한 이론을 교정현장에 접목시키고 새롭게 정립하기 위해 노력하고 있다.

교정상담과 사회복귀

Correctional Counseling and Rehabilitation (9th ed.)

2020년 3월 20일 1판 1쇄 인쇄
2020년 3월 30일 1판 1쇄 발행

지은이 • Patricia Van Voorhis · Emily J. Salisbury
옮긴이 • 이언담 · 신기숙 · 최윤석
펴낸이 • 김진환
펴낸곳 • (주)학지사

　　　　04031 서울특별시 마포구 양화로 15길 20 마인드월드빌딩
대표전화 • 02-330-5114　　팩스 • 02-324-2345
등록번호 • 제313-2006-000265호

홈페이지 • http://www.hakjisa.co.kr
페이스북 • https://www.facebook.com/hakjisa

ISBN 978-89-997-2077-2　93180

정가 25,000원

이 도서의 국립중앙도서관 출판시도서목록(CIP)은 서지정보유통지
원시스템 홈페이지(http://seoji.nl.go.kr)와 국가자료공동목록시스템
(http://www.nl.go.kr/kolisnet)에서 이용하실 수 있습니다.
(CIP 제어번호: CIP2020007934)

출판 · 교육 · 미디어기업 학지사

간호보건의학출판 **학지사메디컬** www.hakjisamd.co.kr
심리검사연구소 **인싸이트** www.inpsyt.co.kr
학술논문서비스 **뉴논문** www.newnonmun.com
원격교육연수원 **카운피아** www.counpia.com